JN165568

知られざる本土決戦 南樺太終戦史

日本領南樺太十七日間の戦争

藤村建雄
Fujimura Takeo

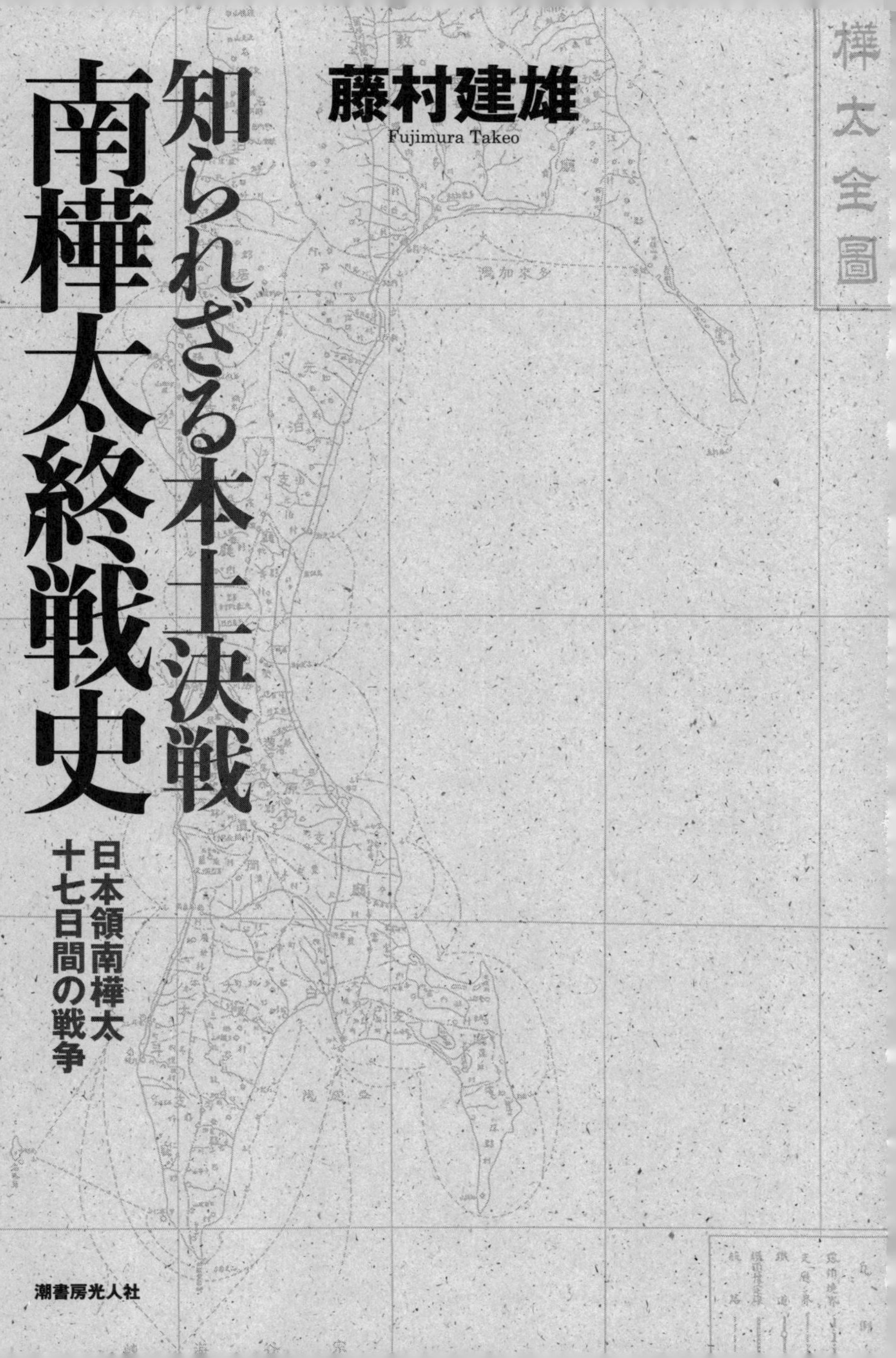

潮書房光人社

まえがき

皆さん、国別に色分けがなされている地図を見ていただきたい。北海道の北にある細長い島の南半分が白くなっているのが見つけられましたか。

その白い部分が昭和二十年八月十五日まで日本の統治下にあり、「樺太」または「南樺太」と呼ばれていた。それ以降、ソ連、及びロシアが実効支配を続けて今に至っている。

昭和二十年八月十五日正午、昭和天皇による玉音放送により、戦争の終結が日本国民に告げられ、その夜から、室内の電灯の光が外に漏れることを気にせず、人々は暮らせるようになった。しかし、満州ではソ連軍と現地の暴民の攻撃、暴行、略奪を受け続け、老若男女を問わず、多くの在留邦人が犠牲になった。

「樺太に於ける対ソ戦」と呼ばれ、主に玉音放送後に戦われた樺太での日ソ戦の特徴を一言で言うなら「沖縄での悲劇の繰り返し」である。

具体的にいうと、次の四点に纏められる。
①日本の内地で行なわれた国土防衛戦（外国の領土での戦闘ではない）
②民間人を巻き込んだ地上戦
③国境では軍隊が戦闘を継続して時間を稼ぎながら、島民の二割を脱出させた

④樺太は北海道防衛のための陣地であった（北海道は本州を守るための陣地）

日本の内地であり、約四十万人の人々が暮らす樺太でもソ連軍は攻撃を継続、八月二十五日までソ連軍の攻撃が続き、多くの人々が傷つき、命を失った。八月十五日以降も、映画「氷雪の門」によって、広く知られるようになった真岡郵便局の電話交換手の集団服毒自決や大平炭鉱病院の看護婦集団自決を始めとする集団自決が樺太各地で頻発し、それは住民にとって見慣れた光景になっていた。

各家庭では、十五歳から六十四歳までの男性は軍隊または国民義勇戦闘隊員として召集され、留守を守る老幼婦女子のみの家庭が少なくなかった。それらの人々は、絶え間ないソ連軍機の空襲を受けながらも徒歩で故郷を捨てて逃げた。中には千メートル級の山が連なる樺太山脈を徒歩で逃げる途中、ついて来られない家族――老人、幼子、病人――を泣きながら手にかけたり、崖から突き落としたり――崖下からは、子供が泣きながら母親を呼ぶ声がする――、一緒に自決した者も少なくなかった。

また、八月二十日には緊急疎開船の出港地として指定されていた真岡にソ連軍が艦砲射撃の下、上陸、戦争が終わったと信じていた多くの真岡住民や国境地帯からの避難民がその砲火に倒れた。

日ソ両軍の戦闘期間中、軍は民間人を緊急疎開の名の下に北海道に脱出させる時間稼ぎのため、国境地帯で必死の抵抗を続けた。その結果、多くの住民が北海道への脱出に成功し、その数は公的・私的手段合わせて、「八万七千六百人[1]」に上ると推定される。

公的な緊急疎開船の中からは「終戦」から一週間後の八月二十二日、北海道留萌沖でソ連潜水艦の攻撃を受けて、千七百八名以上の犠牲者がでた。ちょうど一年前の昭和十九年八月二十二日には沖縄から九州へ向かう学童疎開船対馬丸が米潜水艦により撃沈され、多くの児童が犠牲者になった様に、この船にも老幼婦女子ばかりが乗船していた。その上、留萌沖での攻撃は魚雷攻撃だけでなく、浮上したソ連潜水艦は互いの顔を識別できる至近距離から、民間人に照準をあわせた上で銃砲撃も行なった。

日ソ両軍の間で停戦協定が締結されたのは、留萌沖での「事件」(「三船殉難事件」と呼ばれている)が起きた日の午後であった。また停戦協定が成立した直後に樺太の首府である豊原では、駅前に集まる避難民の集団に対し、ソ連軍機は無差別銃爆撃を行なった。樺太庁の指示で樺太の多くの建物には白旗が翻っていたのに。

樺太の住民にとっては、まさに沖縄の繰り返しであった。

先の大戦について「侵略戦争」「植民地解放戦争」等と様々な評価がなされている。

樺太は日本の内地であり、ポツダム宣言受諾寸前でソ連に連合国との和平の仲介を依頼していた日本に対し、ソ連が日ソ中立条約を一方的に破ってまで引き起こした戦争である。

樺太での戦闘を日本を主語として説明するのであれば、本土決戦であり、国土防衛戦争である。ソ連を主語にして説明するなら、日本に対する侵略戦争である。

本書では、日本が名実共に樺太で統治を行なっていた時期の出来事について記述しているため、地名は全て、日本名で書いた。ただし、日本名を現在の地図で見つけるのは難しいので、読者の読みやすさを考慮し、本文とは別に、地図を用いて、日本名とロシア名を併記した。

数字については基本的に漢数字を用いた。しかし「引用元がアラビア数字を使用」している場合とソ連軍部隊番号はその限りでない。

漢字についても読み易さを考慮して、基本的に旧字体を用いず、新字体を用いた。ただし、軍隊の部隊名の記述は例外とした。「連隊」という部隊の単位について、日本軍は旧字体で、ソ連軍は新字体で記述した。さらに日ソ両軍の識別を読者がしやすいように、日本軍の部隊番号は漢字で、ソ連軍部隊番号はアラビア数字を使い分けた。

最後に地名についてだが、これも読者の読み易さを考慮し、引用文であっても、全て新字体で統一した。ただ、新字体であるが、恵須取町内にある「大平」地区については、資料により、「太平」という文字を用いているものもある。ただ、樺太からの引揚者のための団体である全国樺太連盟が出版した『樺太終戦史』では「大平」の文字を使用している為、引用文も含み、この字に統一して記載した。

ソ連側の指揮官の一人であるビアクノフ近衛少将の名前の表記であるが、引用文献によって、名前の発音の関係で表記が違う（例、デヤコノフ）。そこで、戦史叢書で用いているビアクノフで統一する。引用文内の言葉をいじるのは好ましくないことであるが、同様に理由にて、ビアクノフに修正して引用した。

1　樺太終戦史刊行会『樺太終戦史』（全国樺太連盟、１９７３年）330頁

知られざる本土決戦　南樺太終戦史——目次

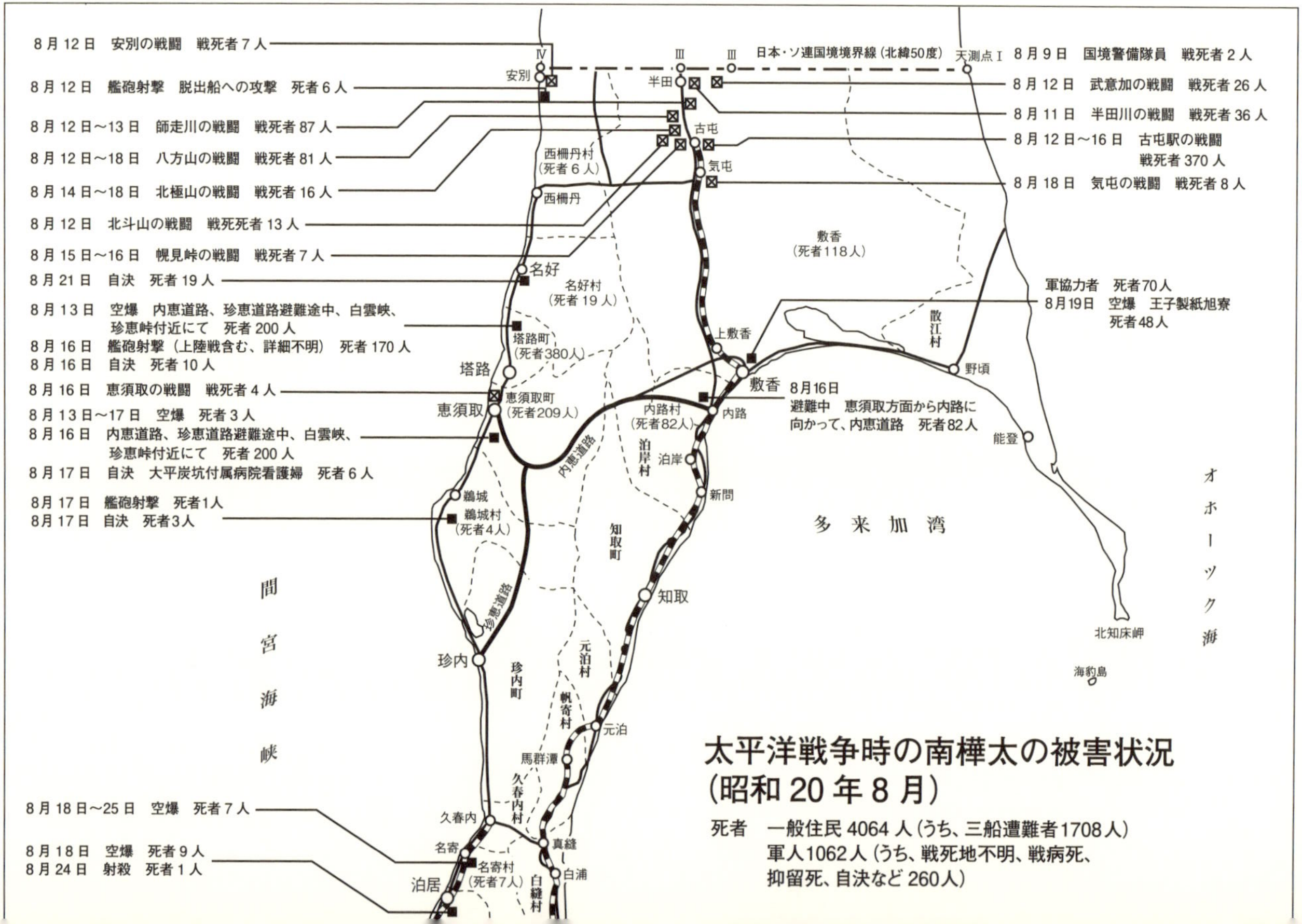

太平洋戦争時の南樺太の被害状況（昭和20年8月）

死者　一般住民4064人（うち、三船遭難者1708人）
軍人1062人（うち、戦死地不明、戦病死、
抑留死、自決など260人）

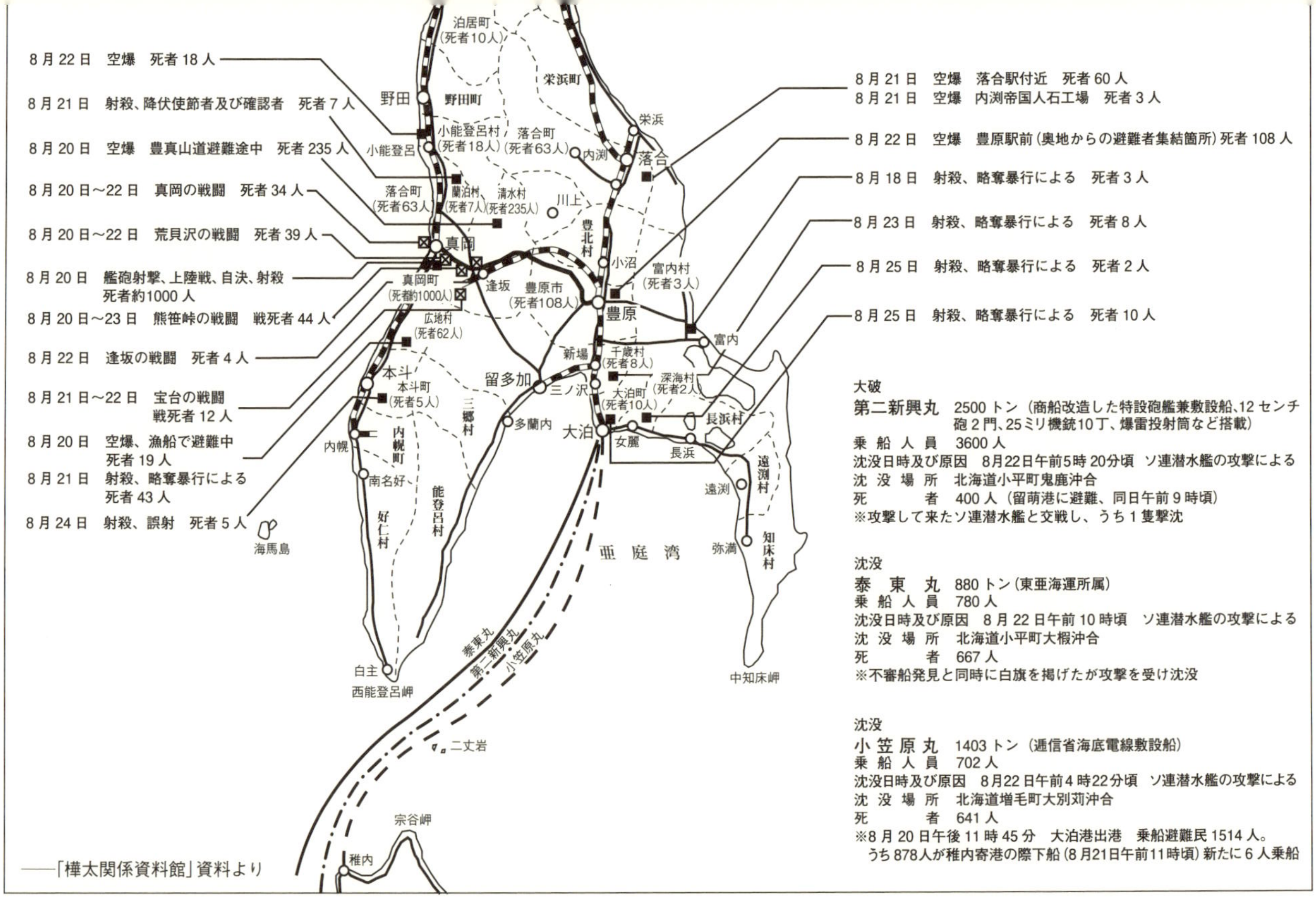

大破
第二新興丸　2500トン（商船改造した特設砲艦兼敷設船、12センチ砲2門、25ミリ機銃10丁、爆雷投射筒など搭載）
乗船人員　3600人
沈没日時及び原因　8月22日午前5時20分頃　ソ連潜水艦の攻撃による
沈没場所　北海道小平町鬼鹿沖合
死者　400人（留萌港に避難、同日午前9時頃）
※攻撃して来たソ連潜水艦と交戦し、うち1隻撃沈

沈没
泰東丸　880トン（東亜海運所属）
乗船人員　780人
沈没日時及び原因　8月22日午前10時頃　ソ連潜水艦の攻撃による
沈没場所　北海道小平町大椴沖合
死者　667人
※不審船発見と同時に白旗を揚げたが攻撃を受け沈没

沈没
小笠原丸　1403トン（逓信省海底電線敷設船）
乗船人員　702人
沈没日時及び原因　8月22日午前4時22分頃　ソ連潜水艦の攻撃による
沈没場所　北海道増毛町大別苅沖合
死者　641人
※8月20日午後11時45分　大泊港出港　乗船避難民1514人。
うち878人が稚内寄港の際下船（8月21日午前11時頃）新たに6人乗船

――「樺太関係資料館」資料より

南樺太市町村名図

（　）は現在のロシア語地名

——「樺太関係資料館」資料等より作成

知られざる本土決戦　南樺太終戦史

——日本領南樺太十七日間の戦争

第一章　日本領南樺太

第一節　ソ連侵略前の樺太

第一項　樺太の地誌

北海道最北端の町、稚内から宗谷海峡を挟んで約四十三キロのところに位置する島が樺太である。現在、この島はロシアが実効支配をしており、サハリンと呼ばれている。先の大戦が終わるまで、その南半分は南樺太と呼ばれ、日本が統治し、約四十万人の日本人が生活していた。

樺太は千島樺太交換条約により、一度日本の手を離れていたが、日露戦争後にロシアより北緯五十度線以南の南樺太が日本に復帰した。南樺太の縦深は四百五十六キロで東西の幅は最長部で百五十七キロ、最短部では二十七・五キロで、面積は関東地方に山梨県を付け加えた面積にほぼ等しい三・六万平方キロメートルであった。

さらに島の中央部には南北に千メートル級の山々が連なる樺太山脈が走り、これが樺太東岸・西岸間の移動の妨げとなっていた。鉄道による東西間の移動は、真岡（南樺太南部の不凍港であり、本州との航路を持っていた）・豊原（樺太の行政の中心地）間のみで、それ以外の地域での東西両岸間の移動手段はバスや馬もしくは徒歩以外なく、このことがソ連参戦時の住民避難で多くの悲劇を引き起こした。

日ソ国境である北緯五十度線は百三十一キロに及び、国境を示す四つの天測標石と十七ヵ所の中間点と十九本の木標が設置されていた。また、日ソ両国の緩衝地帯として国境線を中心に南北に五キロずつが伐採されていた。

鉄道は樺太東岸を南北に走り、北海道と南樺太を結ぶ稚泊航路の玄関である大泊港から国境地帯の軍都、上敷香までを一日二本の直通列車が約十二時間で結んでいた。その線路は、昭和十九年十月には日ソ国境から南に十七キロの古屯まで伸び、後にこの古屯駅をめぐって激しい戦いが行なわれることになる。

道路も東海岸は鉄道沿いに大泊から国境の町、半田を経て北樺太に至る中央軍道（東部縦貫道路）がある。西海岸には海沿いに西部縦貫道路が国境の町、安別まで続いていたが、トラックでの移動が出来たのは、国境から約九十キロ手前の塔路までであった。ソ連軍はこのことを知ってか、西海岸では主に塔路以南に上陸して来たのである。

上敷香――古屯より東側の地域は主にツンドラ地帯で、日本軍は歩兵以外の通過は不可能と考え、それに基づいて防衛計画を立てていた。第五方面軍作戦概史によると、日本軍は樺太におけるソ連軍の参戦時期についてツンドラ地帯を機械化部隊が通過可能な冬季と予測していた。現実には、ソ連軍は日本軍の予測に反して、夏季にツンドラ地帯を機械化部隊で南下した。

このことについては、第二章で取り上げたいと思う。

戦史叢書によると、気温は一般には低いが西海岸南部は暖流の影響で東海岸より高温で、本斗、真岡は不凍港である。一月の平均気温は大泊で零下十五・九度。南樺太北部の東海岸で最大の町である敷香では二十三・六度である。冬季は降雪が比較的少なく、十月下旬から翌年三月中旬までの間は主に南西海岸を除いて他の全海岸が凍結し、春季になると流氷により、船舶の航行開始時期が遅延されたり、航行を妨害した。

樺太の寒さは冬季においては国境付近のツンドラ地帯を通過可能な土地とする危険性がある反面、海水の温度が低い時期が長く、六月下旬から九月中旬以外の時期の上陸作戦は困難であると日本側は判断していた。

第二項　北緯五十度線、国境地帯

1　穏やかだった日ソ国境

日本はロシア革命と第一次世界大戦でロシア全土が混乱する中、チェコ軍団救出の名目で連合国と共にシベリア出兵を行なった。そして大正九年（一九二〇年）にニコライエフスク事件（尼港事件）が起きると、北樺太を保障占領した。それは大正十四年（一九二五年）の日ソ基本条約締結まで続いたが、同条約に基づき、日本軍は南北樺太から軍隊を撤退させた。

樺太近海は「世界三大漁場の一つと呼ばれ[1]」、回遊性のサケ、マス、タラ、ニシンなど豊富な漁業資源に恵まれており、江戸時代より、日本の漁民は樺太での漁業を行なってきた。毎年六月頃になると樺太の各河川では、カラフトマスが産卵のために大量に遡上し、その姿は黒い帯が河口に向かってゆらめいているようであり、浅瀬で二メートルぐらいに切った柳の枝で水面を叩くと、二、三尾がひっくり返るくらいであった。このため、近くに人家がある河口から上流まで、いたる所で密漁が行なわれたが、その数の多さに警察官は発見しても追い払うのが精一杯で、警察官が姿を消すと、一斉に密漁が再開される始末だった。

密漁をしていたのは、遠く離れた土地から来た水産業者ではなく、普通の地元民であった。こうして「水揚げ」された魚は冬期の食糧として各家庭に貯蔵された。

当時、徴兵で軍隊に入隊したばかりの下級兵士たちは上官から「お前らの命は一銭五厘」と言われ厳しい訓練を受けたという話はよく聞くが、当時の警察官の戦後回想によると、「そのころ、マスは一尾一銭五厘では買い手がなかった。魚に塩が惜しいと、筋子のみ引き抜いて塩づけにし、その他は皆川や海にすててしまった[2]」との事である。この筋子だけ抜いて残りが捨てられている光景はよく見られたそうで、サケ、マス遡上する川の近くの家では、来客のお茶うけに茶碗一杯の筋子が出されたという。

また、国境付近のツンドラ地帯にある武意加には、国境警備の警官が常駐する巡査部長派出所があり、後にその近くに歩兵第百二十五聯隊の武意加陣地が作られていたが、その近くには幌内川が流れていた。この川も国境地帯の他の川同様に、警備、築城についた兵士たちに住民同様の「恩恵」を与えた。

国境警備のため、武意加陣地に当時初年兵だった丸子清一等兵（ソ連参戦時には兵長）が着任した際、下士官が「いいものを見せてやる」と言って、幌内川の畔に丸子等初年兵を連れて行った。そこには川の浅瀬に杭が打ってあり、杭と杭の間には網がはりめぐらされた生けすがあった。その中には生きたサケやマスが蓄えられ、元気に泳いでいた。そして下士官の命令で、それらを捕まえ、腹を裂いて岩塩を塗り込み、冬場の為の食糧準備をしたという。この晩から、武意加陣地を離れるまで、丸子二等兵は食事の度にサケ、マスと顔を会わせることになった。

日ソ国境も永続的に緊張状態が続いていた訳ではなかった。

例えば、樺太西海岸の国境の村である遠内には大正から昭和一ケタ時代にかけて、ソ連人が海岸づたいに村まで熊や黒てん、木ネズミ等の毛皮を担いでやって来て――もちろん、密入国である――米やメリケン粉その他の食料品と交換していた[3]。

また、遠内とは反対側の樺太東岸の国境の村、安別では、村祭りにわざわざソ連人が国境を越えて

――もちろん「密入国」である――やって来たり、ソ連側で急病人が出ると安別にたった一人の医師が手当てをした[4]。辺境の地に暮らす人々に「国家間の境」はあっても、「心の境」はなかった。

樺太の東岸と西岸のそれぞれ国境の村の話をしたが、日ソ国境の中央部では郵便の交換が行なわれていた。南北樺太の中央部を縦貫する中央軍道の国境線上では「昭和二年いらい冬季十二――三月の間、毎週木曜日に日ソの郵便交換が行なわれた。のち月曜、木曜の二回になり、日本側は気屯郵便局から半田沢まで運び、同地の駅逓が馬橇で国境上まで運んでいって両国官憲立会いのもとに午前十一時（ソ連時間正午）に交換するのがならわし[5]」であった。

当時、半田沢警部補派出所に勤務した経験のある長居勝次氏によると、郵便交換の際に立ち会ったのは警備隊長および通訳一名、警備員二名だったそうで「交換は、表面冷静を装ってはいたが、着剣した銃に実弾を装塡し、不測の事態に即応できるよう[6]」にしていたと回想している。

島国の日本では北緯五十度線の「国境」というものは大変珍しく、多くの人が「国境観光」に訪れ国境標石の見学を行なっており、その際は「二名の警察官が同行し、保護にあたることになっていた[7]」。摂政宮殿下（後の昭和天皇）が樺太を訪れた大正十四年（一九二五年）八月、鉄道省主催の樺太観光団も編成され、北原白秋もその一員として訪れた際、樺太西海岸の国境の町、安別を訪れ、国境標石「天第四號」を見学。「鷲ひとつ石のうらべに彫りにけり　そなたに多き虎杖（いたどり）の花」と歌を詠んでいる。

ソ連側に彫ってある鷲の紋について、わざわざ歌を詠んでいるところからすると、北原白秋は「越境」して、国境標石の裏側を見たのであろうか。

余談だが、この「国境標石」は約百三十キロの樺太の日ソ国境に四基設置され、その中の一基（実物）は、現在、北海道根室市の根室市歴史と自然の資料館に展示されている。

ソ連は革命後、国内が安定するにしたがって軍事力を飛躍的に増大させた。さらに、昭和六年の満州事変や昭和十二年の支那事変などの動きにも、その都度反応して極東の兵備を増大させ、「サガレン[8]」方面には、約一個師団を常駐[9]させていたが、日本側は日ソ基本条約を尊守し、南樺太に軍隊を配備していなかった。そんな国境の雰囲気が変わる転機となったのが、昭和十三年だった。

2 昭和十三年

昭和十三年以降、樺太の北緯五十度線を始めとする満州、朝鮮での日ソ（ソ満）国境付近では、ソ連機の越境やソ連側からの銃撃事件が発生するなど、緊張が高まって来た。

まず、昭和十三年一月三日、女優の岡田嘉子と演出家の杉本良吉が樺太の日ソ国境にて、越境亡命事件を起こした。

この日の朝、二人は国境警備の警察官を慰問した後、馬橇に乗って「国境観光」に向かった。そして国境付近で馬橇から降りた後、国境の少し前でスケッチをすると言って歩き出して国境の手前百メートルまで進んだ為、馭者に近づきすぎだと注意された。すると杉本は左手で岡田を抱え、右手はポケットに突っ込み、拳銃をもっているように装って、追いすがる馭者を追い払い、国境を越えていった。恐らく護衛のつもりであったのであろうが、警官二名が馬橇後方百メートル地点にスキーでついていたが、越境を阻止出来なかった。

満州では六月十三日にソ連のＮＫＶＤ（秘密警察）極東局長のゲンリフ・リシュコフ三等国家保安委員（中将相当）が亡命して来た。リシュコフ局長はレーニン勲章を授与されており、ソ連からの亡命者の中で最高位の人物であった。

七月十二日にはソ満国境で張鼓峰にソ連軍が侵入し、両軍の衝突にまで発展したが、かの地から遠く離れた半田沢警部派出所でも本署にあたる気屯警察署より「厳戒の訓令とともに八月初めには警察官数名が増派され、警備の強化を図るなど国境線は極度に緊張していた[10]」

この張鼓峰での戦闘に関し、日本側に有利な停戦協定が締結されたのが、八月十一日、つまり、手代木代議士一行の国境警備状況視察の前日だった。

八月十二日午後二時ごろ、北海道第四区選出の手代木隆吉代議士一行が樺太の日ソ国境にてソ連兵に狙撃された。

国境警備状況の視察に訪れた手代木代議士一行は、車で「国境線に到着すると同時に同行の警察官のうち二名が国道左方の天第三号国境碑付近に先行して状況偵察中、突如として数名のソ連兵から狙撃され[11]」た。この事件は「半田国境事件」とも呼ばれたが、当時、国道左方の天第三号国境碑付近にいた石本登は、次のように回想している[12]。

私と手塚巡査が午後二時から警備に就くうち、午後二時半ごろ、一行を案内して町田部長と高橋巡査が到着した。

私たちは町田部長の指示で、手塚巡査が軍道上の国境線、高橋巡査と私は国境碑付近に先行して警備することになり、急きょ、碑の付近に赴いたところ、碑のすぐ裏側の草の上にソ連の新聞紙らしいものがあるのを発見した。

私たちは何か不自然とは感じたが、二人で前方を注意しながら、私がこの紙片を拾いあげた。

このとき、右前方約三メートルの雑草の中に三人のソ連兵が潜んでおり、急に銃口を向けた。

私たちはとっさに、その場に伏せの姿勢をとるより方法がなかった。

二人は激しく発砲され、高橋巡査は崩れるようにつまづいたので負傷したものと直感したが、私が「後退、後退」と叫んで背中をたたくと、思ったより元気に白樺の疎林の中を走って、軍道付近へ。町田部長、手塚巡査の所に到達したのを確認し、いくらか安心した。

私は高橋巡査が走ると同時に碑の東側の雑草の中に一気に飛び込んだ。ソ連領を見ると、十数

〈上〉戦前、日ソ国境東端近くの安別村で国境警備に当たっていた恵須取警察署安別警部補派出所の警察官たち。装備は軍に準じており、各自小銃を持っている。〈左〉南樺太の軍道。大正時代のシベリア出兵後に建設された軍用道路は、国境を越えて北樺太まで延びていた。

「世界三大漁場」の一つといわれた豊かな漁場を持つ樺太は水産業が盛んであった。戦前、ニシンは獲れすぎて、数の子(卵)を取ったあとの魚肉の処理に困ったほどだったという。

樺太東岸・安別の第四号国境標石（天測標石）を見学に訪れた子供達。日本側からソ連側を向いて撮影した写真だが、日ソ関係が緊張するまでは、こうした「国境観光」が盛んであった。

安別の第四号国境標石「天第四號」。菊花御紋章の彫ってある側（右写真）を日本領に向け、反対面の鷲の紋章（左写真）をロシア（ソ連）領に向けて設置、標石の中央を国境線が通っている。従って、このページ上の写真に写っている子供達の多くは、厳密にはソ連領に越境していることになる。

根室市歴史と自然の資料館が所蔵する第二号国境標石の日本側の面。第二号・三号標石は、第一号・四号標石よりも小さかった。

名のソ連兵が白樺の間から私の方を見ている。私は射殺されることを覚悟した。短い時間に「生」と「死」のいろいろなことを考えた。ソ連兵二名が約十メートルも接近し、私に向かって合計五発ほど発砲したが銃弾は帽子の角を貫通し私の身体をかすめた。

一方、現場に居合わせなかった前出の長居は、事件発生直後の対応を次のように回想している[13]。

急報に接すると同時に非番員を召集し、負傷者の救出視察者の救護、婦女子の退避などの措置をとるとともにざんごうを構築し、全島各署からの増援警察官と、昼夜にわたって厳重な警戒体制をとったが、幸い事件は拡大せず、約一カ月後には平静に戻った。

この事件を機に国境見学は全面禁止され、制限区域の指定、警備道路の新設等国境警備の諸施設は急速に強化されて行った。

3　日本側も樺太再軍備

これらの事件の後、昭和十四年四月、政府は「国境取締法」を公布し、樺太庁長官は国境に接する土地、水面は範囲を決めて人の出入りを制限できるとした。さらに同年九月の同法施行令では、樺太に於ける国境地帯を二十キロと定めた。

日本は昭和十一年頃から樺太に地上部隊を常駐させる研究を始めていたが、陸軍中央部は国境取締法施行後の昭和十四年に軍備改編要領等に基づき、歩兵、山砲兵各一個聯隊、工兵隊からなる樺太混成旅団の新設を発令し、翌十五年十一月に部隊の転営が完了した。「そのうちの一個大隊を国境に近い古屯に配置した[14]」。樺太混成旅団の編成の背景には、日米関係の悪化にともない、北緯五十度線の国境をソ連のスパイが越境する件数が増加し、その警備を警察力だけに頼ることへの不安があった。

当該方面に展開する日本軍の地上兵力はソ連軍を多少上回るが刺激しない程度の兵力であった。樺太の内路――恵須取以北の国境に近い地域の防衛は樺太混成旅団、それ以南は第七師団（在旭川）がそれぞれ担任した[15]。そして、ソ連軍侵攻の際は、樺太混成旅団が国境地帯で防御戦闘を行なっている間に、第七師団が宗谷海峡を渡り、来援することになっていた。

昭和初期の参謀本部の対ソ戦計画では、第七師団の一部を用いて、北樺太のオハ油田地帯を占領することが具体的に計画[16]されていたが、この計画はその後も放棄されることなく存在していた。昭和十五年に北部軍（司令部・札幌、旭川師管区・弘前師管区を隷下におく）設置後、同司令部に対し、参謀総長より第七師団と樺太混成旅団を用いて、①北樺太攻略（特にオハ油田地帯の確保）、②次いで沿海州への上陸に関する研究案の作成が命じられている[17]。

このような点から考えると、樺太混成旅団の設置は単に、明治以来、日本陸軍が仮想敵国としてきたロシア（ソ連）からの防衛のみならず、当該方面からの攻撃にも使用可能な部隊の増強をも意味している。そして、ソ連との間に戦端が開かれた際、満州方面と呼応して、攻撃を実施し、地上部隊を北進させる意図があったと考えられる。

実際、昭和十六年七月に実施された関特演の際には、「米ソ関係を極力戦略的に分断[18]」するという発想と北樺太の油田確保という点から、満州方面だけでなく、樺太方面においても対ソ作戦の実施が検討されていた。

しかし独ソ開戦後の極東ソ連軍兵力は、日本軍が期待していたほど減らず、対ソ戦は発生しなかったが、日米開戦後も対ソ戦準備第一という姿勢は昭和十八年六月のアリューシャン作戦が始まるまで変わらなかった。

第三項　樺太混成旅団（樺太兵団）の対米戦備への転換

昭和十八年四月になると、札幌で編成された歩兵第百二十五聯隊が移駐してきて古屯南方十キロの気屯に兵営を構え、歩兵第二十五聯隊との二個聯隊で国境を守る態勢が出来た。さらに、ソ連軍の日ソ国境付近での行動を監視するため、従来の向地視察班を強化し、大越鴻一郎大尉を長とする二個中隊四百名の向地視察隊に拡大再編成した。向地視察隊は本部を気屯に置き、ソ連を刺激しないよう、国境から三キロ離れた五つの山に監視哨（知志代、第一日の丸、第二日の丸、八の字、飛龍）を置き、五十倍から七十倍の望遠鏡で日夜監視を行なっていた。

ただし、第二日の丸監視哨は「昭和二十年夏廃止」された。各監視哨には将校以下約二十名が配置され、警察と協力しながらソ連を刺激しないという大本営の方針に従い、ソ連側に気付かれないよう細心の注意を払い任務を遂行した。

その例として、当時の稲村旅団長は次の指示を国境に出した[19]。

（一）敵のスパイがはいって来ても敵に見える範囲ではつかまえるな

（二）敵に撃たれても身に危険がないかぎり撃ちかえすな

（三）敵に聞こえる範囲内で、たとえ演習であっても発砲するな

この命令はソ連参戦まで現場で遵守されていた。その為、ある部隊が天幕露営しているところに熊が暴れ込んで来た際、上記命令もあり、鉄砲の使用の判断が現場では出来ず、現地から古屯の大隊長を経て、古屯からはるか三百五十キロ離れた豊原の師団司令部に問い合わせ、参謀長の許可を得た後、

樺太混成旅団の対米陣地構築の構想（昭和19年春）

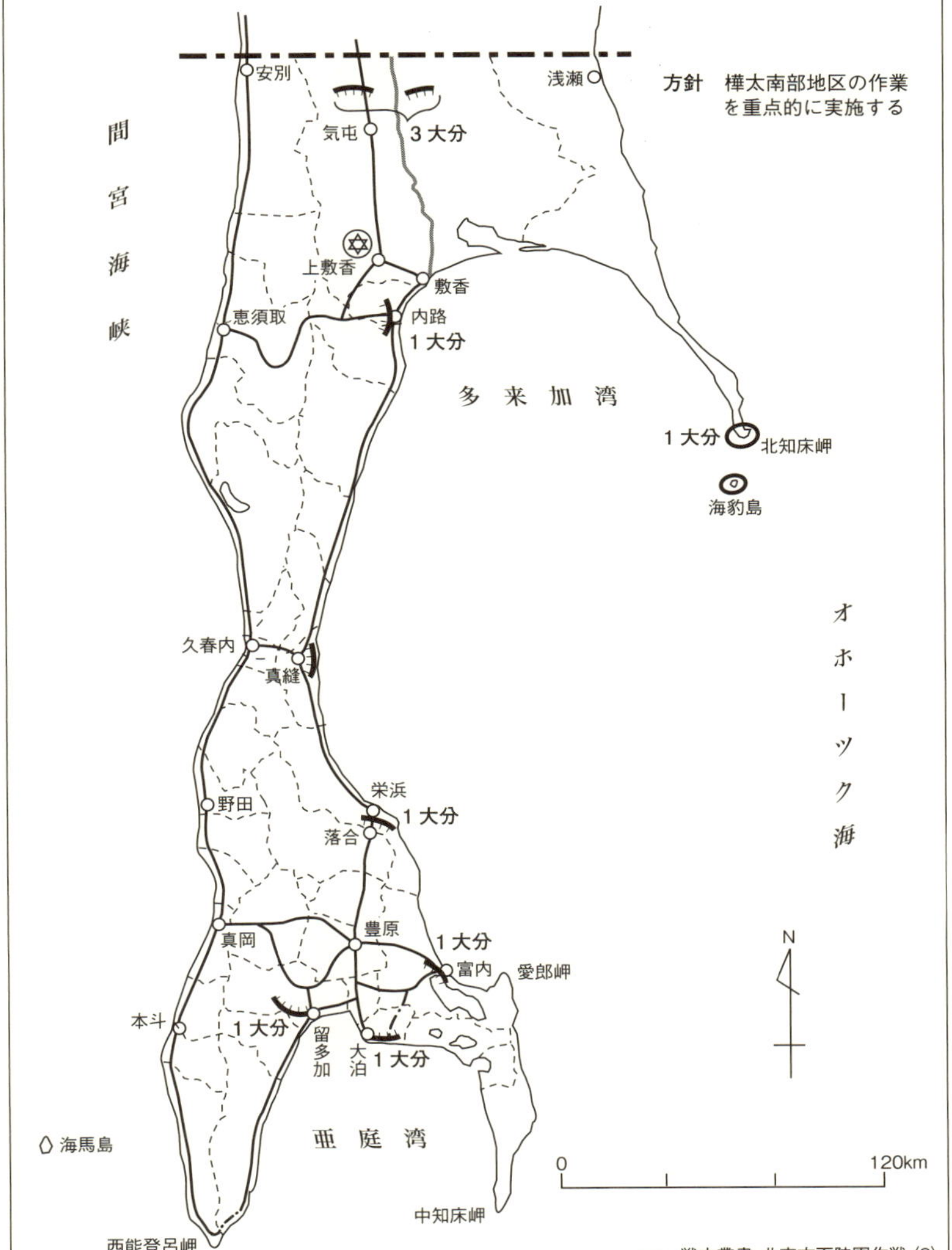

――戦史叢書 北東方面陸軍作戦〈2〉

晴れて熊制圧のため、銃を使用した事もあった。

樺太の国境地帯での日本軍の慎重さがわかる「事件」であった。

アッツ島守備隊の玉砕以降、樺太混成旅団は独自に対米戦を想定した作戦要領の研究を始め、千島方面への米軍侵攻の可能性が高まるにつれ、対米陣地構築の必要性を感じるようになった。ただ、旅団が正式に付与されている任務は対ソ作戦準備であり、対ソ作戦準備との比率どうするかという問題に直面した[20]。


旅団は独自にこの問題を決しかね、昭和十八年冬から十九年早春にわたり、幾度か北方軍（第五方面軍）に意見を具申したが、得られた返事は「考えておく」というだけであった。当時軍は千島列島の防備強化に懸命で、当面緊急でもない樺太についてはほとんど関心を示さなかったし、またそこまで決断しかねた。


このため、旅団は独自の判断で樺太南部に重点を置いた対米沿岸陣地の築城を開始した。稲村旅団長は①千島が健在である限り米軍の樺太来攻はない、②日ソ間には中立条約が存在するからソ連の攻撃もないという判断から、これに踏み切ったのである。

当時、大本営、北方軍は共に千島列島、特に北千島への米軍来攻を信じ満州や内地から部隊を転用し、防衛態勢を整えており、千島列島より、大陸側にある樺太の優先順位は低く、そのため北方軍司令部が前記のような態度を取っていたと考えられる。

ところが、十九年十月二十六日に樋口司令官が突然作戦指導の為、「樺太兵団[21]」司令部を訪れた。連絡を受けた樺太兵団参謀鈴木康大佐（戦後、「康生」と改名）は樺太西海岸をトラックで偵察中であったため、慌てて豊原に帰着した。当時、樺太兵団は前兵団長が栄転になったばかりで、新兵団長の着任前という時期で、鈴木参謀が事実上の「兵団長」であった。そのため、鈴木参謀は樋口司令官に同兵団のあらゆることを微に入り細を穿つた説明を求められ、指導を受けた。

樋口司令官は防衛問題を最重点とし、鈴木大佐に対し国境陣地、教育訓練、交通、通信、飛行場問題などに関し、微に入り細に亘って質問を行ない、それは夕食後も続いた。鈴木参謀は、この機会をいかして、樋口司令官に兵団の従来からの計画を細部まで報告した。夕食後の指導で樋口司令官は鈴木大佐に「これからは軍司令官としてではなく、兵団長が居られず困ることもあろうから、先輩、顧問としてやる[22]」と言って続けた。その際、鈴木参謀は樺太防衛のためには旅団を師団に昇格させ、久春内東西の線以北を一個聯隊で、以南を師団主力をもって防衛する必要がある[23]」と樺太南部重点の防衛態勢を上申した。樋口司令官の指導は深夜にまで及んだが、それは「従来ほとんど樺太混成旅団の指導を実施できなかった方面軍司令官の配慮によるもの[24]」であった。

この時の指導について、樋口司令官に同行していた第五方面軍作戦参謀の新井健中佐の戦後回想によると「樺太については積極的な鈴木参謀を重点的に指導する方向であったと思う[25]」としている。またその指導内容について以下のように、回想している[26]。

①北向きだけに拘らず、南部樺太も考えろ
②国境へばりつきでなく機動兵力を掌握に努めろ（樺太の師団化も進めている）
③状況如何によっては樺太にある機動兵力の北海道本島転用も考えられるので船舶司令部（在大泊？）とも密に連絡せよ

さらに新井中佐はこの指導の真意について次の様に回想している[27]。

樺太兵団の運用方針は大東亜戦争開戦前乃至戦争初期の対ソ（北方）向一点張りから始まって、戦争全局の推移と共に逐次対米（南方）向をも考える方向に転換した。然しながら此の転換内容は対米を重点とする意味ではなく、従来北向一本槍だった兵団を対米特に南部樺太をも考え、併せて固定配備的観念が強かった兵団の運用を機動的要素を多分に取入れ、特に北海道本土決戦に際してはその有力部隊を樺太から北海道に転用すること等を考慮したものである

この指導内容をみると、樋口司令官もまた、樺太南部を防衛の重点と考えており、対米戦を意識していたと読み取れる。さらに戦況如何では、樺太放棄も樋口司令官の構想の中にはあったことが分かる。

この後、石田保少将が新兵団長が着任するが、着任一ヶ月も立たず急逝したため、後任にキスカ島から撤退し、その後北千島防衛にあたっていた峯木十一郎少将が樺太兵団長に補される旨の人事が発令された。

峯木少将は、樺太に赴任する前に札幌で樋口中将から「樺太は主として対ソ作戦に重点を向けていたが、今後は一部を以て対ソ、主力を以て対米作戦に備えよ[28]」と指示を受けている。鈴木参謀も同様の回想をしている。

しかし、峯木少将が部隊に着任した際の印象として部隊は「北を向いていない[29]」。つまり、ソ連向けの防衛態勢をとってなく、対米戦の準備をしている印象をうけたというのである。さらに、終戦時の第五方面軍作戦主任参謀田熊利三郎中佐も、終戦時の方面軍の防衛態勢を評して「われわれの防衛計画は樺太の北部をのぞいて主としてアメリカ軍に備えたものでした[30]」と回想している。

対米戦・対ソ戦のいずれにせよ、一口で言えば、樺太防衛で一番重要なのは北海道に対する樺太南部ということである。

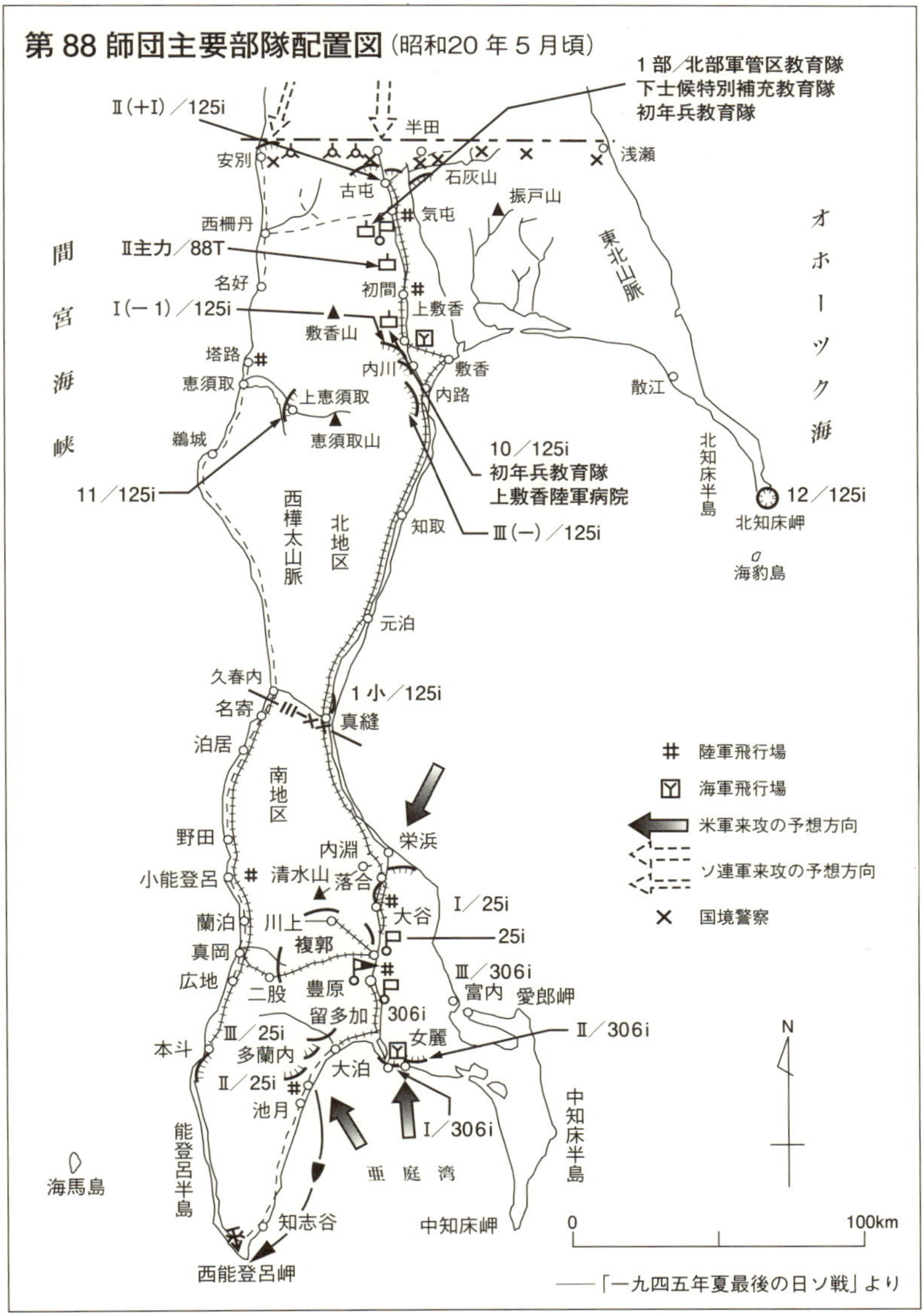

——「一九四五年夏最後の日ソ戦」より

しかし、兵団は米軍が樺太に上陸する場合を想定して諸準備を進めた点から考えると、正式な命令ではないとはいえ、方面軍司令部が対米作戦準備の「指導」を行なったものと考えられる。[31]

この南部重点の対米戦に備えた部隊配置は、終戦まで続いた。

話は遡るが、既に昭和十九年に中野学校卒業生が当時の樺太混成旅団に配属されていた。十九年九月には牟田照雄大尉、武甕《たけみか》吉夫少尉が、十二月には松尾幸一見習士官がこれに加わり、米軍の樺太南部上陸を想定した国内遊撃戦の教育準備を進めていた。そして彼等は二十年一月から四月まで毎月一回、樺太内を移動して「未招集の在郷軍人、中学校高学年、青年学校在校生などを対象として」[32]（それ以降は不明）教育訓練を実施した。

さらに第八十八師団司令部の豊原移動に伴い、中野学校出身者たちは師団司令部から豊原地区司令部（豊原聯隊区司令部）に籍を移動した。それは、遊撃戦闘の母体となるのが地区司令部になるからである。豊原聯隊区司令官は柳勇少将であったが、柳少将はかつて北支において独立歩兵大隊長あるいは旅団長として共産党軍のゲリラ部隊と戦った経験の持ち主であった。また、この時、中野学校出身の福山裕夫、古川雄三、鈴木福太郎の三人の見習士官も増加され、豊原地区司令部の遊撃戦闘に向けての陣容は強化されていた。

さらに各地区特設警備隊の遊撃戦闘実施の準備体制をつくるべく、五月になると豊原、恵須取、敷香、真岡に中野学校出身者を分散配置してその地区の特性を活かした遊撃戦体制構築にあたった。[33]

当時、全国には四百七十三名の中野学校出身者が配置されていた。その内、「北海道・樺太には八十一名が配され[34]、七月上旬から中旬にわたり、各地区特設警備隊の一部人員に対し、中野学校出身者が教官となり敵歩哨の急襲捕獲要領、敵情捜索要領等につき真剣に教育を実施した。[35]

第四項　第八十八師団からの対ソ防衛態勢転換への意見具申

樺太は昭和十八年に内地に編入されたが、平穏で食糧事情も悪くなかった。昭和二十年になっても空襲はなく、内地の他の地域で家を焼かれた者の中には、樺太にいる縁故者を頼って、あるいはその縁故者に呼ばれて、安全な樺太に疎開してきた。また、住民たちの多く、は日ソ中立条約があるから樺太にソ連が攻めて来ることはないと考えていたという。当時恵須取で呉服商を営んでいた榊原源三郎によると、そんな平和な樺太のことを人々は「樺太天国[36]」と呼んでいたと回想している。

しかし、日ソ関係は上記のような住民の安心感とは正反対に日ソ国境の緊張は高まっていった。樺太の日ソ国境付近では、昭和十九年初頭より国境北側の兵力増強と陣地強化が目立ち、冬季に入るとそれが一段と激しくなり、北樺太駐留のソ軍の第２１４山地狙撃師団や第79戦車旅団が国境へ向け、駐屯地を前進させていることが確認された。また、二十年早春になると国境からほど遠くない森林の中から数十条の白煙が確認されたが、これはいままで無かった現象である。この白煙は、冬季間に増築された兵舎の暖炉の煙で、煙の数で兵舎数が推定された。トラックの往復も急増していることも確認されていた[37]。

さらに「向地視察隊[38]」からの報告や、十九年以降、参謀を始め兵団主要幹部の国境視察を増やした結果、ソ軍の「侵攻準備はすでに完成しているのではないかと観察せられこれは兵団幹部の一致した見解となった[39]」と鈴木大佐は回想している。

一方で峯木少将は十九年十二月に樺太へ赴任する際、樋口中将から対米戦準備を命じられ、第八十八師団編成中の三月二十一日には、公式に第五方面軍より、師団主力をもって豊原周辺地区に移動し、南樺太南部の防衛を強化せよという命令が発令された。さらに、同月に第五方面軍は『情報収集要綱』を指示した。これに対し鈴木大佐は次のように回想している[40]。

軍は対米作戦に専念する意図の許に情報収集の努力が指向せられていたが樺太兵団としては当時の情勢上「樺太に侵攻し来るは米ソ何れか先か」を適時判定して、南面作戦か北面作戦かを速かに判定して準備を整えるよゆうを与えることを主眼として情報収集の要領を定めた。

つまり方面軍は対米専念でいても、師団としては国境以北でのソ軍の不穏な動きが無視できず、このような判断をとったのである。

そして六月中旬になると、既述の通り、関東軍から「ソ軍の侵攻準備兵力に関する判断」が送付され、鈴木大佐は自身の経験と樺太の日ソ国境の状況からソ軍が七月中旬に侵攻準備を完了させると判断するとともに、雪野での越冬の困難さを考慮して、ソ軍の侵攻は早くて八月初旬、遅くても九月初旬との確信をえた[41]。

また、鈴木大佐によると、第五方面軍の防衛担任参謀の福井正勝少佐が六月六日に師団司令部を訪問、関東軍の情報同様の説明を行なっている[42]。関東軍の情報とは、六月中旬に同軍よりもたらされた、「ソ連の兵力東送状況を精査の結果、七月下旬には対日攻勢に転得る状態[43]」という旨の重要情報のことと思われる。

このような状況から、二十年六月中旬における師団の情勢判断の判決として、師団は対米専念の任務を対ソ重点に転換し、八月と予想するソ連への侵攻に対し、速やかに準備するを要するとした。そして、その処置として対米専念の任務を対ソ重点に転換するよう方面軍に上申した[44]。

この上申に対する方面軍の回答は「現態勢に変化なし」であった。この回答に対して、方面軍福井参謀は次のように回想している[45]。

第八十八師団参謀長から対ソ転換について電話があり、田熊参謀が大本営に問い合わせていたが、返事は、現態勢に変化なしということで、これがそのまま樺太に伝えられていた。方面軍司令部が本当に対ソとなったのは、ソ連が参戦してからであった。

しかし、ここで福井参謀の回想から、疑問が浮かび上がる。大本営は田熊参謀が問い合わせる前の五月九日に大陸命千三百二十六号別紙「対米作戦中蘇国参戦セル場合ニ於ケル北東方面対蘇作戦計画要領」（以下、大陸命千三百二十六号別紙）で樺太での対ソ戦準備を命じているからである。だからこそ、大本営は樺太での対ソ戦準備を確認するつもりで「現態勢に変化なし」と回答したのであろう。大陸命千三百二十六号別紙は、方面軍から師団には連絡がされてなかったが、方面軍参謀は承知していたはずである。それをなぜ、わざわざ大本営に問い合わせたのであろうか。そして、大本営の回答を文字通り師団に伝えたのであろうか。方面軍参謀は「現態勢に変化なし」の意味がわかっていたはずである。この対応には、樺太での対ソ戦準備を認めないという方面軍の意図が強く感じられる。しかし、六月から七月にかけて国境付近での敵兵力の増強と敵機の国境侵犯が活発になり、現地においてはソ連の脅威がひしひしと肌に感じられた。

第八十八師団はこの後二回、方面軍に対し、対ソ作戦準備態勢への転換を上申した。これに対して、方面軍参謀の福井少佐は次のように回想している[46]。

大本営の作戦方針は北方についても対米第一で、樺太関係では南部樺太を確保して米軍の宗谷海峡突破企図を封殺することを重視していた。ただ対米作戦遂行中ソ軍が参戦する場合も予測してはいたが、依然として南部重視の立場を変えずに進攻するソ軍を撃破するというアイマイな態度であった。この方針を受けた第五方面軍としては、第八十八師団の三分の一の兵力を北部国境方面に配置し、師団主力は豊原以南の地域に展開するよう指導するとともに、状況によっては師団主力を北海道に転進できるよう準備を命じたのである。現地師団は心は北に惹かれながら、体は南に縛りつけられるというジレンマに悩んだわけである。心配は突如事実となって現れた

そして七月二十日頃、第八十八師団参謀長鈴木康生大佐の回想によると、事件が起きた[47]。

七月二十日ごろでした。朝、古屯の第百二十五聯隊第二大隊長渡辺（ママ）辰夫少佐から直通電話があって、ソ連軍が動き出したというんです。国境の北西四キロほどの森林の兵舎に、常駐している約一個師団のソ連軍が、全員兵舎を出て南下しはじめた。こちらが配置した五か所の向地視察隊のうちの四か所までが、その動きを認めたという報告です。師団司令部は大さわぎになり、とりあえず、上敷香で陣地構築をやっていた第百二十五連隊のうち二個大隊を、古屯へ進出させることにしましたが、八十キロあり、歩いたのでは一日半かかるから、トラックと中央軍道ぞいにあった軍用の軽便鉄道に乗せて急遽送りました。

向地視察隊からつぎつぎに報告がくる。ソ連軍はカラマツ、シラカバの森林地帯をぞろぞろ国境に向かって歩いている。戦車やトラックもいるらしいし、偵察に行きましょうか、ともいう。しかし、まだソ連軍は自国領にいるのだから、こちらが偵察のために越境するわけにいかぬ。当時はソ連を刺激するな、という至上命令が生きていました。ソ連軍との戦争ということは、結婚式で離婚の話をすると同じで、話題にしてもいかんというほど気を使っていましたから、わたしは偵察隊を出してもいかんと厳命しました。南下して来たソ連軍は、国境すれすれのところに勢

ぞろいし、その晩はそこで野営しました。

こっちは一晩中寝れませんでしたね。ところが朝になると、ゾロゾロ引き返しはじめたというんです。ホッとはしましたが、本格的侵攻のため予行演習とは考えられない

この事件から鈴木参謀長は峯木師団長と相談の上、第五方面軍の萩参謀長に電話で対ソ防衛態勢への三度目の要請を行ない、八月三日の午後四時頃、「ソ連軍、樺太に侵攻ありたるときは、樺太兵団は対戦するものとす」との連絡を受け、対ソ防衛態勢への転換を図る許可を得た。

第八十八師団の部隊長が師団司令部から、対ソ戦準備の命令を受けるのは、八月六日～七日の団隊長会同の時であった。その為、実質的に、同師団隷下部隊は対ソ戦準備を手に着ける前に、九日のソ連参戦を迎えることとなった。

第五項　中学生にも召集令状が

昭和十九年十二月八日、日本最北の中学校である敷香中学校では配属将校により豊原連隊区司令官訓示の伝達が行なわれた。その内容は以下の通りである[48]。

一　昭和十九年十二月八日付けを以って、中学校生徒の内、満十四歳以上の者は、現役を終えたものと見做し、予備役陸軍二等兵に編入する。
二　以上の者は　豊原連隊区司令部の兵籍簿に登載する。
三　中学校に在郷軍人会を結成する。

これにより、樺太で十四歳以上の中学生に召集令状が送られ、その中学生が従軍したのは事実である。ただし、このような処置がとられたのは、当時敷香中学の学生であった鈴木裕氏の調査によると、樺太の全中学生ではなく、現在判明している予備役編入対象校は、敷香中学、敷香農業、豊原中学、本斗水産の四校だけである[49]。豊原連隊区司令官の訓示はどのような法的根拠を持って行なわれたのか、また、何故この四校のみに対して行なわれたのかは不明である。

ここで少し長くなるが、中学生に召集令状が送られ、それが事実として認定された例として、本間孝氏（当時十六歳）の事例を、第八十八師団参謀長鈴木大佐の回想録から引用したい[50]。尚、樺太で国民義勇隊が招集されたのは、二十年八月十三日であり、本間氏はそれ以前に陸軍二等兵として召集されたことを付言する。

本斗地区特設警備隊員　本間孝さん等の難問題

一　昭和二十年七月、本斗水産学校二年本間孝（十六才）君等は、町役場から赤紙の召集令状を受け、豊原地区第三特設警備隊に入隊、二等兵の階級を与えられた。八月九日ソ軍侵攻に因り警備に就き、終戦の大詔に伴い十六日召集解除、本斗町の自宅に帰り引揚げをまっていた。

二　二十三年八月、一緒に召集や解除された二十九名は、ソ連政治保安部に逮捕された。「自宅待機している残置諜者」との疑いである。ソ連刑法第五十八条第四項（諜略）第六項（スパイ）を適用し、「十年の刑に処し」ソ連送りとなり、強制労働の苛酷な扱いを受け、結核等にかかり、三十年に漸く生きて帰還された。

三①　舞鶴で担当官は「陸軍二等兵」の申告に対し「かかる年少者を召集する筈が無い」とて受け入れなかった。尓後数度に亘り役場等に「身分確認と救済」を求めたが、解決しなかった。

②同君は北海道庁の書類で、特設警備隊編成等を調べた処、正式のものであることを知り更に申請を行なったが、五十五年十月厚生省援護第一課長から「認められない」との回答に接した。理由は

イ　身分は軍属で、軍人の記録はない

ロ　兵役法（昭和二年）では満十七才以上となっている

ハ　樺太の連隊区司令官や参謀長からも「十七才未満の召集は行っていない」の回答を得ている

③そこで同君は当時の関係者の広瀬訓導　橋本伍長　師団司令部付で教育担当の松尾少尉等から詳細な証明書を貰い、諸事情や証明書も入った手紙も小生も頂いた。諸証明書は正確で小生はこれならと思う証明書を書き、尚「十七歳未満の召集を行なったことはない」と回答を差し上げた覚えはなく、柳連隊区司令官も「同様」とのこと。故、「そのコピーをお送り願いたい」と付言したものを本間君の手を経て厚生省に送って貰った。

この後、鈴木氏は防衛研究所から「地区特設警備隊編成要領」の原案を探し出して送ってもらい、この資料を厚生省に本間氏経由でおくり、紆余曲折の末、陸軍二等兵であったことが認定された。

当時十四歳であった鈴木裕氏によると、自身の同期である敷香中学五期生にも召集令状（防衛召集）が送達され、その状況について独自の調査を行なってい、次のようなことがわかっている[51]。

召集令状の送達は凡そ七月二十三・四日頃から、五～六日間の間に各人の親元に送達されている。この時期に防衛召集令状が来て入隊した者で、現在判るものは別添の表のとおりである。

なおこの表の中に「不明」と有るのは、戦後五十年が経過したため、事実関係を忘れてしまっ

た、の意味である。またこの表、及び召集に関しては以下のことが挙げられる。

・この調査は、敷香中学・敷香高等女学校合同同窓会会誌「凍土」の同窓会名簿によっあて、五期生のみを対象として調査を行なった。

・防衛召集は、本人の現住所が敷香町に有る者（寄宿舎生・下宿生を含む）に限られているようである。従って内路・泊岸・新問・知取など、敷香町以外の町・村に現住所の有する者には召集の例は無い。

・朝鮮族の学生に召集は無い。

・五期生の入学時の人員は約百十五名前後であるが、現在同窓会名簿によって消息の判明している者を調査の対象とし、其の数は五十九名である。

・調査から除く対象外の者は、死亡確認二十名（受召集者四名を除く）と、現在に至るも消息不明の者約三十五名の、計約五十五名である。

・調査対象の五十九名を調査したところ、三十三名（死亡の四名を含む）の者に召集令が発せられていた事が判明した。五十九名の五十五％に相当し、五期生焼く百十五名の約二十八％に相当する。

以上の事実から、当然、五十五名の中にも召集された者が存在することが推測できる。仮にこの人数の内、召集者の比率が既述の五十九名と同じだったとすると、約三十名存在することになる。つまり、敷香中学五期生百十五名の内、五十四・八パーセントに相当する六十九名が召集されていたことになる。

これら召集者は陸軍二等兵としての招集であり、軍属ではなかった。召集者の一人、川野名智氏によると、「召集令状と一緒に指示事項で、『二等兵の階級章を作ってもってくるように』と有って、家から階級章を作り持参して入隊したものだった」[52]と証言しているが、このような証言は多々みられる。

この時期、内地で樺太のように中学生が陸軍二等兵として召集された地域は存在するであろうか。樺太は少なくとも現場レベルでは、次の戦場という意識があったのである。

第六項　宗谷海峡の備え

宗谷海峡は日露戦争以来、戦略的重要性が認識されていたが、日露戦争開戦直前の明治三十五年に大岬海軍監視所が設置され、同三十七年に海軍無線電信処が昭和四年まで設置されていた以外、軍事施設はつくられなかった。それは日露戦争のポーツマス講和条約で、樺太周辺の島嶼に軍事施設の設置を禁じていたからである。

しかし、樺太混成旅団設置の発令と同じ年の昭和十四年「大陸と結ぶ日本海の重要性はますます高まり、これまで計画が保留されていた宗谷臨時要塞建設を決定、宗谷要塞の宗谷、西能登呂両砲台の着工が発令され、陸軍築城本部によって工事が進められた」[53]。宗谷海峡より、敵潜水艦が日本海に侵入した場合、日本は腹背からの海上交通路の攻撃を受けることになり、島国日本は、大陸、樺太、北海道、本州、九州が孤立される事態を招きかねないからだ。

尚、西能登呂砲台は樺太の最南端、西能登呂岬に作られた。そして十六年夏には要塞としての機能が発揮できるように完成した。とは言え宗谷要塞は臨時要塞であり永久要塞ではないため、海上から要塞陣地は隠蔽できていても、航空機の爆撃や水上艦艇の砲撃など上空からの攻撃に対する掩蔽工事は不完全であった。

宗谷要塞部隊は函館にて昭和十六年八月十五日に編成され、司令官は金沢秀雄大佐、宗谷要塞重砲兵聯隊長には平野恒三郎中佐が任命された。そして部隊は函館から稚内に移動し、駐屯を開始したのが、九月二十四日であった。そしてまたれた宗谷要塞建設工事は十一月をもって完工したが、新たな命令が発せられ、司令部及び聯隊は強化され、日米開戦直前の十二月三日に編成を完了させた。（第六章535頁収載「宗谷海峡付近防備施設概見図」参照）

宗谷要塞部隊には「樺太と北海道との連絡拠点を確保し、敵の日本海、オホーツク海との通航を制限する、このため、海軍との協同において宗谷海峡を通過する敵艦船を妨害し、近接する敵艦船はこれを撃滅する。また上空、海上、からの敵の攻撃に対して稚内港を援護する[54]」にあった。したがって、連絡船の援護も重要な任務であった。

日米開戦と同時に、海軍は宗仁岬（樺太）、野寒岬（北海道）連結線以東、知志矢崎（樺太）、二丈岩（宗谷海峡上の岩礁）、時前崎（北海道）連結線以西を宗谷海峡防御海面と設定した。海上は西能登呂岬と宗谷岬の双方からの火力で制圧することはできるが、問題は対潜防備であった。潜航して宗谷海峡を突破しようとする米潜水艦を要塞火力で制圧することは出来なかった。

海軍は対潜防御戦備の強化のため、十七年春、樺太最南端の西能登呂岬に西能登呂見張所を設置し、八月には電纜敷設艇初島により宗谷・大岬及び西能登呂岬のそれぞれから海峡中央部に各五基の九七式水中聴音器を敷設した[55]。

一方、陸軍は、昭和十七年九月七日に宗谷要塞重砲連隊は編成を縮小改編が行なわれ、抽出された兵力は北千島に転用された。これは、米軍からみて、アリューシャン列島から北千島へのルートが日本へ侵攻する最短ルートであり、その途上にアッツ、キスカ両島があった。

部隊が縮小された宗谷要塞重砲連隊だが「実質的な要塞火力の低減は避けられた[56]」。なお、改編後の部隊編成は以下の通り[57]だが昭和二十年六月に第四中隊が宗谷・大岬に移動した以外、終戦まで大きな変化はなかった。

宗谷重砲兵聯隊
　連隊長　平野恒三郎中佐
　連隊本部　宗谷・大岬）
第一中隊（宗谷・大岬）
　中隊長　斉藤　広吉中尉
　九六式一五糎加農砲　四門
　三八式一二糎榴弾砲　増加装備　二門
第二中隊（西能登呂岬
　中隊長　北村善四郎大尉
　九六式一五糎加農砲　四門
　三八式野砲　増加装備　二門
　※中隊長は後に第三中隊長高野中尉着任
第三中隊（野寒布）
　中隊長　高野　章一中尉
　三八式一〇糎加農砲　四門
　後に中隊長高野中尉は第二中隊長へ。後任は岩田中尉
第四中隊（声問）
　中隊長　工藤　良吉中尉
三八式野砲　四門
なお大岬、西能登呂及び野寒岬に要塞電灯（いわゆる探照灯、径百糎）各一が装備され、また

大岬には高射機関銃一が置かれ、ほかに三八式一二糎榴弾砲四門を増加装備した。この改編前の同月六日、要地防空部隊として新編された宗谷要塞防空隊が、宗谷要塞に編入されて後日稚内に移駐してきた

宗谷要塞防空隊

八八式七糎高射砲　六門

さらに海軍は十八年春に翌年春に宗谷、西能登呂両見張所を防衛所に昇格させ、海峡の監視体制を強化すると同時に、七月から八月にかけて「宗谷海峡東口に九三式機雷四七〇個を深度一三メートルに敷設し、宗谷海峡の対潜防備力は飛躍的に強化された[58]」。宗谷海峡はアメリカからの援助物資を運ぶ中立国であるソ連船も通過するため、水上艦にとって安全な航路帯をソ連側に通告したであろうし、そのことは、ソ連から米国に通報されたであろう。

昭和十八年になると、米潜水艦が宗谷海峡から日本海に侵入を試み、八月十五日~十六日にかけて、宗谷海峡初の対潜水艦戦が陸海共同で行なわれた。この頃からソ連船には不審な行動がみられた。「この頃、潜航敵潜を守るがごとく、追うがごとく現われた中立国ソ連商船の不審な西航は、砲台の制圧射撃をためらわせ同方向音源のため測的機の音測判定を不能にし、敵潜を可探範囲外に逃れさせてしまった[59]」この潜水艦は日本海侵入に成功し、民間船二隻を撃沈、一隻を撃破座礁させた。

この戦闘から「陸軍、海軍の間に緊密な連繋、特に通信連絡手段が確立されていなかったことと、陸軍側の未試射が招いた効果なき制圧射撃及び海軍側の水測効果の過小評価による対潜艦艇の投入遅滞[60]」という教訓が挙げられた。

陸軍はこれまで、宗谷要塞の存在を秘匿し、海峡において試射を一度も行なったことがなく、要塞からの初めての射撃が実戦だったのである。

この戦闘から日も浅い、八月二十九日、海軍大湊警備府は大湊海軍航空隊稚内派遣隊（水偵）を声問、大沼に開設済みの水上機基地に進出させ、さらに北東方面艦隊は陸攻で編成された第七五二航空隊千歳派遣隊による宗谷海峡の対潜哨戒を強化するといった、対策を迅速にとった。

大湊警備府は機雷敷設艦常盤を旗艦とする掃海艇三、駆潜艇五からなる警備隊を十月に稚内に進出させ、海上交通保護にあたらせた。

これらのかいがあってか、十月に米潜水艦ワフーを宗谷海峡での撃沈に成功する。二十年五月には、大湊警備府は護衛・対潜作戦を任務とする海防艦六隻からなる第一〇四戦隊を宗谷海峡方面に位置せしめ、稚内に司令部を置き、宗谷海峡のみならず、千島方面の海上交通路保護の任についた。

しかし、米潜水艦の攻撃も活発で、第一〇四戦隊の海防艦も二隻が被雷し、戦列を離れている。これら米潜水艦に備えて、宗谷海峡東口に第四機雷堰を設置、宗谷海峡西口には約十一キロに及ぶ機雷堰を設置した。しかし、従来どおり、ソ連を刺激しないよう水上艦船の通航に差支えない深度に設置したため、米潜水艦は浮上したこれを突破した。

日本軍が宗谷海峡に敷設した機雷により損害を受けた潜水艦は一隻だけである。しかし、その一隻は米潜水艦ではないと思われている。

第二節　ソ連参戦判断

第一項　ソ連対日参戦の兆候

戦後、ソ連の対日参戦は「寝耳に水」の出来事であり「ソ連の中立は常識」であったかのように言われているが、本当にソ連参戦の兆候は見られなかったのであろうか。

ソ満国境付近におけるソ軍の不法行為は、昭和十九年夏季以来頻発していた。不法越境（行為）は企図秘匿に関するソ連側の対日心理的措置とも受け取り、関東軍総司令部筋は、第一線の監視部隊が事態発生に馴れ、異常感がそがれるようになることを恐れていた[61]。

ソ連は日ソ中立条約締結以後、日本に対して表面上、中立的態度をとっていたが、昭和十九年十一月のソ連革命記念日の演説でスターリンは公然と「日本は侵略国」と批判した。ソ連は公然と日本を敵視する態度を世界に見せた。

昭和二十年当時、参謀本部内ではソ連参戦の可能性は不可避なものと考えつつも、その時期についての判断は統一されたものではなかった。同年四月五日にモスクワでソ連外務省から文書で日ソ中立条約の不延長の通告が佐藤尚武駐ソ大使になされた。この時、モロトフ外相は佐藤大使に対して中立条約は、その条文通り残り一年間は条約は有効であると明言していた。しかし参謀本部において、条約の残り一年も安全なものであるという判断はなされていなかったようで、この通告は前年ソ連革命記念日のスターリンの対日中傷演説に続く、ソ連の対日参戦への第二のステップであった捉えていた。

事実、昭和十九年六月まで参謀本部ロシア課長だった林三郎大佐は「参謀本部としては、当然きたるべきものがきたと素直に受け取り、ソ連があと一年間中立条約をまもるなどと希望的観測をなすべきではないとも考えた[62]」と回想していることからも、スターリン演説は予想されていた事と言えるだろう。対日戦のためのソ連軍の増強が活発化してきたのは、昭和二十年二月末頃である。これは、シベリア鉄道を使いモスクワと東京を往復したのクーリエ（伝書使）によって確認され、参謀本部に報告されたものであるが、このクーリエは瀬島龍三中佐と思われる。また、この時期はヤルタ会談が終った直後であり、日本側もソ連の動きに注視していた時期である。上記の林大佐はこの時の参謀本部を次のように回想している[63]。

ドイツ降伏三ヵ月後に対日参戦する旨を約束したとの情報を、わが参謀本部は本会談の直後ごろに入手した。その際、ドイツ降伏後のソ連の対日参戦については、なんらの疑いもさしはさまなかったが、三ヵ月後という時間的限定にはかなりの疑念を抱いた。というのは、ソ連は対日参戦の時期として「ただ、一押しするだけで、熟柿が落ちる」ような好機をねらうであろうが、そうした絶好機が果たしてドイツ降伏三ヵ月後に必ずくるとは考えられなかったからである

この回想からは、当時参謀本部内ではドイツ降伏以降、ソ連の対日参戦を既定の事項と捉えており、その時期が問題視されていたことが読み取れる。

また、モスクワの日本大使館陸軍武官室は四月に入るとソ連軍の東行集中輸送の開始を報告するとともに、この動きの性格、規模等を確認するために、武官室の補佐官、浅井勇中佐は帰朝という名目でシベリア鉄道に乗車し、東送軍用列車の様子を観察した。浅井中佐は四月十九日にモスクワを発し、途中チタで下車し、二十七日夜に同地の満州国総領事館から関東軍を経て大本営参謀次長河邊虎四郎中将にあて、次のような電報を打った[64]。

シベリア鉄道の軍事輸送は一日一二〜一五列車に及び開戦前夜を思わしめるものがありソ連の対日参戦は今や不可避と判断される。約二〇コ師団の兵力輸送には約二カ月を要するであろう。

浅井中佐はこの後、五月一日に関東軍総司令部を訪れ、シベリア鉄道の車中から見てきたソ軍の東送状況を報告し、情勢の緊迫に注意を促そうとして、集中輸送は七月いっぱいで終わり、その後はいつ攻撃してきてもおかしくない旨を伝えた。しかし反応は「もっと先だ、少なくとも秋までは出てこ

ないだろう[65]」というもので、これは大本営に報告した際も同じだったそうである。

ドイツが降伏すると戦闘部隊ならびに軍需物資の東送の速度は速くなり、統帥部は「この速度で集中を続行すれば、八月ころには情勢の変転に応じ随時武力の発動可能の域に達する[66]」との見解を示した。

ソ連の対日作戦の最高指揮官であった、極東ソ連軍総司令官ワシレフスキー元帥は回想録に「春から夏のわずか4か月間（5月～8月）に、極東及びザバイカルへ部隊及び貨物を積載した約13万6千両の貨車が入ったし、1945年4月から9月末日までの間に1692の軍用列車が動いた[67]」と東送の規模を記している。浅井中佐が目撃したのは、まさに、その一部であった。

参謀本部でソ軍情報の収集、分析を担当していたのは、第二部（情報）第五課（ロシア課）であった。第五課はソ連の対日参戦の徴候を摑むために、バイカル湖以東のソ連軍（以降、東ソ軍）の動向を重視することとし、文書諜報、クーリエ（外務省の伝書使）、関東軍第一線部隊による向地視察、科学諜報（特殊情報〈暗号解読、方向探知〉その他の電波傍受）など各種の資料を整理して検討を加えた。特に独ソ戦の推移に注目しつつ、東ソ軍の動向に関連する極東向け兵力の東送、動員実施、第一線軍隊の集中、移動、展開に指向した[68]。そして、「ソ連の対日戦略企図を判断するための資料を獲得するために、通常毎年二回、関東軍・駐蒙軍・朝鮮軍・北部軍の主任者を東京に会同し、合同研究のうえ結論を出し、第一線軍に配布するのを例とした[69]」のである。後述する七月初旬の（A案）、下旬の（B案）の素案は、第五課起案のものであった。

その第五課のソ連参戦時期に関する判断は、次の通りである[70]。

ソ軍の対日参戦準備は一応7月末までに完了すると判断しており、その参戦時期について「戦備上今や時間の問題で、8月か遅くも9月初旬ころが危険」と判決し、また「気象条件（雨季、冬季）からすれば、8月下旬ないし9月上旬の算が大」と判決していた。要するに「八月以降は厳戒を要する」と考えたわけである。

しかし、大本営や関東軍総司令部ではソ連の参戦時機について、既述の通り逼迫したものと捉えていないことを第五課は憂慮していたのであろう。第五課長の白木末成大佐は新京の関東軍総司令部の総参謀長秦彦三郎中将のもとへ、課員の白木英夫少佐は札幌の第五方面軍司令官の樋口季一郎中将のもとを訪れ、逼迫した情勢を強く説いた。しかし秦総参謀長は「東京では初秋の候はほとんど絶対的に危機だとし、今にもソ連が出て来るようにみているようだが、そのように決めつけるものでもあるまい[71]」と言い、暗にソ軍参戦時期が少なくとも秋以降となるであろうことの判断を示した。また樋口司令官は安野少佐に対し参戦情報を伝えに来たことと、参謀本部の態度への怒りをあらわにし、特に対策も取らなかった[72]。

ソ連の参戦時機は差し迫ったものとして警告を発していた第五課と対照的な判断を行なっていたのが、第十二課（戦争指導課）であった。七月下旬の某日、統帥部においてソ連の極東増兵を中心とする情勢判断の研究が行なわれた際「八月厳戒説」を唱える第五課の考えに対し第十二課種村佐孝大佐[73]は「それは神経質にすぎる。スターリンはあわてて対日戦に踏み切るほどばかではない。日本の国力軍事力がいっそう弱化するまで傍観し、米軍の本土上陸が開始されてからやおら立ち上がるであろう[74]」との意見を述べた。そして第五課長の白木大佐との間に、激しい応酬が交わされたという。

またこの会議では、第十二課は第五課のみならず、第二課（作戦課）とも激しい論争が行なわれたようである。席上、第二課朝枝繁春中佐（関東軍担当）は、「ソ連は必ず約一ヶ月の後出て来よう。関東軍としては持久策をとるが、その時間的の見通しは極めて短時間である。我が国としては、この際、大局の政略措置を講じ事態を収集する要があろう」と主張し、これに対し種村大佐はまたしても「スターリンは今直ぐ出て来るほどばかではない」と反論している[75]。

このように第十二課種村大佐は第五課長白木大佐や第二課朝枝中佐に対し、ソ連の参戦はしばらく先だという考えを主張しているが、この考えは第十二課のみならず、陸軍省の考えと同じだったようである。陸軍次官若松只一中将によれば「――第十二課が軍務課と二位一体であった関係もあり――前記種村大佐の考えは、本省内における次官以下関係者の意向にも通ずるものであった[76]」という。

第二項　対ソ情報専門家、樋口季一郎「誕生」

樋口季一郎中将は対ソ情報の専門家として、陸軍内部で知らぬ者もいない存在であった。その樋口中将が最後の最後で、ソ連参戦の時期の判断を誤ったのははぜか。

樋口中将の大正七年十一月に陸軍大学を卒業後から第五方面軍司令官に至る軍歴から、ロシア関係のものを抜粋したのが、次の①～⑧である。

①参謀本部ロシア班（東京外国語学校夜間部にてロシア語能力を研鑽）　中尉→大尉
②ウラジオストック特務機関員（シベリア出兵時）　大尉
②ハバロフスク特務機関長（シベリア出兵時）　大尉
③朝鮮軍参謀　大尉→少佐
④ポーランド駐在武官　少佐
⑤ハルビン特務機関長　陸軍少将
⑥参謀本部第二部長（ノモンハン事件時）　少将
⑦第九師団長（関特演実施時）　中将

⑧北部軍司令官（北方軍司令官、第五方面軍司令官兼北部軍管区司令官へと横滑り）

帝国陸軍は建軍以来、ソ連（ロシア）を主敵としてきたが、樋口中将は対ソ関係、特に情報部門に深く携わってきたことがわかる。

大正七年十一月に陸軍大学を卒業（三十期）、そして参謀本部付ロシア班員を命ぜられた。樋口はその勤務の傍ら自身のロシア語能力が不十分であると感じ、東京外国語学校（現東京外国語大学）の夜間部に入学し、ロシア語能力の研鑽に努めた。

日本陸軍は建軍以来、ロシアは常に主敵と考え、多大の労力と英知と国家予算を投じて対露・対ソ戦の研究、将兵への教育を行なってきた。十四歳の時に入学した大阪陸軍幼年学校から軍歴が始まり、中央幼年学校、陸軍士官学校、陸軍大学と、本人のたゆまぬ努力により進んできた樋口には「主敵はソ連」という考え方は、当然、刷り込まれていた。

陸大時代、樋口中尉は主敵たるソ連人の言語であるロシア語を第二外国語として学び始めた。本人によるとロシア語を学び始めたきっかけを陸大側からの勧めによるものとして、次の様に回想している[77]。

> 学校当局は私のドイツ語はまずまず可なりであるからこの際第二語学としてロシア語を習うべきである。又、日本陸軍の目標はロシア軍にあるから、ロシアに関する研究は極めて重要だとして極力勧奨したことに端を発している。

陸大卒業後、樋口中尉は参謀本部第二部ロシア班に配属された。当時の尉官将校の給料は決して高くなく、「貧乏少尉、やりくり中尉、やっとこ大尉」と言われた時代であり、樋口は既に二児の父親であった。それでも、自ら東京外語学校に通う樋口中尉の姿勢に、対ソ研究への強い想いを感じる。

また、この時、同校で知り合い、一生の友となるのが、後の関東軍総参謀長秦彦三郎中将であった。

このように、陸大卒業後の十一年間（中尉、大尉、少佐時代）の大半を対露・ソ情報に携わりつつ、自己研鑽にも励んだ。

また樋口中将の対ソ情報、情勢分析力に大きな影響を与えたのは、高柳保太郎少将（当時）だと思われる。高柳少将は当時陸軍きってのロシア通として知られ、対露・ソ諜報活動の先駆者と言ってもいい人物である。その高柳少将は樋口大尉が参謀本部ロシア班在籍時代の第二部長（情報担当）でもあり「ロシア研究の先覚者の一人である。彼は後日ウラジオ派遣軍参謀長となり、私は直接指導を受けた。彼は緻密な性格の持ち主であり、伝聞の按分のごときは彼のために赤く彩られた[78]」と評している。

樋口中将は少佐時代、公使館附駐在武官としてポーランドで勤務している。参謀本部はソ連情報収集のためにソ連周辺の国に武官を配置し、「様々な活動」を行なっていた。中でもポーランドはロシア「研究」のための最重要国と参謀本部では位置づけ、駐在武官は慎重に選んでいた。樋口のこれまでの経歴から判断して、将来の「ロシア屋」として期待をされての配置と思われる。

ポーランドは歴史的にロシア、ドイツ、オーストリアに分割され、その領土に組み込まれていた時期が長く、独立意識も高かった。第一次世界大戦後、ポーランドはついに独立を回復したが、独ソ二大陸軍国に挟まれ、兵士の数はいても、武器の質等では劣っている反面、情報活動や暗号技術に長けた国であった。

ポーランド在勤時代、ヨーロッパスタイルの作法を身につけた樋口少佐はワルシャワの社交界に出入りし、ダンスの名手として各国外交団にその名を知られていた。そしてクリスマスに在ワルシャワ英国大使館で開かれた仮装舞踏ではサムライ姿で出席[79]した。まさかサムライの格好を日本人、それも武官がしないだろうという先入観を持った出席者達は、「サムライ」が誰だかわからなかった。しかし、それが樋口だとわかった瞬間、会場は湧き立ったという。樋口少佐はこのようなユーモアのセンスもあり、駐在武官としてポーランドやポーランド駐在各国の外交官、武官との「交際」を積極的に行った。しかし、日本本国の陸軍将校の中には、樋口少佐の社交活動に積極的な姿勢に対する批判もあった。樋口少佐は「情報活動を円滑に行う」「ポーランド軍部との関係を深める」といった「目的」のために、「社交活動」という「手段」を用いただけであるが、欧米の社交会に不慣れな日本人の軍人世界では、理解してもらうのは、難しかったようだ。

樋口少佐はポーランド軍部や各国外交官、武官との積極的な交際と、日本陸軍を代表する軍人としての毅然とした態度により敬意と信頼をかち得たのみならず、樋口は情報将校としても大きな武勲を立てた。

一つはポーランドからの暗号技術導入に関してである。

樋口少佐はポーランド軍部と良好な信頼関係を築き上げ、同国の進んだ暗号技術取得のために日本から初めて派遣されて来た同期の百武晴吉少佐と工藤勝彦大尉を「幅広い人脈で支えた[80]」。もちろん、日本陸軍はポーランド陸軍から暗号解読技術の指導を受けるようになるには、樋口少佐一人の力だけでなく、日本・ポーランド両国の思惑があったのは言うまでもない。しかし樋口少佐がポーランド側との信頼関係を築き上げていたことは、両国の軍事交流を円滑に行わせ、その後深く且つ長く続かせた。この交流は「ポーランドはとりわけロシア・ソ連に対する暗号解読において、他国の追随を許さなかった[81]」だけに、日本にとって貴重な財産であった。

先の大戦は、日本の同盟国であるドイツがポーランドに侵攻したことにより始まったが、それでも日本とポーランドの情報交流はひそかに続いた。後にスウェーデン大使館付駐在武官であった小野寺信陸軍少将が入手した、ヤルタ協定の内容とソ連の参戦に関する情報源は、在ロンドン・ポーランド亡命政府にて枢要な地位を占めたポーランド軍情報関係者からだった。

二つ目は、ロシア革命後、日本武官として初めてソ連のウクライナからコーカサス地方にかけて、一ヶ月に及ぶ「旅行」をし、詳細、且つ、最新の情報を纏めた報告書を参謀本部に提出したことである。

当時のポーランド駐在武官達は貴族が多く、ロシア革命まで靴職人であったソ連武官は祖国の政治体制と自身の前職から各国武官から無視されていた。そのソ連武官と樋口少佐は武官夫妻を自宅に招待するなど「仕事を超えた」交際をした。筆者が樋口少佐とソ連武官の交流を「仕事を超えた」という表現を用いたのは樋口中将は「弱者を労わる」気質の持ち主であったからである。また樋口の三女である橋本不二子氏、四女である斎藤智恵子氏によると「弱者を労わる」という姿勢は樋口家の家風だったそうである。各国武官に無視されたソ連武官が樋口には「弱者に見えたのだろう」。

樋口中将は中央幼年学校時代、武道の授業で必要以上に同期生に厳しく対する学生と同期生を守るために喧嘩をしたり、尉官時代に真夏の行軍訓練の際、部下が倒れない程度に休憩をとらせ、他の部隊の兵から羨ましがられた。また、ハルビン特務機関長時代に遭遇したオトポール事件で満ソ国境で立ち往生していたユダヤ人達を救った話は良く知られている。

話を戻すが、ソ連武官との交流から信頼を勝ち得、積極的な協力をえることにより、特別に上記「旅行」が認められたのである。尚、この「旅行」には駐ソ連大使館付陸軍武官補佐官であり、樋口少佐を兄とも慕う、秦彦三郎少佐も同行した。秦少佐は樋口少佐が東京外語学校時代以来の親友だった。しかし秦少佐とは、先の大戦では、アッツ島の戦闘の際や、樺太における対ソ戦の際、不幸な形でかかわることになったが、秦中将がシベリア抑留を終え、帰国後も交流は続いた。

樋口はポーランド駐在武官を終えた後も、対ソ諜報の最前線であるハルビン特務機関長や参謀本部第二部長などを歴任し、対ソ研究を続けていた。

ただ、樋口は単に「敵」であるロシア・ソ連を撃破することのみを考えていたのではなく、その民族、文化など幅広く興味を持って研究し、ソ連という国家を理解しようとした。

樋口中将の三女と橋本不二子その御夫君である橋本嘉方氏、四女斎藤千恵子氏によると、戦後、樋口はレフ・トルストイの『アンナ・カレーニナ』の翻訳を趣味で完成させていた。生前、樋口が書き溜めたものを没後、橋本嘉方氏が編集した『遺稿集』にはアンナ・カレーニナ評まで書かれている。樋口にとってのロシアは仕事以上のものであったと筆者は考える。

第三項　主敵はどちらか——樺太防衛態勢に関する第五方面軍の指導の推移

先の大戦に日本が参戦後、樺太では対ソ戦配備のままであったが、昭和十八年五月のアッツ島玉砕以降、対米、特に樺太南部の防衛をいかにするかということが、現地部隊では、考えられるようになった。

そして、同年十月十二日、「北方軍[82]」司令官樋口季一郎中将は、隷下各兵団長、各部隊長を集めて、以下の五点を提示した[83]。

①全軍の最前線は北千島
②米軍は一九年五月頃、千島に侵攻してくるだろう
③十九年三月までに、陣地強化及び、訓練の完了
④米軍侵攻時は、同方面への緊急派兵の可能性があるので、そのための訓練と軍紀、風紀の振作に努めておく

その結果、樺太兵団参謀の鈴木康生大佐は、翌十九年の樺太兵団の年度防衛の一般構想で、部隊配

置を対ソ（北部重点）か対米（南部重点）のいずれに重点を置くべきか悩んでいた。その回想録の中では「主任務たる北方防衛を重点とするも南部の対米準備も放置し得ずと判断し、余力で先ず南部海岸の要地の築城を行なう。兵営が気屯に在り対ソ能力を向上させるため、歩一二五連隊に北部を、歩二五連隊に南部の築城をさせる。南部は兵団独自の考えで断行されたものだ[84]」と記している。

ただ、その一方で年明け早々に両連隊の将校全員にソ連軍の戦法を二日間教育しているところからすると、身体はアメリカに向けようとしても、頭はまだソ連に向いていたようである。

そして、いよいよ米軍侵攻の危機が高まって来たということであろうか。

十九年三月十六日に内地軍である北方軍は作戦軍である第五方面軍に改編された。

さらに、十月に事実上の樺太「兵団長代理」であった鈴木大佐が樋口司令官の突然の来樺により、樺太防衛のための指導を受けたのは既述の通りである。

既述の通り、石田保少将を経て峯木十一郎少将が新兵団長として着任した。

この人事について「峯木閣下の樺混赴任は石田閣下急逝前から既定の線であったような気がする[85]」と上記新井中佐が回想していることも付け加えておく。

峯木兵団長は着任に際し、札幌で樋口司令官と面談したが、その際司令官より「樺太は主として対ソ作戦に重点を向けていたが、今後は一部を以て対ソ、主力を以て対米作戦に備えよ[86]」と言われている。つまり、今まで樺太は対米戦の準備が主ではなかったということである。

とはいえ、峯木少将の着任時の印象としては「実際には北を向いていない印象を受けた。然し鈴木参謀の頭を南に向ける事に苦労した[87]」そうである。

これ以降、米軍が本土、北海道進攻の準備として樺太に拠点をつくるという想定の下で、峯木少将自ら樺太防衛（対米）計画を立案したという[88]。

日本陸軍は建軍以来、ロシア・ソ連を主敵と考え、様々な作戦計画を立て、教育・訓練を行なってきた。戦後を知る者から見たら、昭和十九年にもなって、まだソ連を向いているのかという印象を受けるが、陸軍、特に満州や樺太のようなソ連と直接対峙している部隊にいる軍人からは違うものが見えていたのだろう。

既述の通り、昭和十九年のソ連革命記念日でのスターリンの演説では、日本を侵略国と呼んでいる。ソ連という国を知る陸軍軍人として、日本の戦力が弱体化していくことは、それだけソ連の対日参戦の誘惑に駆り立たせるという判断も出てくる。

さらに満州から抽出された有力部隊が南方で米軍と戦って負けているという感覚を、彼らは持っていたであろうか。関東軍の精鋭部隊は戦場に到着する前に輸送船が沈められ、十分な力を発揮できなかったから、負けている。それも物量で負けているのであって、日本陸軍がアメリカ陸軍・海兵隊に負けているという感覚はなかったのではなかろうか。

太平洋の島々で米軍と直接干戈を交えていない軍人の知る米軍とは、第一次大戦の際、日本の観戦武官がヨーロッパで見た戦闘に不慣れな米軍と、今次大戦初期に日本軍に短期間で降伏した米軍ではなかったのではなかろうか。ガダルカナル戦以降、米軍と実際に戦っていない軍人にはそれ以上の印象・先入観から脱することはできなかったことが考えられる。それ故、開戦以来、ソ連との国境を守ってきた軍人には、陸軍の建軍以来の主敵、ソ連軍への備えを無視できなかったと推測する。

鈴木大佐もそのような一人であったのかもしれない。

その鈴木参謀の前任地はハルビン特務機関であり、大戦勃発後一度もアメリカ軍と戦っていない。その夫人の父親は元駐ソ大使である陸軍中将建川美次である。建川中将は日露戦争の際、騎兵の特性を活かし、五名の部下を率いてロシア軍の勢力圏奥深くまで挺進し、情報を持ち帰り、英雄とされ、戦前のベストセラーである『敵中横断三百里』のモデルともなった人物である。樋口司令官同様に、鈴木参謀もまたロシアと関わって来た人物である。だからこそ、従来の「対ソ戦」方針に捕らわれず、キスカ島や千島列島で米軍の手強さを知り、先入観なく対米戦を考えられる峯木少将自らが、「本土、北海道進攻の準備として米軍が直接樺太に足がかりをつけると云う想定[89]。」で樺太防衛計画を立案したと思われる。

昭和二十年二月二十八日、軍令陸甲第三十四号により樺太兵団[90]を基幹とした第八十八師団の編成が下令された。師団は編成完結前の三月二十一日に方面軍より師団主力を豊原周辺地区へ移動し、南樺太南部の防衛を強化するよう命令を受けた。この命令は従来の対ソ指向の防衛態勢を正式に対米指向の防衛態勢に転換することを意味していた。

樺太混成旅団は創設以来、南樺太北部の上敷香に司令部を置き、主力部隊を北部国境地帯に展開させていたが、この命令により南樺太の行政の中心地であり、島内で唯一、市制がひかれていた豊原に司令部を開設し、主力部隊も移動させたのである。

これらのことについて、鈴木参謀長は「昨秋豊原で軍司令官の防衛検討の際の、自分の意見がその儘実現だ[91]」と感じたと回想し、また、「峯木師団長ともども『師団は対米に専念するよう命令された』[92]」とも回想している。この命令を出した樋口司令官は、当時の樺太防衛に関して「5HA[93]としては樺太に関する限り、対陸は対露であることは当然でも、対海の準備を必用とすれば現に戦ひつつある米軍を考へ且つ考えしむることがよろしく、直接的でせう[94]」と回想している。状況から判断する限り、第八十八師団の樺太南部への主力部隊の展開は対米防衛態勢を取ったものだと言える。

北東方面の防衛を担当する第五方面軍はこの時、米ソのどちらが先に侵攻してくるか、ソ連参戦まで統一した見解が出せていなかった。まず侵攻時期については、ソ軍が冬季作戦に秀でている点と、日ソ国境に広がるツンドラ地帯から鑑み、二十年の冬季になる公算が大であるとしていた[95]。

以上から考えると、大本営は米ソそれぞれが樺太方面に来攻する時期を米軍は二十年秋、ソ軍は二十年冬とみていたと判断できる。方面軍の田熊作戦主任参謀は米軍の本土侵攻へのへの方面軍として対処としてどのように考えていたか、次のように回想している[96]。

いずれにせよ、米軍が本土侵攻作戦を行なう場合、北東方面に牽制作戦を行ないわが国軍をこの方面に拘束しようとすることは当然考えられることで全然来攻しないと速断するのは危険でもあり、方面軍は方面軍なりに対策を講じたのである。

そして樋口司令官も「第一　対米作戦準備　第二　対蘇作戦準備と云う信念[97]」を持っていた上「ソ連の進攻は、当然米ソ協同作戦である[98]」と回想している。つまり、ソ連が単独で米軍より先に、樺太の日ソ国境を越えることはない。米軍が北東方面に侵攻し、日米両軍が戦い、米軍が硫黄島や沖縄のような損害を受けつつも、日本軍（第五方面軍）に大打撃を与えた時期を見計らってソ連は対日参戦。これにより、ソ連軍は実力を以て、確実に「ヤルタの分け前」である樺太や千島列島、さらに北海道も占領する可能性を樋口司令官は懸念していた[99]。

日本から見た樺太、北海道の本土決戦における位置づけは、樺太北部は、北海道との窓口である樺太南部の前線基地であり、樺太全島は北海道防衛の前進基地である。その北海道は本州防衛の為の前進基地という判断を大本営も第五方面軍自身も行っていた。第五方面軍司令部が編成された昭和十九年三月の時点で、北東方面に対する米軍の侵攻企図について日本本土占領のための、最短距離の侵攻ルートと判断していた。

この考えに基づき、第五方面軍司令部編成と同時に、千島列島防備のための第二十七軍司令部も編成され、千島列島防衛につとめた。さらに国後島の対岸である道東への侵攻についても、釧路から根室にかけての計根別台地と想定した。このため、この一帯には日本本土に残る最精鋭師団、第七師団

〈右〉日本最北端に位置する稚内市の稚内公園に立つ樺太島民慰霊碑「氷雪の門」。樺太で亡くなった日本人の霊を慰めるため昭和38年3月、遠く樺太の地を望むこの高台に建立された。〈上〉日露戦争前の明治35年、北海道防備のため宗谷岬に建設された旧海軍望楼。宗谷海峡を一望出来るこの望楼は、太平洋戦争中は、対潜水艦監視に使用された。現在、稚内市内に残る唯一の明治時代の建造物である。

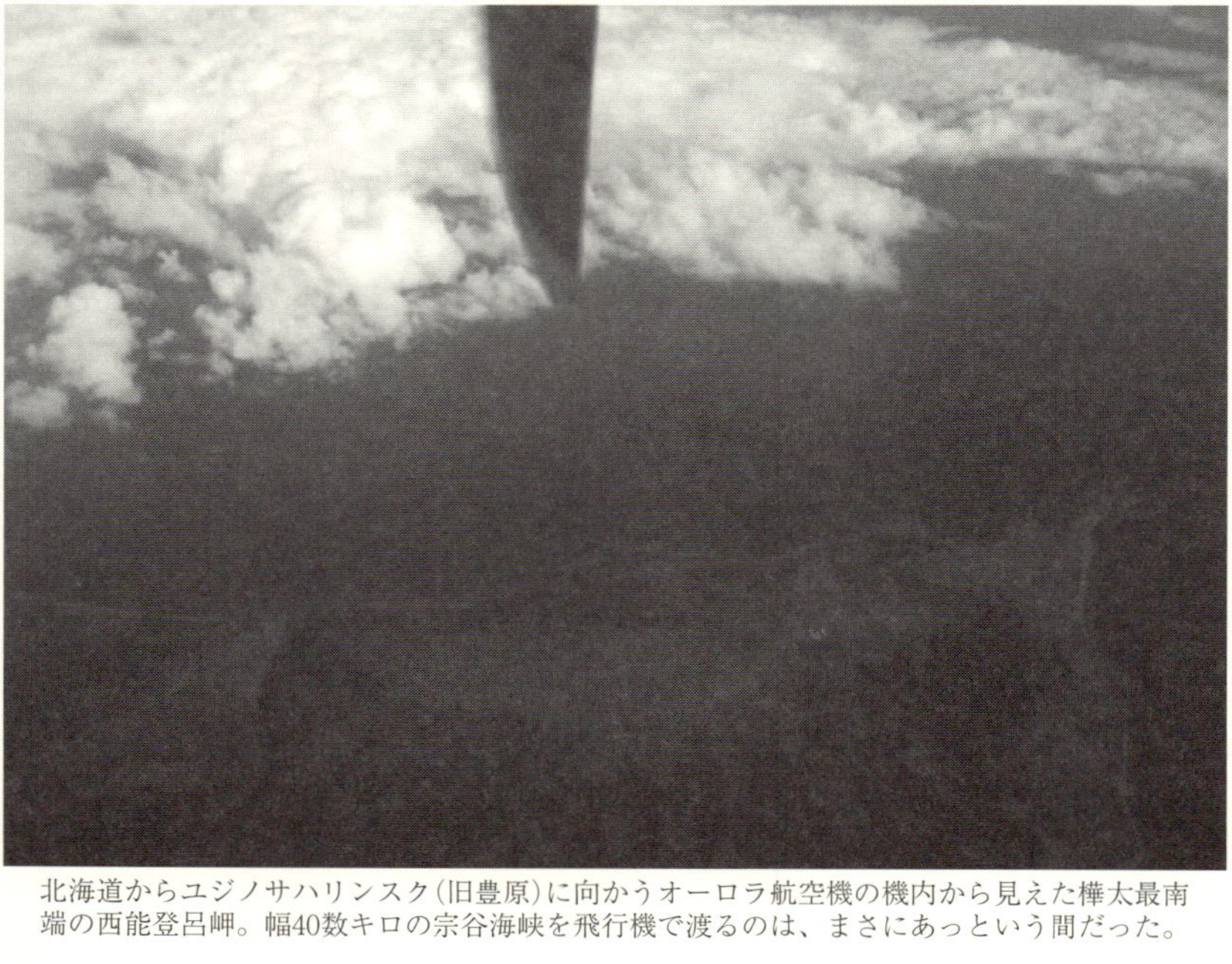

北海道からユジノサハリンスク（旧豊原）に向かうオーロラ航空機の機内から見えた樺太最南端の西能登呂岬。幅40数キロの宗谷海峡を飛行機で渡るのは、まさにあっという間だった。

〈上〉昭和19年10月、樺太を視察に訪れた第五方面軍司令官・樋口季一郎中将(前列中央)。〈左〉樺太の要地を視察する樋口司令官と幕僚、指揮官達。樋口司令官は、対米戦を意識して樺太南部を防衛の重点とする部隊運用を指導した。

樺太に駐屯する樺太混成旅団麾下の部隊を検閲する樋口司令官。昭和20年2月末には、同旅団を基幹として第八十八師団が編成された。

が陣地を構築して待ち構えていた。その後、米軍が当該方面への侵攻の可能性が低くなったと判断した大本営・第五方面軍は兵力を本州や九州、北海道（北海道本島から本州・九州へ抽出された兵力の穴埋め）に抽出した。それでも、道東の第七師団は残り、飛行場のある択捉島には第八十九師団が米軍の上陸に備えていた。

今戦っている相手、即ち米軍は、南太平洋の島々に上陸する際、機動力を活かして「蛙飛び作戦」で日本軍の意表を突くと同時に、分断し、より少ない犠牲でより大きな戦果を挙げている。これと同じ作戦を北東方面で米軍が取らないという保証はない。従来の考え方であれば、米軍はアリューシャン方面から島伝いに北千島を攻撃してくるという想定で、満州から戦車連隊を始めとする多数の部隊を千島列島に抽出し、強力な防衛態勢を取って来た。

第五方面軍作戦参謀であった新井中佐は「昭和十八年夏の頃以降の米の蛙飛び戦法に対応し、中、南千島、及び南樺太の防衛強化が重点となり」と回想している。例えば樺太南東部に上陸すると、大泊には海軍の飛行場が、豊原、落合には陸軍の飛行場もあり、これを占領すれば北海道上陸作戦の拠点となると同時に、対ソ牽制に役立つ。

そもそも、米軍の意図、つまり北海道全島を占領するという積極的意図を持つ場合と本州攻撃（東京爆撃）の為の飛行場確保が目的の場合では上陸地点が違う。

北海道全島占領を意図するなら、海峡突破だけでなく、北海道の政治経済の中心地である札幌方面の占領を考え、まず樺太南部を占領する。その後、大泊の港湾施設及び、飛行場を拠点として石狩平野に上陸し、札幌や千歳基地（東京爆撃のために占領）を攻撃する事が考えられる。石狩湾から札幌までの距離は「指呼の間」である。また、将兵の質、訓練、装備が共に充実している第七師団が待ち構え、犠牲の多い道東に上陸するよりは、宗谷海峡を突破し、石狩湾から上陸し、方面軍司令部のある札幌を占領し、そのまま太平洋に向かって進撃すると千歳基地がある。千歳基地は北東方面最大の海軍の飛行場がある。千歳基地から苫小牧方面に構築された陣地は太平洋に向かっていたが、札幌方面から米軍が侵攻してくるとわかっても、米軍の制空権下で、建設機械でなく、人力で陣地を構築する日本軍が新たな防御陣地を短時間で構築するのは極めて困難であろう。

もちろん、沖縄をはじめとする太平洋の島々で見せた米艦隊の圧倒的な艦砲射撃で苫小牧の海岸地帯から千歳方面の陣地を制圧し、苫小牧港を拠点に、千歳、札幌方面に進撃した方が時間的に早く補給も容易だという考えも存在する。

本州攻撃（東京爆撃）の為の飛行場確保を意図するなら、米軍は味方の損害の最小限化を図り、既に飛行場がある択捉島及び北海道東部の計根別台地を占領するに止めたであろう。計根別台地の飛行場からのB29による東京爆撃は十分可能である。

宗谷海峡突破の際、第八十八師団は樺太南部にある飛行場、港湾施設を米軍に渡さないためにも、師団主力でこれを撃退せねばならない。しかし、樺太防衛は現有兵力が限界であるが、樋口司令官は、その遺稿集の中で[100]、

約一ケ師団の微弱兵を以て、樺太を完全に防衛するの絶対不可能なるを信じつつ、私は歩兵第百二十五聯隊を基幹とする国境部隊を以て、逢見山を利用する築城を行なわしめ、主力を以て栄浜、即内寒山の線を以て而して樺太中心部を防衛せんと決心したのであつた。

と当時の判断を記している。因みに、樺太中心部とは、樺太南部のことであり、逢見山とは上記文章の前後の文脈からすると八方山との間違えではないかと推測する。

従って、北海道本島防衛を優先させるという前提で、樺太の限られた兵力では米ソどちらが侵攻してきても、北海道防衛のためには、敵の拠点となる樺太南部防衛を優先せざるを得なかった。元々、

樋口司令官は「参謀は東京に頭を向けよ[101]」と、出先の判断より中央の判断に従うよう、日頃から部下に示していた人物だという点も忘れてはいけない。

さらに大本営は第五方面軍からの兵力の抽出を命じるのであった。

大本営では、昭和二十年初頭より、新作戦方針に基づいた本土での兵力増強を考え、三月二十日、作戦準備の促進のために本土各方面軍参謀長及び関係幕僚を招集し「決号作戦準備要綱」を内示した。それによると、第五方面軍の作戦地域に米軍が侵攻するという決一号作戦以外の二号から七号までの作戦が実施となった場合は「第五方面軍から適時二コ師団を本州方面に転用される予定であった[102]」。

四月十九日に、大本営陸軍部参謀の原四郎中佐が第五方面軍からの兵団転用「連絡」(相談ではない)のために来道。原参謀はラバウル島の第八方面軍司令部より同年三月に帰国し、参謀本部作戦課に「決号作戦戦[103](主任)」兼北東方面担当[104]として着任したばかりであった。原参謀は来道の目的を次のように回想している[105]。

二十年三月十九日私がラバウルから着任してまず気づいたことは、北東から二コ師団ぐらい抽出できるのではないか、ということであった。ラバウルの経験からも、北東に米軍が来ることはないだろう、という考えが強かった。したがって渡道の目的は方面軍司令部に抽出の方針を伝えるためであって、これから抽出できるかどうかを検討するためではなかった。もちろん方面軍としては、いかに抽出するかが問題であったと思う。考え方としては、北海道から本州へ、千島から北海道へ、というものである。

原中佐の今回の来札に際し第五方面軍司令部は、萩参謀長以下、方面軍参謀達は原中佐とともに、東部北海道及び樺太を視察し、樺太の防衛態勢について以下の結論に達した[106]。

樺太方面ハ第五方面軍背後ノ安全感確保上該地ヨリノ兵力抽出ハ適当ナラス、而モ国境附近ハ対蘇防衛戦ニ於テ其ノ出鼻ヲ叩ク必要上、歩兵一連隊以下トナスハ適当ナラス、但シ、他ノ主力ハ豊原平地防衛ノ為移動セシムルヲ可トス。

この後、原中佐は第五方面軍から二個師団抽出するとしており、五月一日から六月一日の間に立て続けに命令を出して、第百四十七師団と海上機動第四旅団は関東地方へ、第七十七師団と海上機動第三旅団は南九州へ抽出した。特に質的に充実して来ていた第七十七師団の抽出の影響は大きかったようである。「方面軍ハ第百四十七師団ノ逐次充実スルニ伴ヒ、之ヲ苫小牧及内浦湾西岸地区ニ推進シテ第七十七師団ト交替セシメ同師団ハ之ヲ旭川南側地区ニ掌握シテ機動決戦兵団タラシメントシ夫々内報スル所アリ」[107]としていたからだ。新井中佐から作戦参謀を引き継いだ田熊利三郎中佐によると、方面軍は従来より予備兵団がなく、本来ならこれに使用したい第七師団も道東に展開して作戦準備も進んでいるため、これを抽出するのは困難と判断。そこで、苫小牧方面に配置されて日の浅い第七十七師団と第百四十七師団を交替させ、予備兵団にしようと判断していた[108]。また第七十七師団の方が装備もよかった。

これら兵団の抽出により、北海道本島に残される師団は道東に展開していた第七師団のみとなり、樋口司令官は「自己兵力の手薄を感ぜざるを得なかった。否それよりも、これだけの兵力を抽出されては、大規模なる配備変更、作戦構想の練り直しを行なわなければならぬ[109]」とその時の危機感を回想している。そこで大本営は第五方面軍のそれまでの決戦的な任務を持久的なものに改め、ドイツ降伏以降、緊迫度が一層高まっている対ソ情勢を鑑み、対ソ作戦準備の準拠を示した。

そして第五方面軍に大陸名千三百二十六号が発令されたのである[110]。

大陸名第千三百二十六号（昭和二十年五月九日）

命令

一、大本営ノ企図ハ本土ニ侵寇スル敵軍ヲ撃滅シテ其非望ヲ破摧スルニ在リ

二、第五方面軍司令官ハ　敵ノ北東方面ニ対スル空海軍基地ノ推進ヲ破摧スルト共ニ　日本海ニ対スル敵ノ策動ヲ防遏スルニ努メ　以テ本土決戦ノ遂行ヲ容易ナラシムヘシ

（一）戦備ノ重点ヲ北海道本島ニ保持シ来攻スル敵ヲ撃破シテ敵空海基地ノ推進ヲ破摧スル千島列島及樺太ノ各要域ヲ確保ス

（二）宗谷海峡及ビ津軽海峡沿岸ノ要域ヲ確保スルト共ニ海軍ニ協力シ　以テ日本海ニ対スル敵ノ策動ヲ防遏スルニ務ム

（三）自戦自活態勢ヲ急速強化ス

三、第五方面軍司令官ハ　別紙「対米作戦中蘇国ノ参戦セル場合ニ於ケル北東方面対蘇作戦計画要領」ニ基キ対蘇作戦準備ヲ実施スヘシ

四、第五方面軍ノ作戦地域　大陸命第千三百二十六号ニ基ク陸海軍ノ指揮関係竝大陸命第千八百十四号ニ基ク北海道本島及千島列島方面ノ直接防衛作戦ニ関シ第十二航空艦隊司令長官ヲ指揮スルコト故ノ如シ

五、第五方面軍司令官ハ　任務達成ノ為　所要ニ応シ第一総軍司令官、航空総軍司令官及関係海軍指揮官ト協同シ　且相互協議シ　所要ノ部隊ヲ第一総軍地域ニ派遣シ　又其指揮関係ヲ律スルコトヲ得

六、細項ニ関シテハ参謀総長ヲシテ指示セシム

別紙　対米作戦中蘇国参戦セル場合ニ於ケル

北東方面対蘇作戦計画要領
第一　作戦方針
来攻スル敵ヲ撃破シテ北東方面ノ皇土ノ要域ヲ確保ス
第二　作戦指導要領
一　樺太ニ在リテハ作戦ノ重点ヲ対蘇作戦ニ指向シ　来攻スル敵ヲ撃破シテ　南部樺太ノ要域ヲ確保ス
二　千島列島及宗谷海峡ハ依然其要域ヲ確保シテ米蘇ノ遮断ニ務ム
三　蘇軍ノ北海道来攻ニ方リテハ　状況ニ即応シ随所ニ敵ヲ撃破スルニ努メ　以テ北海道本島ノ要域ヲ確保ス

このように樺太混成旅団が設置されて以来、樺太では攻勢に終始した対ソ作戦計画が、大本営より防勢任務に転換させられた。その後の歴史を知る者には、いささか遅すぎる気がしないでもない。また、本州方面への兵力抽出により弱体化した第五方面軍の新任務について樋口司令官は「北海道本島と雖も、場合によりては東半分は、これを放棄する事あるべきを予期した」[111]と回想している。第五方面軍の最重要地域である北海道ですら、このような防衛方針を採らざるをえないのだから、樺太に於いては何をか言わんやといったところである。

原中佐は五月にも北東方面対ソ作戦計画要領を説明するため北海道、樺太へ出張し、以下の大本営の判断を伝えた[112]。

（1）　米軍は北東に来攻しない。

(2)　北東方面は対ソを第一義とする考えに転換している

而してさらにソ軍の上陸は次の二方式が考えられた。

(1)　樺太――ワッカナイと着実方式

(2)　直接札幌平野を衝く方式

これを受けて第五方面軍は、宗谷海峡両岸確保の為、南部樺太要域確保のために第八十八師団主力を樺太南部に配置するだけでなく「五月二十五日、達作命甲第一五四号をもって、宗谷地区防衛兵力強化のため第四十二師団主力の同方面転用が発令された[113]。」した。当時第四十二師団は中千島に配置されていたが、米潜水艦の北海道近海における積極的な行動と、配船手配関係上、北海道への転進は遅れ、全部隊の到着を待たずして、終戦を迎えた。

樋口司令官は樺太の防衛態勢について、次のように語っている[114]。

我が対ソ陣地は国境に沿い、北面すべきであった。若し東西南の海面にして安全感ありとせば、我が対ソ陣地は国境に沿い、北面すべきであった。然れども、今や主なる敵が米国であり、副の敵がソ聯であることを予想する私として、ソ聯の進攻は、当然米ソ協同作戦であるが故に、三方や海面よりする攻撃をも考慮にいれるべきだった。

対ソ戦に於いて、国境での戦闘は国境から約十六キロの古屯までの、それも主に中央軍道付近で行なわれたが、ソ連参戦後、実質的に越境してくるまで二日の猶予があったため、将兵は事前に構築されていた北向きの陣地（対ソ戦用）を占領出来ていた。そして、八月十五日以降も第五方面軍の命令に従って自衛戦闘を継続した。第五方面軍参謀副長星駒太郎少将の戦後回想によると、第五方面軍はソ連軍の北海道攻撃を警戒しており、あくまでも樺太師団こと第八十八師団が勝手に戦闘を継続しているという立場をとっていた。そのため自身が八月二十日に札幌から樺太の落合飛行場に飛び、同地経由で豊原に入った際、ソ連に知られないよう、細心の注意を払った。北海道から樺太に飛行機が飛んだことがソ連側に知られると北海道が報復爆撃をうけると考えたからである。

この時、豊原の師団司令部を訪れた星参謀副長は峯木師団長に「方面軍はひどい。停戦命令とそれに続いて自衛戦闘をやれ、という要領を得ぬ命令一本で、一週間もわれわれをほうりっぱなしにしておいた。方面軍は冷たい」[115]と不満をぶつけられた。

話をもどすが、五月下旬から六月上旬と思われる時期に、大本営は「国土決戦準備要綱」を示し、同時に方面軍の任務の更改の指示を伝達した[116]。

1　国土決戦準備要綱中必要事項

イ〜ハ　中略

ニ　使用作戦兵団

北東方面ノ作戦ニ方リテハ方面軍現有兵力、但シ主決戦方面作戦ニ際シ適時一乃二師団本州ニ進出シ得ル如ク準備。

2　第五方面軍ノ任務

北東方面ニ対スル米軍空海基地ノ推進ヲ破摧スルト共ニ、海軍ト協同シテ極力米艦艇ノ日本海方面進出ヲ防遏ス。

之ガ為、

イ　千島方面ニアリテハ要域ヲ確保ス。

ロ　樺太方面ニアリテハ南部樺太ノ要域ヲ確保ス。

ハ　北海道本島方面ニアリテハ上陸スル米軍ニ対シ、適時之ヲ撃滅シ其ノ企図ヲ挫折ス。

ニ　宗谷及津軽両要塞守備隊ヲシテ、水上作戦ニ関シ連合艦隊（大湊警備府）司令長官ノ指揮ヲ受ケシム。

3　対蘇作戦計画樹立上ノ基礎

侵攻スル蘇軍ニ対シ、適時之ヲ撃破シテ南部樺太ノ要域ヲ確保ス。

（註）右計画は対米作戦遂行中蘇軍ノ参戦アル場合ヲ基盤トシテ、樹立スルモノトス。

二、方面軍ノ状況判断

1　北東方面ニ対スル米軍ノ作戦目的ニ関スル判断

（一部蘇軍ニ対スル判断ヲ含ム）

イ　軽易ナルモノトシテハ本作戦軍主力ノ本州方面上陸ノ前提トシテ、空襲ノ為ノ陸上航空基地ヲ獲得セルヘク、之ガ為ニハ択捉島天寧附近又ハ東部北海道計根別付近ヲ選定スルノ算大ナリ、此ノ際ノ予想使用兵力ハ三、四師団ナルベク、予想上陸方面ハ前者ニアリテハ単冠湾、後者ニアリテハ主トシテ標津（国後島対岸）状況ニヨリ釧路方向トス。

ロ　徹底セル場合ニ於テハ、一挙ニ北東方面ノ死命ヲ制スルト共ニ、主作戦方面ノ我ガ兵力ノ牽制ヲ企図スヘシ、之ガ為上陸方面ハ苫小牧及ビ札幌附近ヨリ以南ノ所謂西南部北海道ヲ選定スルノ算大ナルヘク陸上作戦ト艦艇ニ依ル海峡突破作戦トハ併行シテ実行セラルベシ、而シテ予想戦場及ビ予想使用主力ハ北海道本島ノ使命（ママ）ヲ一挙ニ制スル為ニハ、政治経済及ビ資源ノ中心地タル札幌平地ニ対シ、最モ進出容易ナルヘキ苫小牧附近海岸ヲ選定スベク、其ノ使用兵力ハ五乃至七、八師団ニ及ブベシ。

又津軽海峡突破並ニ作戦軍ノ艦艇収容場所トシテ内浦海岸ニ対スル作戦ヲモ実行スベク、而シテ先ヅ津軽海峡要塞部隊撃滅ノ為ニハ、森附近ヨリ約一、二師団ヲ進メ函館ノ背後ヲ衝クヲ至当トスベシ。此ノ際、札幌及小樽方面ヨリスル我ガ増援遮断ノ為若干部隊ヲ内浦湾西岸長万部附近ヨリ上陸セシムル努ムベシ。

ハ　単ニ海峡ヲ突破シテ日本海方面ニ進出シ国軍主力ノ背後ニ対シ脅威ヲ与ヘントスル場合ニアリテハ二、三師団ヲ宗谷岬東方猿払附近及樺太南端西能登呂附近ニ作戦セシムルコトアルベシ、而シテ本土上陸作戦ハ我ガ従来ノ準備ヨリ見ルモ容易ニシテ、而モ海峡ノ幅員（約四〇吉米）ハ津軽ノ約二倍ニ相当シ海峡突破自体モ亦軽易ナルヲ以テ、必ズシモ生起ノ算ナシトセズ。

ニ　北千島ハ航空基地トシテハ夏季有利ニ利用セラルルモ、本土中枢部ニ対シ距離遠大ナルヲ以テ、米軍トシテ之ヲ窺フハ恐ラク「アリューシャン」ヨリノ基地航空ニヨル本土方面牽制作戦程度ニ止マルベシ、但シ松輪島作戦ハ、之ガ奪取比較的容易ナルヲ以テ、単独ニ遂行セラルルコトアルベシ、但シ北千島ニ対スル蘇軍ノ進攻ハ実現ノ算少ナカラズ。

ホ　樺太ニ対スル米軍ノ作戦ハ生起ノ算大ナラザルベキモ、之ヲ実行スルハ西能登呂岬付近ニ対スル宗谷海峡突破作戦ニ呼応シテ豊原附近南部樺太ノ要地ニ対シ行フベク多クモ二、三師団ヲ出ヅルコトナカルベシ。但シ蘇軍ノ進攻ニ方リテハ有力ナルモノヲ以テ国境ヲ突破シ、南下作戦ヲ企図シツツ一部ヲ以テ直接豊原北方栄浜、大泊及真岡附近ニ上陸ヲ企図スルコトアルベシ。

（2）予想作戦時期

本土作戦ト呼応セル時期、但シ海峡突破ノミヲ目的トスルトキハ、二十年秋以降ニ於イテモ実施セラルルコトアルベシ、又蘇軍ハ冬季作戦準備優秀ナルト、日蘇国境附近ノ地形ハ冬季以外ハ湿地ニヨル障碍度大ナルヲ以テ、冬季作戦生起ノ算大ナリ。

而シテ右述ノ判断ハ此ノ機ニ及ンデ始メテ（ママ）結論セラレタルモノニ非ザルコト勿論ナリ。

さらに方面軍は六月三十日に「方面軍の防禦作戦準備要綱」を完成させ、方面軍隷下、指揮下の諸兵団、部隊の意志統一を図った。中でも樺太については以下の方針を明示した[117]。

八十八師ノ一部（歩兵約三大、砲兵二中基幹）ヲ以テ敷香、恵須取ノ線以北、特ニ国境陣地ヲ死守セシメ、師団主力ヲ以テ豊原西南方面留多加川河谷ヲ確保ス。

此ノ際栄浜大泊留多加附近ノ戦斗ヲモ重視ス。

尚歩兵一大隊、砲兵一中隊基幹ノ兵力ヲ以テ西能登呂附近要塞陣地ヲ保持セシメ又状況ニ依リ南部樺太ノ師団主力ヲ北海道本島ニ転進シ得ル如ク準備ス。

第四項　信じ切れなかったソ連参戦情報

第五方面軍司令部が樺太の国境地帯の防衛に関し、対ソ防衛態勢の許可を出したのは遅かった。その為、以下のような悪影響を及ぼしている。

①国境陣地への武器弾薬、糧秣の搬入が未完了

聯隊本部からの輸送開始が遅れ、古屯に物資が滞留。そのため、重迫撃砲を含む多くの武器、弾薬、糧秣がソ連軍に鹵獲された上、八方山陣地では食糧不足が発生した。

②師団通信隊分遣隊が八方山に入山せず

師団通信隊長は聯隊本部に追及して入山するよう厳命を下していたが「戦闘の激化」を口実にそれがなされなかった。もっと早く対ソ転換命令が出されていたら聯隊本部に追及せざるを得ず、重要

な通信が聯隊本部に届かないという事態が発生しなかった可能性が高い。

聯隊本部に届かなかった重要命令は以下の二点である。その主なものは以下のとおりである。

②-1「積極的戦闘禁止命令の解除命令」

↓前線の将兵にとって、見たことも聞いたこともない「積極的戦闘禁止命令」により、受け身の戦闘にならざるを得なかった上、将兵の士気に悪影響を与えた。その命令の解除命令。

②-2「停戦命令」・「自衛戦闘命令」伝達の不具合

↓大陸命第千三百八十二号に基づき師団伝令により「停戦命令」のみ届き、その後方面軍から師団経由で出された「自衛戦闘命令」は届かなかった。その為、絶好の反撃の機会をなくし、ソ連軍と局地的停戦協定を結び、武装解除が行なわれた。

当時、ソ連軍は八方山に日本軍の主陣地があり約三千人の将兵が立て篭もっていたことを知らず、これが計画通り、後方からの包囲攻撃を行なったら、大損害を与えたことが考えられる。鈴木参謀長の回想録によると、樺太で作戦行動を行なう第16軍に第2極東方面軍から派遣されたクジミン参謀中佐は、八方山から現れる歩兵第百二十五聯隊主力を見て「進攻軍は全く敵情判断を誤っていた。正に危ないところだった」[118]と小林聯隊長に述懐している。

ソ連軍は北樺太から南下して日本領樺太に侵攻しており、百二十五聯隊が南下するソ連軍部隊、特に輜重部隊を攻撃・撃破出来れば、ソ連軍の侵攻を阻止、または遅らせ、より多くの民間人が北海道へ脱出できた可能性が否定しきれない。長期戦を行えば、国境地帯の日本軍は十分な装備もないまま素手で戦うこととなり、全滅は必至だが、その間により多くの緊急疎開船が大泊港から出港し続けたであろう。そして、降伏文書を調印すれば戦争は終了である。問題はその時点での日ソ両軍の境界線である。果たしてソ連軍は、降伏文書調印後も南下を続けることができたであろうか。

そこで、次に出てくる疑問は、何故、第五方面軍司令部は大本営より明確に国境地帯では、対ソ戦準備をとるよう指示を受けていたのに、それを現地部隊に伝達しなかったのか。そればかりか第八十八師団は六月下旬から七月下旬に三回に渡って「対ソ戦転換」の意見具申に対し、方面軍司令部が「ソ軍もし樺太に侵攻し来たるときは、樺太兵団はこれと対戦するものとす[119]」という許可を出したのが「八月三日[120]」なのであろうか。この件について第五方面軍参謀福井少佐は次のように説明している[121]。

鈴木参謀長から、対ソ転換につき、電話もあり、主任参謀が大本営に問い合わせたが、返事は『現態勢に変化なし』だったので、そのまま樺太へ伝えた。大本営は「対ソ作戦要綱」を示してあるので、「それは変化ない」といったもので、軍は「変化なし」をそのまま樺太に伝えたので、師団では「対米専念に変化ない」と考えたのだった。

軍はこの頃諸事多端で外をかえりみる暇無く、「軍司令部が本当に対ソとなったのは、ソ軍の参戦が報せられてからだった」

「諸事多端」が不十分な命令の伝え方の理由となるのなら、そのこと自体が樺太が戦場になる事はないと方面軍司令部（少なくとも福井参謀）が考えていたのであろう。

また、大陸命千三百二十六号別紙で樺太では対ソ重視と指示されているのに、反映されなかったこと。大本営参謀（原四郎中佐と思われる）と方面軍が現地視察を行なった際に出した国境地帯の兵力について「歩兵一連隊以下トナスハ適当ナラス[122]」という結論や、既述の通り方面軍の防禦作戦準備要綱で「八十八師ノ一部（歩兵約三大、砲兵二中基幹）ヲ以テ敷香、恵須取ノ線以北、特ニ国境陣地ヲ死守セシメ」が方面軍司令部から師団司令部に伝わっていなかったのは何故であろうか。

樺太南部要域確保の為、師団司令部はその主力部隊とともに、樺太南部に移動している。これはまさしく対米防衛態勢である。しかるに、既述の通り、国境地帯を含む北地区の守備担当であった歩兵第百二十五聯隊は対米戦用の陣地構築をソ連参戦まで行っていた。

第五方面軍司令部はソ連の参戦は二十年の冬季になる公算が大[123]と判断していた。対ソ戦用の八方山陣地は昭和十八年から築城を行なっていたが、対米戦の準備は実質二十年春からである。そして現在戦っている敵は米軍であり、それに対し優先的に防衛措置をとった。大陸名千三百二十六号に、樺太は確かに対ソ重視と書かれているが、同時に、樺太南部要域確保とされている。樺太重視が書かれているのは別紙であり、南部樺太要域確保は本紙に書かれた命令である。国境に十分な兵力を張り付けつつ、南部要域確保に必要な兵力を置くというのは理想だが、兵力は一個師団で、樋口司令官自身、遺稿集で、防衛は不可能と断言している。そこで、次善の策として、たとえ対ソ戦になっても、ソ連軍が北海道を攻撃する可能性があると判断していたため、米ソどちらが侵攻して来るにしろ北海道防衛のために重要な樺太南部を優先させる。そのためには海への備えが必要であるというのが、実態ではなかろうか。このような考えが樋口司令官の「5HAとしては樺太に関する限り、対陸は対露であることは当然でも、対海の準備を必用とすれば現に戦ひつつある米軍を考へ且つ考えしむることがよろしく、直接的でせう[124]」と考えに表れている。

樺太防衛に関する対米、対ソ作戦準備の優先順位判断で、樋口司令官が選んだ、対米作戦準備を優先させるという判断は、方面軍参謀にも受け入れやすかったのではなかろうか。関東軍がソ連の参戦予想時期判断に情報関係者の事実に基づく判断より、希望的観測を優先させてしまったように。

第八十八師団参謀長鈴木康生大佐は次のように回想している[125]。

ソ連が出てくるとしても、国境の地形からいって敷香に通ずる中央軍道をはいってくるほかない。ここさえしっかり守ればなんとかなるし、西海岸へ上陸してくるとしても、ソ連の海軍力からみて、陽動作戦以上の大規模なものではない。つまり、対ソは守りやすいということもあって、対米重点につぃつり込まれていたのです。

この感覚が、二十年春より北緯五十度線以北のソ連軍の行動に異変を感じ、三度にわたり対ソ防衛態勢への転換を要請しながらも、ひたすら方面軍の許可を師団司令部が待ち続けた要因の一つではなかろうか。もちろん、上級司令部の命令に従うのは当然の事であるが。

対米、対ソいずれを優先させるかについて、樋口司令官は戦後、防衛研修所（現：防衛研究所）の求めに応じて当時のことを記した書簡には以下のように書かれている[126]。

樺太は下手をしてもしないでも、日米戦の戦況悪化すればソ連は出て来ると考えていた。それは私の露国侵略史の信念である。日米戦中露は千島に手を出さない戦況の如何、戦時外交の如何によってはそれもないとはいえない。私は此事を情報的に91Dに通報はしない。下手に通報をすれば、士気に関係すると私は常に考えていた。

それに私は、

第一　対米作戦準備

第二　対蘇作戦準備

と云う信念に於て「D長[127]」に此思想を鼓吹をしました。北部方は中央部の考え方と大変異なりました。中央部は幕僚を当に私の所に派遣し、蘇の対日戦加入を私どもに教育致しました。私は自ら臆病の故にや私は其都度臆病になりました。

上記文にある「中央部は幕僚を当に私の所に派遣し、蘇の対日戦加入を私どもに教育致しました」

とは六月二十一日に大本営から連絡のために方面軍司令部に来た、第二部第五課（ロシア課）の安野英夫少佐のことであろう。この時、安野少佐は六月末ころの大本営の判断として「ソ軍は八月ころ随時武力発動が可能であり、狙撃四〇ないし五〇コ師団、飛行機六、〇〇〇ないし七、〇〇〇機、戦車四、〇〇〇両をもって、主力をもって満州、各一部をもって北鮮、蒙疆および樺太に対し、全正面同時侵攻が可能である[128]」との説明をした。この説明に対し、樋口司令官は「激怒[129]」しながら以下のように返事をしたと回想している[130]。

参謀本部として、その様なことを出先兵団に知らせる必要がどこにあるのか。知らせて価値があるのか。ソ連の参戦なき如く、あっても心配なき如く予め心配すべきが参謀本部の任務だ。今度の様な戦争のやり方では、当然何時かソ連が参戦するに決まって居る。君達が当軍に来るなら、ソ連は絶対参戦しない、当分は対米一本に努力されたいというべきだ」と叫んだのである。

これは、安野少佐に向けられた言葉というより、参謀本部全体に向けられた言葉であろう。対米戦で敗れるかどうかと言う時であり、ソ連参戦という判り切ったことをソ連専門家である自分に伝える時間、参謀本部内で議論する時間があるのなら、ソ連を参戦させない方策を考えろ。後述するが、樋口司令官はソ連より米国を信頼していた点から考えると、対米講和を実現させてでもソ連参戦を防げという考えがあったのではなかろうか。また、兵力を次々と本土方面に引き抜かれ、北東方面の防衛に四苦八苦の現地軍に、本来なら参謀本部がその総意として判断、伝達すべき内容を参謀本部の一部門の課員が「情報」として伝え、後は現地部隊が自ら判断して対応しろとは何事だ。どうせ来るなら、中央の総意としての判断を持参し、現地部隊を安心させ、任務に専念させろ。中央の意志統一が図れないようでは、現地は混乱するだけである。そもそも自身のところに上がってくる「情報」について、樋口中将は「情報は中央のものも第一線兵団のものも殆ど期待できない状態だった[131]」と戦後回想している。中でも安野少佐の来札は、対ソ戦回避について参謀本部の無為無策を見せつけられたように感じたのであろう。

参謀本部への不安、怒りは、大陸命第千三百二十六号発令時に感じていたであろう。確かに大陸命第千三百二十六号では対ソ重点と命ぜられているが、樺太南部要域確保も同時に命ぜられている。しかし、在樺太兵力は、三月に師団に改編されたばかりの第八十八師団だけで、航空機は一機もない国境防衛と南部要域確保を両立させるには兵力が不足しており、樋口司令官自身約一ヶ師団の微弱兵を以て、樺太を完全に防衛するの絶対不可能なるを信じていた[132]。

軍人である以上、命令には従うが、命令だけで物理的不足が補えるわけではない。安野少佐のようにソ連参戦情報をいくら詳しく伝えられても、現有兵力では情報を活かしきれない。命令遂行のために必要なのは、言葉ではなく、よく訓練され、装備も充実した部隊である。

この不安、あせりが、遺稿集にある「私は自ら臆病の故にや私は其都度臆病になりました」という言葉につながると思われる。樋口中将は安野少佐に「今さら何も言うな、聞いても何にもならない。現在の準備で最大限やるだけだ」と申し渡した[133]」と戦後回想している。

さらにソ連は「熟柿主義」に徹し、最少の損害で最大の利益を追求するという考えがが樋口司令官の判断の根底にあったのではなかろうか。樋口司令官のそのような考えは「ソ聯の進攻は、当然米ソ協同作戦であるが故に」から推測出来る。

従って、北東方面に来寇する最初の敵は米軍である。それに際し、ソ連軍の侵攻を誘発するような戦いぶりであってはいけない。なぜなら、ソ連も日本の北東方面に領土的野心を持っており、樺太方面での日米戦の戦況次第では、米軍に樺太をとられまいと、参戦を速める可能性がある。しかし、日本軍が米軍を撃退出来たとしても、それはソ連軍から見れば日米両軍は弱体化し、ソ連が望む時期の

占領を行ないやすいだろうから、ソ連はすぐには参戦しないと判断したのであろう

また、樋口中将はソ連は熟柿主義の態度で、対日侵攻作戦時期を決定すると判断し、さらに、日本の降伏はまだ先だと考えていたのであろう。

樋口中将は広島に原爆が投下された際、東京から比較的「詳細なる損害の数字が載せられて居た[134]」電報を受取った。そこでかねてより親交のある北海道帝国大学理学部教授中谷宇吉郎博士と会見し、意見を求めた。中谷博士は「そうですか。それは大変だ。未だ二、三年は大丈夫と考えて居た。それは原子爆弾です[135]」と答えた。

樋口中将が中谷博士との会見後に導き出した考えは、次の通りである[136]。

凡そこれ迄の米国の戦法を考えてみると、必ず「勝って後戦う」のであり、わが軍の如く「リスク即戦う」ではないのである。随つて、彼等は九十パーセントの戦勝を得たる後、本土に上陸して来るであろう。

換言すれば、空爆、接岸砲撃、なお余力あらば原爆投下を行うであらう。本土上陸は容易に決行しないであらう。これが私のひそかに抱いた本大戦末期に於ける一般情勢であった

因みに樋口司令官は日本の降伏が近い頃、陸軍大将への昇進の内示が出ていたようである。

樋口司令官の四女、斎藤千恵子氏によると、昭和二十年に入ってから（具体的な時期は不明）樋口司令官は陸軍大将の内示を受け、官舎に仕立て屋を呼び、陸軍大将としての礼服、軍服準備しており、斎藤氏はそれをすぐ側で見ていたという。

昇進の内示が出てから発令まで何ヶ月も開くという事は考えられない。当時の慣例からすると、将官クラスに人事に関する内示が陸軍省から示されるのは、だいたい発令の二ヶ月前位が多い。と、すると内示が出たのは、終戦の日から逆算して二ヶ月以内と推定される。

樋口司令官は二度の原爆投下とソ連参戦により、日本がポツダム宣言を受諾しなければ、新しい階

級と軍服で第五方面軍として、本土決戦を戦う考えでいたのであろう。

対米戦準備優先という認識は既述の福井参謀の回想のように、他の方面軍の参謀達も持っていたことも考えられる。

また、当時ソ連は日ソ中立条約の不延長通告をして来たとはいえ、まだ条約は有効期間内である。しかし、ソ連は欧州より兵力を極東に続々と送り、第五方面軍情報部長であった山田公平中佐は「ソ連の対日参戦は春既に予期し、只単に何時参戦するかを問題視せり[137]」としながらも、ソ連参戦時期について「大本営に（ソ連参戦時期の）判断を求めたところ9／18との返信があり、小生もこの判断に釣られて安閑としたること確なり[138]」と当時を回想している。

第八十八師団長峯木十一郎中将の戦後回想によると、同師団鈴木康生大佐が方面軍司令部に行った際、中野学校出身の情報関係者は「ソ連は直ぐ出てくる。明確な兆候があったと云う。作戦関係者は全くソ連のことは相手にせず、北海道の米軍上陸を考えていた[139]」と説明したという。また、峯木中将自身も「昭和二十年七月初めに行なわれた方面軍主催の兵団長会同に出席の際、方面軍の情報担当者がソ軍の侵攻の可能性をしきりに述べたてるに反し、作戦担当者の説明は、ほとんど対米作戦であった[140]」と回想している。

樋口司令官は中央の意向に従って対米戦態勢をとらせ、中央同様にソ連の参戦時期を秋以降としながらも、一抹の不安をかかえていたのではなかろうか。

ドイツが降伏しソ連軍を縛るものがなくなった上、満州や樺太からソ連軍の行動に関する様々な報告を受け、「ロシア通の情報将校」として、ソ連が来寇するのは二十年冬という判断に自信を持ち切れていなかったのではないかと推測する。

そして、第五方面軍の参謀達にも同様の迷いがあったからこそ、上記の峯木中将の回想のようなことが起きたのであろう。

　そのような状況の中で正確な情報を摑もうと、七月に中野学校出身の村山六郎大尉と森松隆大尉、森本康平少尉等三名の情報将校（村山大尉と森松大尉は中野学校出身）が、その身分を偽って、カムチャッカ半島にある漁業基地へ向かう笠戸丸と第二龍宝丸に分乗した。森下少尉の戦後回想によると「ソ連参戦情報の確証に関する情報収集」を現地で行うという任務であったが、ソ連参戦と同時に現地で逮捕され、身をもってソ連参戦情報の確証を掴むことになってしまった。

　この際、笠戸丸はウトカ漁場に着いて五万函の缶詰を積み込んだところを積荷のまま沈没させられ、一方ケフタ方面に赴いた第二龍宝丸は拿捕されて消息不明となった[141]。

　彼等は食糧不足になやむ日本に貴重な水産加工品を持ち帰るという重大な使命があったとはいえ、方面軍の情報部でさえ、ソ連参戦時期を見誤っていた結果である。

　第五方面軍情報部は、本土決戦を前に、遊撃戦の教官であり、指導者たりえた中野学校出身の貴重な将校を二名も失うこととなった。

　明治の建軍以来、ロシア・ソ連を主敵とし、膨大な歳費、時間、労力を費やして戦いに備えてきた相手との本番が来た時には、いわば「本当の敵」と戦う能力を喪失していた。

　かくして、不十分な対ソ戦準備と不十分な装備の部隊、そして不十分な部隊数で、昭和二十年八月九日を迎えるのであった。

1　樺太終戦史刊行会『樺太終戦史』5頁。
2　樺太警友会北海道支部札幌フレップ会編『遥かなり樺太』（樺太警友会北海道支部札幌フレップ会、1980年）114頁。
3　阿部一男『混沌の日々』（北海道出版企画センター、1991年）45頁。
4　樺太終戦史刊行会『樺太終戦史』56～57頁。
5　同右、57頁。

6 樺太警友会北海道支部札幌フレップ会編『遥かなり樺太』150頁。
7 同右、149頁。
8 サガレン州はニコライエフスクを中心とした大陸部と北樺太のことである。
9 防衛研修所戦史室編『北東方面陸軍作戦〈1〉アッツの玉砕』（朝雲新聞社、1968年）10～11頁。
10 樺太警友会北海道支部札幌フレップ会編『遥かなり樺太』150頁。
11 同右。
12 同右。135頁。
13 同右。150頁。
14 読売新聞社編『昭和史の天皇　ゴールド版6』（読売新聞社、1980年）10頁。
15 昭和20年に樺太混成旅団が第八十八師団に昇格した際、国境守備の任にあたった一個連隊の担当地域（久春内――眞縫以北）より、狭い地域
16 防衛研修所戦史室編『北東方面陸軍作戦〈1〉アッツの玉砕』10頁。
17 同右、22頁。
18 同右、34頁。
19 読売新聞社編『昭和史の天皇　ゴールド版6』11頁。
20 防衛研修所戦史室編『北東方面陸軍作戦〈2〉千島・樺太・北海道の防衛』（朝雲新聞社、1971年）396～397頁。
21 昭和十九年三月、樺太南部警備を担当していた第三十警備隊が樺太混成旅団の隷下に入り、混成旅団は兵団と改称された。
22 鈴木康生『樺太防衛の思い出』（私家版、1989年）115頁。
23 防衛研修所戦史室編『北東方面陸軍作戦〈2〉千島・樺太・北海道の防衛』399頁。
24 同右。
25 『北方軍第五方面軍関係聴取録』防衛研究所蔵。
26 同右。
27 同右。
28 『北東方面陸軍作戦聴取記録回想集』防衛研究所蔵。
29 同右。
30 読売新聞社編『昭和史の天皇　ゴールド版6』15～16頁。
31 『北東方面陸軍作戦聴取記録回想集』防衛研究所。

32　中野校友会『陸軍中野学校』（非売品、１９７８年）755頁。
33　同右。
34　ＮＨＫスペシャルアニメドキュメント「あの日僕らは戦場で――少年兵の告白――」２０１５年８月11日
35　防衛研修所戦史室編『北東方面陸軍作戦〈2〉千島・樺太・北海道の防衛』421頁。
36　読売新聞社編『昭和史の天皇　ゴールド版６』42頁。
37　鈴木『樺太防衛の思い出』156頁。
38　日ソ国境付近でソ軍の行動を監視する部隊
39　『北東方面陸軍作戦聴取記録』防衛研究所蔵。
40　同右。
41　同右。
42　鈴木『樺太防衛の思い出』159頁。
43　新潟県偕行会編『北海に捧げて：峯木士郎追悼録』（新潟県偕行会、１９８１年）208頁。
44　鈴木『樺太防衛の思い出』159頁。
45　防衛研修所戦史室編『北東方面陸軍作戦〈2〉千島・樺太・北海道の防衛』412頁。
46　「北方作戦の終焉―一参謀の日記から７」『防衛北海道』（１９７０年６月）
47　読売新聞社編『昭和史の天皇　ゴールド版６』20～21頁。
48　鈴木裕『北緯五十度線の青春』（私家版、２００４年）46頁。
49　同右、47頁。
50　鈴木『樺太防衛の思い出』239～241頁。
51　鈴木『北緯五十度線の青春』86頁。
52　同右。
53　稚内市『稚内百年史』（稚内市、１９７８年）253頁。
54　同右、255頁。
55　同右、258頁。
56　同右、257頁。
57　同右、257～258頁。
58　同右、258頁。

59 同右、260頁。
60 同右。
61 防衛研修所戦史室編『関東軍〈2〉関特演・終戦時の対ソ戦』（朝雲新聞社、1974年）333〜334頁。
62 林三郎『ある対ソ情報参謀の覚書　関東軍と極東ソ連軍』（芙蓉書房、1974年）244頁。
63 同右、243〜244頁
64 防衛研修所戦史室編『関東軍〈2〉関特演・終戦時の対ソ戦』325頁。
65 NHK取材班『外交なき戦争の終末』（角川書店、1995年）205頁。
66 防衛研修所戦史室編『関東軍〈2〉関特演・終戦時の対ソ戦』326頁。
67 アー・エム・ワシレフスキー著加登川幸太郎訳『ワシレフスキー回想録下』（陸上幕僚監部教育訓練部、1978年）254頁。
68 防衛研修所戦史室編『関東軍〈2〉関特演・終戦時の対ソ戦』323頁。
69 同右。
70 防衛研修所戦史室編『関東軍〈2〉関特演・終戦時の対ソ戦』331頁。
71 同右、335頁。
72 樋口著橋本編『樋口季一郎遺稿集』（私家版）114頁。
73 当時、第12課長の永井八津少将は4月以来入院中で、種村大佐が事務代行をしていた。
74 防衛研修所戦史室編『関東軍〈2〉関特演・終戦時の対ソ戦』332頁。
75 同右。
76 同右。
77 樋口季一郎『陸軍中将樋口季一郎回想録』（芙蓉書房出版部、1999年）36頁。
78 同右、42頁。
79 早坂隆『指揮官の決断』（文藝春秋社、2010年）78頁。
80 岡部伸『「諜報の神様」と呼ばれた男』（PHP研究所、2014年）252頁。
81 同右。
82 従来の北部軍の任務にアリューシャン作戦を追加し、組織も改編。和十八年二月十一日統帥発動。
83 防衛研修所戦史室編『北東方面陸軍作戦〈2〉千島・樺太・北海道の防衛』98頁。
84 鈴木『樺太防衛の思い出』98頁。
85 『北方軍第五方面軍関係聴取録』防衛研究所蔵。

86 『北東方面陸軍作戦聴取記録回想集』防衛研究所蔵。
87 同右。
88 同右。
89 同右。
90 昭和19年3月、樺太南部警備担当であった第30警備隊は、樺太北部警備担当であった樺太混成旅団の隷下に入り、旅団は樺太兵団と改称された。以後、文中で昭和19年2月以前は樺太混成旅団、3月以降の記述は樺太兵団と記す。
91 鈴木『樺太防衛の思い出』119頁。
92 防衛研修所戦史室編『北東方面陸軍作戦〈2〉千島・樺太・北海道の防衛』402頁。
93 5HAとは第5方面軍のこと。
94 『千島地上作戦聴取史料1／10』防衛研究所蔵。
95 田熊利三郎『第五方面軍作戦概史』防衛研究所蔵。
96 防衛研修所戦史室編『北東方面陸軍作戦〈2〉千島・樺太・北海道の防衛』337頁。
97 『千島地上作戦聴取史料1／10』防衛研究所蔵。
98 樋口著、橋本編『樋口季一郎遺稿集』113頁。
99 同右、117頁。
100 同右、113～114頁。
101 防衛研修所戦史室『樺太・千島・北海道方面陸軍作戦の考察』（防衛研修所、1976年）38頁。
102 防衛研修所戦史室編『北東方面陸軍作戦〈2〉千島・樺太・北海道の防衛』317頁。
103 上法快男『帝国陸軍編成総覧』（芙蓉書房、1987年）625頁。
104 『千島地上作戦聴取史料1／10』防衛研究所蔵
105 防衛研修所戦史室編『北東方面陸軍作戦〈2〉千島・樺太・北海道の防衛』328頁。
106 田熊『第五方面軍作戦概史』防衛研究所蔵。
107 同右。
108 防衛研修所戦史室編『北東方面陸軍作戦〈2〉千島・樺太・北海道の防衛』324頁。
109 樋口著、橋本編『樋口季一郎遺稿集』106頁
110 防衛研修所戦史室編『北東方面陸軍作戦〈2〉千島・樺太・北海道の防衛』337頁。
111 樋口著、橋本編『樋口季一郎遺稿集』106頁

112 『千島地上作戦聴取史料1／10』防衛研究所蔵。
113 防衛研究所編『北東方面陸軍作戦〈2〉千島・樺太・北海道の防衛』328頁。
114 樋口著橋本編『樋口季一郎遺稿集』113頁
115 読売新聞社編『昭和史の天皇 ゴールド版6』116頁。
116 田熊『第五方面軍作戦概史』防衛研究所蔵。
117 同右。
118 鈴木『樺太防衛の思い出』217頁。
119 防衛研修所戦史室編『北東方面陸軍作戦〈2〉千島・樺太・北海道の防衛』413頁。
120 同右。
121 鈴木『樺太防衛の思い出』167～168頁。
122 田熊『第五方面軍作戦概史』防衛研究所蔵。
123 同右。
124 『千島地上作戦聴取史料1／10』防衛研究所蔵。
125 読売新聞社編『昭和史の天皇 ゴールド版6』20頁。
126 『千島地上作戦聴取史料1／10』防衛研究所蔵。
127 「D長」とは「師団長」のこと。
128 防衛研修所戦史室編『北東方面陸軍作戦〈2〉千島・樺太・北海道の防衛』410頁。
129 樋口著橋本編『樋口季一郎遺稿集』114頁。
130 同右。
131 『千島地上作戦聴取史料1／10』防衛研究所蔵。
132 樋口著橋本編『樋口季一郎遺稿集』113～114頁。
133 防衛研修所戦史室編『北東方面陸軍作戦〈2〉千島・樺太・北海道の防衛』411頁。
134 樋口著橋本編『樋口季一郎遺稿集』112頁。
135 同右。
136 同右、113頁。
137 『千島地上作戦聴取史料1／10』防衛研究所蔵。
138 同右。

139　『北東方面陸軍作戦聴取記録回想集』防衛研究所蔵。
140　防衛研修所戦史室編『北東方面陸軍作戦〈2〉千島・樺太・北海道の防衛』411頁。
141　日魯漁業株式会社『日魯漁業経営史　第一巻』（水産社、１９７１年）426頁。

第二章　ソ連参戦による国境地域での戦闘——歩兵第百二十五聯隊・警察官の奮戦

第一節　その日、八月九日、朝

第一項　突然の武意加派出所への銃砲撃

武意加巡査部長派出所が異変を感じたのは、八月九日朝、ソ連軍の銃砲撃を浴びる前であった。隣接する半田警部派出所、知志代巡査部長派出所との電話線が切断されていることに気付き警戒態勢をとっていたところ、午前七時半、武意加巡査部長派出所は、ソ連軍の迫撃砲による砲撃と自動小銃による射撃を受けた。

短時間の攻撃が終った後、遠藤巡査が官舎にいる警察官の家族達を引率して、四キロ南の武揚台にいる岡島小隊（岡島堅蔵少尉）の陣地に退いた。一方攻撃を受けた派出所にいた警察官達は散り散りになっていたが、岡島小隊陣地に集結した。しかし、この時既に二名の警察官が行方不明となっていた。

また、半田警部派出所でも異変を感じ、武意加巡査部長派出所方面に警察官を派遣して状況把握につとめていた。日ソ国境の最東端の安別警部補派出所も半田巡査部長派出所（以下、第二半田派出所）に満州北部でソ連軍がソ満国境を越え、攻撃を開始した旨を伝え、半田付近の様子を問い合わせてきたが、それからまもなくソ連軍により電話線を切断されている。

第二項　第八十八師団司令部

昭和二十年八月九日早朝、第八十八師団司令部の当直将校は第五方面軍司令部から「『本日未明ソ軍が満州国内に越境し関東軍はこの敵と交戦中である』という通報に接した[1]」。第八十八師団参謀長の鈴木康生大佐は札幌の第五方面軍作戦主任の田熊利三郎中佐から直接電話にて状況説明を受け、所要の処置をとって差支えない旨を確認。参謀長からの連絡を受けた師団長峯木十一郎中将は団隊長会同にて示した方針を基とした、師団命令を発令した。

命令内容は次の通り[2]。

①　大本営の通報に依れば、ソ連は昨八日夕、日本に対し宣戦を布告せるものの如し。
②　師団は直ちに樺太防衛のため決起せんとす。
③　各隊は、団隊長会議に於いて示されたる処に基き、各々その任務に就くべし。
④　予は豊原に在り。終り。

「右の命令は八時頃までに関係各部隊に伝達を終わり、方面軍、樺太庁、鉄道局にも報告（通報）された[3]」。次いで師団は在落合の歩兵第二十五聯隊第一大隊に対し真岡への転進命令を出すとともに、古屯、恵須取方面との連絡と情報収集のため、上敷香に筑紫参謀を派遣し、同地の旧師団司令部に戦闘司令所を開設した。

第三項　中央軍道付近国境地帯

一方、樺太北地区の防衛と官民の保護、避難の全責任をおっていた歩兵第百二十五聯隊の小林聯隊長のもとに師団司令部からのソ連参戦の報は午前七時に到着。小林聯隊長は国境守備隊長として以下の命令（国守作命第1号）を下達した[4]。

一。第2大隊は八方山陣地を確保すべし。
二。向地視察隊は314、356高地を確保すべし。
三。連隊主力の北上。
四。第12中隊の北知床岬の撤収、北上。
五。気屯残留部隊は気屯橋梁、飛行場の警備。

続いて、以下の命令が第二大隊長渡部少佐に下達された[5]。

一。石灰山の軌道、武意加付近橋梁、栗山道、東軍道などの爆破、破壊。
二。幌身峠の展望台の破壊

さらに、八時三十分頃に国境付近の永井開拓団住民、石灰山開発の作業員、軍関係道路工事等の作業員、警察官家族に対する引揚命令も発令した。ただし、栗山道の爆破は出来なかった。おそらくソ連が短時間で到達すると判断したのであろう。しかし、現実にはソ連軍が南下を開始したのは十一日

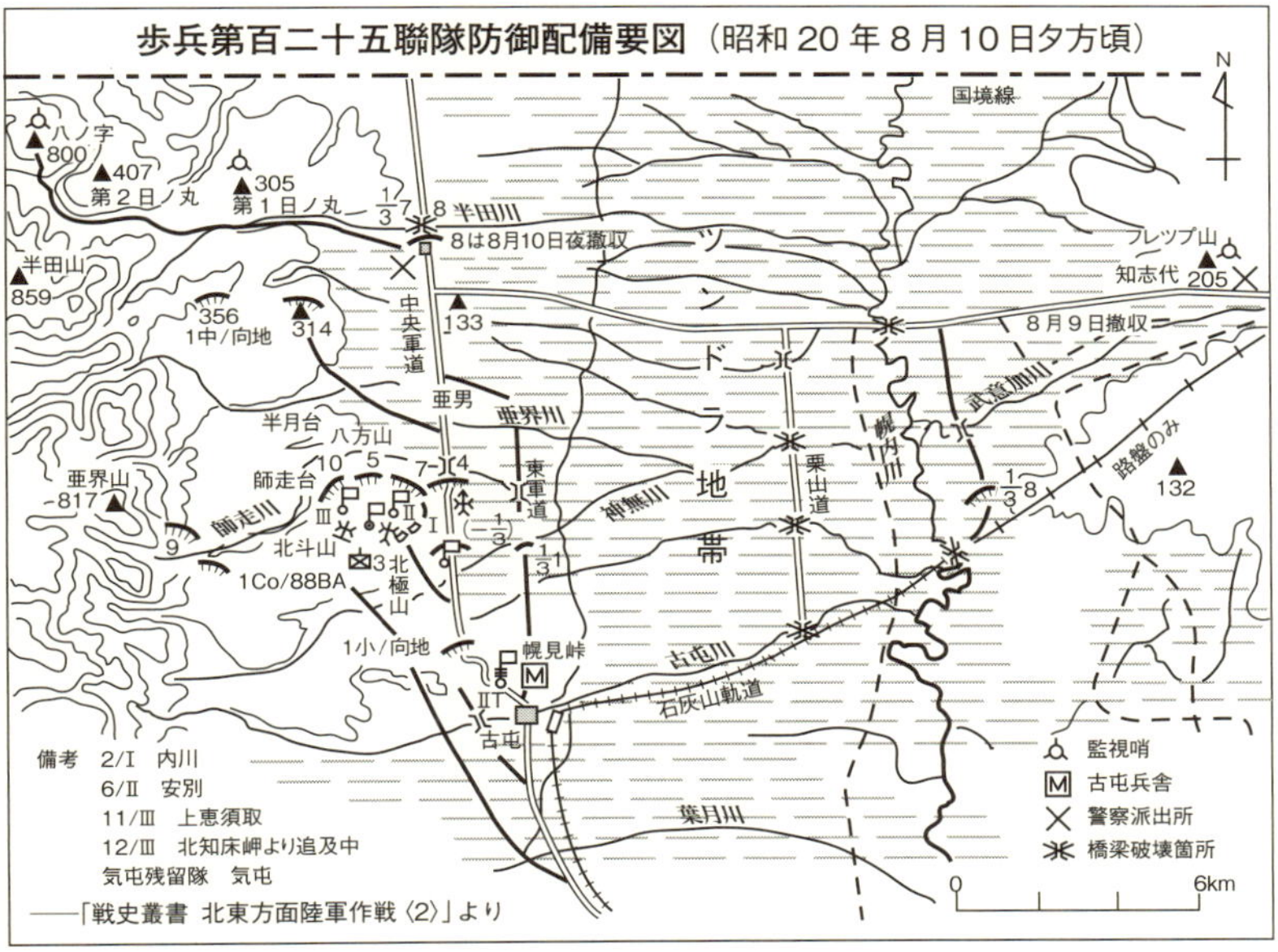

で、結果としてこのルートからも　ソ連軍は侵攻してきていた。この時すでに国境でソ連軍による攻撃は始まっていた。

既述の通り、九日午前七時半、国境警察の武意加巡査部長派出所で、自動小銃による射撃と迫撃砲による銃砲撃を受けたが、樺太におけるソ連軍最初の攻撃であった。次いで午前九時十五分には向地視察隊の日の丸第一号監視哨に敵砲弾二発が着弾、午後零時四十分には半田警部派出所付近に敵十五榴（引用註：百五十ミリ榴弾砲のこと）の砲撃を受けている[6]。

ソ連軍は武意加巡査部長派出所攻撃に先立ち、電話線を数ヵ所で切断していたようで、同派出所や知志代派出所は後方と連絡がとれなくなっていた。

その為、豊原の尾形雅邦警察部長は、師団司令部より連絡をうけた大津敏男樺太庁長官によってソ連参戦の報が伝えられ、国境線間近に配置されたこれら派出所との連絡を試みたが、上記のように無理であった。

樺太の警察は国境警備の任も兼ねていたため、三百八十五名の警察官が重機関銃三十五丁、軽機関銃二十八丁、小銃七百九十八丁を装備し、日ソ国境後方の三警察署、十四派出所に配置されていた[7]。また、樺太の北地区防衛担任の歩兵第百二十五連隊は南北樺太を縦貫する中央軍道上ある半田に警備小隊（小隊長、泉澤尚太郎少尉：歩兵一個小隊に速射砲、重機関銃各一個分隊をあわせた、四十五名）を配置していた。さらに、ソ連領内の監視のために師団直属の向地視察隊（隊長、大越鴻池一大尉：約三百名）も四ヵ所にわかれて配置されていた。

攻撃を受けた日の丸監視哨は半田から西に七キロ入った、標高三百六十五メートルの敵方突出部の山中にあった。向地視察隊は国境付近での軍隊の活動を秘匿するとともに、ソ連側を刺激しないようにという配慮から、隊員が陣地を出る際は、必ず黒の警察官の制服に着替えていた。

向地視察隊久慈庫夫中尉は以下のように、ソ連側に参戦の警報を古屯の歩兵第百二十五連隊第二大隊長渡部辰夫少佐に発したとしている[8]。

八日、監視哨がとらえたソ連軍の動きは異常で、オノール周辺では乗用車がしきりに動き回るのが望見された。部下の報告で眼鏡をのぞいた久慈中尉は、高級指揮官がすでにオノールに司令部を前進させていると判断した。しかも、林間に、あるいは山陰に戦車が見え隠れするのもわかった。

同日、知志代監視哨長の高島少尉からも「ソ連側の動向顕著なるものあり、直ちに対ソ開戦の準備を要す。確度甲」の報告があり、久慈中尉は「ソ連側に開戦の徴候あり、確度甲」と古屯の歩一二五連隊第二大隊長渡辺《ママ》辰夫少佐に宛てて報告したが、同大隊はなぜか直ちに行動を起こさなかった。久慈中尉は焦燥にかられ、直接師団司令部に報告するよう大越隊長に要請のため、九日早朝、馬を飛ばして古屯に走り、一番列車に乗り込んだのである。

しかし、そのときすでに遅く、気屯駅に降りた久慈中尉を待っていたのは、日の丸監視哨に対するソ連軍襲撃の第一報であった。

渡部大隊長は「開戦直前の『ソ連情報』は上からも横からも全く連絡はなかった[9]」。また八日に方面軍が師団経由で発した「ソ連参戦の徴濃厚なり各隊は警戒を厳にすべし[10]」という命令を受け取っていなかったと回想している。

向地視察隊は師団直轄であり、歩兵第百二十五聯隊隷下の第二大隊と指揮命令系統が異なる。従って、組織として、向地視察隊の情報がすぐ活かされるシステムが出来ていたのか疑問が残る。また、久慈中尉が渡部大隊長に「宛てて」報告したとあるが、「宛てて」という表現から察するに、直接口頭で報告したのではなく、それ以外の何らかの手段で報告を試みたことも指揮命令系統が違うだけに、考えらえる。単なるヒューマンエラーか、組織上の問題から起るべくして起こった不具合か、はたまた、久慈中尉か渡部大隊長の記憶違いなのか、調べる術はない。

とは言え、ソ連が九日に日本軍に戦闘行動を開始してから樺太において、実際に南下を開始したのは二日後の十一日であり、歩兵第百二十五聯隊の将兵が国境陣地の占領をソ連軍の妨害を受けることなく完了させている。

第四項　樺太庁

ソ連参戦の連絡を受けた時、大津長官は樺太最南端の西能登呂岬に近い「知志谷——孫杖間の道路工事を視察中[11]」であった。

知志谷には漁港があったが、小型の漁船しか使えない小規模の船澗しかなかった。しかし宗谷海峡の船舶航行が危険になってきた昭和十八年以降「稚内と最短距離（三十四浬で稚泊、稚斗航路の二分の一以下）にあり、宗谷要塞の援護もうけられる知志谷を選び、北孫枤——知志谷間十四キロに十九年から二年計画で道路を開削する工事が進められていた[12]」。

大津長官はそのような重要な工事現場視察の最中であったが、直ちに予定を変更して、車で豊原に帰還。第八十八師団司令部にて、師団長の峯木十一郎中将、豊原海軍武官府武官の黒木剛一少将と、十分未満という短時間の緊急会談を行なった。

その要旨は、陸軍から状況の通報、軍官民の協力要請、老幼の引き上げの件であり、樺太に戦火が及んだ場合の北海道への老幼者の緊急疎開について、陸軍・海軍・樺太庁の間での了解事項の確認であった。

第八十八師団参謀長鈴木康生大佐によると十九年より、陸軍（同氏）と大津長官の間で緊急疎開についての協議がもたれており[13]、これには豊原海軍武官府設置後には海軍武官黒木剛一少将も参加した。

その了解事項とは「責任者は長官とし、陸海軍は極力協力する。必要な船舶、鉄道は長官の指揮下に入れる。乗船、乗車は長官の定めるところによって軍官民同権とする。この内容は三者以外絶対秘密にする」とのことだった。


一方、ソ連参戦の報を受けた樺太庁では、出張中の大津長官に帰庁の連絡を行なうとともに、柳川内政部長の緊急部課長会議が開催された。そこへ急遽出張先から戻り、第八十八師団司令部での三者会談を終えて樺太庁にもどった大津長官は、部長、課長等全員がそろっている大会議室で、顔を赤く緊張した様子で次のように述べた[14]。

「只今、師団長、海軍武官との会談を終えてきた!!」

「ソ連は昨八日夕日本に対し宣戦を布告し、我が兵団は既に防衛の配置に就いて居る。従来私《ヒソ》かに懸念し、対策も練っていた所ではあるが、正に最重大事に直面した。

現地兵団と一体となり、郷土樺太防衛のため全力を尽す。これがため、義勇戦闘隊を編成して、軍の指揮の下《モト》、防衛に当らせると共に、老幼等は速かに内地に疎開させる。この疎開は、陸海軍協力の下、鉄道、船舶を併せ指揮して本職がこの責任を負う。

今後の行政はすべて戦勝の一途に指向する。諸官は渾身《コンシン》の勇を振い郷土防衛の完遂に邁進《マイシン》されん事を望む」

この長官の訓示は島内各地につたえられた。

当時、樺太庁警察部長であった尾形警察部長の戦後回想[15]によると
国境の防備甚だしく手薄になっていることを知っていた私たちには、警察の警備線も含めて、あえなく突破され、今日中にも豊原（樺太庁の所在地）上空にソ連の飛行機が現われるかもしれないとさえ思われ、長官以下私たちは、至急対策を講ずる必要を感じた。そこで、直ちに樺太庁の部長会議、課長会議、全支庁への緊急指令、全警察官の非常招集、全島警防団の出動を命じ島民の退避に専念した。

樺太庁の部長会議では、緊急疎開による避難民への対応として、まず以下の通り決まった[16]。

北の地域からは島民が雪崩をうって南に逃れてくるに相違ないと考え、先ず出口に近い大泊、

豊原、真岡地区の老幼婦女子をさばき、北からの難民の大群集を容れる「場」を作ろうということを決めた。とかくしているうちに、午後二時近くになった。部長会議は一旦打ち切られ、各部でそれぞれ分担の分野について事態に対応する方策を練り、退庁時限後、各部長がそれを長官邸に持ち寄って総合することになった。

一方、大津長官は老幼の北海道への緊急疎開の為、自らが責任者となっている、緊急輸送評議会（樺太庁、鉄道局、船舶運営会が夫々常任理事を出している）を八月九日の三者会談後に設置。十日正午から緊急会議を開き、十二日緊急疎開要綱を作成した。樺太庁は即日、これを樺太庁はこれ各支庁、市町村及び警察署に通達し、十三日から緊急疎開を始めた。

緊急疎開要綱の概要は

一、目標は十六万人の老幼婦女子を十五日間で（北海道に）輸送すること

二、樺太庁は市町村別に毎日の輸送者数を決定。これを鉄道、船舶部門に連絡する。

三、樺太庁は小型帰帆船、発動機船、艀を掌握して、これによる輸送計画を立案

四、樺太鉄道局は疎開列車を編成して運行。北海道との連絡船も最大限に運航させる。

五、船舶運営会支部は樺太各港に停泊中の船及び、付近を航行中の船舶を大泊、本斗両港に集結させる。

六、海軍は宗谷海峡の護衛に当たる。

というものである。さらに各市町村、警察には緊急疎開に関する対象範囲、優先順位、所用手続きについて、以下のように通達を出した[17]。

1　戦災地、僻遠地を優先する

2　さしあたり六十五歳以上の老人、十四歳以下の児童、幼児、四十歳以下の婦女子と不具廃疾者、病人とする
3　市町村は疎開証明書を発行、警察署長は戦災証明書を発行する
4　携行荷物は一人一個、一家族三個までとし、一個の重さは八貫目以内とする
5　食糧配給証明書、衣料切符を携行する
6　船、車は無料
7　乗船地は大泊、本斗とし、真岡も使用する
8　市町村は疎開者の収容、給食、医療などに当たる

各市町村への緊急疎開命令は、ソ連軍の迫る国境地帯から優先的に出されたようである。

第五項　第五方面軍司令部

ソ連参戦初日、第五方面軍司令部は、深夜まで作戦会議が行なわれた。今まで道内に飛来していた米機は、この日から一機も飛来しなくなった。このことから方面軍は米ソの作戦境界線は津軽海峡で、北海道に上陸するのは米軍でなく、ソ連軍であると判断した。北樺太のソ連軍の兵力は二個師団（実力一・五個師団、戦車二十両）と判断。ソ連軍の上陸作戦能力から、主攻勢進路は北樺太から陸路南樺太へ向かい、上陸作戦を行なうことがあるとすれば、それは助攻であろうと判断した。ソ連軍の国境陣地への攻撃は中央軍道沿いに主攻を指向し、中央ツンドラ地帯の通過はないと判断した。

これは、この地帯は歩兵以外の通過は不可能であると従来から判断されてきたことに起因しているが、第五方面軍司令官樋口季一郎中将の判断は違った。「ソ軍は必ず中央ツンドラ地帯から来るであ

ろう、それは軍司令官のソ連侵略史に基づく多年の結論である」[18]と参謀達を前に持論を開陳したが、部隊配備には反映されなかった。

しかし、樋口司令官の予測は、それから数日後に的中するのである。

この時点で国境地帯に日本軍は一個大隊が構築中の陣地を有し、これに上敷香の部隊を含めれば其の兵力は三個大隊であったため主力北上の余裕はあると判断。そこで、対米を放棄し全力をもって、樺太のソ連軍に当るべきか、あるいは一部をもって樺太南部を確保し、主力をもって北海道においてソ連軍に当るべきかなど各案が検討された。方面軍の観るところでは第八十八師団は樺太南部が心配で、思い切って北部に兵力をだせないようであった。この時、方面軍参謀福井正勝少佐は、「幕僚を派遣して現地をみたほうがいい」[19]と主張し、高級参謀安藤尚志大佐と共に現地へ飛ぶことになった。また、「遊撃戦指導のため情報部の阿部常三郎少佐以下数名の派遣も決定された」[20]。

方面軍作戦参謀田熊利三郎中佐の戦後回想[21]によると、

北部国境の対ソ作戦については「待てよ、しばらく情勢を見よう」ということで直ちに増援反撃の処置をとらなかったわけである。即ち、樺太は北海道の前進陣地である。「ソ」の進攻が北海道にないという保証は何もない。米軍の機動力は極めて大きく、あっという間に進攻してくる。(矢作十郎〈現空幕僚部長。大本営作戦参謀から5HAに転属〉)結局樺太は大変だけど、一寸待とうかということで古屯方面に反撃することは方面軍の方で抑制した。

(真岡)

真岡からはないだろう。即ち二コ師団半の敵が北部国境に来たのでこれ以上はあるまいと見積もった。

戦斗は北の方で行なわれている。怖いのは　北海道にきた場合、或は宗谷海峡突破という問題があるので兵力転用は軽々にはできない。

樺太北部は持久戦斗である。

鈴木参謀長には〝自ら（国境）に行って情況を見るほかはない。その後主力をもって行って潰せるのかどうか、現地で確認してもらいたい。

その後方面軍で処置しよう〟ということになった。

つまり北海道防衛が優先であり、そのため増援兵力を送るか否かは、偵察の結果次第ということである。そのため、高級参謀安藤尚志大佐と福井少佐自身が現地へ飛ぶこととなったが、八月十日は天候が悪く飛行機が飛べず、十一日に札幌の丘珠飛行場から樺太南部の大谷飛行場に飛んだ。対ソ警備強化のため、離島や北海道本島の沿岸各地の特設警備隊の防衛召集を実施した。

第五方面軍司令部はこの他にも豊原地区司令官（柳勇少将）以下、地区特設警備隊、義勇戦闘隊を第八十八師団の指揮下に編入し、島内における指揮命令系統の一元化を図った。昭和二十年三月二十四日に編成された豊原地区司令部では、翌三月二十五日、二十六日の二日間、島内在住邦人七千六百八十八名を特設警備隊員として召集し、柳少将は中国北部での経験からゲリラ戦の教育を行なった。その後、方面軍司令部より、中野学校卒業者が配置されると、第一章で述べた通り、各地区特設警備隊員の一部に対して、ゲリラ戦についての真剣な教育を施し、樺太への侵攻部隊に備えていたのであった。そこへ八月十四日になるとゲリラ戦の指導に方面軍司令部から阿部常三郎少佐が飛行機に弾薬を積んで樺太に訪れている。阿部少佐もまた、中野学校卒業者であった。

ソ連参戦により、在郷軍人、中学校・青年学校の生徒等三千六百二十八名が地区特設警備隊員として、防衛召集され、主に沿岸警備、対空監視、陣地構築、軍需品の輸送及び避難者の援護に従事した。ただ、その中には、「終戦後のソ連軍の攻撃」により、戦闘に参加せざるを得ない人たちも出るのであった。

第二節　国境地域における諸戦闘

第一項　中央軍道付近の戦い

1　歩兵第百二十五聯隊兵士、物資を国境陣地へ急送

八月九日朝、歩兵第百二十五聯隊に所属する歩兵三個大隊の内、国境地帯にいたのは、第二大隊だけで、同大隊は国境から約十二キロの八方山にて国境地帯防衛の主陣地を築城中であった。

残りの二個大隊、つまり聯隊主力は上敷香、内路（国境地帯の陣地より、約八十キロ）で聯隊の主陣地を築城中だったが、小林聯隊長が師団司令部よりソ連参戦の報を受けた後、直ちに八方山への移動が命じられた。雨天の中、命令を受けた部隊は急行軍を行ない、兵を乗せたトラックは北へ北へと走っていた。トラックは町々を通過する途中、住民が歓呼とともに、おにぎりや餅を投げ込み、その中を国境陣地へ向かったそうである。

このようにして聯隊主力部隊は、ソ連軍主力部隊が日ソ国境を越える前の、十日に既設の国境陣地の占領に成功するのである。

物資の国境への移送はソ連参戦直前より、始まっていたようだ。当時、国鉄職員として国境から約十七キロの町で、日本最北の駅、古屯駅員として勤務していた工藤始氏は次のように話す。

「古屯駅勤務も三ヶ月を過ぎた頃の八月七日から、突然、軍馬・武器・弾薬・糧秣の膨大な輸送が始まり、日夜を分かたずに古屯駅へ集積が続きました[22]」

既述の通り、八月六日～七日にかけて豊原の師団司令部で、団隊長会同が開かれ、対ソ戦準備の命令が下達され、それを受けて、迅速に物資の移動が行なわれたものと判断できる。物資移動は七日から開始されたのに、なぜ部隊の移動は九日のソ連参戦まで行なわれなかったのであろうか。

団隊長会同の参加者で一番遠くから参加したのは歩兵第百二十五聯隊長の小林大佐である。小林大佐は会同後、師団参謀長の鈴木大佐から食事をさそわれるが、それを断り、夜行列車で気屯の聯隊本部に戻っている。幸い、ソ連軍主力部隊の越境が十一日であったため部隊移動は間に合った。

小林大佐の帰隊が間に合ったこと、ソ連軍主力部隊の越境が参戦と同時でなかったことは、不幸中の幸いであった。

2　死闘、半田陣地の戦い

ソ連軍が樺太で本格的な攻撃を開始したのは、八月十一日、日ソ国境に近い半田陣地に対してであった。なぜ、ソ連軍は樺太で本格的攻勢をはじめるまで二日もあけたのであろうか。マルクス・レーニン主義研究所編『第二次世界大戦史10巻』に次のような文がある[23]。

ソビエト軍司令部は、対日作戦当初の数日間の極東諸方面軍の大きな戦果を評価して、サハリン攻撃をはじめることに決定した。東北中国における戦略主方面の情勢は、サハリン作戦を、そしてそのあと千島作戦をも、実施する可能性をあたえた

ソ連軍最高総司令部は満州における日本軍の撃滅を優先させ、当初樺太、カムチャッカ半島の部隊には防衛任務を付与し、樺太での攻勢作戦は満州における戦況の推移によって実施することにしてい

かつて樺太の首府・豊原だったユジノサハリンスクにいまも残る旧・樺太庁博物館。現在はサハリン州郷土博物館として使われているこの建物には、先の大戦末期に第八十八師団司令部が置かれていた。

〈下〉豊原に置かれていた樺太庁。樺太を管轄する地方行政官庁として、ソ連侵攻時には島民の避難・内地疎開に全力を尽くした。〈右〉樺太庁の最後の長官（第15代）となった大津敏男。

〈上〉かつての日ソ国境近く、半田陣地のあったあたり。道路は旧中央軍道。〈中右〉半田陣地での激戦を語る元二等兵・丸山重さん。〈中左〉半田陣地跡に残る日本軍のものと言われるトーチカ。〈下〉半田陣地に配備されていた九四式37ミリ速射砲（対戦車砲）。

たからである。一方、関東軍は国境地帯でのソ連軍への抵抗を放棄した作戦をとっていたため、ソ連軍は満州において、予想以上の進撃を続けた結果、南樺太、そして千島列島への侵攻を開始したのである。

ソ連軍が樺太で本格的な攻撃を開始したのは、八月十一日、日ソ国境に近い半田陣地に対してであった。この半田陣地で繰り広げられた戦闘は樺太における対ソ戦の他の戦場と大きく異なる点が一つある。

それは「積極的戦闘禁止命令」という制約を受けなかった点である。八月九日の午前四時頃にモスクワ放送によりソ連の参戦を知った大本営はソ連の真意を計りかねていた。その結果、陸命一三七五号をもって第五方面軍司令官に対し、全面的対ソ作戦の発動を「準備」するよう命じたが、これにより第五方面軍司令部は「積極的戦闘禁止」という内容の命令を第八十八師団に発した。その命令が国境地帯で闘う歩兵第百二十五連隊に到着したのが八月十二日朝であった。このとき既に、半田陣地の日本兵はソ連軍に対し、最後の突撃を敢行していた。

一方、大本営は八月十日に大陸命一三七八号をもって全面的対ソ作戦発動を命じると共に、「積極的戦闘禁止命令」の解除命令も出した。樺太では大谷飛行場にいた第一飛行師団第三十八戦隊所属の一〇〇式司令部偵察機三機が沿海州のソ連軍飛行場偵察に向かうが悪天候と偵察機一機が機体破損を起こしたため、引き返した[24]。また前記大陸命も、樺太北部地域、つまり日ソ国境地域の防衛を単独で担当していた歩兵第百二十五連隊に、この命令はついに届かなかった。

つまり、国境地帯の戦闘で何の足枷もなく自由にソ連軍を迎撃できたのは、半田での戦いのみである。

この戦いについて特筆すべき点は、二個小隊と警察隊を併せた約百名の兵力でソ連軍の一個軍団の進撃を一昼夜にわたり食い止めたという点であった。日本側戦史と比べ、内容に大きな食い違いが見られるソ連側戦史でさえも、半田での戦いについては、その失敗を認めている。当時ザバイカル方面軍（満州方面で最大最強の機械化部隊）司令官であったエル・ヤ・マリノフスキー元帥が戦後執筆した『関東軍壊滅す』には、半田での戦いについて書かれている。その章の表題は「正面攻撃失敗の樺太作戦」である。では、日ソ双方が日本側の奮戦をみとめた「半田での戦い」はどのような戦いであったのであろうか。

半田は中央軍道と呼ばれた、南北樺太を縦貫する軍道を国境から約四キロ（日ソ両国とも、国境から四キロの地域は緩衝地帯としていた）南下し、半田川を渡るところに存在する、民家が十軒ほどの集落である。半田川は川幅十メートル弱、深さは六十～七十センチ位で、集落を東西に流れていた。半田川北岸から数百メートルの地点に駅逓があり、帝政ロシアの時代から南北樺太間の郵便の交換を行なっていたが、日ソ関係の悪化に伴い、その任を警察官が引き継いでいた。半田川南岸は断崖で、橋の西側は高く四～五メートルあり、（国境）警察の警部派出所（小野警部以下二十八名、重機四）が橋の西南側におかれ、その四方は、所々に銃眼がある高さ三メートルの土塁（コンクリートの壁であったとの回想もある）に囲まれ、そこを拠点に半田付近の国境監視、警備にあたっていた。この半田川にかかる橋は、ソ連参戦時に日本軍の手により爆破されたが、橋脚の丸太が残ってしまったため、ソ連軍に復旧されないように二時間かけてのこぎりで切り落とされた。

橋の東南側四百～五百メートルの平坦な土地には歩兵一個小隊、速射砲一、重機関銃一を収容出来る前進陣地が構築中で、その陣地で軽機以上は太い丸太を敷き詰め、攻撃に耐えられるようにされた軽掩蓋で覆われていた。陣地内を走る交通壕の深さは一メートル三十センチぐらい、幅は一メートルぐらいの直線の多い地下通路で、後方にある指揮官壕とつながっていた。また、この交通壕の地上部には草が植えられるなどの擬装がなされていた。さらに河川の両岸地区の改修を樺太庁に依頼して行ない、戦車が上がれない対戦車崖となる様にしていた。一方、マリノフスキー元帥は回想録で、半田陣地のことを次のように述べている[25]。

幌見峠全要塞地区（引用者注：国境地帯の日本軍防御陣地のソ連側総称）中最堅固な陣地であった拠点半田は、高さ三メートルの土塁をめぐらした要塞であった。そこには二―三メートルごとに鉄筋コンクリート製の砲門と射撃台があった。拠点の全端と両翼は鉄条網のある対戦車壕で守られていた。半田地区を流れるケットンカイ川両岸は対戦車防御のための急傾斜をもち、地雷が敷設され、ところどころ有刺鉄線を施した丸太の柵がめぐらされていた。

半田陣地の強度について、日ソ両国の記述はかなり違う。ソ連側の記述にある高さ三メートルの土塁をめぐらせた要塞とは、警部派出所のことであろう。また、対戦車防御のために河岸工事も行なっており、そのことをソ連側戦史であえて触れるということは、半田川を戦車で渡河した際、十分障壁たりえたからであろう。このような事前の準備はソ連軍を一昼夜食い止めた理由の一つと言えよう。

半田陣地は四〜五キロ南方にある八方山を中心とする主陣地の一角である北斗山に配備されていた山砲の射程圏内にあり、その援護を受けることが出来る場所に築城されていた点も見逃すことは出来ない。

しかし、泉澤小隊が装備していた小銃以上の火器は速射砲（対戦車砲）一、重機一、軽機が若干であった点から考察すると、二〜三メートルごとにコンクリート製の砲座や射撃台があったというソ連側戦史は、失敗を糊塗するために日本軍を強大にみせたかったのか、あるいは、日本軍が頻繁に射撃位置を変えて、射撃を行なっていたため日本軍の戦力そのものを誤解したということも考えられる。

ソ連参戦時、半田には第七中隊所属の第一小隊（長：泉澤尚太郎少尉、以下三十五名）（国境）警察隊が防御にあたっていた。当時、泉澤小隊に所属していた丸山重二等兵の証言によると、日ソ国境の異変に泉澤小隊が気づいたのは、ソ連参戦直前の七日のことで、陣地構築中の同日午前十時に非常呼集がかかり、ソ連軍の越境を告げられたという。

非常呼集を掛けられた際、「機材（スコップ等）を持たないで、集合せよ」と命じられた。つまり、菊の御紋がついた小銃と同じ扱いのスコップを作業現場に放置して至急集合しろとの命令であり、兵士はただならぬものを感じた。小隊本部に駆けつける皆は「あること」を想像し、「顔は真っ青で、地に足がつかなかった」という。無理のないことである。

当時は日ソ中立条約の有効期間内であり、樺太の民間人ばかりか、多くの将兵でさえ、この時点でのソ連参戦を予想していなかった。樺太防衛の任にあった第八十八師団の上級司令部である第五方面軍司令部ですら、ソ連参戦時期については「冬期作戦生起ノ算大ナリ[26]」との判断を下していた。

そのような中、ソ連軍の動静を監視していた第八十八師団司令部は、再三にわたり第五方面軍司令部に意見具申を行ない、対ソ防衛態勢への転換を認められたのが八月三日夕方である。そして師団司令部から各部隊長にそのことが伝えられたのは、八月六日～七日に樺太の行政の中心地である豊原の師団司令部で行なわれた団隊長会同である。つまり、一般将兵にとってソ連参戦の可能性を示す命令は奈落の底に突き落とされたような気持ちにさせた。

小隊長の泉澤少尉は日ごろ部下の前では笑顔を絶やさず、怒ることのない人柄は誰からも好感をもたれ、兵士からも好かれる指揮官であった。しかし、このときはキリっと口元を結び、普段は違う緊張した面持ちで軍刀を吊り、双眼鏡を下げ、将校の軍装で兵士の前に立った。その泉澤小隊長の口からはソ連軍が越境をして来たことが判明したという、恐れていた、同時に予想していた内容であった。しかも「各監視所に通ずる電話の全てが不通となったため、聯隊本部は捜索隊を出して調査したところ、電話線が切断されるばかりでなく、電柱も倒されていたことが判明したとのことである。そこでわれわれ守備隊は直ちに戦闘配備に就く[27]」というものであった。その上、聯隊長からは「この小隊は攻撃を受けても一歩たりとも退いてはならぬ」という事実上の玉砕命令が出されたと、丸山氏は回想する。

尚、国境地帯の電線が切断されたことが確認された日付については、半田で戦った警察隊の生き残りの新井武夫氏の戦後回想である『嗚呼樺太警察最後のとき』や第八十八師団将兵や樺太からの引揚者からの証言を基に書かれた金子俊男氏の『樺太一九四五年夏』によると八月九日となっていることを併記しておく。

また、丸山氏の証言によると、発令日は不明（筆者とのインタビュー以前に出版された丸山の著作によると、上記非常呼集時に小隊長から伝達されている）だが、聯隊長から同小隊に「死守命令」が下され、それを聞いた兵士は古兵、新兵を問わず、顔は真っ青、唇は紫になり、膝頭はガクガクと震えた。武器弾薬も初めて支給されたが、丸山氏の記憶では、同小隊に渡された重機関銃は国境警察のものだったという。

命令を受けた兵士達は緊張のあまり、誰もがトイレに駆けつけたが、緊張で尿道が収縮してしまったのか、出るべき小便が一滴もでない。そして訓練どおり、急ぎ新品の軍装に着替え、背嚢には日用品をつめ、九九式歩兵銃を手に構築中の陣地に入り、戦闘配置についたが、誰もが緊張を紛らわすためか足踏みをしていた。各所で火が焚かれ、様々な書類が焼かれていた。

半田陣地は夕方になると濃い霧がかかり、一寸先すら見えなくなる。陣地の周囲はツンドラ地帯であり、気温の高い日中はその凍土が溶けて、空気中に蒸気となって上がる。それが夕方になると急速に冷えるために、空気中の蒸気が冷えて霧となり、数メートル咲きも見えなくなる。その中で兵士は二時間交代で歩哨に立つのであった。しかも、ソ連兵がいつ攻撃してくるかもしれないという不安の中での歩哨に立つことは、兵士達の緊張をいっそう増した。

そして、八日の晩、半田陣地に突然、国境方面から一発の銃声が聞こえたかと思うと「敵襲だ！外に出ろ！」という声が響き渡り、陣地内にいた兵士達は最寄の出口から地上に出、地面に腹ばいになり射撃態勢をとった。声の主は指揮官壕にいた分隊長の滝内正雄軍曹であった。その後、銃声が聞こえなかったため、滝内軍曹は「前方を見てくる」と言って闇の中に消えて行った。しばらくして戻った軍曹曰く「ソ連の方から十二～三名の兵士が駅逓の近くまでやって来た。それに気づいた立哨中の岸田二等兵は相手が近づくまでじっと待っていたが、日本語でない言葉をしゃべっていたので先頭の（兵士）をドォーンと撃ったところ、一人が倒れ、他の兵士がかついで北の方に戻って行った」。来るべき日が間近に迫っていることを、誰もが思わずにいられなかった。

十日朝、歩兵第百二十五聯隊の主陣地（八方山）前方の守備を強化するため、第二大隊所属の第八中隊（長：佐藤薫中尉）と泉澤小隊（第七中隊）の北極山への撤収が決せられた。ソ連軍の本格的侵攻が始まるまでの二日間に国境陣地への部隊展開をおえた歩兵第百二十五聯隊長は半田地区守備を第二大隊から第一大隊へと変更し、増派したばかりの第八中隊を八方山南東の北極山に撤収することに決めた。その命令は十日の夜遅くに部隊に届き、十一日早朝に同中隊は北極山に撤収した。また、当初より警備についていた泉澤小隊も第一大隊からの交代兵力の到着後に、同地を撤収することになっていた。

泉澤小隊の撤収と入れ違いに第一大隊第四中隊第一小隊（長：大国武夫少尉、以下三十四名）が無線分隊（八名）と共に到着したが、泉澤小隊との引継ぎは速やかには行なわれなかった。両少尉は共に学徒出陣、幹候八期生で親交が厚く「陣地守備交替の命令により進出してきた大国小隊長と、ソ連軍の侵攻を目前に、地形および陣地の様子を知らない隊に引継ぎ撤収することはできないと主張する泉澤小隊長は、しばらく互いにゆずらなかった[28]」と言われている。第八十八師団参謀長の鈴木康生大佐によると、一個小隊で守る半田陣地は「師団では二～三時間でも食い止められればよいと思っていた[29]」とのこと。言い換えるなら、二～三時間で、ソ連軍に突破されると想定していたのである。

泉澤少尉も、死を覚悟していたであろう。だからこそ、寡兵をもって、ソ連軍を食い止める任務を、この状況で大国小隊に託して、命令とは言え、自らは後方に下がるというのは無責任と感じたであろうし、情においても忍び難かったのであろう。一方、大国小隊長は軍人として受けた命令とその運命をそのまま受け入れ、当地での玉砕をまぬがれることが出来る泉澤小隊を、命令どおり撤収させたかったのであろう。

とは言え交替が命令である以上、泉澤少尉は、それを拒絶することは当然できなかった。泉澤少尉は大国少尉に国境警察隊の警部派出所内で陣地の説明を行ない、さらに現地での詳細な説明をすべく、二人が軍道に出た午前五時頃、ソ連軍の攻撃が開始された。撤収を目前にしていた泉澤小隊は陣地に戻り、大国小隊と共に戦闘に参加したのであった。かくして、半田での戦いが始まったのである。

この時の泉澤小隊の様子を少し長くなるが丸山氏は次のように回想している[30]。

「あと五分で引継ぎは完了する。完了と同時に本隊に復帰する予定」

一瞬、分隊員は顔を見合わせた。その顔はみるみるうちに紅潮し、分隊全員、地下道から背のうを取り出し、完全軍装となり上等兵の指示に従って軍道脇に出、次の指令を待つこととなった。口には出さないが、この小隊全員の心境は「助かった」という思いだったろう。ただし、交替は小銃班のみで、重機、連射砲（ママ）はそのまま据え置かれた。

軍道まで出た私たちは叉《さ》銃（三挺を組み合わせ立てる）をし、指示の出るまで排水溝の脇に腰を掛けた。戦争となればどこに行っても死を覚悟しなければならない。各兵はポケットの中から家族の写真を取り出し、その写真を見入っていた。私も、兄弟四人で写した記念写真を見ていた。

その時、北側から一発、銃声が半田の空に響き渡った。ソ連側からの銃撃、その音は日本の銃ではなく、かなり強い音であった。戦後、あの音を考えたことがあるが、あれはソ連軍の持つ狙撃手の放した銃弾であったようだ。

各分隊長は指揮官壕の中で引き継ぎを終えようとした時のことらしい。滝内軍曹が真っ先に私たちのところへ飛んで来た。

「敵襲だ!!　分隊は元の場所に戻れ!!」

その大声で、私たちは銃のみを持って元の場所に戻った。傘形散開をし、伏射の姿勢に入るか入らないかのうちに、銃弾が身辺を襲い出した。

国境から侵攻を開始したソ連軍部隊は第56狙撃軍団（狙撃師団一、狙撃旅団一、砲兵旅団二、戦車旅団一、独立戦車大隊二、独立機関銃連隊一）で、その先陣として半田陣地への攻撃を開始したのは第79狙撃師団第2大隊で、戦車三~四両伴い（戦史叢書では戦車三~四両を伴った一個中隊が四~五門の火砲の支援の下での攻撃）正面突破を目指していた。ソ連軍戦史は、十一日の半田での戦いを次のように述べている[31]。

樺太における戦闘行動は、8月11日0935、ソ軍が日本軍主防御地帯に向う唯一の無舗装道を通過して、半田拠点を攻撃した時から開始された。

第79狙撃師団の先遣隊である第165狙撃連隊第2大隊は、その拠点を正面攻撃で占領するように企図していたが、日本軍の強力な射撃に遭遇してやむを得ず防御に転じた。この状況を判断した師団長は、先遣隊の兵力をもって拠点を抑留し、主力をもって濃霧や繁みを利用しながら迂回することに決心した。

現実の半田陣地は軽掩蓋を有する程度の前進陣地にすぎない、半田陣地を過大に報告したのは、①

ソ連軍が苦戦したことの正当化②戦後の論功行賞を意識していたのであろう。

開戦前、日ソ両国は北方少数民族を使い、互いにスパイを送り込んでいた。特にソ連側は日本軍の事情をよく把握していたようだが、肝心な情報。つまり、中央軍道沿いにある八方山が日本側の主陣地であったことは、最後まで気づいていなかった。そればかりか、南樺太に侵攻したソ連軍は主に独ソ戦中も北樺太にいた部隊であり、何の功績も立てていない上に独ソ戦に参加した部隊と比べて戦闘能力も低かった。日本側に停戦命令が届くのがあと半日遅れていたら、歴史は変わったかもしれない。

しかし、ソ連側の記述の全てが捏造とも言い切れない。軽掩蓋に被われた、速射砲一、重機一は事前に半田川にかかる橋や、その他の半田川の予想渡河点に観測照準をあわせ、迅速な陣地転換を行ないながら、的確な射撃を行ない、守備隊が実力以上の戦力とソ連軍に誤判断をさせ、その足をとめたのであろう。これは半田警部派出所に配備されていた、四丁の重機も同じことであったと思う。ソ連側戦史が言う「強力な射撃」とはこのことであろう。

そして翌十二日の戦闘状況については、次のように述べている[32]。

半田の突撃は8月12日朝、30分間の攻撃準備射撃後に再開されたが、スベチェッキィ大尉の指揮する師団先遣隊の正面と背後からの同時攻撃によって投降を拒否した全日本軍守備隊がここで玉砕した。

日本側諸資料及び証言からまとめた戦闘状況は、以下の通りである。

午前五時にソ連軍からの攻撃が始まったが、既述の通り、撤収を目前にしていた泉澤小隊は大国小隊とともに、積極的に反撃を行ない、ソ連軍の攻撃はたちまち頓挫した。これに対しソ連軍は午前八時戦車を伴い逐次陣地前に前進し、森林を迂回して日本軍を包囲する態勢をみせた。半田陣地には、

半田付近の戦闘 8 月11日～12日（聯隊戦闘詳報による）

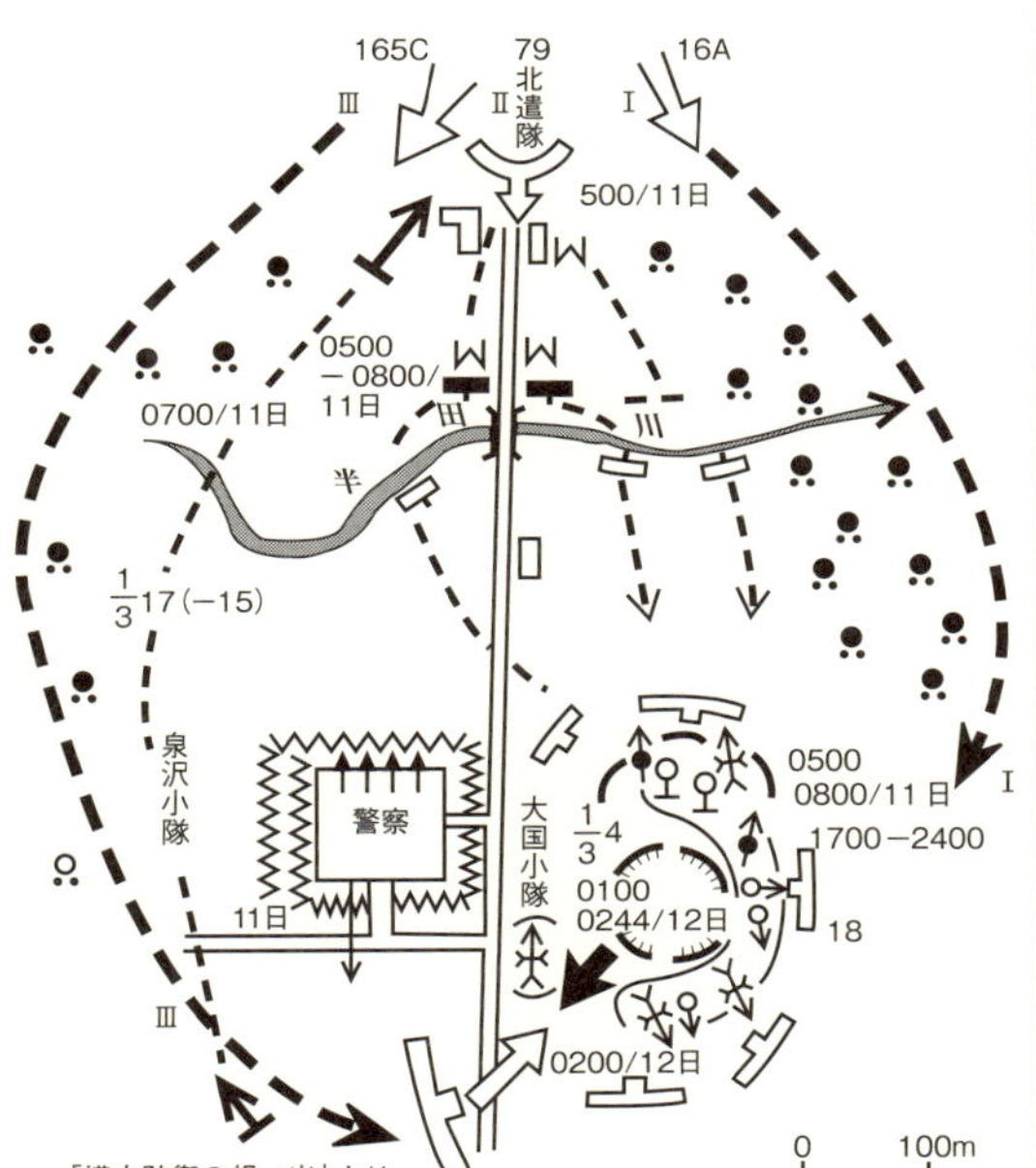

――「樺太防衛の想い出」より

一個小隊しか収容できず、泉澤少尉平地で戦っていたが、ソ連軍の攻撃が中央軍道東側の大国小隊の主陣地に向けられていると判断し、部下小隊を率いてソ連軍の背後を攻撃すべく、半田川を強行渡河し敵の背後に回りこみ、西方約三百メートルの位置に進出、ソ連軍の右側背に向かって突撃した。この結果、ソ連軍は動揺恐慌をきたして、正面陣地への攻撃は一時弱まった。しかし、圧倒的な大部隊の隊列を遮断することはできず、泉澤少尉以下七名が戦死し、生存者は陣地に復帰した。

泉澤少尉が戦死した時のことを警察隊の新井巡査部長は生き残った兵達から官舎附近の戦闘で向う側からはっきりした日本語で泉沢少尉の名を呼んだので、部下ではないかと案じた少尉が体を乗り出した時狙撃されて戦死をとげたと聞いている。

新井巡査部長自身が目撃したこととして「日本人と同じ皮膚の色をし、目の色も似ている何処かの国の人達が、日本の兵隊と寸分違わない服装をしていて、自動小銃についている眼鏡から兵隊達の胸の上にしるしている名前を覗き呼んでいるのだった[33]」と書き残している。このような話は半田の戦闘だけでなく、古屯の戦闘でも生き残った兵士の証言にもある。

第八十八師団参謀長が「師団では二

〜三時間でも食い止められればよいと思っていた」[34]陣地で、一昼夜もソ連軍の進撃を阻み、混乱させた功績は大である。しかし、この時点での泉澤少尉の戦死は日本軍にとっても痛手であった。半田陣地並びに周囲の地形を把握した指揮官が戦死し、前日に到着したばかりで、陣地、地形に不案内な大国少尉が寡兵をもって、指揮を取るのは困難であったことは想像に難くない。

ソ連軍は二個中隊を増強し、攻撃部隊を迂回させ、両翼から日本軍を包囲すべく攻撃を開始した。正面でも、戦車を待ち構えていた速射砲陣地に、ソ連兵は川を渡渉、じりじりと迫ってきた。そのため、速射砲分隊は銃眼から手榴弾を投げ込まれるのを恐れ、速射砲を壕の中から軍道上に進出させ、砲弾も対戦車用の徹甲弾から対人用の榴散弾にかえて、肉薄してくるソ連兵に対し砲撃を行なった。このような守備隊の防戦に対し、ソ連軍は空から戦闘機による機銃掃射による反撃行ったため、水上速射砲分隊長は速射砲が守りきれないと判断し、砲を破壊、速射砲分隊員には小銃をもって戦うことを命じた。

午後二時頃にはソ連軍の圧迫が強まり、大国少尉は戦線の縮小を企図し、砲をもたぬ速射砲分隊員、重機を後方に下げるよう命じた。半田警部派出所を守っていた警察隊も、土塀をつきぬける機銃弾から陣地を守りきれないと判断し、警部派出所を放棄した。

午後五時には大国小隊は完全に包囲され、これに対し小隊は肉薄攻撃、奇襲、猛射を行ない、ソ連軍を阻止すべく努めたが、既に機関銃も破壊されていた。また、無線分隊は生文で、敵戦車十数両の南下を伝え、無線機を破壊の後、大国小隊に合流、戦闘に加入した。生文で無線連絡を行ない、無線機を破壊しなければいけないほど、事態は切迫していたのである。

この南下した敵戦車は、北斗山の山砲の攻撃を受け、自走砲二、戦車三を失い後退した。

夜になると大国少尉は夜陰にまぎれて、赤間伍長以下五名に包囲を突破し戦況を報告するよう命じると共に、負傷者十三名を三回に分けて後方に離脱させ、自身は手兵六〜七名とともに更に縮小させた陣地で防戦した。そして四方から押し寄せる敵に対し斬り込みを敢行し、玉砕したのである。

この時の模様を歩兵第百二十五連隊戦闘詳報は次のように述べている[35]。

〇二〇〇、三一四高地ヨリノ報告ニヨレバ大国少尉以下斬込ヲ敢行シタルモノノ如ク、凄惨ナル喊声ト共ニ敵ノ銃砲声熾烈ニシテ、〇二三〇迄続キタルモ、生存者ノ報告ニヨレバ少尉ハ敵数名ヲ斃シ戦死ス。敵ニ与エタル損害　一五〇以上、我　戦死者将校二、下士官以下二〇、戦傷九、不明五。

しかし、半田をめぐる戦闘はまだ終ってはいなかった。大国少尉戦死後、第七中隊の滝内軍曹が両小隊の指揮を取り、半田集落南方一キロの地点　再度態勢を整え、掌握せる手兵二十一名を二手に分けて、十二日午前零時を期して半田澤のソ連軍に斬り込みを敢行せるも失敗。瀧内軍曹は残存兵員を率いて、十四日午後、八方山の連隊主陣地に撤収帰着した。

両小隊と共に戦った警察隊は半田派出所をはさんで左側の淹木地帯、つまり軍とは反対側に小糠雨のふる中、配備についていた。警察隊は二十八名で小野警部を小隊長とし、新井巡査部長と菅巡査部長が補佐をしていた。ソ連軍の攻撃を受けた十一日の朝のことを新井巡査部長は次のように手記の中で回想している[36]。

早朝、朝食を摂ってから警部が「隣の武意加の派出所が昨夜急襲されて、巡査一名が行方不明になっている」と話していた時に、外の方で「敵襲だ」と誰かが叫ぶ声がした。

（中略）

警部に続いて私も外に飛び出し、所員の全部を庁舎の四囲に配置したのであるが、瞬時にして敵の包囲する処となっていた。

周囲の土堤の上からそれも僅か三十米位先から軽火器をうちこまれて、地面に伏せている私達の附近に弾丸が土煙をあげてつきささった。すでに手榴弾による負傷者が三名出た。これでは完全に包囲されてしまって自滅を待つばかりだ。この時、小野警部が日本刀を抱きかかえながら這ってきて、

「新井部長どうする」

と囁いた。その顔には土がはね返っていた。

「一応外に出ましょう」

と私はとっさに答えた。そして散らばっていた所員達にこの旨を伝えて、南門（引用者注：国境と反対側）から脱して木の茂みの中に全員集結することが出来た。

この頃から警察官舎あたりで戦斗していた兵隊達はもう崩れてきて私達と一緒になってしまった。

この後、警察隊は半田と古屯の間の師走陣地附近で再び軍の指揮下に入り、翌十二、十三日の戦闘でほぼ全員が戦死を遂げた。

既述の通り、ソ連側戦史には十二日の攻撃で日本軍を玉砕させたとあるが、現実の半田陣地は既に無人となっており、ソ連軍は何ら苦労することなく陣地を占領した。

こうして半田陣地での戦闘は終った。わずか約百名（二個小隊と国境警察隊）でソ連軍一個軍団を丸一日、食い止めた武勲は大いにたたえるべきである。

この二個小隊と国境警察隊の奮戦は全軍に異様な感激を与え、士気を高揚させた。十二日、樋口司令官は訓示を発し、全軍の奮起を要望した[37]。

対ソ作戦発動ニ方リ麾下全将兵ニ与フル訓示

宿敵蘇軍遂ニ我ニ向ツテ立ツ。
怒髪天ヲ衝ク。
麾下ノ精鋭乃チ国境ニ馳セテ　眦ヲ決シ　接境ノ官民筆鍬ヲ擲ツテ槍剣ヲ携フ。
百千ノ論議全ク価値ナク　只　百死以テ醜虜ノ撃滅ヲ期スルアルノミ。
米蘇ノ群虜既ニ今ヤ腹背ニ迫ル。
コレモトヨリ予期スルトコロナリトイエドモ、正ニ未曾有ノ大事ト謂ウベシ。
然レドモ胸ニ光輝アル国体ヲ抱キ、足下ニ恩愛ノ皇土ヲ踏ム。
戦友ノ死屍ヲモッテ防塁ヲ築キ、僚友ノ魂魄ヲモッテ醜敵ヲ撃ツベシ。
伝来ノ勇心勃然トシテ全身ニ漲リ、救国ノ至情イヨイヨ抑エ難キモノアリ。
将兵ヨロシク毅然トシテ事態ヲ正視シ、荊棘ノ彼岸ニ皇国ノ弥栄ノ光明ヲ望ミツツ、
タトエ状況惨烈ノ極所立ツモ、ナオ他ノ支援ヲ思ワズ、アクマデ自己ノ全力ヲ傾倒シテ
最大ノ戦力ヲ発揮シ、モッテ宸襟ヲ安ンジ奉ランコトヲ期スベシ

3　積極的戦闘禁止命令

国境の半田陣地を占領したソ連軍は、十二日朝から南下を再開し中央軍道上を南下。つまり、同軍同上にある師走陣地に向かった。これに先立つ十一日七時頃、小林聯隊長は工兵隊に半田——武意加道三叉路付近に対戦車壕を構築することと、栗山道及び亜界川の橋梁爆破を命令した。工兵隊はまず戦車壕を構築し、十二日二時頃、八方山へ帰還した[38]。

このように国境地帯を守る歩兵第百二十五聯隊はソ連軍を迎え撃つ準備を進めていたところに、大本営が発した大日本帝国陸軍史上初の奇妙な命令が第一大隊本部を経て最前線を守る第四中隊にまで届き、将兵はとまどっていた。

それが「積極的戦闘禁止命令」である。

以下は大本営が第五方面軍に出した命令である[39]。

大陸命千三百七十五号

命令

一　「ソ」聯ハ対日宣戦布告シ九日零時以降　日「ソ」及満「ソ」国境方面諸所ニ於テ戦闘行動ヲ開始セルモ　未タ其ノ規模大ナラス

二　大本営ハ　国境方面所在ノ兵力ヲ以テ敵ノ進攻ヲ破砕シツツ　速ニ全面的対ソ」作戦ノ発動ヲ準備セントス

三　第五方面軍司令官ハ　現任務ヲ遂行スルト共ニ　差当リ国境方面所在兵力ヲ以テ敵ノ進攻ヲ破摧シツツ　速ニ全面的対「ソ」作戦ノ発動ヲ準備スヘシ

四　細項ニ関シテハ参謀総長ヲシテ指示セシム

これに基づき、第八十八師団は指揮下の部隊に発した師団命令第一号は、当時、歩兵第百二十五聯隊通信中隊通信有線小隊長鈴木孝範少尉によると

「一、国境外に一歩も出る事なく、あくまでも防御戦闘に徹し攻撃すべからず。

二、已むを得ざれば積極的防禦をなすべし[40]」

というものであったそうで、このような命令は過去に見聞したことがなく、我に戦う意志のないこ

とを示したものである。現地部隊としては解釈に苦しむところであった[41]と回想している。第四中隊のみならず、前線の将兵は「積極的戦闘禁止命令」という、日頃の訓練と相反する命令により混乱させられたことは、前記回想からも容易に推察できる。

大本営が発した命令とは言え、現地部隊に上記命令を出した峯木師団長自身「対ソ開戦になってからも軍からはモヤ〳〵した空気があった（ハッキリ戦うと云う空気がうすい）。新聞にも、ソ聯打つべしという風に出ていない。これが為新聞記者に気合を入れたことがある。[42]」と回想している。

このすっきりしない命令による空気について、鈴木参謀長も次のように回想している[43]。

> 九日夜、方面軍情報部樺太支部長蟹江元少佐（40期）から「ハバロフスク放送で「『日本がソ連を通じて連合軍に降伏を申し入れをしている』と放送している」。また「関東軍は『積極的作戦を控えよ』という命令をだしたようだ。」など前途を暗示するかのような情報連絡を受けた。あるいはソ連の謀略かもしれない。先の「積極的戦闘を禁ず」といいどうも様子がおかしいので、憲兵に、特に東京方面の情報によく注意しておいてもらいたい、と依頼した。

前線の将兵はいわば両手を縛られたような状態で日本本土に侵攻してきたソ連軍を迎え撃たなければならないところへ、さらに重大な問題が発生した。

それは、師団司令部から派遣されていた三号無線分隊が八方山に移動した百二十五聯隊本部に同行できなかったことにより、約三百キロ離れた豊原の師団司令部と聯隊本部の間で連絡がとれなくなっていたのだ。

日本政府が公式にソ連の宣戦布告文書をマリク駐日ソ連大使から受領したのは「八月十日十一時十五分[44]」で、事態を確認した大本営は急ぎ対ソ作戦発動を命令した。これによって、「積極的戦闘禁止命令」は解除命令が出されるが、この時既に、第八十八師団司令部と歩兵第百二十五聯隊間の通信は途絶していたため、国境八方山での戦闘が終了する八月十九日した時点でも師団司令部と同聯隊は連絡が取れず、ソ連軍との停戦交渉や民間人避難のための時間稼ぎに必要な意思の疎通を欠いていたのであった。

このようなことが起きた原因は次の四点と考えられる。

1、三号機無線分隊は師団司令部への帰還命令が出されていた。

2、同分隊の命令系統が曖昧で師団通信隊の分隊長に対し、聯隊側が積極的処置をとれなかった。

3、同分隊の八方山への移動が遅れたため、ソ連軍に入山を阻まれた。

4、聯隊の通信中隊は師団の無線系に加入できたが、暗号書がなく、結局連絡がとれなかった。

三号無線とは長距離の通信で使われていた無線機で、豊原と国境地帯間で直接連絡を取り合うには、この無線機が必要であった。

三号無線分隊が八方山に追及しなかった原因について、第八十八師団通信隊長鈴木利孝大尉に筆者が確認した際、全責任は自分にあると明言された上で、次のように語った。

原因：師団通信隊長の指揮運用の拙劣

Ａ　人、軍通信をあてにし、作戦における通信の重点の判断を誤った

Ｂ　直ちに当初将校を（三号無線分隊に）派遣すべきであったと云う部隊指揮上の誤り

Ｃ　通信の運営指揮の未熟

をあげた。鈴木大尉は上敷香の聯隊本部が八方山に移動した際、三号無線分隊がついていかなかったとの報告を受けると、即座に追及するよう厳命を下しているが、実行されなかった。それは分隊長

の個人的理由によりなされなかったと、関係者は証言している。

また、当時上敷香には三号無線を装備した方面軍の通信隊もいたが、方面軍の命令に従わず、北海道に帰還している。前記理由のAはこのことを差しているのであろう。

これらの要因から、師団からの重要な命令（積極的戦闘禁止命令解除命令・自衛戦闘命令）が聯隊に伝わらず、聯隊からの前線の戦況報告が師団司令部になされず、前線の様子を把握出来ない師団司令部は、適切な指揮・指導が出来ないまま、百二十五聯隊は孤立無縁の戦いを強いられた。

4　師走陣地での戦い

半田を占領したソ連軍は次第に軍道正面に兵力を増やし、正午頃、歩兵約一個大隊と戦車七～八両のソ連軍艦は師走陣地の正面を流れる師走川北方七百メートル地点に達し、亜界川橋梁付近に陣地を占領。十～十五榴（引用者注：百ミリ～百五十ミリ榴弾砲のこと）数門の支援射撃の下、一斉前進を開始した。

ここに師走陣地での戦闘が始まったのだが、日ソ両軍はどのようにこの戦闘を記録しているか、以下の文を見てもらいたい。

まず日本側だが、当時、第三大隊長だった小笠原裕少佐は既述の歩兵第百二十五聯隊戦闘詳報として次のように記している[45]。

八月十二日

（イ）右第一線大隊（第一大隊）師走付近の戦闘〈戦闘要図参照〉

（1）半田付近の敵は次第に兵力を増し（一ヶ大隊、戦車七～八）逐次南下し、一二・〇〇先頭は師走川北方約七〇〇m・一三六、七七付近に到着、十榴十五榴弾砲三～四、軍道上亜界川橋梁付近に陣地占領、師走陣地に対し砲撃開始。
（2）師走川の両岸既設陣地に在りたる右第一線大隊（第四中隊長飛島中尉1／3欠、重機関銃2、第一歩兵砲配属）速射砲中隊（長、柿崎中尉1／4欠、四中隊に協力）は直ちに之を邀撃す。
（3）敵は砲、戦車支援の下に軍道をはさみ逐次南下、機銃短銃小銃の猛射を浴びせ来る。
（4）之より先、直轄山砲北斗山北麓に陣地を占領し、観測所を八方山二の瘤北側に推進、只管時機の至るを待ちたるも一二・三〇師走陣地前方に敵の現出と共に射撃を開始、戦車四〜五を伴う敵は初弾より四散二、三弾にして戦車は遁走、敵動揺せるを認む。一四・二〇戦車は敵後続部隊と共に再び南下し来る。之に対し制圧射撃三〇分にして撃退す。
（5）敵砲兵は我が山砲制圧を企図せるものの如く、七星山、北極山、八方山、林北台を盲撃、敵機亦しばしば偵察せるも発見に至らず。
（6）通信中隊は切断せる線を補修確保す。
（7）山砲の射撃と相俟ち我師走部隊も密林を浸透せる敵に対し猛烈なる火力を指向し、戦車には肉薄攻撃を加えことごとく之を撃退夜に入る。
（8）敵は亜界川以北に後退中、東軍道師走橋梁付近には未だ敵なし。
（中略）

八月十三日
（イ）右第一線大隊師走付近の戦闘〈戦闘要図参照〉
（1）師走川橋梁は〇二・〇〇破壊し、戦車来るや爆発する如く設備す。敵は早朝より我師走及八方山陣地に対し砲撃を開始す。
（2）昨夜亜界川以北に後退せる敵は再び南下〇六・〇〇以降師走正面に猛烈なる攻撃を実施し来るも、我方之を陣前に撃滅しつゝあり。敵は十榴〜十五榴を以て頻に我機関銃、速射砲、歩兵砲陣地を射撃し、陣地変換を実施するの止むなきことしばしばなり。我砲兵亦該敵に対し有効なる射撃を実施す。
（3）敵は我奮闘にも係わらず逐次南下し。一三・〇〇戦車師走川橋梁に現はるゝに至り、肉攻を実施せるも成功せず。一四・〇〇戦車四は軍道上を突破、更に右側の敵は師走川を渡河、右より包囲を受くるに至る。
（4）一三・〇〇〜一五・〇〇　右第一線正面の部隊は数次に亘り斬込を実施す。
（5）二一・〇〇　飛島中尉は残存兵を以て斬込を敢行、速射砲中隊長柿崎中尉以下及歩兵砲小隊長古山少尉以下も皆突入戦死す。
（6）主力と連絡を断たれる第二小隊も同時頃斬込、同隊一部生存者は八月十四日〇三・〇〇東軍道神無川陣地に在りし、大森小隊に到着指揮に入る。
（7）本戦闘の損害敵人員一五〇以上戦車一、我戦死将3　准士官以下不明
（8）之より先、一五・〇〇聯隊長右第一線大隊に後退を命じ、北極山を占領せしむ。
（9）東軍道に陣地占領の第一中隊（大森小隊）正面には同日敵平寇なきも、後退の命により陣地を撤収す十四日　一三・〇〇

一方、ソ連軍の戦史によると、十二日の戦闘には一切ふれず、十三日の戦闘については、一時間の攻撃準備射撃後、第214戦車旅団の支援を受けた第165狙撃連隊の戦闘について簡単に既述している。そして師走陣地の日本軍の奮戦によりソ連軍が進撃を停止したことを「森林・山地を利用した永久築城に托している日本軍が頑強な抵抗を示したため、八月十三日夕刻、第165狙撃聯隊は数百mの前進をみたままやむを得ず防御に転移することになった[46]」と記している。これらの記録をもとに、師走陣地の戦いを詳しくみてみたい。

亜界川の橋梁から南方約一、四キロ地点に師走川が東西に流れていた。その南岸に、歩兵第百二十五聯隊の主陣地のある八方山とツンドラ地帯の間を走る中央軍道上に師走陣地は構築された。日本軍は北樺太のソ連軍が南下する際、その主力部隊は中央軍道を南下すると予測しており、それを迎撃し、拘束する任務を帯びていた。しかし、同陣地は「ツンドラ地帯縁辺部のため、掘ればすぐ水が出るので堅固な陣地が作れず、対戦車火器をなるべく多く集め、地面に土を積み、若干の木材、セメントで補強しただけのものであった。また、陣前の師走川橋梁は戦車が乗ればただちに崩れ落ちるような仕掛けがしてあった[47]」。

また、同陣地で配置につくべく将兵達が塹壕に入ろうものなら、ツンドラが溶けた氷のような水に胸までつからざるをえなかった。しかも、八月とはいえ、朝方は自分の吐いた息が白く見えるくらいの寒さである。緊張と寒さにより、手足は震え、唇を紫に染めながら、ひたすらソ連軍を待ち構えていた。

これがソ連軍が「森林・山地を利用した永久築城」と記す師走陣地の実態であった。

前述の通り、「積極的戦闘禁止命令」を第四中隊に伝達した第一大隊の大隊長小林貞治少佐（少十二期）は北海道へ出張中で、ソ連軍の攻撃が目前にせまった、午前十時頃、聯隊長は同大隊の指揮を歩兵砲大隊長の木下義一大尉（五十四期）に執るよう命じた。

その陣容は、第一大隊第四中隊（大国小隊欠）は、軍道の西左第一線に第三小隊、その最左翼（八方山側）には、半田から撤退した国境警察隊の生き残り二十数名が布陣。東右（ツンドラ地帯側）第一線に第二小隊を配置。第四中隊長の飛島清一中尉は指揮班と共に陣地中央に位置して指揮をとった。

さらに師走橋に照準を合わせた速射砲中隊の砲二門が軍道を挟んで東西に一門ずつ布陣。第一歩兵砲小隊も同様に軍道左右に歩兵砲二門を布陣させたていた。また、師走陣地南西の北斗山中腹には山砲二門が配備され、同陣地付近を射程内におさめていた。

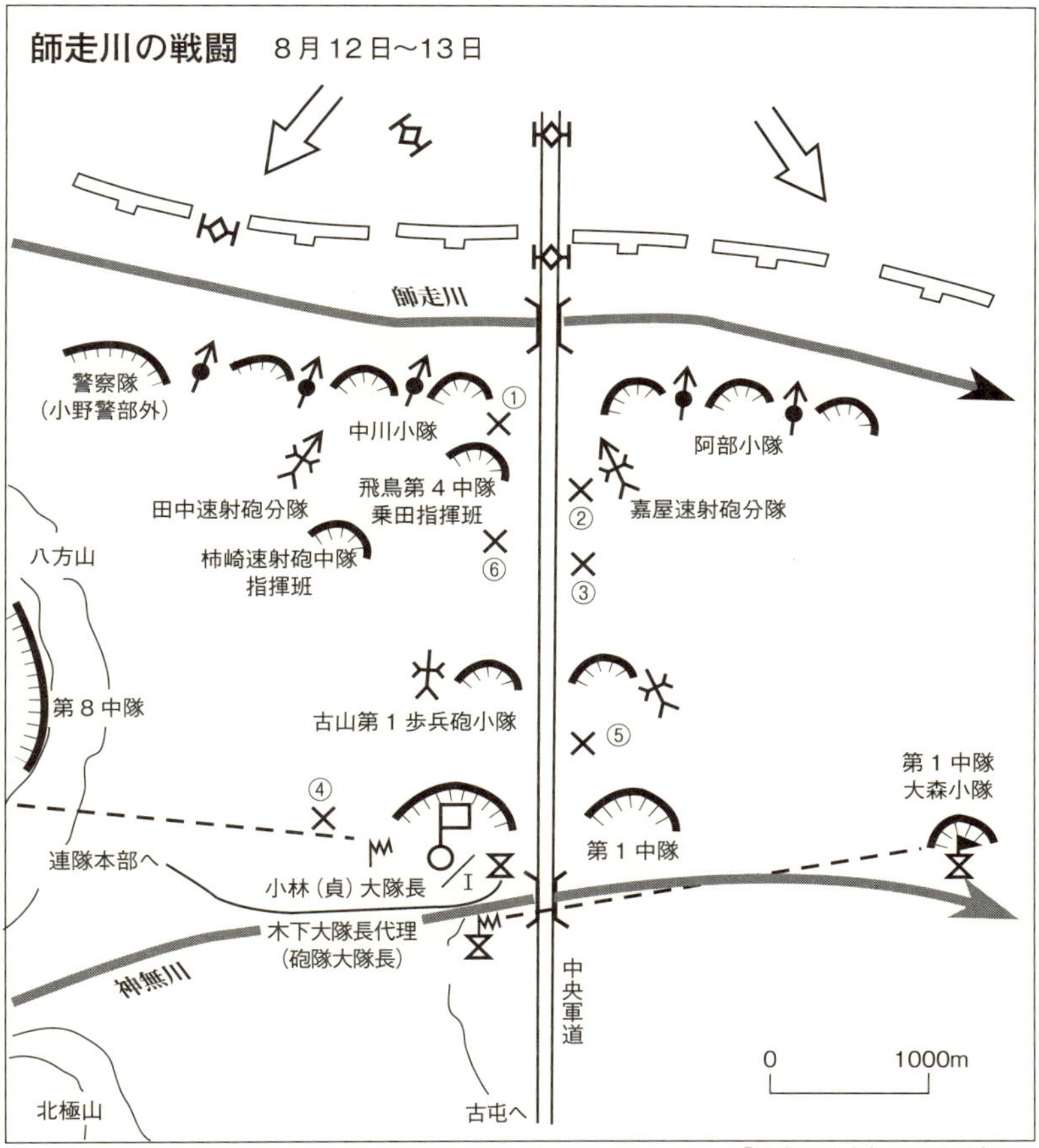

――「樺太国境守備隊の終焉」より

①掩体内に６体埋葬
②軍道より約20メートルの地点砲座の掩体内に３体埋葬
③砲座を有する掩体内に３体埋葬
④将校３名、警察官１名。将校は柿崎中尉、飛鳥中尉、
古山少尉と思われる。警察官は小野警部？
⑤師走橋方面約1500メートル軍道側溝地点で遺体発見、道路より
約５メートル地点に埋葬、鈴木孝也軍医見習士官
⑥掩体内に２体埋葬

このような陣容で半田陣地を占領したソ連軍を迎え撃ったのである。

八月十二日午前五時、半田方面でソ連軍の半田陣地への包囲攻撃が始まった頃、師走陣地を守る第四中隊中隊長飛島清一中尉の下に第一大隊本部からの伝令が届いた。その伝令がもたらした命令は、現場の将兵に困惑と士気を低下させる内容、既述の積極的戦闘禁止命令であった。その時の様子を第四中隊内務係助手、石塚保兵長は次のように回想している[48]。


午前五時、敵の第一弾がとゞろき、これを合図に前方各所から一斉に砲撃が始まった。敵は相当近づいている様子。其の時、大隊本部から伝令が飛んできて「伝令。積極的行動に出て越境すべからず。」「なにッ」飛島中隊長が聞き返すと、追いかける様に「もとえ」乗田指揮班長の声が鋭い。伝令はもう一度復唱した。こんな命令なんてあるものか、たゞ死ねと云うのか、指揮班内は複雑な空気に包まれた。


戦場での行動は臨機応変に行うものであり、国境からさして離れていない師走陣地では場合によっては、国境を超えて攻撃を行なうことも十分あり得る。ただでさえ、少ない兵力とソ連軍に劣る装備で戦わざるを得ない現場の将兵にとって「たゞ死ねと云うのか」というのは偽らざる気持ちであるが、命令は絶対である。このような心境で彼等はソ連軍と戦わねばならなかった。

そして、八時頃、師走陣地から国境方面に斥候をだしたところ、後方連絡の伝令として南下してきた半田警察署の警察官から半田陣地の苦戦を知らされる。そして、国境方面からは、警察、半田警備小隊の兵士などの負傷者が後送されてきて、ソ連軍が間近に迫っていることを、誰もが感じざるをえなかった。

半田陣地を攻撃、突破したソ連軍は逐次南下し、正午頃には師走川北方約七百メートル地点に進出して来た。亜界川橋梁付近には砲列陣地（百ミリ榴弾砲、百五十ミリ榴弾砲数門）を構築し、師走陣地は直ちに砲撃を開始した。その援護の下、T34を先頭に戦車七～八両と歩兵約一個大隊が師走陣地正面に攻撃を開始した。

これに対する日本軍は既述の積極的戦闘禁止命令という不可解な命令に縛られながら、応戦するが、速射砲は歯が立たず、止む無く急造爆雷を胸に肉弾攻撃（肉攻）を行なうしかなかった。

事実、師走陣地付近の三一四高地から見守っていた久慈中尉の眼前では、そのような光景が繰り広げられていた。ソ連軍は猛烈な火力を師走陣地に叩きつけ、その弾幕下を戦車、自走砲が随伴の歩兵に守られながら亜界川橋を渡って来た。歩兵は、自動小銃の腰だめ射撃でゆるやかな速度ではあるが、足並みを揃えて確実にせまった。森林、草むらに潜んで待機していた、日本軍の肉攻班から、一人、また一人と飛び出して行くが、それらの多くの兵達は戦車に達することを果たせず、途中で崩れ落ちていった。

しかし、進撃するソ連軍の先鋒の戦車四両はどんどん速射砲陣地に迫って来たが、その存在に気付かず、ついに先頭の戦車の側面が速射砲の眼前にさらしたため、満を持して徹甲弾を連続発射。しかし、昨日同様に速射砲の放つ徹甲弾を一発残さずはじき返された。それでも、先頭と二両目の戦車は速射砲陣地に気付かず、八方山に砲塔を向け、陣地を探していたが、三両目に中央軍道傍の陣地を発見され、その戦車砲で、沈黙せしめられた。それでも、速射砲中隊指揮班は生き残った兵に陣地の確保を命じ、砲兵は小銃をとって散開し、抵抗を続けた。

この一部始終を北斗山から見ていた「山砲一門[49]」は、ここに及んで中央軍道上のソ連軍に対して砲撃を開始した。

しかし山砲陣地は急造のものではなく、中央軍道周辺は既に観測照準の設定が済んでおり、観測所との連絡も上手く取れた結果、その砲撃は初弾より命中。第三弾は戦車、自走砲にも命中し、ソ連軍は慌てて後退をはじめ、亜界川まで後退、トラックに乗っていた兵士は、荷台から周囲の山林に蜘蛛の子を散らすように逃げ込んだ。そして入れ替わるように、敵飛行機が飛来し山砲陣地を探したが発見に至らなかった。また占領したばかりの半田陣地跡に布陣したソ連軍砲兵隊の砲撃は盲打ちで、飛行機からの爆撃も効果がなく、山砲陣地は全く被害を受けなかった。惜しむらくは、二門の山砲のうち、一門しか戦闘に加入できなかったことである。当時、八方山付近に山砲は二門しか配置されず、その内一門は試射の際に圧搾空気の欠乏により砲身の復坐が不可能となり、手持ちのボンベもなく射撃不可能になってしまっていた。そのため、国境地帯防衛の主陣地である八方山で使用できる山砲は一門という状況にあった。

ソ連軍を正面から迎え撃つ第四中隊には二門の重機関銃が配備され、速射砲同様に最前線の軍道の左右に偽装された掩体陣地の中から、それぞれ重厚な発射音を響かせ、力強く弾丸を敵兵に発射し続けたが、ソ連軍の砲撃も激しく、再三陣地変換を余儀なくされた。

山砲の活躍があったとはいえ、ソ連軍の嵐のような砲撃下では、戦死者、負傷者は続出し、師走川を渡っての斬込攻撃を行なった第四中隊第二小隊は出撃時三十名いた兵士が帰隊時には十二、三名にまで減っていた。

結局この日、日本軍は東軍道方面から一部の敵の侵入を許したが、中央軍道付近では、師走川北岸に敵を撃退することに成功した。本戦闘に参加した、半田戦で生き残った下士官・兵士は挺身斬込隊として師走側北岸のソ連軍宿営地に潜入したが、鉄条網で囲まれ、歩哨と軍用犬に守られ、警戒が厳しく大きな戦果をあげることはできなかった。またどの部隊も決して少なくない損害を出したが、敵を撃退したことで士気は上がり、夜を徹して陣地の強化に全力を注いだ。また、ソ連軍は夕方になると戦闘をやめ、上記の警戒厳しい陣地に戻り、そこで楽器を奏でる音や歌声が日本軍の陣地まで聞こえてきた。

翌十三日、師走陣地突破を決意したソ連軍は早朝より一時間にわたる激しい攻撃準備砲撃の後、戦車を先頭に再三陣地突入してきたが、日本軍は都度撃退した。しかし、ソ連軍の砲撃は激しく、日本軍の火砲はしばしば陣地変換を行なわざるをえなかった。

午後一時頃になるとソ連軍は師走陣地の突破・包囲殲滅を企図し、T34を先頭に攻撃を再開した。日本軍の反撃に先頭の戦車は橋もろとも師走側に転落したが後続の戦車はそれを乗り越えて、陣地に侵入してきた。速射砲中隊は前日の戦闘でT34に敵し得ないとわかっていながらも、果敢に砲撃を加えた。

この時、速射砲中隊に配備されていた速射砲は九四式速射砲で、昭和十四年のノモンハン戦でソ連軍戦車を相手に活躍し、速射砲中隊長の柿崎正一中尉もノモンハン戦での功績により金鵄勲章を授与された歴戦のツワモノであった。

しかし、今回のソ連軍戦車はノモンハンの戦車ではなかった。独ソ戦におけるソ連軍勝利の立役者、T34だったのである。速射砲は全くT34に歯が立たず、命中させても音を立てて砲弾は弾き返され、かえって戦車砲によって破壊されていった。

従来、樺太に投入されたT34戦車はT34／76とされ、改良型で戦闘力が強化されたT34／85が戦闘に参加したと記述してある資料、回想録は見られない。しかし、現在ユジノサハリンスク（豊原）のサハリン州郷土博物館（旧樺太庁博物館）には、樺太における対ソ戦のコーナーにT34／85の写真が掲げられている。また、日本統治時代に豊原の護国神社があった場所に対日戦勝博物館が建設され、その正面玄関にはT34／85が周囲を威圧するように置かれている。現地のロシア人ガイドは、それを「国境から戦って南下してきた戦車だ」と筆者に説明した。

日本軍はドイツ軍が八十八ミリ砲で戦った相手に、それより破壊力の劣る三十七ミリ速射砲で戦った。結果は火を見るよりも明らかであった。

速射砲中隊と敵戦車の戦いを同中隊の嘉屋義雄分隊長は次のように回想している[50]。

速射砲中隊とはいえ実力は一ヶ小隊で、三七ミリ速射砲二門を、軍道東西に各一門ずつ展開、軍道上を南下する戦車に照準を定めた。戦車四両が師走川の北二〇メートル程で停止した。しかし繁みが邪魔して、私達の陣地からは確認できない。前方に出してある監視兵からの連絡もない。あまり接近し過ぎて釘付けになっているのだろう。

三〇分ほど静かな対峙が続いた。耳が聾するばかりの銃砲声のなかで、戦車のみの動きに全神経を集中している私達にとって、それすら耳にはいらない。真空に身をおいていると言って過言でない。ググーッと先頭の一台が、繁みから黒い姿を出した。天蓋を開いて搭乗員が偽装網を引き張っている。敵の目は八方山の方向に向いて目前のわが陣地には気付いていない。息を殺し、砲身をそのドテッ腹に水平に向ける。「連続発射！」と、これはどうしたことだ。徹甲弾の猛射を一発残らず鋼板がはね返す。全く歯が立たない。弾道で前方の繁みが吹っ飛んで敵の目の前にさらされた私は愕然として、砲を急いで後退させた。

敵は八方山からの射撃と錯覚して砲塔を右に廻して応戦しだした。が、三両目の戦車が私たちを見つけた。静かに回転した象の鼻のような砲身がまっすぐ伸びてピタッと止まった。血の気がひくような恐怖。ダ、ダーッ……戦車砲が火を噴いた。

わが速射砲は一発で車輪を粉砕されて砲身がひざまずき、二発目で弾薬箱が消し飛び、布施兵長以下の砲手は血まみれになって倒れた。軍道西の田中分隊の速射砲も瞬時にして破壊された。中隊指揮班に伝令を走らせ、射撃が無為であると報告したが、指揮班長の島崎曹長はあくまで陣地を確保せよという。清水小隊長は戦死者の銃を執って散開せよと命令した。わが分隊は重機の奥田分隊の近くに散開した。

こうして柿崎中隊は砲を持たない速射砲中隊となった。

師走陣地には二門の七十ミリ歩兵砲を装備する第一歩兵砲小隊はその戦力を期待されていた。しかしツンドラ地帯の草原では、腰高の火砲を隠蔽するのに掩体が不可欠であるが、陣地の急造が間に合わないまま戦闘に突入せざるを得なかった。それにも関わらず、第四中隊、警察隊とともに奮闘し、攻め寄せるソ連軍を再三撃退したが、昨日来の戦闘で正午頃には歩兵砲小隊は全弾撃ち尽くした。そして砲を捨て、戦死者の小銃を手に重機関銃分隊付近に散開し、歩兵として戦闘に参加し続けた。

既述の第四中隊第二小隊には八十九式擲弾筒が四門配備されており、小隊長の的確な目標指示により散開して迫り来る敵兵の真ん中に打ち込み、敵兵の進出を止め、後退もさせた。しかし、歩兵砲小隊同様全弾打ち尽し、小隊長の命令で擲弾筒を扱っていた兵士も重機関銃付近にあつまり、行動を共にした。この重機関銃の活躍はめざましかったため、ソ連軍兵士による狙撃の的となり、射手はしばしば交替せざるをえなかった。

十三日も日本軍の奮戦により戦果を上げたが、前日のように撤退させることはできず、午後一時、ソ連軍戦車の師走陣地突入後、数次にわたり斬り込みを敢行したが、午後二時には中央軍道を突破された。ソ連軍歩兵は師走川を渡河、ツンドラ地帯から日本軍を包囲、攻撃して来た。この時の様子を歩兵第百二十五聯隊通信有線小隊長だった鈴木孝範少尉は、次のように回想している。

混戦で輻輳する第1大隊本部電話で残兵を率いての突撃敢行を、大隊長代理木下義一大尉（砲隊大隊長）が、小林連隊長に激声にて具申したが（筆者も職務上交換機で直接耳にしていた）、連隊長許可せず。重ねての嘆願も許されず、「北極山への撤退と同地の占領確保」を命ぜられる。木下大隊長の激声にての北極山への撤収と同地の守備、確保の命令復唱は、著者の生涯忘れる事のできない、声と内容となった。

そして、木下大隊長は午後三時に北極山を目指しての後退を命令。各隊、敵と交戦しつつ北極山への転進を図ったが、既に師走陣地は軍道を挟んで左右に分断され混戦状態にありソ連軍の激しい銃火の下での転進は困難を極めた。この転進の際、既述の歩兵第百二十五聯隊戦闘詳報によると第四中隊長の「飛島中尉は残存兵を以て斬込を敢行、速射砲中隊長柿崎中尉、及び歩兵砲小隊長古山宗徳少尉以下も皆突入戦死す[52]」と報告されている。

また、中央軍道の東側――ツンドラ地帯側――を守備していた第四中隊第二小隊は北極山とは反対側のツンドラ地帯に離脱。東軍道上神無川南側の陣地にあった第一中隊の一個小隊と合流し、八方山を目指したが、各所でソ連軍と遭遇しつつ敵中を離脱し、十五日未明古屯に到着した。

ソ連参戦時に北海道に出張中で、急遽樺太に引き返した第一大隊長小林貞治少佐が戦闘中の師走戦線に帰着し、木下大隊長代理と交替し、退却中の部下を掌握したのは十三日の午後九時であった。この時、小林少佐と木下大尉はそろって八方山の聯隊本部に出頭し、小林少佐は木下大尉の指揮を厳しく面詰したが、木下大尉は一言も弁明をしなかった。

その後木下大尉は本務の砲兵大隊にはもどらず、まるで死場を求めるように、北極山で苦戦中の第一中隊陣地に向かった。

師走陣地で奮闘したのは、陸軍将兵のみではない。半田陣地でソ連軍と戦い、後退して再び師走陣地で小銃を手にした警察隊の十三、十四日の様子を新井巡査部長は次のように回想している[53]。

小野警部を小隊長とする私達の警察隊は、半田と古屯との間の師走分哨附近で、軍の飛島中尉の指揮下に入ることになった。この頃、雲は低く垂れ陰鬱な空気が皆の上に重くおいかぶさっていた。左後方の有力な防御陣地である二百米位の高さの八方山には、三十歳位の若い少佐が指揮をとっているのであるが、ひっそりと静まりかえって横たわっていた。

私達は、半田に向かって道路の左側の灌木地帯において配備についた。すぐ後が森林となって続いているのである。道路の両側には土を積みかさねた機関銃陣地をつくってあるのだが、これだけでは果たしていくばくの時間を支えることが出来るであろうか。私達はその左翼をうけもたされた訳である。糠のような雨のそぼ降る中で、乾パンを嚙りながら夜を迎え昼をすごした。半田の官舎に住んでいた所員達は避難した妻子達のことを思い出してか、ぽつりと話しては黙りこんでしまう。みんな寒さのために、たまに笑ってもその表情は硬張ってみえた。敵の斥候がたえず近辺にきているので、火を焚くことも許されず勿論お湯さえ呑むことが出来なかった。

そのうちに、敵は戦車を先登（ママ）に道路をひた押しに前進してきた。その頃から、八方山から砲弾が唸って向こう側に飛んで行った。きけば、ソ連軍の司令部となっている半田の庁舎を砲撃しているのだそうであるが、命中しているのかどうか私達には知る由もなかった。その間にも幾組もの斬込隊が出発したが、生還したと言うことは唯の一度も聞いたことはなかった。

敵の戦車が二〜三台も擱座するのをみたが、牽引して行ってしまった。いつの間にか、機関銃陣地はあえなくぶちこわされてしまって何の用にも立たなくなってゆくし、小銃の弾丸さえも補給出来ないと言う声が伝わって来た。体は冷たくなって、もう頬も削ぎとられたような気持ちで八月十三日を迎えた。

「今日は精霊迎だったな」私は故郷のことを思い出してつぶやいたが、状況はそんな感傷にひたっていることは出来なくなっていた。道路は敵に占領されてしまって一歩も踏み出すことは出来ない。いくつもの貴重な生命は失われてゆき、弾薬は全く欠乏をつげた。兵隊達も警察隊も共に伏せながら刻むようにして後退を続けているうちに私は右肘の処に熱い飛び上がるような痛みを感じた。それと同時に、右肩の方からがっくりと力がぬけてしまったことを意識した。見ると砲弾の破片ででもやられたのであろう。上衣の肘の処が破れて朱にそまっているのだった。

小野警部が走り寄ってきて「大丈夫か」と聞く。衛生下士官がきて、上衣を裂き傷の手当をしてくれて、ギブスが無いと駄目だと言って、肩から繃帯をかけて右手を吊るしてくれ、あちらへ行って寝ていた方が良いと言って、すぐ傍の森を示した。私はその言葉に従って森の中に入って行くと、草むらの中に真白い繃帯をした四〜五名の兵隊達が乾パンをむさぼり食べながら寝ていた。

私もかなり空腹を感じていたが、激痛の為にそれさえもいとわしくて、草の上に倒れてどんよりと曇っている空を見上げた。雲の上では、あの眩しい太陽が燦々と光を地上にひとしく投げかけていることであろうが、地球の表面だけで風が起り雲が湧き雨が降っていることを思うのだった。

もう戦斗力がないと思うと、何かしら気易さとあきらめに似た気持ちが起きてきた。この儘誰にも知られずに樺太の国境の土となって行くのだと思いながら、うとうとと眠りにおちていった。どれくらい眠ったのであろうか、ふと銃声と喚声とに私は目をさました。見ると傍らの負傷兵達は後退したらしく姿が見えない、夕方に近いことだけは確かだ。すっかり敵に包囲されてしまっていることがわかった。私は起きようとした。すると村尾巡査が走ってきて「じっとしておれ」と言う。森林の中で、私を中心として直径三十米位の円をかいて、私達の部隊は白兵戦をやっているのだ。小銃の音、手榴弾の炸裂する音が交錯している。私の傍には速射砲の兵隊達が二十名位が集まっていた。弾薬なき砲はすでに価値なく、武器としては短剣と自決用の手榴弾を一個ずつ持っていた。

力を出し切って防御につとめている味方の輪形は、直径二十米に圧縮されていた、伏せている私の腹の下の土に弾丸が音を立ててめりこむ。面を上げることも出来ない。鉄帽を除いては体を遮蔽する何ものもないのである。鉄帽のかげから自分の体の周囲をちらっと覗くと、兵隊と警察官とが無数に殪れている中には、横膝のまま辛くも倒れゆく体を手で支えて唸り苦しんでいるものもある。誰であるか確かめてやりたいような気持になるけれどもどうにもならぬ。小野警部はどうしたのだろうと心に焦せるが、もはや施すすべもない。

ある国の人達が勝ちほこった声で「日本敗けた」と喚いているが、それも十五米とは離れていない森の中だ。沖縄失陥以来、本土決戦を呼号して戦力を温存しておいて、必ず勝つとの錯覚に陥れられていた私達の現実の末路はあまりにも悲惨と言うより外なかったのだ。

突然近くで「真下巡査がやられた」と叫ぶ村尾巡査の声がきこえた。私自身今にも命脈を絶たれようとしている弾丸の藪の中で愕然とした。私の周囲の負傷者や死骸の中に部下の誰かがいないでもないと思わぬでもなかったが、その声をきくと私も潔く死のうと思った。若し弾丸や手榴弾に命を奪われなかったとしても数分後に否、数秒後に捕われの身となることはわかりきっていた。

私は自決するつもりで不自由に左手を動かして刀を抜いで（ママ）いた。腕時計は正に午後六時を示していた。私は目を瞑って故郷に残してきた妻や子供の顔を瞼にえがいて、「さようなら」と別れを告げた。

そのときである。

「どうせ死ぬんだ突っこめ。」

と叫ぶ誰かの声に私はがばと起き上った。警察官と兵隊と併せて二十名位が短剣をふり、手榴弾をなげて突撃したのであるが、その後に私は追いすがった。

死という最後に到達するまで生と言うものに対する執着が私をひきづったのかも知れなかっ

た。突っ込む喚声と手榴弾の炸裂に森の中の周囲の敵も一寸ひるんだのか、その網の破れ口から私達の一団は外へ出た。血にまみれた半田の小笠原巡査と斉藤巡査とがまじっているのをみた。二、三分もして直径百米位の草原地帯のある処に出た。みると友軍の陣地八方山がすぐ目の前に立ってみえる。

先頭は草原の円周の左方の外側即ちやはり道路にそった森林の中を突走ろうとしている。追撃する銃声がこだましてくる。道路沿いにゆくのは危険だと私は突差（ママ）に判断して唯一人草原の中へ走り出た。その頃は雲の上から鈍い入り日の光が黙然と周囲を照していた。

最短距離をえらぶとすれば一時目標となる危険はあるが、その先にある森の中に入れるから大丈夫だと思って無我夢中で草をふみわけて走った。それでも私の身辺をかすめて弾丸が散ってゆく。私は気がついて草の中にかがんで鉄帽を脱ぎすてて走ったのであるが、私が倒れたと思ってかもう弾丸がとんでこなかった。生と死との間をさまよい駈けて再び森の中を息がつけない位に走った。とあるツンドラの表面に水溜りのあるのを発見した私は、出血と体力の消耗のために喉は乾ききって、餓鬼のように立膝をしながら水を一口含んだ。おいしかった。もう一口ものみたいと思ったが、追われている気持がそうはさせなかった。途中走りながらその時始めて（ママ）生きていると言うことがわかった。そしてまた生きたいと言う欲望が頭を拾げてきていた。

この後、新井巡査部長ら警察隊の生き残りは八方山を経由して、気屯署に帰着。新井巡査部長以下負傷した警察官は敷香支庁警務課に行き、元警察部長の栗山支庁長に国境戦の報告と訓示を受けた後、十八日には豊原の樺太庁へ赴いた。そこでは、大津長官から労いと激励の言葉を受けると共に、尾形警察部長、阿部特高課長、安井警務課長に国境戦について詳しく報告を行なった後、二十日に大泊から海防艦で北海道へ渡り、治療を受けることになった。

新井巡査部長らが所属した気屯署は半田警部派出所、半田第二巡査部長派出所も含み約二百五十名の警察官が所属していたが、この後、署員全員が上敷香の戦闘指揮所に赴いた。その時現場にいた、気屯署勤務の田口松三郎によると「われわれも八方山（半田よりちょっと手前で、陸軍最後のとりで）に行き、軍とともに死守したい[54]」と申しでたが「軍には軍の戦術があるので警察の方は一般市民を守って下さい[55]」と言われ、引き換えし、当時、気屯にいた二百五十名の住民避難の際、同行した。

さて、師走陣地に話をもどすが、日本軍の兵士は退却命令を受領しても、逃げ惑うのではなく、友軍の屍の山にひるまず次々と急造爆雷をだいて敵戦車に挑んでいった。その闘志と、八方山後方の北斗山中腹に据えられていた一門の山砲の活躍のためか、ソ連軍は攻撃続行を中止した。ソ連軍戦史によると「森林・山地を利用した永久築城組織に托している日本軍が頑強な抵抗を示したため、8月13日夕刻、第165狙撃連隊は数百mの前進をみたままやむを得ず防御に転移することになった[56]」と記している。

日本軍の抵抗が激しかったとは言え、ソ連軍指揮官は味方に損害を与えた日本軍の大砲の数が一門だったとは思わなかったであろう。また、ソ連軍の攻勢は中央軍道上に向けられており、八方山の歩兵第百二十五聯隊主陣地の存在に気付かず、その南方の北極山陣地に一部攻撃を加えたものの、日本軍に撃退された。結局師走陣地を制圧したソ連軍は中央軍道東方に砲兵陣地を構築し、そこから八方山、北極山に対し、断続的な砲撃を加えた。

かくして第四中隊を始めとする第一大隊の生き残りの将兵は師走陣地を脱出し、八方山の主陣地に退却。十四日早朝には、予備隊として第一線を離れ、隊列を組んで、後方であり兵舎で休息がとれる古屯に南下していった。その様子は、無精ひげをはやし、血の滲む包帯を頭に巻き、蒼白な顔をして、ある者は戦友の肩を借り、またある者は自らの足を引きずるようにして憔悴しきった下士官、兵から生気が感じられず、彼らを迎える同じ聯隊の仲間たちの「ご苦労さん」「がんばれ」の声援にも応える者はいなかった。唯々黙々としてなんかしていったのである。しかもその中には、将校の姿は誰一人みられなかった。同部隊の戦闘はこれが終りではなく、始まりであった。

第二項　幌内川ツンドラ地帯の戦闘

1　ツンドラ地帯

南北樺太を貫く中央軍道の北緯五十度線付近の西側には丘陵地帯、東側には国境から続く広大なツンドラ地帯が広がっていた。このツンドラ地帯は永久凍土の上に白樺や落葉松の落ち葉が体積し、表面は密生した各種蘇苔類と膝位の高さのツツジに覆われている。冬期は地表が凍結するため、さして通行の支障とはならないが、夏季は永久凍土も溶けており、その上を通行しようものなら、一メートルから四メートルの深さまで足元は陥没するところが多く「古屯附近東軍道以東の地域は人馬ともに行動困難[57]」と判断されていた。

樺太混成旅団（第八十八師団の全身）が日ソ国境地帯防衛のために設置された昭和十四年から十五年頃、北部軍はこのツンドラ地帯での戦車の使用を検討していたが、初代樺太混成旅団長上野勘一郎少将は「この地区の戦車の使用を困難[58]」と判断していた。ツンドラ地帯に着目したのは、この後、樺太混成旅団参謀に着任した鈴木康生大佐だった。鈴木大佐はツンドラ地帯を「区切って歩兵第25聯隊の幹部に偵察させたとのことである。ところが対ソ戦には歩兵第125聯隊があたり、この知識が活用されずに終わった[59]」。さらに、二十年春以降、同聯隊主力は多来加湾に面した敷香・内路方面で対米戦を想定した陣地構築をしていたため、意識は北を向いていなかった。そして、頭が北を向いたのは、実質八月九日のソ連参戦後であったのである。

こういった経緯で現地部隊では、昭和十四年当時のツンドラ地帯についての判断が結果として引き継がれてきてしまったものと思われる。元々、国境地帯は二個連隊で守る計画であったが、師団への改編の際、対米戦準備の命令が下され、国境の兵力が二個連隊から一個連隊に減らされ、大きな穴が出来てしまっていた。ツンドラ地帯、国境地帯を一個連隊で守るには、あまりにも広すぎた。

幌内川流域（ツンドラ地帯）からソ連軍は「来ないことになっている[60]」と、方面軍の全参謀が主張する中で、五方面軍司令官樋口季一郎中将だけがこの方面からのソ連軍の南下を予測した。実際、この地帯は「木材を敷くことにより、軽易に通路を設定することはさして難事ではない[61]」。さらにその判断は「軍司令官の対ソ作戦九年間の研究の成果で絶対来る[62]」とまで断言していたと田熊作戦参謀は回想している。果たせるかな、ソ連軍は実際に通り抜けて古屯に奇襲をかけたのである。

ソ連軍に最初の攻撃を受けた武意加巡査部長派出所は、まさにこの中央軍道東側に広がるツンドラ地帯の真っ只中にあった。関特演以来、北樺太攻撃の際の進撃路として、東軍道以東八キロに丸太を敷並べて土盛りした栗山道と呼ばれる道路の建設工事が続けられ、国境地帯の補給拠点でもある古屯を起点に武意加陣地を経て国境に向けて建築中であった。九日朝に小林聯隊長は七時半過ぎにツンドラ地帯の道路、亜界川橋梁および石灰山軌道橋の爆破のための工兵隊を派遣したが、敵部隊の進出が早く、橋梁等の爆破は間に合わなかった。

ソ連軍は古屯を奇襲するにあたり、歩兵は湿地帯を胸まで泥につかりながら進み、戦車や大砲は栗山道を使用した。これらの事実から考えると、ツンドラ地帯は歩兵以外通行不可能という日本側判断は、研究不足の感が否めない。

反面、仮に調査を行ない通行可能と判断しても、一個聯隊という限られた兵力で、他の陣地を支えつつ、ソ連軍の進撃を食い止め得えたかどうかも、また疑問を感じる。

そもそも栗山道は北樺太侵攻のために建設が始められた道路であった。

対ソ戦なら、北緯五十度線の国境地帯は最前線であり、ツンドラ地帯の防禦は研究課題である。しかし、現実は方面軍命令により、対米防衛態勢の構築の命令を受けており、師団だけでなく方面軍もツンドラ地帯の調査を怠っていた。厳密に言えば、歩兵以外は通行不可能と言う思いこみと千島列島や北海道を米軍から守ることに意識が向いていて、北緯五十度線の国境付近のツンドラ地帯は意識になかった。対米戦となると、米軍は南から攻め上って来て、日ソ国境地帯で対米戦が行なわれるとすれば、それは「最後の戦闘」だからである。

2 武意加陣地の戦闘

武意加巡査部長派出所より国境に近い、知志代監視硝が攻撃を受けたのは、半田が攻撃を受けたのと同じ十一日で、時間は午前十一時頃であった。ソ連軍は一個中隊で、監視硝長の高島一正少尉以下は、武意加川南側台地を離脱し、知志代巡査部長派出所をも指揮下に入れ、幌内川沿いに南下して、十七日頃敷香に帰着した[63]。

ソ連軍は知志代、日の丸監視硝を攻撃した後、国境中央で本格的な攻勢に出て、その先遣隊は半田を突破し、亜界川に達した。他の一隊は半田警部派出所から南約一キロ地点で東折して武意加にいたる道路を躊躇することなく左折し、十二日早朝、北樺太の日ソ国境に近いアブラモフカから直進し越境してきた第179狙撃連隊と共に武意加陣地に襲いかかった。武意加から国境線にいたるツンドラ地帯は幌内川の支流と広大な湿地帯が入り組んでおり[64]、それを利用した武意加陣地（武意加から南に四キロの武揚台）には岡島堅蔵少尉以下一個小隊（約五十名）が配置についていた。

「岡島小隊の任務は現陣地付近でソ軍を牽制抑留することであった[65]」。陣地北方にあった橋梁は開戦と同時に同小隊の手で爆破され、道路には障害物たるべく、倒木を設けられていた。

岡島小隊は激しい砲撃を受けながらも、一個小隊という寡兵で頑強に抵抗を続け、戦死者二十六名をだしながらも、十九日まで陣地を固守したが多勢に無勢。ソ連軍の古屯への迂回進出を阻むことまではできなかったが、それでも第179狙撃連隊の進撃を一日遅らせた。

当時通訳であった谷口富雄兵長によると停戦後、オノールの野戦病院の夥しい負傷者の中に武意加を襲撃した大尉がいて、一個大隊を率いて攻撃したが死者が続出、自らも足と胸に負傷を負ったと語ったということからも、その戦闘の激しさが窺い知れよう。

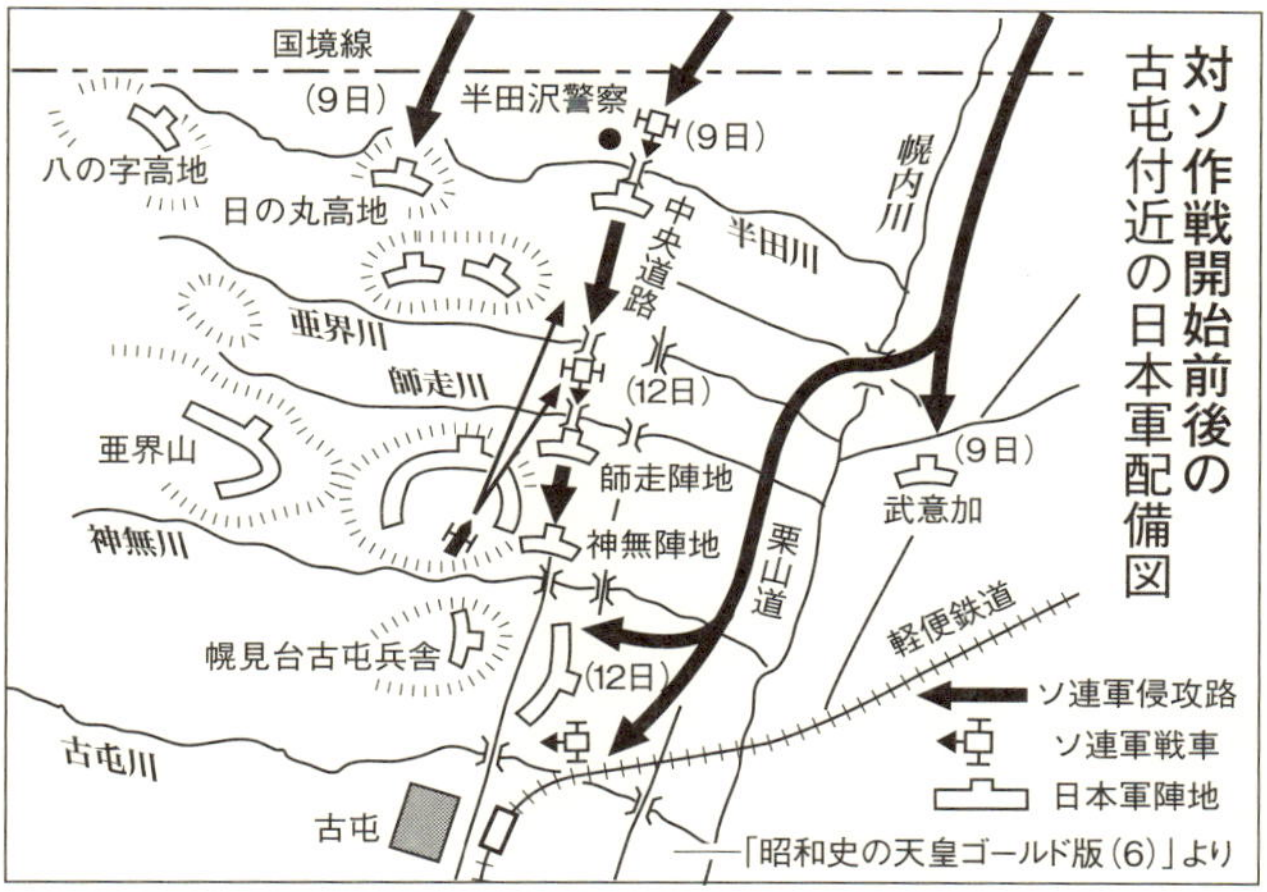

対ソ作戦開始前後の古屯付近の日本軍配備図

ここでもう一度確認するが、ツンドラ地帯に日本軍が配備した部隊は岡島小隊だけであり、武意加陣地以外の抵抗拠点は存在しない。ソ連側史料と日本側史料の記述は著しく異なっている。以下はソ連軍戦史に記された第179狙撃連隊の行動である[66]。

左側[67]を行動中の第179狙撃連隊主力は、幌内川沼沢地左岸沿いの小径を前進して、8月12日未明、不意急襲的に白兵戦闘によって無意加拠点[68]の日本軍を攻撃し、これをほふると引きつづき後方へ突破を続けた。しかし、1500、次の拠点に向かう道路上で連隊の諸隊は、18個の簡易火点（訳者注：無意加南北の独立抵抗中枢か?）から猛射を受けたため長時間にわたって停滞していた。これをみた連隊長は、一コ大隊をもって同拠点を抑留し、夜間の到来を待ち連隊主力をもって直路古屯湿地帯を隠密通過するように決心した。

8月13日未明、武器・弾薬を両手にかざし、腰まで水につかりながら徹夜で歩き続けた連隊は、朝方までに古屯駅に進出すると、疲労をものともせず市街戦をいどんだ。

日ソ両軍が展開させていた兵力とソ連軍が突破に要した時間、そして十九日まで陣地を固守した点から考えると、岡島小隊の奮戦は無視できない。国境で一日でも多く時間をかせぐことは、それだけ、ソ連軍を迎え撃つ準備が出来るだけでなく、多くの住民を南部に避難させることができるからである。とはいえ、ソ連軍の攻撃が始まって間もなく、聯隊主力との通信が途絶し、ソ連軍一個大隊に包囲されていたため、ソ連軍迂回部隊が想定外の、ツンドラ地帯から古屯に向かっていることを通報出来なかった。

第三項　古屯の戦闘

1　国境地帯の補給拠点、古屯をソ連軍が奇襲占領

日ソ国境の北緯五十度線から南に約十六キロのところにある村で、日本本土最北の駅がある国境地帯の兵站拠点であり、同時に、国境方面からの三つの道路（中央軍道、東軍道、栗山道）が合流する交通の要衝であった。そして国境地帯に展開する歩兵第百二十五聯隊の補給の拠点でもあり、同聯隊所属の第二大隊の兵舎があった。その西側には丘陵地帯、東側には既述の通り、国境から続く広大なツンドラ地帯に挟まれていた。

ソ連参戦直後、古屯には輜重第二大隊、第三百一特設警備隊（西海岸の恵須取で編成された）の一部、豊原地区第七特設警備隊（中学生と青年学校生で編成）警察隊一個分隊、憲兵古屯分遣隊、そしてツンドラ地帯の道路建設に当たっていた栗山組の作業員などが集められ、警備・兵站を担当していた。し

かも輜重兵中隊は人数こそ多いが、その多くは現地召集の四十代の未教育者が多く、装備も軽機一、小銃二十余にすぎず、大多数は木銃に帯剣をくくりつけるという状態で、実戦力とどうにか言えるのは吉村忠男中尉率いる向地視察隊の一個小隊だけで、とても戦闘に参加できる状態ではなかった。しかも前述のように特設警備隊という名であっても中学生と青年学校生が配置され、それでも何らかの処置がとられなかったのは、誰もが古屯は戦線の後方でソ連軍の攻撃を受けないと信じていた証である。

八月十二日の午後、ソ連軍が日本軍の意表をついて、狙撃兵一個大隊がツンドラ地帯を踏破して、突如出現。八方山へ移送前の物資もろとも古屯駅を占領した。

ソ連軍は、八方山は日本軍の有力な前進陣地、主陣地は古屯北方二キロの幌見峠一帯と考えていた。これを南北から挟撃するため、北方からは軍団主力の支援を受けた第１６５狙撃連隊が師走陣地を既述のとおり攻撃する一方、「主陣地」を迂回し後方から攻撃する為に、第１７９狙撃連隊にツンドラ地帯踏破をさせ、前記部隊が先遣隊として古屯東方突入してきたのである。

日本軍は中央軍道東側に広がるツンドラ地帯は歩兵以外による踏破は不可能と判断し、そのためソ連軍は南北樺太を縦貫する中央軍道沿いにソ連軍は南下してくると考えていた。また、兵力の不足（国境地帯は当初二個聯隊で防衛する予定だったが、南部重視（対米重視）の防衛態勢に転換した為、その半分の一個聯隊で守っていた）と既述の通り、ツンドラ地帯の障壁度を過大評価していたため、歩兵第百二十五聯隊は、栗山道に一個小隊（岡島小隊）を配置しただけであった。

日本軍にとり、古屯はあくまで聯隊主陣地のある八方山とツンドラ地帯の後方にある兵站拠点であり、聯隊主陣地が健在なまま戦場になるとは予測していなかった。

国境地帯最大の激戦地である古屯での戦闘は、八月十二日から十六日まで続き、日本側戦死者は三百七十名と言われている。同時にソ連軍にとってもかなりの激戦地だったということは、古屯駅から兵舎までの一キロにも満たないエリアにソ連が作った慰霊碑や無名戦士の墓が六基もあることからもわかる。

当時、国鉄職員として古屯駅に勤務していた工藤始氏によると、八月七日から、突然、軍馬・武器・弾薬・糧秣の膨大な輸送が始まり、日夜を分かたずに古屯駅への集積が続けられていた。これら武器、弾薬、糧秣は元々、対ソ戦を想定して気屯、古屯に集積していた軍需物資、量秣を昭和二十年春の樺太防衛態勢の対米戦への転換により、樺太南部に軍需物資輸送をほぼ完了させていた。それが六～七日に行なわれた第八十八師団の団隊長会同で師団の対ソ防衛態勢への転換が急遽指示され、再度物資の国境地帯への輸送が始まり、そこへ九日のソ連参戦により、古屯駅への軍需物資輸送に拍車がかかったのは想像に難くない。

ソ連参戦の日、八月九日はソ連の背信を天が悲しむように終日小雨であった。そのため、古屯市街をはじめ、八方山及び国境地帯の各陣地をつなぐあらゆる道は膝を没する悪路となり、物資の輸送は困難を極めた。しかし日ソ国境地帯を守る歩兵第百二十五聯隊主力は国境とは反対方向の多来加湾沿岸の上敷香、内路（国境より、約九十キロ南の町）で対米戦用の聯隊の主力陣地を築城中であったが、ソ連参戦の報を受け、既設であり、かつ、空の国境陣地にかけつけたのである。陣地はあっても即、防御戦闘が行えるだけの充分な量の軍需物資が事前に集積されていたわけではなく、輜重部隊は万難を排し、昼夜兼行で一刻を惜しみながら物資輸送に努めた

十一日になると古屯駅の周辺は滞貨の山となっていて、軍馬だけで二千頭は下るまいと工藤氏は回想している。

同日午後二時頃、古屯から九キロ地点にある九粁飯場付近にソ連軍一個小隊が姿を現わし、小林聯隊長は在古屯の山鹿輜重兵大隊に対して古屯付近の警戒を強化するよう命じた。このソ連軍小部隊は、日没とともに撤退したようであったが、開戦以来続いていた悪天候が回復したため、ソ連機が飛来し、

古屯の兵舎や幌見峠への銃爆撃が続いていた。工藤氏が国境方面の戦況が思わしくないと気がついたのは敵機の機銃掃射で軍馬が倒れ、機関車のタンクが打ち抜かれて動かなくなって大騒ぎになったからだ。この空襲のため、古屯から行なわれていた国境諸部隊への軍需物資の輸送は夜間輸送とならざるを得なくなった。

当時、古屯には戦闘部隊は存在せず、国境方面で、中央軍道沿いにある聯隊主陣地への物資輸送のための山鹿大尉の指揮する輜重兵第二大隊（二個中隊）、第三百一特設警備工兵隊、豊原地区第七特設警備隊（敷香中学校及び青年学校の生徒を含む）憲兵古屯分遣隊、警察一ヶ分隊、栗山道建設にあたっていた土木作業員しかいなかった。しかも工兵隊と作業員は陣地構築や糧秣運搬を、中学生は対空監視を行なっていた。さらに輜重兵中隊は人数こそ多いが、その多くは現地召集の四十代の未教育者が多く、装備も軽機一、小銃二十余にすぎず、大多数は木銃に帯剣をくくりつけるといった、とても戦闘に参加できる状態ではなかった。

実戦力とどうにか言えるのは国境の監視哨を撤収した吉村忠男中尉率いる向地視察隊の一個小隊だけであった。

翌十二日午前九時半、日本側斥候は再び同地付近で昨日とほぼ同規模のソ連軍部隊の出現を確認。ソ連軍侵入の報を受けた小林聯隊長は国境の監視哨を撤収した吉村忠男中尉率いる向地視察隊の一個小隊を同地に派遣、正午頃、古屯～武意加間にて同敵部隊に遭遇、これを十一粁飯場まで撃退した。

一方、正午近くにソ連軍機は古屯兵舎に銃爆撃を加えた。古屯に残された部隊には戦闘部隊といえるものはなく、地区特設警備隊や軍隊以外のものには撤収命令が出て、気屯以南に後退した。この中には、古屯の部落民や女性四名を含む駅員十三名も含まれていた。彼等は大釜でご飯を炊いているところで、弁当箱を片手に林の中に逃げ込んだ。そして慌ててツンドラを掘り、弁当箱を埋め、おのおの、ツルハシ、鍬、スコップを持ち、ポケットには石をつめて、ソ連軍を待ち構えた。

当時、駅員達は駅員であると同時に鉄道義勇戦闘隊員でもあり、古屯駅を死守するつもりだったようで、軍からの撤収命令になかなか従おうとはしなかった。しかし某中尉による「『くやしかろうが気屯まで下がってくれ。後は兵隊が守から』と涙ながらに説諭されたので、二台のトロッコで、午後古屯駅に別れを告げた[69]」。

攻撃が終わると、部落東方にソ連軍の空地連絡機である複葉機二機が飛んでいるのが望見され、山鹿大尉はソ連軍が近いと判断、古屯東方の警戒処置をとるよう指示したところ、東方から豆をいるような銃声、斥候の報告によると、自動小銃を装備した一個大隊が接近しているとのこと。つまりソ連軍は日本軍が予想していなかったツンドラ地帯を通過して古屯に攻め寄せたのである。山鹿大隊長はこの敵の撃退を決心。

輜重兵第七中隊（長：武田一勇中尉以下三百二十七名）、憲兵、特務機関、向地視察隊の一部を、古屯南方には輜重兵第六中隊（長：田中重三中尉以下三百四十名）を古屯駅の北端から部落中心にかけて展開。残る第六中隊（三百四十名）は、輜重大隊本部と共に部落の中央十字路付近から軍道沿いに展開させた。

しかし、それに対するソ連兵は自動小銃を装備し、森林内には百五十ミリ榴弾砲まで控えており、火力の差は歴然としていた。

午後二時頃、第六中隊は劣等な火力装備ではあるが、軽機関銃の援護射撃の下、森林内の灌木、蔓草に足をとられ、その突撃力を生かせないながらも、拳銃を握り、軍刀を振りかざした山鹿大隊長を先頭に突撃を敢行した。しかし攻撃開始後、第六中隊正面に「約六〇〇〇のソ軍が増加された[70]」。さらに敵は森林での戦闘訓練を受けたか、実戦経験がある部隊だったようで、互いに鋭い口笛で合図を送り、連携して反撃を行ないながら、暴風雨のような自動小銃の射撃と森林内からの十五榴の砲撃といった日本軍にはない強力な火力まで用いた。これにより、山鹿輜重大隊は敵前至近距離まで迫りながらも攻撃は頓挫してしまい、午後三時頃、山鹿大隊長は部隊を古屯川まで下げ――古屯駅を放棄し――この線を保持することを決心した。

尚、第六中隊長の田中中尉は古屯駅西方一キロ地点で部隊の掌握に努めたが、集合したのは四十～五十名だけで、古屯南方の気屯方面に後退した。初年兵で構成された第三小隊の安東兵長は初年兵三五名を指揮して古屯機関銃隊兵舎に撤退、小隊を二個小隊に再編成し、一個小隊を中村上等兵に指揮させて、第七中隊岩瀬小隊とともに軍道西側地区に進出し、守備についた。これに対して古屯駅付近から進出したソ連軍は午後三時半頃から岩瀬小隊に攻撃を開始したため、岩瀬少尉以下大部の者が死傷し、生存者約十名はソ連軍に圧迫されて午後四時半頃に古屯大隊本部兵舎に後退した。さらにソ連軍はなおも西進し午後六時頃、機関銃隊兵舎に進出したが、古屯川以北には進出しなかった[71]。

この日の戦闘により古屯―気屯間の有線通信は途絶し、無線通信に頼らざるを得なくなったが、既述のように、三号無線分隊は八方山に進出出来なかったため、豊原の師団司令部では最前線の状況が全くつかめなくなった。

それればかりか、日本軍は八方山陣地への輸送のために兵器・軍需品が集積されていた古屯駅奪取されたのである。この兵器の中には八方山に配備する予定であった重迫撃砲四門が含まれていたのは、火力が不足していた日本軍に取って痛恨の出来事であった。もし、これが八方山陣地に運び込まれていたら、その威力を遺憾なく発揮したであろう。

ソ連軍に比べ火力が劣る日本軍は、この重迫撃砲を少しでも早く八方山の主陣地に運ぼうとしていた。古屯の南方十キロに位置する気屯（聯隊本部が置かれていた）の師団教育隊長の西坂勇中尉は「古屯駅に到着しているはずの重迫撃砲（二式迫撃砲、口径百二十ミリ）四門を、在気屯の隊で動かして八方山陣地に入るよう」との命令を受領し、直ちに古屯駅に赴き貨車に積まれている重迫撃砲を確認。急ぎ気屯に戻ったが、同夜、気屯残留隊長杉木雄三中尉を通じて「古屯駅付近にソ連軍が進出したもよう。教育隊の編成を急ぎ、これを攻撃せよ」との聯隊命令を受領した。そこで西坂中尉は第一、第三大隊の気屯残留者及び下士官教育隊員合わせて百名、重機、速射砲、歩兵砲各一の装備を整え出撃準備を行なった。

八方山の聯隊本部は重迫撃砲をはじめとする物資を奪還するためか、電話連絡にて山鹿輜重兵大隊に対し「所在の兵力をあわせ、当面の敵を包囲殲滅せよ」との命令が下達した。しかし、山鹿大隊長は敵の主力の位置、状況が把握できない点、不慣れな地形での夜間の行動により兵力が分散し、その損耗が多くなる点を考慮し、聯隊本部の命令遂行は不可能と判断。攻撃は再興せず、警戒を厳にし、夜を徹する方針を採った。

十三日早朝は真夏だというのに、ぞくぞくする寒い朝であった。大塚伍長指揮の速射砲分隊（この付近には第二大隊本部兵舎もあったが、同大隊は八方山の陣地に籠っていた）に対し敵歩兵の来襲があり、輜重兵大隊の軽機関銃が古屯兵舎の西側から応戦、これを撃退した[72]。そこで聯隊予備として北斗山に待機していた第一大隊第三中隊（中隊長：横山徹夫中尉）の第一小隊（小隊長：大山弥一郎少尉）は機関銃二個分隊を配属され、聯隊命令により、古屯に増援部隊として到着。まず、同小隊は古屯川以北に敵を渡らせずに古屯橋を確保。その後反転して幌見峠を占領していたソ連軍を駆逐し、その守備を向地視察隊の一部に委ね、古屯橋北側の守備についた。

一方、北知床岬から急遽北上してきた佐竹正蔵中尉率いる第十二中隊（一小隊欠）が、内川からは黒田武夫中尉率いる第二中隊がそれぞれ八方山に向かうべく気屯に到着した。

大山小隊の陣地からは古屯駅から集落の西方の台地に三百〜四百ほどのソ連兵を見ることが出来、直ちに聯隊本部に報告。聯隊本部においても古屯方面の敵情を憂慮し、第三大隊主力の同地転用を検討したが、八方山が孤立するという意見もあった。聯隊副官油谷大尉は馬を駆って聯隊本部のある八方山を下山、現地偵察を行なって大山小隊などの指導をしたのち復命した。それは少数のソ連兵に輜重兵大隊が擾乱されているというもので、それに加え八方山への攻撃状況から、第百二十五聯隊本部の小林聯隊長は、古屯駅周辺のソ連軍は二個小隊未満にすぎないと判断した。この時点で歩兵第百二十五聯隊本部はソ連軍の兵力・装備を正しく判断していなかったようだ。これに付け加えるなら、古屯北方に広がるツンドラ地帯は歩兵以外の通行不可なため、古屯を攻撃出来る敵が戦車や大砲を装備しているはずがないという先入観が日本側の判断を誤らせた可能性も否めない。

かくして第三大隊派遣は中止となったが、聯隊長は念の為、横田中尉の第三中隊から第二小隊、聯隊本部が置かれていた気屯に集結した第二中隊、十二中隊及び、気屯残留隊（下士官候補者教育隊を含む）を古屯に増派し「ソ連軍を撃退したのち八方山に追求するよう[73]」命じた。

午後二時頃には戦闘指導のため、師団司令部より派遣されていた筑紫中佐が古屯の大隊兵舎に立ち寄り「輜重大隊は三か月分の糧秣を八方山に搬入の後、豊原に後退すべし」との指示を山鹿大隊長に与えた。古屯駅を物資とともにソ連軍に占領されていたため、物資の輸送が完了していなかった「八方山は弾薬、糧食不足に困窮していた[74]」これを受けた山鹿大尉は残兵をもって、本来の業務に復帰し、十六日まで古屯・八方山間で糧秣、弾薬の輸送に従事した。

さらに、同日には小林聯隊長に古屯付近の現況を詳細に報告したのち、「守備隊の持久戦のため、輜重隊は山中を南下して、気屯から出来る限りの弾薬、糧秣を古屯の山中に集積し、その後ここを拠点としてゲリラ戦を展開したい」と意見具申を行ない、了承を得た。そして輜重隊全員に今後の任務と行動を伝え、その準備を開始したのであった。この戦いに参加した山鹿輜重大隊の戦死者数は百四十四名であったという。

山鹿輜重大隊が戦場から離れるとは言え、古屯での同大隊の戦闘、特に十二日の逆襲は決して無駄だったわけではない。同大隊は大半の兵が小銃すらない状態でありながら、執拗に攻撃を加えた結果、ソ連軍に精神的圧力をかけることは出来たようで、ソ連軍の行動は緩慢になった。

ソ連軍先遣隊は増援部隊が到着するまで攻撃を行なわず防御に転じ、再び活発な行動を始めるのは十三日夜であった。

このような状況の中、同日二十一時頃、北海道方面に出張中の第一大隊長小林貞治少佐が古屯を経由し八方山に到着。小林少佐は前線取材に向かう樺太新聞の大橋一良記者とは、豊原から上敷香までの列車と上敷香から気屯までのトラックで、前線取材に来た樺太新聞の大橋記者と一緒であった。豊原から上敷香に向かう車中では、小林少佐は焦燥感でじっとしていられず、誰かに何か話さずにはいられなかったようで、向かいの席に座っていた大橋記者にも話しかけた[75]。

〝いや、私は部下に対してすまない。札幌に軍用で出張したのだが札幌に家があるので、私は休暇をとって自分の家族と、のうのうとしていました。部下はいまごろ戦っているでしょう。私はとるものもとりあえず出発しました。稚内で連絡船を待つ間も、もどかしかった。いまも私はジリジリしているんです。どうしてこんなに汽車はノロノロとしか走れないのか〟

(中略)

小林少佐は

〝部下にすまない〟

と同じことを喋って眼にうっすらと涙を浮かべるばかりであった。彼は軍用としかいわなかったが、対亜作戦(引用者註:対米作戦)の訓練を札幌に受けに行っていたのであった。

上敷香からトラックに乗り換え、二人は古屯に向かったが、気屯を過ぎて少ししたところで、下士官が何か叫びながら飛び出し、近くの茂みからは銃剣をキラつかせた二人の若い二等兵が出てきて、トラックも停車。助手台から小林少佐が降りた[76]。

〝アッ　大隊長殿〟

下士官がかけよった。小林少佐の部下であった。その時の小林少佐のうれしそうな顔は忘れられない。やっと戦場に着いてホッとしたのだろう。

〝敵はすぐそこまで来ています。アブないですから降りて下さい〟

下士官の声は絶叫しているようだ。正直な話、下士官と兵隊の眼をみて私は少々気味が悪かった。逆上して目の前のものをなんでも撃ちそうに思えたからだ。それに比べるとさすがは大隊長殿、悠然たるものであった。

〝いや、かまわん、突破して行く、やれッ〟

小林少佐に続いて、気屯からは輜重第六中隊もトラック二台が荷台に弾薬と糧秣を積載して到着した。

さらに気屯に到着した三隊は気屯駅北約一キロの気屯橋に十四日午前二時に集結、霧の中を輜重隊のトラックに分乗して北上。そして古屯駅南方二〜三キロ地点で下車し、大山小隊に伝令を派遣。部隊は払暁攻撃により古屯駅を奪回することとし、黒田中隊は軍道西方の森林地帯に展開し、西より東へ攻撃、佐竹中隊は鉄道に沿う地区に展開して南より攻撃、西坂隊は両中隊の中間を古屯駅に向かい攻撃することとした。

2　古屯奪回戦

古屯奪回を目指す日本軍は濃い朝霧の中行動を開始し、西坂隊は朝霧の中から浮かび上がるように姿を見せる古屯駅から軍道にかけて相当数のソ連兵が布陣をすませ、特に駅に通じる軍道の交差点には機関銃陣地の存在を確認。黒田中隊と西坂隊は古屯駅南西一キロの地点に設置した歩兵砲の援護射撃の下、攻撃を開始したが、敵の激しい砲火、特に交差点の機関銃陣地反撃に再三、進撃を挫折させられた。そこで西坂中尉はこの機関銃の制圧が最優先と判断し、手榴弾三発をしばり、夏草が生い茂る軍道側溝を匍匐前進しながら忍び寄り、あらんかぎりの力を込めて機関銃陣地に手榴弾を叩き込んだ。轟音とともに機関銃は沈黙し、一挙に古屯駅まで二百メートルの地点まで前進した。その時、佐竹中尉戦死の報が舞い込んだ。

佐竹中隊は後方に設置した山砲小隊の援護射撃を受け、黒田中隊・西坂隊とともに前進を開始していた。すると、中隊の進撃方向である軍道東側からの砲撃や、遠方から戦車が射撃を加えてきて、その進撃を逡巡させられたが、山砲小隊はこれらの敵や森林内の敵兵の猛烈な射撃を加えたおかげで、古屯駅まで三百メートル地点まで進んだ。そして、午前七時頃、古屯駅前の鉄道官舎の屋根に赤い旗を大きく左右に振る日本兵の服装の兵士が姿を現わし、佐竹中尉はこれを友軍と判断し、射撃を一時中止させた。そして十メートルほど進んだところで、前方の敵重重火器が一斉に射撃を開始し、佐竹中尉、第二小隊長佐々木久義准尉、第一分隊長萩原利雄軍曹らが戦死したのである。

この時、黒田中隊指揮班も黒田中尉の行方を見失っており、黒田中隊も指揮が混乱していた。そこで、最上級者である西坂中尉は激しい弾雨が飛び交う中、大声で「爾後の指揮はこの西坂がとる」と呼びかけ、三隊の指揮掌握に努めた。そして西坂中尉の指揮の下、擲弾筒、重機の援護射撃の中、午前八時時頃（西坂中尉の回想では七時時十分）には古屯駅まで西坂隊・黒田中隊は六十～七十メートル佐竹中隊は百五十メートルまで迫り、まさに突撃を敢行しようとしたその時である。敵軍の激しい砲撃により兵士は吹き飛ばされ、同時に砲弾の破片が飛び交い、森林の樹木は根本から吹き飛ばされて倒壊するもの、太い幹を吹き飛ばされて兵士頭上から降ってくるもの、爆発の衝撃で飛散する土砂や木片などで一気に進撃を阻まれた。これは古屯駅東側の森林内に砲列を敷いたソ連軍の百五十ミリ榴弾砲の砲撃によるものであった。西坂中尉はこのままでは徒に兵力を損耗するものと判断し、軍道まで後退し態勢を立て直すことを企図し、攻撃発起点まで後退を命じた。午前十時頃になると戦車三両を伴うソ連軍部隊が軍道を南下してきて、黒田中隊の左側を衝き、同中隊はさらに後退を余儀なくされ、気屯までが下がった。西坂隊はなんとか森林内で踏みとどまり、古屯駅に夜間、斬り込みをかけることを計画したが、道に迷っているうちに夜が白みだし、攻撃を断念し気屯に引き返した。佐竹中隊も生き残った下士官が兵士をまとめ、同じく気屯に後退したのであった。そして八方山の第三中隊からの増援部隊である大山・真鍋両小隊も戦車の攻撃により、古屯部落を放棄した。

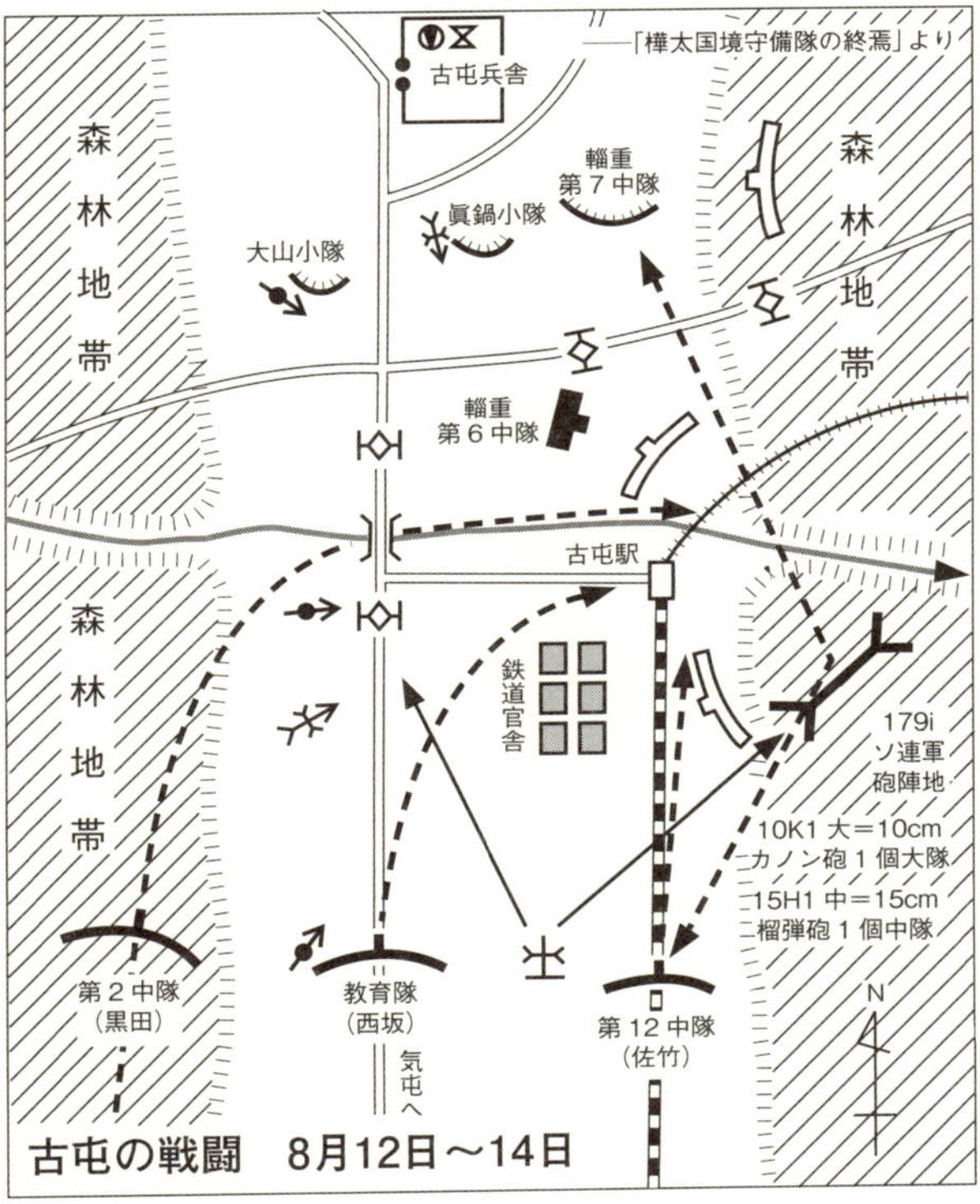

　かくして、南からの古屯駅奪回と八方山陣地への進出は失敗に終わった。

　とはいえ、古屯に進出したソ連軍も日本軍の攻撃により、苦境に陥りながらもなんとか乗り切ったということが、以下のソ連軍戦史からわかる[77]。

　このころ、第１７９狙撃連

隊の2個大隊は古屯で激戦中であった。日本軍の統帥部は、古屯市（ママ）確保の必要性を十分に感じてたえずソ連軍に反撃を繰り返したので、第2防御地帯（引用者註：気屯のこと）やさきに第179狙撃連隊第3大隊が抑留していた拠点（訳者注：無意加の独立抵抗中枢）からここへ兵力を転入してきた。

拠点内に一部の守備隊が残留していることを知った第3大隊長スミルヌィフ大尉は、直ちにこれを攻撃することに決心した。激戦の末、13個の簡易火点を撲滅して同拠点を占領したのち、このころ既に日本軍の重囲下にあった連隊主力の下に追及してきた。日本軍の包囲網をうまく突破した大隊は、連隊主力に合流して円陣防御を編成した。

以上のように8月13日夕刻までには、第56狙撃軍団第1梯隊は日本軍の警戒地帯を占領して主防御地帯に一部を突入させたが、一挙にこれを突破するまでには至らないで防御に転移していた。

日本側の記録にはないが、ソ連軍の連隊主力が日本軍の重囲下にあったり、円形陣地を編成したとの記述があるくらいだから、ソ連軍も苦戦していたのである。しかも、ソ連軍戦史は翌十四日の戦闘については、何も触れていないことからも、この戦闘は触れることが出来ないだけの何かがあったのであろう。

3　古屯兵舎付近の戦闘

八方山の聯隊本部にいる小林聯隊長のもとには、敵中を突破して同地にたどりついた兵士が、黒田・佐竹・西坂隊の攻撃が失敗したという報告をもたらした。

そこで北海道より帰着したばかりの第一大隊長、小林少佐に同大隊主力を率いて古屯防備（駅や市街地はソ連軍が占領）を固めることと、同大隊隷下の第一中隊（機関銃二、大隊砲配備）を八方山陣地のすぐ南側の北極山守備に残し、第二大隊に編入することとした。古屯に向かう第一大隊主力は、実質、一個中隊にすぎない兵力しか残っていなかった。同大隊隷下の四個中隊の内、第一中隊は北極山守備に、第二中隊は古屯奪回戦で敗れて気屯に下がった黒田中隊である。そして第四中隊は師走川陣地の戦いの生き残りで古屯に後退した第二小隊である。つまり第一大隊主力を増援と言っても実質、一個中隊である。その内訳は、大隊本部、第三中隊（指揮班と一個中隊）、第一機関銃中隊（一個小隊欠）、速射砲一個小隊、砲なしの曲射砲一個分隊、神無陣地より古屯に撤退してきた第一中隊の一個小隊、そして上記の第四中隊第二小隊である。これに古屯で交戦中の第三中隊隷下の二個小隊（大山小隊、真鍋小隊）である。

そして十四日午後、第一大隊は古屯部落を見下ろせる北の丘に到着。同地に残っていた憲兵および輜重兵の一部を掌握し、各隊を古屯一号兵舎（第二大隊本部）及びその北側に配置し日没までに一応の対敵配備を完了させた[78]。

第一大隊が入った、第二大隊兵舎は百五十～二百メートル四方の平地台に設けられ、本部、兵器、被服倉庫、医務室、炊事場、そして将校官舎が建ち並び西側に営門があった。

第三中隊を率いる横田徹夫中尉は一個小隊を新保小隊と泉小隊に再編成したが、人員の補充があったわけではないので、一個小隊の人数は定員を下回る二十二、三人に過ぎなかった。そこへ既述の幌見峠の向地視察隊一個小隊と師走陣地から南下した飛島中隊の生き残りの阿部小隊の二十数名（十五日朝、古屯到着）も横田中尉の指揮下に入った。尚、同小隊と一緒に行動していた鈴木中隊の大森小隊は同中隊が第二大隊（渡辺少佐）の指揮下に移ったため、北極山の中隊への復帰命令が出され、古屯を去った。また、十二日の戦闘で古屯に移動した山鹿輜重大隊の田中中隊も小林大隊の指揮下に入った。八方山へ糧秣を輸送する山鹿大隊を追って、田中中隊は気屯から古屯まで追ってきたが、既に山鹿大隊は糧秣輸送を完了させ、同地を去っていたためである。

十五日早朝、小林大隊長は古屯で交戦中の大山・真鍋両小隊との連絡を試みたが、両小隊はソ連軍の攻撃により、古屯西側の森林地帯に押し込まれ、ついに連絡が取れず、夜明けを迎えた。

昨夜来の雨も止み、立ち込めていた霧の中から次第に青空が見えだし、その合間から森林や兵舎を夏の日差し照らし始めた頃、ソ連軍の銃弾が、本部の大隊長の部屋のガラス窓を突き抜け、戦闘は開始された。小林大隊に攻撃を開始したのは、第一七九狙撃連隊を中心とする数千の部隊で、南北から古屯兵舎を挟撃するものであった。その部隊には火砲は百五十ミリ榴弾砲他十数門、戦車は五十両で、その中には独ソ戦勝利の立役者であるT34三十数両が含まれており、師走陣地の戦いで傷ついた小林大隊の手にあまる相手であった。

第一機関銃中隊、第三中隊の将兵は営内に掘った掩体壕、兵舎南面の木壁に畳、被服の梱包を積み重ね、被服工場、兵器工場などをタテに防禦につけ、防戦体勢の強化におおわらわであった。そこへ三方からせまる敵の銃撃は、兵舎のガラスや板壁をつらぬき、頭上からふりかかるように激しかった。また、新保小隊はを古屯橋付近に進むよう命じられた。

やがて地鳴りのように遠くから戦車の響きが近付いた。兵舎内には速射砲二門があったが、厚い戦車の鋼板を破れないことは柿崎中隊などの生き残りは知っていた。

小林大隊長は、古屯に侵入した敵は時間の経過と共に益々増強されるであろうことを予測し、早期に撃滅するために専守防衛から反撃攻勢にでるべきである[79]と判断していた。

午前九時、大隊長は各隊の主務者を集めて訓示した。本部伝令横田伝一（現姓井本）二等兵は次のように回想する[80]。

訓示は営内のナスビ畑で行なわれた。敵弾が飛ぶ中でクリ毛の愛馬にまたがった小林大隊長の訓示は「われわれは敵の重囲を切り抜けるために突撃を敢行する。生き残った者は八方山に脱出

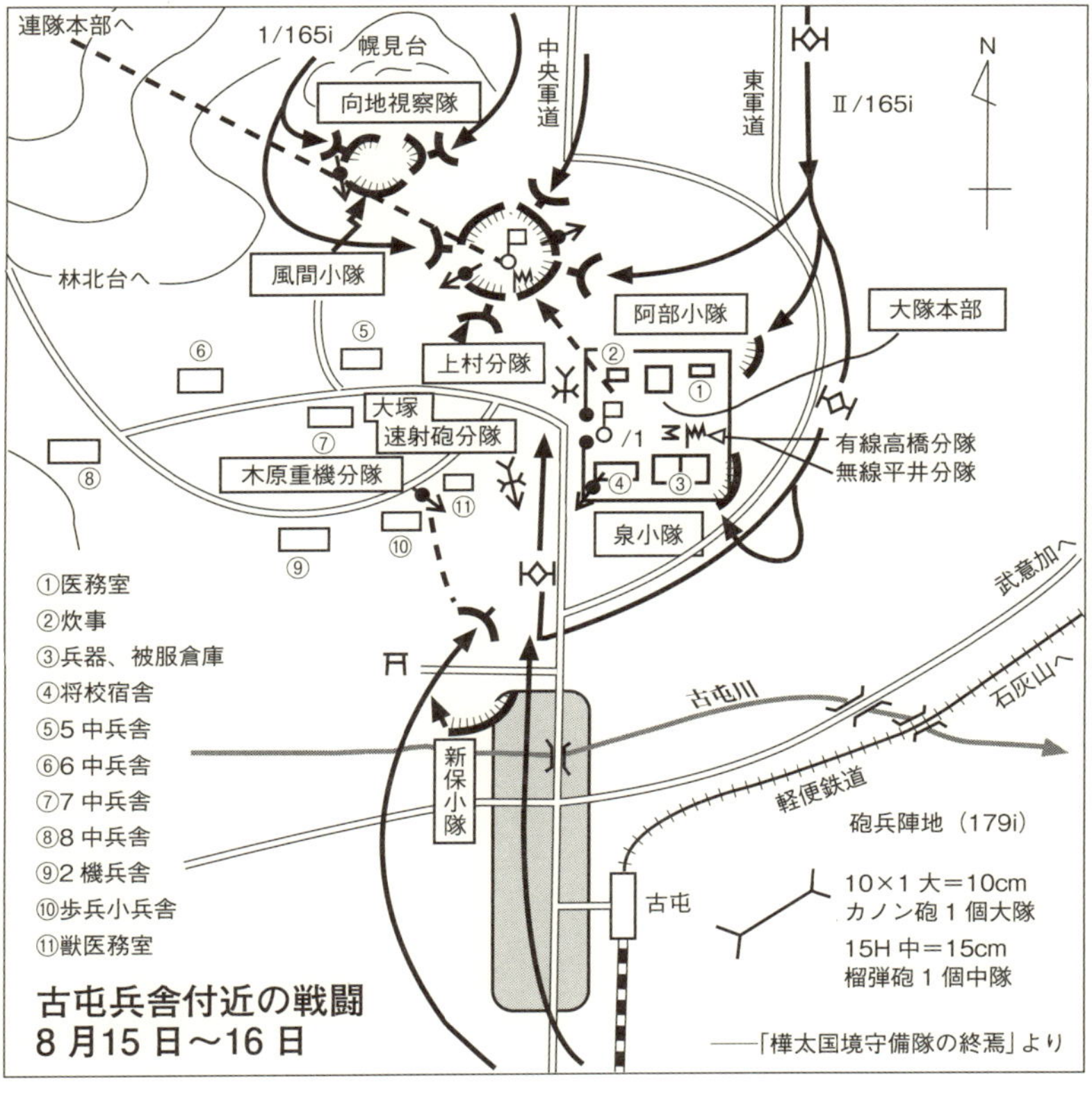

古屯兵舎付近の戦闘
8月15日～16日

——「樺太国境守備隊の終焉」より

する」という意味だったと。ところが訓示中、連隊本部からの電話が来て一時中断したが、戻ると「いま、本部から、古屯を固守せよといってきたが、われわれは突撃する方針を変えない」と重ねて強調した。

　古屯兵舎のある一帯は北西部に大きな湿地帯があるが、総体的には平地上の疎林と草地で、砲や戦車の攻撃も容易とみられたが、この日は銃砲弾こそ激しかったものの、敵は一気に攻めたてなかった。本部では四斗樽の鏡を抜いて大隊長以下、最後の突撃を前に酒をあおり、本部の廊下を大隊長が〝天にかわりて不義を討つ……と大きい声で歌って歩いた。死を覚悟していたのであろう。
私たち兵隊は乾パンの中からコンペイ糖だけをとって食べた。それが決戦を前に許された私たちのぜいたくだった。

防衛研究所には『歩兵第百二十五聯隊戦闘詳報』が残っている。これは第三大隊長小笠原裕少佐が抑留中に隠し持っていたものと、小笠原少佐の機転と上敷香陸軍病院の看護師達の協力と、ソ連軍監視兵の思いこみと言うべき幸運のおかげで、帰国に際し、持ち帰れたものだ。現在防衛研究所にあるものは、それを小笠原少佐が清書したものである。

それによると、小林大隊長がソ連軍への突撃を連隊本部に具申し、固守を命ぜられたのは、十五日夜半となっていることをここに書き添える。

大隊本部兵舎を攻略せんとする敵は、まず第横田中隊、それも最前線の古屯橋付近を守備する新保小隊と軍道上の聯隊砲分隊に集中した。敵の歩兵部隊の攻撃は緩慢ではあったが、アフタマン自動小銃で装備された第一線兵士の疎林、湿地地帯、市街地全域に亘る歩調を整えて進撃で、腰だめ射撃による自動小銃の弾幕は堰を切った洪水の様で、守備隊の槓杆操作による単発式の九九式短小銃では、顔を上げての射撃動作は及びもつかないことであった。古屯川南北の軍道筋に陣取った、新保小隊、速射砲大塚分隊、機関銃木原分隊は、掩体または家陰から、九六式機関銃、九二式重機関銃、八九式擲弾筒手持ちの小火器を総動員して、正面の敵と激烈な戦闘を繰り広げた。そして午前十一時頃から古屯部落内に展開するソ連軍戦車約十五両の猛烈な砲撃を開始した。その砲撃は至近距離からの水平射撃で、発車音と炸裂音は同時で、砲口の移動は目視できるだけに不気味を通り越して恐怖心を倍加し、まず、戦車砲は、古屯橋南側袂に布陣した速射砲大塚分隊を瞬時の間に血祭りにして沈黙させ、次々と我が方の拠点をねらい撃ち新保小隊長は戦死した。

午後二時頃横田徹夫第三中隊長、続いて第二小隊長泉栄吉伍長も戦死したが、そこへ師走陣地の戦いの生き残りである飛島中隊の阿部曹長以下がかけつけ、この日はなんとか陣地を固守できた。しかし、ソ連軍の容赦ない砲撃は、古屯兵舎に集中した。しかし、営内からも向地視察隊が二門の歩兵砲を使って古屯橋付近のソ連軍に打ち返していた。そのうち、急に霧が立ち込めてきたときには、急遽斬り込み隊を募り、ソ連軍に突撃しようとする下士官もいたが、周囲の兵士の中には「頭がいたい」「腹が痛い」と言い出すものもいた。

また、小銃をもたない兵士が肉攻班に指名され、戦車に向かって飛び込んでいったが、中には戦車が近づくとおびえ足がすくむ者、いつの間にか姿を消す者もいた。これも生死をかけた戦場で起こった真実である。

この大隊本部兵舎付近は疎林と湿地で戦車を伴う歩兵戦を実施するに難くない地形であるが、ソ連軍は上村正春伍長が指揮する連隊砲一門（ソ連側は一門とは気付かなかったようである）の大活躍による戦車の大量損失のためか、歩兵で一気に大隊本部兵舎を制圧しようとはしなかった。上村分隊の戦いぶりは詳しく後述したい。

十六日早朝、まだ薄暗い中、大隊本部は小林大隊長命令で兵舎を出て、営門から北西三百メートル（有線分隊員の被覆電話線一巻の証言）の草原（湿地あり）に移動し、大隊本部を中心に直径百五十～二百メートル以内にタコ壺、壕を掘り、四囲を守る円形陣地を構成した[81]この最後の陣地に小林大隊長、浜田富士隆第一機関銃中隊長以下、約六十名が入り、地面から染み出た赤い水につかりながらソ連軍の攻撃に備えたが、その時が来るまであまり時間がなかったようである。

ソ連軍の攻撃が開始されたのは午前五時頃のようである。戦車砲、榴弾砲、迫撃砲による間断のない砲撃。その砲撃の援護の下、ソ連兵は自動小銃を乱射しながら円形陣地に向けて前進を開始。明るくなると木のすぐ上をかすめるように飛来した戦闘機による機銃掃射と、それと入れ替わるように飛来した爆撃機による絨毯爆撃で陸と空からの攻撃はあたかも暴風雨のようであったという。
午前十一時になると、敵もだいぶ接近してきた模様で攻撃は一層苛烈なものとなり、死傷者が続出した。そして、最後の瞬間を歩兵第百二十五聯隊戦闘詳報は次のように記している[82]。

一三〇〇　大隊長ハ各隊正面ノ敵弱点ニ対シ逆襲ヲ命ス
小林大隊長ハ自ラモ　本部ノ戦死傷者ノ小銃ヲ持チ機関銃、大隊砲、速射砲ノ主力ヲ率ヒ　北西側ノ敵ニ対シ斬込ヲ敢行セリ　該敵ハ極度ニ狼狽、白兵戦闘三〇分ニシテ北方ニ四散ス
敵包囲ノ一翼ヲ突破シタル大隊長ハ　森林内ニ部下ノ掌握ヲ命シ　一号兵舎戦闘指揮所ヘノ帰途　東方ヨリ進出セル有力ナル敵ト遭遇　直チニ此ノ敵ニ対シ斬込ヲ命ス　此ノ時　右翼ニ在リタル第一機関銃中隊長濱田富士隆中尉ハ正面突破ヲ企図シ　部下ヲ率ヒ　果敢ニ斬込ヲ敢行　遂ニ正面ヲ突破シテ背後ヲ衝ク　此ノ時飛来セル一弾ハ同中尉ノ右胸部ヲ貫通セリ　然レ共尚モ屈スル事ナク奮戦中更ニ第二弾ヲ被リ壮烈ナル戦死ヲ遂ク
斯ル間漸次粉戦トナリ　大隊長頭部ニ敵弾ヲ受ケ戦死ス（一四三〇）副官岩見三郎少尉亦胸部ニ敵弾ヲ受ケ戦死ス
之ヨリ先（〇九三〇）　大隊長ハ　向地視察隊吉村中尉ニ対シ　機密書類竝ニ重要書類ヲ携行セシメ　状況報告ノ為同日夜陰ヲ利用　八方山聯隊本部ニ復帰ヲ命ス　吉川主計中尉以下各隊ハ所在ノ敵ニ斬込ヲ敢行、八月十七日八方山ニ到着

4　古屯橋付近から兵舎までの後退戦

一方、古屯の第二大隊本部の南方市街地方面にある古屯橋付近に、横田中隊所属の新保小隊は十五日に進出していた。そしてこの日の夕刻、同小隊陣地を視察中の横田中隊長は敵弾に倒れ戦死。擲弾

筒分隊長丸子清兵長は、日が出ている間の行動は危険と判断し、夜を待って部下とともに横田中隊長の遺体を後方へ移送し、古屯兵舎のそばに埋葬した。

十六日になると、ソ連軍の攻撃は益々激しさを増した。古屯橋付近に展開していた横田中隊に対し、至近距離まで戦車が迫り、砲撃を加え、日本兵は次々に倒れた。丸子清兵長らは擲弾筒の操作方法を知らない兵隊を叱咤し、その場で教え、戦車めがけて夢中で撃ちまくっていた。と、その時であった。戦車に乗り、その砲塔の陰に隠れていたソ連兵が飛び降りると共に掃射した自動小銃の弾丸が新保伍長の心臓部に二発命中。即死であった。その為、小隊の指揮は窪田伍長がとった。

この時、丸子兵長も左肺に盲管銃創を受け、右腕を射抜かれて倒れた。この時の弾は完全に取り除くことが出来ず、丸子兵長の体内に生涯残った。しかしこの時は胸から吹き出す血が止まらず、軍服も真っ赤に染め、他の負傷者同様第二大隊の兵舎に運ばれた。

午後二時ごろ、ソ連兵は自動小銃を乱射しながら、古屯川の強行渡河を開始した。日本兵も小銃の撃針が射撃の熱で赤く焼けるまで撃ち続けたが、ソ連兵は彼我の間合いを詰め、窪田伍長は後退を決意し、各自、古屯兵舎付近の林まで下がった。

その林にも砲弾が降り注ぎ、その犠牲となった兵士の遺体を盾にして、抵抗を続けた。周囲から負傷した兵士のうめき声が聞こえても、ソ連軍の烈しい攻撃の前には動くことも出来ず、救出は出来なかった。そしてその攻撃が衰えてきたのは夕方頃で、生き残った兵士達に兵舎に下がるよう命令が出された。

小田島一等兵が兵舎に戻ったとき、小隊の生存者は本田上等兵らがわずか三、四人。砲声が遠のいて、そのあとにすっぽり四囲を囲んだ闇、心細さにいても立ってもいられなかったという。と、そのとき、兵舎につっかかるような戦車のキャタピラの音が近付いてきた。そして同時に前方の兵舎が真っ赤な火を吹いて燃え上がった。その兵舎は負傷兵が収容されていた。

この兵舎には胸と右腕を負傷した丸子兵長も収容されていたが、そのときの模様を次のように語っている[83]。

戦闘中負傷者が次々に運ばれてきて、板の間の兵舎にごろごろ横たえられていた。苦痛にうめき、あばれる兵隊は担架にしばりつけられ、なんら治療も受けられなかった。何十人収容されていたか記憶はないが、その三分の一ぐらいはすでに死んでいたと思う。戦死者は戦闘の初めは兵舎わきに穴を掘って埋葬したが、そのうちに死者もふえ、余裕もなくなってきたからであろう。第一大隊が全滅したため、ガソリンをかけて火をつけたと聞いた。確認したわけではないが、火勢の激しさと早さからみて事実であろう。

私のそばには腹部を撃たれた同じ中隊の谷上等兵がいて、二人ともどうやら歩けるので、火災と同時に歩けるので、火炎と同時に窓を破って脱出した。逃げるとき、瞬間的にみた兵舎内は、生き地獄とはこのことであろう、足腰の立たない兵隊が渾身の力をしぼって腕で窓ぎわにはいり寄り、担架にくくりつけられた重傷者は、廊下を突っ走る火に照らし出されたへやで断末魔の声をふりしぼっていた。しかし逃げることができたのは私たちのほかに何人いただろうか。私はせいぜい二、三人だと思うのだが……。

私たち二人はめらめらと夜空をこがす炎からのがれて裏山に走りこんだ。火災で、前後して走る谷上等兵の姿はみえるが、足元は暗く、死体につまずいたり、落ちている小銃の皮に足をとられたり、タコヅボに落ちて、いやというほどからだを打ったりしながら、ひと晩中、方向を定めずツンドラ地帯をはいずり回った。

丸子兵長と小島一等兵はツンドラと林をさまよいながら気屯を目指し、永井部落という樺太の別荘地に逃げ込んだ。そこには食糧を残したままの主のいない別荘があり、偶然武意加から後退した岡島賢蔵少尉や他の生き残りの将兵と合流して傷を癒した。その後、ソ連兵に見つかり、夜陰に紛れて永井部落を脱出した。

一方、小田島一等兵は次のように書いている[84]。

どうにか歩ける者たちは私たちの兵舎に逃げてきた。一人の兵隊は、はだかで、私の前にぺったりとすわり「戦友のよしみだ。その銃で殺してくれ。こんな苦しい思いをするのなら、いっそひと思いに殺してもらったほうが良い。どうか情けがあったら殺してくれ」とすがりつかんばかりにしていった。哀願するその兵の顔、声、——耳目をおおいたいような、それは悲惨なものであった。私は銃の引き金に手をかけることはできなかった。

「私自身、これから先の生命はわからない。それに戦友を殺す弾丸はもっていない。とにかく生きるだけ互いに生きなければならないんだから……」私はこれだけをやっといって、故意にこの場を逃げ出すために燃える兵舎の方に走り去った。

敗色濃い戦闘では足や腰を打たれることは、すなわち死を意味するといえよう。暗闇のなか、敵の歩哨線を突破して私たち生き残りはツンドラ地帯を連隊本部のある八方山に向かったが、途中、負傷しながら私たちについてきていた馬場二等兵は苦痛からのがれるため、手榴弾で自ら若い生命を断った。

かくて、八月十六日夕刻、古屯はソ連軍の手中に帰したのである。

5 帝国陸軍の華、上村聯隊砲分隊

樺太における対ソ戦、最大の激戦地で八月十三日～十六日までの四日間で、T34を含むソ連軍戦車三十二両を擱座させるという戦史に残る——おそらく先の大戦における日本軍の一門の連隊砲による戦車撃破最高記録——大戦果を挙げた部隊、上村分隊の活躍が歴史の狭間に埋もれている。

もし、日本のポツダム宣言受諾が八月十五日以降であったら、間違いなく天聴に達する（天皇陛下に報告される）という栄誉に浴していた活躍は、今まで、主に関係者の間でしか話されて来なかった。古屯の対戦車戦について、聯隊砲中隊出身で経理候補生要員であった塩原時茂一等兵の戦後回想、上村分隊の分隊記録係兼伝令だった賀戸三夫一等兵の証言を中心に、上村分隊の視点から筆を進めたい。

当時、幹部候補生隊は聯隊本部がある気屯（古屯の後方）にあった。塩原一等兵は聯隊砲中隊出身の経理候補生要員として同地にいたが八月十日朝、吉川主計中尉指揮のもと、古屯へ向かい、到着後は古屯兵舎の東側の陣地に入った。

一方、上官からの命を受けた賀戸一等兵は幌見峠の弾薬庫にある訓練用の四一式聯隊砲の整備を命ぜられ、一人で分解し、一つ一つの部品に丁寧に油をさし、磨き、組み立てるという整備を行なった。因みに、手先が器用な賀戸一等兵は戦後、自宅の電化製品が故障すると、好んで自分で分解、修理を行なっていると筆者に語った。

古屯で戦闘が始まった十二日、日ソ両軍の陣地はかなり近接していたようだ。塩原経理候補生要員の頭上を敵味方の砲弾が飛び交い、敵が砲を撃ったあとの薬莢が、古屯川の川原の石にぶつかって、「ガラン、ゴロン、ガラガラ……」と甲高い音を立てて転がる様子が手に取るようにわかるくらい大きく聞こえた。敵弾は日本軍陣地を飛び越え、古屯北方二キロにある幌見峠の中腹で盛んに炸裂していた。

当時、聯隊内では、ソ連兵は突撃の際にウォッカを引っ掛けてくるそうだという噂が流れていたが、それは本当だったようである。突然、数十メートル先から元気な赤く若い顔をしたソ連兵が飛び出してきて、日本兵が篭る蛸壺陣地に「バラバラ」と自動小銃を乱射して、反対側の斜め後方の林に一目散に駆け抜けていった。

十三日になると古屯守備増強のため、第一大隊主力部隊（実兵力は一ヶ中隊強）が大隊長の小林貞治少佐に率いられて到着した。どの兵士も精気が感じられず、どこか疲れきっていた。

その姿を見た兵士は蛸壺の中から、彼らに声をかけて聞いてみると、中央軍道上の師走陣地での戦いで大打撃を被ったと言う。その後も十五日までに前線から後退してきた第一大隊所属の将兵が三々五々と古屯に到着した。本来なら、古屯の第二大隊兵舎でこれらの兵士達を休ませ、再編成する予定だったのである。しかし、古屯兵舎を守っていた将兵には、一人でも多くの味方の到着は心強かった。

小林大隊長は酔い気味で、第一大隊将兵や周囲の兵達を集めて訓辞をした。

「ワシは兵卒のときシベリアに出兵した……ロスケは到底、優秀な日本軍の敵ではない……」

また小林隊隊長は、シベリア出兵の際、従軍しただけでなく、ノモンハン事変の際も、ソ連軍と戦った経験を持っていた。

馬上から酔っ払って、呂律の回らない口調で、そう叱咤激励した。

果たしてこれで勝てるのであろうか。塩原経理候補生要員の頭に不安がよぎった。この時すでに、兵舎付近に配備された部隊の重火器は既に破壊され、対戦車攻撃用の急造爆雷すら使い果たし、絶望感に打ちひしがれていた時だった。

その時だった、中央軍道の北方から車両がきしむ鈍い音が聞こえてくるではないか。

「お……、聯隊砲だ！」

七十五ミリの砲口を輝かせて、一門の聯隊砲が馬に引かれて幌見峠からガラガラと下りてくるではないか。

本砲の正式名称は四一式山砲。射撃、操作は容易で命中精度も良い火砲であった。しかも軽便で機構も極めて簡単で分解して馬に載せることや、これをおろして組み立てることも簡単であったばかりか、十三名いれば、人力でも分解搬送が可能であった。このような点から、歩兵とともに行動することが出来、歩兵の直接支援するのに好都合の火砲として重要視され、歩兵一ヶ聯隊に四門の四一式山砲が配備されたことから聯隊砲と呼ばれ、将兵に親しまれていた。また、対戦車砲である速射砲より大口径の七十五ミリ砲ということもあり対戦車戦でもその威力を発揮した。

歩兵第百二十五聯隊では、第一～第三大隊に各一門が配属されていて、残りの一門は新兵の訓練に使われていた。そのため本砲運用のための分隊は存在せず、十二日に新兵訓練の助教であった上村正春伍長を分隊長とした聯隊砲分隊が急遽編成され、幌見峠の武器弾薬庫から約二キロの山道を下ってきたのであった。その途中、この日の朝にソ連軍の挺進部隊により幌見峠の林道で補給物資を輸送中のトラックが襲撃され、佐々木寿雄兵技中尉他十一名が戦死した現場を通過して来た。山砲分隊員の賀戸三夫一等兵によると、前夜は幌見峠の無人のトーチカで休息を取って来たので、佐々木中尉一行が襲われなければ自分達が襲われたのではないか。亡くなった方々には申し訳ないが、自分達は幸運だったと語る。上村分隊は幸運なスタートであった。

「おい、塩原！　元気か！」

「俺達が古屯の配備に付けば、正に鬼に金棒だ」

聯隊砲と共に下ってきた兵士は塩原経理候補生要員が聯隊砲中隊にいた頃、共に猛訓練に励んだ戦友達で、その忘れることの出来ない懐かしい顔を見て、頼もしいやら、嬉しいやらで思わず喜びの涙がこぼれ落ちたという。自信ありげな顔の分隊員達の顔はどれも誇らしげに輝き、実に頼もしげである。そして、その顔の中には、賀戸一等兵の顔もあった。

この分隊を率いる上村伍長は若い優秀な下士官候補生出身の二十歳の伍長。砲隊用の一八倍の大型眼鏡を背負い、南部十四年式拳銃を腰にした逞しい姿で、笑顔を見せながら元気よく到着した。上村分隊長の勇ましい姿と聯隊砲を見た古屯守備の将兵達の士気は、否が応にも高まった。その時既に敵戦車は、轟音を響かせながら古屯市街地に通ずる東軍道、栗山道を南下しているのが見え、こちらに向かって来るのが分かる切迫した状況であったため、陣地選定のための地形偵察の時間はなかった。そこで両道いずれにも通ずる射角をと、若干の高台にある古屯兵舎正門の衛兵所横に南向きに陣地を定め着底した。

「ゼロ距離照準射撃。直接照準」と、上村分隊長の号令が飛ぶ。敵戦車は陣地南方の古屯橋方面の民家の影から急に姿を現わしたため、照準する余裕はなく、日頃の訓練と目に頼るほかはない。

「撃て！」と再び上村分隊長の号令。

三番砲手柏原上等兵が間髪入れずに『拉縄』を力強く引くと、砲弾が轟音を上げて吹き飛んで行き、砲弾は黒点『・』となって消えていく。分隊員のみならず、近くにいる日本兵は小銃を持つ汗ばんだ手を堅く握り締め、固唾を呑んで、祈るように、一秒、二秒と敵戦車を見つめていると、突然炸裂音と共に白煙が立ち上がり、戦車は擱座した。

「やったぞう！」

分隊長は飛び上がって喜んでいる。兵隊達の顔もうれし泣きにみえた。しかし、分隊長が即座に発した「聯隊砲を野菜倉庫へ移動！」の号令と共に分隊員は即座に動いた。

野菜倉庫は古屯兵舎営門前の道路を挟んだ向かい側の土手を掘って造られており、上空からは見えるが、対岸からは死角になる。そのため、ソ連軍にその場所は見えない。聯隊砲が敵戦車とその乗員を仕留め続ける限り、聯隊砲の数とその陣地、野菜倉庫の位置は知られない。すると、擱座した戦車の脇から、もう一両の戦車が現われる。

「敵戦車！」

監視兵の怒鳴り声と同時に、野菜倉庫に隠して置いた砲を素早く引っ張り出して砲台陣地に据えつけ、射撃準備を完了する迄には十秒とかからない。

砲身の後方延長線上に立つから目測で敵戦車との距離を見極めた分隊長は、

「目標、道路前方の敵戦車、直接照準距離千メートル」と、号令。砲の左側の照準坐に腰を下ろす四番照準手水戸上等兵は、

「よし！」の声。今度は皆の顔に余裕がある。

「撃て！」と、上村分隊長の号令と同時に、三番砲手柏原上等兵が『拉縄』を力強く引く……轟音と同時に黒点は、敵戦車に吸い込まれていく。と、それまでゆっくり移動していた戦車は突然停止。砲塔のハッチが荒々しく開け放たれ、中から乗員が脱出しようとしている。

それを見た、上村分隊長はすかさず、第二弾の発射を号令。

敵兵を一人でも生かして帰すことは許されない。もし、そんなことがあれば、聯隊砲が一門しかないことを敵に知られてしまう。

次の瞬間、分隊長以下十一名の瞳には、宙を舞う敵戦車兵の肉片が映った。

この後、聯隊砲陣地に壕を掘り、聯隊砲が陣地に入った際、敵から見えないようにした。この陣地が造られた古屯橋袂の北岸には、第三中隊（中隊長：横田徹夫中尉）の指揮班と一個小隊と木原重機分隊が布陣。南岸にはソ連軍に占領された古屯の町があるが、古屯橋を渡って中央軍道の東西に分かれて同中隊の真鍋小隊と大山小隊が、橋の袂には大塚速射砲分隊が布陣し、ソ連軍の北上を阻んでいた。

ソ連軍が古屯に投入した戦車はＴ26ともＴ34とも言われているが、賀戸一等兵の記憶によると、当

時攻撃を加えてきたソ連戦車は主にT34だった。いくら聯隊砲が七十五ミリ砲であるからとはいえ、正面装甲を貫通させることは出来ない。そこで、戦車の砲塔の回転部の付け根を狙って砲撃した。ここはかなりの隙間があり、これを狙えば爆風で中の人間はやられてしまうと教育されていた。

このような戦いが十六日の昼まで続いた。十三日には三両、十四日には七両の敵戦車を擱座させた。敵も味方も必死である。聯隊砲は敵戦車が動いているうちに砲撃。一両擱座させるとその横からまた一両現れる。また、それが動いている内に砲撃し、一撃で擱座させると、道がふさがれ戦車は前進できなくなる。一方、日本軍はソ連軍戦車を擱座させると直ぐに、道路脇で、古屯橋の対岸からは死角にある野菜倉庫に砲を隠す。一～二時間するとソ連軍はいつのまにかに、擱座した戦車を後方に下げ、攻撃を再開するのであった。その間、分隊員達は聯隊砲の整備に励んだ。

まだ十四日は上村分隊長には余裕もあったのか賀戸一等兵に命じ、炊事場へ行って酒を調達させ、分隊員にふるまったという。上村分隊長と塩原経理幹部候補生は仲が良く、賀戸一等兵が酒以外にも食糧調達などに行くと「配慮」してくれていた。しかもこの酒は塩原経理候補生要員が敵戦車に立ち向かう戦友達のために、上官の吉川中尉に無断で四斗樽の鏡をわったもので、純米酒だった。これを飲んだ兵士達は、

「おお……旨い！　好い酒だ」

と言って、益々張り切って敵戦車めがけて聯隊砲を発射した。聯隊砲の戦果は上場で、上村分隊長が素っ裸で笑いながらの指揮をとる姿はまるで演習をしている様で、このためか兵士も固くならずによい射撃ができたのであろう。敵戦車めがけて撃った砲弾は百発百中だった。

ソ連軍戦車は聯隊砲分隊陣地南方の古屯橋方面から第一大隊の主陣地――さらにその後方の幌見峠目指して北上し続けてきた。

十五日朝、昨夜来の雨が上がり、霧も次第に流れ去り、青空が見え始めた頃、ソ連軍の攻撃が古屯

各所で始まり、古屯橋南岸への最初の攻撃はなんとか撃退できた。しかし、二回目の攻撃はそうはいかなかった。

今度はT34を伴う攻撃であった。至近距離からの戦車砲の水平射撃は、発射音と炸裂音は同時で、日本軍兵士は、その砲口の移動が目視できるため、恐怖心から逃れることは出来なかった。大塚分隊の速射砲はノモンハンで活躍した九四式三十七ミリ速射砲であり、ドイツから導入した技術を基に対戦車砲撃用に開発された成形炸薬弾である「タ弾」は配備されていなかった。その為ノモンハン事件当時のソ連軍戦車の三倍以上の厚さの装甲板を持つT34には全く歯が立たなかった。戦車砲は瞬時に大塚分隊を沈黙させると共に、大山・真鍋両小隊陣地に砲撃を加えた。もはや敵戦車に反撃のすべを持たない両小隊は、対岸にいる第三中隊陣地ではなく、古屯西方の疎林に転進し、そのまま気屯方向に後退した。このことに上村分隊が気付いたのは、陣地前面に押し出してくる敵戦車や兵士の攻撃や今までにない激しい砲撃が行なわれるようになって来たからである。

古屯橋南岸に歩兵二個小隊と速射砲分隊がいるはずなのに、聯隊砲分隊陣地付近に昨日とは比較にならないほどの砲弾、銃弾が飛んでくることを不信に思った上村分隊長は陣地西南方の山に賀戸一等兵を派遣した。すると、南岸の部隊がいなくなっていること、川沿いの民家の影からソ連兵が聯隊砲陣地の方向に射撃をしていることがわかった。そこで、その山にいた歩兵砲（迫撃砲）分隊に民家の影にいるソ連兵への砲撃を依頼。復命のため戻ろうとすると、あまりものソ連軍の攻撃の激しさに、歩兵砲分隊長の曹長から帰るなと言われたくらいであった。

戦車の攻撃も前日までは二両擱座したら、一〜二時間は攻撃がなかったが、この日は三両続けて進撃して来たこともあった。その時であった。当時、聯隊砲から数メートルの所にある蛸壺に篭っていた川渕一等兵の耳に、上村分隊長が砲手に向かってかけた言葉が飛び込んで来たのは。

「よくやったぞ！　お前の働きは天聴に達したぞ！」

戦後、日本アイスホッケー界でその名を知られた川渕務一等兵によると、普通に考えれば、たった今、敵戦車を撃破したばかりなのに、その働きが東京にいる天皇陛下のお耳に達するはずがないと。しかし、敵戦車を撃破した高揚感からか、その場では誰も疑問に思わず、益々士気が高まっているのが、見ててよくわかったそうである。もっとも、上村分隊長のすぐ後ろに立って記録をとっていた賀戸一等兵によると、そのような言葉を聞いた記憶はないが、この日の戦闘の後、分隊員を前にして上村分隊長が、札幌の方面軍司令部から、国境での戦いは上聞に達するかもしれないと誉められた、と話したそうである。

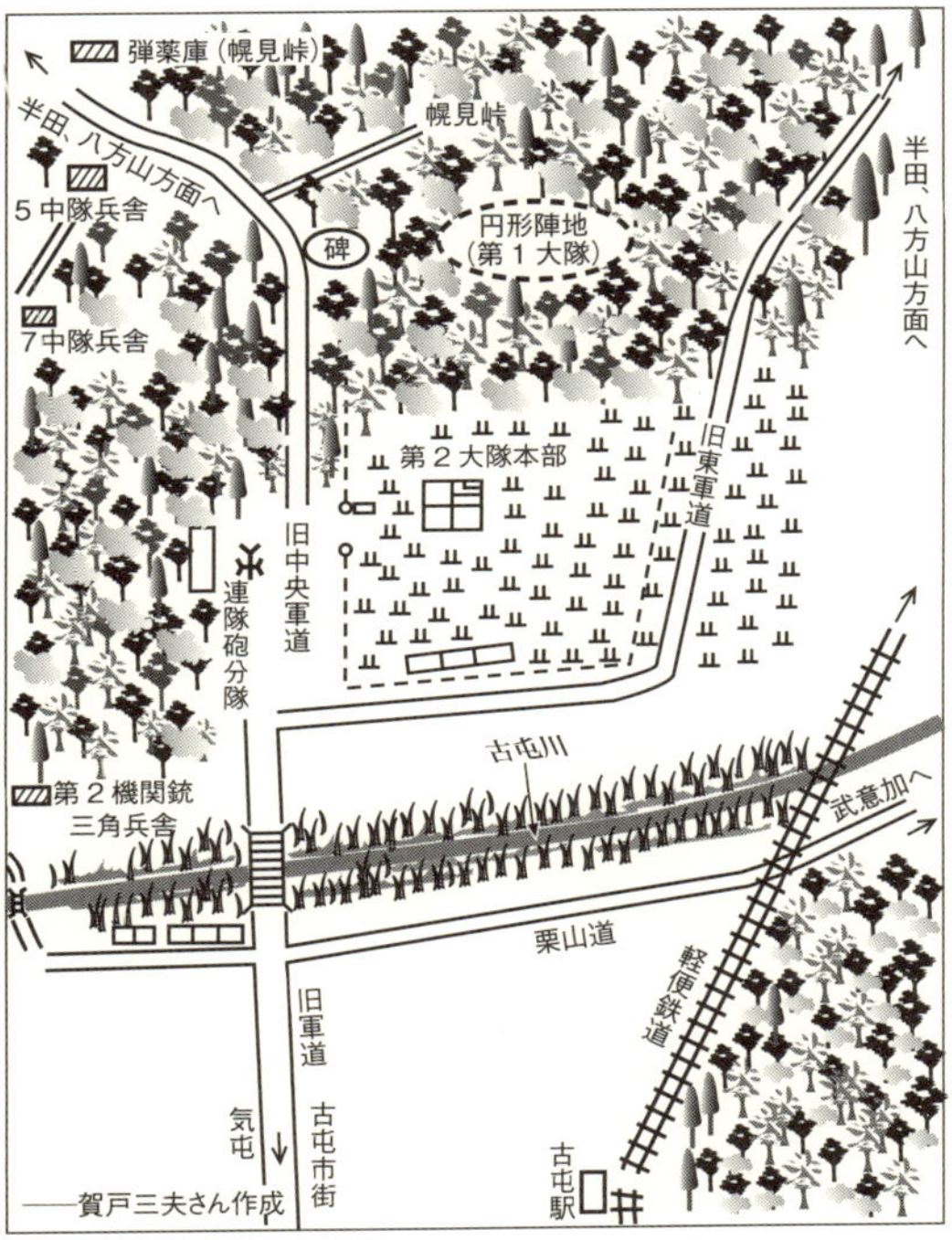

――賀戸三夫さん作成

この日の上村分隊の戦果は十三両もの敵戦車を擱座させ、古屯橋南岸からの進撃を食い止めたのである。

ただ面白いことに、ソ連軍はこの日の昼間のような激しい攻撃をして撃退された日でも、夕方になるとピタっと攻撃をやめ、日本軍のような夜襲はかけて来なかった。そのため、上村分隊長は毎晩、薄暗くなると交替で歩哨を立てて不寝番をさせた。そのおかげで他の者は兵舎に戻って寝ることが出来た。

この日までの上村分隊の善戦敢闘ぶりは聯隊本部を湧き立たせていた。

「連隊長は直ちに上村分隊に賞詞を与え、師団に感状の上申を命じたが、「十五日現在も師団通信隊から派遣されていた三号無線中川分隊は行方不明で師団司令部への連絡の手段はなかった[85]。」

十六日、ついにソ連軍に聯隊砲陣地の位置を知られてしまった。陣地周辺に敵弾が次々と落下。分隊員にも死傷者が出たが、それでも砲は無事で戦車が見えると、野菜倉庫から砲を出して、攻撃を繰り返し、昼頃までに九両の戦車を擱座させ、聯隊砲陣地を守り抜き、敵戦車を一両たりとも通さなかった。

それが昼を過ぎた頃、ソ連軍の攻撃がピタっと止み、全然戦車が来なくなった。そして十三時頃に賀戸一等兵は上村分隊長から大隊長の戦死を聞かされたという。それを聞いた賀戸一等兵は幌見峠方面と古屯市街地方面から挟み撃ちになるのではないかという思いが脳裏をよぎった。しかし、夜になってもソ連軍はどこからも攻めて来ない。日本兵を全滅させたと思ったのだろう。

このような状況から上村分隊長は、第一大隊の全滅を推測。

その後、周囲が暗闇に覆われるまで、焼け残った兵舎跡に隠れていたが、そろそろ大丈夫だろうと外に出て見ると、同じような兵士達がいた。その場にいた、曹長が「俺が指揮を執る」と宣言し、点呼をとると四十名もいた。そして、その曹長の命令で各自、八方山を目指すことになった。

その際、上村分隊の聯隊砲は無事で、砲弾も四十発残っており、敵が来ても戦える状態であったが、上村分隊長は聯隊砲の分解を賀戸一等兵に確認。そして賀戸一等兵には脱出の際、標尺、眼鏡を持ち帰り、万が一にも聯隊砲がソ連軍に使用されないよう命令した。

賀戸一等兵は匍匐前進で八方山へ向かったものの、大体の方角しかわからなかった上、周囲は暗闇に覆われ、どこに誰がいるのかさえもわからず、万が一に備えて、手榴弾の安全弁を外し持っていた。途中、ソ連軍の陣地のすぐそばを通ったが、ソ連兵は第一大隊を全滅させたことで、油断をしていたのか、気付かれずにすんだ。そんな時だった。賀戸一等兵の肩に誰かの足がぶつかった。目を凝らして相手をみつめ、小声で呼びかけると、なんと先ほどまで一緒に戦っていた水戸上等兵ではないか。幸い、水戸上等兵は八方山への道を知っているというので、二人で、再び匍匐前進を開始した。真っ暗闇の中、賀戸一等兵は水戸上等兵を見失わないようにしながら、ゆっくりと、そして確実に八方山に向かっている時であった。後方からコツコツと誰かが歩いて来る。物音に気付いた二人は動くのを止め、息を殺して様子を伺っていると、人らしきものがこちらに向かってきた。とっさに持っていた手榴弾に手が伸びたが、次の瞬間、奇跡が起きた。その人物は他ならぬ上村分隊長であった。上村分隊長はあたりをはばかることもなく、軍道を堂々と、まるで近所に出かけるように普通に歩いて来るではないか。賀戸一等兵は当時を次の様に語る。

「敵かと思ってそっと上をみたら、上村伍長が軍道を歩いて来るんですよ。びっくりして『分隊長、撃たれますよ』って声をかけると『お前らみたいに隠れていたら、かえって撃たれるんだ。そんなこそするんじゃねぇ』そんなことをしたら撃たれると思ったんですけど『ついてこい』と言われて、ついていったら助かったんですよ。」

上村分隊長一行は古屯を出て、北極山と七星山の間の道を通って、八方山に到着、聯隊主力部隊への合流を果たした。しかし、正確な人数は判らないが、古屯を出た時四十名いた戦友たちは大部減っていたという。

6　黒田中隊、謎の古屯市街地行進

第一大隊が古屯にて全滅した十六日夕刻、気屯に後退していた第二中隊、黒田中隊長の下に「第二中隊は速やかに八方山に追及すべし」という聯隊長命令が届いた。そして、翌十七日早朝に第二中隊は気屯を発し、八方山に向かった。その途中、古屯付近までくると、それまで敵に発見されにくいようにと森林内を行軍していたにもかかわらず、突如、森林から出て、古屯市街地に行軍隊形のまま入

〈右〉四一式山砲。分解搬送が可能な小型軽量の砲で、歩兵支援のため歩兵聯隊に配備されたものは「聯隊砲」と呼ばれた。同時代の対戦車砲（速射砲）より大口径の75ミリ砲で、対戦車戦闘にも活躍した。古屯の戦いでは上村聯隊砲分隊が同砲1門でソ連戦車32両を撃破した。

〈上〉古屯橋の方から見た旧古屯兵舎正門前。写真の中央あたりに上村分隊が布陣した。左方の木立の中に砲を隠した野菜倉庫があった。〈右〉古屯橋上から東側を見る。古屯川の奥を走る鉄道は以前は軽便鉄道だった。

上村分隊の分隊記録係兼伝令を務めた元一等兵・賀戸三夫さん。

〈上〉サハリン州郷土博物館に展示されたＴ34/85戦車の写真。
〈右〉対日戦勝博物館（樺太護国神社跡に建設中）入口のT34/85。国境から豊原まで進撃してきた戦車だといわれる。

樺太国境防衛の主陣地が築かれた八方山（一番奥の稜線。写真は戦後の撮影）。歩兵第百二十五聯隊の主力約3000名がこの陣地に拠っていたが、ソ連軍側は幌見峠を主陣地と見ていた。

〈上〉歩兵第百二十五聯隊の本部壕があった八方山陣地三の沢の壕跡。〈右〉同聯隊の軍旗から切り取られた房の一部。無事北海道に帰還、現在は陸上自衛隊真駒内駐屯地の資料室に所蔵。

って通過し、八方山へ向かおうとした。

古屯は十四日の戦闘で第二中隊も敗れ、気屯まで退却した上、十六日——つまり前日——には第一大隊が最後の突撃をし、ほぼ全滅したばかりで、町はソ連軍の占領下にある。そこへ戦闘隊形で突入するどころか、二列縦隊の平時の行軍隊形で進入するのである。しかも、重機関銃分解して銃身を背負子に括り付けて、機関銃分隊員が背負い、擲弾筒も背嚢にくくりつけた状態で、全く戦闘の発生の可能性を否定したような状態での行進であった。

町の中には、撃破されたソ連軍戦車や壊れた街並など戦闘直後の風景そのままだった。そして中隊が古屯橋の近くまで来た時、突然、古屯駅方面から出て来たソ連兵と遭遇。「『敵だ』叫ぶ声が先頭から起ると同時にばたばたと走りだした。走りながら小銃をはずして撃つもの、擲弾筒をとるひまもなく、背嚢にくくりつけたまま撃つもの、古屯川に飛びこむもの、多くはちりぢりになって近くの森林に駆け込んだ[86]」

機関銃分隊員は、銃身を背負子にくくりつけて背負っていた兵士をうつぶせにさせて、兵士の体を三脚代わりにして銃弾を装填し、射撃を行なうという状態であった。

中隊はこの「遭遇戦」により、バラバラとなり、黒田中隊長は約二十名の兵士を掌握し、古屯橋を突破して幌見峠経由で八方山をめざした。だが、「十九日午前六時古屯兵舎北約二キロの地点で朝食の準備中、近くの台上から射撃を受け[87]」、黒田中隊長他二名の下士官が戦死した。

黒田中隊長がなぜ、このような行動をとったのかは、戦後、歩兵第百二十五聯隊の戦友会でも度々、話題に上がったそうである。歩兵第百二十五聯隊戦友会、現会長の厚谷昇氏によると、当時気屯は豊原との無線連絡が取れて居り、黒田中隊長は大詔渙発を知っていたはずである。それを裏付けるように、古屯での戦闘は十六日に終わり、銃声が聞こえてこない。そこで、黒田中隊長は停戦協定が成立したと誤認して、森林の中を行軍していたのを、わざわざ古屯の町中を二列縦隊で行軍し、おそらく

「武装解除のための合流」と考えて八方山に向かっていたのではないかと、筆者に語った。厚谷会長は終戦時、幹部候補生として気屯におり、生き残った第二中隊関係者から聞いた話から、そのような結論を導き出したそうである。

第四項　幻の幌見峠の戦い

日本軍の主陣地である八方山から古屯に至る途中に幌見峠があった。ここは元々日本軍が北樺太へ進撃する際、その拠点となるべく多数の鉄筋コンクリートのトーチカから成り立つ陣地があったが、戦局の悪化により八方山に樺太北部国境防衛のための主陣地がつくられ、幌見峠の陣地は放置された。そして、ソ連参戦後、ほとんど配兵されなかった。

その幌見峠から古屯にかけての地帯をソ連軍は日本軍の主陣地と誤認していた。その幌見峠に対しても、ソ連軍は古屯攻撃と同日の八月十六日に攻撃を開始した。その模様をソ連軍戦史は次のように記している[88]。

> 激烈な戦闘が展開され、日本軍は再三逆襲に転じたがその都度失敗に終わった。激しい敵の抵抗を克服したソ連軍部隊は、一寸刻みに幌見峠を奪取して行った。
>
> 砲兵や飛行隊による突破準備射撃だけではまだ効果不十分で、多数の敵火点が制圧されないままであった。視程不良の森林のため射弾修正は困難を極めた。飛行隊に関しても同様で、限られた好天をみはからってしかも主として地域爆撃であった。
>
> 砲兵及び飛行隊の攻撃準備射撃が貧弱であったため突破速度が悪くなった。8月16日一杯で要塞主防御地帯の突破に決着をつけようとし、峠正面の狭い地域では猛烈な死闘が繰りひろげられ

た。第165狙撃連隊は、第214戦車旅団の2コ大隊の支援の下に、日本軍の鉄筋コンクリート製術工物16を破壊して、幌見峠北側斜面を丸一日目に占領した。

この戦闘について、当時ザバイカル方面軍司令官として、満州を蹂躙したマリノフスキー元帥の回想録によるとソ連軍将兵がいかに勇敢に自己犠牲を厭わず戦ったかを次のように記している[89]。

幌見峠要塞攻撃戦でアントン・ブユクルイ曹長は英雄的功績をたてた。彼の中隊がトーチカ六つを占領し、他のトーチカからの猛烈な機銃掃射のため中隊が立往生したとき、同曹長はトーチカに忍び寄り、銃と自らの身体で銃眼を塞いでしまった。戦友たちはただちにたち上がり、一挙にトーチカを占領、進路を開いた。この戦闘から二〇年後の一九六五年三月、南樺太における勇敢な行動にたいして同曹長は死後、ソ連邦英雄の称号を贈られた。

日本軍は八方山及びその周辺に防御用の陣地を築城するまで、「攻撃用」つまり北樺太への「進撃用」の陣地を幌見峠においていた。ただし、ソ連参戦前に兵力の不足（元々国境地帯は一個聯隊ではなく、二個聯隊で防衛する予定であったが、樺太南部地区重視の判断から一個聯隊での防衛を余儀なくされていた）しており、ソ連軍が攻撃を開始したという十六日の前には一時的に占領していた向地視察隊も撤退しており、日本側記録にはそのような大規模な戦闘の記録を筆者は発見できていない。

しかし、没後にわざわざ、ソ連邦英雄を授与される兵士が出るくらいなら、相当激しい戦闘が行なわれたのであろうし、根拠もあるのだろう。

現在樺太で生活をする人々も、幌見峠での激戦を筆者に語ってくれた。同地での戦闘について、今後もさらなる研究を続けていきたいと思う。

第五項　八方山の戦い

1　八方山主陣地周辺の戦い

第八十八師団参謀長鈴木康（戦後、康生と改名）大佐の戦後回想によると、日本軍はソ連軍の侵攻に備えて昭和十八年四月より、国境地帯に大陣地を構築していた。鈴木大佐は、日ソ国境から十二キロの場所にあり、八方を睨み敵戦車の行動至難な要害の八方山（二個大隊分）を中核とし、東は幌内川東岸台上の陣地（一個大隊分）西は亜界山の陣地（一個大隊分）を両翼とし、その後方の兵站基地というべき古屯の昭和十五年に既設の陣地をもって、ソ連軍を阻もうとうものであった。

しかし、ソ連参戦時に南樺太北部に展開していたのは歩兵第百二十五聯隊の三個大隊だけであり、しかも全部隊が八方山陣地に入ったわけでなく、同聯隊の守備担当地域であった北部各地に分散していた。そればかりか、弾薬・糧秣は三か月分備蓄する予定だったが、それらが八方山に搬入される前に古屯が陥落し、古屯駅に滞貨していた物資がソ連軍に押収されたのは既述の通りである。

当時、歩兵第百二十五聯隊通信有線小隊長として八方山陣地の聯隊本部にいた鈴木孝範少尉によると、八方山陣地とは、亜界山の山裾で、標高百から三百メートルの「八方山を中心とする、北からの半月台、剣台、師走台、北斗山、七星山、北極山そして林北台など一群の山々の既設の陣地、または、開戦により急造された陣地などを総称して云われ、最終的に南、北から進攻した敵に対して八方山を主軸として、戦闘態勢を整えた国境守備隊の主陣地[90]」であった。そこに歩兵第百二十五聯隊主力（約三千名）が拠っていた。

日本軍はソ連参戦時、八方山に主陣地を構築していたが、ソ連軍の判断による日本軍主陣地は八方山ではなく、かつて日本軍が北進用の陣地を構築した幌見峠であった。実際、以下のソ連軍戦史をみるとそのように書かれているが、同時に八方山もその陣地の一翼を担っていたと判断出来るように書かれている[91]。

主防御地帯は、古屯西方を通り、3個の抵抗中枢、1個の中隊拠点、3個の小隊拠点から成っていた。抵抗中枢は、八方山、双子山（引用者注：北極山のこと）、幌見峠に構築されていた。これらは、4~7個の中隊拠点を連結し、正面・縦深に約7kmであった。主防御地帯のあらゆる設備は、例外なく兵員・兵器の機動用の交通壕で連結されていた。永久火点と簡易火点には、丈夫な掩蓋が構築されていた。

要塞地区の構築に際しては、現地の森林や灌木はそのまま保存されていた。これらの敵は、陣地内に巧みに偽装されていたので、わが軍の偵察と射撃実施は困難であった。

敵の第2防御地帯は、気屯山（スミルヌイ）北方高地に準備されており、その前縁は、気屯川南岸を通っていた。第2防御地帯の築城は脆弱でわが軍に対する真面目な阻止を考慮していなかった。

古屯要塞地帯には、全部で、鉄筋コンクリート製永久火点17、砲兵用簡易火点31、機関銃用簡易火点108、砲兵陣地28、迫撃砲（擲弾筒）陣地18、棲息所掩蓋約150があった。しかし、敵は、湿地状の幌内川右岸の障害度を過大評価しており、ここには拠点が全く構築されていなかった。

古屯要塞地区を防御する第88歩兵師団・第125連隊の戦闘部署は、次のとおりであった。第1大隊（1コ中隊欠）は幌見峠の抵抗中枢を、第2大隊と第3大隊は八方山の抵抗中枢を、師団偵察隊と歩兵1コ中隊は双子山の抵抗中枢をそれぞれ占領していた。要塞地区の全守備隊は5千4百名[92]から成っていた。

とある。

ただし、これは戦後に書かれたものであり、いわば八方山が主陣地であるという正解を見てから書かれた答案である。それ故、必ずしも当時のソ連軍がそのような判断をしていたかを十分考慮して読む必要がある。実際のソ連軍の攻撃重点がどこにあったか。半田に布陣したソ連軍の砲列は八方山ではなく、さらにその後方の幌見峠であった。それに加え、空軍も幌見峠の馬の背山の偽装高射砲陣地に対し徹底的に爆撃を行ない、ベトンで固めた陣地は掘り返され、鉄筋はアメのように曲がるほどのすさまじいものであった。さらにその無人の日本軍陣地に対するソ連軍の「勇戦」は前章に記した通りである。ソ連軍が八方山に砲爆撃を加えたのは、十二日の師走陣地との戦いの際、北極山の山砲が陣地東方から戦車部隊に砲撃を加えてからであった。その砲撃は盲打であったとは言え、すさまじく事実、八方山は終日砲撃により巻き起こった砂塵と硝煙につつまれ、同陣地にいた日本軍兵士は友軍の山砲の活躍を恨めしく思うほどであった。

それでも日本軍は一切、八方山からの反撃を行なわず陣地秘匿に努めたため、射撃観測と偵察のため飛来した複葉のソ連機に陣地は発見されなかった。そのため、日本軍の拠点の一つと「判断していた」はずの八方山のすぐ東側を走る中央軍道を補給部隊の縦列を無防備に通過していた事実を考慮すれば、実際どういう判断をしていたかは想像できる。

上記のように八方山陣地が戦闘に加入したのは、十六日の古屯陥落以降ではなく、十二日である。国境から中央軍道を通って南下してきたソ連軍は二手に分かれていた。機甲部隊を先頭に主力部隊は中央軍道を南下し、別働隊はツンドラ地帯を突破し、古屯及びソ連軍が主陣地と考えていた幌見峠一帯を南北から挟撃しようとしていた。

十三日、八方山陣地の前進陣地である師走陣地を突破したソ連軍はその夜、八方山中央軍道よりの第七中隊（二の稜）、第八中隊（一の稜）の正面に斥候を派遣した。既に第五中隊陣地のある中の稜と半月台には十三日早朝より軽い小競合いが始まっていた。

そして十四日朝、十〜十五榴の援護射撃の下、ソ連軍は第五、第七、第八中隊全面に攻勢を開始。翌十五日になるとソ連軍は戦車も投入し、対する日本軍は各中隊から急造爆雷破甲爆雷を背負った肉攻班が出撃したが、誰一人目標にたどり着くことが出来なかった。

また、八方山には大熊武少尉率いる第二歩兵砲小隊（七十ミリ迫撃砲二門）が配属され、戦車めがけて、全弾四十二発を発射した。ソ連軍戦車は列をなして第八中隊に向かっていたが、歩兵砲はまず、最後尾の戦車を破壊、次いで戦闘の戦車を破壊した後、他の戦車を攻撃した。この活躍と一の稜、二の稜は比較的、急な斜面でソ連軍戦車の行動も制約されており、撃退に成功した。

聯隊本部のある洞窟陣地附近は、十四・十五日は負傷兵の救護所と後送のための中継点として負傷兵で充満していたが、十六日になると、本部壕附近に古屯を落としたソ連軍の十五榴の砲撃が行なわれ、負傷兵は沢伝いに後送された。この頃「ソ連軍の兵員を乗せた車両、戦車、砲車、その他輜重車等の南下する頻度が多く」なっていたという。八方山は中央軍道を通過する車両の音が聞こえる距離だが、戦闘車両だけでなく、輜重車両まで頻繁に南下していくようになったということは、既に八方山を無力化したと判断し、急ぎ南下を始めたのであろう。聯隊本部にいた寺﨑正信一等兵によると、中央軍道上にアメリカ製の車両を多数目撃したという。

一方、八方山に面した北極山の北側に鈴木豊中尉率いる第一中隊（一個小隊欠）と聯隊砲一門を装備する近藤得市准尉の聯隊砲中隊田島小隊が布陣し、砲門を八方山の入り口に向けていた。また北極山の西隣の七星山には向地視察隊の第二中隊（田島猛中尉）・藤岡隊（藤岡孝一大尉）が配置され、七星山、北斗山（七星山の北西）の南からのソ連軍の侵攻に備えていた。

ソ連軍は十三日の夜には北極山に斥候を派遣しており、日本軍はそのことを確認はしていた。十四

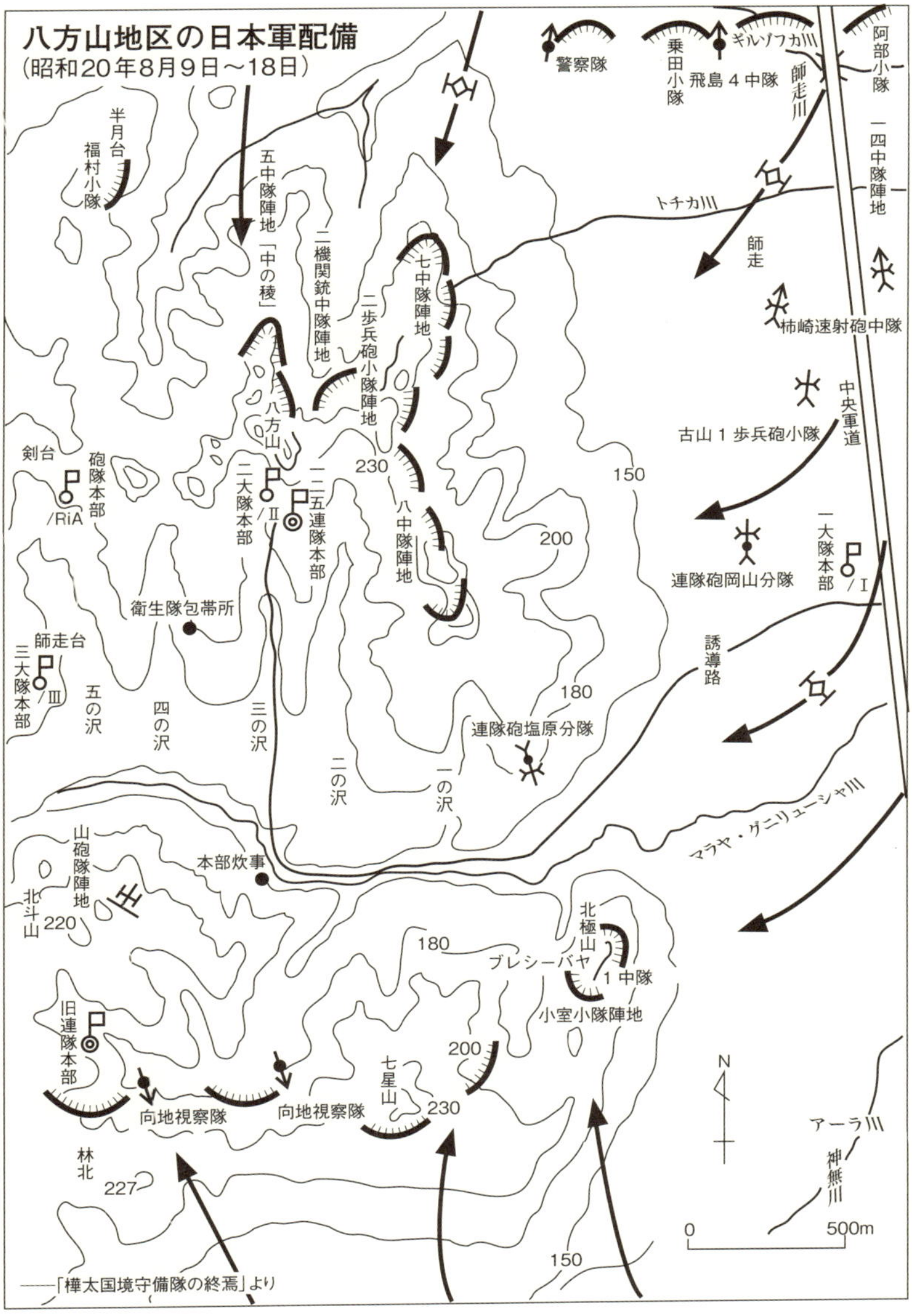

八方山地区の日本軍配備
(昭和20年8月9日〜18日)

――「樺太国境守備隊の終焉」より

日午後、ソ連軍は八方山陣地の南東の要の北極山の東一・四キロの場所に迫撃砲五門を配置し、同山にて陣地構築中の日本軍に砲撃を加えてきた。そして午後二時には少数の敵も侵入してきたが撃退。

この北極山、七星山、北極山は八方山への弾薬、糧食の補給路であり、ここを遮断されることは八方山での持久戦に大きな影響を与える。このことを憂慮した小林聯隊長は同日、亜界山（八方山陣地の北西の要）の第三大隊（小笠原裕少佐）から第九中隊（飯田喜雄中尉）と連隊砲第一小隊（三戸次雄見習士官、砲一門）機関銃第二小隊（入江見習士官）に急きょ林北台（八方山の西側斜面で、北斗山の西）への移動を命令。

十五日午前十時頃には日本軍の背後をつくようにソ連軍約一個中隊が再び南側斜面から侵入して来て、約一時間にわたる交戦の末、撃退された。鈴木中尉は、折からの南風を利用して森林に火をつけることにより、日本軍の行動の障害となる敵砲陣地を火攻めにしようと少数の部下を率いて南側斜面を下り実行に移ったが火は燃え広がらず失敗した。

十六日午前三時、鈴木中隊長は北極山南側に配置されていた第三小隊第一分隊を北極山西側の七星山台地に進出させ陣地を構築させた。午前七時、第二小隊第一分隊を第三小隊の指揮下に入れた。八時二十分頃、ソ連軍は第一中隊の陣地の背後である南側斜面に激しい砲撃を加えながら歩兵による攻撃を開始した。これに対し鈴木中尉も即座に南側に進出したが、既設陣地がなかった上、ソ連軍の攻撃は自動小銃の乱射と狙撃銃による巧みな反復攻撃のため、多数の死傷者が出た。

午前十一時になると敵の圧力が強まり、約二個小隊が七星山を突破、侵入し、七星山北側台地を占領中の第三小隊第一分隊と至近距離にての戦闘が発生。鈴木中隊長は直ちに指揮班と予備部隊の第三小隊第三分隊を率い南側斜面に進出した。ソ連軍は窪地を巧みに利用して日本軍より高い場所に進出しているのに対し、日本軍は沢を駆け上るように攻撃を試みたがソ連軍は見下ろすようにして反撃し、日本軍は苦戦を余儀なくされた。その距離、百二十～百三十メートルである。

この様子を見ていた木下歩兵砲大隊長は残余の兵を指揮しこれを助けるべく戦闘に加入するが、ソ連軍の激しい砲火の中で、木下大隊長、鈴木中隊長ともに戦死し、近藤小隊長も負傷。部下達も死傷者が続出し、ソ連軍を撃退できなかった。第三小隊長菊地京松曹長によると「この戦闘で中隊の戦死（行方不明とも）は中隊長以下十七人、負傷十六人にのぼり、三分の一を超す打撃を受けた[93]」。

木下大隊長、鈴木中隊長ともに士官学校卒業の正規将校である。しかも木下大隊長はソ連参戦時、第一大隊長の小林少佐が北海道に出張中だったため、小林少佐が帰任するまで大隊長代理として半田陣地、師走の戦いを指揮した。しかし、多数の損害を出した上、陣地も維持できなかったことを意識してか小林少佐に第一大隊の指揮権を返上したのち、自ら志願して北極山で苦戦中の鈴木中隊の指導に向かった。

また、鈴木中隊長も元々師走陣地を守備していたのは同中隊であり、自らの意見具申により、飛島中尉率いる第四中隊と交替したが、既述のような結果となり、悔やんでいたようである。有線小隊長の鈴木孝範少尉の戦後回想によると「八月十六日早朝第3小隊長菊地京松曹長は、同陣地内の指揮壕で木下大隊長と鈴木中隊長が余人を交えず、静かに話し合っている場面を目撃している[94]」。

また木下大隊長が最後の出撃をする際「鈴木が出たか……俺も行く……」とつぶやき、両人ともに相次いで戦死したのであった。鈴木小隊長の戦後回想によると、両名が戦死した場所は北極山から七星山になだらかに傾斜する雑木もない見通しのきく草地であったという。

おそらく、両名とも日本のポツダム宣言受諾を知り、木下大隊長は大隊長代理として第一大隊を指揮して、多数の死傷者を出した上に陣地を維持できなかったこと、鈴木中隊長は自らの意見具申により飛島中隊と交替し、同中隊が大損害を出したことについての責任を取ろうとしての覚悟の戦死であったのではなかろうか。

尚、鈴木中隊長戦死後の中隊の指揮は第二小隊長の小室厚少尉がとった。

この戦闘の状況を聯隊砲第二小隊の観測班長だった小林隆伍長は次のように回想している[95]。

「近藤小隊長と指揮班は木下大尉ら正面からの歩兵の突撃に呼応、東の稜線を、敵の左翼を衝くべく出撃に移ったが、激しい銃火の前に近藤小隊長傷つき、高橋実上等兵は右太腿に貫通銃創を受けて倒れ、私は右足先に負傷した。その直後、沢を駆けのぼり、敵前三、四十メートルで抜刀して突撃する木下大尉の果敢な姿を見た。しかし大尉は倒れ（眉間に被弾したといわれる）敵陣までたどりつけたのは三人か四人だったろう。もちろん、斬込むなり倒れたが……」

「負傷した私は近藤小隊長の命で、木下大隊長戦死の報告のため、木の枝を杖に連隊本部に向かって山を下った。途中、山すそで負傷兵の銃を数丁抱えて、銃はある、戦うんだ、と叫んでいる三枝連隊砲中隊長の姿をみかけたが、本部で報告すると雑嚢いっぱい手榴弾をもらい北極山に引返した。山の上から自動小銃と手榴弾をたたきつけられるので、突撃のためには小銃ではどうにもならない、爆発力の大きい手榴弾がほしい、と思ったからだ」

七星山に布陣していた向地視察隊田島中隊は北極山と北斗山の間を侵攻してきたソ連軍の激しい攻撃により、前線陣地を放棄するが、聯隊本部の死守命令により、奪回を試み、十六日午後、藤岡大尉が戦死、十八日には田島中尉も戦死した。このころ、林北台に移動してきた聯隊砲小隊の一門（以下、連隊砲分隊）は北極山で死闘を繰り広げている第一中隊支援の命を受け、北極山へ向かっていた。北極山の入り口まで近づくとソ連軍からの「太い帯のような銃弾の流れに釘付けされ[96]」、聯隊砲も打ち返すと、七星山上からの迫撃砲によるの猛砲撃が返って来て、岸壁に命中して、その炸裂により、雨のように砕けた岩石が頭上や横を飛び交い入山を断念。真向いにある八方山の西斜面の第八中隊陣地に向かった。しかし、ツンドラや風倒木が転がり足場の悪い道なき山道を百十キロの砲身を背負った馬はついに転倒し、兵隊達が必死で引きずり上げて進んだ。その頃にはあたりは暗闇に包まれ、北極山での戦闘の音も止んでいた。

十七日の戦闘はソ連軍の攻撃により始まり、今までにまして激しいものとなった。ソ連軍の迫撃砲射撃が日本軍の陣地を的確にとらえる中、前日に中隊長を失った第一中隊の残余の兵士は連隊砲の支援砲撃を受けながら、小室少尉に続いて果敢に逆襲に転じた。

この時の様子を聯隊砲分隊の塩原分隊長は次のように回想している[97]。

朝もやのなか、北極山東斜面にソ連軍が現われた。そして第1中隊の生き残りがいる沢に降りてくる、という観測班の電話を受けた。双眼鏡でのぞくと、マントを着て、自動小銃を胸高にかまえたソ連兵が、緩慢な動作で沢に降りるのが見えた。

直ちに射撃用意、射程九〇〇メートルにねらいをつけて射撃。第四弾からぞろぞろとやってくる敵の真中に落下、不意を衝かれた敵のあわてふためくのが見える。ハイマツや風倒木に足をとられ転がりながら逃げ惑う兵、負傷兵を丸太でもかつぐようにして背負い頂上の方に逃げる兵、ほうほうの態で旧第1中隊陣地の壕や窪みに姿を消した。射程を延ばしての追い撃ちに再びクモの子を散らすように逃げ惑った。前日の仇をとった喜びが砲側にどよめいた。しかし、その頃かららわが砲陣地付近に敵の砲弾が集中しはじめた。一〇発のうち三、四発は不発弾だが、ヒューン、またはヒュル、ヒュルという音が不気味だ。

敵の砲撃の間隙をとらえて砲撃を命じていた私は、そのうちに、沢に身をひそめていた第1中隊の生き残りが、山頂の奪回をねらうのか、一斉に攻撃に移るのをとらえて目を見張った。わずかな灌木しかない山の五合目付近で、新手を繰り出してきた敵と攻めのぼる我が歩兵の間はみる間に接近、数十メートルへだてての手榴弾の投げ合いになった。地の利にものをいわせた大柄なソ連兵が投げおろす手榴弾の炸裂音と砂煙りが、またたくうちに少数の友軍を包む。しかし、砂煙りの蔭から、草むらの中から、死を賭けての友軍の反撃。上と下の人の波があるときは押し上げ、あるときは押しつぶすように迫り、やがて入り乱れて混戦となった。手榴弾の砂煙りがパッとあがった瞬間、いままで三人見えた友軍が二人に減り、二人いたの一人になって行った（ママ）長いこと、この白兵戦を川越しに見ていながら援護のしようもなかった。ノモンハンでも満州の討伐戦でも、私はこのときほどの激戦を見たことがない。

午後六時ごろソ連軍は後退し、山の斜面には黒い夜の陰が広がっていき、この日の戦闘も集結した。一日の使用砲弾百二十発、まる一日食糧の補給はなく、深夜、雨にぬれたミガキニシンをむさぼった。ただ、この日の最後戦闘が行なわれ、ソ連軍が確保した斜面は、なんと八方山の聯隊本部の正面で聯隊本部にいた前出の寺﨑一等兵はソ連軍がよく見えたという。

つまり、歩兵第百二十五聯隊本部壕はソ連軍から丸見えだったのである。

2　八方山より反撃準備

ソ連軍は日本軍の主陣地を八方山ではなく、幌見峠と判断していた為、ソ連機は幌見峠と（位置を説明）馬の背の偽装高射砲陣地を主たる爆撃目標としていた。昭和二十年の春迄は、確かに馬の背に高射砲は配備されていたが、その部隊は北海道に移駐してしまい、この時は一門の高射砲もなかった。やがてそのことに気付いたソ連軍はオレンジ色の複葉機を低速で幌見峠及び八方山等、周囲の山々の山肌をなめるように飛行、爆撃を加え、日本軍に反撃させ陣地を暴露させようとしたが、日本軍は命令を守り、一発も撃たずに陣地秘匿に努めた。

その為、ソ連軍は「八方山の主陣地を発見できず、八方山は有力な前進陣地であり、主陣地はあくまでも、幌見峠を軸として斜め北西に伸びる馬の背から亜界山に至る稜線と判断した様であった」[98]。十三日正午頃になると、北斗山の敵方とは反対の斜面（南側）に陣地を置いていた聯隊本部付近にも敵砲弾の着弾が見られるようになった。

また、この日の午後には上敷香の旧旅団本部に設置された戦闘指揮所にいた師団参謀筑紫富士雄中佐が戦闘指導のために、来山。聯隊長をはじめとする聯隊幹部と図上作戦会議を行なった。その時、会議を終え、即日下山しようとした筑紫中佐は将校用のマントを翻し、小声で「要三二一（筆者註：歩兵第百二十五聯隊のこと）も玉砕だな」とつぶやく姿を有線通信分隊員として聯隊本部にいた寺崎一等兵は見ていた。

また、この日の午後三時には古屯から八方山へ軍用トラックにて武器弾薬を輸送中の部隊が幌見峠の林間道でソ連軍遊撃隊により、十一名が戦死した。十三、十四日は八方山東側の中央軍道上にある師走陣地でも激戦が繰り広げられており、十四日夜半、聯隊本部は八方山の第二大隊本部が既に入壕していた洞窟陣地に急遽移転した。

八方山の新しい聯隊本部壕は「八方山の南方斜面の三の沢を約二〇〇メートル昇りつめた右側、八方山主峯の中腹に穿った堅固なもので、洞窟は幅三～四メートル、高さ二メートル、全長約二〇〇メートルにも及ぶ、変形T字型のもので豊富な丸太材をふんだんに使用し、極度の砲爆撃にも十分に耐え得るものであった」[99]。

その防衛態勢は「八方山の北正面を形成する、右から一の稜、二の稜、そして中の稜等に展開する第5、7、8、2機の各中隊、および、2歩兵砲小隊の各指揮班と、第2大隊本部、または師走、神無の第1大隊本部、剣台の砲隊本部、師走台、亜界山、林北台等の第3大隊および出先中隊」[100]となっていた。

「ソ連軍の八方山攻撃は十四日朝から本格化した。この日は午前と午後の二回、特に午後の攻撃は激烈を極め、中の稜において守備についていたノモンハン帰りの古兵は『一時間に何発落下するかを数えていたが、三一〇発まで数えてあとは判らなくなった』と云った程の激しさであった。」[101]

この砲撃で負傷者が続出し、ある者は「天皇陛下万歳」ある者は「父母の名前」またある者は「妻子の名前」を呼びながら亡くなっていった。

その砲撃も夜になるとおさまり、漆黒の闇の中、時折曳光弾が飛び交うだけであった。

当時のソ連軍は夜襲などを受けない限りにおいて、樺太のどの戦場でも、ある時刻をすぎると、戦闘を停止していたようである。以下に記す引用文は八方山の聯隊本部に勤務していた鈴木孝範少尉の戦後回想であるが、似たような話は同じく八方山の聯隊本部にいた岩﨑一等兵や古屯の戦いで燃える第二大隊兵舎（負傷兵が収容されていた）から脱出した丸子清伍長を始めとする複数の元歩兵第百二十五聯隊将兵の証言にもあるので紹介したい[102]。

夜は占拠した一五榴陣地や、その他の地域の要所に鉄条網をめぐらし、軍犬を伴う警戒兵が絶えず動哨しているばかりでなく、随所に煌々と電灯による照明を施し、耳を澄ますと微かではあるがガルモーシカ（手風琴）に合わせての歌声が聞える有様であり、遠望する傍若無人の敵陣に口惜しさを募らせた。第一線の中隊からは幾組かの挺身奇襲班が出たが、いずれも失敗に帰し帰還した将兵は少なかった。

一方、日本側も敵の包囲網に備えて国境方面の北、中央軍道に面した東、そして陣地南方にむけてさらに南方への備えとして西に重点を置いた防衛態勢をとった[103]。

その陣容は、連隊本部と、軍旗護衛小隊（旗手式部静雄少尉）、通信中隊（成田英雄中尉）が中枢部に屯ろし、第2大隊（渡部辰夫少佐）は軍道上の師走陣地を遙か眼下に望める山頂、右一の稜の掩体陣地に第8中隊（佐藤薫中尉）、中央前方の二の稜に第7中隊（田代亮一中尉）、その左の中の稜、および左前方の半月台に前哨を出して第5中隊（江口勝太郎大尉）が布陣し、第2機関銃中隊（北川隆中尉）と第2歩兵砲小隊（大熊武少尉）は各中隊の間隙に配属され布陣した。西方の亜界山、師走台は、第3大隊（小笠原裕少佐）の第9中隊（飯田喜雄中尉）は亜界山、第10中隊（澄田実中尉）は師走台に、そして第3機関銃中隊（伊勢芳美中尉）、第3歩兵砲小隊（久保田一男少尉）はその後方に布陣した。剣台には、歩兵砲大隊本部、連隊砲中隊（三枝元治中尉）、八方山陣地東南端で中央軍道沿いの北極山には第1中隊（鈴木豊中尉）と戦闘指導の為と自ら赴いた砲隊大隊長木下義一大尉が守備についていた。更に八方山南の北斗山の中腹には山砲隊の第1中隊（八木市蔵大尉）が砲列陣地を構え北斗山南面には向地視察隊（大越鴻一大尉、田島猛中尉）などが布陣し、その総兵力約三、〇〇〇名であった。

山本伍長は本部の予備無線分隊として本部壕内で開設、受信態勢をとっていたが、指揮班長で部下である無線第六分隊長の山本正幸伍長から以下の重要な知らせがもたらされた[104]。

しかし、この夜午後七時三十分、上官に聯隊の通信に関する報告と意見具申中の鈴木史孝範少尉のへの転用が聯隊命令として下達された。

また、この日は陣地秘匿のため、既に移動させていた車馬の内、余剰軍馬の処分とその馬肉の食糧でも激戦が繰り広げられていた。

十五日も朝から激しい砲撃にみまわれ聯隊本部付近には砲撃による負傷者が続々と運ばれ、八方山北側の二の稜と呼ばれる一角にもソ連軍が迫って来た。そして聯隊本部の正面である北斗山北側斜面でも激戦が繰り広げられていた。

ある谷俊勝曹長の命により、時刻調節の為に無線機の周波数をラジオ放送に同調して、午後七時の時報を傍受したところ突然、天皇陛下による終戦詔書の渙発と阿南陸軍大臣のこれに関係しての割腹自殺のニュースを聞き、驚いて報告に来たとの事。私も強い衝撃を受け、言葉も無く茫然として山本伍長の顔を凝視した。程なく少なからぬ疑念も生じ「デマ」ではないかと聞きなおしたが、阿南陸相の自決など具体的でしかも真実性のあるであろう事も含んでおり、事の重大性を考え、まず上司に報告してからと思い、山本伍長とその部下である通信手には他言を禁じ、通信中隊長成田秀雄中尉に連絡に走った。二人で放送内容の確認が先決であるとし、山本分隊の無線機で直接に聞き正すこととした。直ちに壕内の通信所に行き、心せくままにレシーバーを耳にした。終戦に関するニュースは間断なく放送しているらしく、南方方面における情報として、スマトラ、ジャワなどにおける終戦通達と、それによる現地軍の対応などについての情報が報道されており、終戦の事実を認識せざるをえなかった。同分隊員に重ねて他言を禁じ、中隊長と共に横地大尉、油谷副官を通じて連隊長小林喜代三大佐にその旨を報告した。同じ頃、無線第3分隊の高木一伍長もソ連の放送で終戦の報道を聞いたが、デマだと聞き流していたとの事である。

連隊長は直ちに第2大隊長渡部辰夫少佐、第3大隊長小笠原裕少佐を招致し、横地、油谷両大尉を交えて長時間の協議の結果、何らかの師団命令を待つことに決し、終戦情報によって直ちに連隊としては、停戦交渉に入ることはせず、作戦を変更することなく戦闘を継続することになった。そして通信中隊に対して終戦情報に関する事一切について箝口令が下達された。

これは、当時の軍隊の考え方からすると決して間違った判断でもなければ、上級司令部の命令を無視して勝手な行動を取ったとも言えない。

このことを前提に考えると、玉音放送は大元帥たる天皇陛下の命令ではなく、勅語であり、直ちに

昭和20年8月15日、終戦大詔発令時の日ソ両軍の態勢

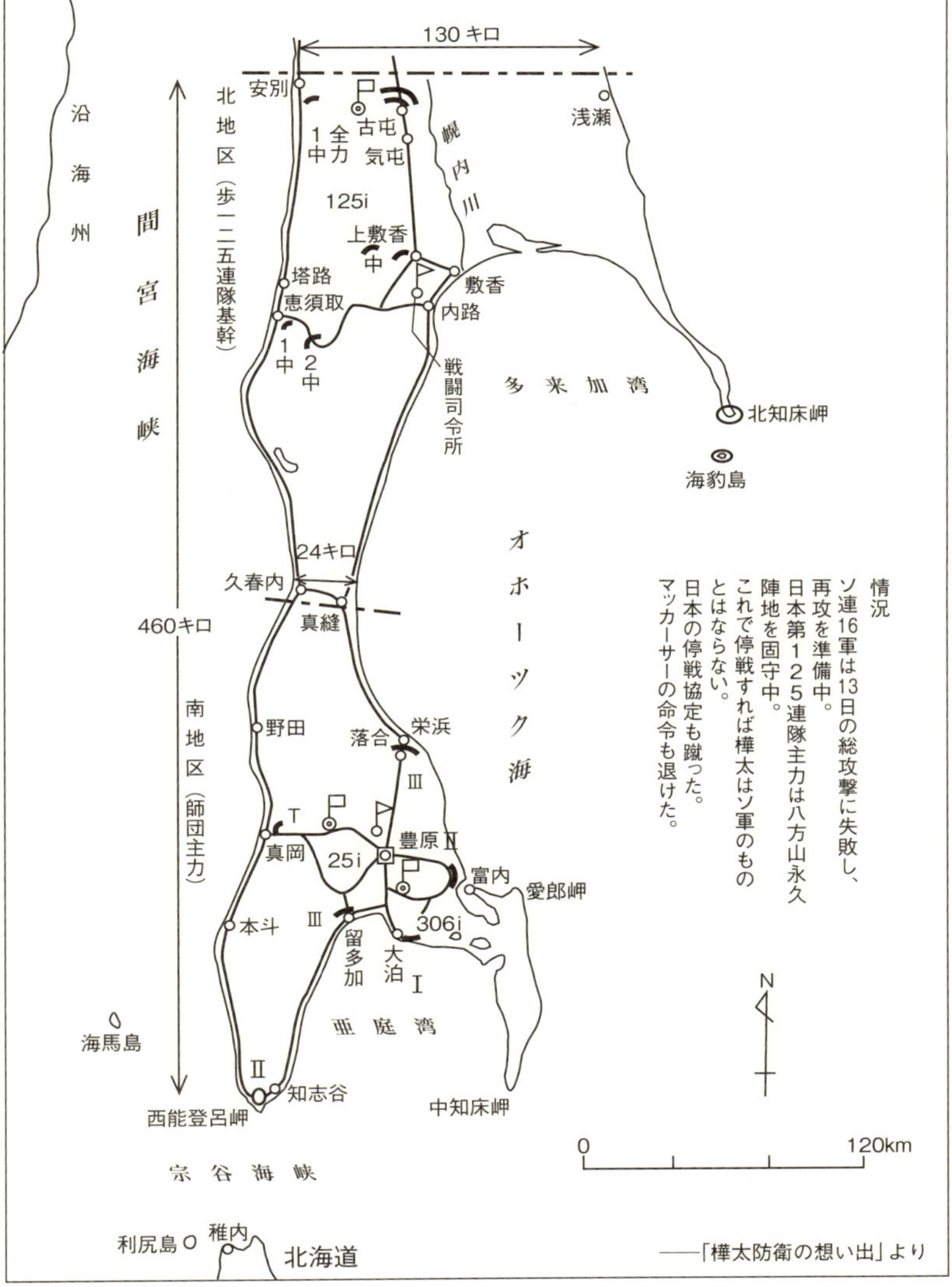

作戦行動に影響を及ぼすものではないと考えられる。つまり、同聯隊は天皇陛下の名で大本営陸軍部から発せられた命令を直接の上下関係にある第八十八師団より停戦命令を受けていないので、以前から受けていた戦闘命令が依然有効であると判断されたからだ。実際、まだ停戦命令は大本営より発せられていない。

その為、樺太に限らず各地で戦っていた日本軍が矛を収め、停戦交渉に入るのは大本営より同日夜「積極進攻作戦中止」、翌十六日午後の「即時戦闘停止」の命令が出され、それが各部隊に届いた後である。

この頃、小林聯隊長は重大な決断をしていた。もし、この決断が実行に移されていたら、私たちが知っている歴史とは違う歴史が生まれていたかもしれない。

八月十五日は既述の通り、古屯で日ソ両軍が激戦を繰り広げている真っ最中で、同地を陥落させるべく、ソ連軍は戦力を集中させていた。そのため八方山の東側にあり、古屯に通じる中央軍道上にはソ連軍の大部隊が縦隊のまま密集しており、八方山の歩兵第百二十五聯隊主力部隊に側面を晒していた[105]。

> 連隊長小林大佐は戦況を観察し、十五日ころ、八方山西側からソ軍の側背に向かい攻勢に転じ、これをツンドラ地帯に補足撃滅するに決し、その期日を十八日夕刻と定めた。すなわち夜襲をもって半田以南にあるソ軍司令部、砲兵をまず粉砕し、続いて敵主力を行動至難なツンドラ地帯に補足撃滅しようとするものである。

小林聯隊長は反撃の決断を下したのを「十五日頃」と書かれている。既述の通り、十五日頃、中央軍道を戦闘車両ばかりでなく、輜重車両も南下を始めており、それをみて、検討を始めたのであろう。

ただ「決心」をしたのは、「十七日」ではないかと筆者は考える。その根拠は二つある。

一つ目は、小銃と擲弾筒ぐらいしか装備していない歩兵部隊がひとたび総攻撃をかけて陣地を暴露してしまえば、攻撃そのものは成功しても、後続の部隊や古屯にいる部隊の圧倒的な火力で制圧され、最終的には玉砕に等しい状況になる。古屯には百五十ミリ榴弾砲を装備する砲兵部隊が布陣して第一大隊を砲撃していた。古屯の戦いが終わったのは十六日であり、十五日はまだ第一大隊が必死の防御戦を行なっていた最中である。この段階で、八方山目の前の中央軍道に戦闘車両、輜重車両の縦列が出来ていたからと言って、それが玉砕に等しい総攻撃を決心させる理由となりうるであろうか。

古屯と八方山は四キロしか離れておらず、十六日昼頃まで古屯での戦闘は続いていたが、小林聯隊長が十六日昼過ぎの第一大隊の玉砕を十五日に予想していたという記録も証言もない。八方山の歩兵第百二十五聯隊主力に与えられていた任務は持久である。未だ古屯を「確保」していながらあえてその持久策を放棄の上、陣地を曝露してまで中央軍道を通過するソ連軍を攻撃する「決心」をしたというのは不自然ではなかろうか。

二つ目は寺崎一等兵の既述の証言である。それは、聯隊本部壕の正面に見える北極山の戦闘で、十七日の時点でソ連軍が占領した山頂付近は本部壕の正面で八方山からよく見えたという。

もちろん、無傷の本部壕は偽装がなされており、即、ソ連軍に発見されたとは思えないし、そうであったからこそ、本部壕を狙った砲爆撃は行なわれていない。ただ、眼前の北極山での日ソ両軍の死闘を見続けていた守る側の心理からすると、聯隊本部壕からよく見える場所を占領したソ連軍が陣地の存在に気付くのは時間の問題であり、陣地が曝露した上での持久策は彼我の戦力差から考えて困難との判断が、そのような「決心」に導いたのではなかろうか。

そんな時に、師団司令部が送った伝令が到着したのである。

3　停戦協定

その一方で、日ソ両軍将兵が北極山争奪戦を繰り広げていた十七午前三時、八方山の聯隊本部に豊原の師団司令部からの重要命令が届いた。歩兵第百二十五聯隊戦闘詳報によると十七日午前三時、「和平に関する大詔渙発せられる。守備隊は積極的戦闘を避くべしとの要旨命令を受領し、自衛戦闘に入る。然れ共敵の進出に際しては断固撃退するに決意せり[106]」とある。

つまりこれは、八月十六日に出された自衛戦闘命令である。

この命令を受けて、小林聯隊長は聯隊主力による攻勢転移を取りやめ、自衛戦闘に転移したのであった。一方ソ連軍は日本政府がポツダム宣言を受諾したことを知らぬように、十七日も朝から八方山、北極山、七星山に対する攻撃を継続したが、日本軍は上記命令に基づき、これを撃退した。そのような中、上敷香からさらなる軍使が八方山に到着した

この伝令について鈴木少尉は著書に以下のように記している[107]。

十八日午前零時三十分、連隊本部に息も絶え絶えの日の丸鉢巻をした下士官伝令が、本部警戒兵に伴われて現れた。この伝令は上敷香の戦闘指令所の筑紫参謀が八方山の小林連隊長宛の師団命令を届ける任務で、十五日午後四時上敷香を出発した下士官伝令三組のうち、工藤伍長を長とする一組であった。（中略）命令の内容は『和平の大詔渙発と、積極的進攻作戦を避くべし』との事であった。連隊長に対して終戦によって取るべき処置、即ち、第一線の交戦部隊でまず問題となる停戦交渉に関する件、次に連隊の魂である軍旗の処置についての具体的指示がなく上層部は早速その検討に入った。そして前記伝令は程なく上敷香に帰還するべく暗黒の山影に姿を消した。（この伝令は十九日上敷香に帰還したとの事であるが、あとの二組の伝令については、終戦後捕虜となり上敷香へ南下の折一組は初問付近の軍道側溝に日の丸鉢巻をした遺体を発見したが、残念ながら

収容できなかった）

小林聯隊長はこのまま戦闘が続くことによる損害の増加を憂慮し、ソ連軍に軍使派遣し、停戦交渉にあたらせることを決定した。軍使に選ばれたのは第三大隊長小笠原少佐、聯隊副官油谷大尉、向地視察隊長大越大尉以下十五名である。

この時、ちょっとした問題が起きた。それは軍使が持つ「白旗」がないのであった。このような戦場で、軍使が持つような大きな白旗に使えるような布があれば、繃帯に使われているし、そもそも、そのような布を戦場に持ち込むであろうか。

当時、小笠原少佐の伝令として八方山の各隊を走り回っていた赤代伍長によると、窮余の一策として、洗濯済みの清潔な「ふんどし」を集めて、縫工兵がそれを縫い合わせて、白旗を完成させたという。

この「白旗」を掲げて軍使一行は八方山を下山。日本側が大きく白旗を振ると、ソ連側も戦車の上から白旗を振り、それが合図であるかのように軍使一行は進み、ソ連軍と接触した。十八日午後二時、ソ連軍の誘導の下、半田警察署にてソ連軍司令官、ビアクノフ少将と会見し、局地停戦交渉にあたった。ビアクノフ少将は降伏を求めるのに対し、小笠原少佐はあくまで停戦を主張したため、交渉は平行線となった。このため小笠原少佐は「このまま経過したら、それだけ損害が増加する。抑留者として扱うのであれば、現在地で武装解除をすることも止むを得ない[108]」と判断した。そして十九日午前零時戦闘中止、同六時、自ら武装解除という内容で交渉を成立させた。

しかし、小林聯隊長はただ、停戦交渉の準備を進めさせただけではなかった。十八日早朝より、各中隊から聯隊本部に入る報告から、聯隊長はソ連軍の攻撃が激しさをましていると判断し、停戦交渉の早期実現を考慮しつつも、終戦情報が一般将兵に漏えいし、士気が弛緩することをおそれ、午後三時三十分、以下の聯隊命令を各中隊に伝達した[109]。

> 明十九日、ソ連軍は八方山陣地を猛攻撃するものと判断される。守備隊は機先を制して一斉に突撃を敢行して、ソ連軍の南下を阻止するため、連隊は明朝黎明を期して一斉に突撃を敢行する。
> 今後の戦闘継続のために、各陣地は補修強化に努め、次期命令を待つべし。

一方、小笠原少佐と中央軍道でわかれた油谷副官はソ連軍中佐を八方山陣地に誘導した。そして聯隊本部のある洞窟陣地に招き入れようとしたが、警戒してか入らなったため、入り口付近で渡部大隊長と立ち話をしていた。

有線小隊に所属する岩崎一等兵によると、この後、停戦交渉成立の話がまとまり、ソ連軍中佐が同行の下士官に白旗をソ軍陣地に振るように伝えたという。それに従って、ソ連軍下士官が聯隊本部入り口より少し上った、ところからソ連軍に向けて白旗を振ると、そのことを知らなかった日本兵が反発して、ソ連兵に向けて銃撃を加えたという。それを見ていたソ連軍陣地からは忽ち激しい砲撃が始まったという。

この時のことを寺崎一等兵の上官、鈴木少尉は次のように回想する。

> 入り口附近で（ソ連軍中佐と）渡部大隊長と話をしていたが、ソ連側の砲弾が周囲に炸裂しはじめた。同中佐は狼狽して部下の下士官に山頂に至り白旗をふらせ、自らも登り大声で『ネリジャー、ストイッ！』と連呼した。もちろんその声がソ連側に届くはずはなく、さらに放火は集中しはじめた。

この砲撃には日本側も限られた弾薬で応戦したが、午後九時頃まで続いた。

小笠原少佐一行は帰隊後、聯隊長以下、聯隊幹部達は停戦の具体的手順を決め、各隊に命令を伝達したのは夜半に至ってからだった。

しかし、この命令を伝えられた将兵には大きな動揺と混乱が発生した。というのも「同日の午後三時三十分に出された、十九日黎明を期しての聯隊全員の一斉突撃、即ち玉砕に通ずる命令から一転した停戦のための武装解除、陣地の撤収命令は十五日の和平のための大詔渙発」は知らされていなかったからである。八方山の各所から悲憤慷慨する者、戦闘継続を呼びかける叫ぶ者、涙する者等、様々な光景がみられた。

十九日午前十時、停戦協定に基づき、八方山には白旗が上がった。

既述の赤代伍長によると「天皇陛下のご命令であっても、俺は降伏ないぞ」と下山する人々に叫ぶ将校の姿が翌朝見られたそうである。

ソ連軍は八方山に国境地帯防衛の主陣地があり、約三千名の将兵が立て籠もっていたとは気付かなかったようである。「極東方面軍から軍に目付役として派遣されていた、クジミン参謀中佐は『進攻軍は全く敵情判断を誤っていた。正に危ない所だった。又国境方面の日本軍を一師団と思い込んでいたが、その実数を知って勇敢さに驚いた』と小林大佐に述懐した[110]」

寺﨑一等兵によると、下山して中央軍道にたどり着くまでの道にソ連兵が二列に並び、その間を日本兵は通った。それは決して日本兵の健闘を称え、ソ連兵が整列したのではない。日本兵が持つ万年筆や時計を奪うために、並んでいたのである。その中には女性のソ連兵もいたそうで、それに抵抗したものは、射殺されたという。

かくして、八方山に籠っていた歩兵第百二十五聯隊主力は下山し、北極山においてソ連軍に武器を引き渡した。

「本戦闘を通じ、ソ軍に与えた損害は戦死一、〇〇〇余、戦車破壊数十台と推定された。わが方の損害は戦死約五七〇であった。ただし、第一大隊においては、小林大隊長以下将校のほとんどが戦死した。

八方山での戦闘は終結させたが、あくまで局地停戦であり、兵第百二十五聯隊の守備範囲でもある西海岸最大の町である恵須取にソ連軍が上陸し、上恵須取では戦闘中である。

西海岸の状況については、第四章、第五章にて詳しく述べたいと思う。

一方、「八月十二日以来ソ軍と相対峙しながら武意加陣地を守備した岡島小隊は、八月十九日、当面のソ軍が攻撃して来たので陣地を徹し、南下して永井部落に到った。ここで既に気屯付近にソ軍が進出していることを知り、幌内川を下って敷香で終戦を確認し、部隊の編成を解いて解散した[111]」。

八方山で局地停戦協定が結ばれたが、上記電文にあるとおりソ連軍は南下を続けた。その頃、八方山から南方約八十キロ離れた敷香では停戦協定成立に先立ち、老幼婦女子（十五日には、第八十八師団司令部から樺太庁に「妙齢婦人即時優先引揚げの即時実施」要請があり、実施された）の緊急疎開が開始され、国境地帯から避難してきた人々の多くは敷香から緊急疎開列車で次々と大泊目指して南下していた。その列車で、南樺太南部の栄浜近くまで南下していた、当時十五歳の鈴木裕氏は、ある駅で列車の停車中に陸軍将校が民間人とかわしている会話を聞いてしまった。それは国境方面から避難してきたと思しき民間人が陸軍将校に、国境方面の戦況を説明しているようであった。

戦況を聞いた将校は「そうか。北部では戦っているのか。北部は捨てて南部を固める事になっているんだが……[112]」「北部は捨てることになっている[113]」と言う言葉が、鈴木氏や周囲で聞き耳を立てていた人達の耳に飛び込んだ。これを聞いた人達にしてみれば、国民義勇戦闘隊にまで参加して守ろうとした故郷が最初から放棄されることになっていたと言われ、その受けた衝撃を想像するには難くない。

この話を聞いた鈴木氏は「異国と国境を接する土地に住む住民は、警察を頼りにしているのではありません。軍隊だけが命も家族も財産も地位も守ってくれるのです。軍隊がいるから日々安心して生きていけるのです」[114]と回想している。これは鈴木氏に限らず、南樺太に限らず、満州、朝鮮北部、沖縄、サイパンに住んでいた人々、共通の気持ちではなかろうか。国境の向うに外国軍隊が展開し、その動きを肌で感じながら生活している人、誰もが古今東西を問わず、感じることではないだろうか。この時代、国境の向うの国の人々が無断越境してくるとすれば、それは難民ではなく、軍隊であろう。しかも戦車を装備する軍隊相手に、警察官のサーベルが何の役に立つのであろうか。

続けて鈴木氏は、次のようにも戦後回想に記している。「北部放棄が基本方針であったのなら、歩兵第百二十五聯隊の国境での戦いは国境方面の住民の安全な避難・安全確保だけが目的だったのかもしれません」[115]……と。

第六項　軍旗奉還

聯隊本部の八方山への移動以来、師団司令部との連絡は取れず、軍旗の処遇について何の指示も届いていなかった。聯隊本部では協議の結果、聯隊長が奉焼を決断し、本部関係将校に早期奉焼が伝達された。

彼我の銃砲声がとどろく中、本部洞窟前の台地に油谷副官が本部付下士官を指揮して、奉焼の為の石油や薪等の可燃物を準備した。十八日午前七時、聯隊長、各大隊長、そして本部関係将校が整列する中を聯隊旗旗手の式部静雄少尉が軍旗を奉持し、正位置についた。

暫らく沈黙が続いた後、式部少尉が奉焼の位置に着き、合図を待っている時、突然、第二大隊長の渡部少佐が聯隊長の側に歩み寄り何事かを意見具した。

その内容は「現在なお戦闘中である陣内での軍旗奉焼は、兵の士気を喪失し、今後の戦闘継続に重大なる影響を与え全く益なく中止すべきであり、軍旗は万難を排しても師団司令部に奉還すべきである[116]」というものであった。

その後、聯隊長は一～二分熟考の上、静かに奉焼の中止を告げ、軍旗は洞窟内の軍旗奉安所へと奉還された。

軍旗奉焼が中止となり、聯隊の雰囲気が陰から陽にかわったと、鈴木孝範少尉は著書の中で回想している。そして油谷副官を中心に豊原の師団司令部への軍旗奉還の任にあたる将兵の人選が行なわれ、以下のように決まった[117]。

軍旗誘導将校　第3機関銃中隊長
　陸軍中尉　伊勢芳美

旗手　陸軍少尉　式部静雄

護衛下士官　第2大隊本部付
　陸軍曹長　神藪　正

〃　第2歩兵砲小隊
　陸軍曹長　竹端春雄

〃　第10中隊
　陸軍伍長　島津忠雄

一行は豊原まで三百二十キロ南下するにあたり、各自、拳銃、手榴弾、軍刀、食糧を持ち聯隊旗手の式部少尉は将校用背嚢に軍旗と万が一の時の焼却用のガソリンのビンと一緒にしまった。

そして、十九日午前零時、小林聯隊長以下、本部将校・下士官・兵の見守る中、一行は八方山を出発した。一行はソ連軍との接触を避け、軍旗の奉還を優先させ豊原の師団司令部を目指したが、一日目に亜界山麓の林道を目前にしてソ連兵軍の前哨線に発見されてしまい、伊勢中尉、島津伍長と式部少尉、竹端、神藪両曹長の二組に分かれてしまった。

軍旗を持つ式部少尉と離れてしまった伊勢中尉と島津伍長は西柵丹から上敷香にかけて式部少尉達を捜し歩いた。「八月二十五、六日ごろ、砲八八連隊付三居金次郎見習士官に会い、式部少尉ら三人は泉部落の南約六キロの農家で休憩中、ソ連兵に襲撃され窓から逃げたが、式部少尉、竹端曹長は撃たれて死亡したこと、そのあとにいった同見習士官がストーブの側にあった軍旗を見つけ、房などの一部を切りとって、残りは焼却したことを知った[118]」。

国境陣地の停戦時日ソ両軍の態勢

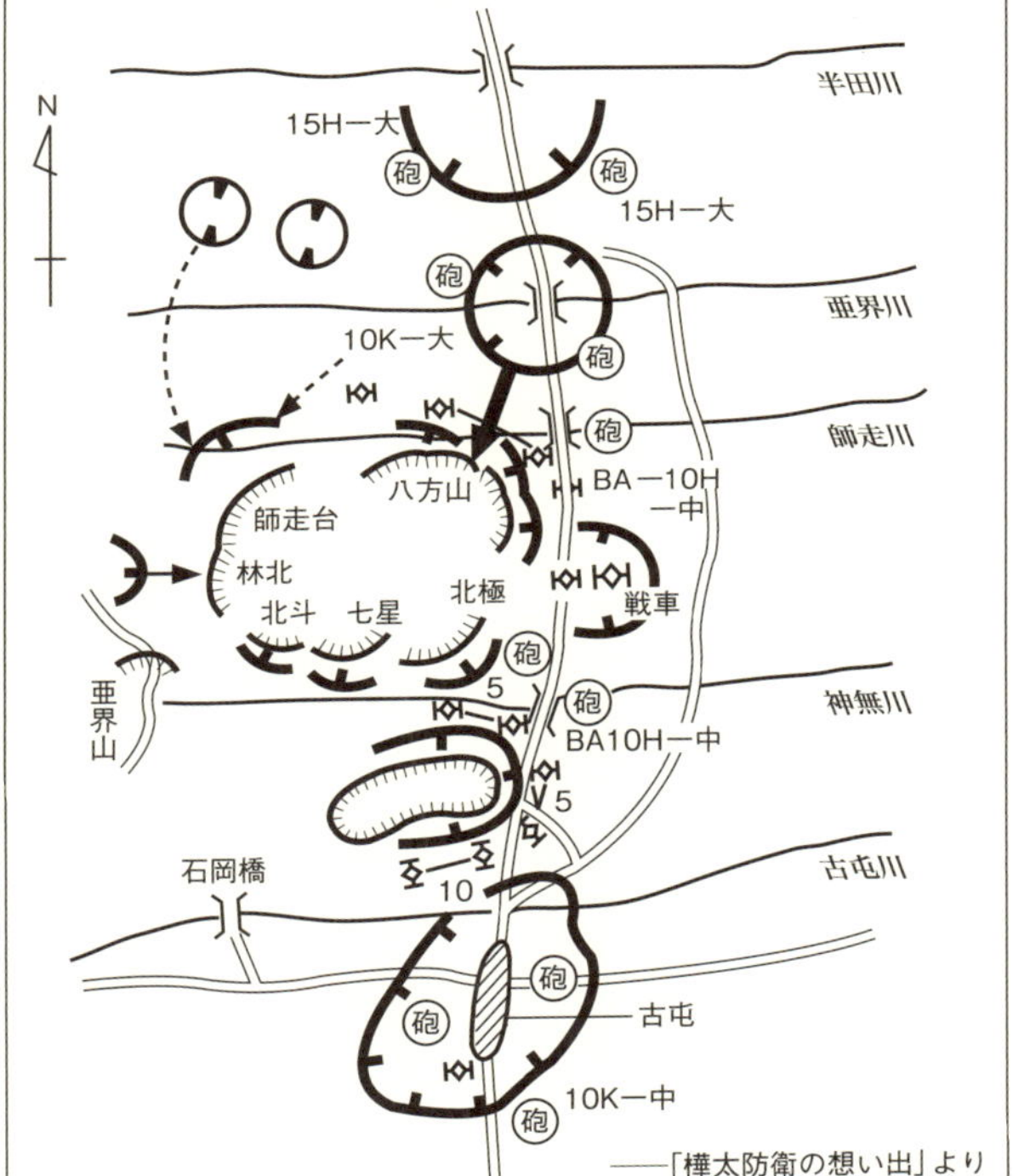

――「樺太防衛の想い出」より

同時に行方が分からなくなっていた旗竿は、泉部落郊外で西仁獣医少尉が散歩中に偶然発見した。西少尉は工兵第八十八聯隊に所属しており、この時は日本軍が撤退の際に爆破した橋の修理のために、同聯隊が上敷香で作業をしていた。上敷香のソ連軍警備隊長と親しくなった西少尉は毎日することがなかったとかで、ソ連軍警備隊長の副官（彼も暇を持て余していた）と監視兵と共に泉部郊外まで散歩にでた。そこで、聯隊旗の旗竿を発見した時の事を次のように回想している[119]。

泉部落の農家は殆ど消失していたが、道路の側を流れる小川の岸辺に石を組んで炊事をしたようなあとがあったので、その辺の草むらを調べると、長くのびた雑草の中に黒い棒が捨てられていた。副官が拾いあげてわざと

「ドクターこの棒はちょうどあんたに格好な杖になるよ、ついて行きなさいよ」

と私に手渡した。穂先は折れてなくなっていたが、軍旗の竿と直感したので

「やあ、スパシーボ、スパシーボ」

とわざとロシア語でお礼を言って受け取った。軍旗の竿と護衛兵に気づかれないよう配慮したのであった。その付近には空き缶の焼け残りや、押しつぶされた水筒などが捨てられていたが、まだ外布の残っていた将校の水筒が一個あったので、それを拾って見ると氏名は鮮明でなかったが、式〇少尉と書かれた文字が読み取れた。私は副官の言う通りこの竿を杖がわりにして本部まで持ち帰った。杉の副官はこの竿を人目につかないところに保管した。

この後、聯隊本部関係者の手によって、旗竿は処分されたようだ。『樺太一九四五年夏』の著者、金子俊男氏によると、この旗竿は住民によって同聯隊に届けられ、工兵第八十八聯隊長東島時松聯隊長が処分した[120]とあるが、上記西少尉の回想によると、八月下旬に武装解除され、日本軍が爆破した橋の修理のため、北上させられた時は、既に「連隊長はソ連軍により拉致されてその姿は見ることが

できなかった」[121]とある。

さて三居見習士官から回収した軍旗の残りだが、伊勢中尉はこれを隠し持って、民間人の服装で南下を試みるがソ連軍の監視が厳しく、一時は軍旗の残った部分を油紙で包みんで鑵製の上茶壺にいれて、新問部落の忠魂碑の下に八ヶ月にわたり埋めた。その後、泊岸の炭坑で働き脱出の機会をうかがっていたが、ゲーペーウーの監視下に置かれていたため、全く動けなかった。そしてある時、監視の隙をついて、泊岸から貨車に乗って、新問に行き、軍旗の切れ端は焼却したが、房だけは残した。その後、伊勢中尉は諸事情からゲーペーウーに身分を明かし逮捕された。

しかし方法は不明であるが、伊勢中尉ら聯隊関係者の努力により、歩兵第百二十五聯隊旗の房の一部は無事、北海道に到着し、現在は札幌市内にある陸上自衛隊真駒内駐屯地内の資料館に展示されている。

1　『第八十八師団関係聴取綴』防衛研究所蔵。
2　鈴木『樺太防衛の思い出　最終の報告』178頁。
3　防衛研修所戦史室編『北東方面陸軍作戦〈2〉千島・樺太・北海道の防衛』420頁。
4　鈴木孝範『樺太国境守備隊の終焉』（私家版、1995年）80頁。
5　同右、80～81頁
6　同右、83～84頁。
7　樺太終戦史刊行会『樺太終戦史』60頁。
8　金子俊男『樺太一九四五年夏』（講談社、1972年）13～14頁。
9　鈴木『国境守備隊の終焉』80頁。
10　同右。
11　金子『樺太一九四五年夏』、42頁。

12 樺太終戦史刊行会『樺太終戦史』322頁。
13 住民避難の事前協議に関し、峯木師団長は、昭和43年2月8日の防衛研究所戦史室でのインタビューで緊急疎開について「長官の発意、予め計画しておったわけではない」という趣旨の発言をしている。
14 鈴木『樺太防衛の思い出　最終の報告』180～183頁。
15 新井武夫『嗚呼樺太警察最後のとき』（私家版）195～196頁。
16 同右、196頁。
17 樺太終戦史刊行会『樺太終戦史』１９７３年322～323頁。
18 防衛研修所戦史室編『北東方面陸軍作戦〈2〉千島・樺太・北海道の防衛』428～429頁。
19 防衛研修所戦史室『樺太・千島・北海道方面陸軍作戦の考察』85頁。
20 同右、429頁。
21 『北方軍第五方面軍関係聴取録』防衛研究所蔵。
22 鈴木『北緯五十度線の青春』119頁。
23 ソ連共産党中央委員会附属マルクス・レーニン主義研究所編、川内唯彦訳『第二次世界大戦史10巻』（弘文堂、１９６６年）254頁。
24 下世古幹男『飛行第三十八戦隊　百偵の航路を追って』帯広駐屯地史料館蔵
25 エル・ヤ・マリノワスキー／石黒寛訳『関東軍潰滅す』（徳間書店、１９６８年）224頁。
26 田熊『第五方面軍作戦概史』防衛研究所蔵。
27 丸山重『樺太戦記』（東京図書出版会、２００５年）21頁。
28 鈴木『樺太国境守備隊の終焉』94頁。
29 防衛研修所戦史室編『北東方面陸軍作戦〈2〉千島・樺太・北海道の防衛』446頁。
30 丸山『樺太戦記』31～32頁。
31 ビクトル・ニコラエビッチ・パグロフ／近末義弘訳『幹部学校記事』「南樺太及び千島戦史４」（陸上自衛隊幹部学校、１９６７年）65頁。
32 同右、65頁。
33 新井『嗚呼樺太警察最後のとき』21頁。
34 防衛研修所戦史室編『北東方面陸軍作戦〈2〉千島・樺太・北海道の防衛』446頁。
35 同右、445頁。
36 新井『嗚呼樺太警察最後のとき』19～20頁。

37　防衛研修所戦史室編『北東方面陸軍作戦〈2〉千島・樺太・北海道の防衛』446頁。
38　同右、447頁。
39　同右、431～432頁。
40　鈴木『樺太国境守備隊の終焉』104頁。
41　『歩兵第百二十五聯隊関係綴』防衛研究所戦史室蔵。
42　『北東方面陸軍作戦聴取記録』防衛研究所戦史室蔵。
43　防衛研修所戦史室編『北東方面陸軍作戦〈2〉千島・樺太・北海道の防衛』432頁。
44　同右。
45　『樺太国境に軍旗を仰ぐ』（私家版、1987年）43～46頁。小笠原第三大隊長が持ち帰った歩兵第百二十五聯隊戦闘詳報を小笠原大隊長自身の手で、読み易いように口語訳したもの。
46　ビクトル・ニコラエビッチ・パグロフ／近末義弘訳『幹部学校記事』「南樺太及び千島戦史その3」（陸上自衛隊幹部学校、1967年）67頁。
47　中山『一九四五年夏最後の日ソ戦』103頁。
48　『樺太国境に軍旗を仰ぐ』126～127頁。
49　同陣地には本来は二門の山砲が配備されていたが、一門は試射の段階で圧搾空気の欠乏により砲身の復坐が不能となり、手持ちのボンベもなく、爾後の射撃は不可能となっていた。
50　鈴木『樺太国境守備隊の終焉』106～107頁。
51　同右、112頁。
52　同右、115頁。
53　新井『嗚呼樺太警察最後のとき』21～25頁。
54　樺太警友会北海道支部札幌フレップ会編『遥かなり樺太』165頁。
55　同右。
56　パグロフ／近末訳『幹部学校記事』「南樺太及び千島戦史その4」67頁。
57　防衛研修所戦史室編『北東方面陸軍作戦〈2〉千島・樺太・北海道の防衛』418頁。
58　防衛研究所戦史室『樺太・千島・北海道方面の陸軍作戦の考察』31頁。
59　同右。
60　防衛研究所『北方軍第五方面軍関係聴取録』。

61　防衛研修所戦史室編『北東方面陸軍作戦〈2〉千島・樺太・北海道の防衛』419頁。
62　防衛研究所『北方軍第五方面軍関係聴取録』。
63　防衛研修所戦史室編『北東方面陸軍作戦〈2〉千島・樺太・北海道の防衛』450頁。
64　鈴木『樺太国境守備隊の終焉』101頁。
65　防衛研修所戦史室編『北東方面陸軍作戦〈2〉千島・樺太・北海道の防衛』451頁。
66　パグロフ／近末義弘訳『幹部学校記事』「南樺太及び千島戦史その4」65～66頁。
67　幌内側左岸。
68　武意加巡査部長派出所のこと。第八十八師団鈴木参謀長が陸上自衛隊富士学校によせた手記によると、警察官は9日の攻撃後も残り、12日朝まで固守していたとのこと。
69　鈴木『樺太防衛の思い出　最終の報告』195頁。
70　防衛研修所戦史室編『北東方面陸軍作戦〈2〉千島・樺太・北海道の防衛』452頁。
71　同右、453頁。
72　鈴木『樺太国境守備隊の終焉』123頁。
73　防衛研修所戦史室編『北東方面陸軍作戦〈2〉千島・樺太・北海道の防衛』453頁。
74　金子俊男『樺太一九四五年夏』（講談社、一九七二年）73頁。
75　大橋一良『失われた樺太』（私家版、１９９５年）14～15頁。
76　同右、21～23頁。
77　パグロフ／近末訳『幹部学校記事』「南樺太及び千島戦史その4」１９６７年）67頁。
78　『歩兵第百二十五聯隊戦闘詳報』防衛研究所蔵
79　鈴木『樺太国境守備隊の終焉』137頁。
80　金子『樺太一九四五年夏』90～91頁。
81　鈴木『樺太国境守備隊の終焉』139頁。
82　防衛研修所戦史室編『北東方面陸軍作戦〈2〉千島・樺太・北海道の防衛』483頁。
83　金子『樺太一九四五年夏』106～107頁。
84　同右、107頁。
85　鈴木『樺太国境守備隊の終焉』136頁。
86　金子『樺太一九四五年夏』108頁。

87 鈴木『樺太国境守備隊の終焉』130頁。
88 パグロフ／近末訳『幹部学校記事』「南樺太及び千島戦史その4」69頁。
89 マリノフスキー『関東軍壊滅す』石黒寛訳（徳間書店、1968年）227頁。
90 鈴木『樺太国境守備隊の終焉』158。
91 ビクトル・ニコラエビッチ・パグロフ／近末訳『幹部学校記事』「南樺太及び千島戦史その1」（陸上自衛隊幹部学校、1967年）99頁。
92 この引用元の同じ著者であるビクトル・ニコラエビッチ・パグロフ／近末義弘訳『幹部学校記事』「南樺太及び千島戦史その4」（陸上自衛隊幹部学校、1967年）67頁には（古屯要塞地区の）日本軍守備隊6000名は永久術工物に依拠していたとある。
93 樺太終戦史刊行会『樺太終戦史』245〜246頁。
94 鈴木『樺太国境守備隊の終焉』152頁。
95 金子『樺太一九四五年夏』121頁。
96 同右。
97 鈴木『樺太国境守備隊の終焉』154頁。
98 同右、159頁〜160頁。
99 同右、164〜165頁。
100 同右、164頁。
101 同右、172頁。
102 同右、169頁。
103 同右、168頁。
104 同右、173頁。
105 防衛研究所編『北東方面陸軍作戦〈2〉千島・樺太・北海道の防衛』485頁。
106 『樺太国境に旗を仰ぐ』52頁。
107 鈴木『樺太国境守備隊の終焉』180頁。
108 同右、184頁。
109 同右、182頁。
110 鈴木『樺太防衛の思い出　最終の報告』217頁。
111 防衛研修所戦史室編『北東方面陸軍作戦〈2〉千島・樺太・北海道の防衛』488頁。

112　鈴木裕『北緯50度線の青春』（私家版、２００４年）236頁。
113　鈴木『北緯50度線の青春』236頁。
114　同右。
115　同右、頁。
116　鈴木『樺太国境守備隊の終焉』183頁。
117　同右、185頁。
118　金子『樺太一九四五年夏』131頁。
119　『樺太工兵第八十八連隊誌』（樺太工兵第八十八聯隊戦友会会長須賀信美、１９９７年）239～240頁。
120　金子『樺太一九四五年夏』133頁。
121　『樺太工兵第八十八連隊誌』238頁。

第三章　停戦交渉と豊原空襲

第一節　ソ連参戦と第五方面軍

第一項　樺太へ参謀派遣

ソ連参戦の報を樺太防衛にあたる第八十八師団司令部に通報した第五方面軍司令部は九日夜更けまで、作戦会議を続けた。作戦参謀である田熊利三郎中佐は戦後、防衛研修所戦史室員による聞き取り調査で本土防衛という考え方の中での樺太についての認識として「樺太は北海道の前進陣地である。『ソ』の進攻が北海道にないという保証は何もない[1]」と答えていることからも、当初よりソ連軍の北海道上陸を警戒していたことがわかる。

そして何より、樋口司令官自身、戦後、「私自身はソ連が更に進んで北海道本島を進攻することがないかという問題に当面した。私としては相当長期にこの問題に悩んで居り、一個の腹案を持ったのである。即ちソ連の行動如何によっては『自衛行動』が必要にならう[2]」と回想している。

樋口司令官はソ連通として陸軍でもその名を知られた人物である。その樋口司令官が戦後家族に語ったところによると、北海道を守るため（八月十五日以降も）ソ連軍との戦いを続け、米軍の北海道進駐を待っていたという。

方面軍司令官、作戦参謀がこのような考えの下に進められた会議で出された情勢判断は、

1. 北海道に上陸する敵は米軍ではなくむしろソ連軍であろう。

2. 北樺太のソ連軍は約二個師団と判断されるが、ソ連軍の上陸作戦能力から見て、大部分は北樺太から陸路進攻するであろう。

3. 樺太西海岸に上陸作戦を行なってもそれは助攻であろう。

4. 日本軍は国境に既設陣地があり、国境地区の兵力は三コ大隊あるから、主力を北上させる余裕はあろう。

というものであった。これにより、

5. 対米作戦を放棄して全力でソ連軍にあたる。

6. 一部で樺太南部を確保して主力をもって北海道においてソ連軍に当たる。

という案が出されたが、その判断を下すには方面軍として詳しい状況を把握することが必要とされ、方面軍高級参謀安藤尚志大佐と参謀福井正勝少佐が樺太に派遣された。

その時のことを福井参謀は次にように回想している[3]。

八月九日未明、満州方面において数方向からソ軍が進攻を開始したとの情報を入手して間もなく、午前八時ごろ樺太日ソ国境中央付近の半田部落正面において、電話線が切断され、我が監視哨に砲撃が加えられ、さらに若干の部隊が監視哨を攻撃して来たとの報告が入り、方面軍司令部は俄然色めき立った。直ちに軍司令官を中心に全参謀の合同会議が召集された、議論は沸騰したが、現地の実情がわからなくては机上の空論でしかない。要は先ず現地に飛ぶことだ。私は手を挙げて樺太行きを志願した。作戦は私の任務ではなかったが、国土戦において最も重視すべきこ

とは住民対策であり、これは私の担当分野であって放ってはおけない。萩参謀長は私の申出を許可してくれた。この時上席にいた安藤高級参謀は「この重大な戦局に一番若い参謀一人を派遣することは適当ではない。私も一緒に行く」と主張し同行することとなった。

両参謀は八月十一日に樺太に飛び、峯木師団長、鈴木参謀長との作戦連絡を行ない、翌日、安藤参謀は師団司令部に残り、福井参謀は豊原市内各所にて住民指導を行なった後、「方面軍には樺太地区に義勇戦闘隊の編成下令を電報要請し、安藤参謀に後事をお願いして、十二日の夜行列車に飛び乗り終点の敷香に向かった」[4]。

尚、上敷香に向かったのは安藤・福井両参謀の二名か福井参謀だけか、本によって記述が違う。前者は『戦史叢書北東方面陸軍作戦〈2〉』や元樺太新聞大橋記者が書いた『失われた樺太』であり、後者については福井参謀自身が『防衛北海道』という自衛隊の隊友誌に書いた「北方作戦の終焉――一参謀の日記から」という論考や第八十八師団参謀長鈴木康生大佐の回想録である『樺太防衛の想い出』、全国樺太連盟が出した『樺太終戦史』、北海タイムスに連載された『樺太一九四五年夏』である。本稿では、当事者である福井参謀や現地部隊の参謀長である鈴木大佐の戦後回想の方が、確度が高いと判断し、福井参謀が一人で上敷香に行ったものとして筆を進める。ただし『失われた樺太』によると、大橋記者は福井参謀や安藤参謀と同じ列車の同じ車輛で上敷香に向かっており、安藤参謀の車内での発言が記されている[5]ことも、書き添えておく。

大橋記者によると、福井参謀が乗った夜行列車は駅で停車する度に駅長がやって来て、福井少佐の耳元に口を寄せて、何かを囁いている。近くに座っていた大橋記者が福井少佐と酒を酌み交わしながら、聞くと、駅長たちが囁いていたのは、戦況報告だったという[6]。

上敷香は旧師団司令部が置かれていた場所に戦闘司令所が開設されており、後方主任参謀である福井少佐は同地に十三日に到着後直ちに、戦況報告を受けた。上述の大橋記者によると以下の趣旨が報告されたという[7]。

・ソ連軍戦車が予想外の場所から出現

・ソ連軍の武器は自動小銃で五発に一発曳光弾が入っており、味方の新兵は恐れている

・空襲を受けたが、ツンドラ地帯なので、被害が少ない

・古屯では一度は敵を撃退したが、現在包囲攻撃を受けており、味方は苦戦中

また、大橋記者が後日聞いた話によると、「気屯では警官の服装をして部落の主要人物の名前を靴の裏にかくしていたスパイ。上敷香では海軍軍属らしき服装をしていたスパイが二、三日後に捕まっている。その一人は朝鮮人であったという[8]」。

樺太各地で朝鮮人がスパイで逮捕されているが、その全てがスパイだったわけでなく、不信感や恐怖感からくる事実誤認があった可能性は否定できない。ソ連側にとって、日ソ両国に住む朝鮮人は、言葉も通じ、南北樺太のどちらにいてもおかしくない。スパイに育て上げ、日本領に潜入させるには、好都合であった。

最新の戦況報告を受けた福井少佐は現地の第八十八師団参謀の筑紫富士雄中佐と共に現地視察を行なった。その後、現地住民指導のために敷香支庁舎に向かった時の事を次のように回想している[9]。

私には住民指導という第一義的使命があった。ここから後退することについては私の若い客気は強い抵抗を示したが、止むを得なかった。幸い師団からは参謀が派遣されているではないか。ここから北の戦場処理は筑紫参謀にお願いしよう。さてこれからは私は何をすべきか。住民の戦力化と避難である敷香を中心に住民による抗戦態勢を整えること。戦力化し得ない老幼婦女子等を南方安全地帯に避難させること。この決定的段階でやるべきことは以上の二つである。方針は

決まった。筑紫参謀には私の構想を伝え、これを実行するため時間が欲しい、敵の前進を少しでも阻止して時間を稼いで貰いたい。このため必要とあれば焦土作戦をも止むを得ないではないか、とお願いして袂を分った。刻々迫る戦火の中に残った白髪痩身の中佐参謀の姿は、私の瞼に強く焼きつけられた。その後、中佐はソ軍に捕らえられ、シベリアに十年の流刑生活を強いられたのである。さて私は急遽敷香にとって返した。

まず敷香支庁に飛び込み、全職員の集合を求めた。支庁長栗山松一氏を始め集まった人々は、あるいは鉢巻を締め、あるいは日本刀を腰に差し、非常に緊張した面持ちである。私は今まで知り得た情報を伝え、当面の対策について構想を示し、協力を求めたところ、支庁長は信頼に満ちた態度で指導に従う旨答えてくれた。私は黒板に敷香を中心とする防衛構想を図示し、国民義勇戦闘隊の配置と抗戦要領について具体的な説明を行なった。そして抗戦の目的は敵の前進を遅滞させて第八十八師団主力の戦闘を容易にするとともに、住民の大部を避難させるための防壁となることであることを明らかにした。戦さというものはお互いに敵情がわからないから、ちょっとした抵抗でも部隊の前進を止めることが出来るのである。支那事変の戦例にも、数発の敵弾によって一個師団の前進が二日間も滞ったことがある。この説明は全員に勇気と自信を与えたように思われた。ただ、私の憂慮したことは、過度の抵抗、例えば徹底抗戦といった軍隊的な交戦に陥り、大犠牲を払うことのないようにしたいということであった。その辺の手ごころは支庁長の裁断に委ねることとした。ここで新たに得た情報は、昨十二日西海岸国境の安別にソ軍約三百名が上陸し、さらに本十三日にはその南方恵須取正面に続々上陸中ということであった。戦術上の常識に従えば、北緯五十度線を突破した敵部隊と恵須取上陸部隊とは、まず第一次作戦目標を内路地区において合流することが考えられた。とすると、敷香からの住民撤退は時間とともに困難となろう。処置を急がねばならぬ。私は支庁長に、支庁の計画による要避難住民に対し、できるだけの衣類と食糧を携行して、三時間以内に敷香駅に集合させるように依頼し、駅に飛んだ。駅長には総ての客貨車を動員して豊原行きの列車を編成し、三時間後には何時でも出発できるよう準備を依頼した。また停車場司令部から避難列車の対空防禦用として機関銃を差出させ、これを列車の後尾に取付けた。大きな荷物を背に幼児や老人の手を引いて駅に集まる避難民の群れは刻々ふくれ上がって行く。どの顔も不安と恐怖に戦っている。私はこれらの人々を激励したり、敵の情報を集めたり、義勇戦闘隊の防衛配置を点検したりしつつ、日没を待った。十三日夕。天候は曇。敵機飛来せず。列車は超満員の避難民を載せて南下する。私は貨車の屋根に取りつけた対空機関銃座に上がって敷香に別れを告げた。

福井参謀の功績は大である。少なくとも福井参謀が感じたほどの危機感を住民が持っていたかは疑問である。疎開列車を出発させた日は、八月十三日であり、ソ連軍が南樺太への侵攻を開始して事実上三日目、戦闘はまだまだ国境から約十七キロの地点で行なわれていて、少なくとも、この方面では住民が全てを捨てて、すぐに逃げ出さなければならないとう状況にはなかった。その為、住民の中には、危険が迫っているという実感を持つ人がどのくらいいたかわからない。又、焼け野原となった本土と違い、空襲がなければ食糧にも困らない樺太で生活している人にとっては日本軍への信頼は変わらなかった。そしてソ連軍を撃退するとから大丈夫だという希望を持っている人が少なくなかったのではないだろうか。

長く敷香の町で暮らしてきた人々の、生活の基盤はこの町にあり、それを捨てて逃げろと言われても、自由意志でという前提であれば、すぐに動くことは困難である。発令後、三時間で出発できたのは軍の権威をもってして出来た事と思われる。

前記回想にははっきり書かれていないが、避難民には三食分の握り飯を持参させたのも、道中、大変役立ったと思う。そして、この列車の貨車の屋根には対空戦闘用に軽機関銃を設置し、疎開民ですし詰めの状態の列車が大泊まで走ることにより、沿線住民の危機感を喚起したのは間違いないだろう。同時に、危機感の喚起が出来ても、どれだけの人が物理的に避難することが出来たのかという疑問も沸き起こる。

この時避難させたのは前記引用文にあるとおり「支庁の計画による要避難住民」である。ここには書かれていないが、十三日に乗車した「支庁の計画による要避難住民」とは、どういう事情を持っている人たちだったのであろうか。敷香町内で敷香より国境方面に約二十二キロはなれた上敷香の住民に緊急疎開命令が出されたのが、十六日夜で実施は翌日であった。この三日間、なぜ、老幼婦女子や病人の避難がなされなかったのか。上敷香という土地とたった三時間で出発出来る人というと「支庁の計画による要避難住民」がどういう人達だったのであろうか。「支庁の計画による要避難住民」とは、いつ、支庁内の誰が、どういう基準で選別した人々なのかを示す資料が現時点で発見出来ていないのが、残念である。

第二項　第七師団隷下部隊への樺太増援命令

既述の通り、樺太に現地視察のために渡った安藤高級参謀と福井後方参謀は到着した十一日に、第八十八師団司令部で峯木師団長、鈴木参謀長と作戦連絡を行なった。福井参謀の戦後回想によると翌十二日、両参謀は別行動をとったようである。その時点で国境のことは正確に把握できず、福井参謀は同日夜、列車で国境方面に向かったが、安藤高級参謀は豊原に残ったと書かれている。おそらくこの時点で把握したことを札幌の方面軍司令部に報告したのであろう。戦史叢書によると「安藤、福井両参謀の報告に基づき、八月十二日、第四十二師団から一部を西能登呂岬に派遣し、同地の歩兵第二十五聯隊第二大隊を第八十八師団に復帰するよう措置するとともに、第一航空師団を対ソ戦に起用することを決定した」[10]。

翌十三日は中央軍道方面では半田陣地を突破したソ連軍は、八方山陣地に一部であり、中央軍道上に作られた師走陣地への攻撃を開始し、西海岸の恵須取でもソ連軍の一部は偵察のため、上陸を行なおうとしたが、撃退された。一方、第八十八師団主力は既定の樺太南部要域を確保していた[11]。

さらに第五方面軍司令官樋口季一郎中将は、峯木師団長が国境方面の戦況に対し樺太南部要域に展開している部隊を用いて柔軟に対応できるよう達作命甲第二〇三五を発令し、第七師団から歩兵三個大隊、砲兵一個大隊を基幹とする支隊の樺太南部地区への派遣を命令。また福井参謀の意見具申を容れて、義勇戦闘隊員召集のため樺太に義勇召集の実施を発令した[12]。この命令を受けた第八十八師団は「第七師団の部隊を豊原付近に集結させ、戦況に応じ機動的に運用する方針を採った」[13]

第三項　第二十飛行団樺太派遣命令

帯広に司令部を置いていた第一飛行師団は比島での消耗戦の末、戦力の再建途上でソ連参戦時の稼働機は四十四機であった。

飛行師団長である佐藤正一中将は対米専念という方面軍の指導に基づき、千島樺太に配備されていた師団隷下部隊の飛行第五十四戦隊を北海道に集中させていた。昭和二十年六月末頃、第五方面軍司令部で行なわれた決一号作戦に関する兵棋演習が行なわれた。道東に米軍が上陸するという想定で行なわれていたが、その際、ソ連が樺太で攻勢に出た際の対応について佐藤飛行師団長は自身が方面軍司令部に行った質問への回答を次の様に回想している[14]。

第五方面軍においては、樺太の作戦は支作戦と考える。したがってその方面にソ軍が出てきても、方面軍としては兵力の増強を行なわない。主作戦は北海道本島であり、ここに上陸を企図する敵をわが主力をもって撃滅することである。このため航空部隊は最後まで極力その兵力を温存し、敵の来寇にあたっては全力をもってこれを攻撃してもらいたい。

第五方面軍司令部がこのような方針であったため、第一飛行師団では対ソ戦の研究は行なわれていなかった。従って、ソ連参戦後も、飛行師団は樺太方面には飛行部隊を出す計画も準備もなく、佐藤飛行師団長は樺太作戦に隷下部隊を参加させることに反対であった。しかし、「飛行第五十四戦隊は、十日落合に移動せよという命令を受領し出発を準備した[15]」

佐藤飛行師団長は参謀長の成田貢大佐を豊原に派遣し、十一日には第八十八師団司令部との間で戦場においての陸と空の双方からの敵味方識別を始めとする第一飛行師団の戦闘加入に必要な打合せをすませ、十二日には方面軍命令により、従来の対米作戦から対ソ作戦への作戦方針の転換に着手した。「第八八（ママ）師団防空室平島邦雄大尉は飛行師団の高橋参謀とともに八方山など粉戦を続ける戦場には日の丸を一斉に掲げてわが陣地を明瞭にしてソ連軍を襲撃する手はずをとっていたと述べている[16]」。しかし、既述の通り、樺太にソ連軍が侵攻しても出撃しないという方針を開戦直前に方面軍から示されていたため、作戦方針転換を指示されても、北海道から樺太への部隊移動は順調に行えなかった。樺太作戦参加に反対であった佐藤飛行師団長は、この方針転換について、次のように回想している。

ソ連が樺太に侵入して来たので、方面軍は、飛行師団に対し樺太方面に出撃するように連絡してきた。私は「方面軍は、かつて、樺太は支作戦であるといった。いま樺太に出撃することは、あたかもガ島の状況が非になってからしかもそれを救援しようという考えにも似ている。」として、方面軍の意見に反対した。しかしその後方面軍命令が出された。そこで私は成田参謀長を落合に派遣するとともに、飛行部隊を部署した[17]。

佐藤飛行師団長は方面軍命令に従い、第二十飛行団長である甘粕三郎大佐の指揮の下、襲撃機（地上攻撃機）で編成された飛行第三十二戦隊と戦闘機で編成された飛行第五十四戦隊を樺太落合の大谷飛行場への進出を命令した。

甘粕飛行団長は十二日夕方に、明日帯広の航空師団司令部に出頭するようにとの命令を受けたが、天候は雨で、列車便もなく、翌日室蘭[18]から列車で帯広に向かったため、「飛行師団命令を受領したのは八月十三日二二〇〇のことであった[19]」。また、飛行師団参謀長成田大佐と同参謀高橋義雄少佐は、再度豊原に飛び、十四日に再度第八十八師団司令部と打合せを実施。前日の十三日には、飛行第三十二戦隊、同第五十四戦隊の整備員は大谷飛行場に先行しており、第二十飛行団の進出準備指導にあたった。しかし、第二十飛行団の両飛行戦隊は、十四日、天候不良のため、宗谷海峡を渡ることが出来なかった。この日の朝、第五十四戦隊は札幌から、第三十二戦隊は帯広から出撃した。しかし、天候が悪く第三十二戦隊は一度、札幌の丘珠飛行場に着陸し、再出撃したところ、先行していた第五十四戦隊が引返してきたという。その理由について第五十四戦隊に所属していた五十嵐良治氏によると「当時、搭乗員は若い兵が多く、雲の壁を突き破っていく自信がなく引返した[20]」と語っている。第一飛行師団はフィリピンでの戦いで消耗し、部隊再建中であり、まだ雲海を突き破って飛行するだけの技量がなかったという事である。かくして第一飛行師団は北海道で終戦を迎えた。

ところで、この第一飛行師団について、師団司令部が置かれた帯広で最新式の四式重爆が訓練を行なっていたと、既述の福井参謀は防衛研究所でのインタビューで答えている[21]。

当時帯広に4式重爆が数機来ていた。これは本州でどこにも置くところがないので、帯広に移ってきていた。7機位おったと記憶する。これは毎日アメリカ爆撃の訓練をやって居り目隠しで奥尻―道北―帯広へのコースを飛んでいた。目的は帯広から北を廻って奥尻を爆撃する訓練であった。7機中1機位事故で落ちたと記憶する。

6機は帯広にあった。

樺太作戦に使いたかった。

逆上陸計画は15日に稚内に部隊集中、15日夜出航、その時爆撃してじ後上陸、これがため1FD（引用者註：第一飛行師団のこと）は16日未明出撃し、上陸地を爆撃するという計画であった。

4式重爆は一時落合に移ったことがある。落合を根拠に訓練していたが、敵が樺太に来たので帯広に戻った。という記憶がある。

また、『新千歳市史通史編上巻』によると、七月「十五日夕方、苫小牧柏原に陸軍の新鋭・三菱四式重爆撃機『飛龍』（キ‐67）が樺太落合からの飛行中、エンジンに被弾し墜落した。当初は米艦載機の攻撃と考えられていたが、安平の高射砲による誤射だった蓋然性が高い[22]」。

福井参謀の回想にある事故機が帯広に向かう途中、苫小牧を飛行していたとすると、この事故機が千歳市史にある墜落機の可能性がある。

この四式重爆の指揮命令系統がどうなっていたのかは不明である。落合の大谷飛行場から帯広にいつ戻ったのか正確な日付も不明である。また、帯広の第五旅団史料館（旧道東史料館）には、四式重爆が帯広に帰って来たという史料も残っていない。ただ、大谷飛行場に四式重爆が配備されていたら、逆上陸作戦が実施される場合は同作戦に投入された可能性を否定することは出来ない。「最大速度は時速五百三十七キロ、巡航速度は時速四百キロ、航続距離は八百キロの爆弾をつんで最大三千八百キロ[23]」の四式重爆なら、落合の大谷飛行場から北樺太のアレクサンドロフスクやオハでも充分、行動範囲内であり、活躍したことであろう。

また、北樺太逆上陸作戦に参加せずとも、八方山麓の中央軍道を縦列で南下していたソ連軍部隊に対し、「空中勤務者[24]」の腕がよければ垂直降下すらできた四式重爆が八百キロ爆弾による急降下爆撃を行ない、輸送部隊を撃破すれば、前線の戦車部隊の進撃を止める事が出来たであろう。

さらに八月十七日に八方山から眼下のソ連軍部隊に奇襲をかける予定であった歩兵第百二十五聯隊が四式重爆部隊の連絡が取れ、呼応して攻撃を加えていたら、日本の降伏文書調印の時までにソ連軍はどこまで進撃できたことであろうか。現実の世界では、ソ連軍が海路大泊港を占領したのは八月二十五日である。これは、満州の支作戦である樺太作戦の主力部隊は日ソ国境から中央軍道を経て南下した部隊で、大泊を占領した部隊はウラジオストック方面から海路真岡に上陸した助攻部隊である。もし、主力部隊の攻撃がとん挫していたら、真岡方面に満州からの増援部隊を上陸させていたであろうか。

さらに日本の降伏文章調印は元々八月三十一日だったことから鑑み、上記の場合、果たしてソ連軍はどこまで実力で占領することができたであろうか。

第四項　幻の北樺太逆上陸作戦

十四日朝、敷香からの避難列車は豊原に到着、避難民はそのまま大泊に向かったが、福井参謀は下車し、師団司令部に向かった。師団司令部にて敷香でとった処置について説明を行なった。そして安藤・福井両参謀は師団司令部で今後の対策を検討した結果「師団は国境方面のソ軍に対し攻勢をとり、これを各個に撃破することに意見が一致した。在道地上兵力の増援、第一飛行師団の作戦協力の意見具申が直ちに安藤参謀から方面軍に打電された。この電文に先立ち方面軍が動いていること既述のとおりである」[25]。

また、福井参謀は安藤参謀に敷香からの車中で考えていた北樺太逆上陸案を提案し、安藤参謀はこれに同意した。「福井参謀の判断では南下する敵の兵力は一コD半〈北樺太の全力であろう〈引用者註：Dは師団〉〉、一両日中には在北樺太の全力で北から南樺太に侵攻しよう。我としては道内の兵力で北樺太のアレクサンドロフスクに逆上陸したらよいと提案した」[26]との事であった。両参謀は報告の為、その日のうちに機上の人となり、札幌丘珠飛行場に到着したのは、十四日の夕刻であった。そして方面軍司令部で作戦会議が開かれ、樺太視察報告を行なうと共に、北樺太逆上陸案を提案した。この日、方面軍司令部には海軍から「浦塩艦隊が北上を始めた。樺太南部方面にも上陸の公算がある」[27]という連絡を受けており、方面軍も攻勢に出ることにした。そして、北樺太上陸案も樋口方面軍司令官の同意を得て、田熊参謀が具体的な計画立、命令の起案が命ぜられた。その骨子は「第七師団の歩兵一コ聯隊基幹の兵力をもって八月十五日夜稚内を出撃させ、十六日未明北樺太に上陸を敢行する。第一飛行師団はこれに協力する」[28]というものである。

しかし、北樺太上陸作戦を行なうとなると一個聯隊分の輸送船が必要であるが、たった一日で稚内に護衛艦とともに手配出来たのであろうか。樺太からの緊急疎開船の樺太に戻る艦船を使用して、大泊でなく、北樺太まで向かう考えであったのであろうか。作戦の実現性に疑問を感じるが、実行される前に大詔渙発となり、北海道から樺太への全ての増援計画は中止となった。

第五項　八方山停戦交渉に関する方面軍の大本営への報告と、師団への指導

第二章にて既述の通り、八方山の歩兵第百二十五聯隊は師団司令部からの停戦命令を伝令により、翌十八日、第三大隊長小笠原少佐を軍使として派遣し、十九日午前零時戦闘中止、同六時自ら武装解除という内容で局地停戦交渉を成立させた。

日本側としては、停戦によりソ連軍の南下を阻止したかったのだが、その企図は失敗に終わった。以下の電報は国境地帯での停戦内容を第五方面軍参謀長から参謀本部次長宛に報告したものである。そして方面軍は今後の対策として、師団参謀を正式な軍使として派遣して停戦協定を成立させるよう現地師団に指導すると報告したものである。

その文末には、西海岸の恵須取方面において地上部隊同士の戦闘は停止したのに、ソ連軍の航空部隊は爆撃をやめない。それは日本軍に対してばかりではなく避難民に対しても、「避難する住民は敵意があるから攻撃する」と公言して攻撃を加えているという悲痛な内容がおりこまれている。[29]

緊急電報

次長宛

達参情電第一五一号

樺太方面ノ状況

一　日「ソ」交渉

十八日九時十五分我ガ現地部隊ト「ソ」連軍使ト気屯ニ於テ停戦ニ関シ交渉ヲ行ヘリ

「ソ」側要求左ノ如シ

（1）戦闘ヲ停止シ白旗ヲ掲グベシ
（2）武器ヲ捨テ降伏スベシ
（3）都市港湾鉄道軍事施設通信機関其ノ他を破壊スベカラズ運送期間ハ総テ残置スベシ
（4）在気屯ノ人命ニ関シテハ心配に及バズ
以下略

軍事極秘
特別緊急電報　昭和二〇、八、二〇
「札幌」達部隊参謀長
通電先　次長　次官
参　考　関東軍
達参特電第三七号
本十九日午後迄ニ於ケル当方面軍ノ戦況並ニ戦闘行動停止状況左ノ如シ
一　樺太方面中央軍道方面ニアリテハ現交戦部隊ノ主力ヲ以テ古屯北側ヨリ既設陣地附近一部ヲ以テ気屯川ノ線ニ於敵ト相対峙中ニシテ敵最高司令部（長、在樺太総司令官「ビアクノフ」近衛少将）ハ半田附近ニ在リ其ノ兵力ハ狙撃第〇九師団及第二四（ママ）戦車旅団ト称スルモノト判断セラル我ガ第八十八師団ハ昨十八日午前某少尉ヲシテ右司令官ノ下ニ至リ「双方トモ即時戦闘行動ヲ停止且ツ非交戦区域ヲ設定スヘシ」トノ條件ヲ提案セシメタル所傲然タル態度ヲ以テ「貴官ノ抗議ハ一應諒トスルモ予ハ上司ヨリ豫定目標ヘノ前進ヲ中止スヘキ命令ニ接シアラサルヲ以テ日本軍ノ行動ノ如何ニ拘ラス之ヲ敢行スヘシ」ト回答セリ
仍ツテ当軍トシテハ速カニ幕僚等ヲ以テスル正式軍使ヲ派遣シテ一應戦闘行動停止ニ関シ協

定ヲ為サシムル如ク指導シアリ
惠須取方面敵地上部隊ハ　惠須取市街内ニ進入ス我ガ第一線部隊ハ上惠須取ニアリテ地上戦闘停止セラレタルモ敵航空部隊ハ終日我ガ第一線ヲ爆撃スルト共ニ惠須取―内路道其ノ他西海岸等ニ充満シアル避難民ニ対シ旺ンニ銃撃ヲ加ヘアリ（我ガ軍使ノ言ニ依レバ敵ノ住民ニシテ避難スルモノハ敵意ヲ有スルモノナルヲ以テ攻撃スベシト高言シアリト）
安別方面ハ不明ナルモ概ネ停止シアルモノノ如シ
以下略

第五方面軍司令部は、師団参謀を派遣してソ連軍との停戦協定を結ばせようと、以下の電報を第八十八師団におくり、現地部隊間での停戦を希望しつつも、自衛戦闘は認めている。そしてソ連軍に樺太南部要域を占領させないため、南部から北部への部隊移動を禁じると共に、現地部隊間での停戦交渉のための参謀派遣を命じ、「参考」という形で参謀次長に第五方面軍としての方針を報告している[30]。

（第五方面軍司令官発　達参特電第二八号　参謀次長宛）

緊急電報
参　考　次長
通電先　第八十八師団
達参特電第二八号
一　軍は貴師団ガ現地折衝ニ依ル停戦実施ニ至ルコトヲ希望スルモ敵ニシテ事ヲ構へ無理ヲ要求シ依然攻撃ヲ中止セザルニ於テハ飽ク迄自衛戦闘ヲ敢行スベシ
二　下樺太地区ヲ最後迄頑強ニ死守スル為兵力ヲ上樺太地区ニ移動スルコトハ希望セズ

三　現地折衝ノ為貴師団ヨリ幕僚等正式軍使ヲ古屯方面ニ派遣ノ要アルベシ

次長宛

達参情電第一五一号

第六項　筑紫参謀による気屯での停戦交渉

八月十九日午前零時戦闘停止とする局地停戦協定は結ばれたが、ソ連軍は南下を続けた。上敷香戦闘司令所にも停戦交渉に関する命令が届いていた。十七日、筑紫参謀は知志代監視哨から上敷香に撤退して来た露語に堪能な高島少尉を軍使として、それに佐野曹長と露語通訳の片倉上等兵等十二名をつけて乗馬で北上させた。翌朝、気屯の聯隊本部に立ち寄り、留守部隊長と面談し、朝食をとって古屯方面に北上し、気屯川まで進出していたソ連軍戦車部隊と接触した。その場にいた指揮官は上級中尉で、高島少尉と片倉通訳を戦車にのせ、他の者は乗馬のまま随伴させ、古屯駅のすぐ近くの先遣隊本部に連れていかれた。片倉通訳によると、そこにはアジア系人種を思わせる将軍がいて、自分では決められないとの事で、半田沢の軍司令官ビアクノフ近衛少将に確認を取り、高島少尉と片倉通訳は軍用幌自動車で半田沢まで案内された。その際、高島少尉が目隠しと武装解除を要求するソ連兵と口論となったが、片倉通訳の活躍で武装解除をするが目隠しはしないで済むこととなり、半田沢に無事案内された。半田沢での停戦交渉では、日本側の申し出は全て拒否されたが、片倉通訳は次のように当時を回想している[31]。

将軍の傍には、通訳将校の上級中尉が立っていた。わが軍の申し出は、一方的に拒否されたが

軍司令官は直ちに卓上の受話器を手にとって、

「プレクラチー（攻撃停止!!）」

と鋭く厳命して、全戦線の射撃爆撃を一時停止させた。そのあと、矢つぎ早に、次の条件を口頭で申し渡した。
一、日本軍の各部隊は現在地にあって直ちに武装解除せよ。
一、船舶、列車、各種交通機関の即時運行停止。
一、住民は居住地区より移動を禁ず。
一、各家屋は、屋上に白旗をかかげよ
同時にソ連の従軍婦人タイピストが、日本軍への通達事項をタイプに打ち始めた。

（中略）

タイプされた布告文が軍司令官の許にもたらされると、幕舎は再び緊張した。一部を手許に残し、一部を私に手渡しながら、

「二時間以内に返答せよ」と急に厳しい表情に戻った軍司令官の冷たい命令である。

この言葉を片倉通訳を介して聞いた高島少尉は、気屯の無線電信機はソ連軍の爆撃で使用不能なので上敷香まで下がり、そこから無電で豊原の師団司令部に報告するので二時間では無理だと主張。

それに対しビアクノフ軍司令官は二名のソ連軍大尉と上級中尉に命じて、気屯の無線電信機が本当に動かないか高島少尉、片倉通訳と確認に行くことになった。五人は軍用幌自動車で一気に来た道を逆走し気屯橋の北側まで行った。先ほど、半田沢に行った際は高島少尉が武装解除させられたが、ソ連軍の三人の将校は自分達から
「この通り武器は持たずに貴軍の陣地に行く[32]」

と言って、部下にそれぞれが所持していた拳銃を渡した。一行は気屯橋を渡り、気屯国民学校に入った。そして大分待たせてから気屯留守隊の杉木中尉が馬を飛ばして到着した。ソ連軍将校は大分またされた理由を杉木中尉に詰問したが、無線電信機が全く使用不可能との報告を受けると、現物を確認せずに、二時間以内の回答を通告の上、帰隊していった。

その後、片倉通訳は佐々野曹長と再度気屯橋の戦車部隊の先ほどの上級中尉のところへ行き、半田沢の軍司令官と再度連絡をとってもらったが、何度無電を送ってもらっても返信はなく、片倉通訳は上級中尉のすすめで、上敷香にもどった。その帰路、片倉通訳を心配して待っていた高島少尉一行と合流しての帰隊であった。

上敷香にいる筑紫中佐は高島少尉の停戦交渉失敗の報告を受け、再度停戦交渉を行なうために、自ら赴くことにした。

十九日午前五時、戦闘指揮所（旧師団司令部）から筑紫中佐は片倉通訳を伴い、白旗を掲げた高級軍用乗用車でソ連軍先遣戦車隊長と会見するために、上敷香北寄りの川西部落の入口に向けて出発。「運転手は、ズボンの両ポケットに装弾した二丁の拳銃を入れている。会見の結果によっては、踵を返して、そのまま敷香、内路、知取を経て、一挙に豊原市まで逃げる計画である。それに必要な燃料も積んでいた[33]」。

ソ連軍戦車の宿営地に到着すると、先頭戦車には白旗が掲げてあった。「これは、無血進駐――日本軍が抵抗しない限り射撃はしないこと――を意味している[34]」。

筑紫中佐と片倉通訳は、運転手を残して、ソ連軍の日直士官の将校に案内され、ソ連軍将校の宿舎となっていた民家に入った。そこでは将校たちは、寝起きの者や朝の身支度をしているものばかりで、突然の日本軍軍使来訪に驚きつつも、日直将校の説明に納得し、迅速に室内の整理がなされ、話し合いのための部屋が用意され、そこで待たされた[35]。

筑紫参謀と私は、会見のために用意された机を前に、暫く椅子に腰かけて待たされた。

やがて、戦車隊長が数名の青年将校を伴って、ドヤドヤと入ってきた。その中に、通訳将校のあの上級中尉がいる。隊長は小柄だが、精悍な大佐だった。いかにも野戦型の軍人という印象を与えた。そして型にはまったことが好きと見えて、大佐の発言は上級中尉が日本語に訳し、筑紫参謀の発言は私がロシヤ語で通訳するように、と決めさせた。

「本官は上敷香師団（ママ）司令部の筑紫中佐である。仮軍使として参上した」

「なぜ仮軍使なのか？」

「正式軍使は、本朝九時、上敷香到着の予定をもって、豊原市を出発している」

「既に承知の筈だが、樺太派遣軍司令官の要求事項を、直ちに実行されたい」

大佐はポケットから、一昨日、ビアクノフ近衛少将のもとで作成された布告文を取り出して、机上にひろげた。

「上敷香の師団司令部と兵営は既におあけしてある。ただ、陸軍病院には患者がいるので、そのままにして頂きたい。なお、武装解除に関しては、フィリピンのマニラ市で、日本軍全戦線の武装解除の日が決められる筈であるから、それと期を一にして行ないたい。師団は一応豊原市に集結し、武器はそこでまとめてお渡しする」

「正式軍使には誰が来るか」

「師団参謀長鈴木大佐がくる」

「道路には、地雷が敷設してあるか？」

これは筑紫参謀にとって、有り難い質問だった。

「至る処に敷設してある。戦車の前進には極めて危険と思う。本官は、工兵に命じて除去作業を行ない、進路を開くつもりでいる。そのためには暫く猶予を乞いたい」

その頃、運転手は既述のように、いつでも豊原の師団司令部に向けて出発できるようにエンジンをかけて軍使の戻りをまっていた。そして無事に二人が乗り込むと同時に、全速で上敷香方面に走り出した。筑紫参謀は埋設してある地雷爆破を口実に退出してきたのである。地雷など埋設してはいない。ソ連軍の進撃を少しでも遅らせ、民間人を大泊方面に避難させる為の時間稼ぎの絶好の口実であった。

ソ連軍がそのことに気付き、進撃を再開するまで、さほど時間はかからなかったかもしれないが、日本が降伏した上、圧倒的戦力差を誇るソ連軍の進撃をせめて送らせるには、これ以外の方法はなかったであろう。

八方山の歩兵第百二十五聯隊主力が武装解除を行ない、今や中央軍道方面の最前線となった気屯では、そこを通過した軍使一行から、ソ連軍の態度に関する情報を得たのであろう。「ソ軍の条件に不満を抱いた気屯残留隊長杉木中尉は、十八日夜、気屯にある弾薬、糧秣を同地西側の山中に運搬し、その後兵舎に火を放って撤収した[36]」。その後、同中尉は八方山の自らも所属する聯隊の主力部隊が武装解除を受けたことを知り、抗戦組と解散希望者にわけ、自身は前者を指揮し、ソ連軍の攻撃を受けながらも、西海岸の西柵丹に向かった。

第七項　鈴木参謀長による上敷香での停戦交渉

気屯での停戦交渉が不調となり、十八日、峯木師団長は鈴木参謀長に対し半個大隊を率いて上敷香方面に北上し、ソ連軍と停戦交渉を行なうよう命じた。当初、鈴木参謀長は地形に明るく訓練と団結の行き届いている歩兵第二十五聯隊第一大隊を率いて北上すべく準備を命じていたが、海軍より「ソ連輸送船団がウラジオを出港して北上中である」との連絡を受け、ソ連軍が上陸する可能性のある真岡にある同大隊の起用を中止した。そして歩兵第三百六聯隊第三大隊（長：塩澤正三大尉）主力（半個大隊）師団通信隊（長：鈴木利孝大尉）と山砲一個小隊（長：東沢少尉　山砲二門）を率いて十九日八時に豊原駅を出発した。山砲小隊は別の列車となったが、同小隊は列車事故に巻き込まれ、大幅に遅れた。

鈴木参謀長の上敷香到着に先立ち、同地北方にソ連軍が迫り、筑紫参謀がソ連軍戦車部隊と停戦交渉を行なったが、これも不調に終り、同日夜、戦闘指令所の要員は上敷香から内路に移動した。

一方北上中の同参謀長は二十日朝、内路南方の泊岸駅で「ソ軍戦車部隊は、既に上敷香に進出せり。貴官は直ちにこれと停戦交渉を行へ」[37]

鈴木参謀長は以前、山火事消火活動に出動した経験から、ソ連軍が南下した場合は、上敷香以北のツンドラ地帯に事前集積しておいたガソリンに火を放ち、大樹海を火の海としてソ連軍を阻む構想を持っていたが、ソ連軍の上敷香進出の報により、この作戦の放棄を決め、敷香南方の内路に列車を停止させるよう命じた。ここには既設陣地があり、同行の塩澤大隊（第三大隊）に陣地占領と弾薬庫にある火薬を用いて対戦車地雷や爆薬を出来る限り作って置くよう命じた。また、同地には上敷香の戦闘司令所から後退して来た一群がおり、筑紫参謀から報告を受け、軍使と行動を共にしていた片倉達郎通訳を自身につけさせた。片倉通訳は樺太特務機関に所属していた上等兵であった。

鈴木参謀長は露語に不自由していなかったが、交渉の駆け引きのために、片倉通訳を必要としたのだ。

そして、同参謀長は片倉通訳だけでなく、法律顧問の岩井良雄少尉、無線分隊、軽機二分隊をトラック二台に分乗させ、護衛部隊指揮官は平島邦雄大尉として上敷香を目指した。

上敷香のソ連軍はつい先ごろまで日本軍が使用していた戦闘司令所を司令部とし、道路上には戦車を並べていたが、鈴木参謀長一行は堂々と戦車の側を歩み、かつての戦闘司令所に赴き、ソ連軍大佐と交渉を行なった。しかし、現地での停止を求める鈴木参謀長に対し、大泊までの進撃を主張するソ連軍との間で交渉は進まなかった。そこで鈴木参謀長は「然らば貴国軍は、国際公法を蹂躙してでも戦闘を続け、大泊占領に行くのか？　確かと承りたい!!」[38]と通訳を通して問い詰めたところ、ソ連軍大佐は困った様子で、上司の指示を仰ぐために退室した。暫くして部屋に戻ってきたソ連軍大佐は「敗けた国に国際公法など通用しない。我が軍はあくまで大泊占領に行く。日本軍は抵抗するな。お前は十分以内に立ち去れ!!　その間に生きて帰れ終り!!」[39]と真っ赤になって怒鳴り、あとはいくら住民の安全への熱望や停戦交渉に関する指示事項を主張しても頑として聞く耳を持たず、自己の意見（与えられた命令）を突き通すだけで、交渉は不調に終わった。

屋外に出ると、停戦交渉のため、三時間も進撃が遅れた二十一台の戦車はエンジン音を響かせており、その前を悠々と歩いたかと思うと、急ぎトラックに飛び乗り走り出したが、戦車隊は追いかけて来た。

鈴木参謀長は内路に戻ると愕然とした。師団司令部と連絡を取ろうにも電話線が切断されていて、連絡がとれない。内路を発つ際、塩澤大隊に命じた事項が一つも実行されていなかったからだ。

内路に塩澤大隊と共に残った鈴木利孝師団通信隊長によると、同地は塩澤大隊にとって未知の土地であり、巧に偽装を施した陣地が発見できなかったばかりか、弾薬庫の鍵がなく、開けることが出来なかったので、地雷や爆薬は作れず、持参した武器弾薬しかなく、やむを得ず、稜線上に散兵壕を作るしかなく、その姿は演習のように見えた。

後発の山砲小隊は未だ到着していない。断崖の内路側にかかる橋や鉄橋には兵器部の鈴木金太郎少尉のグループが爆破の為の爆薬が取り付けていたが「東を望めば、敷香方向から鉄道線路上を黒帯のように避難民が近よって来、下の内恵道路上には、恵須取方面から百キロ、の山道を、爆撃、銃撃等で傷められ、疲れ切った老若男女がゾロゾロと足を引きずって歩いて居る」[40]。

北方からはソ連軍戦車が南下してきて、もし戦えば、避難民が戦闘の巻き添えになるうえ、勝ち目もない。鈴木参謀長は避難民の援護を第一に考え、以下の命令を発した[41]。

命令

㋑部隊は引揚者援護のため、戦闘を避けて後途を図らんとす
㋺部隊は塩澤大隊長の指揮の下、現配備を徹し、アノ山に在る複郭陣地に拠り、後命を待つべし
㋩司令部関係人員はトラックに乗り知取に行け。但し炭鉱から火薬を集め、道路、橋等爆破を準備して置け
㊁其他のトラック十六台は、引揚の老幼、弱者を乗せ知取駅に行け。

鈴木大佐の命令により、内路駅前には一台多い、十七台のトラックを集める事に成功した。最後の一台は司令部関係者を乗せるとして、残りの十六台は老幼婦女子を優先で乗せることとした。内路駅前は北部から徒歩で避難してきた人もおり、群集は一斉にトラックに集まり、まるで修羅場の様相を呈した。老幼婦女子だけのはずが、子供に泣かれて一緒に乗る男性や、わが子を乗せる為に必死の親達。その混乱に輪をかけるように、中頃のトラックの荷台のドラム缶が突然火を吹いて爆発。炎は十メートルも立ち上がった。そして、折角乗れた車上から我先にと人々は飛び降りる。どうもトラックに乗車できてホッとした人が思わずタバコを吸い、その際、投げたマッチが漏れていたドラム缶の油に引火したようだ。

とっさに鈴木大佐が「ドラムカンを突き落せ！！」と叫ぶと、兵隊が飛び上って道路上に落とした。幸い負傷者もなくドラム缶は谷の方へ落ちて行った。そこへすかさず人々が飛び乗った。しかし、不運はそれで終わらなかった[42]。

途端、前方二百メートルの鉄道踏切付近に敵戦車三台が現われた。白旗を組合せている。ドカンドカンドカンと数発、戦車砲が火を吐き、屋根の上を弾丸がウナッテ飛んだ。マゴマゴして居たら、知取への助け舟が地獄行きとなる。「出発!!」と（引用者註：鈴木大佐）思わず叫んだ。十七台の車は、戦車の居る方向へ約五十メートル突込んで右へ折れ、橋を渡って樹の陰に入った。濛々たる砂煙を残して無事走り去った。皆乗ったと見えてあたりに引揚者はいない。

無事を喜んでいるのもつかぬま、鈴木参謀長は自分と平島大尉、岩井少尉が取り残されたことに気が付いた。そこで周囲を捜すと一台の乗用車が乗り捨ててあり、それに乗って、内路川を渡ったが避難民で埋め尽くされており、全く進めなくなったところで、車も壊れた。今、ソ連軍の戦車が突入してきたら、地獄絵図である。それを防ぐには橋を爆破するのが確実だが、それをすると足を引きずりながら橋の北側から南へ逃げて来る人々の退路をたってしまう。そこで、同参謀長はソ連軍が進撃してきたら、再度停戦交渉をするつもりで、内路川南岸に立ち、ソ連軍を待ち受けたが、幸い、敵戦車は来ず、避難民も無事、橋を渡り終え、あとから来るであろう避難民のために、橋の爆破も中止した。

その後、日本軍のトラックを発見し、それに同乗し、紆余曲折の末、二十一日未明、知取に到着した。

第八項　第五方面軍、自衛戦闘の方針を変更へ

知取は人口一万八千名の樺太中部の町で、川幅百メートルの知取川があり、鉄橋や橋を落とせば、ソ連軍の南下を食い止めることができたため、ここで戦うか、橋をどうするかが問題であった。鈴木参謀長は知取で、前線から後退してきた兵士約百名を掌握し、同時に、北上が遅れていた山砲小隊とも合流できた。知取川大橋にも工兵第八十八聯隊第四中隊の手で爆破が準備されていた。しかし知取を住民も巻き込む戦場にしないで欲しいという住民や警察官の希望を受け入れて、戦闘を避け、橋の爆破も中止することにし、兵士も撤退させた。

駅で師団司令部と連絡をとった鈴木参謀長は、峯木師団長が自ら停戦交渉を行おうと北上中で、知取の南の元泊駅で会える状況にある事を知り、自ら元泊駅に赴くことを連絡し、列車で南下した。ソ連軍と停戦交渉を始めた時は気屯のような人口の少ない土地であったが、ソ連軍は上敷香から南下し、人口の多い南部地域に迫っている。方面軍司令部から師団に対し、既述の通り「達参特電第二八号」にある通り、①停戦協定の成立とやむを得ぬ場合の自衛戦闘の許可②南樺太南部の死守③停戦協定成立のための司令部からの幕僚の派遣[43]を命じているが、ソ連軍は上敷香の旧戦闘司令所での交渉の通り、大泊へ行くという態度を崩していない。このままでは人口が多い地域で、ソ連軍の前進を阻もうとして自衛戦闘が発生するのは火を見るより明らかである。

峯木師団長は次のように回想する[44]。

参謀長等からの報告によるソ軍の指揮官の言い分も立場を変えて見れば、敵の現地指揮官として当然のことであると思った。それは指揮官が任務を受けて（例えば大泊を占領せよなど）出てきた

以上、無条件降伏した敵に拘束される必要はないからである。当時ソ軍は北海道占領を企図して兵力を大泊に向けて集中中であったのである。

峯木師団長は二十一日、第五方面軍参謀長萩三郎中将に電話をかけ、住民の被害を極力抑え、停戦を行なうには、武装解除を受け入れ、ソ連軍の進駐を認めるほかない旨を具申し、方面軍司令官の認可を求めた。

樋口第五方面軍司令官は、ソ連軍の北海道上陸を懸念し、第八十八師団に自衛戦闘命令を出していたが、事態がここに至った以上「城下の命もまたやむを得ない」と言って峯木師団長の意見具申を容認したと伝えられている。

第五方面軍が自衛戦闘から武装解除に方針を変えるにあたり、大本営だけでなく、満州からの電報も大きな影響を与えた。

気屯で停戦交渉が始まった十九日に大本営は大陸指二千五百四千六号を発令し「第五方面軍司令官ハ戦闘行動ヲ停止スル為局地停戦交渉及武器ノ引渡等ヲ実施スルコトヲ得[45]」とし、方面軍としても方針の転換を迫った。二十日には関東軍総参謀長の名で以下の電報[46]が参謀次長と第五方面軍宛で送られて来た。

警急

軍事○○親展

36　警急電報　昭和二〇　八　二〇

「新京」関東軍総参謀長

通電先　次長、第五方面軍

関総参戦電第一〇四五号
小官本十九日東「ソ」軍最高指揮官「ワ」元帥ト会見ノ際北東方面ノ戦闘ガ終息セザリシヲ心痛シアル旨述べ小官ニ斡旋方依頼アリタリ至急処置セラレ度

とのワシレフスキー元帥の要求が伝えられた。しかし、日本側からすると、八月十五日以降も戦闘を継続し、停戦の呼びかけを無視しているのは、ソ連軍である。その上、恵須取方面では、内恵道路や珍恵道路を逃げる民間人に無差別攻撃を行ない、達参特電第三七号には、ソ連軍人の言葉として「敵ノ住民ニシテ避難スルモノハ敵意ヲ有スルモノナルヲ以テ攻撃スベシ」との言葉まで記載されている。そのソ連軍から停戦が出来ないのは、第五方面軍のせいだと言われているのである。そこで、戦争には負けても、住民の生命を守るため、言うべきことは言えということであろう。上記、関総参戦電第一〇四五号に対する返電として、以下の要請が第五方面軍から関東軍に発信された。[47]

警急電報　昭和二〇　八　二〇
「札幌」達部隊参謀長
参　考　次長、第八十八師団、第九十一師団
通電先　関東軍
達参特電第四五号
関総参戦電第一〇四五号（電註八月二十日配布）受領ス
当方面軍ノ正面ニ於ケル「ソ」軍ノ不法行為は誠ニ目ニ余ルモノアリ其ノ実情ハ達参特第三七号（電註八月二十日配布）及同四六号電註末著）ノ如シ
当軍トシテハ貴電ヲモ有力ナル参考トシテ再三衷情ヲ披瀝シテ局地折衝ニ努メアルモ彼ハ「上司

ノ命令ナリ」トシ我ガ儘勝手ナル不法行為ニ出ヅルヲ以テ此ノ上ハ宜シク敵側最高指揮官ヲシテ然ルベク

厳命ヲ発セシムルノ要アリトモ考フルニ付貴職ヨリ速急「ソ」元帥宛折衝方配慮相煩ハシ度

ところが、「八月二十一日、大本営から関東軍に派遣されていた朝枝繁春参謀（作戦担当、中佐、45期）から、『自衛行動ニ名ヲ仮リテ戦斗ヲ続クルトキハ、爾後満州及北東方面ノ将兵ハ名状スベカラザル痛苦ニ遭遇スヘシ』[48]」との電報が入った。戦史叢書によると「方面軍は、この電報でいっそう事態の重大なのを認識し、樺太方面の戦闘を急ぎ停止させることに決まり、これが指導のため参謀副長星駒太郎少将（31期。昭和二十年八月六日付発令）を樺太に派遣する処置を講じた」とある。

樋口方面軍司令官はこの時の事を、ソ連軍は「実力を以て樺太を占領せるの既成事実を構成せんとするのであった。この辺の事情を記述することは実に不愉快千万である。関東軍は『何故停戦せぬか、第五方面軍が頑張るから関東軍が困っている』と打電してくる[49]」

「この時盛んに関東軍から私宛に戦闘を中止すべきことを要請して来た。中略　ソ連の抑留生活から帰ってきた元関東軍総参謀長秦中将は東京で死んだが、彼の没前、前述の電報の実相を質した私の書簡に対し、『関東軍は絶対にその様な電報を北部軍に出した筈がない』と言うのであったこれも私がソ連軍に一本やられたわけであるかも知れない[50]」と回想している。

当時、関東軍総参謀長であった秦彦三郎中将は陸軍士官学校の三期後輩で、樋口司令官が大尉時代、自身のロシア語研鑽のために、東京外国語学校（東京外国語大学の前身）夜間部で出会って以来の盟友であり、親友でもあった。そして、樋口方面軍司令官がポーランド駐在武官時に親交を結んだソ連武官の助力で革命後、日本人として初めてコーカサス地方やウクライナ地方を一か月かけて視察旅行を行なった際、同行したのが秦総参謀長であった。その二人の関係からすると、秦総参謀長の「そのような電報を北部軍に出した筈がない」という言葉は信憑性がある。秦総参謀長の名前で出された電報は一体、誰が出した電報なのであろうか。

このような流れの中で、第五方面軍は北海道を守る為の自衛戦闘方針を変更し、第八十八師団に「二十日午後十時時三十分「一切ノ戦斗行動ヲ即時停止敵ニ接触シアルモノハ各兵団毎ニ局地停戦交渉ノ上武器引渡ヲ実施[51]」を命令した。峯木師団長が萩方面軍参謀長に電話をして、樋口方面軍司令官の認可を得たのはちょうどこの時であった。

そこで、峯木師団長は蟹江元特務機関長、尾形雅邦樺太庁警察部長、を伴い列車で北上中、元泊駅で、同じく列車で南下してきた鈴木参謀長と会い、報告を受けた。峯木師団長は予定通り、自ら停戦交渉に赴こうと考えていたが、鈴木参謀長は既にソ連軍指揮官と会見を行なう打ち合わせをしており、参謀長が筑紫参謀、蟹江元特務機関長、尾形雅邦樺太庁警察部長と共に、交渉を行なうことになった。

その際、峯木師団長は十九日に関東軍とソ連軍の間で成立した停戦協定の内容を第五方面軍司令部から連絡を受けており、それに準じて停戦協定を結ぶよう鈴木参謀長に命じた。

第九項　知取で、日ソ停戦交渉成立

知取町は樺太中部の東海岸に位置する人口約一万八千人の町で、製紙業と炭鉱業で栄え、王子製紙の工場があった。

ソ連参戦後「知取町には艦砲射撃があって王子製紙工場の倉庫が焼けたり、たまたま来町し宿泊中の大津長官が避難したり[52]」することもあった。

樺太庁から緊急疎開実施の指示が出された際、町村別の「疎開順序は敷香町・内路村・泊岸村・知取町と鉄道輸送で順次大泊港に向ったのである。

知取町からの第一陣は八月二十日出発で、無蓋貨車で筆舌に尽くし難い程のすしづめ輸送であった」[53]。その一方で敷香方面や西海岸の恵須取方面から内恵道路を経て内路から南下して来た避難民が次々と集まり、当時、知取町長であった木立猛氏によると、その数は「一万数千名」に達した。その混乱の中、知取町にソ連軍との停戦協定成立させるため、鈴木参謀長一行が到着したのは、八月二十一日であった。

鈴木参謀長一行は「二十一日夜、知取王子クラブに宿泊、ソ連側に連絡して、二十二日午前十時半、アリーモフ少将と消防署で会見に決まった」[54]。

木立猛氏によると、二十二日の会談前に、尾形樺太庁警察部長、新妻知取警察署長、木立知取町長はソ連軍から深夜呼び出しを受けている。（鈴木参謀長の名前はない）。

それは、

①ソ連軍の知取町到着を八月二十一日夜半から二十二日にかけて予想（八月二十一日の時点で）

②二十一日午後十時頃、役場からの伝令により、ソ連軍が知取警察署を占領した報告を受けた。

③深夜十二時頃、ソ連軍より呼び出しがあり、警察署長室に行くと、尾形樺太庁警察部長、新妻知取警察署長がおり、ソ連軍陸軍大佐と中尉の通訳を介して面談が行なわれ、それは午前三時迄続いた。

④午前三時になると、尾形警察部長と新妻署長は帰され、木立町長だけ残された[55]。

この後、木立町長は通訳の陸軍中尉の案内で、警察署の外に連れ出され、数十台の戦車が停車している場所へ連れて行かれると、そこには翌日の停戦協定のソ連側責任者であるアリモフ少将が待っていた。その時の事を木立町長は次のように回想している[56]。

真夜中の三時で、顔もよく見えない所で私への尋問が始まった。先ず氏名・年齢・何時樺太に来たか・町長就任は何時か・その他町政に関係した事項の尋問が終ると少将は、「あなたの指揮する此の町は焼けてもいない。破壊されてもいない。感謝する」と言うや手を差し延べて握手し、「あなたの身分は保証する」と言明した。次に「町長に命令するが従うか?」との事、この瞬間私は一大決心をした。即ち敗戦占領下やがて引き揚げる同胞にとっては、その作業が順調迅速に進捗されねばならない。それを期待する意味からも今は出来るだけソ連側に協力すべきであると。

そこで私が命令に従う旨を答えたら「次の命令を良く実行せよ」と強く要望された。命令は八ヶ条で、第一火事を出さぬ事、第二泥棒を出さぬ事（以下省略）

このような問答を夜も明けた午前五時半頃までつづけられたそうである。まるで、ソ連に抑留される軍人、樺太庁幹部、警察官とソ連軍の軍政下で手足となって働く人々を分け、木立町長を「味方」につけられるか試したように見える。

二十二日行なわれた停戦交渉は、峯木師団長の指示通り、十九日に秦総参謀長とワシレフスキー元帥の間で結ばれた協定に準じた内容で進められ、特に問題もなく、成立した。これに際し、日本側より、次の五点[57]について厳重に申し入れを行ない、ソ連側の承諾を得た。

①掠奪、暴行、強姦等の事なきよう、ソ側に於て厳守されたい。
②真岡に上陸したソ軍は、住民を砲撃、爆撃して居るが、直ちに電報を打って停止せしめる事。
③真岡では軍使を射殺している。厳誡し再発防止厳重に要望する
④日本軍を捕虜として扱わず、名誉を傷つけない事

⑤停戦実施伝達の為、各地に派遣する将校に、ソ軍将校を同行便宜を図られたい

この申し入れに対し「ソ軍は軍紀厳正寸毫も犯す所ない、安心せよ[58]」と鈴木参謀長の回想録にはある。

こうして樺太における日ソ間の停戦協定が正式に成立したのは「二十二日正午過ぎ[59]」だった。鈴木参謀長は停戦確認の為、内路に赴き、第56狙撃軍団長であり、侵攻軍代表であったビアクーノフ近衛少将と二十三日に会見した。また、停戦協定成立の報告を受けた峯木師団長は一行を引き連れ、二十二日に豊原に向かった。ただ、尾形警察部長だけは違った。尾形警察部長は当時のことを次のように回想している[60]。

ソ連将校団と交歓する日本側代表として残るようにとの伝達が私にきた。こちらに「歓」はないし腑（ふ）に落ちなかったが断るわけにいかない。退屈な数時間を過ごして、警察署の道場に設けられた会食に、作り笑いしながら付き合った。（この時までは新妻署長も同席）ところが、夜が深まっても私を帰さない。とうとう十時過ぎになって、今夜はここに泊まれという。かくて宿直室に入れられ、軟禁となった。

尾形警察部長は、翌日ソ連兵に銃剣を突き付けられ、時計、万年筆といった所持品を奪われた後、知取駅に連れて行かれて無蓋貨車に乗せられ内路駅へ、内路駅からジープで元日本兵舎構内の草原に連れ込まれ、十一年四カ月に及ぶ抑留生活が始まった。

第二節　停戦協定成立後の豊原空襲

第一項　八月二十二日、豊原

その頃、南樺太の行政の中心地である豊原（ロシア名：ユジノサハリンスク）市内は樺太庁からの命により、至る所に大きな白旗が翻っていた。豊原駅もその例外でなく、駅の屋根に三本立てられていた。

豊原は人口が約三万七千人（昭和十六年当時）の南樺太唯一「市制」が敷かれた町で、市内は札幌のように碁盤の目状に設計され、昭和十八年には内地に編入されていた。豊原駅はその町の西側に位置していた。

ソ連参戦後、国境地帯の敷香や恵須取から大泊港を目指して南下してきた人々、二十日の真岡のソ連軍艦砲射撃と上陸後の一方的な攻撃から着の身着のままで逃れてきた人々が、交通の要衝でもある豊原にあらゆる手段を用いて避難して来た。しかし、緊急疎開船の出港地の大泊町内は、緊急疎開への乗船順番待ちの避難民で溢れかえり、町内の施設では収容しきれず、八月二十二日朝、大泊駅長からの要請で緊急疎開列車は豊原止まりとなり、乗客を豊原で下車させることとなった。そのため、およそ三万もの避難民が急遽市内の学校・寺院・映画館などに収容されていたが、それでも駅前の広場には概ね数千人の避難民がいたと言われ、街中はそれらの人々でごった返していた。

当時の豊原駅前の様子を同駅長だった北三松氏は次のように語る[61]。

駅前を説明しますと、出入り口は東口一か所、その前に千平方メートルぐらいの広場があり、中央が花壇になっていましたが、八月はじめ駅員総出で花壇をこわして穴を掘り、土盛りして、十二、三人ずつはいれる防空壕を十五ほどつくり、さらに広場の南側に十九日からテント張りの仮設救護所を設け、市内の医者三人、看護婦五人ほど来てもらっていたんです。

防空壕は万が一の場合ですが、救護所は避難民に続出する病人を手当てする目的のもので、ここには大きな赤十字旗をかかげてありました。

避難民支援のために樺太医専には豊原支庁から医療班の編成の依頼があり、教官、学生が避難民の収容先を巡回し、彼らの健康管理にあたった。「二十八日の新聞によると戦災負傷者と罹病者は入院百三十三人、巡回施療二百人で伝染病は発生していないが下痢患者がふえている[62]」とある。

その一方で、八月二十二日、豊原にある、樺太神社では、例年より一日繰り上げて例大祭が行なわれた。

樺太神社は、明治四十四年八月二十二日に鎮座祭が行なわれ、翌二十三日に鎮座・創建された。そこから毎年八月二十三日～二十四日に例大祭が行なわれ、町内には紅白の幔幕と提灯がぶら下げられ、競馬なども行なわれ賑わっていた。同時に、八月二十三日は樺太の施政記念日でもあった。しかし、昭和二十年八月二十三日の例大祭は非常事態という事で樺太庁は一日繰り上げて「二十二日午前中に施行、大津長官が型ばかりの幣帛供進使を奉仕した[63]」のであった。

他にも、この日も重要書類の焼却は続けられていたが、その際、庁舎内にある多数の日露辞典まで焼却したため、金子地方課長はソ連軍に拘束された際に、なぜ日露辞典まで焼却したかについて厳しく尋問を受けている。大泊港からは藤野視学が島内六十六校のご真影を以て、北海道へ渡った。そして、午後になり、知取での日ソ軍停戦協定が成立したとの知らせが入ると「これを各方面に伝達したのち大津長官は、空襲下、樺太庁の地下防室で灘尾内務次官あて最後の報告電を打[64]」電した。

さらに「午後七時頃ソ連軍の前哨隊、樺太庁舎に乱入書類等を押収、長官以下を威嚇[65]」という記録も残っている。

大詔渙発から一週間も経ち、日ソ両軍の間での停戦協定も漸く成立し、島内の建物には、白旗が掲げ降伏の意を示されているのに、自分達の頭上に、この後爆弾が降ってくると想像出来た者は果たしていたのであろうか。

第二項　ソ連機による豊原駅前空襲

この日も気温三十度を超える暑い日で、豊原の住民は家の窓を開け、涼しい恰好で過ごしていた。その一方で駅前の避難民は着られるだけの服、それも晴れ着を重ね着して、故郷の町から真夏の熱い日差しの中を逃げたきた者も少なくなく、その着物が放つ臭気と暑さから倒れる者もいた。

そして事件は起きた。この日、ソ連機（六機と言う人がいれば、三機と言う人もいる）が停戦協定成立後に豊原駅及び周辺にいる民間人、及び民間地域に対し、無差別攻撃をくわえてきたのである。まずは、以下の電文を読んでもらいたい[66]。

54至急電報　昭和二〇　八　二三
次長宛　　　発　「札幌」　　達部隊参謀長
達参情電第一五九号（八月二十二日二一三〇発）

一　本二十二日十五時三十分―十六時二十分「ソ」聯機「テー・ウー」二型六機　「ヤー・カ

ー」九型三機二次ニ亘リ豊原停車場竝ニ北豊原停留場付近ヲ銃爆撃セリ
爆弾五―六発　焼夷弾約二〇
二　当時豊原停留場付近ニ　避難民五〇〇〇―六〇〇〇群衆シアリテ　四〇〇―五〇〇ノ死傷者ヲ出セルモノノ如シ　豊原停車場半壊　北豊原附近被害ナシ
三　我ガ方邀撃セズ

この電文は達部隊参謀長こと、第五方面軍参謀長が東京の参謀次長宛にソ連軍機による豊原駅前爆撃について、犠牲者の無念を託す気持も込めて打ったものであろう。しかも、日ソ間の停戦協定が成立してから三時間以上も立った時刻に起きた空襲である。当時、豊原警察署に警察官として勤務し、八月十五日以降、大津長官の身辺警護にあたっていた池田久造によると「ソ連機は執ようにも三度飛来し、豊原駅構内の鉄道用品庫をはじめ付近に焼夷弾六、七発を投下したため、大火災になり、駅前から南方を焼きつくした」[67]と回想している。

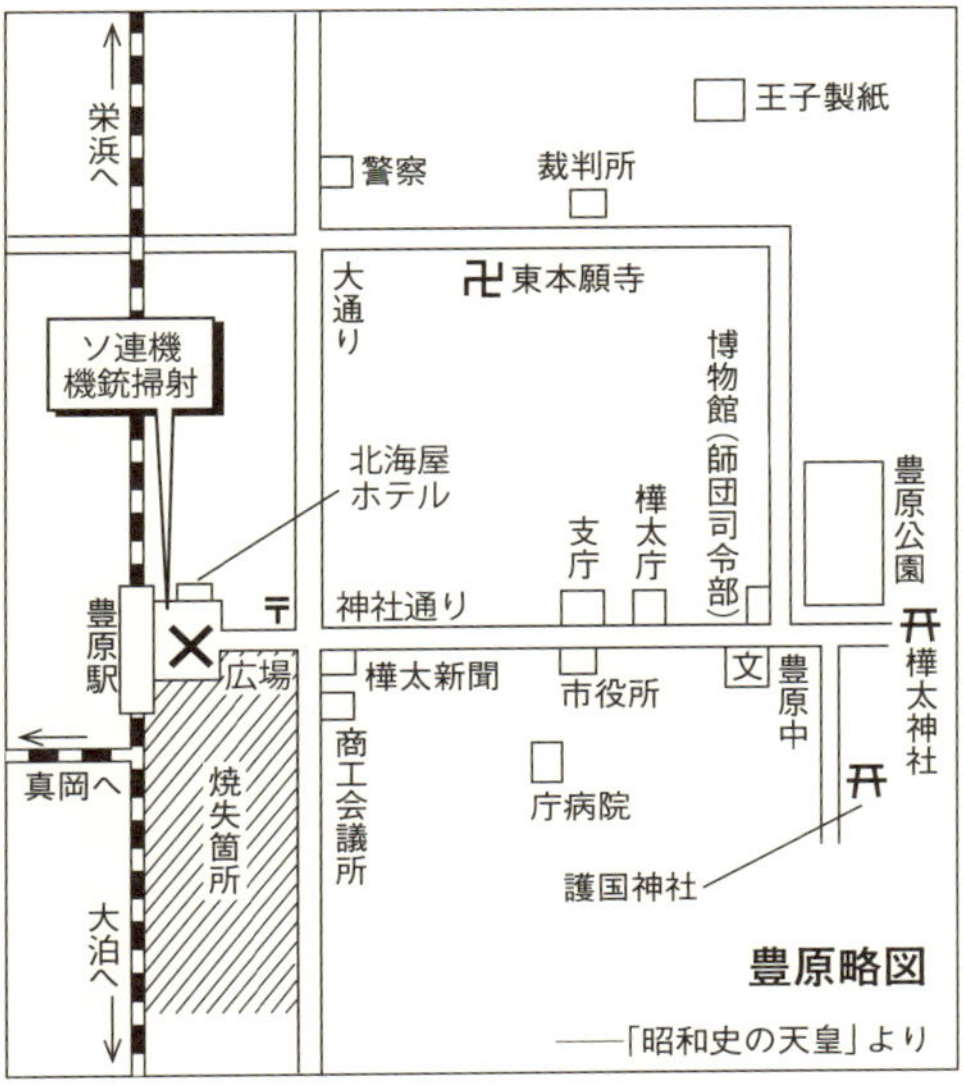

豊原略図
――「昭和史の天皇」より

因みに同日早朝には、北海道留萌沖でも老幼婦女子を定員以上に乗せて樺太から脱出してきた緊急疎開船がソ連潜水艦の砲雷撃を受けて、二隻撃沈、一隻大破。死者一七〇八名以上という痛ましい事件も起きている。復員庁が昭和二十一年十月二十五日付でまとめた樺太情報速報六四号によると「潜水艦攻撃の犠牲でもなくなったのは約五千人と推定される[68]」とある。

南樺太における日ソ停戦協定が成立する直前の十一時五十分、国境に近い樺太東岸の町、敷香から避難列車が到着した。八百人もの未難民が下車し駅前広場に腰を下ろし、ある者は収容先を待っていた。

大泊町でこれ以上の緊急疎開者の収容は不可能と判断し、大泊駅長から豊原駅長に緊急疎開列車の豊原での運航停止を申し入れていた。そのため、豊原市は、市職員や警察、駅員、警防団員が手分けして疎開者を市内の学校に分散収容していた。

一般の人々は「終戦」から一週間たち、町中には白旗が翻り、しかも昨日の落合駅前空襲を知らず、危険が迫っているという事は全く考えになかった。そして駅前には一刻も早く列車に乗り、北海道へ脱出しようと座り込む人も大勢集まっていた。その中から、なんとか大泊まで列車で行こうと、乗客の代表三名は激しい剣幕で駅長室で駅長を相手に談判をしていた。その時である。豊原駅の対空監視係責任者の丸尾嶽堂助役が駅長室に飛び込み、

「敵機襲来」

と叫んだ。

この時、乗客代表の希望を諦めさせようとしていた北三松駅長は自らの体験とその時の気持ちを次のように語っている[69]。


バカな、いま知取で停戦交渉中ではないか、わたしは前日、軍使として出発した峰木（ママ）師団長と尾形警察部長を見送り、どうなっても交渉を成立させる、という峰木さんの決意も聞いていました。それに屋上には白旗もある。まさか、と思いますよ。ところがその瞬間、大音響が連続して駅舎が揺れました。わたしは思わず机の下に身を伏せましたが、駅長室の線路側の窓ガ

ラスがみじんに砕けて飛び、壁にかてあった幅一メートル、横五メートルもある大きな額が背中の上に落ちてきました。この額は大正時代に鉄道大臣をした大木遠吉氏の筆で『国鉄精神』とあったものですが、この国鉄精神にガラスの破片がいっぱい突き刺さっていました。あの三人の客の姿はもう見えませんでした。

この間、爆発音と機銃掃射のダダダという連続音、それに飛行機の爆音で耳もつぶれそうでした。爆発音がこんど駅前広場の方でしたので、これはたいへんだと思い飛び出しましたが、一目広場を見て息がつまりました。ひどいというもおろか、無残に腹や胸をえぐられた婦人、子ども、老人がまるで魚河岸のマグロのように一面ごろごろころがっているのです。ふと自分の足もとをみると、ちぎれた手や足が散らばっている。木造の駅舎の壁に、どの部分ともわからぬ肉塊がぺタリとはりついている。道には血が一面流れている。

『あぶない、駅長さがれ』

と駅員のだれかが腕を引っぱったが、そのとき敵機二機はまだ駅の上をぐるぐるまわりながら、しつように突っ込んで来ては、ダダダと機銃掃射を繰り返していたのです。

ともかくあまりのショックにうまくいいあらわせませんが、生き地獄とはこんなのをいうのでしょう。この爆撃はずいぶん長く感じましたが、二、三十分は続いたでしょう。花壇の防空壕は二つが完全にこわれていました。それから兵隊や消防団員がやって来て、救出作業が始まったわけですが、タンカが足りずムシロを持ってきて死体やケガ人を運びました。豊原病院、鉄道病院はたちまち満員というので、どこでもいい、〝院〟と看板のあるところへ運び込めということで、歯科医院とか産院にまで運び込んだ駅員もいて、あとで苦笑したものでした。

爆弾は豊原駅にも投下され、駅員三名が死亡、十四、五人が負傷した。この時機関車の入替作

南樺太の行政の中心だった豊原市の町並み。市街地は街路で碁盤目上に区切られていた。写真の右奥の大きな建物は、王子製紙豊原工場。昭和19年の撮影。

樺太中部東海岸の知取町。この町で、日ソ間の停戦交渉が行なわれた。日本側は第八十八師団参謀長・鈴木康大佐、ソ連側はアリモフ少将が交渉に当たった。

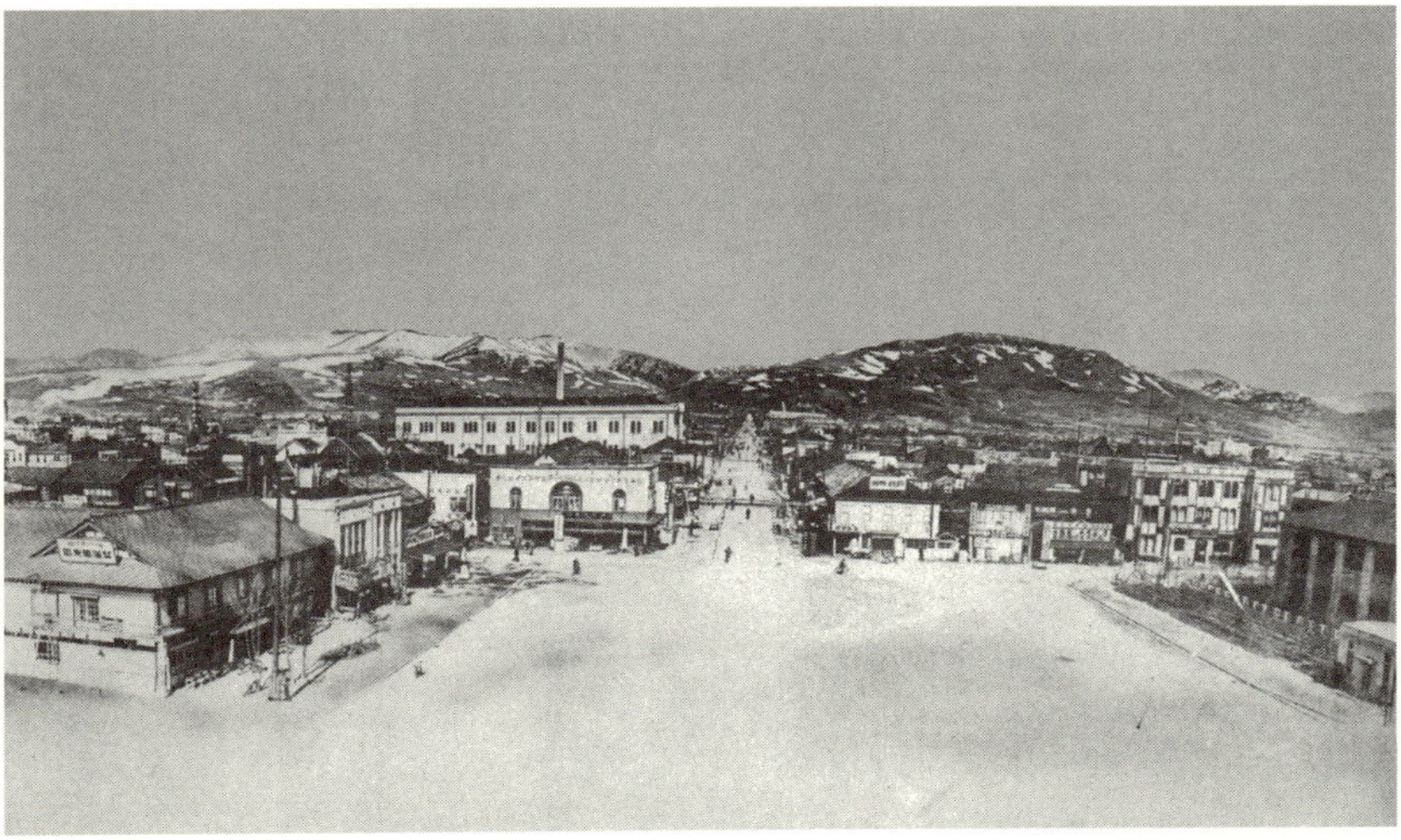

〈上〉豊原駅前広場の全景。日ソ停戦協定成立後の昭和20年８月22日午後、ソ連軍機の編隊が数千人の避難民であふれるこの広場に銃爆撃を行なった。〈右〉豊原空襲の様子を語る全国樺太連盟会長・西本美嗣さん。

豊原市の繁華街、西一条通り。数多くの商店が建ち並んでいた。

豊原高等女学校。校庭のタコ壺防空壕に北部からの避難民を収容した。

業中であったが、作業中の駅員は直ちに作業を中止し、各自避難をした。炭水車の下に隠れたり、ソ連機の来る方向に向かって逃げて助かった駅員もいた。しかし、投下された爆弾は機関車に命中し、機関士と助手は破壊された機関車の車輪の下から手足のない、胴体だけの姿で発見された。また、一緒に作業をしていた連結士は爆風で吹き飛ばされ、三日後に命を落とした。

豊原警察署で警察官として勤務していた高橋秀雄氏は、豊原駅頭で避難民の北海道方面への輸送業務に従事し、声をはりあげていた。ちょうどこの時、知取方面から婦女子二千三百人が乗車した列車が到着したばかりであった。ところが、大泊は疎開者であふれかえり豊原で列車を止めたため、高橋氏は疎開者を学校、劇場に誘導しようとしていた矢先であった。その時の様子を高橋氏は次のように回想する[70]。

> 突然、北方上空より急降下して来る飛行機を発見し、その日夕刻ソ連軍が豊原に進駐する予定から直ちにソ連機に違いないと直感した。（中略）
>
> 声を限り退避の号令を発し、自分自身も地面に伏したのであった。その直後の一大爆裂音響で人事不省に陥り、ややしばらくして手足が動き、自分が生きていることを知り、目を開けたところ、爆煙で真っ暗……。夢中で走り、やっとの思いで花屋ホテル前の明るみに出た。直ちに犠牲者を確認しようとしたが、今度は猛烈な機銃掃射である。
>
> ようやく機銃掃射がやみ、死傷者の確認を始めると、土煙をかぶったまま親子ともども死亡しているもの、腕や脚が切断されて死亡しているもの、重傷で「旦那さん、助けて」と絶叫するもの……。まさに阿鼻叫喚《あびきょうかん》の巷《ちまた》であり、言語に絶する惨状がいまもって眼前にほうふつする

この空襲を豊原駅前の樺太新聞社屋から目撃した同紙常務星野竜猪氏は「ソ連機の襲撃は二十分ほど続きましたが、どう見ても面白半分にやっているとしか思えませんでしたよ。背すじがぞくぞくする思いでした[71]」と語っている。そして、午後二時半頃に星野氏は駅前広場に行ったそうである。その時の光景を次のように回想する[72]。

いやもう、めちゃめちゃでしたね。大きな穴が三つ四つあいていて、そのそばに死体がごろごろころがっている。負傷者があっちでもこっちでもうめき声をあげている。その間を警官、消防団、駅員、兵隊も出動していましたが、早くしろ、こっちへ運べ、と口々にわめきながらタンカで負傷者を運んでいるんです。駅の南側に大きな赤十字のマークをつけた救護所が二か所ありましたが、その前の地面に負傷者がずらっと並べられているのです。流れ出る血が地面にどす黒く吸い込まれ、血と土にまみれて、負傷者が痛い、痛いと泣きわめいている。
混乱のきわみ、なんともうまく表現できません。

避難民が密集する中に爆弾が投下され、その爆発で瞬時に命を奪われ、その「身体」は空に吹き飛ばされ、「部位」と化した「身体」からは、空を舞っている間、地表に血の雨を降らし、その後、雹のようにそれらが落下するという地獄絵図が、停戦協定成立後に豊原駅前広場に現出した。

ソ連軍が攻撃したのは豊原駅および駅前広場だけではない。駅前広場の南側の商店と住宅地が混在したエリア（このエリアには行政機関は存在しない）もそうである。このエリアはこの時の空襲による焼夷弾攻撃で焼け野原となった。ただし、このエリアの東側の大通りと駅前広場のおかげで、それ以外の地域に火災は及ばなかった。

空襲直後の駅前の様子を豊原駅助役だった加藤照衛氏は次のように語る[73]。

五〇キロ爆弾が、駅前にたくさんある防空壕中程のアスファルト上に落とされ、駅や北海屋ホテル等の壁には無数の穴が開き、多数の死傷者が出ました。子供を抱いて死んだ母親、手・足・頭等に負傷した人びと、防空壕の入口で死んでいる人など、さながら生地獄の様相で、その悲惨さに愕然としました。死傷者は直ちにトラック等で病院に送られ、軽傷者は駅の北側で応急手当をうけておりました。

ソ連軍が攻撃したのは豊原駅および駅前広場だけではない。駅前広場の南側の商店と住宅地が混在したエリア（このエリアには豊原統治に必要な公的機関は存在しない）もそうである。このエリアはこの時の空襲による焼夷弾攻撃で焼け野原となった。ただし、東側の大通りと駅前広場のおかげで、それ以外の地域に火災は及ばなかった。

加藤助役によると、北駅長はソ連機が駅前に爆弾を投下して低空からの機銃掃射を行なっている中、倒れている避難民に向かって防空壕から飛び出し、救助活動を行なっていた。さらにそれをみて、心を動かされた若い駅員たちも飛び出し、行動を共にしていたという。

空襲直後に豊原駅前にかけつけた者の中には、樺太新聞の大橋良一記者もいた[74]。

駅前広場には数百名の引き揚げ婦女子が整列していた。最初の爆弾がそれを目がけて落とされたことであった。

駅前広場の中心部にはいくつかの防空壕があったが爆弾が落ちて掘り起こされたようになって

いた。広場全体に、引き揚げ婦女子の風呂敷包みやリュックが点々と何百個も置かれてあり、それは乱れた部分もあったが、所有者が整列していたことを示していた。

この惨劇の被害者は知取方面からの婦女子が主で大泊港が満員のため、一時豊原に降ろされた地方人が多かった。

空襲で何十、何百の人が死んだのか、それさえも判らないほど街は混乱していた。

最初の空襲のとき、私と同じ社の記者が一人、駅の建物附近に居合わせた。

落とされた物が爆弾と気のついたとき彼は夢中で駅の中に飛びこんで身をふせた。壁土が崩れ落ちた入口をみると三、四人の子供が駈けこもうとしていた。だが口から血をどっと吐きながらのけぞった。銃撃に襲われたのである。

また、佐藤赳豊原警察署長は以下のように回想している[75]。

> 八月二十一日午後空襲警報が発令され、間もなく敵機一機が駅前広場に向かって飛んできた。そのときも駅前には約一千人くらいの疎開者や市民が密集していたが、敵機は頭上すれすれに尾翼を振って南の方向へ向けて飛び去った。しかし翌二十二日は昼すぎ、ついに敵機によって五十キロ爆弾四発（八発ともいわれる）と焼夷弾数発が投下され、さらに機銃掃射をあびて累々たる死傷者を出してしまった。
>
> 私は次席の谷森警部に救護や清掃を命ずるとともに、焼夷弾によって発生した火災の現場指揮に向かったが、そのころは警防団員も四散していたので、集まったのは常備消防団員六人くらいとガソリン消防車一台にすぎなかった。そして鉄道官舎の消火に当たっていたとき、またも敵機が急降下してきたので、私たちは一時かたわらの溝に飛びこんで伏せた。

寸刻ののち周囲を見ると、団員二名と、消火に努力していた付近の背の高い男が死んでいる。そしてもう一人、倒壊した家屋に足をはさまれ、前のめりになった姿勢で料亭宇多川の主人小林壮治が血まみれになりながら助けを求めていた。宇多川の主人は、常備以外には誰も出動しなかったのに、警防団警防部長という責任感から出動し、常備団員数名を指揮しているうちに重傷を負い、不幸にも殉職した。

前記回想によると、ソ連機は前日にもやってきているが、その日は陸軍の大飛行場のある落合駅前と落合庁内の内淵がソ連軍機による空襲による被害を受けた日である。このことは報道されなかったが、警察や鉄道は把握していたと推測できる。しかし、ソ連機は主翼を振り、何もせずに飛び去った事と、停戦協定の成立があり、このことは駅前にいた群衆や警察、鉄道関係者を油断させたのかもしれない。

停戦交渉成立を信じるという日本人にとっては「当たり前」の行為を「油断」というのは、酷である。また、ソ連機が二十一日に豊原駅前を低空飛行したのは単なる偵察であったのであろうか。

ソ連軍機の一回目の空襲から間もない時に豊原駅に到着したと証言するのは丸子澄江さんだった。丸子さんの母親と小さい四人の兄弟は十五日に敷香を列車で出発し、無事に北海道に渡ることができ、父親は警防団の人達と敷香に残った。

丸子さんは十九日に列車に窓から押し込められて乗車して南下して来たが豊原で止められ、降ろされた。その時はソ連軍機の最初の空襲の直後だったようで、豊原の駅構内は既に包帯をした大勢の人がいた。列車から降ろされた避難民一行は十人や二十人ではとてもきかない、大勢のケガ人の中を地元警防団員の誘導で避難民の為の収容所に向かう途中、ソ連機の襲撃に遭遇した。周囲には「伏せろ」「姿勢を低くしろ」という怒号が飛び交い、ソ連機は屋根すれすれの低空から丸子さん達一行にせまった。丸子さんの眼には飛行帽をかぶった赤ら顔のソ連軍操縦士の顔がはっきりと見えたという。無事に着いた収容所からは見た豊原の町（豊原駅周辺）は、夜通し燃えていたと、丸子さんは語る。

この消失地域に当時九歳だった、現、全国樺太連盟会長の西本美嗣氏の家があった。西本会長は当時のことを次のように筆者に語った。


十七日頃、隣組の回覧版が回ってきて（ソ連軍進駐に備え）「赤と白の布を立てろ」と指示が出され、どの家も煙突に指示通り布を立てていた。ところが、当時は白は降参の意味というのは分かっていたが、赤が何を意味するかを知る人は少なかったそうで「戦争に負けたのに紅白の旗を掲げるなんて面白い話だ」と家族の中だけでなく、近所同士でも笑いながら冗談を言い合っていたんですよ。

そして二十二日の昼食後、どのくらいしてからであろう。久しく聞いていなかった飛行機の爆音が聞こえてきて「お、ロスケの飛行機が偵察に来たな」という父親の声も聞こえてきたが、まさか攻撃を受けるとは家族の誰もが……おそらく住民の誰もが……思っていたので防空壕に駆け込むどころか、窓を閉めることさえしなかった。そして外をみていた父親が「変だな、無印だ」と言うので外にでると、国籍を示す印が何もついていない真っ黒の軍用機三機が確かに飛んでいる。「変だな～」と言っているうちに、ドッカーンという爆発音が豊原駅の方から聞こえてきたんです。

実は二十一日か二十日に近所の友達が「駅前に人がたくさんいるぞ」と言うので見に行ってきたんです。そしたらね、駅前広場に本当にびっちり人がいて、周りにテントがいくつも張ってあって、あとから逃げて来た人達に聞いた話だと、市役所の人が避難民対応に使っていたそうですね。とにかくすごい（数の）人だったね。

二十二日もすごい人が集まっていたんでしょうね。そのど真ん中に爆弾が落ちて……ウチは駅から歩いて十分もかからないすぐ近くで、爆風ってすごいんですね。家の中の茶箪笥がバーンと倒れたりするんですから。その後（軍用機は）戻ってきて焼夷弾を落とすもんですから、（たちまち火の手があがって）ウチの両親は隣組から呼び出しがかかって来て、バケツリレーで火を消そうとしたんですが、しばらくしてとてもこんなのじゃダメだってんで、家族四人で逃げることになったんです。そして火よけ地でもある大通りを通って、郊外の大沢飛行場（現：ユジノサハリンスク空港）のある山の方に向かってウチだけでなく大勢の人が逃げていったんですが、人間の心理っておかしいもんなんですね。（豊原は碁盤の目のように作られた町なので）空から目立つ大通りを（その近くの空襲を受けていない）細い道を逃げればいいのに、みんな大通りに集まって来るんですよ。そして川のようになって、そう映画「禁じられた遊び」のファーストシーンのようにみんな逃げるんですよ。そして皆防空頭巾をかぶっているんですけど、ソ連機が来ると「伏せ」っている声が聞こえて来て、みんな一斉にその場で伏せて、そこをソ連機が機銃掃射をくわえていくんですよ。昔の飛行機ですから、一度通り過ぎるとすぐには戻ってこられないんで、やられてすぐ起き上がってまた逃げるんですね。でも（敵弾が）あたった家族がいるうちは大騒ぎになるんですよね。でも僕らは逃げて山の中で三日間、豊原の町が真っ赤に燃えるのを見ながら、過ごしたんですよ。そこには同じような人達がたくさんいましたよ。

また、真岡から避難林道経由豊真山道をひたすら歩いて逃げた、現・全国樺太連盟金谷哲次郎副会長も、豊原にたどり着いていて、避難先の豊原女学校で機銃掃射を受けたが、ソ連機が飛び去った後、豊原駅前まで行っている。金谷副会長は自身の経験を筆者に次のように語った。

私はね、とにかく逃げて豊原に来たのが（ソ連軍真岡上陸の）翌朝なんですよ、明け方。そこでね、市役所のか誰か知らないですけど、私たちのグループを捕まえて「あなた方こっちへ来て下さい」と言って連れて来られたのが、豊原女学校だったんですよ。豊原女学校に僕らのグループが百人か二百人行ったと思います。それでね、案内されたんですよ。

女学校だったんですけど、校舎じゃない。校庭がタコ壺防空壕になってるんですよ。そこへ入ってくれっていうんですよ。真っ暗闇ですよ、夜。それでね、タコ壺ってのは、一人しか入れないんですよ。それが淋しくってねぇ〜で、そこでなんか、うつらうつらした筈なんです。それでまぁ〜どうやって目が覚めたかと言うと、機銃掃射が来たんです。

二十二日の豊原の駅前を爆撃したグループの第一波かもしれない。それでねぇ〜我々のところは機銃掃射だけ。で、ところがね、ご存知の通り飛行機は速いでしょ。（飛んで）行ったたってね、しばらくしたらまた帰ってくるんですよ。そこでまた、機銃掃射して行くんです。そこで当たったかどうか、私はつまびらかじゃないんですけど、私の入っていたタコ壺がね、上からダラダラ土がおちてくるんですよ。当たったと思うんですよ。

そうしたらねぇ、音がしなくなったんですよ。手で土砂をよけて、出てみたんです。そうしたらあの辺、あちこち（弾が）当たっていました。見たら駅前の方が真赤なんですよ。駅前が。で、これは爆撃だと。僕はね爆撃を直接見ていないけど、お昼頃だったね。機銃掃射は。そこで親父や他の人は「よせよせ」と言うのにね、十四歳ですから、元気いいもんですから。一晩の疲れも飛んで、駅前まで走って行ったんですよ。どんなんか見に行こうと思って。これは、これはすごかった。あの〜ボカボカ穴が開いていましてね。でね、発表された死者が百人とか二百人とか言いますけど、そんなレベルではなかった。それはね、首のない死体とか、五体満足でない死体とかがゴロゴロいました。いや〜酷かった。

豊原空襲の犠牲者は百名と言われているが、西本会長が指摘しているとおり、実際のところはそんな数ではなかったのではなかろう。しかも、ソ連軍が豊原入城を果たした際、ご遺体はまだ残っていたという。

豊原空襲の夜、ソ連軍進駐の打合わせのために先遣隊が列車で豊原駅に来るとの連絡が豊原駅に入った。そこで駅員達はソ連軍が駅の事務所を使用する可能性を考慮し、駅庁舎の片づけをしてソ連軍の到着を待った。列車は午後十一時時過ぎに到着した[76]。

機関車の前頭に日本とソ連の国旗を交互に掲げたソ連軍の列車が、客車一両で一番線に到着しました。ホームには駅長をはじめたくさんの方が出迎えに来ていました。機関車には、自動小銃を持ったソ連兵が三人乗っており、斉藤機関士は「背中に銃を突きつけられての運転で、恐ろしかった」と話していました。

早速、打ち合わせどうり機関車を客車から離す作業にとりかかりましたところ、及川操車掛の背中に銃を突きつけてきました。そこで作業の中止を指示し、客車に行って日本人の通訳（中尉）を介してソ連軍指官の真意を問いましたところ、客車を転線してほしいとの回答であり、その旨を北駅長に報告しました。そして、打ち合わせをして頂いたところ

（一）客車を二番線に転線すること（二）ホームにいる人は、全員退去させること（三）指示のあるまでは駅長、助役以外の構内通行を禁止する。構内を通る者は射殺する。等の要望が出されたのであります。そこで駅長の指示を受けた及川操車掛が、前頭誘導により客車を二番線に転線いたしました。

その作業の際に、ソ連指揮官の要望で、デッキに添乗して質問に応じていましたが、まだ焼け続けている市街の火災を眺めて「どうしたのですか」の質問がされ、言下に「ソ連機の空襲による被害です。」と答えたところ、「そんなことは絶対にない」と言われ、慌て「不明機です」と答

え直したものでした。
転線後は、直ちに両ホームに歩哨が立てられました。

1　防衛研究所編『北方軍第五方面軍関係聴取録』防衛研究所蔵。
2　樋口著橋本編『樋口季一郎遺稿集』113～114頁。
3　「北方作戦の終焉――一参謀の日記から7」『防衛北海道』（1970年6月）。
4　同右。
5　大橋『失われた樺太』16頁。
6　同右、15～16頁。
7　同右、18頁。
8　同右、20頁。
9　「北方作戦の終焉――一参謀の日記から8」『防衛北海道』（1970年7月）。
10　防衛研修所戦史室編『北東方面陸軍作戦〈2〉千島・樺太・北海道の防衛』466～467頁。
11　同右、467頁。
12　同右。
13　同右。
14　同右、372～373頁。
15　同右、430頁。
16　樺太終戦史刊行会『樺太終戦史』390頁。
17　防衛研修所戦史室編『北東方面陸軍作戦〈2〉千島・樺太・北海道の防衛』468頁。
18　室蘭の室蘭飛行場には第二十飛行団隷下第五十四戦隊の分遣隊が配置されていた。
19　防衛研修所戦史室編『北東方面陸軍作戦〈2〉千島・樺太・北海道の防衛』468頁。
20　金子『樺太一九四五年夏』67頁。
21　防衛研究所編『北方軍第五方面軍関係聴取録』防衛研究所蔵。
22　千歳市史編さん委員会『新千歳市史通史編上巻』（千歳市、2010年）927頁。

23 丸」編集部編『陸軍重爆戦隊奮戦す』（光人社、２０１２年）269頁。
24 航空機乗員の事を陸軍航空隊ではそのように呼ぶ。
25 防衛研修所戦史室編『北東方面陸軍作戦〈2〉千島・樺太・北海道の防衛』470頁。
26 防衛研究所編『北方軍第五方面軍関係聴取録』防衛研究所蔵。
27 防衛研修所戦史室編『北東方面陸軍作戦〈2〉千島・樺太・北海道の防衛』470頁。
28 同右。
29 防衛研究所編『連合国との折衝関係事項其四』防衛研究所蔵。
30 防衛研究所編『連合国との折衝関係事項其三』防衛研究所蔵。
31 片倉達郎他『終戦秘話　戦場からの報告書』（日本随筆家協会、１９７７年）109～112頁。
32 同右、114頁。
33 同右、120頁。
34 同右、121頁。
35 同右、121～123頁。
36 防衛研修所戦史室編『北東方面陸軍作戦〈2〉千島・樺太・北海道の防衛』489頁。
37 鈴木『樺太防衛の思い出　最終の報告』282頁。
38 同右、283頁。
39 同右、284頁。
40 同右、285頁。
41 同右。
42 同右、286頁。
43 防衛研究所編『連合国との折衝関係事項其三』防衛研究所蔵。
44 防衛研修所戦史室編『北東方面陸軍作戦〈2〉千島・樺太・北海道の防衛』507頁。
45 防衛研究所編『連合国との折衝関係事項其三』防衛研究所蔵。
46 防衛研究所編『連合国との折衝関係事項其四』防衛研究所蔵。
47 同右。
48 田熊『第五方面作戦概史』防衛研究所蔵。
49 樋口著橋本編『樋口季一郎遺稿集』121頁。

50　同右161～162頁。
51　田熊『第五方面軍作戦概史』防衛研究所蔵。
52　『樺連情報』平成十年二月一日第3面。
53　同右。
54　鈴木『樺太防衛の思い出　最終の報告』293頁。
55　『樺連情報』平成十年三月一日第2面。
56　同右。
57　鈴木『樺太防衛の思い出　最終の報告』293頁。
58　同右。
59　同右。
60　樺太警友会北海道支部札幌フレップ会編『遥かなり樺太』154頁。
61　読売新聞社編『昭和史の天皇ゴールド版6』（読売新聞社、１９８０年）128頁。
62　樺太終戦史刊行会『樺太終戦史』465頁。
63　同右、460頁。
64　同右。
65　北海道総務部行政資料室編『樺太基本年表』（北海道、１９７１年）276頁。
66　防衛研究所編『連合国との折衝関係事項其四』防衛研究所蔵。
67　樺太警友会北海道支部札幌フレップ会編『遥かなり樺太』177～178頁
68　復員庁第二復員局総務部総務課在外部隊調査班『樺太情報（速報五十九号追加並修正）』（１９４６年10月）。
69　『昭和史の天皇ゴールド版6』128～130頁。
70　樺太警友会北海道支部札幌フレップ会編『遥かなり樺太』157頁。
71　『昭和史の天皇ゴールド版6』126頁。
72　同右。
73　樺太豊原会「敗戦の想い出」『鈴谷3号』（樺太豊原会、１９８５年）54頁。
74　大橋『失われた樺太』63～64頁。
75　樺太終戦史刊行会『樺太終戦史資料9』北海道立文書館所蔵。
76　樺太豊原会「敗戦の想い出」『鈴谷3号』（樺太豊原会、１９８５年）54～55頁。

第四章　西海岸での戦闘

第一節　安別の戦闘

間宮海峡に臨む西海岸の安別は五十戸ほどの民家のある、国境の小さな漁村であった。

住民は仕事としての漁業とは別に、干潮時遠浅の海ではエビをとり、近くの小川では、ご飯粒で簡単にヤマメやイワナを釣り上げることが出来、秋になると大きな松茸狩りが出来るという、都会では味わえない娯楽も味わえる生活をおくっていた。

安別の外れにある日ソ国境は「山が急に間宮海峡に落ち込んで断崖になり、北緯五十度線はその山の中腹を通っていた[1]」。国境にはそれを示す標石が設置されていて、国境から離れた町から、国境標石を目指して大人の集団だけでなく、家族連れや小学生達も先生に引率され国境観光に来ていた。

安別の町はその標石から見下ろす場所にあった。また国境から南に三キロ入った明石には日鉄安別鉱業所があり、一二〇～一三〇戸の炭鉱関係者用の社宅があった。しかし、肝心の炭鉱自体は樺太の他の炭鉱同様、昭和十九年八月の閣議決定以来、炭鉱労働者は管理要員のみを残して、本州の炭鉱に移動していた。

ソ連参戦時、安別に配置されていた戦闘部隊は安別派遣隊と呼ばれた歩兵第百二十五聯隊第六中隊（機関銃一コ小隊、無線一コ分隊配属）の一九〇名と警察官約五十名、憲兵若干で、師団直轄の向地視察隊安別監視隊（軍曹以下三〇名）が別途付近に配備されていた。安別派遣隊に課せられていた任務は「安別守備のほかピレオ川沿いに気屯方向に侵入する敵を阻止し、やむを得ない場合でも飛龍を確保して聯隊主力の側背を援護することであった[2]」。

八月八日夜、九日夜と二晩連続でソ連兵十数名の国境侵犯が確認されたが、その為か、十日に派遣隊から安別住民に対し、緊急避難命令が出され、住民たちは夜陰にまぎれて漁船で翌十一日に西柵丹への避難を完了させた。またこの日は派遣隊に対して、平時に歩兵第百二十五聯隊本部が置かれていた気屯への移動が命じられた。さらに同日夕方にはソ連兵により、海岸で動哨中の警察官三名が拉致されるという事件が発生し、派遣隊はこれを奪回すべく行動を起こしたが、ソ連兵の銃撃を受け、三名の重傷者を出した。そして翌日、三人の警官は無事に戻った。

十二日午前三時になると、ソ連軍は海上と陸上（ソ連領）から安別に砲撃を加え、上陸舟艇を使って、ソ連兵が上陸してきた。派遣隊は警察を指揮下におさめ、反撃を行ない、一時は敵舟艇に火災を発生させるなど善戦をしたが、ピレオ河谷の防衛を考慮し、午前十時頃から離脱を開始。夜までに安別の東二十四キロに位置する飛龍陣地に到着。

安別派遣隊所属の一個小隊がソ連参戦前より配備されていた飛龍陣地には、安別と同陣地の間にいた向地視察隊一個小隊（中山俊豪大尉）も派遣隊より先に到着していた。これ以後、派遣隊、向地視察隊の指揮は、向地視察隊の中山大尉がとることとなった。ただ安別の住民の中には、砲撃をかいくぐって海路脱出した者もいたが、自在丸という漁船はソ連艦艇の追撃を受け撃沈された。

十四日になると飛龍陣地に避難していた住民や地元の在郷軍人が集まり、防備強化に貢献した。そして派遣隊は三組の斬込班を編成し、安別に挺身攻撃を敢行。兵舎、学校、倉庫、重油タンクの焼却に成功した。

飛龍陣地では、十五日に沃内から電話連絡で、十六日には無線分隊がラジオで終戦を知ったが、肝心な停戦命令がでないので、引き続き斬込隊を派遣、戦闘を続けた。十八日には洞窟陣地に「八か月もの糧食を運び入れ、戦闘の長期化に備えるとともに警官隊や邦人を南下させた[3]」。十九日になるとソ連の斥候の姿が、飛龍陣地近くで再び見られ、これと遭遇した安田軍曹以下六名は交戦し、戦死一、負傷二を出した。ところが、二十日の朝、連隊本部から以下の命令が届いた。

その命令は「戦いは終わった。豊原を目標に南下せよ[4]」という内容で、吉田中尉は中山大尉と協議し、命令に従い、以下の通り飛龍陣地から撤退することとした[5]。

人員の掌握、諸機材の整備を終えた後、午後一時武装のまま上気屯を目指して出発した。その後、杉木雄三中尉を長とする気屯残留隊と上気屯で合流し、西柵丹に向ったが、同方面へのソ連軍の進出の情報を得、部隊行動は不可と断じ、名好川の上流である清水部落で、約六〇〇名を数える部隊の解散を決定した。

吉田安別派遣隊長は、奉持していた御真影を高くかかげ、今、部隊は解散の止むなきに至ったことを報告し、隊員には、「天皇陛下の命により部隊を解散する」と涙をもって宣言し、御真影を奉焼、兵器を集積して解散式を終了した。各人は三々五々南下して散っていった。

第二節　恵須取方面の戦闘

第一項　恵須取の防衛態勢

沿海州に臨む恵須取は西海岸最大の町、恵須取は、樺太で最も人口が多く、昭和二十年十月一日には市制に移行する予定であった。

製紙業と炭鉱で栄え、隣町の塔路町（恵須取町から分離した、樺太で四番目の人口の町。炭鉱で栄えていた）とともに、樺太北西部の産業の中心地であり、恵須取町には支庁もおかれ、行政の中心地でもあった。

交通面でも航路では大阪・東京・小樽ばかりか、遠く朝鮮半島北東部の雄基とも結ばれており、陸路では樺太西岸の各町村及び、樺太東岸の内路（大泊に向かう鉄道の出発地）を結ぶ要衝でもあった。「恵須取と内路を結ぶいわゆる内恵山道は対米戦の場合には北地区守備隊のため、複郭地域に向かう唯一の背後連絡線であった。対ソ戦の場合、ソ軍は、恵須取を占領することにより、中央国境方面における日本軍の背後を脅かし、国境方面から南下する主力の進撃に策応することができるところであった[6]」。

特に第八十八師団参謀長であった鈴木大佐の戦後回想によると恵須取への兵力配置について「対ソ戦では、歩兵半大隊に砲一小隊は欠くべからざる兵力で、常時配置し諸準備を整えて置きたい場所だった。対米重点の関係上、軍の意図もあって実現できなかった[7]」。第八十八師団は何度も方面軍に対米重点の兵力配置から対ソ重点の兵力配置への転換を三度要請し、許可がおりたのはソ連参戦直前の「八月三日の午後四時[8]」であり、それが伝えられたのは、急遽、島内の師団主要幹部を豊原に招致して八月六日、七日に行なわれた団体長会同の席上であり、実質間に合わなかった[9]。

開戦時、恵須取市街付近にあった軍隊は特設警備第三百一中隊（高射機関銃二、山砲一を含む）に過ぎなかった。ほかに豊原地区第八特設警備隊（長　由木昇中尉）第五方面軍航空情報隊監視隊の一部、第五船舶輸送司令部大泊支部恵須取出張所、船舶通信第一大隊第一中隊の一部、樺太憲兵恵須取憲兵分隊、第五方面軍情報部樺太支部恵須取支所など、雑多で戦闘力の少ない部隊がいた。別に市街北東方二〇粁の太平炭鉱付近に歩兵第百二十五聯隊第十一中隊が守備に当たっていた。

この地域の防衛についての第八十八師団の作戦指導要領は、以下のようなものであった[10]。

(一)海岸線では一時の抵抗により住民の撤退を援護する。このため配備の重点は惠須取金比羅山(濱市街東側の高地)付近におき、各小部隊を塔路および濱惠須取(濱市街)南方に配置する。

(二)住民は、有事に際し取りあえず上惠須取に退避し、次いで内惠道路および珍惠道路(上惠須取――珍内道)から後退する。これが援護のため、上惠須取付近になるべく堅固な陣地を作り持久する。軍隊配備の重点は上惠須取付近におく。

(三)豊原方面に後退できない住民は内惠道路に沿う地区および知取川河谷に収容し、援護する。

(四)軍隊は、最後に白雲峡付近に後退、持久する。

しかし、ソ連参戦後、特設警備第三百一中隊に配属されていた山砲は戦闘指揮所が置かれた上敷香に撤収させられた。しかし、ソ連軍が十二日に安別に攻撃を加えると第八十八師団司令部は塔路・惠須取方面の兵力増強を決定し、偶然、別件で惠須取に出張中の富澤健三大佐(豊原地区司令部部員)がこの方面の指揮を取りあえず取る事となったそれと同時に兵力も二個中隊が増強された。その内訳は上敷香の歩兵第二十五連隊初年兵教育隊第三中隊を基幹に編成され、山砲一門を付された宮崎巳中尉率いる一個中隊と、当初、真岡に配備予定だった歩兵第三中隊に機関銃一コ小隊を付した部隊である。

ソ連軍は参戦前から領空侵犯事件を起こし、北緯五十度線からはるか離れた真岡市街地でさえ、高速で飛行するソ連機の姿が目撃されていた。

ソ連機は九日から十日にかけて、西海岸の塔路、恵須取、鵜城、真岡などの町々に偵察飛行を行ない「塔路に軍隊がいないことと、警戒が手薄であることを確認した[11]」

また、鵜城南方の古舟沖や恵須取沖には潜水艦の浮上が相次ぎ、海も空も完全にソ連軍に押えられたかの印象を与え、住民の心を動揺と不安の暗闇に陥れた。

恵須取に対しては、九日の夜からソ連機による焼夷弾攻撃と機銃掃射がはじまった。消防団が消火に当ったが、機銃掃射があるので消火どころか延焼を傍観するより他なく、住民は防空壕で夜を過ごした。さらに十日ころから西海岸各地に戦闘機、爆撃機による爆撃と機銃掃射が始まった。特に塔路や恵須取に対する攻撃は激しくなり、空襲の合い間に、壕から出てご飯を炊いていると、また空襲警報が鳴る。あわてて壕内に潜り込んで、敵機退去で出て見ると、釜の飯は真っ黒こげになっていることがしばしばだったくらいである。十二日には執拗に波状攻撃が行なわれ、空襲警報のサイレンが必要ないくらいの執拗な波状的空襲が行なわれた。そして夜になると、照明弾が投下され、そこから無数の火の子がちって、海岸線沿い八キロの恵須取の町は、まるで真昼のように浮き出された。そこへ「モロトフのパン籠」と呼ばれた焼夷弾が投下される。この爆弾は本体の中に小さなたくさんの焼夷弾が詰まっており、それが散らばって落下するため、木造建築が中心の市街地は忽ち炎に包まれ、逃げまどう人々に対しソ連機は機銃掃射まで加えて来た。

炎に包まれた恵須取町の中心部である濱市街の住民達は、市街地の背後の山に作られたトンネル式町営大防空壕（四百人収容可能）に食糧や貴重品を持って逃げ込んだ。

そこは真夏の熱さとあまりの人の多さに、防空壕の奥ではローソクの火も消え、マッチをすっても瞬間的にシュッと白煙を立てるぐらいの酸欠状態で、青い顔をしながら必死で呼吸していた人も少なくなかった。この大防空壕には扇風機もついているのだが、夜には停止され、外気を中に送り込む術がなかったりだ。

また、浜辺の倉庫付近にあった重油ドラム缶がソ連機の攻撃により誘爆して、三百本ほどのドラム缶が空中に舞い上り、火を吹いて落下する情景は凄惨そのものであった。

第二項　ソ連軍の恵須取上陸阻止

このような中、ソ連軍は十三日未明に駆逐艦一～二隻と潜水艦二～三隻の小規模な艦隊による恵須取への艦砲射撃と、舟艇二～三隻を上陸させようとした。

この上陸舟艇に対し、同地の特設警備第三百一中隊は火力を集中させたため、ソ連側は上陸企図を粉砕され、上陸舟艇は反転し、姿を消した。舟艇は二～三隻であった点から判断すると、恵須取占領のための橋頭堡を築くというより、偵察部隊を上陸させようとしたか（真岡上陸に際しても事前に偵察部隊を上陸させている）、海上からの威力偵察を企図したものと思われる。）

この朝の出来事を恵須取支庁に勤務していた前川透氏は次のように回想している[12]。

十三日未明、町を守って各戸の防空壕で猟銃や竹槍を抱き、うとうととまどろんだ人たちは、ビシンビシンと地響を立てる音で眼をさました。飛び出して見て愕然とした。潜水艦と駆逐艦が沖合に姿を現わし、激しい砲撃を加えるとともに三隻の上陸用舟艇が岸辺に迫っていた。

恵須取地区守備の第三〇一特設警備中隊（長：中垣重男大尉）に配属の重機が測候所の山から火を吹き、朝の白みかけた空を走って赤い映光弾（ママ）が舟艇に集中された。舟艇は反転して沖合いに去った。

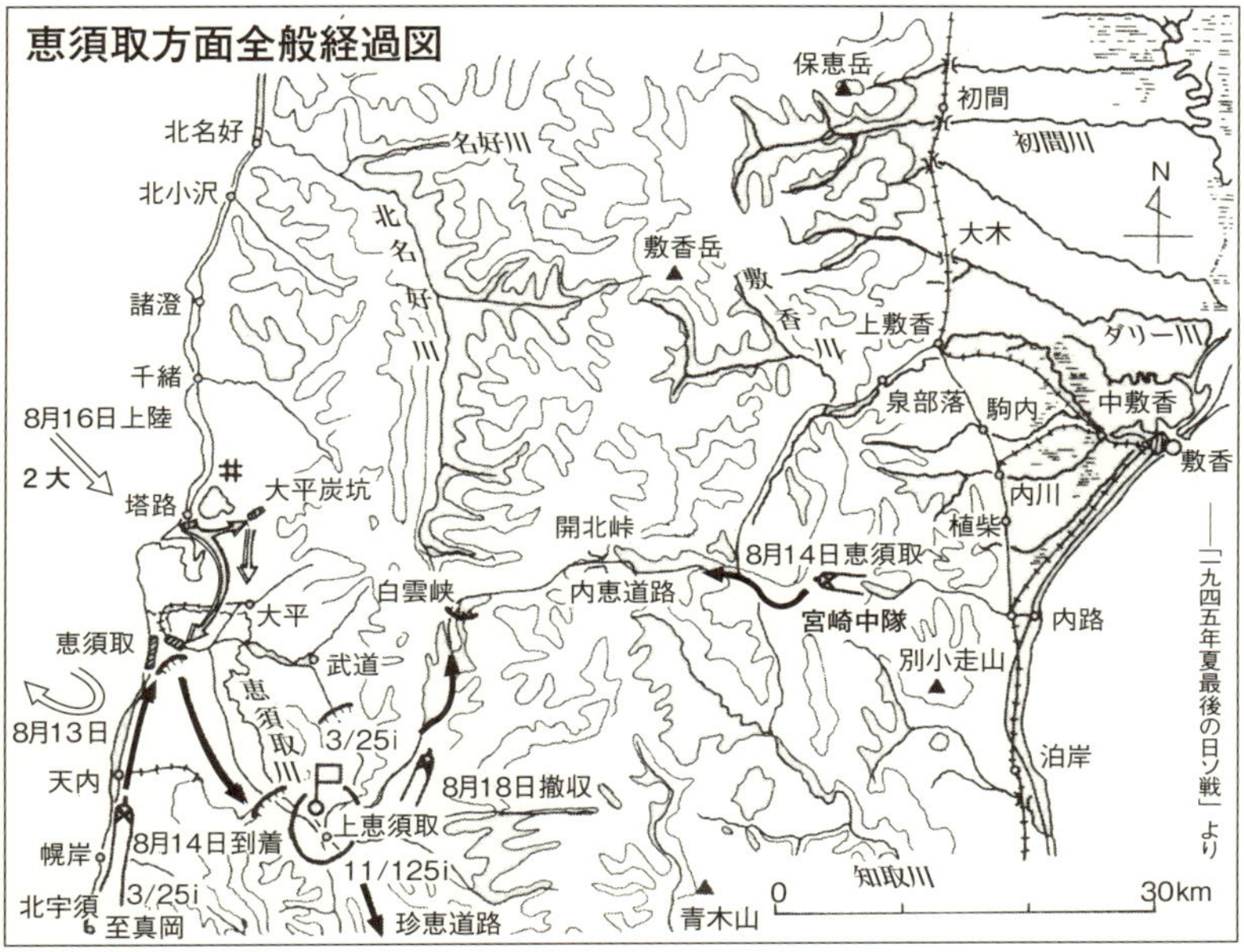

――「一九四五年夏最後の日ソ戦」より

戦史叢書でもソ連軍の十三日の恵須取沖での行動を、ソ連側の記録と思われるが具体的な引用元が不明な以下の文章を記している[13]。

> 恵須取地区における敵防御陣地の状態、特に砲兵中隊の存在とその位置及びウナリーキタカヤシ岬（位置不明）地域の水上地区の警備組織に関するより完全な情報入手のため、八月十三日夜半それぞれ魚雷艇二隻とカッター（ＭＯ）一隻からなる二つのカッター部隊をもって偵察を行なった。八月十三日昼もカッター二隻で同じ目的の偵察を行なった。彼らは同時に海岸線の写真撮影を行ない、上陸部隊指揮官海兵第三六五大隊長も艇上から指揮官偵察を行なった。
>
> 偵察部隊は予定揚陸地区に敵の水上警備のないこと、恵須取南部の火点以外に敵は沿岸砲兵をもっていないことを確認した。恵須取港には敵の若干の兵士が発

見されそれでここに軍隊のあることを推定することができた。

十三日のソ連軍の上陸を阻むことができたが、この日の攻撃で、市街地は灰塵に帰した。また恵須取防衛の戦力といえるのは、特設警備第三百一中隊のみであったが、市街地北東約二十キロの太平炭鉱付近に展開していた歩兵第百二十五聯隊隷下の第十一中隊が、十四日に恵須取に到着した。また、歩兵第二十五聯隊所属で、到着したばかりの真岡からその足で移動してきた第三中隊も同日到着した。第三中隊は後日発せられた古参兵の除隊命令が届かなかったため、「二十五日の武装解除まで完全編成の一七五名[14]」（この日朝鮮半島北部出身の兵士三名が脱走した）という歩兵第二十五連隊では例外的部隊であった。第三中隊は真岡を臨時列車で出発したが、終着駅である久春内駅手前でソ連機三機の襲撃を受けた。

その時のことを第三中隊長浅倉正二郎中尉は次のように回想している[15]。

ミグ3型戦斗機三機の攻撃を受けたため、列車を停止せしめ、一般乗客には座席の下にもぐり込むよう命令し、中隊を列車の右と左に散開せしめ対空戦斗準備を命じ、機関銃小隊の対空高射準備完了を待ち、軽機、小銃と共に一斉射撃を発令する考えであったが、機関銃の弾薬兵（教育不足の補充兵）は皆列車の下にモグリ込んで弾薬なしの機関銃（二銃）は射撃不能であったので、残念ながら一斉射撃の命令を発令すること出来なかった。

この間、ミグ三型戦斗機は後方より列車、特に機関車と交差する如く、次々と急降下砲撃を繰返し機関砲弾は機関車、線路、枕木に物すごい金属音を発し、散開している兵の間にも多くの土煙を挙げて、多くの死傷発生も考えられた。軍医の配属のない、中隊長としては敵機に目を離さずモーゼル拳銃（一〇連発）をにぎり機関銃小隊の射撃準備完了を待つのみであった。やがて弾を撃ち尽くした敵機は西方海上（ソフガワニ基地）に飛び去った。この攻撃はスパイによる恵須取上陸作戦の援護作戦と思われる。

機関車は八発被弾しながらも運転可能で、幸いにも一般乗客・将兵ともに死傷者もでることなく、終点の久春内に到着した。久春内からは、師団手配のバス・トラックにより恵須取に向かったが、珍内町での休憩の際、ソ連潜水艦の砲撃を受ける可能性のある海岸通りの道でなく、珍恵道路にての移動が最善と勧められた。そしてライトをつけずに夜の珍恵道路を北上し、十四日朝、上恵須取に到着し、中垣大尉の指揮下に入った。上恵須取への移動中、すれ違う避難民から「兵隊さん露助をやっつけてくれ、たのむ」という声をかけられた[16]という。

このようにして、師団は他地域の兵力を割愛し、恵須取に派遣した部隊も到着し、次のように配置した[17]。

歩兵第二十五聯隊第三中隊（機関銃一小隊配属）
　上恵須取西北方六粁付近の隘路を確保
歩兵第百二十五聯隊第十一中隊
　上恵須取西方三粁の隘路口を確保
特設警備三百一中隊（一コ小隊欠、宮崎中隊および豊原地区第八特設警備隊を配属）
　恵須取市街を防禦
爾余の部隊　直轄
本部　八月十五日夜以降上恵須取部落と予定する。

また、恵須取の北隣の塔路に特設警備（以後、特警）一個小隊派遣を決定、同地の守備と飛行場を破壊する処置を講じた。

このように恵須取方面の部隊は上恵須取に主力を置き、上陸するソ連軍に対して地形を利用して抵抗して東海岸のへの進撃を食い止めようとしたのだろう。恵須取は東海岸の内路と結ぶ内恵道路や同じく東海岸の珍内を結ぶ珍恵道路の起点である。この東海岸の内路は樺太東海岸を縦貫する鉄道の駅もあり、ソ連軍に占領されると恵須取方面からの避難民が豊原方面に脱出できなくなるばかりか、南樺太を南北に分断され、敷香をはじめとする北部国境地帯からの住民避難も不可能となり、国境地帯を守備する歩兵第百二十五聯隊も孤立してしまうのである。第八十八師団は当初より、南北独立しての防衛態勢を計画していたとはいえ、避けられるなら、避けたいことであろう。

第三項　国民義勇隊の義勇戦闘隊への転移命令と恵須取の住民避難

樺太各地で義勇戦闘隊が編成されたが、実際に戦闘に参加したのは、恵須取の義勇戦闘隊だけである。

義勇戦闘隊とは、昭和二十年六月に成立・施行された義勇兵役法により、従来の国民義勇隊を基礎として編成された民兵組織である。その対象とされたのは、男性は十五歳から六十歳。女性は十七歳～四十歳である。また、この年齢に該当しなくても、志願することが認められていた。義勇隊員の中核となるのは在郷軍人や警防団員だったが、組織ができただけで、肝心の訓練すら満足にできておらず、その装備も猟銃や先祖伝来の日本刀、それすらないものは竹ヤリというように、「自己調達」せざるを得なかった。

ソ連軍の侵攻が始まり、北部の町への空襲が激しくなってきている中、「樺太国民義勇隊（本部長、大津長敏男官）が師団の要請により戦闘義勇隊への転移を発令したのは記録上は十四日になっている。しかし、実際にはもっと早く豊原連隊区司令官から北部地区の地域、職域ごとの義勇隊に対する要請が出されており、恵須取、塔路地区では十二日と十三日にかけて行なわれた[18]」。

義勇戦闘隊の任務は戦場に近い北部地区では、兵站的業務の軍の陣地構築、防空任務だけでなく、戦車の行動を阻害するために、憲兵や航空情報隊、特警中隊などとともに道路の材木による閉鎖作業や、橋梁を落とす作業といった危険な作業にまでわたった。

恵須取方面の行政の責任者であった尾崎與作恵須取支庁長はソ連参戦時、豊原に出張中であったが、急遽恵須取に戻り、十日からは官民の指導にあたっていた。またその頃はソ連軍の空襲が激しくなっていたばかりか、上陸も心配され、指揮所を支庁裏の大防空壕に移し、支庁職員一同を激励するなど官民の指導に当たった。

しかし、警防団員は各町内を走り回り、町民は動揺して町役場や支庁に押しかけて方策を尋ねに殺到した。しかし係の誰もが的確な指示を与えることができなかった。それは、怠慢でも職務を放棄していた訳でもない。突然、ソ連が参戦し、その晩から空襲に見舞われ、町内の状況把握で精一杯の一般の支庁職員や町役場職員も、住民避難の完全且つ具体的な計画すら存在しない状況では、その能力を発揮する余地がなかったからである。彼等もまた、町民同様に動揺していた。その一方で、支庁や役場では主要書類、とくに軍関係のものは焼却することになり、早速、焼却作業は行なわれた。

その尾崎恵須取支庁長は十三日、豊原連隊区司令部より無電で西海岸北部地区の義勇戦闘隊長に任命されている。支庁長は「ソ連軍の上陸が近いという判断、支庁職員百二十名に、あるだけの日本刀を集めさせ、大防空壕の本部に勢ぞろいさせた。それぞれが日本刀をサムライざしにして、日本刀を杖にした尾崎支庁長、村田銃を持つ肥後竜夫恵須取町長を中心に本部に陣どる格好は、悲壮ではあったが、近代戦争とはおよそかけ離れたものだった[19]」。しかも、義勇隊員の中核となるのは在郷軍人と警防団だが、隊員は少年（十五歳以上）や女性（十八から四十歳までの子供のいない女性）まで含まれており「組織といっても机上プランで、ほとんど組織だった訓練を受けていなかった[20]」。

まさに寄せ集めの烏合の衆であった。

尾崎支庁長はこのような義勇隊の士気をあげようと、奥村税務課長に命じて酒二百石を蔵出しさせ、各地域義勇隊に特配を行なった。しかし、各町村との連絡は十分にとれなかったようで、尾崎支庁長が掌握できていたのは、恵須取町だけでだった[21]。

恵須取の義勇戦闘隊に十代の身でありながら金沢正信氏は父親からクマ撃ちのライフル銃をもらって参加した。金沢氏の記憶によると[22]、

戦闘隊は十五人単位の分隊編成で、分隊長は小銃をもった警官、ほかに猟銃を所持する隊員が一人か二人、あとは竹ヤリだった。隊長の高村純平警防団長は「私に命を預けてほしい」といったが、頼りにする特警中隊はにわか編成の老兵が多く、火器も重機程度しかないことを知っていたから、義勇隊の士気があがるはずはなかった。

装備は自前で劣悪であったが、北部の農山村の義勇隊員は進んで辺境開拓に従事して来た人々で、気の荒い人が多かった。上恵須取の義勇戦闘隊はまさにそのような人達が多く、隊員達をまとめていたのは、樺太庁中央試験所恵須取支所長として、開拓農民の指導にあたっていた桑原武司氏であった。桑原支所長は「十三日[23]」早朝に、「豊原連隊区司令部から『北部防衛隊長を命ず』という電報を受け取った[24]」。桑原支所長は開拓農民たちの人望厚く、在郷軍人分会長を務めており、直ちに農業試験場を防衛隊本部と定め、在郷軍人を召集して要所に配置し、対戦車壕掘りや避難民の受入い準備を始めた。桑原によると、集まって来た隊員は「農民、杣夫は手に手にカマ、クワ、ツルハシ、オノ、猟銃

をひっさげて駆けつけ、その装束は山賊さながらだった」[25]と回想している。

恵須取町ではこのように義勇戦闘隊員が招集されたが、同時に、町内会ごとに老人・子供は十三日早朝より、恵須取市街地より二十四キロ離れた上恵須取に避難を開始した。その後、義勇隊の女子は十八歳以上の子供のいない人だけとなったため、大半の家族はばらばらになって避難することになったが、運のいい家族は上恵須取で再会できた。

この時の避難について、恵須取で電話交換手をしていた兼松淳子さんは次のように回想している[26]。

夜の空襲はげしく局員とともに山の防空壕に避難、爆音が山に反響する。十三日朝突然ソ連軍上陸の知らせ、潜水艦、駆逐艦が出現、激しい艦砲射撃のあと上陸用舟艇、山つたいににげる。山の頂上から見たとき、ガスがかかった海の沖合に黒い船、沼の端山市街、中嶋町にくるまでに皆散りぢりになり、最後に佐藤さんと二人になり、町々も避難したと見えて、あまりの静けさに不気味、我が家も雑然、どんなにか急な避難命令がと佐藤さんと肝太まで走る。

武士町から少し行くと、避難の出おくれた人たちが道路をゾロゾロ、母親の背に赤ちゃん、老人幼い子供を背に、手に荷物、気はせくけど足進まず、人々に置いていかれる弱き者こそあわれ、道路外側に捨てられた荷物の山、空襲あるたびに犠牲者絶叫悲鳴、あわれな光景は言語に絶する。

第四項　塔路からの住民脱出

ソ連軍が恵須取への上陸を試みた十三日、隣町の塔路（塔路町は恵須取町から分離して出来た町）でもソ連軍は空襲を行なった。中でも一度しか飛行機の離発着が行なわれていない浜塔路飛行場は激しい攻撃を受けた。そこにはソ連軍の目を欺くためにベニヤ板製の模擬飛行機が「配備」されており、ソ連機はそれを執拗に狙った。

一方、同飛行場にいた爆破のプロである同町三菱炭鉱義勇戦闘隊は特警小隊に協力し、同炭鉱が所有する火薬を使って滑走路に大きな穴を作り、敵機が離発着不可能な状態にしたが、空襲下での作業だけに義勇隊員の中から重傷者もでた。

こうして飛行場破壊が行なわれた後、特警小隊と「義勇戦闘隊員四十名[27]」は塔路港の警備についた。

塔路町の阿部庄松町長はソ連軍の恵須取・塔路への攻撃を重く受け止め、同町に残っていた二万数千名の老幼婦女子を恵須取町の太平炭鉱に避難させることにした。

大平炭鉱は恵須取市街地から東北方向に軽便鉄道で約十二キロの山間にあり、大平の市街地からも北側に離れた（塔路町のとの境のすぐ近く）場所であった王子製紙系の炭鉱であった。

しかし、塔路町から太平炭鉱へ避難するには、山越えを含む八キロの山道を歩いて行かなければならなかった。

当時の樺太では昭和十九年八月の閣議決定により「数千の礦員は本州に移動[28]」させられたため、多くの炭鉱は閉鎖され、その家族とわずかな炭鉱管理要員が炭鉱に残されていた。島内第四の人口と「樺太礦業（王子系）の白鳥沢、三菱塔路、樺太採炭（鐘紡系）の上塔路の三山[29]」を持つ塔路町もその例外ではなかった。因みにこの閣議決定時の軍需大臣はいわゆる「大王子製紙」社長として樺太の製紙業、石炭業と縁の深かった藤原銀次郎だったのは歴史の皮肉というほかあるまい。三つの炭鉱に残された人々に不安や動揺が大きかったが阿部町長は彼らの生命を守るのは困難と判断したのであろう。塔路町防衛の為の兵力は恵須取の特警中隊から派遣された一個小隊と松田塚一警察署長が率いる軽機と小銃で一個小隊程度の装備しかない警官隊と阿部町長が隊長で、竹槍と日本刀しかなかったからである。
塔路町内の白鳥沢鉱業所巡査派出所に勤務していた堀川清氏によると十二日夕刻（堀川氏の記憶によると十三日ではない）に出された避難命令と大平への避難について、次の様に語る[30]。

午後五時半、署長命令があり「今夜八時を期して全員を大平（炭鉱町）に避難させよ」とのことである。
避難開始までわずか二時間半、早速炭鉱責任者に連絡をとり、各戸防空壕へと伝達する引率責任者は弱冠二十四歳の私、補佐役として炭鉱職員が付せられた。幾つかの小隊と班を編成、真暗な山道を大平へと向かう。背負えるだけ背負い、両の手に荷物を下げ、幼子にまで物を持たせる。乳児を背に、片手にヨチヨチ歩きの幼児の手、片手におむつ、つえを頼りに歩く老爺、寝たきり老母をリヤカーで運ぶ若夫婦など、遅々として進まず、これを引率する私は焦りを感じた。夜が明け、敵機にこの長蛇の列を発見されたら……と。夜を徹して目的地に着いたのが午前四時ごろであったろうか。

当時、塔路第一国民学校長だった斎藤了雄氏も隣町（元々、塔路町は恵須取町から分離して出来た町）の大平炭鉱への避難について、次のように回想している[31]。

十二日、町の代表者が集まって、町内非戦闘員全部を同夜九時から十時にかけて隣町の大平炭鉱を経て恵須取奥地に避難させることになった。みんな持てるだけの荷物を背負い、幼児を連れての深夜の避難行であった。
大平部落まで辿りついて見ると、雨露しのぐ場所がない。二つの小学校はあったが、大平部落の幾倍もある塔路の住民を収容し切れないのである。だから遅れて辿りついたものは全く途方にくれるありさまだった。

塔路から太平炭鉱に避難するには、山越えを含む八キロの山道を歩かなければならず、避難民の中にはその避難路の険しさから独自の行動を選んだ家族もあった。塔路町内の三菱炭鉱の坑内には約千四百名の婦女子が避難した。

ソ連軍上陸の誤報が流れたのはまさにこのような時であった。

この報を受けて雄武洞の発電所ではボイラー、発電機が爆破され、三菱義勇隊は斬込み切り込み隊を編成した。しかし、それからしばらくしてソ連軍上陸の報は誤報であるとわかり、三菱炭鉱の坑内に避難した約千四百名の命が助かったが、同時に悲劇も起こった。

三菱炭鉱では、義勇戦闘隊は前記の約千四百名を殺して、自らはソ連軍に斬込むという決定をしており、坑口に土嚢をつんで密封し、坑内への通風管にダイナマイトを仕掛ける作業まで進められていた。当時、同地の三菱炭鉱職員であった斉藤政雄氏の話によると「電話で爆破命令が届いたが、スイッチを押す役目の職員が、自らの手で多くの隣人を殺さなければならないのかと泣き、ためらっていると、まもなく中止命令がきたという[32]」。

もし、スイッチを押す役目だった職員がためらわなければ、樺太最大の悲劇として、今に語り継がれていただろう。

第五項　竹田医師一家心中事件

ソ連軍上陸の報とそれが誤報とわかったことにより、三菱塔路炭鉱での集団自決を防ぐことが出来た。しかし、誤報だとわかったばかりに後追い自決した人も出た。それが三菱塔路炭鉱病院婦人科医の竹田文雄博士一家の青酸カリによる一家心中である[33]。

竹田医師一家は当時、長男、二男が札幌におり、夫妻と三男、明雄ら子供四人がいた。稔子夫人は近所の人たちと大平に向ったが、生後間もない二女路子をおぶったうえ、三人の子の手をとってはとても険しい山道を歩ききることは不可能とあきらめて社宅に戻った。そのとき、竹田医師は斬込み隊に加わって出発する寸前、残していく妻と幼い子らを思い、帰宅して次々と服毒させたあと家を出たが、やがてソ連軍上陸が誤報であったことがわかった。同医師は妻子のあとを追った。

竹田医師が妻子に服毒させたのは、単に敵手に陥るより、死を選ぶことを当然とした当時の価値観だけによって引き起こされたとは言えないだろう。塔路や恵須取はソ連領沿海州の対岸で、天気がいい日はその姿をながめることができたという。塔路や隣町の恵須取町は、大正九年のシベリアのニコラエフスクで革命派ゲリラ部隊により軍人・在留邦人が虐殺され、特に女性が惨たらしい目にあった尼港事件により沿海州から北樺太を経て日ソ基本条約締結後に移住してきた人達が多く住む地域であった。竹田医師も当然これらの話を色々と聞いて、自分がソ連軍に斬込んだ後、家族がソ連兵の手で尼港事件のように惨たらしい目にあわされることを考えたのではなかろうか。そこで、助からないのであれば、いっそのこと家族である自分の手で楽に死なせたいと思ったのではなかろうか。

竹田医師と同じ炭鉱病院で歯科医として勤務していた山本偵氏は当時の記憶を次のように語っている[34]。

斬込み隊が出るというので私たちは救護班の同行を申し出た。医師は四人（金谷寛光院長は十三日応召、豊原への途中召集解除になったが、この申し出の時点で居合わせたかどうか明かでない）で、うち田中豊医師は救護班として大平まで避難民に同行しており、残る金谷院長、竹田、山本の三人が斬込んでは看護婦しか残らないと聞き入れてくれなかったが、世話になった炭鉱の人と死を共にしたいという頼みがやっと認められた。ところが出発までの時間、待機していると、竹田医師がいったん帰宅、まもなく戻ってきた。このとき、幼い子供を夫人に預け、残していくのにしのびなくて服毒させたのだろう。そのあと斬込み隊が炭鉱事務所前に集合したとき、警察からソ連軍上陸は誤報だったという知らせが飛び込んできた。私たちは救護隊本部の青雲寮に戻ったが、ふと気付いたとき、竹田医師はいなくなっていた。誤報とわかったときの竹田医師の怒りと絶望――その胸中はいかばかりだったろう。

戦史叢書北東方面陸軍作戦〈2〉によると、三菱塔路炭鉱への誤報により生じた悲劇は二～三にとどまらなかったという。また三菱塔路炭鉱だけでなく名好町（塔路町の北隣）の同じ三菱系の北小沢炭鉱では伊藤武雄庶務課長一家と、炭鉱義勇戦闘隊長市村博美一家の心中[35]も起きていた。

ソ連軍の激しい空襲の下、恵須取で老幼婦女子の避難が始まったのは十二日であったが、その避難行は筆舌に尽くしがたい過酷な運命が待ち受けていた。

第六項　大平地区への避難と脱出

十三日未明、恵須取方面から艦砲射撃らしい音と機銃の音がけたたましい音が、大平にきこえてきた。そして塔路町から険しい山道をソ連機に追われるように老幼婦女子の集団が避難してきた。その数「十三日から十四日にかけて約二万人」[36]。とても学校だけでは足りず、徴用で本州に移動した炭鉱夫たちの空き家になっている社宅や寮にも収容した。大平第二国民学校長本多嗣一氏の手記によると、塔路から避難民を誘導してきた者の話では、「塔路浜へソ連軍が上陸して間もなく大平地区にも進撃してくるだろうという」[37]。太平の住民たちは、恵須取方面から聞こえる砲声、恵須取方面がソ連軍の空襲による火災で燃え上がり、赤く染まる夜空、そして、塔路からの避難民の言葉で不安の渦に突き落とされた。

前記本多氏の手記によると、十五日は大平地区には銃爆撃は全くなく、大平第二国民学校内に休養していた約二千名の塔路婦女子の一団は、この日全員上恵須取方面へ去っていったという。

その落ち着いた大平の街が一変したのが、翌十六日のことであった。同日未明、大平地区に空襲警報のサイレンが鳴り響き、避難すべく戸外にでた人々の頭上では、ソ連機が爆音を鳴り響かせながら飛び交い、次々に爆弾を投下。空から降り注ぐ爆弾の炸裂音と閃光、その直後に襲い掛かる爆風に、住民は、転がり込むように防空壕に逃げ込んだ。

この夜の空襲は、二発の照明弾の投下後、五か所に爆弾が落ち、「児童二人を含む十一人が犠牲となった」[38]。

午前四時頃、再び空襲があったが、今度は塔路からの避難民が収容されていた学校を中心に銃爆撃が続いた。

そして空襲が終ると、炭鉱街の人々は今村太平鉱業所長が事前に婦女子の避難先と指定されていた丸腰沢のある丸腰山に向かった。

前記の本多氏の手記によると[39]、炭鉱社宅の拡声器が「男子は神社山へ集合せよ」と叫んでいる。雑木林に囲まれた神社山には炭鉱の今村常務、山口所長ほか炭鉱幹部など百人あまりが集まり、四斗樽の鏡が抜かれ、口づけで呑みかわしていた。この炭鉱社宅組の集合に対し、憲兵隊からの連絡では、上恵須取へ集結せよといい、警察（義勇隊）からの連絡は解散して避難せよという。何れをとるか相談した結果、解散することとなり、神社前において解散式を行ない、国家を斉唱した。しかし声に張りがなかった。

さらに本多氏の手記によると「炭鉱社宅と市街の避難計画は別々になっていた[40]」ため、別々の行動をとっていた。実際、以下に記すように、自身が校長を務めていた太平第二国民学校は太平炭鉱関係者と異なる行動をとっている[41]。

大平第二校でも職員会議を開き、それぞれ家族の許へ帰ることになり、絶対に命を捨てない誓いを立て、水盃をして別れた。このころ太平市街は焼夷弾によって燃えていたが、炭鉱地帯には火災はなかった。

夜になると塔路方面や大平市街方面には、時折銃声がする。ソ連兵はすでに大平市街方面から炭鉱に入りこんでいたようだ。学校職員の男の家族一行十八人は神社山を越して山裏に避難し、野宿をしながら様子をうかがった。

十七日、ほとんど眠れぬまま、人々は夜明けを待った。学校職員家族は裏山を降りて中の沢へ出た。大平炭鉱住民は丸腰沢へ避難することになっていたので、みんな中の沢を北に歩く。塔路から避難してくる人たちは上恵須取方向への指示により中の沢と正反対の南に歩く。空には偵察機が間断なく飛ぶ。

大平地区から避難を余儀なくされたのは、塔路からの避難民も同様であった。上記の午前四時の空襲が終ると、まるで追い立てられるように上恵須取をめざし、同地から内恵道路を経て内路に向かう集団と、珍恵道路を経て珍内経由久春内に向かう集団にわかれ、それぞれ避難した。

その中には脱出を諦めた人もいた。

塔路町の白鳥沢炭鉱から住民を引率してきた既述の警察官である堀川氏は、その日の夕方のことを次のように回想している[42]。

太平鉱業所に今村所長を訪れ、私は「戦争に負けて敵に追われ、女、子供、老人を連れどこまで逃げられよう。敵に捕まりむごい殺され方をされるなら全員を殺して私たちも死にたい。坑道と坑口をふさぐダイナマイトを下さい」と申し出た。所長は黙ってコップに酒を注ぎ静かな口調で「落ち着きなさい、君たちは若い大事な生命をそまつにせず、生きられるだけ生きなくてはならない」と諭され、この計画を断念した。

ただ、避難しようにも集団から取り残され、地理に不案内な人々、幼子や年老いた父母を抱え、ソ連軍におびえながら避難する人々の中からは、恐怖と疲労と絶望のあまり、家族単位での自決が数多く発生した。

第七項　大平炭鉱病院看護婦集団自決事件

十六日に塔路にソ連軍は上陸したが、同町の老幼婦女子約二万人は、既に十三～十四日にかけて、ソ連機の空襲におびえながらも、険しい山道を通って、隣町の恵須取町にある大平炭鉱の、社宅や寮、学校に避難していた。

大平炭鉱は元々、樺太工業が開いた炭鉱で、同社は後に王子製紙と合併した。この炭鉱は露天掘りで、昭和十六年には年産一〇五万トンという樺太第一の出炭量を誇るまでになっていた。元々恵須取近辺の炭鉱から取れる石炭の質は良質であり、大平炭鉱は石炭の質・量ともに優良な炭鉱だったのである。

樺太工業とは大川平三郎氏が大正二年に創立した製紙企業である。太平炭鉱は露天掘りで、軽便鉄道で直接に工場のボイラーのバンカーに投入されたもので大川平三郎が「炭山というより、天然の貯炭場というに均しい[43]」と評した。後に、王子製紙系になっても大平炭鉱への評価は変わらず、いわゆる「大王子製紙」社長に就任した藤原銀次郎氏をして「無尽蔵の貯炭場[44]」と言わしめた。

その大平炭鉱は既述の通り、恵須取から約十二キロのなだらかな山間にあり、大平の市街地からもさらに北側に離れた場所で、約三千七百人の従業員が働いていた。

また、「炭鉱の付属施設としては、専属劇場、職員クラブ、従業員クラブ[45]」、そして炭鉱病院も持っていた。但し、当時の樺太では大平炭鉱に限らず「炭鉱社会の人々の生活は全ての面で安定しており、相互扶助意識のなか、会社側の手厚い優遇処置もあって、他の産業地帯とは大きく異なり恵まれた生活を送ることができた[46]」。

次に挙げるのは、一般的な炭鉱での生活の、ほんの一部である[47]。


炭鉱会社の職員も鉱員も、すべては炭鉱会社が建てた住宅で暮らす。それらの人びとの居住費や光熱水費などはいたって低廉で、それぞれの負担はごくわずかで済む。福利厚生対策がいきとどき会社が負担する比率は一段と高い。病院なども設備が整っており、炭鉱従業員は年じゅう低額な治療費を負担するだけで済み、炭鉱会社にすべてをゆだねながら安心してこの炭鉱社会で暮らすことができる。

炭鉱の人びとにとっては、生活費が安あがりのため結果的に食費、被服費に収入の多くをあてることになる。そのため公務員などのような異なった職種の者からみればそれはかなり「派手」で「贅沢」な暮らしに見える。

（中略）

炭鉱社会の人々の生活は全ての面で安定しており、相互扶助意識のなか、会社側の手厚い優遇処置もあって、他の産業地帯とは大きく異なり恵まれた生活を送ることができた。


大平はまだ戦火を免れていたが、恵須取方面でも緊張が高まり、炭鉱病院もそれに合わせた対応を取らざるを得なくなっていた[48]。

十三日　日一日と緊迫した状態となったので非常体制として歩行可能の患者は一応帰宅して貰うこととし、重症患者だけを空爆に備えて防空壕に移動することにボツ〳〵医薬品の移動を開始した、何分この防空壕は所々天井から雫が落ち湿度はかなり高く不安なものであったがこの場合否応云って居れることは容されない。
十四日　朝から総動員で重症患者を防空壕に運び且薬品並繃帯材料等を移動し、夜間は二人迄三交代で当直を置き全員休養した。其の夜恵須取方面の空は真赤に染り愈々戦火を身近に感じ熟睡することが出来なかった。
十五日　医薬品及繃帯材料等の運搬も終り、正午には重大ニュースが放送されると云うので寄宿舎広間のラジオの前に集まったが雑音がひどく其の要旨を聴きとることが出来なかった。無条件降伏の天皇陛下の御詔だったと云う人、デマだと云う人で交々だった。

其の夜婦長と石川、片山両看護婦の三名が前田歯科医宅を訪ね正午の重大ニュースの内容を聞きに行ったが前田医師も判然と聴き取れなかったと云う中にも話の様子で敗戦降伏の事実を認めざるを得なかった、三人は言葉少なに疲れた足で壕に戻って来た。

この文中に出て来る防空壕とは病院の近くの神社山に横穴を掘って作った防空壕であった。そして、十五日、終戦の詔勅を樺太以外の内地で聞いた人々とは違い、彼女達には将来への不安、身の振り方について考える余裕は与えられなかった。

十六日午前三時、空襲警報が出された。その頃、塔路町ではソ連の艦砲射撃が始まっており、その砲声は大平にまで聞こえた。その大平もソ連軍の爆撃が行なわれ、防空壕に退避していた彼女達は、空襲の最中、壕の入口に下げられていた筵ごしに爆弾が炸裂した際の閃光と衝撃にさらされた。

ソ連機は炭鉱住宅街の北と南に爆弾を投下したようだが、各所で火の手が上がり、消防活動に当った警防団員をはじめとする負傷者が次々と病院に運ばれてきた。

手術室や処置室では叫び声、うめき声で溢れかえり、看護婦はその中を必死に手当てに当たっている中、大平市街の開業医の佐田医師が駆けつけ、手術に取り掛かった。

本来、大平炭鉱病院は「外科、内科、はもちろん耳鼻科、眼科、産婦人科、レントゲン検査室等充実し、又病室ベット数は五十、又看護婦は正看、見習ともに約三十名と云った完備された病院[49]」であった。しかし、戦局の悪化に伴い、医師は院長以下、次々と出征し、内地から招聘した医師ですら、八月になると全員退職してしまい、恵須取市街の王子病院や地元の開業医が交代で診察に来ていた。言わば、看護婦に任された病院はソ連軍の空襲下で出来る限りの手当てを負傷者に続けていた。

副看護婦長だった片山寿美（現姓：鳴海）さん達は看護婦を防空壕に「二人残して[50]」、病院に運び込まれる負傷者の手当てに当たっていたが、当時を次のように語っている[51]。

無我夢中で手当てをしているうちにも、ソ連機は病院の上空をしきりに旋回しては機銃の雨を繰りかえし繰りかえしあびせ、また遠のいていきます。やがて、少しは正気になってみると、負傷者の中にはもはや息たえている人などもおりました。そして機銃掃射のとだえたあいだに、生きながらえている人びとで壕に移せる人は壕に運びました。

そのうちに、今度は私たちのいる大平の北西の方角にある塔路から、山越えしてきた避難民の列がぞろぞろとこちらに向かってきます。着替えの暇などとてもなかったのでしょう。ボロボロになったシャツに血をにじませている人、裸同然で足を引きずっている人など五人に一人は傷を負っています。それらの人のほとんどは、塔路から大平へ逃げてくる途中で機銃にやられたとのことでした。

中略

塔路の方面からやってきて大平を通過し、なおも避難していく人々は、塔路が激しい艦砲射撃にさらされ、避難民の頭上を敵機が追いうちをかけるように機銃掃射してきたことを口々に語り、ソ連軍の上陸はもはや時間の問題であり、私たちも早く逃げる準備をした方がよいと勧めていくのです。その人びとの数もいつしか少なくなり、人影がすっかりとだえたときは正午すぎであったように思います。鉱業所の事務所から避難の伝令が壕にきたのは、そのころです。

佐田医師や看護婦達は空襲による負傷者だけでなく、塔路方面からの避難民の中の負傷者への手当に忙殺されており、彼女達への避難を促す伝令に高橋ふみ子婦長は毅然とした態度で「今朝入った負傷者の繃帯交換や入院患者の処置も残って居るので私達はこの患者達を捨てゝ退避する訳にはゆかないから此処に残る[52]」と言い切って残った。

しかし、ソ連軍の空襲が終わった後、鉱業所の命令により同炭鉱の婦女子達は内路方面への避難を開始しており、多くの住民・避難民は町をあとにしていた。特に炭鉱関係者の住宅街では、婦女子の姿はほとんどみられなくなっていた。そればかりか、「神社山に踏みとどまった義勇戦闘隊も、その後警察の指示で解散、山越えして南下、避難を開始した[53]」が、同じ神社山をくりぬいた横穴防空壕で炭鉱病院の八人の重症患者を守っていた二十三人の看護婦達はそのことを知らなかったのである。町から逃れる人の中には、地元出身の看護婦の家族もおり、彼女を一緒につれて避難するために病院まで迎えにくる者もいた。

片山副婦長にはその時の事を次のように回想している[54]。

炭鉱病院に勤めている看護婦は、炭鉱の子どもさんを採用して看護婦養成という状況にしていたので、たくさんの炭鉱のお父さん、お母さん方が防空壕の前に迎えに見えてました。そして、「自分たちもこれから避難しますが、死ぬならいっしょに死にたいと思うので、子供をつれて帰りたい」と口々に言われました。

でも婦長さんは、「今はもう手が足りないくらいだから、私に預けてくれませんか」と話していました。それでも無理に連れ帰った人もいましたが、

「そうですか、それならお願いしていきますね」

としぶしぶながら、娘さんを託して避難されていった両親もおられました。そのとき、婦長さんが私たちに、

「最後まで看護婦としての職務を全うしましょう」と言われました。

午後、佐田医師が帰った後、太平にとどまっていた男性炭鉱職員から高橋婦長はソ連軍が同日朝、

塔路に上陸したことを聞かされた。

さらに患者達は若い看護婦達にソ連軍が到着したときに起きるであろう悲劇から守るために、すぐにでも逃げるようしきりにすすめていた。男性職員が事務所に戻り、病院にいる健康な人間が看護婦である自分達だけになってしまった。つまり、若い女性だけになってしまったのである。彼女たちは看護婦としての使命感と女性としての恐怖の板挟みにあった。

それでも、防空壕に収容されている患者の世話やケガ人の手当をすませたころには、もう夕闇がせまっていた。

塔路の方角からは、ソ連軍の砲声が聞こえてくるが、大平の町から人々は避難しており、ひっそりとしていた。そんな時、職務に勤しんでいたある看護婦が塔路からの山道を縦隊で歩いている人々を発見した。皆でその方向を見ると、その縦隊は「皆腰に銃をつけたソ連兵だった[55]」

それを見た看護婦達の心は不安と恐怖で一杯になった。それを察したであろう患者達も一刻も早く避難するよう勧めるものもいた。特に悩んだのは責任者である高橋婦長であったであろう。前記の片山副婦長は高橋婦長が脱出を決意してから、大平からの避難民の列に追いつくまでの事を次のように振り返る[56]。

ことに高橋婦長は、娘を連れて帰ると言ってきた親御さんに、「まかせてください」と、若い看護婦を預かった責任がありました。朝からのこの悲惨な状況を見るにつけ、看護婦とはいっても万一、危害を加えられでもしようものなら事は重大です。いまだ目にせぬソ連兵ながら、早朝からの出来事で判断するかぎりは不信感しかありません。高橋婦長は壕を出ることに意を決し、看護婦の面々をうながしました。患者さんの枕元に治療薬を配置し再会を約して壕を出、それこそ追い立てられるように神社の山へ登ったのです。そこから眼下を見おろすと、どうでしょう

――十年ちかくの歳月にわたって見なれた大平の市街は暮色に包まれるなか、赤々と燃えているのです。あたりの道順に明るい人が先頭に立ち、行進はつづきました。かなりの時間が過ぎて、私たちは先に避難していた人びとの列に加わることができました。

彼女達が大平を脱出したのは鉱業所からの伝令が帰ってから大分たっており、南に二十四キロ離れた上恵須取を目指して歩いた。夜道をただただ、安全な場所へ逃げることのみを考え歩いた。しかし、その願いを裏切るように「上空にはソ連機が照明弾を炸裂させて機銃掃射を浴びせた。その度に身体を叢に伏せた。足の裏は豆だらけ、精も根も尽き果てて一歩も前進する気力が失せる[57]」彼女達はソ連機の攻撃をかわせたが、ほかの避難民の中からは多数の犠牲者も出た。

高橋婦長一行に関する数少ない戦後回想によると、避難民の列に追いついていた筈なのに、前記空襲以降、彼女達だけで行動していると読める文章しかない。恐らく、空襲により、避難民の列とはぐれてしまったのであろう。

避難民の列からはぐれ、とまどい、怯えながら歩いていた時、進行方向から歩いてくる人々と出会った。この出会いが彼女達の運命を決めたといっても過言ではないだろう。

ここで片山副婦長の回想を再び引用したい[58]。

夜の十時ごろかと思います。大平から茶々にいたる途中の武道沢というところに着いたとき、私たちとは反対に戻ってくる人びとと出あいました。それは白鉢巻に竹やりを手に、引率されて来た女子青年団らしき一行でした。そのうちの中心者なのでしょうか、「茶々にはソ連兵がはいって、市街は火の海だ。ここ（武道沢）を決戦場にしなければ」と叫んで張りきっているのです。大平から出てくるときは、後方にソ連兵の影を認めて追い払われるようにして出てきた私たち。

茶々に避難しようとソ連の飛行機の下を逃げまわってきたのに、それが前方もふさがれてしまったのです。もう、こうなってはどこへ行っても駄目なんだ……。絶望感だけが私たちの心を深く支配していました。

この感情は決して片山副婦長だけのものではなく、夜の山道をソ連兵に捕まる恐怖から必死に逃げたのに、自分達が向かっている町が既にソ連軍の手に落ち、逃げることも進むことも出来ないと思った二十三人の看護婦全員の想いだったのであろう。

ただ、ソ連軍は樺太で、塔路のように市街地への夜間空襲は行っているが、航空機が地上部隊への夜間攻撃を行なった例はない。また、地上戦においても、夜間攻撃が行なわれた事も、殆どない。それが、避難民の列に対し、夜間に照明弾を落としてまでして攻撃を加えたという証言が複数残っており、あったとすると、何か特別な理由があったのであろう。

また、ソ連軍の地上部隊が照明弾を打ち上げ、その下で避難民に銃撃を加えたのを、当時の思い出したくない記憶と戦後得た、様々な情報により、記憶の中で「ソ連機の夜間攻撃」となっていたとしても、不思議な事ではない。まして当事者にとっては、ソ連機の夜間攻撃であろうと、地上部隊の夜間攻撃であろうと、筆舌に尽くしがたい恐怖を体験したことに変わりはない。

いずれにせよ、避難民に攻撃を加えたのが、どういう部隊であったのか、それを解き明かす決定的資料や証言は未だ発見されていない。

当時十七歳の看護婦であった今谷（現姓：角田）徳子さんによると高橋婦長は「ソ連で日本人居留民らが虐殺された尼港事件の惨劇について語った。多くの女性が陵辱されたという。話を終えた婦長は静かに『最後を共にしましょう』[59]」と言ったと回想している。

また、片山副婦長は高橋婦長の「自決をして身を護り、日本の国とともに最後を共にしましょう……」[60]という言葉を記憶している。

そして、この時の気持ちを次のように語っている。

「武道沢に逃げ込んだあと、親たちのあとを追って無事避難できるとは思えなかったのです。高橋婦長が自決を決意したことは私ばかりでなく若い人たちもそれ以外方法はないと、ごく自然に思ったのです[61]」

また、片山副婦長は自決を決意した理由について「死を選んだのは、辱めを受けたくないという日本女性としての自覚からでした[62]」と一歩踏み込んで語っている。

「姉妹に等しい同僚と一緒に静寂な死を願うこと。私たちは即座に同意しました。ここに、高橋婦長をはじめとする二十三名の看護婦は全員の総意をもって集団自決を決行することとなったのです[63]」

それから彼女達は自分達の荷物を武道沢にあった佐野農場の事務所前にある空き地にまとめ、死地を求めて、婦長を先頭に歩き回った。途中、湿地帯にわけ入り、生い茂る草や樹木によろめき、押し分けながら、歩いていると正面の緩やか斜面にニレの木があるのが、夜目にも見えた。その斜面は丘であり、その頂上に立つニレの木を目指して登った。

そこは湿気のない平坦な土地で静寂に包まれていた。

時折、塔路の方角から砲声と薄らあかりが起こり、彼女達の顔を闇夜に浮かび上がらせていた。誰からとなく櫛で髪を直し、同僚の髪にも櫛を当てた。先輩看護婦は後輩にその後、彼女達は「君が代」を歌い、「海ゆかば」も歌った。そうすると、そこここで、別れの挨拶が自然に始まった[64]。友人同士。先輩後輩。お互い心をこめて、最後の言葉を贈りあった。そして星空の下で思い出すままに静かに「山桜」という歌を口ずさんだという。

歌い終わると、二人の副婦長はソ連軍に見つからないようにするためか、風呂敷で光が漏れないようにろうそくを覆ってから灯を灯した。そのわずかな光を頼りに、自決の準備をすすめた。

「高橋婦長は自決に追い込まれたことを、自らの責任としてわびた[65]。」そして楡の木のまわりに身を横たえ、それぞれが自決用に所持していた劇薬を飲み、注射した。しかし避難中に、劇薬のビンが割れてしまい、全員の致死量に足りないことがわかっていたため、婦長は出血死を併せることにした。そこで各自は自らカミソリの刃を自分の手首にあて、切ることとなったが、どうしても思いきれない看護婦もいた。そういう看護婦達は婦長のところへ行き、手首を切ってもらい血だらけになって元いた場所に戻った。そのうち婦長は注射薬が効いてきて自らが力を失い、倒れる体を気力で起こして、カミソリを握っていたという。

片山副婦長の意識が戻ったのは同日、昼頃だった。周囲にも彼女のように意識がもどった看護婦がいたようで、その声を聞き「じっとしているのです。そのうちに血が出つくすから」と言ったことを記憶しているという。

彼女達が自決を図っていたころ、丘の麓から心配そうに見つめる一人の老婆がいた。彼女の孫娘が看護婦の一人で心配のあまり、大平炭鉱病院の防空壕から脱出した時からずっと後をつけてきたのであった。そして丘の上で何かが起きているのを感じ、麓をうろうろしていたところ、近隣の佐野造材部の人たちが老婆をいぶかって声をかけた。老婆から事情を聞いた造材部の人達はあるいは……と駆けつけてみてわかったのである。

自決をはかった二十三名のうち、死ぬことができたのは、十八歳から三十二歳までの婦長以下六名だけだった。彼女達はニレの木の下に埋葬されたが。ソ連軍により攻撃がやみ、命令により各自、元の居住地に帰って行くとき、大平から避難した人達の中には看護婦の集団自決の話を聞き、ニレの木の下に埋葬された看護婦達、一人一人に野の花を手向けていく人もいた。

それから二週間ほどたち、六人は荼毘に付され、簡単な葬式をすませた。その席には婦長の父が同席し、「私の娘が死んでくれて本当によかった。責任者として生きていて欲しくなかった」と涙ぐみながら挨拶し、看護婦達も肩を震わせて泣いたという。そして六人の遺骨は生き残った十七人の看護婦の胸に抱かれ、元の病院に戻って行った。彼女達の「手首の傷に巻いた白い包帯は、ソ連兵をも感動させた[66]」という。

第八項　敗戦後の戦闘─ソ連軍の塔路上陸

八月十五日昼、恵須取方面の臨時最高指揮官、富澤大佐は恵須取の大防空壕に各中隊長、支庁長、警察署長を集め、今後の行動についての説明と激励を行なったが、その会合直後、終戦の詔勅が発せられたという知らせを受けた。この報告は在恵須取船舶部隊の通信班長が行ない、富澤大佐は無線で確認をとったが、重大な内容の為、緘口令を引いた。これは、ソ連軍の上陸必至という状況判断から、将兵への動揺を抑えるためと、大本営からの停戦命令が師団経由で到着していなかったため、そのような処置がとられたと思われる。

尾崎恵須取支庁長も大津樺太庁長官から「内務省警保局長の指示事項を付して、詔勅の内容と沈着冷静に終戦処理に当たるようとの指示を電報で受けたが、これも一時、口外することをとめられ、義勇戦闘隊が知ったのは十六日朝。ソ連軍が八キロ北の浜塔路に対する上陸を開始する寸前であった[67]」。支庁長も同様な態度をとった。

この夜、特設警備第三百一中隊長中垣重男大尉は「上恵須取を最終抵抗線とするので貴隊は同地に転進せよ[68]」という富澤大佐の命令を受領した。そこで同大尉は、翌日に予定されている恵須取市街地住民の上恵須取方面避難終了を待って、撤収するよう決心した[69]。

そのような中、ソ連軍は同夜午後九時二十七分、恵須取の対岸のソ連沿海州のソフガワニ港より、塔路を目指し、第一船団が出港したのである。

ソ連軍は十三日の上陸失敗で恵須取方面への上陸を諦めていたわけではなかった。

ソ連軍戦史[70]によると、

恵須取上陸計画は第56狙撃軍団が樺太国境地区で戦闘行動を行なっている間に作成された。南樺太作戦計画によれば、北太平洋艦隊は、軍団が古屯要塞地帯の主防禦遅滞を突破する第2作戦期間に、上陸を実施することになっていた。ところが、戦隊司令官は、第56狙撃軍団の戦闘計画を承知していなかったため、上陸の好機を逸してしまうことを懸念していた。これは統合作戦司令部が、このころ陸海軍代表者の交換を行なわなかったことに起因する。

さらに、樺太の日本軍兵力に関する細部情報の不備が、上陸計画の作成をますます困難にした。状況不明は、偵察の強化を必要としたが、困難な気象条件（低雲、海霧）が、飛行隊にも艦艇にもその活動を許さなかった。そこで、ついに戦隊司令官・海軍中将V・A・アンドレーエフは、8月14日、次のような放胆かつ的確な決心を採択することになった。すなわち、8月16日、恵須取港北方数キロの塔路港に、まず第３６５独立海軍歩兵大隊および第16軍第１１３狙撃旅団第2大隊を偵察のため上陸させることであった。

この戦隊司令官の決心は、偵察のための上陸軍が恵須取港地区に橋頭堡獲得に有利な地歩を確立した場合には、戦隊は引き続き上陸を行ない、じ後第56狙撃軍団と統合することにより、第2期作戦に寄与しうると判断したことに立脚している。

北太平洋戦隊司令官の決心に基づき、4個の上陸船団と1個の警戒群が編成された。

第1上陸船団（艦砲支援隊を兼ねる）は、各1隻の哨戒艦、機雷敷設艦および4隻の哨戒艇からなり、第2上陸船団は14隻の魚雷艇から、第3上陸船団は4隻の掃海艇から、第4上陸船団は2隻の輸送船と2隻の哨戒艇からなっていた。また上陸警戒群は、魚雷艇5隻からなっていた。

樺太西岸最大の町、恵須取町の町並み。製紙業と炭鉱で栄えた樺太北西部の産業・行政の中心地で、大泊への鉄道の起点・樺太東岸の内路と内恵山道で結ばれた、交通の要衝でもあった。

〈上〉恵須取町から分離して出来た塔路町。やはり炭鉱で栄えた町である。恵須取と塔路はソ連軍の空襲で大きな被害を受けた。写真中央の建物は塔路第一国民学校。戦前の小学校時代は児童数3600人の樺太第一の小学校だった。〈右〉恵須取の山間にあった露天掘りの大平炭鉱。ソ連軍の攻撃が始まると、塔路の住民は８キロの山道を歩いてこの炭鉱に避難した。

塔路からの多数の避難民を受け入れた大平炭鉱の大平鉱業所事務所。

昭和20年８月17日、大平炭鉱から上恵須取へ避難する途中、武道沢で集団自決した大平炭鉱付属病院看護婦のための慰霊碑。札幌護国神社境内にある彰徳苑に建立された。

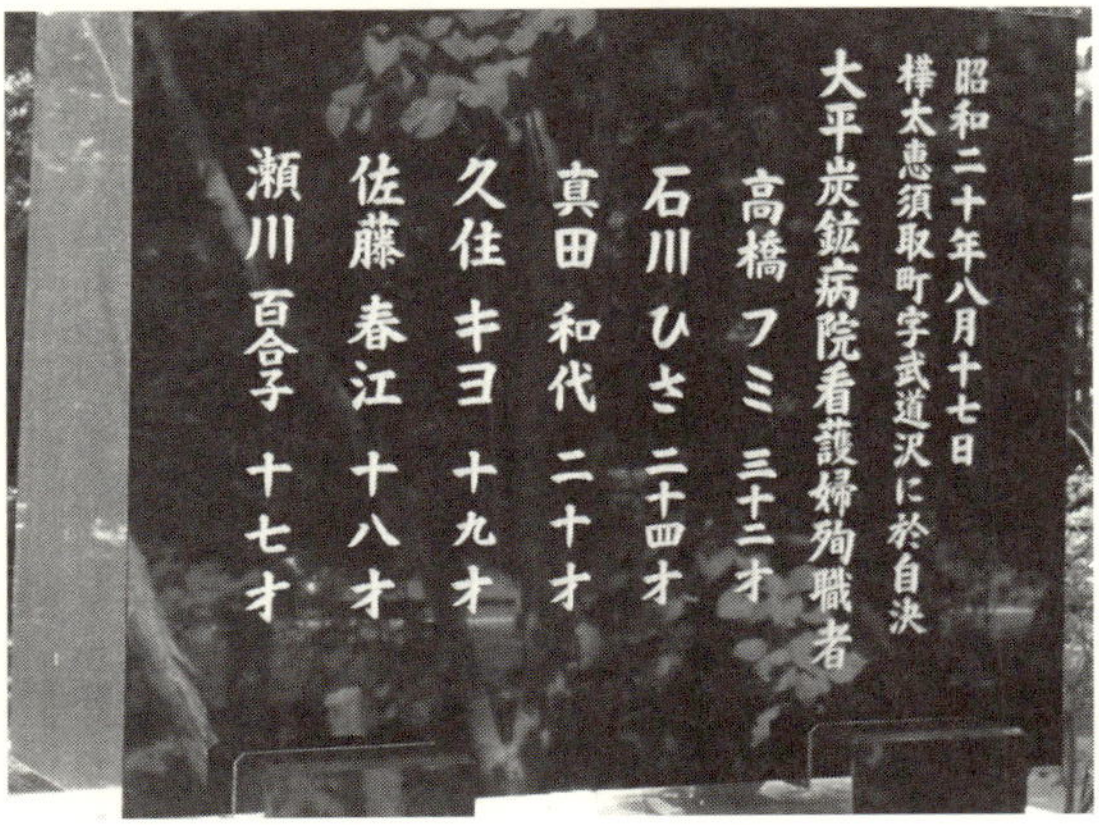

慰霊碑の裏面には、高橋婦長以下、殉職した６人の看護婦の氏名と年齢が刻まれている。

上陸軍に配当された第365海軍独立歩兵大隊および第113狙撃旅団第2大隊の編成は、第1波（320名からなる偵察先遣隊）、第1梯隊（海軍歩兵大隊）、第2悌隊（狙撃大隊）および第3梯隊（砲兵および後方部隊）であった。（注：第1上陸船団の機雷敷設艦は、上陸準備間編成から除外されていたので、偵察先遣隊の兵員数は141名になる）

上陸部署は、次のように予定されていた。

第1期は準備期間で、上陸軍諸隊の乗船地ソフワガニ湾への集結、偵察飛行隊による上陸地区の偵察、上陸軍の上陸開始12～14時間前における戦隊飛行隊の恵須取港空襲（上陸地点の欺瞞）を実施する。

第2期は、防空軍飛行隊と根拠地海区警備隊の援護下に人員・兵器の乗船積載を実施する。

第3期は、戦闘機隊の援護下に上陸船団ごとに、上陸地点に対する海上移動を行なう。まず第1上陸船団が出航し、上陸地点に近接する2～6時間前に、戦隊飛行隊が塔路港を空襲する。最後の上陸船団の出航は、偵察先遣隊長の任務達成報告を待って行う。

上陸軍の上陸は、飛行隊および艦艇の援護下に港湾の繋留上に直接上陸するように計画されていた。この際上陸軍第1波は、「まず塔路地区の舗装路と鉄道との交差点を占領したのち、じ後塔路および西恩洞部落の敵防御組織と兵力配置を確認」の任務をもって、8月16日0415に上陸することになっていた。上陸軍第1梯隊の任務は塔路～太平～入泊の各部落を占領し、上陸軍第2梯隊の到着を待って、山市街市（ママ）を抜き、さらに恵須取市（ママ）および恵須取港に向うことであった。

上陸構想によれば、偵察先遣隊の行動が成功した場合には、そこにできるだけすみやかに、全上陸軍兵力を推進させるように努力されていた。この任務を最も効果的に遂行することができるのは、魚雷艇であった。魚雷艇は他の大小艦艇の航行を拘束することなく、その高速性を利用して、塔路に海軍歩兵大隊を迅速に投入させることができた。

同時に艦隊編成を高速魚雷艇戦隊としたことは、敵の兵力・能力・を十分に関知し得ない当時において、日本軍が後方から大兵力を推進させ上陸が最悪の事態に陥るような場合に備えて、上陸軍の組織的な転進を容易にする狙いも含められていた。

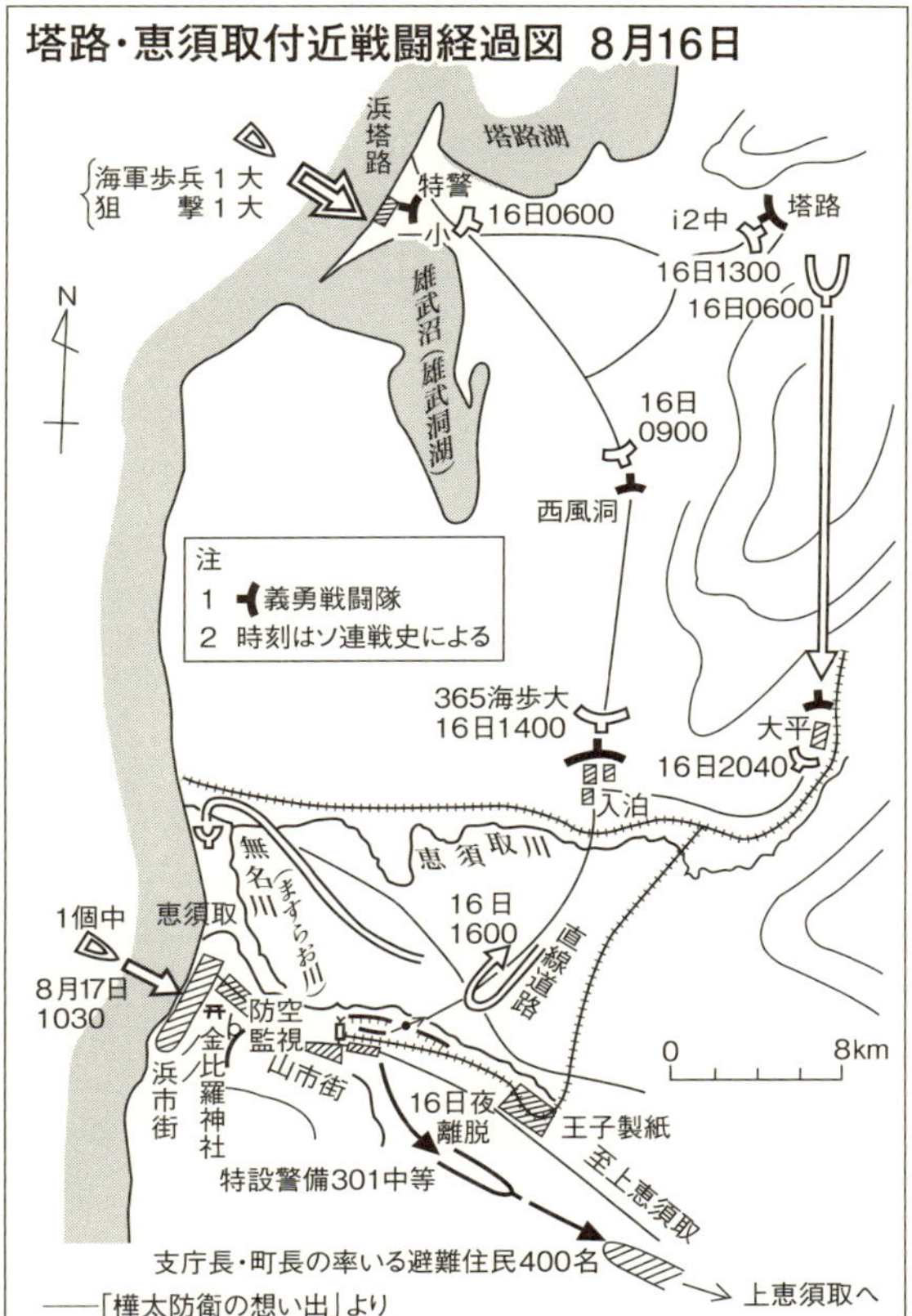

ソ連軍の塔路への攻撃は海と空から始まった。十六日午前一時のことである。戸数約九百の塔路は突然の艦砲射撃と空襲でそのほとんどが焼かれ、午前五時第一船団は塔路への上陸を開始した。ソ連側戦史によると「わずかの抵抗を受けただけで約10分後には港湾建造物を占領した[71]」という。既述の通り、塔路にいた日本軍は特設警備一コ小隊で、それ以外には「地域の義勇戦闘隊、炭鉱の義勇戦闘隊および避難できずにいた人たちだけであった[72]」。

その後、彼らがどうなったのか、筆者は日本側の資料から見つけることができなかったが、ソ連側戦史によると「港湾を防衛していた日本の予備役軍人の小団は一部が戦死し、一部が捕虜になった[73]」とだけ記されている。

ソ連軍上陸時のことを、当時、塔路署外勤巡査であった石山義雄氏は次のように回想している[74]。

午前一時を少し回っていたろうか。頭を揺さぶるような爆音、飛び起きてみると松風町の方角に真っ赤な炎が上がっていた。署内に戻り刀をにぎると駆けつけた署長が部下に指示を与える悲痛な声を背に聞きながら炎の方向に走った。

百メートルほど走ったころ、近くの同町一丁目付近に爆弾が投下され、新しい火柱が立った。町に残っていた婦人たちが日ごろの訓練そのままに消火に当たっているが、真昼のような明るさのなかをソ連機の黒い機影が飛び空気を切る音と炸裂音が地表をたたきつけるようにすさまじい。私が本署に戻ったのは午前七時ごろだったろうか。浜塔路から太田巡査が血相を変えて走ってきて、「いまソ連兵が上陸を開始した。義勇隊を退避させ、線路を走ってきた」と息をきらして報告する。

上陸を援護する戦闘機が金属的な音とともに低空で本署上空を飛び去った。

ただちに避難命令が出された。私たちは町の人たちの最後尾で追い立てるように山に向かった。「逃げないぞ」といきり立つ義勇隊員をなだめながら進むと背後から機銃弾を浴びせながら戦闘機がグアーンと頭上を飛び抜けた。カン、カン、カン——機銃弾がレールに当たってはじけた。が、不思議に恐怖感がない。

私の目の前を、今朝まで留置場に入れられていた男が走っている。何かホッとした。

既述の堀川は白鳥沢炭鉱の住民を大平炭鉱まで引率した後、報告のために本署にもどり、そのまま塔路の街の警戒任務についていた。堀川はソ連軍の塔路上陸の朝を次の様に回想している[75]。

翌十七日、東の空が白みかけてきたころ「大変だ」と大声で叫びながらはち巻き姿の「防衛隊員[76]」が馬より跳び降りる。「今数隻の輸送船より続々とソ連軍が浜塔路に上陸中」との情報に皆いちように緊張する。浜塔路までせいぜい六キロ足らず。ここには二年がかりで完成した飛行場がある。ソ連軍はこれを占領して前線基地にする目的か。早速、全員本署に集合して署長命令を待つ。悲壮な面持ちで姿を見せた署長は「これより敵を迎え撃つ。準備にかかるよう」と命じた。程なく署員二十五名に三八歩兵銃と弾薬が手渡された。だれか軍隊帰りの者が恩賜のたばこを出し、これを回し吸いをする。別れの杯にと湯呑みに注がれる一升びんの酒を一気に飲み干す。いざ戦わんかな、各自トラックに飛び乗った。

そのときである。一台の黒塗り乗用車が近づき、中から転がり出た者が大声で「ちょっと待て、支庁長命令だ」と言う。支庁警務課員である。「一昨日（ママ）の玉音放送は本当である。絶対抵抗してはならん。無抵抗のまま上陸させ、住民は直ちに避難させせよとの尾崎支庁長命令である」。皆死を覚悟していただけに地団駄踏んで口惜しがった。

そのうち西の空の彼方より轟音とともに一群の飛行機が現れ、その数十五、六機――、高度三千メートル当たりをゆっくり旋回し始めた。翼に赤い日の丸。皆小躍りして喜んだ。「一昨日の放送は謀略だ」。「やはり日本空軍は健在だ」。「これが神風だ。万歳」などと叫んだ。だが喜びもつかの間、ぐっと低空で頭上に現れた時、日の丸と見えたのが真赤な星印ではないか。いよいよ絶望だ。爆弾と焼夷弾の投下が始まった。

堀川氏は大平に避難した住民が心配になり、署長への挨拶もそこそこに、自転車で大平に向かったが、途中ソ連機に執拗に追いすがられたが、なんとか目的地に到着出来た。

尾崎支庁長はソ連軍の浜塔路上陸の報を受け、急きょ阿部塔路町長に対し「戦局利あらず。遂に終戦の詔勅を拝した以上は、一切の抵抗をやめ、ひとまず町に残っている人たちを誘導して避難せよ[77]」と指示した。これを受けて阿部町長、松田警察署長、山口三之助警防団長保利啓吉白鳥沢鉱管理部長兼同鉱職場義勇隊長の両塔路義勇戦闘隊副隊長は町役場に集まり協議を行ない、以下の三点を確認した[78]。

①終戦になった以上、支庁長の命令どおり一切の抵抗をやめる

②住民は一応、山間地帯に避難し、先に上恵須取地区に避難した家族と合流させる

③空襲で町は灰じんに帰すかもしれない。残っている三炭礦の施設、社宅もこれ以上空襲を受けては町民を収容できなくなるので、われわれによって停戦と住民の生命保証を交渉する

この時は、塔路にいたはずの特警小隊も所在が不明で、住民保護のためには成否に疑問を持ちながらも阿部町長らは白旗を作り、これを掲げながらソ連軍部隊に向った。

町はずれで運炭軌道の築堤に上がると、すでに市街の状況をうかがっていたらしい少数のソ連兵が銃口を向けた。両手を頭の後ろで組んだ五人は浜塔路方向に連行され、指揮官らしい将校が天皇の写真を示しての尋問に答えて、阿部町長は戦争が終わったことを述べると「町民の生命財産は保障するからすぐ仕事を始めなさい。武器は引き渡すように」といい、部隊を案内して鐘紡炭鉱病院に着いた。

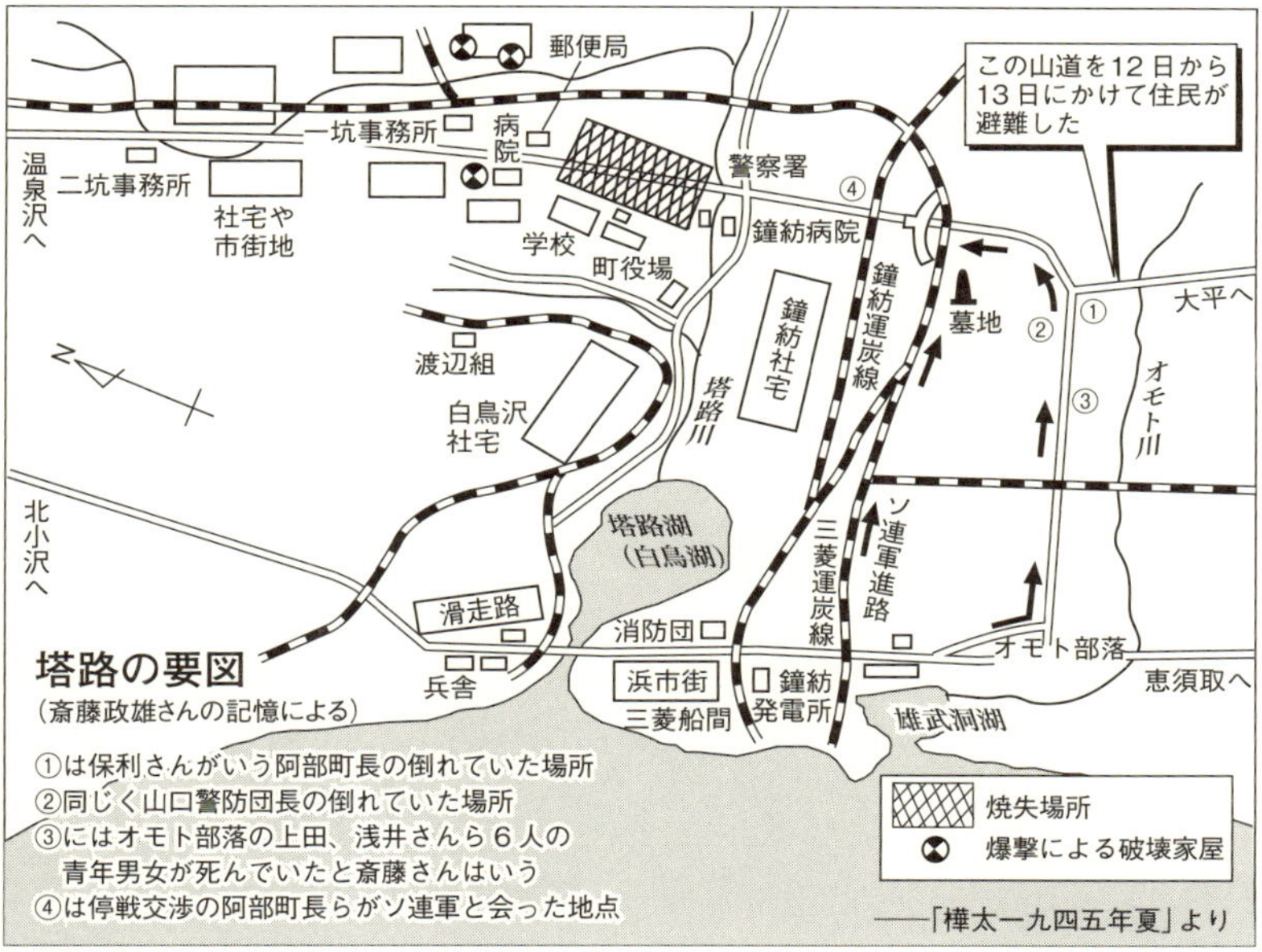

塔路の要図
（斎藤政雄さんの記憶による）
①は保利さんがいう阿部町長の倒れていた場所
②同じく山口警防団長の倒れていた場所
③にはオモト部落の上田、浅井さんら６人の青年男女が死んでいたと斎藤さんはいう
④は停戦交渉の阿部町長らがソ連軍と会った地点
――「樺太一九四五年夏」より

午後、山口団長は消防自動車と武器を集めてソ連兵に引き渡すため単身、避難民のいる山に向い午後五時過ぎ、保利、佐藤両氏は、避難中とらえられたらしい七、八人の男女と帰され、夜にはいって松田署長が戻された。山口団長の帰りが遅いため「急ぎ武器を集めて引き渡すとともに住民も明朝八時までに家に帰らせる」ことを命令されたといい、阿部町長のみが残された。松田署長は町民を呼びもどすため、暮れかかる山道を進んでいったがふり返ったとき町をおおう煙の中を浜塔路に向かう一台の消防自動車をみた。

ソ連軍に抑留された阿部町長がその後どのような処遇を受けたのかはわからない。しかし、町民を大平に避難させ、十七日に帰町した新沼助役が同町の大熊巍童住職らは塔路――大平の山道の入り口付近まで下がってきたとき、道端に阿部町長、山口団長が撃たれ、血にまみれて死んでいるのを発見した[79]。

自動小銃で射殺されていたのはこの二人だけでなく、警防団常備の川原信一、伊河原久之助、林伊助、鐘紡資材部長の川口宗一の四名でなぜ、阿部町長ら六名がソ連兵に射殺されたのか、未だ謎である。

一方、ソ連軍より帰された松田署長は塔路を脱出した住民一行を一晩中探し回った。そして十七日の朝、大平東方の谷でようやく部下の警官隊や役場吏員の集団と合流し、住民の生命安全のためには武器をソ連軍に渡し、町民は速やかに町に帰るしかないと説いたが信じない人が多いばかりか、ソ連軍の謀略だとさえ言われた。実際、恵須取方面からは砲撃や空爆の音がきこえるのだから、無理もないことである。

そこで署長は現状での説得は不可能と判断し、巡査一名を騎馬伝令として、恵須取支庁に派遣、翌日、伝令から依頼を受けた人によって、恵須取支庁長の指示が届いた。

石山巡査はこの時のことを次のように回想している[80]。

私たちは町に帰る決心をしたあと草のうえにごろ寝した。夕方の空に白雲がゆうゆうとながれていた。「町民の安全を守るため、まずわれわれが降伏するのだ」と心にいいきかせると、どっと涙があふれた。だれかがアルコールを手に入れ、わき水で割って回し飲みした。飯ごうのふたに口を近づけるとゆがんだ顔が浮かんでにがかった。十九日朝、からだをぬらす雨で浅い眠りからさめると私たちは下山した。町に入ると白旗を立てて進む松田署長の前をさえぎるようにバラバラとソ連兵が飛び出してきた。一瞬、凍りつくように立ちどまった。と、彼らは自動小銃からはなした右手をさしのべた。なんと彼らの青い目がにこにこ笑っているのです。握手を求めているのだ。みんなの顔にホッとした表情が現われ、次の瞬間それまでの緊張感が音をたててくずれていくような気がした。

第九項　恵須取の八月十六日

尾崎恵須取支庁長が「ソ連艦隊南下中」の電話で起こされたのは、十六日午前二時、恵須取の壕内であった。支庁長は住民を内陸の上恵須取への避難を決心し、その旨を肥後町長に伝え、同時に警務課に住民避難用のトラック四十台の手配を命じた。

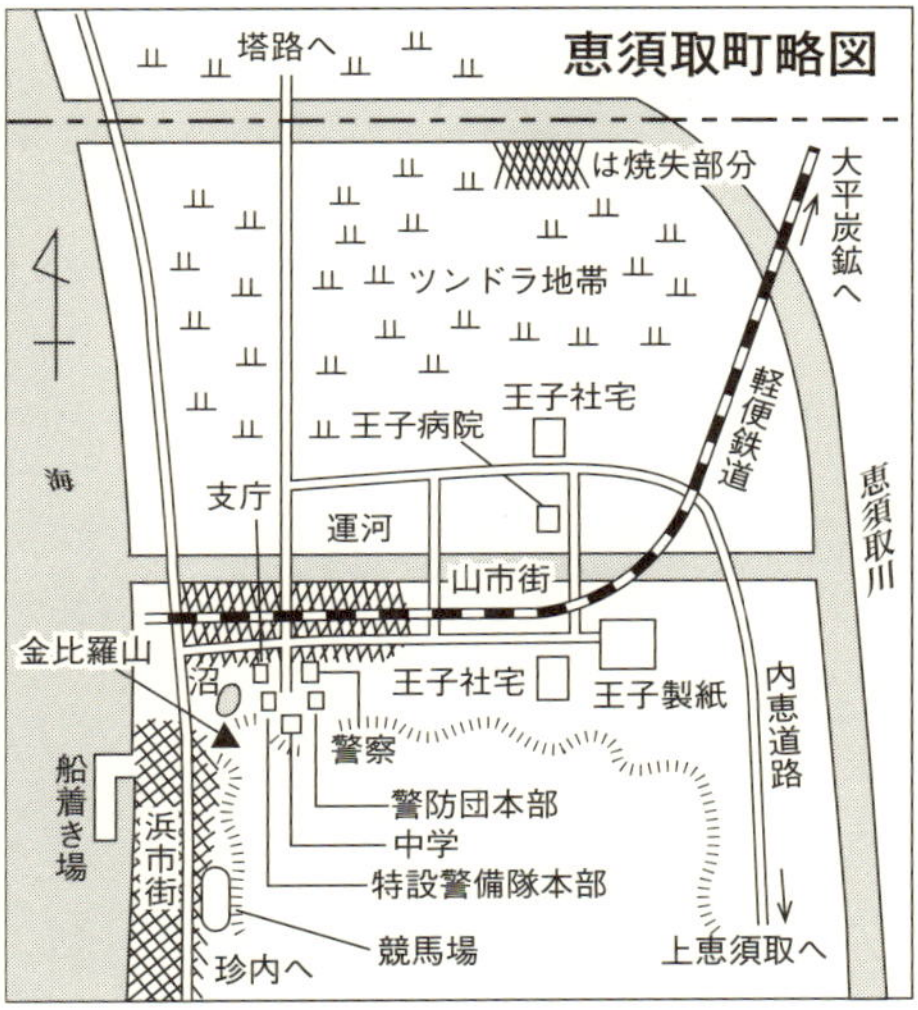

――「昭和史の天皇ゴールド版⑥」より

尾崎支庁長が住民の避難先を上恵須取にするよう命令したのは単にソ連軍が艦砲射撃を加えてくる海から離れようとしただけではなく次のような事情があった[81]。

六月いらい単身赴任で任地にいた支庁長は、官舎が空くのを待って家族を迎えがてら、九日本庁との打ち合わせに豊原に出た。そして、白井経済第一部長の部屋でソ連の参戦を聞いた。九日午前九時半ごろだった。

同部長が家族は豊原に残したほうがいいというので、単身引返すため柳川内政部長に挨拶にいくと、「連隊区司令官の柳少将が会いたいといっているから、すぐいってくれ」といい、柳少将を訪ねると、「最後だよ。これは極秘だが、君の管内での軍の作戦の一部をのみこんでもらわなければならないんだ。西海岸北部は長い海岸線をかかえているので軍が水ぎわ作戦で撃滅することができない。そこで上恵須取と恵須取間の平野が主戦地となる。だから民間の疎開を考える場合もそこは避けてほしい」というものである。

「閣下、よくわかりました」と答えたものの、艦砲射撃が加えられるおそれがある海岸線を避難させることはできない。いざとなったら上恵須取経由で逃げさせるより方法がないということは、柳少将のことばを聞きながら尾崎支庁長が決心したことだった。

「ソ連軍の上陸は、一応明け方とみて、老人や子供、女は昼ごろまでに避難させる必要がある。そのためにはトラック四十台は入用」というのが支庁長の考えであった。

緊急疎開は既に始まっており、その主体となった緊急輸送協議会（樺太庁、鉄道局、船舶運営会）定めていた計画では恵須取からは樺太西線の起点となる久春内までバス、トラックで住民を避難させることになっていたが、軍の徴用で必要な台数をそろえることが出来ず、徒歩で町を離れたものは少なくなかった。その上、連日の空襲で住民の行動が制限された上、トラックも攻撃目標とされ、輸送の実施にも支障をきたしていた。しかも内路に逃れるには、上恵須取付近から進むと標高千メートル前後の中央山脈を貫く山道（それもソ連機の空襲でところどころ穴のあいた）を平時にはない危険を伴いながら徒歩での避難であり、トラックに乗れてもソ連機の目標となる上、道路の状態から安全とは言い切れなかった。

そのトラックも既に軍に徴用されており、住民避難に利用できたのは十五台だけで、明け方から町中は、あたかも物音に驚いた水鳥が一斉に飛び立つようなあわただしさで避難が開始された。老幼婦女子が優先的にトラックに乗せられたが、同乗できない人々はトラックが巻き起こす砂じんの中、町にせまるソ連軍と日本軍の戦闘から少しでも遠ざかろうとあわただしく歩き出した。

そして午後二時頃、ソ連兵が町に迫っているという報告を受け、尾崎支庁長、肥後町長らは内恵道路を使わず、恵須取中学校の裏山に分け入り、上恵須取まで真直ぐ山越えをすることにした。

既述の通り、特設警備第三百一中隊長中垣大尉は恵須取市街地住民の上恵須取方面避難が完了した後、第十一中隊（長：上家富盛中尉・第三中隊（長：浅倉正二郎中尉）が上肝太―胡桃沢―桜沢線に構築中の陣地まで後退するとしていたが、ソ連軍の塔路上陸を確認すると、中垣、宮崎両中隊および義勇戦闘隊を内恵道路の起点付近に集中させた。

これらの部隊はパレス陣地。塔路――恵須取間の直線道路は「恵須取寄り四キロがコケモモ、エゾツツジのツンドラの上に定規をあてて引いたように直線になっている[82]」ことから、そのように呼ばれていた。また、塔路――恵須取間には西恩洞、入泊の部落があり、直線道路の終点は義勇隊戦闘本部が置かれたカフェーパレスの前であった。パレスは鉄筋コンクリート二階建ての建物で、高い望楼があったため、戦闘隊本部が設置された。そこには、大勢の義勇戦闘隊員が集結して四斗樽の鏡がぬかれており、酒をあおって命を懸けて戦わねばならないという恐怖心と戦い、同時に、これから戦闘に臨もうと士気を高揚させて、竹槍を手に横穴壕の中で目を血走らせていた。しかもこの建物の裏山には山肌をくり抜いて作られた横穴壕があり、そこには二千人ほど収容でき、その中では火炎瓶作りが進められていた。

この山は標高百メートルほどあり、山の上には特警中隊の重機の銃座も設置されていた[83]。

これらの陣地からは塔路港に上陸するソ連軍の舟艇がよく見えた。宮崎中隊長は午前十時、十六隻の舟艇で上陸する部隊をはっきり見ている。ソ連戦史によると第二船団の魚雷艇であった。午後、それまで塔路の上陸援護に集中していた敵機は恵須取に目標を変え、王子製紙工場などへの爆撃に移り、同四時ごろには早くも一個中隊のソ連軍は直線道路を山市街に接近しつつあった。

町の上空をソ連機の爆音が耳障りなくらい鳴り響いており、この日は延べ二百機とも思われるソ連機が銃爆撃を繰りかえし、動くものとみると人一人でも執拗に機関銃をあびせかけた。ソ連機の行動は女子監視哨員が双眼鏡から目を離さずしっかり監視し「七機編隊のソ連機、王子工場を爆撃中[84]」という彼女たちの叫び声も聞こえてきた。

そして正午過ぎ、飛行機の援護の下、ソ連軍は塔路方面からの直線道路を通り、山市街地に突入し、恵須取から上恵須取への避難路にある王子製紙工場付近を占領し、恵須取の包囲を図り、自動小銃を乱射しながら日本軍陣地を目指して進撃してきた[85]。

目標をとらえたわが火器は一斉に火を吹いた。戦闘隊員も猟銃をもつものは横穴壕を飛び出し、ますらお川の左岸堤防上に散開して対戦した。耳をろうする銃声と硝煙、頭をつき通すような金属音とともに戦闘機が急降下、わが重機をねらい、地表をたたきつけるような音を残して反転する。

日本軍の激しい反撃に、ソ連軍は反撃を断念した[86]。

道路わきの建物に火を放ち火炎にまぎれて後退をはかった。しかし、建物は大きいがバラック木工場でたちまち焼け落ち、自らの手で遮蔽物を取り払った格好となった。前方二百メートルの直線道路に背を向けて走るグリーンの服をわが方は確実にとらえ、猛射をあびせ戦闘は瞬時に停止した。

そこで中垣大尉は恵須取防衛の任にあった全兵力を山市街に集中させ、攻勢に転じ、ソ連軍を撃退し、王子製紙工場まで上恵須取方面へ部隊を進出させ、上恵須取への避難路を再確保した。そしてソ連軍の敗走を確認した後に、支庁長、町長を始めとする男女四百名の後衛に全部隊を配して闇夜の中での撤退を開始。撤退路も恵須取と上恵須取を結ぶ道路ではなく、ソ連軍に遭遇しないよう山道を通って、翌一七日午前三時頃上恵須取に到着した。

しかし、この撤退に際し、恵須取の各所に配置されていた義勇戦闘隊の中には撤退命令伝達は徹底できなかったようである。事実、山市街より海よりの浜市街にいた義勇戦闘隊は届かなかった部隊もあり、状況から判断して自主的に撤退した部隊もあったが、撤退が間に合わず、ソ連軍の攻撃を受けた部隊もあった。

これに先立つ十六日午後三時頃には、二百～三百のソ連兵が王子製紙工場付近を占領したとの知らせが上恵須取の日本軍に入り、避難路奪回の為、斬り込み部隊の派遣が検討されたが、決行には至らなかった。

第十項　義勇戦闘隊の戦闘加入

横穴壕の外では重機の据え付けは完了しており、壕の中では火炎瓶作りが進められていた。

ソ連参戦以来、各地で義勇戦闘隊が組織されたが、日本軍とともに、組織的に戦闘に参加したのは、恵須取地区だけである。しかも既述の通り、ろくな装備もない寄せ集めの軍民共同部隊が数と装備に勝るソ連軍を一時的とは言え、撃退したのである。恵須取からの撤退に際し、浜市街で戦っていた義勇戦闘隊の中には撤退の連絡が届かず、ソ連軍により命を落とした者も多数いたが、いたが、この戦闘により、恵須取に最後まで残っていた尾崎支庁長以下約四百名は上恵須取への退却に成功した。

ソ連軍の上陸に際し、夜中に沖合と陸側で連絡を取り合うかのようなライトの点滅がみられたため、山狩りが行なわれ、朝鮮系の二名がスパイ容疑で逮捕、処刑された。このことについての朝鮮系住民感情と、激しい抵抗をした日本軍に対するソ連軍の報復心によるためかはわからないが、戦後、八名の日本人が逮捕されろくな裁判も行なわれないまま処刑された。この処刑を知る元恵須取住民の中にはこの八名には山狩りとは全く関係ない人物で朝鮮系の住民に嫌われていただけで逮捕・処刑された人もいると語る者もいる。

その真偽は今となってはわからないが、戦後の九月六日に行なわれた義勇戦闘隊員の処刑は恵須取住民を深い悲しみとソ連軍支配下の生活に一層の不安を与えたことだけは間違いない。

第十一項　女子監視隊の活躍

既述の通り、恵須取町では十三日のソ連軍上陸阻止以来、老幼婦女子の疎開を進め、十六日の浜市街、山市街における地上戦のころには、その姿はだいぶ見られなくなっていた。

しかし、硝煙に包まれ銃弾、爆弾が降り注ぐ町内で、恵須取女子監視隊は対空・対海上監視業務を遂行していた。

「恵須取監視隊本部は隊長が支庁警務課長であったが、実際上は同課付き岡崎正夫巡査が責任者で訓練、指導には真岡の軍監視隊から中野軍曹ら下士官一、兵二が派遣されていた。恵須取は本部のほかに四つの陣地があり、男子は副隊長と兵隊、あとは女子隊員が八十四人[87]」であった。

女子隊員は白鉢巻にカーキ色の制服、足はゲートルに地下足袋といういでたちで、ソ連軍の初空襲の際、家族と水杯で別れを行ない、任務についていたが、ソ連軍が上陸を試み失敗した十三日には、第三陣地を撤収。翌十四日は本部（第二陣地）を恵須取支庁や横穴式の大防空壕に近い新富座横の第四陣地に移動。そして交代で休養をとるために、約半数の隊員が第五陣地のある上恵須取郵便局に引揚げていた。それが十六日になると、命令によりついに撤退せざるを得ない状況になった。

その頃、監視隊の本部壕には、六キロ北の入泊にソ連軍が上陸したという知らせが入り、その後を追うように、パレス陣地から五、六百メートルの地点にソ連軍が進出し、特設警備隊・義勇戦闘隊が交戦中との連絡が入り、女子隊員には手榴弾が渡された。どの隊員の顔も恐怖と緊張で青ざめ、体力も限界に近付いていたが、使命感からくる気力で自らをささえていた。

恵須取監視隊本部（前記の通り、第四陣地に移動済み）で女子隊員の指導にあたっていた中野秀男軍曹は上恵須取で待機中の三個班に、交代のため同地を出発するように指示した。

恵須取の山市街地に迫るソ連軍の兵力は空軍の支援の下、次第に増強され、攻撃も激しさをまし、陣地周辺にも銃弾が飛んでくるようになった。

このパレス陣地周辺の状況は恵須取監視隊本部には伝わってなく、その報告が入ったのは、恵須取の女子監視隊員の交代要員が上恵須取を出発した後であった。中野軍曹は電話に飛びついてトラックが途中通過する林務署や特警中隊にトラックを止めるべく連絡をとったが、既に通過した後だった。これを知った他の女子隊員達は「突き上げてくる不安、焦燥の中で、監視隊は裏山づたいに撤収せよとの命令を受けたが、死地に近づきつつある同僚のことを思って頭がいっぱいだった」[88]。

中野軍曹からトラック通過の問い合わせを受けた特設警備中隊長中垣大尉は、各隊を山市街に集結させ、敵をいったん撃退して最後に撤収するよう攻撃準備を整えていた。そこで、ソ連軍の況把握のため監視隊を電話に呼んで愕然とした。受話器に飛び込んできたのはロシア語だったからだ。中垣中隊長は女子監視隊員がいる壕がソ連軍に占領されたのかと思い、中隊長は抜刀し、軽機分隊を自ら率いて、彼女達の救出のために、壕に急行した。

九日のソ連参戦以来、恵須取はソ連機の攻撃にさらされる中、女子監視隊は必死にその任務を果たしてきた。そしてソ連軍上陸し、山市街で戦闘が行われていた頃、女子監視隊の壕の周辺でも銃弾が飛び交う音を聞きながらも、恐怖と疲労感の中、手の届くところに手榴弾を置き、誰一人任務を放棄せず、交替で任務を続行していた。しかし、彼女たちは、自分達のことだけでなく、彼女達の交代要員を乗せて上恵須取から来るトラックが無事に引返すことを念じていた。

中垣大尉らが彼女達を救出に来たのはそのような時であった。

当時の女子監視隊員達は次のように回想している[89]。

> 日本刀を抜いた特警中隊長が監視隊の通信室のドアを蹴破るような勢いで飛び込んできた。
> ふり返った私たちに「ああ、君たち、無事だったか」というなり隊長は軍刀を杖にからだを支えてボロボロと涙を流した。そして、涙をこぶしでぬぐいながら電話にソ連兵の話が飛び込んだため（電話線を切断、利用されたらしい）とっさに、監視隊本部はソ連軍の手中におちたものと思うと、軍に協力した若い女子隊員を一人でも救出しなければと自ら斬り込むつもりできたのだという。
> 「さあ、君たちは、私が命にかえても退避させるから行こう。ソ連軍は壕から五百メートルの地点にきている」
> 私たち十二人は、ひざの力の抜けるのを感じた。敵が近いことは知っていながら五百メートルと聞いたとたん恐ろしくなった。私たちは気持ちの支えを失ったようでみじめであった。ひとたびただの女にもどると、とてもこの火の海、銃弾のなかを突っ切って脱出、山越えなど想いも及ばなかった。地べたにひざまずいて私たちは「殺してください。どうせ壕を出てもソ連兵に捕えられるのなら、ここで死にたい、その軍刀で刺して……」と中野軍曹に必死に懇願した。

（中略）

「ばか者、ここで死んでどうする。まだやることはたくさんある。しっかりしろ」

われがねのような中野軍曹の声、どなられて、ふっとわれに返った。

通信設備を破壊して撤収することになった。中野軍曹が豊原の司令部、真岡の軍監視隊本部、上敷香の松村隊などに最後の電話をかけた。切迫する恵須取の戦況を伝え、これを最後に通信機を破壊して撤収することを告げた。そのあとに十二人の女子隊員も一人ずつ出て、別れのあいさつをした。

（中略）涙とほこりでくしゃくしゃにゆがんだ顔を見合わせて、壕の出口に進んだ。そこには軽機をもった数人の兵隊と竹槍をもった中年の義勇隊員たちがいた。

（中略）防空頭巾の上から兵隊が縄を巻き、草の葉や木の小枝をさして「さあ、いくんだ」と元気づけてくれる。

こうして、女子隊員達は兵士の声で勇を鼓して、銃弾飛び交う火の海の中に走り出した。周囲を覆う激しい炎と煙は、まるで台風の風に振り回される木々のように彼女達にまとわりつきながらも、必死で裏山を駆けのぼった。足がもたついて立ち止まろうものなら、耳元をかすめるように、シュッ、シュッと弾丸が飛んでくる。そればかりか、ソ連軍の砲撃で地表が揺らぎ、倒れ込んでしまう。生きた心地がしないが、それでも、ただ前の人を見失うまいと必死で山膚に取りつきよじ登った。すぐ背後に竹槍を小脇にした中年の義勇隊員がいたが、彼も様子は同じだった。

その表情を見るだけで、義勇隊員の心臓の早い鼓動が伝わってくるようで、男も女もなかった。皆、必死だった。山頂についいくと、斜面を登っている時とは違って、信じられないほど静かだった。はるか恵須取川のそばのソ連の砲陣地はしきりに砲弾を吐き出している。いつ、近くからソ連兵がとびだしてくるのではないかという恐怖におびえながらも数百人の列が足を引きずって、歩いて行った。誰もが空腹と疲労で、倒れそうになりながらも山膚を縫い、ツンドラ地帯は膝までぬらしながらも、上恵須取を目指しひたすら歩いた。もし、ほんの二、三分でも休憩時間があったら、一斉に地面に倒れ込んで、所構わず寝転んでしまいそうな雰囲気だった。

途中、松尾沢付近で、日本軍の歩哨線に辿り着きほっとしたものの、上恵須取を出発した自分達の交代要員のことを聞いたが、出発したまま引返していないという返事。交代要員はトラックに乗って、ソ連軍しかいない町に、そのことを知らずに突入していったのである。その同僚達のことを思うと、一層足が重くなり、その足を引きずるようにして、十七日午前三時ごろ上恵須取に到着した。そして漸く宿舎の旅館に入ると、彼女達は「泥だらけの足、ぬれたままの服で畳の上に横になり、むさぼるように眠っ[90]」てしまった。

中野軍曹は上恵須取に到着すると、電話で上敷香の戦闘指揮所に状況報告を行ない、監視隊は豊原に向かうようとの指示を受けた。その頃、岡崎巡査は既に恵須取にて樺太庁から「隊員の生命の責任は負えないので、軍の要請いかんにかかわらず解散せよ[91]」との命令を受けていた。解散せよと言われても彼女たちの家族は既に避難し、空からはソ連軍の空襲。恵須取からはソ連軍が上恵須取を目指し進撃してきており、混乱しておりとても若い女性だけで解散できる状況ではないことに憤慨した岡崎巡査は豊原まで彼女たちと行動を共にした。そのため、巡査は非常呼集以来一度も家族にあえぬままシベリアに抑留され、三年後に生きて祖国の土を踏むまで、家族はその行方を知らなかった。

話は遡るが、中野軍曹らが第四陣地の本部にいた頃、先に上恵須取にさがっていた残りの女子隊員と岡崎巡査、河原太一郎兵長（軍監視隊）らは、恵須取の戦況が切迫してきていることを聞かされており、同地で任務を続行している同僚たちの救出をどうするか憂慮していた[92]。

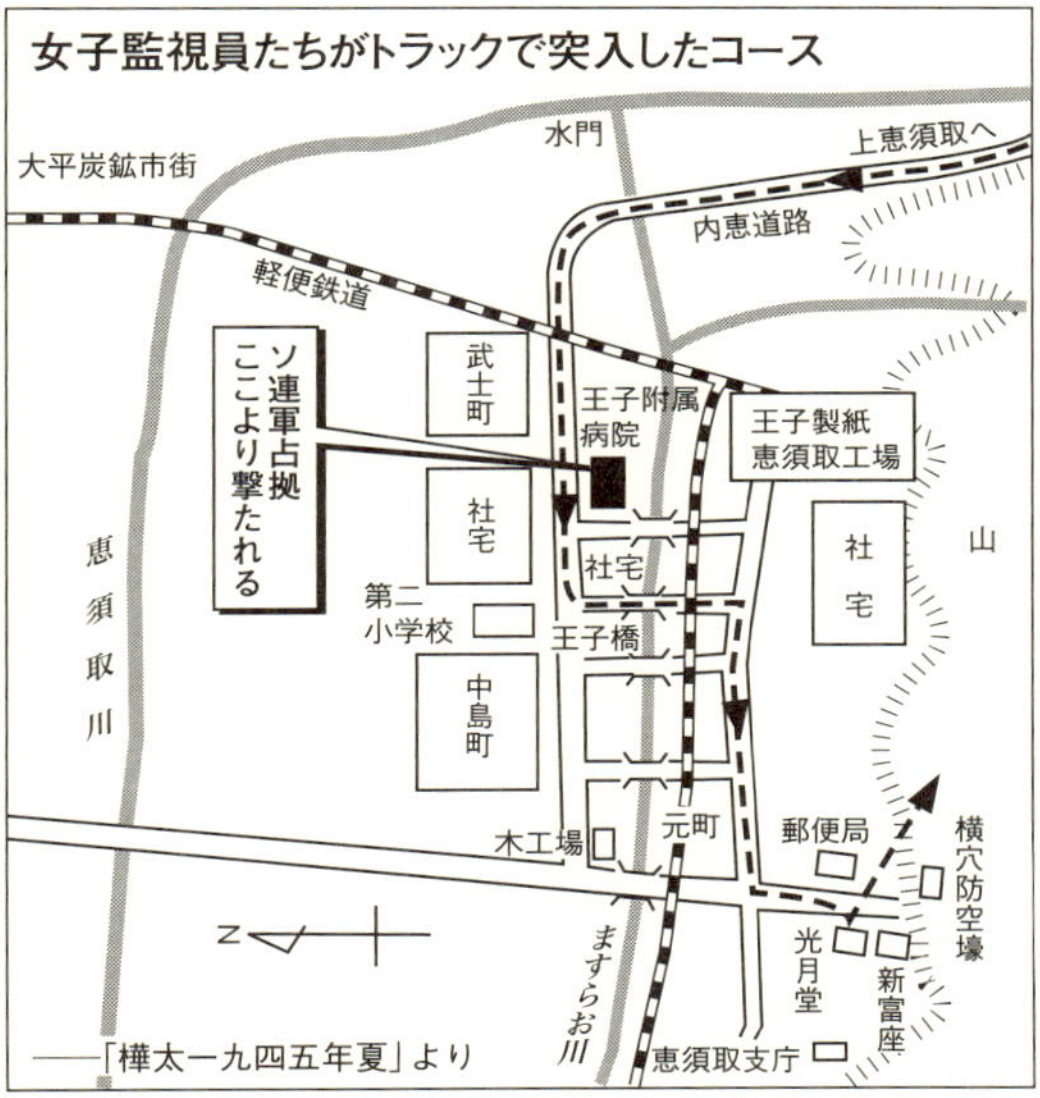

女子監視員たちがトラックで突入したコース
――「樺太一九四五年夏」より

岡崎巡査（監視隊本部要員、支庁警務課）と河原兵長（軍監視隊）はすでに監視隊陣地が包囲されかかっているかもしれないと危ぐした。交代ではなく救出をどうするかが問題だった。上恵須取部隊（臨時指揮官、富澤大佐）にも救出の方法がないという。これを聞いた女子隊員は「トラックで敵前を強行突破、敵の火器が車に集中する間に壕から脱出するより方法はない」と主張、全員が決死隊として同乗するといい、そんな危険な行為はとれないとする岡崎巡査に、狂気のように決行を求めて迫った。

彼女達の狂気のような決意に岡崎巡査は混乱したそうだが、結局それに従わざるをえなかった。岡崎巡査自身、彼女達を救出すること自体には反対ではないが、敵の包囲下にある恵須取に女子隊員が救出に向かう事に反対だったことは、岡崎巡査のその後の行動から容易に推測出来る。

そこで恵須取に向かう女子隊員の数を半数の三十数名に絞り、救出準備に取り掛かった。それでも岡崎巡査の心は「女子隊員の半数を残した」というより「女子隊員の半数も連れて行く」という重い気持ちだったであろう。

既述の通り、恵須取方面からの避難民は上恵須取を目指したため、彼女たちの中には家族との再会を果たした者もいた。岡崎みよこ（旧姓北）さんもその一人で、その時のことを次のように語っている[93]。

自ら敵中に飛び込んでいく一人娘を「いってはいけない。いけば死ぬに決まっているんだから」と肩を両手でゆさぶるようにしている母を納得させるのに困った。母と別れた私は同僚のところに戻ると、「これが死出の旅になるかもしれない」と、そっと生まれて初めての化粧をした。そして、感傷をまぎらすように「散るべきときは清く散れ……」と声をはり上げて軍歌をうたい、真新しい手拭いに赤インキで日の丸の印をつけて堅くきりりと締めた。みんながそうしたが、薄化粧のうえ緊張で赤く染まったほおがとても美しいと思った。

出発寸前、二台準備したトラックのうち一台は故障したが、それでも救出作戦は決行された。トラックは恵須取方面から避難してくる人々の流れと逆に走り、途中、恵須取から避難する消防車と出会った[94]。

消防車の上にはけが人がしがみつき、タイヤも、車の後部も銃撃を受けた跡が歴然としていた。しかし、軍の命令だからと、誰一人、敵中突破の意をひるがえすものはなかった。それとみてとった消防車の人たちは、

「どうしてもいくのか、気を付けるんだぞ。王子のそばの松林に二十人ぐらい、一の薬局の近くには、三十人ぐらいのソ連兵がいるから」

と、最新情報を入手した一行はあらためて覚悟を決めて出発。あっという間に警告のあった王子社宅街にさしかかったところ、銃撃を受けた。この銃撃により大月運転手助手が命を落とし、三名の女

子隊員が負傷したが、敵中突破には成功した。

こうしてようやく山市街に入ったところ、今度は七、八機のソ連機が接近してきたため、トラックは急停車し、一行は蜘蛛の子を散らすように飛び降りた。そこへ、一人の男が飛び出して来た。佐藤曹長である。


「君たちが上恵須取を出発したと聞いたので待っていた。爆撃が始まるぞ、早く逃げるんだ」と叫ぶ。同曹長は、一の薬局付近に進出した約三十人のソ連兵とたった一人で対峙しながら女子監視隊員の到着を待っていたのである。

隊員はいっせいに付近の建物に駆け込んだ。塩野隊員はそば屋、竹谷隊員らは喫茶店光月堂に、岡崎隊員らは大きい映画館新富座の客席に飛び込んで避難したとたん爆撃が始まった。

（中略）今度は直撃弾がくるか、今度は建物と一緒に吹き飛ばされるのではと、からだを固くした。

やがて、敵機は去った。爆音が遠のいたとき「隊員は新富座に集合」と伝令が付近を走り回った。光月堂から一歩、外に出ると、さっきまでなんでもなかった民家のあちこちから、いっせいに火の手が上がり、目の前の郵便局の高いポプラがめらめらと燃え、火柱になっており、乗り捨てたトラックは横転、無残な姿をさらしていて、誰もが一瞬息をのんだ。

新富座の中では暗い通路に死者が横たわり、あちこちで重傷者のうめき声が聞こえた。腕の出血が激しい勝又隊員は貧血を起こして倒れた。救急鞄はトラックのすみに積んだので、鞄を持っている人は少数だったが、それを集め、児玉副長、香川第一班長、只野英子副班長（旧姓山口）らが止血をし、左膝に貫通銃創をうけた浪岡隊員、右腕に負傷した建部隊員らの手当をして回った。この間、歩ける者は第四陣地の壕に向かった。しかし、そこはだれもいなかった。通信機もなにもメチャメチャにこわれ、通信室内に散乱していた。中野軍曹や第七班の隊員が着くより早くすでに同陣地を撤収してしまったことははっきりした。そのとき数人の警察官がきた。「ますらお川をはさんでソ連軍と対峙していたが、少数の力では防ぎきれないし、弾丸も残り少なになったので、町を放棄することにした」という警官の話で、監視隊も一緒に山越えして上恵須取の隊員と合流することに決定、ただちに新富座に戻って、負傷者を運ぶ担架をつくった[95]。

一行は壕のわきから裏山に登り、道なき山中を空腹と喉の渇きに耐え、励ましあいながら必死に歩き続けた。そして十八日の朝、歩兵第二十五聯隊第三中隊の陣地にたどり着いた。陣地にたどり着いた一行は、「兵隊たちのいたわりのことばとともに、砂糖をまぶしたでかいにぎりめし一個と塩っ辛いサケの切り身一切れあてをもらってようやく空腹を満すことができた。そして、ところかまわず寝入ってしまった[96]。」

第十二項　上恵須取

上恵須取は恵須取市街のはずれの元町から内恵道路経て二十・八キロに位置し、「人家は市街の二百戸ほどと、周辺の上肝太、肝太、布礼、翠樹、白樺など、散在する開拓農家と造材人夫小屋を合わせて三百戸ほど[97]」の町であった。この付近の茶々原野ばれる低地は、開拓者の手により、森林が伐採されて、燕麦の緑とジャガイモ等の白い花でうめつくされた農耕地にかわっていたが、師団司令部はこの、のどかな原野でソ連軍の侵攻阻止を企図していた。

この町の防衛隊は町の開拓農民や杣夫主体の約五百名であった。

上恵須取は、のどかなだけの土地でなく、樺太山脈を越えて東海岸の内路まで走る内恵道路と西海

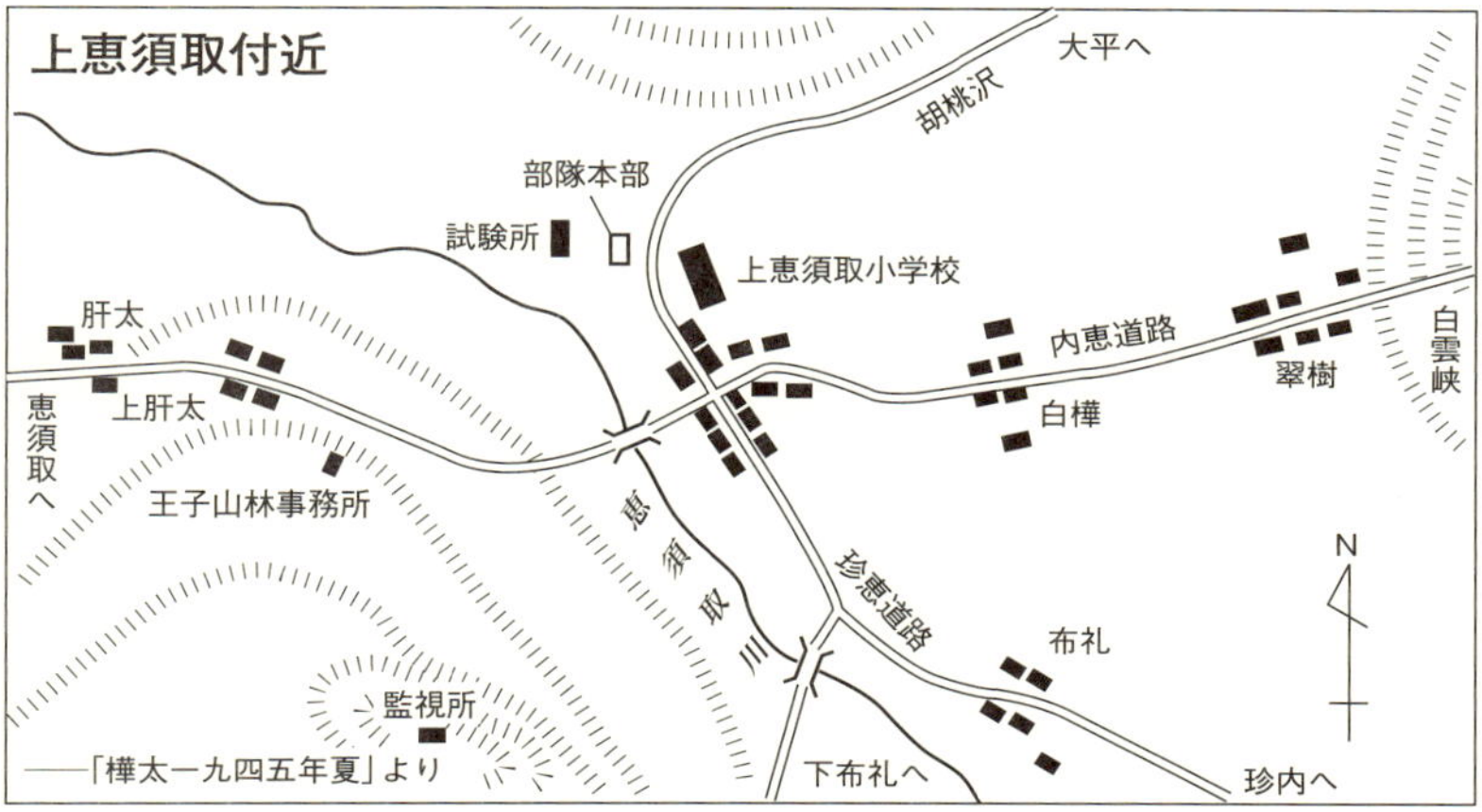

――「樺太一九四五年夏」より

岸を南下する珍恵道路（別名：殖民道路）の分岐点といった交通の要衝で、恵須取よりの肝太の山峡で、青年学校、恵須取中学、恵須取工業の生徒約六百名は戦車壕掘りを十二日頃から始めていた。

十四日になると歩兵第二十五聯隊から第三中隊（長　浅倉正二郎中尉）が、歩兵第百二十五聯隊からは第十一中隊（長　上家宗盛中尉）が増援として到着。前者は上肝太、後者は桜沢に速やかに配置され、恵須取地区臨時最高指揮官富澤大佐は試験場の前庭に天幕を張って、部隊本部とした。そこへ、十六日の夜、恵須取方面からの避難民が殺到した。その中には尾崎支庁長、肥後町長、中垣特警中隊長の姿もあった。

この日の夕方、上恵須取防衛隊隊長の桑原武樺太中央試験所恵須取支所長は戦火が迫るが肌で感じられる上恵須取から部下一人を連れて肝太に向かった。以下は、桑原支所長の戦後回想である[98]。

ある農家に恵須取から山越えしてきた中垣中隊長がいた。数日の戦闘で憔悴しきった身体を納屋の壁に寄せかけて無言だった。私は恵須取に向かった。王子工場の見える一直線の道路に立つと、市街のあちこちに煙が上がり、まだ避難民の姿は続いていた。双眼鏡をのぞいた私は愕然とした。恵須取から北にはいる直線道路を進んでくる。ソ連軍の一隊が手にとるように見える。そのソ連軍と避難民の最後は四キロと離れていないのだ。しかもすでに走る力を失い、ただ死の恐怖からのみのがれるために歩き続けているようであった。私たちのわきを通る列の中から、気が狂い髪をふり乱した二十五、六歳の女性が神の名を口ずさみ、天を仰いだかと思うと私に泣いてすがった。悲惨さは言葉に絶し、同行の部下は今夜、敵に斬込みをかけようと私に迫った。

桑原支所長もこの部下の意見に賛同したのだろう。いや、避難民のすぐ近くにソ連軍が迫るのを見て、賛同せざるをえなかったのであろう。この後の桑原支所長の行動を同氏の回想を基に、既述の金子俊男氏は次のようにまとめている[99]。

桑原さんは防衛隊員のうち二百人ほどを肝太に残して上恵須取に引返し、斬込みを軍に進言した。しかし、軍は承知せず、居合わせた師団司令部の松尾幸一少尉だけが「恵須取を奪還しなければ、北の住民を見殺しすることになる」といい恵須取を放棄した地区部隊に批判的だったのだろう、桑原さんのことばに賛成した。

同少尉はその前にも、恵須取の南四キロ、白伊の火薬工場で炭鉱用に製造していた爆薬を取り寄せ、ソ連軍に斬込むことを意図したが、富沢大佐に止められたという。

防衛隊のうち兵隊の経験のある人たちは、トラック三台に軽機、小銃、手榴弾を積み、それぞれ腹に白さらしを巻くと、合言葉を「雪」「月」と決めて午後十一時過ぎ出発した。

（中略）

恵須取に向かって車を走らせていた桑原防衛隊長らは、肝太に配置していた約二百人の隊員をここで武装させ、徒歩で恵須取に侵入するはずだったが、陣地についてみると隊員の姿が消えていた。付近を捜し回っているうちに東の空が白みかけてしまった。

こうなっては斬込みは断念するほかなかった。桑原さんは「吉野少佐が斬り込みは無謀だと隊員をいち早く移動させたらしい」

桑原支所長の回想文に登場する松尾少尉は、陸軍中野学校出身の遊撃戦（ゲリラ戦）の専門家で、その特技を生かすため故郷である樺太に昭和十九年末に着任していた。もし、吉野少佐が防衛隊を解散させなければ、松尾少尉が中心となって恵須取方面において遊撃戦が展開されたことであろう。

第十三項　恵須取方面最高指揮官、吉野貞吾少佐着任

桑原支所長の回想に登場する吉野少佐とは吉野貞吾少佐である。ソ連軍が国境では八方山陣地の一翼を担っている師走陣地の攻撃と、西海岸では恵須取上陸を試みた八月十三日、「恵須取方面における軍官民の統一指揮するため北部軍管区教育隊（恵庭）の吉野貞吾少佐（45期）に樺太方面派遣の命令が下達された」[100]。

同少佐が昭和二十一年に書いた『陸軍少佐吉野貞吾手記』によるとその命令とは、吉野少佐を長とする指揮機関［将校一、副官中尉一（樺太に明るき者）、将校二（うち砲兵二）、下士官（うち砲兵一）、兵（暗号手）無線機一を編成すべし[101]というものだった。

第八十八師団に属さないで、北海道にいる吉野少佐をわざわざ恵須取方面の軍官民の現地最高指揮官に選んだ理由を方面軍作戦参謀の田熊中佐は次のように述べている[102]。

このころ、恵須取は在郷軍人が主体で混乱していた。さりとて第八十八師団にはこれをまとめる適任者がいないということであった。しかし、こういう状況ではよほどの人でなければ駄目である。もとより生還は期し難い。
吉野少佐はロシア語もよくでき、剣道の達人で、彼ならばこの状況に十分対処できると考えられた、よって方面軍司令官の決裁を得て樺太に行ってもらうことにした。同少佐をおいて他に人を求めることはまず至難であったのである。

恵須取派遣の方面軍命令が伝達されたのは、十三日の午前一時頃で、翌日夕方、豊原に到着している。この日、宗谷海峡の天候は悪く、第一飛行師団の飛行第五十四戦隊が海峡を越えられなかったが、札幌から飛行機で出発した吉野少佐一行は幸か不幸か海峡を超え、落合の大谷飛行機に無事到着したのであった。吉野少佐は当時を次のように語る[103]。

十時半頃だったらうか。輸送機が二台始動を開始して待ってゐた、私達は第一番目に乗った五人である、それに阿部君達の荷物は大部あった、主として弾薬の様だった、彼等は皆髪を長くのばしてゐた。十時四十分頃飛行機は出発した。久しぶりの飛行機である、札幌付近は上天気だった札幌上空を一廻りした、地方の防空壕等もよく見える。飛行機は海岸線に沿い北へ北へと飛んだ、稚内付近まで来た時には下には白雲が一杯あり時々雲の切れ目から海が見えた、小艇の波を切り去ってゐるがはっきり見えた、それからまた雲上飛行だ、私等はうとうとと眠った、二時間位すると下界はさっぱり雲で見えない、何だかな気もした、と急に身体が変になった雲中飛行機が急降下したのだった飛行機が安定すると下の方に陸が見えた、森林と平地と部落と部落である、運動場の様に見える飛行場である。大谷の飛行場の様だと阿部少佐が云った、大谷何んて私は何

もわからなかった、うまく着陸すればよいがと思って心配したが飛行機は無事着陸した
文中に出てくる阿部少佐とは第五方面軍情報部の阿部常三郎少佐のことである。阿部少佐は中野学校出身の将校で第五方面軍情報部に所属し、これから吉野少佐が向かう恵須取での勤務経験があった。この時は、同じく中野学校出身の将校で第五方面軍情報部に所属する石川大尉、尾山大尉とともに、「戦時情報工作と謀略工作の実施[104]」「遊撃戦指導[105]」のために増加指導要員として「多数の弾薬・謀略資材を積んで空路樺太入りした[106]」のであった。

吉野少佐はその阿部少佐一行と同じ飛行機で樺太に渡ったため、後日、ソ連軍に阿部少佐と間違えられ、厳しい尋問を受けた。

吉野少佐は十四日に豊原の樺太庁博物館に置かれていた師団司令部で恵須取方面最高司令官に任ぜられ、翌十五日早朝、無線一個分隊を引き連れて出発、夕刻には内恵道路と鉄道の合流点である「内路に到着し、同地の特設警備隊で終戦を確認した[107]」。

そこで同少佐は爾後の任務について無線で師団司令部に確認をとったところ、「十六日午後遅く、『恵須取に上陸した敵を撃滅せよ』という師団命令に接した[108]」。そこで同少佐はトラックで、避難民とは逆の恵須取に向かって内恵道路を西進し、十六日夜遅くに上恵須取に到着して、富澤大佐から指揮権を引き継いだ。富澤大佐は十七日午前一時過ぎに、珍恵道路を南下していった。

一方、師団司令部はソ連軍が上恵須取に迫っていることから、十六日、亜庭湾に面し、大泊にも近い、女麗に配備されていた歩兵第三百六聯隊第二大隊を樺太西岸の鉄道の起点である久春内（上恵須取から珍恵道路を南下し、終点の珍内から約五十キロ南の町）への移動を命じた。久春内と真岡・本斗は鉄道で結ばれており、西海岸の緊急疎開船の出発港である真岡・本斗へのソ連軍の南下を防ぐための配置と言えよう。

十七日朝、吉野少佐は各中隊長（浅倉、上家、宮崎各中尉、中垣大尉）を招集し、作戦協議中に、上敷香から平義信中尉（歩兵第二十五聯隊上敷香残留隊長）がトラックで急ぎ到着。同少佐に「現位置で戦闘行動を停止し、直ちに停戦協定を実施せよ[109]」という趣旨の師団命令を伝達した。吉野少佐は終戦のことは知っており、十六日午後に無線で師団司令部に指示を仰いだ際「最後まで交戦せよ[110]」「恵須取に上陸した敵を撃滅せよ[111]」という命令を受けたばかりで同少佐は「死を決していた[112]」だけに納得せず、平中尉に命令の再確認を命じた。「同中尉は（この数日、師団命令は次々と変更され、上層部の混乱ぶりが伺えたが）この命令が最新のものである点を強調した。しかし、少佐は再確認を求めて、譲らなかった[113]」。やむを得ず、平中尉は郵便局に行き、豊原の師団司令部と上敷香の戦闘指揮所の筑紫参謀に確認を取ろうとしたが、回線が故障していたのか、連絡がとれなかった。

第十四項　上恵須取空襲

平中尉は部隊本部に向かっていたところ、西方の空より、爆音とともに、近づいてくる「七機のソ連機[114]」を発見した。時間は「午後二時前後[115]」であった。この七機の爆撃により、約二百戸の上恵須取市街地は灰塵と化したのである。「恵須取を撤退した義勇隊員、学徒動員の中学生、青年学校生徒などは空襲を恐れて周囲の神社山などの山林に避難していて、市街地には二百人ほどが残っているだけ[116]」で、蜘蛛の子を散らすように裏の畑に逃げ込んだが、ソ連機は執拗に機銃掃射で彼らを追った。しかし、不幸中の幸いと言うべきか、恵須取方面から流入していた「避難民の延々と続いた列も、しんがりが鷲ノ巣（内恵道路）、富畑（珍恵道路）へと消えていってまもなくだった」為、多くの避難民がこの空襲から間一髪逃れることが出来た。

この空襲の様子を既述の金沢正信氏は「第一弾で町の中心の家が吹っ飛び、爆風で四、五百メートル離れている神社の額が落ちた。そして赤い星のマークをみせて、高度四、五百まで突っ込んだソ連機が反転したとみると町全体が一瞬にして火に包まれていた[117]」と言い、尾崎支庁長は「部隊本部に近い試験所の玄関にいた私は、思わず柱に抱きついたが、屋根に雨あられのように薬莢が降って、激しい音を立てた[118]」という言葉で、攻撃の激しさを伝えている。

恵須取より脱出してきて旅館で休息をとり、豊原に向かう準備をしていた女子監視隊員の丹保照子さんは、この時の恐怖を次のように回想している[119]。

屋根を押しつぶすような爆音。戸外に退避するいとまもなかった。ドドドッと落雷のような音。無意識のうちに私たち部屋にいた数人は床の間のすみに固まって身を伏せた。

空気を切るあの無気味な音に顔を上げると、一機、二機、……七機の赤い星のソ連機が、次々と真っさかさまに突っ込んでくる。窓から飛びこんできそうな恐怖感に、私は「ナムアミダアブツ、ナムアミダアブツ……」と一心に繰り返した。隣の人も手を堅くにぎりしめてお題目をとなえている。

ドドドッ……という音とともに私たちのからだが飛びはねる。窓からみえていた旅館の一角がかき消されたようになくなっている。直撃弾で吹っ飛んだのだろう。

中野軍曹が血相をかえて飛び込んできた。「班長、そのふとんをかけてください」「畳、畳を……」と叫ぶ。敵機が反転したその間、中野軍曹はふとんを投げかけ、畳を起こして爆風よけに立てかけてくれた。

町全体が火を吹くように燃え出した。私たちは半狂乱のようになって、部屋を飛び出すと神社山に逃げ込んだ。五十人近い隊員は、旅館のすみに身を伏せているもの、敵機の突っ込んでくる下を逃げたものもあったが、土門すみ子さんは駆け出した直後、機銃弾をあび、路上に伏せた上を弾が走って撃たれ即死した。並んで伏せた人たちはかすり傷一つ負わなかったのに……。

女子隊員が逃げ込んだ林の上空をソ連機が旋回しだした。彼女達を恵須取からずっと守ってきた中野軍曹はこれを見て、急遽、上恵須取を脱出、内路に向かうことにした。この時中野軍曹は「戦災死者を出し、出動した決死隊（一―三班）の消息はつかめず、そのうえこの若い女性たちのうえに今後、どのようなことが起るか――と考えていると、気が狂いそうになった[120]」と回想している。そして、林旅館にいた隊員のところにもどると、土門さんの冥福を祈った後、隊員達に、鍋、釜、食糧を分けて持たせ、自身は携帯電話機一台と小銃一丁を自転車に括り付けて、目前に立ちはだかる樺太山脈に向かって、内恵道路を歩き出した。その道は、中野軍曹一行だけでなく、家族のもとに向かう義勇隊員達も歩いていた。

既述の桑原支所長は「空襲のあと隊員を集合してみると二百五十人と半分ほどに減っていた。さらに十八日朝になると二十人ぐらいになってしまった。みんな空襲のあと浮き足立って家族を追ったのだろう。残った二十人は神社に参拝、東の空をおがんだあと君が代を合唱、山賊のような大男どもが声をあげて泣いた[121]」と回想している。

中野軍曹と女子監視隊員（四～七班）一行は白雲峡を経て、東海岸に入り、内路に到着したのは、十八日午後のことであった。同日夕刻には、消息がつかめなかった岡崎巡査ら決死隊（一―三班）も到着し、生存者全員が一同に会した。

内路は国境方面の奥地からの避難民、恵須取方面からの避難民で大混雑していたが、岡崎巡査らは一刻も早く、彼女達を安全な豊原に移送し、五名の負傷者を救護するのが第一と考え、「鉄道輸送責任者に交渉して全員を乗車させ、南下した[122]」。一行は二十日に豊原に到着し、岡崎巡査は直ちに樺太庁警務課にて報告を行なうとともに、負傷者五名には付き添いをつけて、豊原陸軍病院に入院させることが出来た。

第十五項　恵須取方面における停戦

「町が灰燼に帰した十七日夕刻、吉野少佐は停戦せよという師団命令が動かないものだと知った[123]」

そこで、少佐は隊長会同を開き、軍使として副官の青木中尉、歩兵第百二十五聯隊第十一中隊長上家中尉、船舶部隊通信長中村中尉、陸軍通訳生の高橋芳夫氏他若干名が恵須取北方のソ連軍に派遣されることとなり、即日出発したが、その夜は誰も戻らなかった。

翌朝、中村中尉を残して、軍使一行は上恵須取に帰着し「新着の隊長自ら来たれ[124]」というソ連軍の要求を伝えた。

軍使は騎馬で出発していったが、ソ連軍は吉野少佐自ら白旗を掲げてくることを要求、中村中尉らを残し、青木中尉、上家中尉、高橋通訳を帰した。そこで吉野少佐は、青木中尉と高橋通訳をつれて恵須取市街に近い指定の丘に向かった。吉野少佐一行はソ連軍の装甲自動車から威嚇射撃を加える中を進み、青い服を来た海兵隊中佐と会見を行なった。

その会見冒頭、ソ連軍中佐はマホルカに火をつけて吉野少佐にすすめ、吉野少佐もタバコをすすめ、中佐がそれを手に取ろうとして差し出した手を、ゲペウと思われる兵士にとめられた。既に交渉は始まっていた。

しかし交渉でソ連側は「即刻武器を捨てろ[125]」、日本側は「停戦は武装解除でない[126]」というもので、相譲らなかったため、決裂。吉野少佐一行は上恵須取に戻ったが、この交渉でソ連側は抵抗しない者には危害を加えないと繰り返し言っていたので「吉野少佐は避難民は戻った方がよいと判断した[127]」。

そこで、桑原支所長を通じて住民に帰宅するよう呼びかけたが、戻る者はいなかった。

しかし指揮官の一人であった歩兵第二十五聯隊第三中隊長の浅倉中尉でさえ「吉野さんは師団の人ではない、という気もありました[128]」と戦後回想するくらいである。兵隊たちも「七、八両の装甲自動車しかないソ連軍に降伏してたまるか、といきり立っていた[129]」ので、吉野少佐は「彼我近接しているものは戦闘再燃の原因となる」と考え、取りあえず内恵道をまず白雲峡付近の嶮に後退することに決め、その夜配備を徹して移動を開始した[130]」。

これに際し、上恵須取に残っていた避難民、住民に対し「避難する者は早く出発せよ。とどまるものはソ連軍に抵抗してはいけない。家屋に火を放つことは絶対していけない[131]」との命令を残していった。この言葉を聞いた尾崎支庁長、肥後町長ら町職員らは内恵道路を使って町をでた。また、岡崎巡査とともに上恵須取から恵須取の仲間の救助に行き、山越えをして戻ってきた女子監視隊員の三十数名は試験場で休んでいたが、夜中に起こされ、内路をめざして支庁長一行を追った。そして、八月十八日夕刻に内路到着すると、恵須取から脱出した中野軍曹一行が、既に同日午後二時頃到着しており、これ以降行動を共にした事は、既述の通りである。

一方、吉野少佐の命令を知らずに、避難民呼び戻しのために珍恵道路を馬で走り回っていた桑原支所長や周辺部落の住民は、十九日の朝、軍や義勇隊が既に上恵須取を離れているのを知り、憤慨したが、自らを守るために後を追うように脱出した。

それでも十九日、四、五十人の男たちが上恵須取の町があった場所に残っていたが、そこへ十七日に軍使として派遣され、ソ連軍にとどめ置かれていた中村中尉が悄然とした様子で戻ってきた。そして中村中尉を気遣って集まってきた男たちに「ソ連軍は敵対行動をしなければ危害を加える心配はない。しかし、軍人を信用しないから民間人が交渉にいってくれるといいんだが……[132]」という言葉を残し、一人、吉野少佐らを追って内恵道路に姿を消した。

そして残った男たちは改めて今後のことを話し合ったのであろう。防衛隊長である桑原支所長はモーニングを着用し、在郷軍人副分会長の佐藤健次郎元軍曹は軍服をつけ、前者が日の丸、後者が白旗を掲げ、山市街のソ連軍陣地に赴いた。そこで居並ぶソ連軍将校を前にして桑原氏はソ連軍の通訳を介し次のように伝えた[133]。

軍使の一人、中村中尉の話を聞き、われわれ民間人がきた。上恵須取には兵隊はいない。山道を避難している人たちを呼び戻して家業につかせたい。私はこの地方の農業をよく知っているから、その任に就かせてくれるなら、日本人とソ連人の食糧を確保する。戦闘はやめてほしい。

しかし、ソ連軍はこの申し出に触れず、日本軍の様子を確認してから桑原支所長を監禁し、翌日に小艦艇に乗せて、恵須取の対岸のリフガワニに連行したのであった。

一方、白雲峡に向かった部隊は二十日に同地に到着したものの、吉野少佐はそのまま配置につかせずに、内路まで退く決心をした。また、恵須取以来、軍と行動を共にしてきた、豊原地区第八特設警備隊は防衛招集者の解除を行ない、部隊を解散させた。

そして内路近くに至った八月二十四日、吉野少佐は武装解除の決心をした[134]。

吉野少佐は内路に近いところで無線機でラジオ放送を聴くに及んで、武装解除は決定的なことを知り、また知取からソ連軍将校と共に来着した師団司令部附平島大尉から「俘虜となるも武装解除せよ」という意味の命令の伝達を受けた。そこで少佐は全部隊約四百名に命じ、武器を心ゆくまで手入れさせたのち、これを道路の一側に整頓させた。各隊は手入れはもちろん、数量表までも整え、爾後宮城を遥拝し兵器と決別したのである。その時、はるか上敷香方向から追求して来たソ軍が見えた。ソ軍の将校は処置の見事さに驚嘆し、日本軍を優待しつつこれを接収し、部隊を内路に向かわせたのであった。

因みに上記の平島大尉とは、第三章にて、鈴木参謀長と共に停戦交渉成立のために、行動を共にしていた平島大尉のことである。同大尉は、停戦成立後、内恵道路方面に派遣されたのであった。その後部隊は翌二十五日夜に内路に到着し、歩兵第三百六聯隊第三大隊主力、約九百名に合流し、ソ連軍に収容された。恵須取方面の部隊は臨時編成の混成部隊であったにもかかわらず「部隊の軍紀は終始きわめて厳正であった[135]」

第十六項　内恵道路・珍恵道路、悲劇の避難民

1　恵須取方面からの脱出

既述の通り、恵須取の婦女子に避難命令が出たのは八月十二日で「避難は町内の隣組単位に行なわれた[136]」。恵須取は連日の空襲で焼け野原となり、空襲の都度ソ連機により「逃げまどう町民に機銃掃射も加え[137]」られた。

十四日になると市街地に残る民間人の姿は大分減った。恵須取から脱出した人々は、約二十四キロ離れた上恵須取に逃れ、そこから東海岸経由で大泊方面への脱出を考える者は内恵道路（全長約百六キロ）を使って、樺太の屋根と呼ばれた「樺太山脈[138]」を徒歩で超え、樺太東線の駅のある内路に辿り着いた。真岡・本斗方面への脱出を選んだ者は「珍恵道路[139]」（全長約六十キロ）を歩いた。そして珍内に辿り着いた者は、さらに南で国鉄樺太東線起点である久春内まで約五十キロ歩き、同地から汽車に乗り、真岡・本斗を目指し、そこから船で北海道に渡ろうとした。その中には、真岡で下車せず、豊真線に乗り換えて豊原経由で、大泊港まで向かった者もいた。疎開者にとって、内恵道路、珍恵道

路、どちらも地獄の如き避難であった。疎開者達は町を出る際に役場から「①とにかく南へ避難し北海道へ渡ること②そのために上恵須取へ出て、それから『内恵道路』か『珍恵道路』をたどり列車に乗ること[140]」という指示を受けると共に、艦砲射撃を受ける恐れのある海岸沿いの道は避けるようにとの助言も受けている。そのため、多くの人が内恵道路を選んだものと思われる。

2　内恵道路――地獄の樺太山脈越え

住民の避難誘導は在郷軍人や役場職員が行ない、秩序正しく避難していく筈であったが、それも長くは続けられなかった。これは、避難誘導担当者が任務を放棄したというわけではない。皆、自分のことが精一杯で、他人のことを構う余裕が疲労の為なくなってしまったからだ。結果、集団行動に追いつけず、脱落してしまった者、家族の血のにじむような判断で置いていかれた者、周囲に、特に家族に迷惑を掛けたくないという理由で自決に等しい決断をし、自ら内恵道路周辺に残留した者が出た。（脱落や残留された方は、そのまま落命された方が少なくないようである）

恵須取警察署で警察官として勤務していた帆苅正氏は「恵須取署員は避難民を誘導しながら上恵須取に集結するように[141]」という命令をうけ、その命令を実行。上恵須取巡査部長派出所到着後は、そこを拠点にして、避難民を安全な後方に護送することとなった。しかし、上恵須取が避難地から戦場に変わるまで、さほど時間はかからなかった。恵須取署の警察官の集結地とされた派出所も三機のソ連機の爆撃で粉砕された。恵須取の住民に上恵須取の住民も加え、内恵道路、又は珍恵道路を使ってさらに避難が始まった。帆苅氏は内恵道路を行く避難民の護送の任についていた。避難民は馬車、牛車、リヤカーに積めるだけの荷物や幼子、老人、病人を乗せ、歩ける者は背負えるだけの荷物を背負い、両手にもてるだけの荷物を持ち、或は、子供の手をしっかりと握って歩いた。中には、子供を紐で数珠つなぎにし、紐の端を自分の腰にしっかりと巻きつける母親もいた。

内恵道路は西海岸の恵須取と東海岸の鉄道駅のある（大泊まで行ける）内路を繋ぎ、険しい山膚を削って作った道の幅は四～五メートルあり、途中、樺太山脈を越える道路であった。一番高い峠は開北峠と呼ばれる標高六七二メートルの地点であった。十八日夜に軍が撤退すると聞き、恵須取支庁の官吏や住民たちと共に徒歩で上恵須取を発って内恵道路を歩いた尾崎支庁長は道路の様子を次のように回想している[142]。

避難民の列はその日もまだ続いていた。避難民ははじめ米と着替えとふとん一枚を背負ったり手にもったりしている。しかし、疲れてくるとふとん綿をとって投げ、次に米を捨て、着換えを落としていく。子供は緊張すると脱糞する。道路上は限界にきた人たちが捨てたそれらのものが切れ目なく続いていた。しかも日中は二、三十分おきの空襲で、林のなかに逃げ込んだり、出て歩いたり、そのうちに子供がはぐれる。はぐれると捜しにもどる体力も気力もない。私もそんな子供二人を拾って内路に出たが……

内路への道のりは長く、過酷であった。ただ、腹が空いてくると、水音を頼りに、河原におりて自炊をする者もいた。恵須取から歩いてきて、ここ内恵道路を踏破した後藤佐一氏によると自炊について、次のような回想を残している[143]。

川原には決まったように、あちこち袋に入れた米が置いてあるんです。疲れ果てた避難民が、少しでも身を軽くしようとして捨てて行くんです。逃避行にいのちの食糧を捨てるこの心理は、あすはあすの風が吹くというか、あすがないというのか、体験したものでないとわからないでしょう。

わたしたち一家は米がすくなくなったから、この川原の忘れものは、ありがたかったが、さりとて、それをかき集めてかついで行く気も起こらなかったから不思議です。

しかし、食事が終ってまた内路に向かう列に戻り再び歩き出すが、暑さと疲労で、誰一人口をきかず、足を引きずるように歩いて居る避難民に、昼間はソ連機が低空で機銃掃射を浴びせかけた。不運にも機銃弾で母親が殺され、その母親に縋り付いて泣く幼児や子供。逆に子供を失い、そのショックで気が触れてしまった母親。上記の帆苅氏の手記によると「ソ連機は二機または三機が低空飛行で避難民に対する地上掃射を無差別に加えた。

一方は山、一方は谷間になっている道路では待避する場所もない。半狂乱となった母親がわが子をさえ手放して駆け去るという場面もあったが、だれも制止できなかった[144]」という人間の生存本能を感じさせられる場面にも遭遇したという。

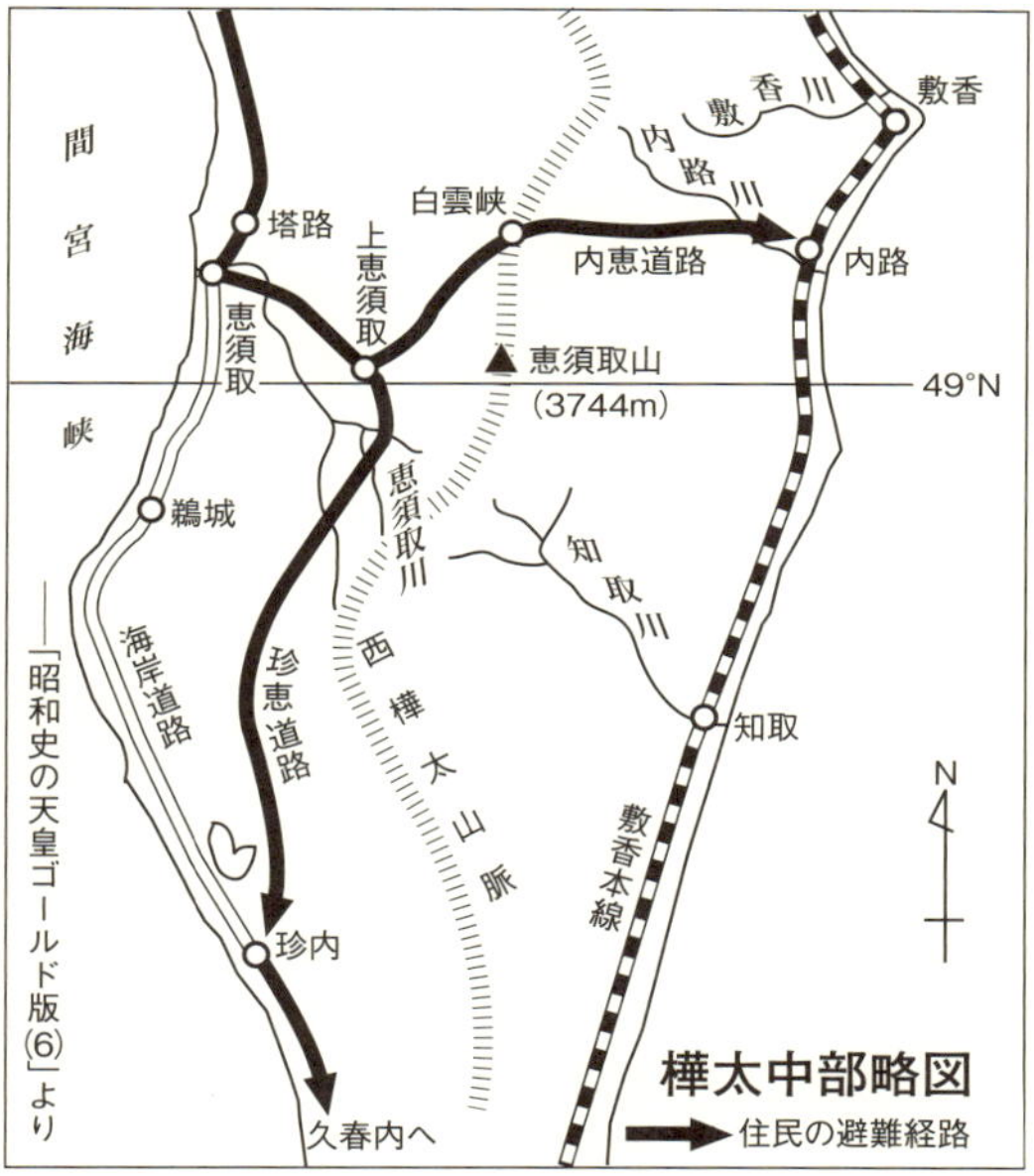

――「昭和史の天皇ゴールド版⑥」より

避難民の中には、ソ連機が去り再び歩き出そうにも、これ以上歩けないという者もおり、彼らは家族に迷惑をかけられないと自らその場に残り、死の訪れを待つ老人や病人もいた。「取り残されるかもしれない不安から足手まといの幼な子を断崖からつき落したり、死が待つばかりの草むらにえい児を捨て、僅かなミルクを残していく母親などもいた[145]。

また、夜に赤子が泣き出すと「ソ連機に聞こえるから、すぐ子供を静かにさせるか、殺せ」と母親に迫る者もいた。

冷静に考えれば、プロペラの音でうるさい航空機のコックピットに乗っている飛行士に地上の赤子の声など聞こえる訳がない。しかし、避難民から正常な判断力を奪い、神経質にさせるほど、人々の心は追い詰められていた。

このような避難行に心身ともに疲れ果てた人々の中には、自決用の手榴弾や劇薬を用いての一家自決が相次いだ。

既述の金沢正信氏は内恵道路上で自身が見た光景を次のように回想している[146]。

ずぶぬれになっても歩くだけである。立ち止まったらそのまま眠り、夏とは思えない冷たい雨でこごえ死んでしまいそうだった。沿道は雨で重くなって投げ捨てた荷物が散乱している。位牌もなにも手に持っている物一切が捨てられた。

「これをやるから、誰か連れていってくれ」

老人が札束をにぎって雨の中で泣き叫んでいても、誰一人見向きもしない。この老人はやがて、札束をにぎったまま、うつ伏して路傍に死んでいた。

親にはぐれた小学一年生の子供が、教科書一冊をこわきにかかえて、とぼとぼと歩いていく。この子も疲れはてて道ばたで眠るようにして死んだ。

下の子を背にくくりつけ、取り乱したかっこうで、引っ立てて歩いている母親。子供はふらふらとして足を滑らし谷底に落ちていったが、どうなったかわからない。たよりになるのはすべて自分一人の力である。

高川うら子さん（旧姓：岩崎）も自らが目の当たりにしたものを次のように回想している[147]。

（引用者補足：内恵道路沿いの）飯場でうとうとするまもなく、十九日早朝、私たちは出発した。道ばたに赤ん坊の死体があった。母親に捨てられたその死体はまぶたを泣きはらし、からだにかけていった布を小さい右の手でにぎっていた。声をふりしぼって泣いている孫のそばで「孫と二人、足手まといになるって捨てられた」と弱々しく泣いている年寄り。疲れると、まずかついできたふとんから綿を捨てたというが、この孫とおばあちゃんは、綿にくるまって泣いていた。

靴がすり切れ、足の裏に石がささって血をにじませながら、放心してうろついている老人もいた。しかし、私たちだってなんともしてやれない。乾パンをやって「気をつけてね……」ということばがせいいっぱい。そして、そのことばの空虚なひびきがやり切れず急いで立ち去るのだった。

近所のおじさんが、ひたいを真っ赤にした見知らぬ少年を連れて歩いていた。親たちは崖から突き落して去っていったのだという。しかし、少年は死ななかった。

この峠の上りでは、力の限界にきた人たちが、このように子供や老いた親まで捨てたのであるから、米、衣類、位牌など身につけていたのはことごとく投げ、全く身一つで峠を越えていったのである。投げ捨てた品々が路上何キロもの間にちらばっていた。

飯場から三キロほども進んだろうか。工藤さんの家族が四、五人。異様なふんいきに思わず声をかけると「今、おとうさんを林の中に置いてきた」と泣いている。

病弱な人であったが、雨のために衰弱し、歩けなくなったので、「私に手をとられていると子供まで死なしてしまうから、捨てて逃げてくれ」といってきかないのだという。やむなく、その付近に捨ててあったふとん綿などをかき集め、からだをくるむようにして、食事も置いて林を出たが、とてもあのまま立ち去る気になれないと、奥さんや子供たちは涙声であった。

自ら捨てていけといったご主人の心情を思うとことばもなかった。

恵須取から内恵道路を内路に向かって約三十キロの場所に白雲峡がある。ここには吉野少佐指揮の恵須取方面から移動して来た部隊や、近隣には集落もあり、炊き出しをして避難民に振舞っていた。ソ連軍にとられるよりは、と道ばたに米俵を山積みにしたり、おびただしい軍靴も山積みになっていたが、荷物を軽くし、内路に向かうことだけを考えていた人々の目には「荷物の山」にしか見えなかったようである。

避難民の中に発狂した若い母親がいるのに気付いた吉野少佐は周囲の人に彼女のことを聞くと、次のような返事が返ってきた[148]。

小さい男の子二人が、ここでひと休みしていると、疲れを忘れたように遊び回り、避難民が身につけたものを一つずつ捨てたあと、最後に自決用の手榴弾を投げ出していったのを拾い、石でたたいたため爆発、二人は手足を吹き飛ばされて死んだ。苦労してその兄弟を連れてきた母親はそのショックに耐えらえなかったのだ。

恵須取林務出張所の涌沢友夫は非常呼集により、日本の降伏を聞かされたのは、八月十六日の未だ薄暗い午前三時頃であったという[149]。そして、涌沢氏は家族と内恵道路を使って、内路方面に避難したが、その時の事を次のように回想している[150]。

避難命令が出て恵須取町はもとより周辺町村からの避難民が続々と、内恵道路を内路に向かった。我が班は避難民の誘導、給食の命を受けたが、すでに給食など施すべき術がなかった。避難民の姿は全く地獄の道を歩むが如くであった、老人あり、婦女子あり、幼児あり、乳呑子である。ビッコを引きづる人あり、婦人あり、はては臨月の婦人もいた。皆生き延びようと懸命なのである。ソ連機は無情もその最も弱き避難民の列に銃撃を加えるのである。防空頭巾を被った可愛い男の子が道端に横になっているので声をかけると動かない。今し方の銃撃で即死したのである。

歩き続けると家族らしい人々が泣いている。老人が路ばたに横たわっているのだ、「どうした？」と問うと「おぢいちゃんはここまで来たが、ここからは一歩も歩けない」といって泣いているのだ。

われわれは「困ったなあ」というよりほかはなかった。幼児を背負った娘は、「おぢいちゃん、それでは一足先に行っているからね」と歩けない親を置き去りにして。泣きながら歩いた。寸刻を争わなければ敵に殺されるという異常事態では止むを得ないかもしれない。

わが班（誘導給食班）は上恵須取の「茶々」まで行き、少憩の後茶々を後にして東進しおよそ十分後、ソ連戦爆連合六機が茶々を爆撃した。バリバリッという破壊音はすさまじい、間一髪われわれは命拾いをして、互いに顔を見合わせた、この十分が運命の「時差」であつた。

ここまでの話は八月十六日に内恵道路を歩き始めてから、たった一日に涌沢氏が見たものである。しかも、涌沢氏がこの日の夕刻に官業所のある翠木に到着し、さらに同地から内路に着くまでにさらに辛い場面に遭遇し続けなければならなかった[151]。

私たちの誘導する避難民は老若男女、病人、足の不自由なものが多く気の毒であった。老人は途中で歩けなくなり、道端に横たわる病人もいた。私たちを見ては泣き出すのである。途中でお産をして、間もなく一行に遅れまいとして赤子を抱き抱えながら避難行をつづける母親もあったし、病院の重病患者をそのままにして、医師も看護婦も避難したという話もあった。山道の途中の爆弾の穴があり、みると付近に防空頭巾をかぶったままの幼ない兄弟がまだ生きているような姿で横わっていた。先に避難の途中、敵機の犠牲になったのだろう。

その日（十五日）の夕刻、翠木官業所についた。すでに林務関係の家族が集結していた。ここで防衛隊は解散するかどうかを討議した。結局日本は敗けたのだから解散と決まった。次は避難のことだが、翠木出発は今夜直ちにか、それとも明朝にするかを語り合った。そして敵が進撃しているのだろうから、今夜直ちに出発と決定した。

そこで女たちは飯を炊き、毛布を切って子供の靴や、衣類を急造した。準備が整ったところで、暗い夏の夜を、それぞれの親子、兄弟がつれ立ち、足もとを気づかいながら東の内路をめざしたのである。

この道はみんなはじめて通る道である。私の家族は、妻と四才の長女、一年六か月の次女の四人。追われる恐怖の夜道をトボトボと歩いた。みんな疲れ出し、やがて途中の小屋に泊るものが多かった。

私たちは林務関係の官業所があるというので更に歩きつづけたが、行けども行けども、それらしきものが見えない。夜道だからみすごしたのだろうか。

私ら四人も、ついに疲れて歩くことができない。道路の右端に寄って、二人の子供を眞ん中に、夫婦で囲んで着ていた私のオーバーをかけてやった。生まれてはじめて露天の野宿である。

翌日、次女を交代で背負い、長女を歩かせ、拾った竹槍でリュックを夫婦でかついて歩いた。

どの辺だったか忘れたが、日本軍のトラックが、ドラム缶を積みこんでいた。幸い中が空くので婦女子だけを乗せるとの話だった。誰もが先に乗りたい。私も自分の子どもを乗せてやりたい。小雨が降り出したときである。私は二人を裸足で道端に立たせた。すると子供は泣き出した。こうしたならば可愛いさに乗車を許してくれるだろうと期待したからである。ほとほとに疲れ果てたときの人間の弱点であり、利己心というものであろうか。

しかし乗員には定員があり、私の家族の前の人まで乗車を許され、あとは無残にも残された。ところが、そのあとで日本軍のバスがやってきた。そして残った婦女子を乗せてくれたのである。私の妻も乗った。私はそれでホッとした。人の世の運命はわからないもので、裸足にまでして泣かせ、何とかして乗せてやりたいと願った前のトラックは、発車後数百メートル先の崖下に転落し、ほとんど死亡したのである。私の家族の直前が運命の一線を画したのであった。

家族と別れた十六日の夜は、私も寝れて途中の小屋に他の避難者といっしょに寝て、翌十七日もただ歩きつづけた。

途中、日の丸の国旗をタスキにし、日本刀だけを持った将兵十数人を乗せた一台の軍用トラックに出会った。敵陣斬り込み隊ということであった。あるいは全員戦死したかも知れない。

避難民は、みんな不安な面持ちで歩いた。陸続としてつづいている。婦女子はソ連兵の暴行防止のためズボンをはき、頭髪を切ったものもあった。

内路に近づくにつれて、村の中に立てられた軍需倉庫という倉庫は全部火を放たれ、音を立てて燃えていた。利敵物資になることを恐れ、日本軍自ら放火したのであろう。

十七日午後、ようやくにして内路についた。

内路は恵須取から一番近い樺太東線の駅がある町であった。内路にたどり着いた者は国境地帯からの避難民を満載した汽車にしがみつくように乗車した。乗車できない者は線路沿いに歩いた。ひたすら歩いた。内路や久春内に辿り着いた者は「真夏の熱い日差しと夜の凍える寒さに耐えた者」「自力で歩ける者」「徒歩での避難を助けてくれる者がいる者」であり、ソ連機の低空からの無差別攻撃から逃れ得た「幸運」な者であった。

3　珍恵道路を使っての恵須取方面からの脱出

珍恵道路での避難行では、内恵道路で起きた悲劇と同じ出来事が各所で起きていた。その悲惨さは、珍恵道路での避難も内恵道路での避難も変わるところはなかった。

珍内の町に恵須取方面からの避難民が流入してきたのは、十二日早朝ころからであった。当初は恵須取から海沿いの国道安別・本斗線を珍内で徴用したトラックで老幼婦女子をピストン輸送でソ連軍の空襲が激しい恵須取から脱出させたが、それに乗れない人は歩いて、珍内を目指した。しかし、既述の通り、このルートでの避難は艦砲射撃を受ける恐れがあり、実際、受けた。その時のことを田中保氏は次のように回想している[152]。

トラックが海岸線を走っているとき、艦砲射撃を受け、砲弾がトラック目がけて打ち込むように前後に落下しだしました。飛び下りて避難する途中、至近弾の破片を腹部に受けた人が即死し、けがをした人も何人かいました。危ういところをのがれた私たちは、しばらくしてまたトラックに乗って南下しましたが、直撃こそ受けなかったが車は破片による傷跡が二、三ヵ所ついていました。危険地域を脱出すると、トラックは私たちを降ろして引返していきました。私たちはそこから歩き出しました。

ところが、ソ連軍が恵須取に上陸すると、このルートによる避難は出来なくなり、人々は恵須取から約二十四キロ離れた上恵須取に向かい、そこから珍恵道路を使って珍内に向かわざるを得なくなった。その途上には、熊の出没がさかんな峠道もあり、平時なら「昼間でも一人歩きはできない[153]」と言われる箇所もあった。さらに珍内についても、そこから鉄道の始発駅のある久春内まで約五十キロ歩かねばならなかった。ただ、この珍恵道路における「悲劇は上恵須取を出てから二十六・三キロの来珍須峠までの間に多かった[154]」。

特に「来珍須峠の難所に避難民が殺到するころからソ連機の空襲が繰り返し加えられた。多くは威嚇だったが、暑さと疲労、空腹でいまにも倒れそうになって歩き続ける人達にはそうとわかるはずもない[155]」。珍内警察署長伊勢谷長太は次のように回想する[156]。

空襲のつど森に逃げ込み、草むらに伏せているうちに、捨ててある手榴弾に蹴つまずいて爆発、死んだ人たちがいた。腹背に一人ずつ幼児をくくりつけ、五歳と七歳ぐらいの子供の手を引いて名好からきたという母親がいた。百五十キロ以上も歩きずくめて半狂乱の母は両足の血まめがつぶれて歩けず泣き叫ぶ子供を引きずるようにして、私の立っている警察署の前を南に向かっていった。

また、親にはぐれたのか、捨てられたのか、七、八歳の男の子二人が人の流れにもまれて町に着いたが、行くあてもなく署の門前にたたずんでいた。泣くことも忘れてしまったような無表情な子供の姿がいまも目に焼きついて離れない。

前記の伊勢谷署長は、当時、珍内町を通過した避難民を概算で三万人を超えたと見積もっている[157]。珍恵道路を蟻のように長蛇の列をなした着のみ着のまま歩き続ける避難民にもソ連機は容赦なく襲いかかった。犠牲者の遺体は野ざらしにされた。そして、母親が犠牲になり子供だけが生きのびても、誰も助ける余裕がないばかりか、足手まといになる子供達が眠っている間に出発したり、食べ物を分け与える事も無かった。誰もが自分が助かることに精一杯で、周囲に気を配る余裕などなかった。

内恵道路沿道では、恵須取町役場の兵事主任が家族とともに手榴弾で自決したのを始め、各所で自決が起きた。その中には家族で車座になって食事をしている時、手榴弾を爆発させての自決もあった。

これらの出来事は樺太各地で起きた悲劇の中で、記録に残すことが出来たほんの一握りの話である。戦火で親と死別し、誰からも救いの手を伸べられることなく命を落とした子供達。自宅や道端や町の辻や裏山、避難に際して初めて通った名も知らぬ場所で倒れ、誰の気にもとめられることなく、母なる樺太の土に無理やり帰らされた数多くの亡骸は私たちに何も語ることは出来ない。自分の名前はおろか、何故自分は命を落とさねばならなかったのかも。

第十七項　現金輸送作戦

ソ連参戦後、国境方面の郵便局には、大泊港のある南部を目指して避難するにあたり、預金の引き出しに郵便局に押し寄せたため、各局では支払資金不足に陥り、豊原逓信局に資金輸送の督促が相次いだ。樺太内に支店のある（北海道）「拓殖銀行にも現金の準備がなく[158]」、北海道からの現金到着を待つしかなかった。

当時、日銀は連合軍の本土上陸に伴い、札幌と東京の連絡が寸断されることを想定し、日銀理事であった北代誠弥氏が北海道と樺太の全権を任されて、札幌支店長を務めていた。北代理事の管轄地域は、第五方面軍、北海地方総監府の管轄範囲と同じであった。

終戦も近い二十年七月頃になると、現金の引き出しが急増し、「樺太の現金は極度に不足した。日銀豊原事務所長灘吉敏文は、金融機関の窮状を連日、札幌支店へ『三字略語』の暗号電報で打ち続けた[159]」。そして、ソ連参戦の直前、その対策が決まった。

北海道庁長官、樺太庁長官、北部軍、樺太軍司令官、拓銀頭取、日銀理事札幌支店長は合議の上、相当額の日銀券を樺太へ輸送することを決定した。樺太在留邦人の預金の内、引き出しが自由な口座分は約五億円、これに対して日銀豊原の保有する未発行の新券は八月四日現在で九百四十万円、十日現在で四百四十万、そして十五日現在はゼロであった[160]。

八月十五日以降、日銀札幌支店から四回豊原駐在事務所に現金輸送が実施された。まず十六日発三千万円、十七日発二千万円、十九日発三千五百万円、二十二日発四千五百万円の四組合計一億三千万円が豊原を目指した。なお、輸送班は日銀札幌支店職員と北海道拓殖銀行本店職員の混成であったようだ。ただ二十二日発の輸送班はソ連軍が二十三日に稚泊航路を封鎖した為、樺太に渡ることが出来ず、豊原に到着出来たのは十九日発までの三組合計八千五百万円、現在の貨幣価値に直すと「約四百十億五千五百万円[161]」である。

北海道拓殖銀行本店に勤務していた牧野良平氏は豊原支店への現金輸送を命じられたと回想している。それによると「総額四百万円を五人でリュックに背負い、両手に煎った大豆などの食糧を下げた格好はまるでマナスルのシェルパのようだった。騒乱の大泊から豊原に着くと、緊急疎開の前に、預金を引出そうとする市民が銀行の前に行列をつくっていた[162]」。

当時の北海道拓殖銀行は国策に基く特殊銀行で、一般の銀行とは違う性質をもっており、樺太で必要と判断された現金をまとめて輸送したものと思われる。そして、豊原に現金到着した現金は、同行から豊原逓信局に到着の通知と同局からの「要求額だけは割り当てられた[163]」。

豊原への現金輸送は往路も大変であったが、復路はもっと大変であった。鉄道や船は避難民で一杯だからである。しかも、輸送班のメンバーは樺太の住民なら緊急疎開船に乗船できない年齢であり、現送主任として輸送班を率いた室谷邦雄氏によると豊原から大泊に向かう汽車の中で「ある夫人から『なぜ、あなたは乗るんだ』と詰め寄られた。特別任務の帰途であることを説明し終わるまで、四囲からあびせられた視線はいまも忘れない[164]」と回想している。

また、室谷氏は無事札幌に帰任できたが、他の輸送班員について次のように回想している。

「私より遅れて行った拓銀の人たちの乗った船は留萌沖で魚雷を受け、前の半分が沈む事故に遭いました。幸い一行は死傷することなく帰りましたが、まさに死と隣り合わせの現金輸送でした[165]」

北海道からの現金が豊原逓信局に到着した日は、当時豊原逓信局に勤務していた国枝隆氏の戦後回想を基に推測すると、八月十九日の夜と思われる。

翌日、国枝氏と川村氏（名前不詳、苗字のみ）が石橋業務課長に呼ばれた。そこで、北海道から支払い用の現金が届いたことと、全ての交通機関がマヒしているため、輸送手段として、二人で直接輸送するよう言い渡された。その際、石橋業務課長から二人に以下のような指示があった[166]。

珍内局迄としたい処だが、これも情勢次第で、せめて久春内迄でも届けて貰いたい。勿論こんな時だから危険も予想される、決して無理をしないで現金の到着を今日か、明日かと、待っている人達の居る事を思うと多少の危険も覚悟しなければならないが、目立たぬ様な格好をして気を付けて、万一の時は金は捨てても……責任はこちらにあるから、途中毎日一回は連絡する事、其の時又改めて指示も有ると思う……

その頃、経理課の部屋には「白布製のリュックが二個用意されてあった。そうして机の上には十円、百円、二百円、の札百枚の束が十束にまとめられて包まれ六個用意されていた」[167]。総額は不明だが、国枝氏の分は「十円の束一個と百円の束二個だったので計二十万一千円」[168]（現在の貨幣価値に直すと約九千七百万円[169]）だった。

かくして、二人が豊原を出発したのは、二十一日午後であった。列車ダイヤは北部からの避難民輸送が優先される不定時運行で本来なら、正午に敷香行きの汽車が来る予定だったが、乗車出来たのは午後二時過ぎであった。その上、南下する避難列車が優先され、停車駅での時間調整やノロノロ運転で時間がかかり、駅員と乗客の間でトラブルも発生した。このような時期に、戦場に近い敷香方面に向かう乗客は国枝氏らのように「余程の事情」を抱えた乗客である。事情は頭で理解できても、心を抑えることはできなかったであろうことは想像するに難くない。

折悪しく落合駅で停車している時にはソ連機による空襲に遭遇し、防空壕に避難しようとしたが、間に合わず、駅構内に野積みされていた小荷物の山に身を隠し、空襲が終わるのを待った。この時の国枝氏の体験は第六章で改めて触れたいと思う。

ソ連機が去り、列車が運行を再開したのは、午後六時を過ぎていたが、列車は相変わらずのノロノロ運転である。鉄道距離にして約七十四キロ先の真縫駅に到着した頃には、東の空が明るくなっていた。二人は真縫駅の待合室で持参の弁当を食べ、三十キロ先の久春内まで歩くこととなった。幸い、国枝氏と同行していた川村氏がこの方面の地理に明るく正午過ぎには、久春内に到着することが出来た。その往路はに多くの避難民と行き違った。国枝氏は、行き違った避難民は「疲れ切った重い足取りで見るも気の毒な様子である、幼い子供の手を引き老人を連れた組が一番可愛そうだ、夏の日差しは激しく照りつけて暑いが、雨にあわないのを幸いとしなくてはならない」と回想している。

久春内に到着した二人は直ちに局に赴き、豊原逓信局に連絡をとったところ「状況の悪化直ちに帰局せよ、そして資金は全額久春内局に交付すること、北部局及び付近の局には久春内局から交付の事に指示済である旨連絡あった[170]」。

そこで、現金の授受を済ませ、真縫駅に向かって折り返し、午後八時頃に到着したが、列車は小銃を持ったソ連兵に監視され、運行を停止させられており、やむを得ず、野宿をしながら、徒歩で二人は豊原に帰還した。それも殆ど食事が出来ずにである。そして豊原に着いた時「二人は思わず『やった……やった』と抱きあって歓声をあげた[171]」。

豊原についた国枝氏を待っていたのは、二十二日のソ連軍機による豊原空襲で全焼した下宿の跡であった。もし、現金輸送に出ていなければ、国枝氏を待ち受けていたのは、どんな運命だったのであろうか。

1 樺太終戦史刊行会『樺太終戦史』250頁。
2 防衛研修所戦史室編『北東方面陸軍作戦〈2〉千島・樺太・北海道の防衛』454～455頁。
3 樺太終戦史刊行会『樺太終戦史』253頁。
4 同右。
5 鈴木『樺太国境守備隊の終焉』204頁。
6 防衛研修所戦史室編『北東方面陸軍作戦〈2〉千島・樺太・北海道の防衛』491頁。
7 鈴木『樺太防衛の思い出　最終の報告』223頁。
8 同右、170頁。
9 防衛研修所戦史室編『北東方面陸軍作戦〈2〉千島・樺太・北海道の防衛』491頁
10 同右、491～492頁。
11 同右、494頁。
12 樺太終戦史刊行会『樺太終戦史資料11』北海道立文書館蔵
13 防衛研修所戦史室編『北東方面陸軍作戦〈2〉千島・樺太・北海道の防衛』494頁。
14 吉岡武雄編『ツンドラ　歩兵第二十五連隊戦友詩』（私家版、1993年）46頁。

15 同右。
16 同右、47頁。
17 防衛研修所戦史室編『北東方面陸軍作戦〈2〉千島・樺太・北海道の防衛』495頁。
18 樺太終戦史刊行会『樺太終戦史』256頁。
19 金子『樺太一九四五年夏』163頁。
20 樺太終戦史刊行会『樺太終戦史』257頁。
21 金子『樺太一九四五年夏』180頁。
22 同右、259頁。
23 樺太終戦史刊行会『樺太終戦史』258頁には十二日に任命されたと記述されている。
24 引揚体験集編集委員会『悲憤の樺太』（国書刊行会、１９８１年）18頁。
25 樺太終戦史刊行会『樺太終戦史』（１９７３年）258頁
26 平和祈念事業特別基金『平和の礎　海外引揚者が語り継ぐ労苦Ⅱ』（平和祈念事業特別基金、１９９３年）217頁。
27 中山『一九四五年夏最後の日ソ戦』139頁。
28 樺太終戦史刊行会『樺太終戦史』（１９７３年）260頁。
29 同右、261頁。
30 樺太警友会北海道支部札幌フレップ会編『遥かなり樺太』158頁。
31 樺太終戦史刊行会『樺太終戦史資料11』北海道立文書館蔵。
32 樺太終戦史刊行会『樺太終戦史』（１９７３年）262頁。
33 金子『樺太一九四五年夏』167頁。
34 樺太終戦史刊行会『樺太終戦史』（１９７３年）261～262頁。
35 樺太終戦史刊行会『樺太終戦史資料11』北海道立文書館蔵。
36 樺太終戦史刊行会『樺太終戦史』（１９７３年）444頁。
37 樺太終戦史刊行会『樺太終戦史資料11』北海道立文書館蔵。
38 同右。
39 同右。
40 同右。
41 同右。

42 樺太警友会北海道支部札幌フレップ会編『遥かなり樺太』160頁。
43 成田潔英『王子製紙社史第四巻』（王子製紙社史編纂所、１９５９年）233頁。
44 金子『樺太一九四五年夏』211頁。
45 北海道恵須取会『沿海州の見える町――恵須取町小史』（１９８８年）63頁。
46 矢野牧夫『昭和十九年夏、樺太の炭鉱閉山』（樺太の歴史を学ぶ会、２００６年）40頁。
47 同右、38頁。
48 『樺太恵須取の想い出』 樺太恵須取会、104頁。
49 同右、103頁。
50 谷川美津枝『女たちの太平洋戦争』（光人社、１９９５年）97頁。
51 『戦争を知らない世代へ⑱北の海を渡って――樺太引揚者の記録』（第三文明社、１９７６年）33～34頁。
52 『樺太恵須取の想い出』 樺太恵須取会、105頁。
53 樺太終戦史刊行会『樺太終戦史』（１９７３年）447頁。
54 谷川『女たちの太平洋戦争』99～100頁。
55 『樺太恵須取の想い出』 樺太恵須取会、105頁。
56 『戦争を知らない世代へ⑱北の海を渡って――樺太引揚者の記録』 35頁
57 『孫たちへの証言第10集 山本美恵子手記』（１９９７年、新風書房）92頁。
58 『戦争を知らない世代へ⑱北の海を渡って――樺太引揚者の記録』36頁。
59 http://www.yomiuri.co.jp/hokkaido/feature/CO012871/20150107-OYTAT5068.html ２０１５年1月7日アクセス、よみうりオンライン北海道版、平成27年4月19日。
60 『戦争を知らない世代へ⑱北の海を渡って――樺太引揚者の記録』36頁。
61 金子俊男『樺太一九四五年夏』（講談社、１９７２年）230頁。
62 毎日新聞、平成十七年八月十九日版。
63 『戦争を知らない世代へ⑱北の海を渡って――樺太引揚者の記録』37頁。
64 吉村昭『総員起シ』（文春文庫、１９８０年）82頁。
65 樺太終戦史刊行会『樺太終戦史』448頁。
66 同右、449頁。
67 同右、273頁。

68　防衛研修所戦史室編『北東方面陸軍作戦〈2〉千島・樺太・北海道の防衛』498頁。
69　防衛研修所戦史室編『北東方面陸軍作戦〈2〉千島・樺太・北海道の防衛』498頁。
70　ビクトル・ニコラエビッチ・パグロフ／近末義弘訳『幹部学校記事』「南樺太及び千島戦史その2」（陸上自衛隊幹部学校、1967年）14〜15頁。
71　パグロフ『南樺太および千島戦史（その4）』70頁。
72　防衛研修所戦史室編『北東方面陸軍作戦〈2〉千島・樺太・北海道の防衛』499頁。
73　パグロフ『南樺太および千島戦史（その4）』70頁。
74　金子『樺太一九四五年夏』170頁。
75　樺太警友会北海道支部札幌フレップ会編『遥かなり樺太』159頁。
76　筆者註：特設警備隊員のこと。
77　樺太終戦史刊行会『樺太終戦史』273頁。
78　同右、281頁。
79　同右、281〜282頁。
80　同右、283頁。
81　金子『樺太一九四五年夏』181頁。
82　樺太終戦史刊行会『樺太終戦史』284頁。
83　同右、285頁。
84　金子『樺太一九四五年夏』184頁。
85　樺太終戦史刊行会『樺太終戦史』285頁。
86　同右、285〜286頁。
87　同右、188頁。
88　同右、190頁。
89　同右、191〜192頁。
90　同右、193頁。
91　同右、193頁。
92　同右、289頁。
93　金子『樺太一九四五年夏』194頁。

94 同右、195頁。
95 同右、196～197頁。
96 同右、198頁。
97 同右。
98 同右、200頁。
99 同右、200頁。
100 防衛研修所戦史室編『北東方面陸軍作戦〈2〉千島・樺太・北海道の防衛』467頁。
101 陸軍少佐吉野貞吾手記　防衛研究所蔵。
102 防衛研修所戦史室編『北東方面陸軍作戦〈2〉千島・樺太・北海道の防衛』467頁。
103 陸軍少佐吉野貞吾手記　防衛研究所蔵。
104 中野校友会『陸軍中野学校』（非売品、1978年）746頁。
105 防衛研修所戦史室編『北東方面陸軍作戦〈2〉千島・樺太・北海道の防衛』429頁。
106 中野校友会『陸軍中野学校』747頁。
107 防衛研修所戦史室編『北東方面陸軍作戦〈2〉千島・樺太・北海道の防衛』501頁。
108 同右。
109 同右、502頁。
110 金子『樺太一九四五年夏』201頁。
111 防衛研修所戦史室編『北東方面陸軍作戦〈2〉千島・樺太・北海道の防衛』501頁。
112 金子『樺太一九四五年夏』201頁。
113 同右。
114 同右。
115 金子『樺太一九四五年夏』201頁。
116 同右、201頁。
117 同右、201頁。
118 同右、202頁。
119 同右、202～203頁。
120 同右、204頁。

121　同右、204頁。
122　樺太警友会北海道支部札幌フレップ会編『遥かなり樺太』216頁。
123　金子『樺太一九四五年夏』204頁。
124　防衛研修所戦史室編『北東方面陸軍作戦〈2〉千島・樺太・北海道の防衛』502頁。
125　同右、502頁。
126　同右。
127　金子『樺太一九四五年夏』205頁。
128　『昭和史の天皇ゴールド版6』54頁。
129　金子『樺太一九四五年夏』205頁。
130　防衛研修所戦史室編『北東方面陸軍作戦〈2〉千島・樺太・北海道の防衛』502頁。
131　金子『樺太一九四五年夏』205頁。
132　同右、206頁。
133　同右、206頁。
134　防衛研修所戦史室編『北東方面陸軍作戦〈2〉千島・樺太・北海道の防衛』503頁。
135　『本土作戦記録第四巻附録　樺太及び千島方面の作戦』防衛研究所蔵。
136　矢野『昭和十九年夏、樺太の炭鉱閉山』105頁。
137　『昭和史の天皇ゴールド版6』46頁。
138　樺太山脈は樺太中央山脈とも呼ばれるが、本書では、引用文以外では、樺太山脈と記載する。
139　別名、殖民道路。
140　矢野『昭和十九年夏、樺太の炭鉱閉山』105頁。
141　樺太警友会北海道支部札幌フレップ会編『遥かなり樺太』192頁。
142　金子『樺太一九四五年夏』207～208頁。
143　『昭和史の天皇ゴールド版6』50頁。
144　樺太警友会北海道支部札幌フレップ会編『遥かなり樺太』192頁。
145　樺太終戦史刊行会『樺太終戦史』348頁。
146　同右、210頁。
147　同右、213～214頁。

148 同右、208頁。
149 『樺連情報』昭和五十年八月一日第4面。
150 同右。
151 樺太終戦史刊行会『樺太終戦史資料11』北海道立文書館蔵。
152 金子『樺太一九四五年夏』216～217頁。
153 樺太終戦史刊行会『樺太終戦史』（1973年）365頁。
154 同右、366頁。
155 金子『樺太一九四五年夏』218頁。
156 同右、218頁。
157 樺太終戦史刊行会『樺太終戦史資料11』北海道立文書館蔵。
158 樺太逓友会『追憶の樺太逓信』（樺太逓友会、1988年）175頁。
159 北海タイムズ社編『戦後の北海道産業経済編』（北海タイムズ社、1983年）16頁。
160 同右、17頁。
161 この金額は日本銀行ホームページ http://www.boj.or.jp/announcements/education/oshiete/history/j12.htm/ に記載されている平成二十六年の企業物価指数を昭和二十年の企業物価指数で割った数値が二〇九・九。これを基に、昭和四十五年（それ以前の記載はなし）から平成二十六年までの毎年の消費者物価指数が企業物価指数の約二・三倍（平均値）になっていることから、一円＝四八三円と推測。
162 金子『樺太一九四五年夏』232頁。
163 樺太逓友会『追憶の樺太逓信』175頁。
164 北海タイムズ社編『戦後の北海道産業経済編』（北海タイムズ社、1983年）19頁。
165 同右。
166 同右、175頁。
167 同右、175頁。
168 同右、175頁。
169 注161と同じ根拠から算出。
170 樺太逓友会『追憶の樺太逓信』177頁。
171 同右。

第五章　真岡方面の戦闘

第一項　氷雪の門

ソ連軍による塔路・恵須取方面への侵攻により、北海道への脱出を目指した住民達は、内恵道路や珍恵道路を主に徒歩で逃げた。珍恵道路を通った避難民は珍内にたどり着いた後、さらに南の久春内まで歩き、そこから漸く汽車で真岡、本斗、大泊といった緊急疎開船の出航地を目指すことが出来た。北海道への緊急疎開船の出港地の中で久春内から一番近い町が真岡であった。しかし、真岡にたどり着いた人々の多くを待ち受けていたのは「樺太における対ソ戦」で民間人の被害をもっとも出した、ソ連軍による一方的な真岡攻撃――それは虐殺と言っても過言ではない――であった。

この真岡について語る前に、しばし、現代の話をすることをお許しいただきたい。

樺太からの緊急疎開船の目的地であり、樺太最大の港町であった大泊と連絡船で結ばれていた北海道最北の町、稚内。その稚内市街地中心部と宗谷海峡を見下ろし、天気がよければ樺太も見える丘の上に稚内公園がある。この公園は別名「氷雪の丘公園」とも呼ばれているが、その名の由来は、白い二本の柱（望郷の門）と中央の女性のブロンズ像、土台の大理石の霊石からなる「氷雪の門」という慰霊碑から来ている。この慰霊碑は樺太で亡くなったすべての日本人のために、宗谷海峡に臨む場所に樺太に向かって建てられている。

御製「樺太に 命をすてし たをやめの 心を思へば むねはせまりくる」

御歌「樺太に つゆと消えたる 乙女らの みたまやすかれと たゞいのりぬる」

これは昭和四十三年九月五日に稚内公園を訪問された昭和天皇と香淳皇后が帰京後にお読みになられた御製と御歌である。これが掘られた石碑が氷雪の門の右側に設置されている。

この御製と御歌は昭和二十年八月二十日、つまり多くの日本人は戦争が終わった日と考える八月十五日から五日後に艦砲射撃の中、樺太南東部の港町、真岡町にソ連軍が上陸した際に起きた真岡郵便電信局事件の犠牲者である九人の電話交換手に贈られたものである。

主に事務関係の職種の六十～七十名ほどの兵士しかいない、言わば「非武装都市」のような真岡町にソ連軍一個旅団が霧の中、自動小銃を乱射しながら上陸。老若男女を問わず、無抵抗の民間人を次々と殺害、婦女暴行、略奪をほしいままにした。阿鼻叫喚の地獄と化した町の中で町民と外の世界をつなぐ為に、恐怖の中、職場に踏みとどまって任務を遂行し、その結果逃げ遅れ、ソ連兵による凌辱から逃れるために服毒自決をした九人の交換手を悼むものとして「九人の乙女の像」が設置された。そして毎年八月二十日に稚内市主催で九人の乙女のための慰霊祭が行なわれている。

第二項　ソ連参戦と真岡

真岡町は樺太西海岸のニシン漁をはじめとする漁業の中心地であり、製紙業で栄えた人口一万九千人の町でニシン漁の最盛期には六千人～七千人の季節労働者が訪れる活況をみせ、一時は「大泊を凌駕する勢い[1]」もあった。

また、樺太西南部の港のある本斗から樺太の西海岸と東海岸の距離が最も近い久春内までの全長百七十キロの樺太西線が海沿いを南北に走り、その路線と樺太の首府豊原と真岡を結ぶ全長八十三、八キロの豊真線の合流点が真岡町内（北真岡駅）にあった。また鉄道だけでなく、豊真山道と呼ばれる道路も豊原・真岡間を結ぶ交通の要衝でもあった。

真岡港は三千トンの船が同時に四隻接岸出来る日本最北にして、樺太唯一の不凍港であったため、生活物資、開発資材の荷役港として問屋や倉庫業も発達していた。その市街地は海岸線にそった狭小な平地に密集し、市街地のすぐ東は数十メートルの断崖となり、その上には学校や官公庁、王子製紙の社宅街があった。特にこの平野部の奥行は浅く、海岸から歩いて十分もたたないうちに斜面に到達しそうである。海岸から約一キロぐらいの地点から逢坂に至る間の山地には、約二メートルに及ぶ熊笹が密集し展望・射撃を著しく妨害する[2]ほどであった。

八月九日のソ連参戦以降、第八十八師団司令部は樺太南東部の町、落合付近で陣地構築中の歩兵第二十五聯隊第一大隊に急遽真岡への移動を命令。移動命令と同時に第一大隊長仲川少佐は豊原の師団司令部に招致された。峯木師団長は「『落合地区を自己の死に場として心血注いでいる第一線部隊長に、現任務を離れ、真岡地区に転進せよと命じなければならない師団長の心中は断腸の思いであるが、情勢はこのとおりだ。落合地区は他部隊と交代して真岡に行ってくれ』と命じ、師団長は仲川少佐の手を堅く握りしめたのであった[3]」。落合地区は他部隊と後退し、十一日に同大隊は真岡に到着完了。

真岡の北隣の小能登呂から本斗にかけての八十キロに及ぶ海岸線に平行して布陣。豊原北方約十キロの小沼に位置する歩兵第二十五聯隊主力部隊に対しては、真岡から東に約二十四キロ離れた逢坂に移動を命じ、十二日に聯隊本部は逢坂国民学校に入った。ただ、聯隊主力とは言っても、第二大隊は樺太最南端の要塞地帯がある西能登呂岬に配備、第三大隊も豊原南方の留多加に配備と言う状況で、実質は聯隊本部及び直轄部隊だけであった。以上のように同聯隊は久春内から泊居、真岡、本斗、要塞地帯を除いた西能登呂岬、留多加に及ぶ、所謂、南地区の西半分の防衛を命じられたのである。

第三項　大詔渙発、そして歩兵第二十五聯隊軍旗奉焼

八月十五日に大詔渙発。今まで負けるという事を考えず、ひたすら勝利を信じて戦ってきた将兵、特に同じ第八十八師団でも国境で戦ってきた歩兵第百二十五聯隊とは違い、未だソ連軍と干戈を交えていなかった歩兵第二十五聯隊将兵は、茫然となると同時に、今まで張りつめていた緊張が一気に解けてしまった。

そして師団司令部は方面軍司令部より終戦に関する命令が届くと直ちに電報、電話で指揮下の各部隊に「重要な命令を下達するに付、副官級以上の有力者を、十六日八時までに師団司令部に差出すよう」命令を下達した。ただし、歩兵第二十五聯隊長山澤饒大佐は師団命令に基き、指揮下の各部隊に「現態勢のまま後命を待つべし[4]」と伝達した。翌十六日朝、終戦に関する師団命令が発令されたが、その内容は「(1)終戦。(2)陣地撤収、分散した部隊の集結、武装解除。(3)特設警備隊、地区特設警備隊、戦闘義勇隊などの解散。一部兵員の召集解除。(4)軍旗の処理。其の他、この際にあたり大詔の聖旨を遵守し、私意によって軽挙妄動に及ぶが如きは、絶対になきよう厳戒された[5]」同時に機密図書類の焼却、軍旗処理に関する命令も下った。

仲川大隊長の戦後回想によると「この時点に至るまでにソ連艦隊北上中の情報が入っていた。よって平戦両用の変化に応じ易い態勢に部隊をおくとともに、ソ連が上陸した際の不慮の戦闘惹起を避けるため市街地にあった部隊を荒貝澤にまとめた[6]」とある。

この行為自体は師団命令との相違はない。

しかし、仲川大隊長が真岡防備を担任していた隷下部隊に陣地構築の停止と各隊本部位置への集結を上官である山澤連隊長の指示なく独断で行ない[7]、配属部隊及び真岡警察署への指揮を解除した。

真岡市街図

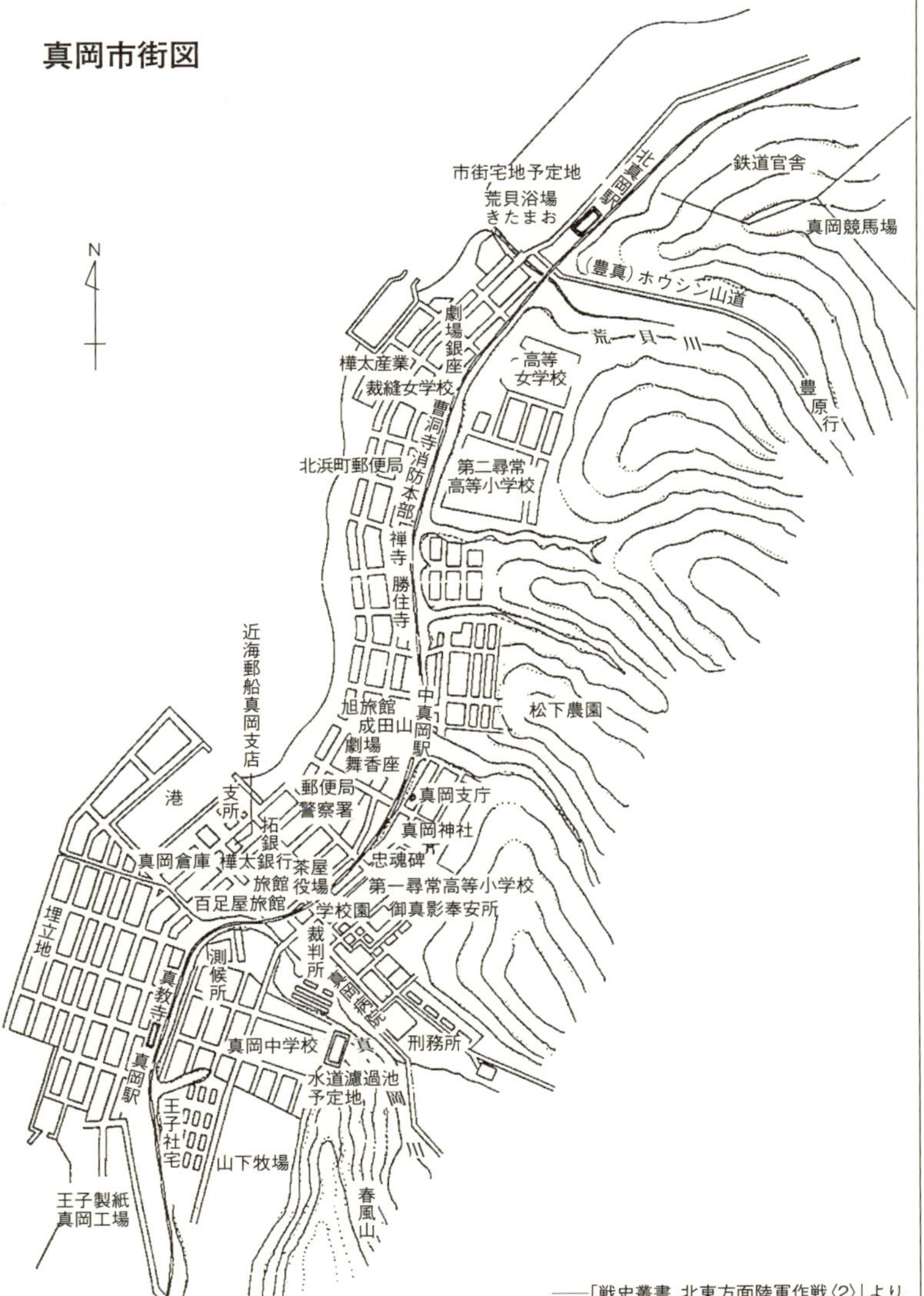

——「戦史叢書 北東方面陸軍作戦〈2〉」より

第一大隊本部及び真岡市街地に展開していた各部隊を真岡市街東方二キロ地点にある荒貝澤に移し、天幕露営に入らせた。ただし、北真岡駅背後の高台に展開した廣瀬聯隊砲分隊はそのまま現在地に留まらせ、移動命令は発しなかった。これは万が一、ソ連軍が進駐した際、不慮の戦闘が発生した場合に備えての処置と思われる。

十七日に山澤聯隊長は師団命令により兵士の一割（車の運転・修理をはじめとする当時として特別な技能を持つ者や樺太出身者）の五百名におよぶ古年次兵を除隊させ、戦力は大いに低下した。この除隊について、第五方面軍司令官であった樋口季一郎中将は、後年、自分が出した命令により、兵士や家族の間に不公平感を覚えさせたことと、戦闘に及ぼした影響から後悔しているということを家族に話している。

この日師団より出された命令はこれだけではなかった。天皇陛下より親授され、自らの命より将兵が大切にしていた軍旗を「奉焼せよ」との命令が聯隊に届けられ、翌十八日逢坂神社にて軍旗奉焼が行なわれる運びとなった。この頃の山澤聯隊長の様子について、当時聯隊旗手（熊笹峠の戦いの最中に第一大隊副官に転出）であった奥田富蔵中尉は筆者に次のような話をしてくれた。

聯隊長は明るく物事に拘らない方でしたが、十六日、聯隊本部の裏にある深い澤にかかる長いつり橋の真ん中で、下を眺めながら一人茫然と佇んでいるお姿を拝見しました。その後、聯隊長の副官の石黒大尉が聯隊長の拳銃を持ってきて「奥田！聯隊長の拳銃を預かって持っておれ」と命ぜられ、私は腰の両側に自分の拳銃と聯隊長のをさして「二丁拳銃だ」とふざけていたものです。そして翌日の軍旗奉焼の最後に軍旗の竿頭にある菊の御紋章をダイナマイトで跡形なく爆破する為に聯隊長が点火することになっていたんですが、その際、聯隊長がそれに飛び込み自決するのを恐れた菅原大隊長と石黒副官が聯隊長の軍服の裾を握りしめていたんです。

第八十八師団鈴木参謀長は、八月十八日の同聯隊の軍旗奉焼の様子を次のように記す。[8]

1　歩二五連隊の軍旗は十八日逢坂神社の境内で奉焼された。

十一時逢坂国民学校の仮連隊長室に奉置されていた軍旗に白布の覆いをし、旗手奥田富蔵少尉が捧げ、椿坂少尉に誘導され、村民の見守る中を神社に進んだ。旗手の面影は自決の場に臨む浅野内匠頭を連想させた。軍旗は土俵の台上に進んだ。連隊本部等約二百名が見つめる中で白布を取り、ラッパ君ヶ代（ママ）吹奏、捧げ銃！　山沢連隊長、石黒副官が点火した。

（中略）

2　山沢連隊長以下の頬は火の熱さか涙か、汗が玉のように流れ、捧げ銃の兵の間から、ススリ泣きが聞えた。軍旗が灰になるのに三十分程かかった。

菊の御紋章はダイナマイトを仕掛け、連隊長がスイッチを入れた。

連隊長は菅原大隊長や石黒副官の計らいで、軍刀や拳銃を脱し、ダイナマイト点火の際は、二人が軍服の裾を握りしめていた。自決を慮っての心遣いだった。

親授以来四十五年、我が魂として年々盛大な軍旗祭を行なって、仰ぎまつった軍旗は消え、連隊歴史の幕は閉じた。

土俵の傍に木柱の忠魂碑があった。

元第七師団長（元歩二五連隊中隊長）内野辰次郎中将の揮毫になるもので、先輩も軍旗の最後と我々の苦衷を見守って下さっているように感じた。

形見として軍旗の房（ママ）一本宛を各中隊長に分ち、灰は忠霊塔の傍に埋められた。

軍旗は奉焼され、軍隊は生命を失った。然しこれからどの様な困苦屈辱が迫るか知れない。連隊長は「難局にあう程、団結が強固になるのが真の成果だ」と、全将兵に最後の訓示を与え「団結」の言葉を三唱して解散した。

かくして、明治以来の伝統を持つ歩兵第二十五聯隊の歴史は南樺太の逢坂にある逢坂神社にて幕を閉じるはずであったが、情勢はそれを許さなかった。同日午前、歩兵第二十五聯隊に二十日午後四時までに豊原北方の小沼に集結するよう師団命令が発せられた。ここは元の聯隊本部があった場所である。

国境地帯を守備する歩兵第百二十五聯隊の聯隊本部がある気屯で師団参謀筑紫中佐が同日九時十五分より停戦交渉を行なったが不調。そのため、南下してくるソ連軍を食い止め、一人でも多くの避難民を北海道に避難させることを目的として出された命令である。そのため、歩兵第二十五聯隊の最精鋭部隊である第一大隊はソ連軍との停戦交渉を成立させ、南下を食い止めるために北上する第八十八師団参謀長鈴木康夫大佐の指揮下に入り、万が一、停戦交渉が失敗した際は、鈴木大佐は遅滞作戦をとるつもりだった。

しかし、軍旗奉焼直後のお昼頃、海軍から師団に「ソ連大輸送船団は軍艦護衛の下、浦塩方面から北上中で、十九日夜、樺太西南部に到着し得る距離に在る。各方面共厳戒する様』通報が入った。そこで師団は急遽隷下部隊及び指揮下の部隊にも、その旨を伝達し、歩兵第二十五連隊に対しては「仲川大隊北上中止、旧任務復帰[9]」を命令。そして仲川大隊の代わりに歩兵第三百六聯隊の塩沢大隊が随行することになった。

この時、鈴木参謀長の回想によると「既に大詔後三日を経過し、戦闘義勇隊は解散し、軍は官民を指揮統制する機能を失っていた。もはや軍が住民の避難を強制する権限はなかった。できるのは警告ぐらいのものであった。また軍隊に対しても抗戦せよという積極的な命令を出せなかった[10]」とある。

前記、北上中止命令により真岡に残ることになった仲川大隊は大隊旗や秘密文書を焼却し、残留兵員に対し冬軍衣袴の支給を実施するなど、専ら終戦処理業務を実施中だった。

これに対し、山澤聯隊長の当時の解釈は鈴木参謀長や仲川大隊長とは異なる認識だったようだ。山澤聯隊長は軍の指揮権に関し「自衛戦闘の命令は前から（十六日）出ており、軍隊はまだ解散していないのである」[11]という見解を持つと同時に、仲川大隊の終戦処理業務実施についても「この件はソ軍を甘く見た者の考」[12]と回想している。

もし、この三名の回想が当時の認識を正確に示したものであるなら、師団として大詔渙発後の行動について、充分な意思統一が取れていなかった証と言えよう。

その一方でソ連軍は樺太制圧のための行動に揺らぎは一切なく、仲川大隊の北上中止命令がでた十八日に「五人からなるソ連軍偵察班が潜水艦より真岡に上陸し、以来市内に潜伏して情報収集に当たった」[13]。この点について、日本側資料には一切触れられていないことからすると、このソ連軍偵察班の動きは全く日本側が把握していなかったか、偵察行動に失敗したと考えられる。

第四項　ソ連軍の真岡上陸計画

ソ連軍統帥部は八月十五日「第16軍（司令官チレミソフ少将）および北太平洋艦隊（司令官アンドレーエフ海軍中将）に対し真岡港に対する上陸作戦準備を命じ、八月十九日、その実行を承認した。約三、五〇〇人からなる上陸担当兵団は八月十八日ソフガワニに集結を完了し、十九日夜一八五〇出港を開始した」[14]

この艦隊のは次のような方針[15]と兵力をもって真岡に上陸した。

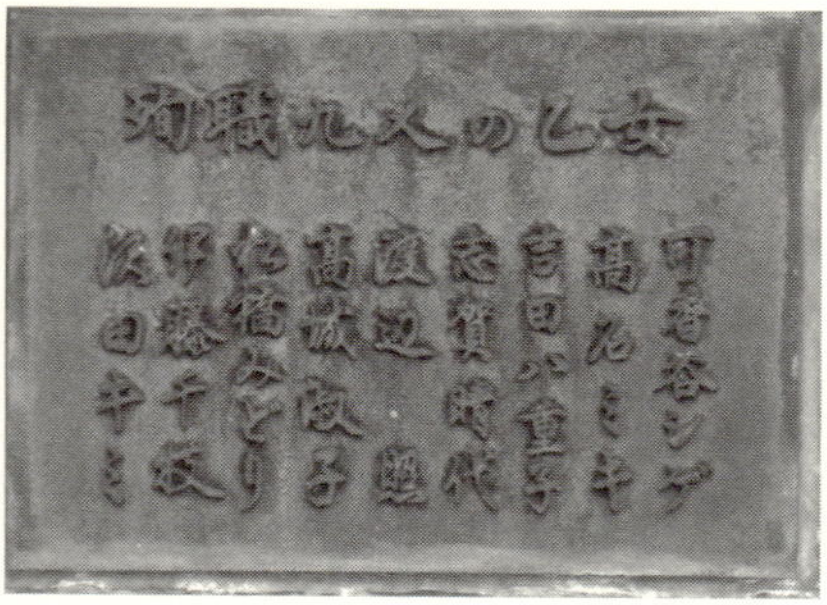

〈上〉稚内市の稚内公園に建てられた「九人の乙女の像」。真岡郵便電信局で自決した９人の女性電話交換手の慰霊碑である。〈左〉碑にはめ込まれた９人の殉職者名を記したレリーフ。

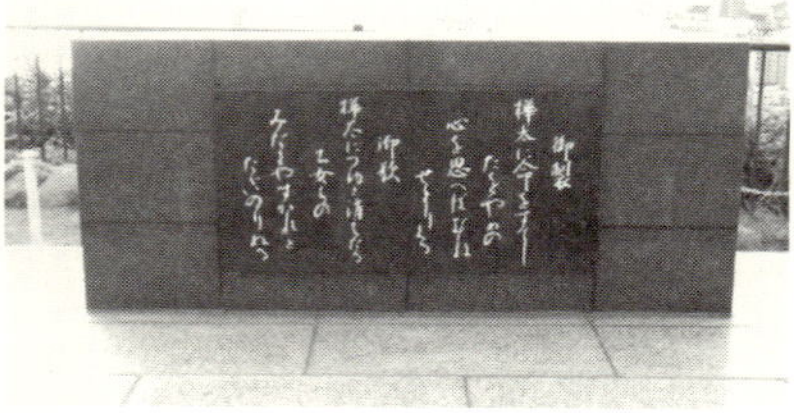

稚内公園に設置された殉職電話交換手を悼む昭和天皇と香淳皇后の御製と御歌の石碑。

ホルムスク（真岡）の真岡郵便局跡地に立つビル。郵便局は木造二階建ての建物だった。

稚内市の主催で毎年８月20日に開催される「氷雪の門・九人の乙女の碑平和祈念祭」。

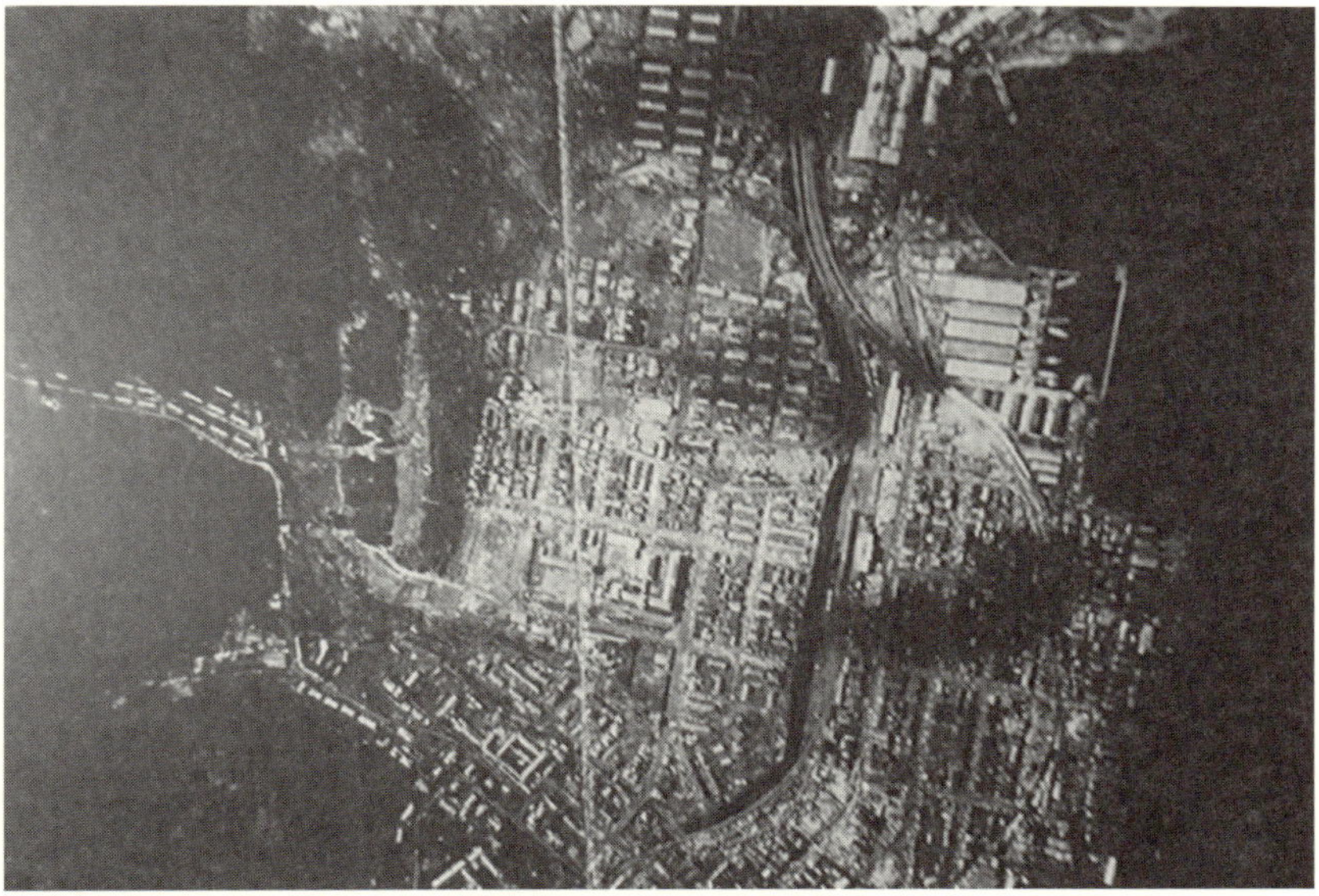

〈上〉上陸前日にソ連軍機が撮影したといわれている真岡市街の空中写真。〈左〉やはり上陸前日にソ連軍が撮影したといわれている真岡港の写真。

〈上〉市街地の南にあった真岡駅の駅前。車寄せのついた立派な駅舎である。〈右〉昭和12年頃の真岡町の商店街。

一　方　針
北太平洋艦隊は、八月二十日朝、上陸部隊を真岡港係留所に直接上陸させ、同日日没までに橋頭堡を確立する。爾後第一一三狙撃旅団をもって鉄道及び豊真山道に沿う地区を豊原方向に、海軍歩兵混成大隊をもって本斗方向に進撃する。
二　使用兵力及び船団（梯隊）区分
(1)使用兵力
艦艇一七（警備艦、機雷敷設艦各一、哨戒艇大型四、同小型七、魚雷艇四）、輸送船五、第一一三狙撃旅団、海軍歩兵混成大隊、艦隊飛行隊（八〇機）
(2)船団区分
第一上陸船団　哨戒艇七（各四〇～五〇名乗船）
第二上陸船団　哨戒艇四（各二〇〇名乗船）
第三上陸船団　輸送船三（各八〇〇名前後）
艦砲支援船団　警備艦一、機雷敷設艦各一　警戒船団　魚雷艇四
(3)梯隊区分
第一波　自動銃手で編成
第二梯隊　海軍歩兵混成大隊
第二梯隊第一一三狙撃旅団
三　上陸戦闘部署
(1)上陸担任部隊の任務
海軍歩兵混成大隊　真岡市（ママ）の中部及び東部を占領
第一一三狙撃旅団　真岡市（ママ）北部及び南部を占領

(2)達着要領

第一上陸船団の一部艦艇は眞岡港の中央湾内に、爾余はその南方海岸に突入し、八月二十日四時五十分、第一波を係留所に揚陸する。以下の船団の揚陸も右に準じて行う。……

ソ軍は右の進攻兵団とは別に、ウラジオストックから第八七狙撃軍団を樺太に転用し、爾後大泊において北海道占領準備を行なうべく、着々準備中であった。

第五項　真岡市街およびその付近の日本軍配備状況

これに対する日本軍は当初真岡市街地にいた戦闘部隊も既述の通り、真岡郊外の荒貝沢に移動し、市街地に残ったのは戦闘行動とはあまり縁のない、管理要員であった。以下の配置[16]を見れば、真岡市街地がいかに無防備で、日本軍も市街地を偶発的に惹起するかもしれない戦闘に巻き込まないよう配慮していたのがわかる。

真岡市街およびその付近

特設警備第三百五中隊（防衛召集を解除し、本部要員の将校三、下士官五名だけと考えられる。）

第五方面軍航空情報隊第三監視隊（肉眼による対空監視、一コ隊一五〇～二〇〇人、台地上に兵舎がある。対空監視が任務）

第五船舶輸送司令部大泊支部真岡出張所

船舶通信第一大隊第一中隊の一部

樺太憲兵隊真岡憲兵分隊

歩兵第二十五聯隊第一機関銃中隊松山分隊（長　松山武雄伍長以下九名　ＨＭＧ２　真岡駅東側

台上)

歩兵第二十五聯隊聯隊砲中隊廣瀬分隊（長　廣瀬保軍曹以下一〇名、聯隊砲一、真岡港東側台上、対潜警戒）

右のほか銃を保有しているものとして真岡警察署がある。

荒貝沢付近（海岸から東方一～二粁の谷地内）

歩兵第二十五聯隊第一大隊本部（約三十五名）、第二中隊（一コ小隊欠）（七〇～八〇名）、大和田小隊（第三中隊の残留者が主体、人員不詳）、第一機関銃中隊（一コ小隊、一コ分隊欠）（九〇名）、第一大隊砲小隊（四七～四八名）、澤田集成小隊（三八名、上敷香から撤収して来た初年兵が主体）、工兵第八十八聯隊第四中隊第四小隊（三二名）、輜重兵第八十八聯隊第一中隊第三小隊（二六名）、第八十八師団衛生担架第三中隊第一小隊（四二名）

第六項　ソ連艦隊見ユ

ソ連軍統帥部が第十六軍及び北太平洋艦隊に真岡上陸の命令を発したのは八月十五日であった。そして、その命令の実行を承認した八月十九日十八時五十分、真岡侵攻部隊は真岡対岸のソフワガニ港から出航を始めた。当初、上陸部隊の第一波は二十日四時五十分より上陸を開始する予定であったが、艦隊行動が不馴れのため遅れ、真岡からその姿を視認されたのは、五時四十分であった。

当時の事をソ連軍戦史は次のように記している[17]。

八月二十日六時五分艦艇は真岡港北部に達したが、港は濃密な霧のため見えず、そこで投錨した。一時間半ぐらい経って視界がよくなった時に哨戒艦が真岡中央湾への入口を発見する事が出来た。

○七三三、直ちに上陸開始の命令が下された。

ソ連艦隊が姿を見せてからの約一時間半、軍人、警察官、住民は各々の立場で行動した。

ソ連艦隊を真岡の町から視認したのは、真岡港東側台上に配置され、対潜警戒に当たっていた歩兵第二十五聯隊聯隊砲中隊廣瀬分隊所属の成田粕三上等兵であった[18]。

「おい、敵艦だ。敵艦隊がはいってくるぞ」

歩哨成田粕三上等兵（のちに戦死、稚内出身）が大声で叫びながら駈け込んで来た。五時半、起床と同時に炊事にかかっていた前田貞夫上等兵らは、その声に飛び上るようにして小屋から駆け出して海上をみた。伝令要員の前田上等兵が時計をみると五時四十分、正面の海上、霧の中にかすかに大型の軍艦三隻が停泊しているのが確認された。そして、さらに目をこらしてみると霧の切れ間の、もっと沖合には戦艦らしい船が七隻もいる。

いよいよくるものがきたというのが、いつわらぬ気持であった。大急ぎで宿舎に帰ると軍装を整え、背嚢の私物をストーブに投げこむと砲座に戻り、廣瀬保分隊長（のちに戦死、北海道池田町出身）から第一大隊本部に電話連絡を命ぜられた前田上等兵は近くの電話まで走って、この状況を報告した。大隊本部からは直ちに「分隊は現状維持、発砲は絶対禁止、ソ連艦艇の種類、数および上陸の状況を報告せよ」という命令が打ち返されてきた。

大隊本部ではこの報告よりわずかに早く、出漁中の漁民が逃げ帰っての報告を受け、その確認のため将校斥候岩瀬少尉を出していた。分隊に戻った前田上等兵は大隊本部命令を伝えると、沖合の艦隊の行動と眼下の町を等分に見て立っていた。

その頃、真岡の町の谷間や海抜が低い海岸沿いの住宅密集地や港は、身にまといつくような深い霧につつまれ、埠頭の倉庫等の屋根はしっとりと濡れていた。一方、学校・官公庁のある高台では濃い霧が既に薄れていた。この日に真岡港から出航が予定されている緊急疎開船「交通丸」に乗船出来るのは南浜町方面の高台の人が多く、確実に乗船しようと早く家を出た人の中には、リュックをかつぐ者、幼子や老人を荷物と共に荷物をリヤカーに乗せる者もおり、岸壁について乗船を待っている者もいた。

その人々の眼にも見なれないソ連艦隊の姿は映り、異様な胸騒ぎを覚えて立ち止まった人もいたが、大詔渙発から五日も立った安心感と、物珍しさから家族をよんで、海岸へ見物に出る人もいた。

この日の緊急疎開船に家族と乗船予定であった大矢キサエさんは、台所に立ち、兄嫁と船中でのおやつの準備をしていたところ、所用で外出中だった兄が帰宅し「軍艦がいっぱい来たど。きれいだから、みんな外に出て見れや[19]」と声をかけられた。

当時真岡中学二年生であった渡邊三男氏は父に誘われて、自宅の物干台から海を眺めた。

渡邊氏の実家は真岡有数の網元で、自宅二階の物干には、帰港が夜間になった漁船の誘導のための直径約四十センチの探照灯が設置されていた。このため、この建物にどんな災厄が降りかかるかまだ渡邊家の人々は知る由もなかった

どの家も、役場の指示に従い、降伏の意を示す白旗も掲げてあった。

渡邊家では、漁に出る準備をしていた父親が最初にソ連艦隊を発見した。そして「起きろ！海を見ろ！」と言いながら父親は渡邊氏を起こしに来た。そして「絶対に撃ってこないよ。戦争に負けたんだから。白旗を持っていれば大丈夫だ。だから見ろ」と言った。

渡邊氏自身も物干し台に上がると、すでに町の人々が北浜町の漁港の岸壁にたくさん、見学に集ま

っているのが見えた。そして海を見るとソ連艦艇は横に並んでいたが、渡邉氏も「大丈夫だと思った。すごいなぁ〜と思ってみた」。

真岡警察署では「午前五時頃、『ソ連軍が湾内に入る』との報により非常呼集」がかけられていた。署員は「署長（真岡警察署）を先頭に白旗を掲げ、歓迎のため署の裏口から出ようと[20]」していた。真岡警察署署長の三浦春見警視は署長室で、非常呼集により集まった幹部署員を前に「われわれだけでも港にいって、ソ連軍を出迎えて平和交渉をなし、町内の安全をはかろう」と檄を飛ばしていた。

しかし、この時の真岡警察署長及び、署員の行動について次のような戦後回想も残されているので、併せて紹介しておく[21]。

八月二十日早朝、ソ連の艦船と思われる大船団が、真岡町北方十キロの木古丹沖に遊弋しているとの電話に、M署長が船団を偵察に行こうと言って、真岡病院から借り受けた自動車に、常備消防の運転手を頼み真岡町の北端に行き遠くの方を眺めた。署長と私が船団の南下について問答していたとき、船団は行動を起こし、真岡沖に向かったのである。M署長は周章狼狽して帰署すると同時に非常呼集をかけた

第一大隊本部（「主陣地は海岸より約千五百米東の反対斜面[22]」）にも、荒貝沢入口の監視哨より「漁師からの情報によると、真岡港の沖合に軍艦らしい艦艇数隻が濃霧の中右往左往しているのを出漁中に確認した[23]」との報告がもたらされた。

知らせを受けた仲川第一大隊長の行動について、防衛研究所蔵の『真岡の対ソ戦に対する仲川少佐回答』には次のように記されている。

「ソ軍がいよいよ平和進駐するであろうと判断し、その状況を偵察するための先ず将校斥候を派遣し

た」[24]。仲川大隊長は「十九日夜、ソ軍輸送船団接近の報を聞き、既に終戦後数日を経過したので、いよいよソ軍が平和進駐するであろうと判断し、軍使ら派遣を考慮していた」[25]。また、仲川大隊長はかつて「参謀本部第二課勤務当時、昭和十六年の北部仏印進駐時、森本大隊とフランス軍との衝突事件があり、この戦訓から武装した両軍相接した場合の不慮の戦闘惹起を避けるため部隊を離隔する必要を感じた」[26]と回想している。そのため、十六日夕方頃、聯隊長を通さず、直接師団司令部に「部隊を聯隊本部の位置する逢坂または小沼付近に集結させるを可とする旨の意見を打電」[27]しており、日ソ両軍の間での戦闘を起こさないよう、細心の注意を払っていた。

戦史叢書『北東方面陸軍作戦〈2〉』には、荒貝沢の監視哨からの報告受領後の仲川大隊長の行動を次のように記している[28]。

大隊長は直ちにこの旨を聯隊本部に報告するとともに、その状況確認のため、大和田少尉を長とする将校斥候を市街に派遣した。同少尉には、いかなる事態が発生しても発砲しないよう特に注意が付け加えられた。

仲川大隊長は、漁師からの情報の角度が甲であるとしても、終戦の大詔に接してから、はや五日を経過し、わが軍も終戦処理業務を実施中のことであるので、ソ軍が平和裏に進駐するであろうと判断し、この場合いかに対処すべきか考慮しながら、斥候からの報告を待った。

ところが大和田将校斥候の報告に先立ち、不意に猛烈な艦砲射撃が始まった。眞岡市街の一部が炎上している模様で、黒煙のたち上るのが望見された。

ソ連艦隊発見の報を受けてからの第一大隊本部の対処について、『真岡の対ソ戦に対する仲川少佐回答』と『北東方面陸軍作戦〈2〉千島・樺太・北海道の防衛』の記述の違いにお気づきだろうか。

前者は防衛庁防衛研修所（現在は防衛省防衛研究所）の担当官が書いた原稿案（公刊戦史の）に仲川大隊長が直接チェックを行なった文章であり、防衛研修所が発刊したいわば公刊戦史の完成品である。この時点についての二つの文書内容の最大の違いは、前者は聯隊本部に大隊本部が状況報告を行なった後に、大和田郷少尉を将校斥候の長として派遣したとあるが、後者には聯隊本部への報告のことは全く書かれていない。

防衛研究所には『歩兵第二十五聯隊真岡附近の戦闘概史』という資料がある。これは歩兵第二十五聯隊長山澤饒大佐が書いた原稿に第八十八師団参謀長鈴木康生大佐が加筆したものである。これには、「聯隊長山澤大佐は第一大隊長よりの報告を受くる以前に砲声殊にその炸裂音弾道音等に依り蘇軍の艦砲射撃だと判断し各部隊へ戦斗配備に就くよう命令した。」と書かれている。この時、山澤聯隊長の傍にいた歩兵砲大隊長菅原少佐も「20日午前7時に逢坂にいた聯隊長、私、艦砲射撃の音で何かあると判断し、聯隊本部から仲川大隊に連絡して初めてソ軍の上陸を知った次第である[29]」と山澤聯隊長と同様に第一大隊からソ連軍上陸の報告がなかったと回想している。

当時、荒貝沢にいた第一大隊の主力部隊（第二中隊と第一機関銃中隊）は将校斥候派遣と同時に、万が一に備えての荒貝澤及び、その両側高地の反斜面陣地に配置がなされていなかったようである。

第二中隊は「朝五時頃、大隊本部より伝令来り『只今ソ軍の輸送船団真岡沖を移動中』の連絡あり。私等武装解除を受けるべく準備をなす[30]」。という状態で、「戦闘配備についたのは、ソ連の艦砲射撃が開始されてからであった[31]」。

第一機関銃中隊の北島幸一大尉は以下のように回想している[32]。

中隊長幕舎の周囲も明るくなり目をさまし入口を出て見ると曇空ではあるがすみ切った朝の空気は快かった。早速当番が用意して呉れた洗面器に手を入れた時であった。突如砲撃のごう音がなりひびいた。弾道はかなり高く荒貝沢ぞいに海岸方面より熊笹を目標に、かなりの威力を有する火砲であると直感した。早速軍装を整え各小隊に戦闘準備を命じ単身、大隊本部へかけつけた。

ソ連艦隊発見の報が第一大隊本部に入ったのが午前五時四十分頃でソ連艦隊の真岡市街地への砲撃開始が菅原少佐によると「午前7時[33]」頃である。かくして、一時間二十分という初動の遅れが生まれ、聯隊本部への報告、部隊展開や応急の陣地構築に使える貴重な時間が消えたのであった。特に、荒貝沢に天幕露営をしていた第一大隊が陣地構築を始めたのは、ソ連軍の攻撃開始後であった。ソ連軍が武力進駐・平和進駐のいずれにも対応できる態勢で、第一大隊が荒貝沢で野営していなかったことは、非常に残念である。

逢坂の聯隊本部と大隊本部はソ連軍の砲撃開始まで電話線がつながっていたのに、なぜ、「第一報」として仲川大隊長は報告をしなかったのか。また山澤聯隊長に仲川大隊長からの報告がきたのが前記回想から判断すると午前七時頃、つまりソ連艦隊の砲声を聯隊長が聞いた後である。しかし、電話は切断されているから、電話による報告ではない。そうであるなら、なぜ、仲川大隊長はこのような予測されていたこととはいえ、重大事を電話でなく、上り坂と下り坂のある山道を、敢えて伝令を使って二十四キロ離れた聯隊本部まで、八〇分（平均時速十八キロの速度で八〇分間）かけて走らせたのはなぜか。仲川少佐は特別志願将校出身で、その中から選考のうえ、陸軍士官学校にて丁種学生として一年間の教育を行ない現役将校に準じる立場に列した将校であり、日米間戦時に参謀本部第一部（作戦）第二課に勤務し、活躍していた優秀な人物である。そのような人物がソ連艦隊接近の報告をすぐに電話で行っていたなら、逢坂の聯隊本部からより適切な指揮——部隊の再配置や関係各機関と連携した住民避難——を受け、一人でも多くの日本人の命が救われたのではないかと思うと残念でならない。

さらに、真岡に上陸した第113狙撃旅団は「独ソ戦に参加した部隊[34]」で、独ソ戦の最中、欧州に移動せず樺太で日本軍と対峙していた部隊とは練度、装備が違う上、「囚人を含むと推測される部隊」であった。全国樺太連盟副会長である金谷哲次郎氏が筆者に話してくれたところによるとソ連兵から腕に刻まれた四桁の囚人番号をチョルマ（監獄）と指差しながら見せられたという。そしてこのような話は金谷副会長以外の元真岡住民より聞く。しかし、ソ連軍が真岡に上陸し、虐殺と言っても過言でない民間人に対する無差別攻撃（軍人と国民服を着た民間人の区別がつかなかったこともその一因と思われる）を受けるまで、軍人、民間人を問わず、ソ連軍の平和的進駐を信じていた日本人は、これらの事実を知る由もなかった。

第七項　第一大隊、戦闘配置への方針転換と住民の荒貝沢から豊真山道を経ての避難

やがて帰還した大和田将校斥候の話によると、「ソ軍の舟艇が一隻、真岡港内で座礁し、離礁につとめていたが反転した瞬時、遂に機関が停止した。間もなく沖合の軍艦より砲撃が開始され、目下真岡町の山腹にある家屋が延焼中である」というものであった。

そこで大隊長はこの旨を直ちに報告するとともに新たに将校斥候一組を真岡港付近に、下士官斥候一組を荒貝澤南側高地の西端に派遣した[35]。

大隊本部に駆けつけた北島大尉は「『おめでとうございます、いよゝ訓練の成果を発揮する時が来ました』と云ったところ、仲川少佐は『目下聯隊本部と連絡中である。一切発砲を禁ずる。後命あるまで待機するよう』との趣旨を申渡され、復命、本部を辞した[36]。」

この後、遅ればせながら大隊長は真岡郊外荒井貝沢で天幕露営させていた部隊を同地及び、その両側高地の反斜面に配置した。同時に、各隊には決して軽挙妄動を起こさせないよう、厳重に発砲禁止

を守らせると同時に、待機の姿勢に入らせた。なお、この陣地は八月十五日に大隊長命令で築城を中止した未完成の陣地である。

部隊を配置させた時の状況を北島中隊長は次のように回想している。「各小隊は昨日までにかなりの兵器並びに資材を処置したこともあり、又復員者もあり通常の編成は出来かねたが残存兵器を持って応急の編成を行ない集結を終わっていた。この頃は艦砲射撃時断続的になり各小隊に命じて時の配置につかしめた」[37]。ただし、第二中隊に於ても同様の処置がとられたと思われるがさだかな記憶はないとの事である。

この荒貝沢とは真岡市街地（海岸に面する平地に横広く家屋が密集した場所）の北側の、海岸線と平行して幹線道路及鉄道があり海にそそぐ小川沿いの場所にあり、そこは全長七十二キロに及ぶ真岡と豊原を結ぶ幹線道路である豊真山道の起点でもあった。因みに、豊真山道は真岡背後の高地の谷間ぞいを蛇行しながら熊笹峠方面にのびており、道幅は三メートル程度で戦車及び輸送トラックの通行が可能な道であった。つまり荒貝沢には避難民ばかりか、豊原占領を目指すソ連軍部隊が進撃してくるのである。

しかし、どの部隊も八月十六日に大隊長命令で真岡市街地から荒貝沢に移動して来ており、陣地構築はなされていなかった。

豊真山道の海に面した左側は傾斜が急で、右側は左側よりなだらかな高地であり丘陵のすそに至るところに平坦部がある

荒貝沢の海岸から約千五百メートルの斜面に第一大隊は急遽陣地構築を始めた。第一機関銃中隊長の北島幸一大尉は、次のように戦後回想をしている[38]。

荒貝沢は道路両側を除き一面に高さ一米に及ぶ茎の太い夏草が繁茂しており斜面とは云え銃座

を構築するには余りにも見通しが悪く、適当な場所は一部に限られていた。そこで地形判断に基き豊真山道を重点に一部丘陵上部及斜面に配置することとし直ちに掩体構築に着手した。掩体と云え特別な資材もなく単なる掩ごうを手作業を以て実施する程度であり応急の体勢づくりをしたにとどまる。

一方、真岡方面からは、ソ連艦艇の艦砲射撃や銃声の音が聞こえ、火災も発生しているようで、町から立ち上る黒煙がよく見え、町内の混乱ぶりが容易に想像できた。さらに荒貝沢には市街方面より避難して来る邦人が姿を現わした。突然の艦砲射撃による恐怖におびえた多くの人々は着の身着のままの姿で、大した荷物も持たず、朝食さえ取らずに、続々と豊真山道を目指して荒貝沢に殺到して来た。この状況を目の当たりにしていた北島中隊長は、当時の事を回想録の中で「大隊本部よりその後特別な命令はなく不安の中に、時が過ぎていった[39]」と記している。

そこで将兵は事前に集積してあった部隊の糧食・衣類や個人の携帯口糧、まで持ち出して、人々に配給を始めた。それを手にした人々や感謝の言葉を述べる人々を、豊原方面へ避難させるために、急ぎ誘導した。

しかし、ソ連兵の姿は昼過ぎまで、少なくとも北島第一機関銃中隊の方面では認められず、北島中隊長は「この間上陸地点に橋頭堡を築き、逐次、兵器、資材の揚陸作業が行なわれていると判断した[40]」。

真岡に対しソ連艦隊が攻撃を開始したと判断した聯隊長は、既述の通り、戦闘配備命令を出した。
（第一大隊長からの報告とは殆ど同時だった。）

また、真岡住民が豊原経由で大泊へ出て、北海道への緊急疎開船に乗れるよう、豊真山道の確保を第一に考え、まず、各地に分散配備されていた部隊の内、西能登呂要塞に在る第二大隊は別として其の他の主力をなるべく速かに戦場に到着、戦闘加入出来るよう、同日早朝、留多加を出発していた第三大隊主力は豊原北方の小沼に転進する予定だったが、その途中、聯隊本部より逢坂に急進するよう命じられた。そこで、第三大隊長藤田大尉はまず第九中隊を先行させ、その後、第十一中隊に追及させ、それ以外の部隊は自動車にて、逢坂に向かわせた。ただし第十二中隊は真岡南方で北海道への緊急疎開船の出発地でもある、本斗へ派遣するよう命じられた。右の外聯隊長は真岡北方羽母舞付近にあった第四中隊主力及聯隊砲小隊に逢坂への転進を命じた。

山澤大佐の下に集まった情報を総合すると、「敵は最初全砲を使って艦砲射撃し眞岡の海岸と其の東側高地（第一大隊の主陣地のあった所）一帯を徹底的に破壊し眞岡市街を焼き払い日本軍が射撃が出来ないようになると射程を延長し上陸用舟艇を使って上陸して来たのです。後になって聞いたのですが、敵は六隻だったそうです[41]」。

この頃、真岡の町には、ソ連軍の猛烈な艦砲射撃で燃えさかる中をソ連兵が上陸を開始した。その際、ソ連軍戦史によると、ソ連軍は「約2コ大隊の日本軍[42]」と交戦し、日本軍に「死者300名以上、捕虜600名[43]」の損害を与えたと記述している。しかし、実際、真岡市街地にいた日本軍は既述の通り一〇〇名に満たない上、そのほとんどが、非戦闘部隊であった。

ソ連軍は誰と戦ったのであろう。日本軍は真岡郊外に一個大隊（実質、二個中隊）いただけであったのに。

第八項　真岡上陸戦、日本軍の幻の抵抗と避難林道から豊真山道を経ての住民避難

ソ連艦隊が姿を現わした朝、真岡港では、王子製紙の勤労課員が労務者を連れて荷役作業をしていた。当時、王子製紙真岡工場勤労課長だった福島正男氏は次のように語る[44]。

艦砲射撃から上陸してくるまで、案外早かったですね。社宅を兵舎とでも思ったのか、上陸するとまっさきにやって来たのでしょう。そこから歩いて十五分ぐらいの海岸べりにあった五、六むねの倉庫に連れて行かれたときは、九時半ごろだったと思います。そのとき知ったのですが、この朝わたしの部下の勤労課員が、四十人ほどの労務者を連れて、船着き場で荷役作業をしていたんです。これはこの日も船がはいって荷物をおろし、帰りに何か積んでいかないと船が浮くからというので、いつもその荷を王子が頼まれるのですが、その作業をしていたところへ、ソ連兵はちょうど船着き場から上陸して来て、機銃掃射を浴びせたのです。気の毒にこれは全滅しましたよ。悪いことに作業員はカーキ色の服を着ていたし、隊伍も組んでいたから、てっきり兵隊と間違われたのでしょう。このほかに王子関係だけで五十三人も殺されています。

最初の犠牲者となったのは、港湾労働者だけではなかった。緊急疎開船出港地の真岡港にも鉄道、船、徒歩、とあらゆる手段で避難民が集まっていた。そして前夜も恵須取方面から船を使って逃げて来た人々が下船せず、そのまま真岡港にいた。陸路で来た人も海路で来た人も、途中、ソ連機の銃撃を受けて命からがら、救急疎開船の出港地の真岡にたどりついたのであった。また、本当は前日に真岡から出港する予定が一日遅れ、この日に北海道へ向けて出港する緊急疎開船に乗船する人、見送りの人、戦争は終わりソ連軍が攻撃をしてこないと信じてソ連艦船の見学に来ていた人等多数の人々が犠牲となった。

「後日日本人の潜水夫がソ連の命令で、海中に落とした荷物を引揚するために港内に潜水した処、波止場付近一帯の海底には三重に累った死体が一面にあったのを確認したが、これは二十日早朝大型ハシケ二隻に引揚婦女子を満載して曳航準備中攻撃が始まり、船上の女子供が機銃の掃射を受けた跡である」[45]。

港にいた人々を襲った機銃弾の嵐は、住宅地にもおよんでいた。「涙ぐみながら、残る夫や子供の見送りを受けて家を出たとたんに銃火をあびた人たちもいた」[46]。

既述の通り、渡邊三男氏は実家二階の物干から父子でソ連艦艇を眺めていた。そこへソ連艦隊から二隻の「人が十人も乗ってなく、平で機関砲付がついた船」が（北浜町の）浜辺に向かってきた。北浜町の浜辺は遠浅で、海から上がって来易かったそうである。そして一隻が座礁したが、脱出に成功。二隻はソ連艦隊の方向に戻って行った。ソ連艦隊が銃砲撃を開始したのは、その直後だった」と語る。

その銃撃の一部は渡邊家の物干し台を確実に狙っていた。既述の通り物干し台には、探照灯が設置されていたため、激しい銃撃を受けたのだ。恐らく、探照灯があったため、渡邊家の建物はソ連軍には監視所に見え、親子は監視員にみえたのかもしれない。機関砲の射撃により、物干し台は言うに及ばず、家の中は蜂の巣のようになったという。そして、ランニングシャツに短パン姿の渡邊氏は、父親の指示で、敷布団を二つに折って、それを背中にしょって逃げた。防弾チョッキがわりである。

近所の人達も逃げ出していたが、机の上には朝ごはんをそのままにして逃げた家も少なくなかった。北浜町の渡邊氏の近所の人々は当初、前日（十九日）の船で北海道に緊急疎開する予定であったが、船の到着が大幅に遅れ、この日乗船することになっていた。そのため、どの家も朝食や弁当の準備をしていたのであった。渡邊氏の父親も家族の朝食のご飯が詰まっているおひつを持って家をでた。渡邊氏らは北浜町から約一キロ離れた荒貝沢に逃げようとしたが、激しいソ連軍の銃砲撃の中で、家族はバラバラになってしまい、線路脇の側溝に逃げ込んだが、そこも安全ではなかった。ソ連軍兵士の持つ自動小銃や艦艇から直接はじき出された銃弾をさけることは出来たが、その銃弾が線路のレールに「ガチャーン、ガチャーン」と音を立ててあたり、跳ね返って来るからだった。偶然近くにいた剣だけを持った上等兵は「頭を上げるな」と、周囲の人々に叫んでいるので、側溝を這って逃げ、なんとか荒貝沢の豊真山道入口にたどり着くことが出来た。

全国樺太連盟理事の川端良平氏によると、この時、ソ連軍の砲弾が中真岡駅に停車中の列車に直撃し、車両は吹き飛ばされたという。中真岡駅は真岡市街地のほぼ中央に位置し、北荒貝沢に近い北真岡駅と真岡駅の間にある駅だった。その列車は、真岡以北の地域からの避難民を満載しており、犠牲者の数は全くわからないという。

金谷氏は渡邊氏とは真岡町内の反対の位置にある南浜町に住んでいた。

真岡市街地は縦に長く、町の北側の北浜町は漁業関係者が多く住むのに対し、南側の南浜町は真岡港、町役場、警察署を始めとする公共機関が集中していた。

金谷氏の家族は父親以外、皆、近所の人達と緊急疎開船に乗って真岡を脱出していたため、毎日、近所の大人たちが集まって食事をしていたが、最年少者（中学生）だった金谷氏が食事係であったそうである。ソ連軍上陸の前夜は、なんと軍が放出した物資と思われる「牛肉」が配給され、隣の家で、ご近所さんが集まって皆ですき焼きを食べ、金谷氏は前夜の残りを使って朝食におじやを作ろうと考えて隣の家に行ったところ「ドン」という音が聞こえたという。ソ連兵は真岡港の岸壁を登り、南浜町に上陸して来たようである。その動きは素早く、急いで隣の家からもどった金谷氏は父親から「逃げよう」と言われ、二人で玄関を出たときには、もうソ連軍の銃弾が飛び交っていた。南浜町のあたりでは、霧が立ち込めていて、ソ連軍の放つ砲弾や銃弾が霧を引き裂きながら飛ぶのが見えたという。また、南浜に上陸したソ連兵の動きは素早く、既には機関銃を据えて、銃撃を始めていたのだ。おかげで、通りに向かいの家に行くのに、匍匐前進をせざるを得なかったという。

その銃砲撃をかいくぐり、なんとか向かいの家にたどり着くと、大きな犬が文字通り尻尾を巻いてぶるぶると震えながら、家の中に飛び込んできた。金谷氏とその父親はお向かいさんと逃げようとしたが、お向いさんも這って家を出た途端、銃弾が命中。金谷父子は倒れたお向さんをなんとか安全な家の中に入れようとしたが、銃撃の激しさに動けなかった。そして「自分に構わず逃げてくれ」という言葉に涙を呑んで別の出口から脱出し、近くの真岡川に逃げた。もちろん、この時も近所の人達と匍匐前進で真岡川まで進んだが、金谷氏の両隣に居た人は銃弾を浴び、動けなくなったという。真岡川はコンクリートで護岸工事がしてあり、直接射撃だけでなく、コンクリートに当った銃弾の跳弾があたり、倒れる人も多かったそうである。

金谷氏達は、そのまま上流に進み、豊真山道とは別の山道を通り、逢坂経由で豊原を目指した。この山道こそ、真岡が攻撃を受けた時に備えて、昭和十八年に作られたのが避難林道と思われる。

避難林道とは、真岡林務署の細越業務課長の発案で、その名が示すように敵軍が真岡に上陸した際に使用できる避難路として作られた山道である。当時の林道建設に際し、設計・監督を担当した元真岡林務署林産航空油主任の西村宗信さんは、この林道建設に至った経緯を次のように回想している[47]。


細越業務課長の避難林道の着想は、奇想天外なものであった。

敵軍の眞岡上陸を想定し、予算の上でも造林から林道への転換で正に時宜を得たものであった。

当時、西海岸の眞岡から行政の中心地の豊原へ通ずる道路は、豊眞山道だけで、その入り口は、北眞岡に近い荒貝沢であった。

然し、この地点は、南北に細長い眞岡市街の北に偏り過ぎていた。

又、海岸に近く、敵軍の占據は明白で、此処からの豊眞山道への避難は無理があった。

そこで、眞岡市街背後の山から直接、清水村逢坂に出るルートとして、眞岡沢と逢坂の福田の沢を結ぶ林道が考へられたのである。終点側の福田の沢からは、豊眞山道の逢坂市街へ既設の林道が通じていたからである。

避難林道は十八年春に着工され同年秋に開通した。林道の幅員一・二メートル、全長十五キロであったが、使用頻度が低いとの判断から林道としては、初級程度のものであった。
この林道は真岡川上流の金田の沢から終点の福田の沢を経て逢坂に至り、逢坂で豊真山道と合流するため、真岡町民の中には避難林道が豊真山道であると誤解している人もいる。
さらに西村主任は避難林道について、次のようにも回想している[48]。

はじめ真岡沢を起点にしようとしたが、急峻のため金田の沢に変更した。幅一・二メートル、延長十五キロ、道はつけたものの、翌年からは維持費がつかず荒れるにまかせ、私自身も忘れていたが真岡最後の日に初めて思い出した。使用されたのはわずか一日だけであったが、数千の人びとの生命が、この避難林道によって救われたことの喜びと悲しみを、私は生涯忘れることはできない。

そして西村主任自身も避難林道を使って。豊原方面に避難をした。西村主任の夫人は手術を伴う入院をしていたが、退院できたのは、ソ連軍上陸の前日であった。そのため、西村主任は夫人を負ぶって逃げる可能性を考慮し、極力少ない荷物で、防火用バケツをかぶって、避難林道経由で真岡を目指した。官舎があったのは、町の南側の高台で避難林道からの避難が便利だったからだ。ただ、西村夫妻は金田の沢からではなく、急峻な真岡沢を経て林道に入った。林道には、西村夫妻だけでなく、おびただしい数の人が逃げ込んでいて、その中には、見知った顔の人もいた。リュックやトランクを持っている人もいたが、多くは着の身着のまま逃げてきた人がほとんどで、老いた両親を背負いながら歩く人や子供を引っ張るようにして歩く母親などの姿も見られた。すると、どこからか「林務の者はいるか」と呼びかける声ので、近寄ってみると真岡支庁の日影支庁長までおり、豊真山道との合流点まで案内しろとの事であった。しかし、病気の夫人と一緒の西村主任はそのことを伝え、支庁長の「要望」を断ったが、そのかわり、支庁長以下、主だった人達に避難道の道筋を細かく説明した。何といっても、この林道の設計、監督をしたのは、西村主任である。案内は出来なくても、この方以上の説明が出来る人はいなかった。

しかし、林道とは言っても、初級程度の簡単な工事であったばかりか、日頃利用する人もいなかった為か、道路に生い茂る熊笹は太く、背丈も避難する人々の二倍もあるような高さで、それをかき分けて泳ぐように進むのは、一苦労であった。その際、前の人のすぐ後ろについていないと、かき分けた太い熊笹が勢いよく、後ろに跳ね返ってくるため、皆、前の人の背中にくっつくようにして歩いていたという。その為、兵隊が子供や婦人たちの前に立ち、銃剣で熊笹をなぎ倒しながら進んだが、勢い余って、すぐ後ろにいた婦人が背負う赤ん坊の頭に突き刺さってしまうという悲劇も起きたが、それでも皆、豊真山道を目指し歩いた。

林道からは真岡の町から黒い煙がいくつも上がるのが見え、樹木による遮蔽物が少ない峰に辿り着くと、町の方から焦炎の臭いと、砲声もよく聞こえた。時折、上空にソ連機が爆音を響かせながら飛来すると、一斉に茂みの中に隠れた。

途中から歩けなくなった夫人を負ぶった西村主任はよろめきながら進んだ。元気な人はどんどん、追い越して行った。だれも、他人を想う余裕はなかった。それでも歩き続けると、「白樺林、切り株に足がひっかかってもつれ、よろめく。道路をつけるとき、もっと低く切らせればよかったのにとくやまれた[49]。」と、西村主任は回想している。

それでも必死に歩き続け、夕方の五時頃、ついに福田沢の事業所に辿り着いた。

西村主任はその時の事を次のように回想している[50]。

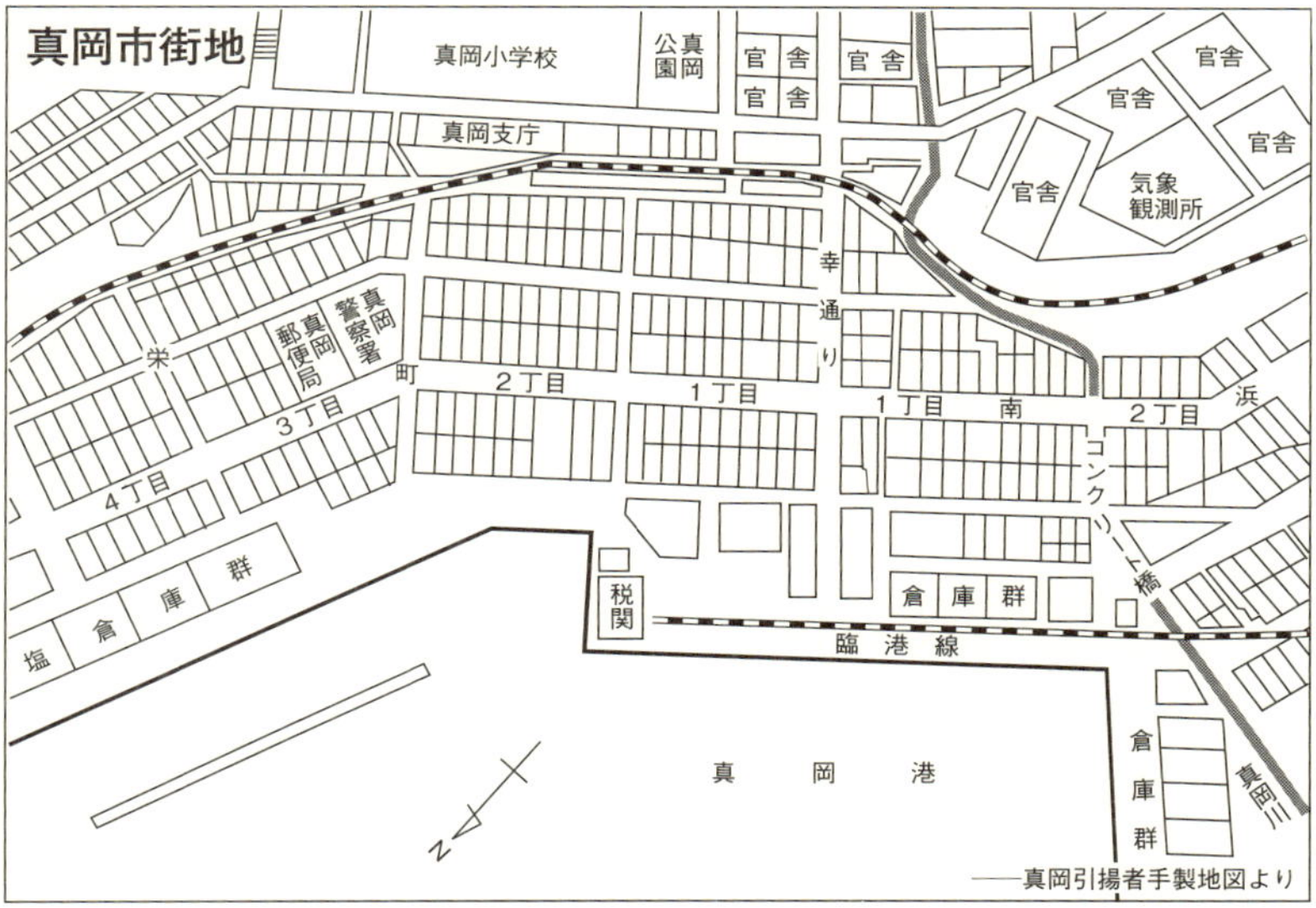

――真岡引揚者手製地図より

建物の周囲の草むらには、汗臭い数百の避難民がいた。くたびれて口をきく元気もなく、ごろりと横になっている者、腰をかけて放心したように虚空を見つめている者、眠りこくっている子供たち――

夜にはいって山は小雨となり、心なしか西の空がうす明るく、ときおり遠雷のごとき砲声がこの福田の沢まで、にぶく響いてくるのだった。

この時、既に千人以上の人々が避難林道の終点の福田の沢を通過し、逢坂に向かっていたようだが、敵の尖兵が豊真山道に入り込んでいるとの情報もあった。そこで営林署関係者が火防電話で確認中であったため、上記の避難民が休息を兼ねて待機していた。

真岡の住民は町の南北にある豊真山道と避難林道だけから避難した者ばかりではなかった。海沿いに南の本斗（緊急疎開船の出航地）を目指すものや戦場ともなった豊真線を線路伝いに逃げた者。

また、それすら間に合わず、真岡の町のすぐ裏の山に直接分け入り、逃げるなどした。ただ、どの脱出路もソ連軍の猛攻を前に安全ではなかった。

ここで、再び、真岡警察署の対応に話を戻したい。ソ連艦隊の様子を見に行った真岡警察署長は、帰署後、非常呼集をかけたが、それよりソ連軍の動きの方が素早かった[51]。

全署員が集合しないうちにソ連軍の一部が上陸し、自動小銃や手榴弾を持ったソ連兵が警察署にも這入って来た。

署長以下所員（ママ）は難をさけるため二階に上がり階下の動勢を覗いていたが、ややあってソ連兵が玄関から出て行ったので、二階から屋外の電柱を伝わったり、窓や階段から思い思いの行動をとって、付近の防空壕に這入ったりで安全地帯に避けるものが続出した。普段の統制も規律も見られず、集合した警察署員は全くバラバラで四散してしまった。

また、ソ連艦隊は突如、砲撃を開始したが、これも非常呼集により全警察署員が集合し終わる前であった。早朝の静かな町には砲声がとどろき、町内各所で火災が発生した。上陸してきたソ連兵は「戦斗員と非戦斗員の区別を全然せず[52]」自動小銃を乱射し、防空壕を見つければ、手榴弾を投げ込み、女性を見かけると、その場で強姦した。町内は、ソ連兵と火災から逃げ惑う住民で溢れかえり、地獄図絵そのものであった。しかし、警察官の多くは、決して住民保護を放棄したのではない。ソ連軍の上陸が意外に早かった上に、港から警察署までが近距離であったため、警察署自体が包囲され、自分の身を守るのが精一杯で、住民を安全な場所に避難・誘導を行なう余裕はどこにもなかったのである。

真岡港の近くにある真岡警察署では、署長以下がソ連軍の出迎えに出ようとしたとき、ソ連兵の銃の乱射を受けた。当時、真岡警察署警防主任であった小嶋正吉警部補は次のように振り返る[53]。

署長は藤井巡査らと署前の防空壕に退避した。その後に続いた私が、前方を見るとソ連兵は二〇〇メートル位の南方道路上をこちらに向け進撃中である。私はただちに佐藤巡査とともに電話交換室に駆け込んで、樺太庁警察部へ報告をしなくてはと受話器をとったが、真岡郵便局の交換手は、「すでに豊真回線は不通、泊居回線で呼んでみます」と。続いて「泊居回線もいまやられました。すべての任務は終わりました」と絶句して豊原への通信は途絶えたのであった。

目を街に向けると、窓ガラスは吹っ飛び道路にはソ連兵の姿が写り、署内に目をやると、床に伏していた同僚は手足で合図を送っても、すでに応答はなかった。このなかに糸魚川警部補もいたように思われる。私は同志五名と弾雨のなかを二階に駆けのぼった。そして、同志五名と、近所が火災になったら二階から飛び降りて煙にまぎれて逃げようということにした。この時の五名は川崎部長、伊藤部長、関原部長、佐藤および白井の両巡査であったように覚えている。この時は川崎部長に、「君が金鵄勲章をもらったときの弾はこれぐらいか」と聞くと、彼は、「こんなに弾がきては命がなかったよ」と笑ったものだった。それくらい激しい銃弾だったのである。

小嶋警部補は真岡警察署をソ連軍の銃撃の中を脱出したが、捕えられてしまったが、署内でソ連兵に捕えられた者もいた。真岡警察署員の一人であった、菊池覚治氏もその一人であった[54]。

警察署も既にソ連兵に包囲されていたが、署内は物音一つしない。各警察官はしゃへい物に身を隠していた。しかし、署内のこの静けさも一瞬に過ぎなかった。突然、窓越しに自動小銃が撃ち込まれてきた。われわれ数十名の警察官は息を殺し、機を待つのみであった。

ソ連兵は、さらに一斉射撃を加えてきた。その時であった。五、六メートル先にいた糸魚川警部補、森部長の両名が同時に前のめりになって倒れた。両名とも腹部貫通であろうか。その苦しみは言語に絶するありさまだったが、それを見ながら無念にも近寄ることができなかった。

私は狩野巡査と玄関近くに身を伏せていた。その一瞬である。狩野巡査は大腿部からでん部へ貫通銃弾を受けて倒れた。弾丸は窓越しに盲撃ちの猛射で、残念ながら彼を救護する寸時もなかった。

そのうちに署内に人の気配がなくなった。署員間の連絡は絶え、それぞれが自己判断の行動に移ったのか、だれ一人見当たらない。私はとっさに改築中であった半地下の留置場に入ったが、そこには寺谷警部以下六名の署員が避難していた。不幸にして敵弾に倒れた糸魚川警部補、森部長らのあの悲惨なうめき声が耳に残り、めい福を祈りながら、われわれも死ぬなら一思いにと神仏に祈るのだった。われわれが避難した留置場は事務室と壁一重の隣にあり、この事務室内に二度ソ連兵が侵入してきた。その都度、露語の会話が耳元に聞こえていた。

間もなく、ソ連兵約二十名が警察署の背後から侵入し留置場前にと接近してきた。ソ連兵と視線が合った。瞬間、これが今生の最後と思った。その時である。突然「ズラステ、ズラステ」とあいさつの言葉がわれわれの中からでたのである。このあいさつは桝田巡査が発したのも(ママ)であったが、私の今日ある命はこの言葉に救われたのである。

この「ズラステ、ズラステ」にソ連兵も面くらった表情であった。ソ連兵は一斉に銃口をむけていたが、指揮官らしい者が手を上下して部下の行動を制止し、われわれに留置場から出られるよう命じている。われわれが留置場から出ると、監視兵五名が背後から銃口を突きつけ、真岡海岸へ連行した。時計は既に強奪されていたが、午前九時ごろであろう。町内の火災は燃え広がる一方で、ときどき大音響が起きていた。路上にはソ連兵に射殺された遺体が無残に放置されたままである。

町民も次から次へと砂浜海岸に連行されて来た。午後四時ごろには座するところもない混雑状態となったが、われわれはこの混雑を利用して町民の中に紛れ込むことができたのである。

その日の午後七時半ごろ、婦女子と十五歳以下の子供は帰宅を許され、火災とソ連兵の暴行におびえながらも高台の住宅街で緊急共同生活に入った。

後に残った十六歳以上の男子は道路上に二列に座らせられた。ソ連兵は、その中から国民服、警防団服および戦闘帽、カーキ色服などを着ていた者を否応もなく「あなた兵隊」と一方的に抜き出して真岡港防波堤上に立たせ、この非戦闘員に機関銃掃射を浴びせ全員射殺した。

「全員射殺した」と引用元には書かれているが、実は奇跡的に助かった人が一人だけいた。それは高橋勝次郎真岡町長だった。町長は三発の銃弾を浴び、海に転落したが、近くの浜辺に流れ着き、自力で近くの知人宅まで這っていき、そこで助けられ、庁立病院に収容された。高橋町長はソ連兵に捕えられ、真岡港堤防で銃撃を浴びるまでを次のように、長男の英一氏に語っている[55]。

高橋町長は英一が藤岡助役と裏山に姿を消すと学校内の役場に戻った。そこにソ連兵がどかどかと乱入、町長は英語で「私は町長だ」と繰り返したが通じるはずもなく、ソ連兵のいうこともわからないまま引き立てられるように北浜船澗の岸壁に連行された。どうして逃げなかったのか八木橋教頭が一緒だった。岸壁に一列に並んで立たされたときは十人ぐらいの町民がいた。突然、ソ連兵の自動小銃が火を吹いた。

この日高橋町長はいつも腰に帯びていた日本刀こそ、自宅に置いて出たが、カーキ色の警防団の服に憲兵隊長からもらった戦闘帽を被っていたそうである。その帽子から星のマークははがされていたが、その跡がのこっていたので兵士と間違えられたのではなかろうか。

高橋町長は傷が治ると、藤岡助役と共に、引揚まで役場で仕事を続けた。藤岡助役によると、「谷町沢と高浜町裏山に憲兵隊の横穴防空壕を掘るために、町民、在郷軍人等の勤労奉仕が行なわれたが、それがソ連軍進駐時の地図には「要塞」となっていたことを見せつけられ愕然とした[56]」。このソ連軍の地図からわかるソ連軍の真岡についての事前情報は明らかに間違っており、その誤認識に基づいて立案された作戦によって、真岡への熾烈な攻撃が行なわれたのであろう。

高橋町長同様に服装から兵士と間違えられ、射殺されたと思われる人の中に、警防団長で、真岡漁業会長の竹本浅次郎氏もいた[57]。

二十日午後、町民が岸壁の倉庫などに連行されるのをみて、団服を着用した竹本は「抵抗してはいけない。おとなしく、兵隊の指示どおりにするんだ」と声をかけていた。

同町酒造業島田久四郎は「その竹本団長を見るとソ連兵は『サムライ』と声をあげ、違うと手つきで弁解につとめていた。一列に並んで私たちは北真岡に向かって歩いていたのだが、少しして竹本団長が後ろを振り返った瞬間、ソ連兵の自動小銃で撃たれて倒れた。私たちはそのまま海岸に連行された」と述べている。

一方、真岡警察署三浦署長は射殺を免れた。署長は七人の部下と共に、防空壕へ避難したが、ソ連兵はそこにも接近し、壕内に銃撃を加え、既出の藤井尚吉巡査は負傷した。しかし、皆で声を出さなかったため、壕内の様子を伺っていたソ連兵はそれ以上せず、立ち去った。この時の様子を宮崎行雄巡査、笠原辰巳巡査は次のように回想している[58]。

壕はアスファルト舗道の下で、入口は舗道と同じようにみせかけるためトタン張りしてコールタールを塗ったものだった。このふたの上を巡察のソ連兵が歩き、カタカタと音がするたびにぎくっとした。またカタ、カタと音がした瞬間、ふたが開かれた。着剣の先でこじあけたのだろう。パッと飛び込んだ光の中に剣先があり、パパーンと発射した。倒れながら口を動かそうとする藤井巡査の口をおさえて手当てをしたが、ソ連兵が気付かず立ち去ったときは九死に一生を得たような思いだった。

このような状態の三浦署長一行に投降を決意させたのは、ある女性の呼びかけだった[59]。

「家に隠れている人はすぐ出なさい。すぐ出ないと焼け死にますよ」「手をあげて出るのです。戦闘帽とゲートルをとり、国防色の服は上着を脱いで出なさい。兵隊とまちがわれます」と、ソ連兵の先に立って叫びながら歩いてくる婦人の声で、投降する決意をした。この婦人は山下町四、食堂志ま家の経営者、藤本一枝（三八）だった。帽子と剣を捨て、制服の上着を脱いだ。三浦署長は殺されても制服で出るといいはったが、帽子と剣だけは捨ててほしいと部下が取り上げるようにして、壕の外に出た。たちまちソ連兵の銃口が取り囲んで警官を海岸に連行した。

藤本は防空壕の中にまで弾丸が飛んでくるようになり、肩にかけた救急袋の中からポロリと銃弾が出て、もう生き延びることができなくなったと思ったとき、「隠れていないで手をあげて出るのだ」と叫んでいる声に勇を鼓してソ連兵に捕えられたという。そして、山下町六、七丁目付近で血みどろになって倒れている女子供の悲惨な姿をみて、町中を叫んで歩いたのだという。

「乱気で叫び歩く私に、ソ連兵は発狂したと思ったんでしょう。警察署の前では三浦署長が先頭で出て来ました。上半身はだかの巡査もいました。セルの黒の上っぱりをとって渡し、けがをした巡査には亡夫の骨箱を包んでいた家紋入りのお高祖頭布を包帯代わりにあげました」と藤本は語っている。

真岡港に入ってきたソ連の艦艇を荒貝沢に近い、北真岡駅から見ていた人がいた。それは真岡駅助役高杉健太郎氏と真岡車電区に勤務していた寺内幸夫氏であった。

まずは、高杉助役が全国樺太連盟によせた手記[60]を紹介したい。

当駅五時五分発上り三二列車豊原行きに昨夜の引揚者が乗車を開始するが、自分さえよければと秩序を乱してなかなか発車出来ない。この間に真岡駅始発下り四三列車久春内行当駅六時八分及び当駅始発上り四二列車本斗行き六時一〇分発が定時発車する。

警防団員約一〇名が、引揚者の乗車整理に当たるが、国防婦人会の人はホームにはおらず、炊き出しをしていない。

六時二〇分頃何気なく海岸の方を振り向くと霧の晴れ間に奥地方面から南下するソ連の軍艦が一隻また一隻と何隻もの艦船を見て私は「ソ連の軍艦」と叫ぶとダラダラしていた引揚者は吾れ先と争って乗車し一時間二〇分後れて（ママ）発車。警防団の人は市内に向かったが全員射殺されたと後で聞いた。私も構内防空壕に向かう。そのとき現地解除の兵三名が走って来てソ連兵がそこまで来ていると言われて、先に退避した職員の壕に一緒に入る。全員で一四、五人位だと思う。時間にすると五分位か、ソ連兵がきて壕に手榴弾を投げ込む。板敷の下に落ちて爆発、兵一人が死亡するが残りは無事であった。駅ホームには自動小銃を構えたソ連兵が構内を見張っている。一八時頃から濃霧となる、二〇時頃霧を利用して全員が脱出し、機関区方向に進行中に官舎に来ていたソ連兵から一斉射撃を受けて皆チリチリバラバラになる。私と兵隊は競馬場に出て、山に登り、身の丈もある蕗や笹薮をかき分けて奥へ奥へと逃げ回る。

高杉助役はこの後、熊笹峠の沢にある、町内の銃砲店の火薬庫に逃げたところ、そこで工兵分隊と合流したが、ソ連兵の攻撃を受けて負傷。日ソ両軍が戦う熊笹峠を避けて苦難の末、豊原に到着。豊原医専病院に入院し、治療を受けることができた。

続いて寺内氏の手記である[61]。

ホームはタスキをかけた国防婦人会の人たちがにぎりめしやお茶を配って忙しそうに走り回っていた。それから五分ぐらいで列車はノロノロと発車したが、発車という声とほとんど同時に（どちらが先であったか記憶ないが）「軍艦だ」という叫び声が聞こえた。

私はホームから駅を抜けて、駅前道路に出て海を見た。道路から海までは四、五十メートルのなだらかな坂になっていて、その間に一軒の漁師の番屋があるだけ。海辺にある船入澗は罐詰工場への入り口と奥の市場に船がはいる入り口が左右にあって、初めての船はよほど注意しないと浅瀬に乗り上げてしまう。その辺は平磯だからだが、その危険な浅瀬に向かって、一隻の捕鯨船のような船が全速で突っ込んできた。

防波堤の沖合は濃い霧で何も見えないが、その防波堤入り口から一直線に海岸めがけて近づいてきた船は、無謀なことを――と、見ているやさき、浅瀬に乗り上げ、いきおい余ってぐるっと向きを変えた。そして左右に揺さぶっていたが、ついに浅瀬から脱出することができなくなった。

そのころ、沖を北から南に通過する艦艇が霧の中にかすんで見えた。私が数えたところでは八隻、駅事務室に戻ってみると、窓のところから海を見ながら受話器を耳に当てて沖の軍艦の通過のようすを細かくどこかに連絡している兵隊がおり、彼は「数隻」と報告すると受話器を置き、自転車で市街の方に走り去った。その直後、箱を積み重ねたような艦橋の大きい軍艦が、防波堤入り口の沖合で方向転換して再び北上していくのがみえた。この間、七、八分のできごとであったろう。と、そのとき、真岡の方角で、突然、百雷が一時におちたような砲声がとどろいた。

海上からの砲火はすさまじかった。艦砲は山のむこう、荒貝澤の北斜面の陣地（第二中隊第二小隊＝佐藤勝四郎少尉）を丸坊主にするほどたたき、機銃は真岡の坂道を掃射した。

避難民を乗せて豊原に向った列車は、まもなく機関車だけが離れて走り去り、人家の陰に止まった貨物車や客車からは避難民がクモの子を散らすように逃げ出した。

高杉助役の回想ではホームでの国防婦人会による炊き出しはなかったとあり、寺内氏の回想では、それがあったと書かれている。この違いの原因を解明し、どちらが正しいのか、惑いは双方正しいのかもしれないが、それを判断するのが困難な為、本稿では双方引用した。

寺内氏がいた北真岡駅斜め上の高台地で、豊真山道の位置口より登ったところにある金毘羅神社境内に聯隊砲分隊は布陣していた。この聯隊砲分隊長の廣瀬保伍長は大隊本部の命令を厳守し、最後は部下を退避させ、自分一人で拳銃を以て押し寄せるソ連兵に応戦し、銃弾二発を受けた後、聯隊砲の発射装置を隠して自決したものと思われる。同分隊四番砲手（照準手のこと）であった前田貞夫上等兵はその時の事を次のように回想する[62]。

北真岡港に進路を取ってきた先頭の船は、防波堤の中に突入して浅瀬に乗り上げ、横倒しに倒れるようにかたむく。あわをくった兵隊の叫び声が、手に取るように聞こえる。船は、バックしようとするが動かない。益々傾がった。

後につづいて来た船は、急にバックしだした。そうして真岡港に進路を取って急速度で突入して行くと同時に、沖の戦艦から一斉射撃が始まった。見る間に本町に二、三ヶ所火の手が上がる。郵便局付近に火の玉のように見える砲弾が落下するのが見えた。

私達の陣地のうしろの空中で砲弾がさく裂した様に聞こえた。其の時は夢中であったので、どこで破裂したのかたしかめる余裕がなかった。ふり向いた時は、何だか糸くずの様な物が後ろの神社前に落下して行くのが目に入った。

こうして真岡の悲劇の戦闘が、我が分隊の眼下で始まった。

分隊長は大声でみんなに、

「タコ壺に入れ！」

と叫びつづけた。分隊のそばにいて見守って居た住民も、我先にと我が家に走り去って行った。丁度其の時、北真岡より、昨夜の恵須取からの引揚者を乗せた列車が発車して、私達の目の下を通過して行くと間もなく、本町の手前、台町の下で機関車が引揚者の乗っている台車の連結を切って走り去って行く。(後日知りましたが、此の機関車は真岡駅を通過して、王子製紙工場先で、艦砲射撃で脱線しているのを見た）其の引揚者の人数は、はっきりわからないが八〇〇とも一〇〇〇名以上とも聞いた。蜘蛛の子をちらす如く一瞬の内に〝阿鼻叫喚の港（ママ）〟と言う言葉は、此の光景につける言葉であろう。

又、町の人々も一斉に、私達のいる荒貝沢より台町、真岡の裏山に、一散にかけ登って来る。とたんに銃声がなり出した。斜め向に見える真岡港に侵入した船より上陸したソ連兵の銃声の様だ。霧の中より見えかくれして目に入る。眼下の船からも兵隊が傾がった船よりとびおりて、浅瀬を渡って船着場の岸壁に上がって来た。真っ黒の綿入れの服を着ている。五〇名ぐらい上陸してかたまると、どっと目の下の町北浜町になだれこんで来た。市街に入ったソ連兵は、逃げまどう住民をおいかけまわし、かたっぱしから自動小銃で乱射し始めた。

私はもう我慢出来なく成り、目をはなし、直接照準で砲口を敵の集団に向け、弾を装填する準備を終らせ、分隊長に二度、三度、発射をさいそくするが、分隊長はだめだと叫んで承知しない。次々と殺される住民を見て、私のいきどおりはもう我慢できず、爆発した。分隊長は、依然として片膝をついて眼下の町を凝視している。

私はいきなり後方の弾薬箱を取りに行こうとして立ち上がった。其の時、逃げずに陣地の後で一人見守っていた高田さん（国鉄機関助手、十九才）が、彼も我慢できず、私のそぶりを見て、とっさに私のそばへ弾薬箱を引きずって来て、

「兵隊さんロスケを撃ってくれ。」

と砲弾を差し出した。私は飛び付いて弾丸を受け取った。とたんに分隊長が私に体当たりして来た。そうして砲にしがみつき、

「前田、我慢してくれ。今ここで発砲したら此の逃げまどう住民と真岡は全滅だ。一刻も早く、此の状況を大隊本部へ知らせに行ってくれ。」

と云う。

「自分は四番砲手ですから、代わりをする者がいないから、誰か他の者をやって下さい。」

と頼んだ。

其の時、朝鮮人の密告者を先頭に坂の下に十五、六名の兵が来て、我が陣地に自動小銃を乱射して来た。弾は、坂なりに、分隊の頭上を斜めに飛んで行く。眼下の町は、もう兵隊で真っ黒にうまっていた。民家づたいにじりじりと、陣地を包囲して登って来る。分隊長は、最後の決心を

したらしく、私を呼んで
「前田命令だ。分隊をつれ、すぐ本部に引き揚げ、状況を報告せよ。俺は最後の始末をつけるから残る。」

これは軍隊規則の操典にさいごの手段が明記されて居り、「連隊砲は最後の一兵まで戦い、砲を敵の手に渡さず、砲と運命を共にすべし」と明記された鉄則が有り、我が砲隊は、最後の一人は砲を爆破して砲と共に散る事に成っている。

私は分隊長一人残して、おめおめ大隊本部へ帰れない、特に私は、十五日の終戦を聞いてから絶望的に成っていたので、目の前の悲惨な光景を見て、絶望といかりで憎い敵兵を一人もあまさず、此の砲で撃ちまくって死のうと胸いっぱいで、他の事は頭になかった。

私は分隊長の体をおしのけて砲により、

「分隊長殿一人残して行けません。前田が残りますから前田と替わって下さい。」

とすがりつく。

分隊長は、がんとして砲よりはなれない。

「早く行け。」

と叫びつづける。

身近で銃声がして来た。

坂の中間五〇メートル付近の住宅の蔭から敵兵四、五名が見える。分隊長はいきなり拳銃をぬいて
「前田、同年兵のお前を俺はなぜつれて歩いたかわかるか、俺はお前を見込んで最後の願いを聞いてもらう為だ。分隊長の責任と、お前の責任が、どちらが重いか、これぐらいわからないか。分隊員を残して俺は行かれるか、わかったら早くみんなをつれて、一刻も早く大隊本部へ行け。

俺は砲を始末したらすぐ後から行く。」
と言うや、銃口を向け、私をにらんで命令する。分隊長の眼からぼうだと涙が流れている、責任、此の時ほど責任と生をうらんだ事はなかった。私は泣きながら、
「行きます。」
と答え、みんなに集合を叫びつづけた。

改めて確認するが、当時、真岡市街地から戦闘部隊は荒貝沢に移動済みであり、残っていたのは、非戦闘部隊であり、その数も百名に満たなかった。後述するが、ソ連軍戦史には真岡市街地での戦闘で、日本兵は「戦死三〇〇名以上、捕虜六〇〇名の損害を残して、鉄道や舗装道沿いに樺太内部に後退し始めた[63]と記している。ここで言う日本兵とは、軍服に似た国民服を着ていた民間人であり、鉄道沿いに樺太内部に後退したのは、真岡の住民や北部地域からの避難民のこととしか考えられない。念のため、付け加えておくが、ソ連軍が言う「日本兵」には老幼婦女子が含まれているとしか考えられない。

ソ連軍は嵐のような砲弾や銃弾を避難列車に、市街地に、港に、そして逃げ惑う住民に撃ち込み、防空壕に隠れる住民には手りゅう弾を投げ込んだ。そして、逃げ遅れた人や、逃げることを潔しとしない人々の自決が多発した。また、幼子をつれて防空壕に逃げ込んだものの、子供が泣き出したが為に、周囲の人からソ連兵から皆が見つからないよう、防空壕から銃弾飛び交う外に出るか、子供を殺すかを迫られた母親。逃げ切れないと思い、家族全員で死のうとし、我が子を己の手で殺し、自分も死のうとしたが、死にきれず己を攻め続ける者等々、地獄絵図そのものだった。

当時ソ連軍第１１３狙撃旅団の一員として真岡戦に従軍したクーツォフ・アレクセイ氏は当時のソ連兵の様子をＮＨＫのインタビューに次のように語っている[64]。

私は兵士だ。飛び出してくる者は誰であろうと撃つしかない。近くに妻や子供がいるかもしれない。どうしろというんだ。相手は武器を持っているかもしれない。どうしようもないんだ。想像してみて下さい。ある兵士は家に火をつけた。もう一人は日本人の女性を強姦しました。自動小銃を突き付けて強姦した者もいました。たまらない光景を見ました。母親が殺され子供が泣いている。その上に人間が倒れ伏している。わかるだろう。話し出すと泣けてくる。思い出すたび涙があふれる……もう十分じゃないか。おしまいにしよう。

日本側もソ連側も「戦争だから」という一言では片づけられない地獄であった。アレクセイ氏のインタビューだけでなく、その行間を読めば、当時のソ連兵が眞岡でどのように戦い、真岡町民がどのような目にあったのかを想像するに難くない。

第九項　真岡町内各所にて自決事件発生

八月二十日早朝、真岡郵便局から「二丁（約二〇〇メートル）余り離れた[65]」分室（元は「進明亭」という料亭であったが、当時は職員の宿泊や会合場所として使用）で就寝中だった、上田豊蔵真岡郵便局長のもとに、五時四十分に同郵便局電話主事補高石ミキより緊急の電話が入った。

幌泊監視所（真岡町北方八粁）からソ聯の軍艦らしい船が四、五隻幌泊に向けて来たがすぐ方向を変へて真岡に向かったとの情報があったのですぐ非常態勢をとり関係方面に連絡したと、高石ミキ監督から電話があったので私はすぐ高石に非常呼集するように告げ○別に宿直総監督官の平井電信主事にもそのように伝へさせた。非常呼集というのは連合軍が進駐して来たとき遺漏のないように処置するためかねて定めておいた手筈であった[66]。

上田局長は同宿の斎藤英作主事と菊池覚次郎主事を局に急行させたあと分室を出た。高石監督からは直ちに軍・警など関係方面にこの情報は流されていた。それればかりか、彼女達の通報先は、艀で真岡まで避難して来た約位置千二百名の婦女子が収容されていた真岡一校（国民学校）にも行なわれた。その時のことを、珍内役場吏員としてそれら避難民のお世話をしていた三浦光子さんは次のように回想している[67]。

突然、ガラスがパーンパーン、ガシャンガシャンと割れて飛び散り、人々は大騒ぎ。机の下で南無阿弥陀仏……、泣き出すお年寄り……。ふたたび職員室にもどった時、丁度、目の前の電話がけたたましく鳴り響いた。受話器を取り上げると「こちら局です。ソ連の軍艦です。すぐ逃げて下さい」と甲高い女性の声が聞こえた。多分、あの「眞岡の九人の乙女」のお一人だったのだろう。

上田局長は斎藤・菊地両主事におくれて分室をでたが、その時「巡洋艦らしいのが二隻と駆逐艦程度のものが二隻港内に入ってくるのが見え各艦の甲板には兵がたくさんならんでいたが別に発砲するふうもないしこの分ではことは穏やかに運ばれるものと安心して局に向かったのである[68]。それから一、二分。ちょうど局まであと五十メートルほどの栄町二丁目のかどにかかったとき、ところが、突如、地軸を揺るがすような砲声が轟き、追いかけるように機銃がいっせいに火を吹いた
その時のことを上田局長は手記の中で次のように記している[69]。

郵便局から南方五十米の栄町二丁目の角にさしかかったとき突如軍艦から砲撃が開始され、艦砲は背面の山の彼方に、機関砲は市内の建造物に、機銃や自動小銃は市中に向かって斉射され、珍しげに軍艦を眺めてゐた者や廻り中の者などほとんど将棋倒しとなり町は目を掩ふ（ママ）ばかりの惨状を呈していった。栄町二丁目と三丁目の間の十字路は港内から見通しとなっているので無気味な弾音と短い光芒がひっきりなしに続き曲を目の前にしながらどうしてもここを通りぬけることはできなかったのである。丁度その時北真岡駅始発豊原行一番列車が汽罐部を打たれたらしくノロノロと進行して来て我々のゐた栄町二丁目の人家の陰に停車したと思ったら身の危険を感じたらしい乗客が四、五人列車から飛出し山を這い登ってにげるところを打たれて転げおちるのが手にとるように見えるがもとより如何とも助ける方法がなかった。

私といっしょに居たのは附近から集まった五、六人だけだが、一人を除いて全部が怪我人で中には左脚を砕かれた重傷者が居たけれども赤チンをぬるのが手一杯の状況でそれでも緊張してゐた為か結局は命をとりとめることができたがもう一人の重傷者、之は真岡警察署巡査部長の木村と云う男で特別肉攻隊と云ふ白タスキを掛け私達のゐる前を真岡警察署に向うところを私が危ないから止した方がよいと止めたのに、自分は結核で休んでいたがどうせ助からない命だから男らしく死なしてくれと無理に走った途端「やられた」と叫んで十字路に倒れた。

それを見た上田局長は近くにいた由田与三吉さんと一緒に、木村巡査部長を安全な家の陰に引きずり込むために飛び出し、成功したが、上田局長は左手に貫通銃創を、与田さんは右足に盲管銃創を受けてしまった。その上、怪我をしてまで、引きずり込んだ木村巡査部長は背中に数発の弾丸を受けており、助からなかった。

この時木村巡査部長が向かおうとした真岡警察署は当時の地図を見ると、まさに道路を挟んで真岡郵便局のすぐ隣であった。郵便局と警察の間から海はよく見え、歩いても五分もかからない距離である。おそらく、すでにこの時は自動小銃を乱射しながら、一斉に上陸して来たソ連兵によって、真岡警察署も郵便局も孤立していたのであろう。もし、上田局長が無理に郵便局に近づこうとしても、この時点では木村巡査部長のようにソ連兵の銃弾に倒れていたであろう。この時既に、交換手の元に向かうには、手遅れだったのであろう。

上田局長は十字街で動けないままソ連軍の捕虜となり、郵便局の裏の庁立病院に収容された。

ソ連兵は郵便局の正面の岸壁から上陸し、そのまま市街地に突入し、木造二階建ての郵便局にも流れ弾が飛び込んだ。その激しさに、腰をかがめてでも歩くのは困難な状態で、壁に流れ弾が突き刺さる音がするたびに、局員たちの悲鳴が上がった。壁を見ると、二十センチ間隔で穴があいていた。

郵便業務は一階で行なわれていたが、一階にいた人々は長い棒に白いシーツを結び付けて窓の外に出して窓からだした。この内、部屋の奥の押入れまで這って入った人は助かったが、防空壕に入るべく外に人は殉職した。

一方電話交換業務は二階で十二名の電話交換手（内、一名は非番であったが、緊急事態により、菅原電話主事の要請を受けて出勤した志賀晴代交換手）が遂行していた。気丈に業務遂行に当たっていた彼女達であったが、ソ連兵がいよいよ郵便局の近くまで迫って来た。元々、ソ連兵が上陸した港から郵便局までは近い上、隣の建物は既述の通り、ソ連兵の攻撃目標の一つだった、真岡警察署であった上、上陸地点からも近く、ソ連兵の数も少なくなかったであろう。

最初に青酸カリを服毒したのは、電話主事補高石ミキであった。それからであった。それまで交換台についていた交換手達は、後に続くように各自、紙包みにいれてあった青酸カリを口に入れ、やかんから湯呑に注いだ水で一気に飲みほした。その為、彼女達の青酸カリを飲んだ口から、叫び声、うめき声が上がり、その声は部屋を埋め尽くした。

彼女達が使用した青酸カリとは次の様な毒物である[70]。


青酸カリを飲み干すための水は、入り口に置いてある樽の防火用水をやかんに汲んでいたという。青酸カリの致死量は、成人で経口量〇・二〜〇・三ミリグラムといわれ、ほんの僅かな量でも効き目は十分にある。胃に入ると胃酸に分解されて脳の呼吸中枢を瞬時に犯す呼吸毒であるため、急性の意識喪失と痙攣により呼吸が止まり、一分から五分の短時間で絶命する。


この時、真岡の交換手は泊居郵便局にソ連兵が迫っている事を伝えた後、「避難する」と言って、毒を仰いだ。そして回線はきれた。真岡郵便局の交換手を心配する泊居郵便局の空気が重苦しくなっていたとき、真岡からの通話を示すランプがついた。電話を掛けてきたのは、一人の交換手だった。彼女は局の裏側にある下水溝に隠れていたのだが、銃撃の隙をついて再び交換室に戻ったのだ。しかしそこには、自分以外の交換手達が自決を遂げており、泊居郵便局に電話をかけて来たのであった。泊居郵便局の交換手は彼女を懸命に励ましたが、彼女も泊居郵便局の交換手に別れを告げたのち服毒した。

泊居の交換手は自決を翻意するよう必死で呼びかけていたが、真岡との更新が途絶え、それでも電話線を切らずに、彼女たちの返事を期待して真岡局の呼び出しレバーを押し続けた。ところが、突如交換手の耳に聞こえてきたのは「アロ、アロ」というロシア語の男性の声であった。この時、泊居局の交換手は眞岡局の同僚の死を確信したのだった。

同様に、豊原郵便局の電話交換室にも、真岡郵便局の自決寸前の交換手から連絡が入り、電話主事補が電話口で必死になって翻意させようとしたが、電話の向こう側から「ソ連兵の接近」を伝えられた後、一切の応答はなかった。

この時、豊原郵便局で彼女達と自決直前に話をした人の中（何人と話をしたかは不明）に、栗田八千子さんがいた。栗田さんは同僚の「真岡が攻撃されている」という声に慌ててブレスト（電話交換手用の受話器）を耳にあて、真岡からの音声に集中した[71]。

「ドーン」という鈍い爆撃音に交じり、女性の「苦しい……」という、うめき声。別の女性は「ソ連兵が来ます」と言った後、こう告げた。「私も逝きます。豊原さん、これが最後です。さようなら」。「逃げて、死なないで」

栗田さんは何度も、叫び声ともつかぬ必死のよびかけを行なったが、返事はなかった。北海道新聞のインタビュー記事によると「今も受話器から聞こえた声が忘れられないといい、『本当に自決を止められなかったのか。あの声がよみがえると、心臓をえぐられる思いがします』[72]」。と語っている。

尚、真岡郵便局員でこの日、殉職したのは彼女たちだけでなく、戦闘のさなか回線の修理業務を行なっていた技師を始め、合計十九名に上った。上田局長はこの十九名には含まれてなく、既述の通り、局に向かう途中負傷し、ソ連軍の捕虜になった後に生還した。また、電話交換室でも奇跡的に三名が命を取り留めた。

上田局長が、ソ連兵に懇願し、郵便局に行ったのは、事件の三日後、二十三日であった。交換室に入ったのは午後二時頃で九人の自決後、初めて入る日本人だった。交換室内は整然とし、彼女達は最後を迎えたときのままの姿勢で上田局長の到着を待っていた[73]。

「私達は思わず涙ぐんでしまったがソ軍将校も最後の瞬間まで電話の呼び出しに応じようとしたらしい様子を真剣な表情で見てゐたが人種こそ違どあまりの健気さに胸に十字を切って暫し黙祷を続けて

くれたのである。[74]」

その上田局長が向かっていた真岡郵便電信局では十二人の女性交換手が持ち場を離れず、冷静に業務を遂行していた。『九人の乙女一瞬の夏』の著者である川嶋康男氏によると、彼女たちはお互いを「決死隊」と呼び合い、町民の避難完了後、師団通信隊にその業務を引き継ぐことになっており、それまで通信業務を遵守する任務を課せられていたという。

そして彼女達が通信業務のために真岡に留まり、自決したことに崇敬の念を持ったソ連軍人は前記将校だけではなかった。

真岡郵便局庶務主事であった斎藤英徳氏は札幌逓信局の要請に応じて『真岡郵便局職員殉職顛末書』という文書を提出している。その一節をここで紹介したいと思う。尚、以下の文章は直接上記報告書ではなく、その写しが記載されている樺太逓友会が非売品としてまとめた『追憶の樺太逓信』からの引用であることをお断りしておく。

> 昭和二十年四月も末頃と思はれる頃突然ソ連軍隊の行進が郵便局前で止まった。その中から二十名位も局内に入って来たので聞くと電話交換室へ案内せよと、極東軍総司令官元帥の来訪であった。交換室入口迄案内した。中に入った元師は椅子にかけて部下より当時の室内の状況等を聞いたのであろう。聴取が終わると、直ちに立って交換台中央前に進み敬虔な祈を捧げて直ちに帰還されたのであった。

真岡で自決したのは、電話交換手だけでなかった。

真岡中学校で軍事教練助教官江村孝三郎少尉がその妻子四人と隣家の平野太郎体育教諭の妻子二人

の計六名を江村家仏間にて首を落とした後、隣室にて割腹。鴨志田英語教諭は妻子四名を殺害した後、カミソリ自刃している。元陸軍曹長であった真岡第二国民学校の佐藤源一郎教諭も、家族全員の首落とした後、自決した。また、眞岡神社の湖山博氏は白装束に着替え、ご神体を抱いて本殿のそばで胸を包丁で一突きして座ったまま亡くなっていた。

他にも真岡からの引揚者の戦後回想から、生への絶望とこれから起こるであろう苦難からの逃避、そして人としての尊厳を守るため、やむを得ず自決したと思われる人々についての証言は容易に探すことが出来る。また、この自決は真岡町内だけでなく、豊原への避難の途上でも頻繁に起きたのである。その多さに、一つ一つをここで取り上げるのは不可能である。

これは自決した人々が民間人とは言え「生きて虜囚の辱めを受けず」に縛られていたというわけではない。寧ろ、恵須取方面での数多くの自決の際、語られた、シベリア出兵のさなかに起きた尼港事件（ニコライエフスク事件）のようにソ連兵が住民を虐殺する。特に婦女子は陵辱された上で惨たらしい方法で殺されることを恐れていたからである。大平炭鉱病院看護婦の集団自決と同じ原因であり、樺太に住む人々の共通認識なのかも知れない。また、自分達が築き上げたもの全てを敵軍に奪われるという絶望感から自決を選んだ者もいただろう。

ただ、推測ではなく、はっきり言えることが一つある。著者が樺太からの緊急疎開者、引揚者や第八十八師団関係者から直接聞いた話や多数の回想録を読んだ限りにおいて、軍の命令で自殺したという話は一つも出てこないことを付け加えておきたい。寧ろ軍人たちは彼らを逃がすために戦ったのである。

山澤聯隊長が荒貝沢固守を命令した際、萱原歩兵砲大隊長が熊笹峠で隷下部隊の将兵に訓示した際、「北海道へ一人でも多くの住民を逃がすために戦うのだ」という、軍人としての存在意義を示す強い意志が部下への訓示に示されたことを忘れてはならない。

第十項　日本軍軍使、村田中尉一行殺害事件

真岡方面の陸軍部隊最高指揮官であった、歩兵第二十五聯隊第一大隊長仲川少佐は「十九日夜、ソ軍輸送船団接近の報を聞き、既に終戦後数日を経過したので、いよいよソ軍が平和進駐するであろうと判断し、軍使ら派遣を考慮していた[75]」と、ソ連軍の真岡上陸前夜の考えについて次のような回想も残している[76]。

十九日の夜、時間は忘れたが、師団からソ連艦隊北上中という情報がはいり、さらに付け加えて、もしこの艦隊が真岡に上陸したとしても、こちらからは絶対発砲してはならない、との厳命がありました。それでわたしは、真岡にソ連軍が上陸してきたらすぐ軍使を派遣する方針を決め、その夜は敷き布をさいて、タタミ一畳ぐらいの白旗をつくらせました。というのは、その夜は霧が濃く視界が悪かったから、なるべく目立ちやすいのがいいと思ったからです。

また、この時点で軍使には大隊副官の村田徳兵中尉を選んでおり、その理由として「彼は実直、全く非の打ちどころのない軍人で、この大任をまかせられるのは、大隊に彼しかいないと思ったからで、本人に話すと、喜んでお引き受けしますという。」と回想している。またそのほか、少しロシア語のできる軍曹を通訳とし、それに随員、護衛など十三人の人選も済ませていた。

樺太終戦史によると「軍使の携行する停戦申し入れ書も日ソ両国語のものを通信紙に記述させるなど、二十日午前三時半ごろまでかかって大隊本部は停戦の準備を整えた[77]」。

しかし、その予想を裏切って、二十日朝、ソ連軍は武力侵攻を実施。真岡市街地が阿鼻叫喚の地獄

と化している時、荒貝澤に移動していた日本軍は戦闘終結のために軍使派遣を決定した

この決定に関し、戦史叢書『北東方面陸軍作戦〈2〉』では仲川大隊長の決定としているのに対し『樺太終戦史』及び『樺太一九四五年夏』では山澤聯隊長より、師団からの指示として軍使の派遣命令が出されたとしている。

山澤聯隊長は『真岡の対ソ戦に関して山澤大佐回答』の中に、自身が軍使派遣を「命じていない」「仲川少佐自身の処置でやったのでしょう」と記してあるが、同時に「仲川少佐が軍使を出した事は独断でやっても当然と思います」と仲川少佐の判断を支持している。

仲川大隊長も『真岡の対ソ戦に関して仲川少佐回答』の中で、「25 i 長（引用者註：歩兵第二十五聯隊長のこと）から『師団の従前からの指示に基づき』と記述しあるも其の如き指示は受けた事がない。師団から受けた命令指示は落合から真岡への転進に関する時だけの任務のみなり」と、自身の判断で軍使派遣を行なったということを暗に認めている。

この時、真岡市街地では、艦砲射撃だけでなく、上陸した兵士による自動小銃の乱射で住民の中に死傷者が続出していたが、仲川大隊長その砲声、銃声からソ連軍の上陸を理解し、以下の処置をとっていた[78]。

仲川大隊長は交戦を許さず、現状待機を命じ続けた。そして、ソ連軍の先兵が豊真山道入り口付近に見え始めたとの報告を受けた午前七時半、霧などによる不測の事態の起ることも心配されたが、これ以上おくれては荒貝沢の第一大隊との間に戦闘が避けられないと判断、軍使村田徳兵中尉の派遣を決定、村田中尉以下の随員、護衛兵を本部前に集合させ、訓示のあと決別の水さかずきをかわし、これを送り出したのであった。

そして、軍使一行を送り出した後のことを次のように回想している。[79]

さいわい、このとき霧も少しうすれ四、五十メートルの視界になりました。しかし、霧の中で、突然、彼我が遭遇したら、軍使の識別がつく前に撃たれるおそれがあったから、一行とは別に、五十メートルに一人ぐらいの間隔で兵隊を先行させ、何かあったらおたがいに通報せよ、ということにしました。軍使を見送ってからも、いても立ってもおれない祈る気持ちでしたね。

一時間ほどたったころ、ダダダと三回ほど聞きなれない自動小銃の音が、明らかに真岡とは違う荒貝澤の谷間から聞こえました。ハッとしたが、すぐには何事もなく三、四十分たって軍使につけてやった護衛の一人、松木重雄一等兵が顔中血だらけにして本部へ駈け込んで来たのです。『副官どのがやられました』というなり、あとはオンオン泣くばかり。しっかりしろといって、やっと聞き得た報告はこうだったのです。

村田軍使一行は豊真山道を真岡の方へ降りて行った。避難民の群れが長蛇の列をなして逃げてくる。寝間着姿でゲダばきの人々が多かった。この群れをかきわけるようにして、やっと町にはいり、鉄道の踏切のところまで来た。霧はもうすっかり晴れていた。踏切の向うに一隊のソ連兵がいて、こちらの白旗をはっきり認め『とまれ』と命じたので、通訳が軍使であるむねを告げ、二言、三言やりとりしたと思ったら、いきなりソ連兵は自動小銃を乱射、村田中尉以下なぎ倒されるようにして殺された、というのです。生き残ったのは、その松木一等兵と、あと二人で帰って来ました――」

この時の軍使殺害の様子を見ていた人がいた。現場の豊真山道入口の踏切近辺に住んでいた阿部安太郎氏の当時六十五、六才ぐらいの母親が、逃げ遅れたおかげで、物かげから偶然現場を目撃していた。それを戦後、(日本人の感覚では、この日は既に戦後だが……)前田上等兵が直接聞いた話を以下に記す[80]。

この朝の引揚げ船に乗るため、港に向かう途中、ソ連の軍艦を見てあわてて引返した。いつか家族とも別れわかれになり、再び家を出ようとすると、ソ連兵はすでに踏切を渡って二、三〇メートルのところにきていた。あわてて引返し、物置小屋の蔭に身をひそめて、じっと動かずにいた。ところが、荒貝沢の奥から将校と一団の日本兵が、白旗を掲げて進んできた。その先頭が踏切にかかったとき、飛び出してきたソ連兵が停止を命じた。そして手まねで銃を置けと命じ、自動小銃で撃った。そのとき日本の将校は軍刀を抜くが早いか何か叫んで敵の方に突入し、それに兵も一団となって続き、ソ連兵はどっと道を開いて逃げたが、将校は少し走って酒屋のそばの橋の付近に倒れた。あとの兵隊も自動小銃の乱射で傷つき、バタバタと倒れた。

その後、ソ連兵は付近に潜む住民を捜し出して、海岸沿いの倉庫に連行したが「その人達の話では、倒れている軍使一行のそばを通り抜けたときはまだかすかに息の残っている兵もあった」[81]という。また、軍使一行の生き残りである、松木一等兵は戦後、射殺された軍使村田中尉の父、村田徳太郎氏に以下の手紙を送っている[82]。

大隊長に見送られて陣地を出発した。深い霧の道を声もなく進む。先頭は遊佐兵長(復員局の書類では上等兵)の白旗、そのあとに隊伍を組んで進みながら、いろいろなことが脳裏を去来した。荒貝沢入り口に近付いた。そこまでの距離を実に近く感じた。酒屋があり、住宅がまばらにある。むろん人影は見えない。前方の様子がわからないため停止した副官は、眼鏡をとり出してみていた。前進、三十メートルほど進んで鉄道踏切にさしかかったとき、突然、右手の小高い丘にソ連兵が姿を現わし、軍使の停止を求めながら近寄ってきた。

私たちの護衛分隊は踏切の上にいた。副官は白旗の遊佐兵長、中前軍曹、通訳金山軍曹とともに前に進み出た。分隊の前方十メートルほど。副官は通訳を通して話かける。（仲川大隊長が松木一等兵からうけた報告で補足すると、十メートルほど前で軍使一行を取り囲むように、いったん止まったソ軍は、銃を置けと要求、村田中尉の指示で道ばたに叉銃すると軍犬を電柱にしばるよう要求、その指示に従った。こうして武装を解かせたのちにソ軍が近付いてきた）軍使の申し入れに対し、ソ軍はまるっきり受け入れるようすはなく、一人の兵が銃をかまえ、村田副官に立ち撃ちの姿勢をとった。副官は胸元の銃口を手で横に押しやってなお話をする。金山軍曹が懸命に通訳する。そのとき、さきほどのソ連兵は副官に銃口を向けるなり銃を乱射した。

「伏せろ」の叫び声で、私は副官の倒れかかる姿をみながら線路わきの排水溝に飛び込んだ。ほかのソ連兵もいっせいに撃ちはじめた。私は自分の小銃を持って排水溝を三十メートルほど走った。さらに小山に登り、防空壕を見つけて飛び込んだ。ところが、どうだろう、現場から五十メートルほどのこの壕内に逃げおくれた住民がはいっている。五、六分、銃声がやむのを待って、私は「夜になったら部隊のいる方に来るように」といい残して、夢中で大隊本部に向かって走った。二十分ほどのち遊佐兵長、太田上等兵が負傷し、血みどろになって帰ってきた。

軍使射殺の報は直ちに聯隊長に報告された。そして山澤聯隊長は「衛戍勤務令第十二条、第十三条に基づき行動せよ」との指示が大隊に届いた。規定とは今日的にいえば、警察官職務執行法のようなもので、戦時戦場とは全く違う考え方（自衛あるいは暴行鎮圧のためやむを得ぬ兵器の使用）である[83]」。これは、停戦命令が出されているにも関わらず、自衛とは言え、やむを得ず戦闘行為に踏み切らざるを得ないという状況を踏まえ、この条項を聯隊長は選んだのだろう。そして、この命令は直ちに大隊本部から各部隊に伝達され、折り返すように命令を受領した第一線部隊からは、ソ連軍が豊真山道及び、荒貝沢の両側の山から進撃してきているとの報告がもたらされた。「時刻は正午少し過ぎ[84]」だった。

下士官駐止斥候からは、「敵は戦車らしい車輛、火砲、自動車等の陸揚げを実施中で、橋頭堡を逐次山腹まで拡大しつつあり、上陸した敵兵は町の諸所に自動小銃をもって射撃し、非戦闘員たる真岡町民を殺傷し、また掠奪放火を始めている[85]」との報告がもたらされた。

この時、山澤聯隊長は歩兵砲大隊長菅原少佐を第一大隊に派遣し、次の命令を伝えた[86]。

真岡に上陸したソ軍が豊原市に進入すれば、それから北の住民の北海道引き揚げが不可能になるので終戦の詔書も出たことでもあり、ソ軍と話し合いで双方そのままで相対じし、時間をかせぐことが肝要であることから上司から命令あるまでお互に現位置でとどまることが得策である旨連絡。尚、万一敵がこれを認めない場合は自衛のため交戦をしてもやむを得ない。この場合でも、こちらから発砲しないように（先に発砲しない意）

そして菅原少佐はこの命令とその後の仲川少佐との確認事項について「以上の連絡、すなわちソ軍の豊原進行をくい止めるよう命令したものである。この時の話し合いで現位置の保持困難な場合次の要点は熊笹峠であることも仲川少佐は承知していた[87]」と回想している。

第十一項　荒貝沢の戦い

ソ連軍が荒貝沢の第一大隊の前に姿を現わしたのは、二十日午後三時半頃であった。避難民の豊原方面への避難路を確保していた第一大隊とソ連軍との間で、小規模の戦闘が発生したが、ソ連軍主力は真岡市街地から動かなった。

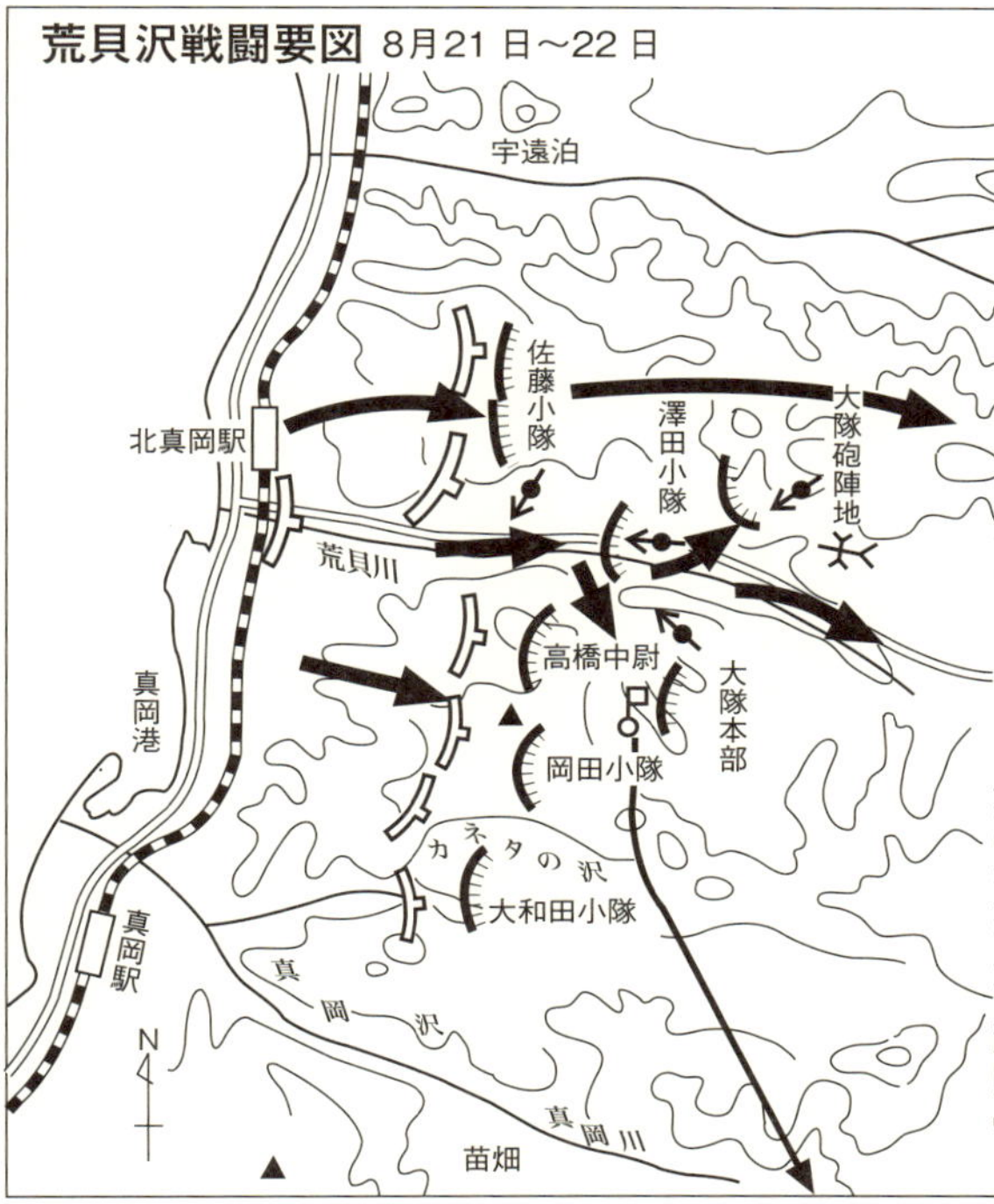

――「札幌歩兵第二十五聯隊誌」より

「ソ連軍機は二十日一日中、真岡、逢坂に対し、間欠的に爆撃を繰り返した[88]」。

そしてこの夜、軍使が殺害された踏切の少し手前にある橋を爆破し、ソ連軍の進撃を遅らせようとした。この場所には二つの橋があり、真岡側の橋はソ連軍の斥候に発見され失敗したが、その三時間後に実施した、荒貝沢よりの橋の爆破は成功した。

荒貝沢に布陣する第一大隊の兵力は実質二個中隊（第二中隊と第一機関銃中隊）であった。その配備状況は、豊真山道上の最前線に沢田小隊と機関銃弘平谷分隊、山道の北側斜面に佐藤小隊（第二中隊第二小隊）、その反対側である南側斜面には第二中隊長高橋中尉が指揮する岡田小隊、さらにその南側の春風山に大和田小隊。それらの後方（熊笹峠方向）に第一機関銃中隊（長：北島幸一大尉）の指揮班、高田小隊（第一機関銃中隊第二小隊）、第一大隊砲小隊（若林孝司中尉）というようになっていた。

しかし、荒貝沢の陣地正面は三キロの幅がある上、陣地と言っても名ばかりで、同地に陣地構築を開始したのは、ソ連軍が真岡に侵攻して来た二十日からであり、「射網設置、左右相互の連携火網も全然皆無の陣地では抵抗力も無く、特に左右中隊の連絡手段も無く、第二中隊と同中隊佐藤第二小隊との距離は約一キロ五百はあり、中隊内の連絡は通常の音声による報告、命令の伝達で、時として伝令を使用する程であった[89]」であった。

その「陣地」へのソ連軍の攻撃が本格化したのは二十一日朝からだった。

荒貝澤正面に侵攻するソ連軍は戦車を伴う、混成一個旅団とみられ、その攻撃は激しかった。まず、北側斜面にいる佐藤小隊を追い落とそうとするかの如く、陣地前方の稜線上をソ連兵が進撃して来て、激しい銃撃戦が始まった。そして北側斜面からもよじ登って佐藤小隊に近迫撃するソ連兵に対し、大隊砲小隊の四門の大隊砲は、山道の北側斜面を登るソ連兵に的確な射撃を加えたばかりか、山道上に布陣する澤田小隊に迫るソ連兵にも猛射を加えていた。

しかし、ソ連軍も北真岡の裏山の平坦な畑地に六、七門の迫撃砲運び上げ、弾着観測機も飛ばして、佐藤小隊の周辺を徹底的に、それも正確砲撃を加えた。春風山に布陣していた大和田小隊の大和田少尉はその砲撃を双眼鏡でみており「稜線のクマザサの中の佐藤小隊の陣地は山容のあらたまるほど徹底的にたたかれ、人馬の宙に吹き飛ばされるのが、望見されたという[90]」。その砲撃は大隊砲小隊を後退させ、大隊本部、沢田小隊と照準を変えていった。

佐藤小隊が迫撃砲の猛射を受けていた頃、第二中隊長高橋中尉が指揮する岡田小隊（豊真山道南側の第一線の山）や沢田小隊（佐藤小隊より荒貝沢よりで、豊真山道上に布陣）前述の大和田小隊に対し、ソ連兵が自動小銃を撃ちながら、攻撃を開始した。前夜のうちに、熊笹の中を進み、陣地附近に接近していたのであった。さらに午前九時頃、ソ連軍は陸揚げした各種火砲や艦艇からの艦砲射撃による激しい攻撃を第二中隊に向けた。最初は、第二中隊正面への攻撃だったが、主攻正面の荒貝沢南側（岡田小隊とその後方の大隊本部）への砲撃は熾烈で、どの部隊も死傷者が続出し、じりじりと後退し始めた。午前十時頃になると、大隊本部と第二中隊主力は各々包囲され、聯隊本部との連絡も杜絶した。

さらにソ連兵は、山道両脇の熊笹の繁茂した錯雑地という地形を利用して、間隙から後方へ迂回滲透し、熊笹峠方面へ向かって行った。

その頃、ソ連兵に包囲されていた第二中隊長高橋中尉は昼間逆襲の不利を考慮し、第二中隊指揮班、岡田小隊を率いて、真岡市街のソ連軍に夜襲をかける決心をし、そのための偵察も行っていた。しかし、仲川大隊長からの同中隊の大隊本部への合流命令が届き、日没後に後退中の大隊本部を追及することとした。

第一機関銃中隊は第二中隊の後方に位置しながらも、ソ連軍と第二中隊の戦闘開始後まもなく、中隊正面に銃弾が飛来しはじめ、「パシッ」という夏草に銃弾が当たる音が次第に激しくなって来た。そこで北島中隊長は「今後の行動の方針を確かめるべく大隊本部へ伝令を派遣した。この伝令は急ぎ大隊本部にいたったがすでに本部は移動したあとであり所在をたしかめることなく帰って来たが　以後大隊本部とは豊原集結まで連絡が杜絶した[91]」と回想している。

艦砲射撃や真岡港に陸揚げされた火砲の援護射撃を受けた一個旅団、約一万名のソ連軍兵士の圧力は増々増加し、北島中隊の正面を見下ろす位置からの銃撃をうける状況となった。また、周囲の各部隊も死傷者が続出し、もはや、山道正面を僅かな歩兵と機関銃で敵の侵攻を食い止めるのは、極めて困難な状況になってきた。

そこで北島中隊は、山道方面の小隊丘陵上部及斜面に展開すべく移動を開始したが、配備完了した頃には、銃声も逐次散発的な状況となり、北島中隊長は「彼我の態勢立て直しの時[92]」と判断した。しかし、午後になると荒貝沢・豊真山道を滲透してきたソ連軍により、大隊主力と分断され、ソ連軍は同中隊及び、第二中隊の抑えの兵力を残して、主力部隊はこれを迂回して、熊笹峠方面に進んだ。

この時点で、北島中隊長は現状を以下のように判断した[93]。

一、進出中のソ軍兵力は極めて優勢である。
一、これに対し我が軍の兵力及配備は劣勢であり、又戦斗の目的が自衛であり、彼我の戦斗力の差は大である。しかし無謀なる挑戦に対しこの際座してこれを看過すべきではない。
一、左右分断された我が軍の態勢は極めて不利であり、ソ軍の逢坂方面の進出を阻止するため、熊笹峠の防備を急遽固める必要あり。
(註) 豊真山道の要衝は地形上熊笹峠を最適とする
以上の如き状況判断の下に、今や連絡の杜絶した大隊本部も必ずや右の如き状況判断を下すものと確信した。

依って所在の各隊に連絡し丘陵上に急遽集結を命じ　熊笹峠へ向かうことを命じた。

(独断) 当時右翼方面は銃声も散発的であり、第二中隊も後退策する行動を開始したものと判断す。

かくして機関銃二ヶ小隊を以て熊笹峠に急行した。

所在地が不明となっていた大隊本部もまた、後退した場所でソ連兵に包囲され、各中隊との連絡が取れず孤立していた。「仲川大隊長はもはやこれまでと自決しようとしたが、新任の副官奥田富藏中尉（村田中尉の後任として二十日聯隊本部から着任。少24期）などに止められ、夜間離脱を決意した。その後、第二中隊とも連絡がとれ、所在部隊をもって現位置を保持しつつ夜に入るのを待った[94]」。しかし、夜を待って脱出した先は、事前に山澤聯隊長から菅原歩兵大隊長を介して指示をうけていた熊笹峠ではなく、戦闘に復帰することはなかった。

山澤聯隊長によると荒貝澤附近の戦闘での「戦死三〇（内将校二）、負傷二四[95]」だということである。

第十二項　熊笹峠の戦い

熊笹峠は字の如く樹木多く、且、灌木の他、特に人の背丈もある熊笹が繁茂し見通しは悪く防禦配備、指揮連絡上、極めて不便な場所であった。峠の右側斜面は急傾斜となっているが、左側斜面は中腹よりなだらかに傾斜しながら荒貝沢へ続いていた。その斜面を豊真山道が荒貝沢から峠を目指しては蛇行していた。その両側は樹木、熊笹という遮へい物が多く企図を秘匿し敵を不意に攻撃するに適する地形である。その一方で背丈ほどの高さのある熊笹がびっしりと根を張っていて、たこ壺を掘るのが精一杯であり、敵から身を隠すことはできても、身を守るには不適切な場所である上、移動も困難だった。その上、十九日〜二十日の朝にかけての雨で熊笹はよく滑った。

その峠も八合目あたりから台地状になっており、松やエゾ松が群生し、ところどころに白樺が立っていた。

ソ連軍が真岡に上陸した後、山澤聯隊長は真岡住民の豊原方面への避難を円滑に進めるため、可能な限りの兵力を熊笹峠に集結させることとした。第一大隊は元々真岡方面に配備され、第二大隊は樺太最南端の西能登呂岬にある要塞に配備され、指揮権は歩兵第二十五聯隊から稚内の要塞司令官に移譲されていた。そして終戦により、小沼に集結予定であった第三大隊が、留多加から列車で移動中に逢坂への移動命令を受領し、同地軽油で熊笹峠に向かった。しかし、同大隊もこの方面に向かったのは第九中隊と第十一中隊で、残る第十中隊は上敷香（国境地帯）、第十二中隊は本斗（真岡南方にある港町で、緊急疎開船の出港地でもあった）に配備されていた。

その第三大隊の先遣隊であった第九中隊が逢坂の聯隊本部に到着したのは、二十一日午前三時であった。そして聯隊長命令により、熊笹峠に向かった。午前五時には藤田第三大隊長も到着し、山澤聯隊長は第九中隊と共に熊笹峠へ派遣して第九中隊及第一大隊方面より後退したる部隊を指揮して持久戦を行なうよう命じた。

暫くすると、豊真線方面より避難した真岡鉄道関係者役員等から「鉄道電話を利用し相当大部隊の黒服を着た敵が豊真線方面に上陸したとの通報を受けた」[96]。山澤聯隊長は「ソ軍の主力は荒貝沢方面と判断し、藤田大尉を熊笹峠に派遣し、第一大隊の後方に第二線陣地を設けるとともに、第十一中隊をもって豊真線方面のソ軍を阻止させることに決し、それぞれ命令した。藤田大隊長と第十一中隊が出発してしばらく経たのち、聯隊は豊真線に進出したのは相当の大部隊であることを承知した」[97]。そこで、「熊笹峠方面よりも却って豊真線方面の戦況が危険を感じ出したので」[98]、藤田第三大隊長に急遽宝台方面の部隊の指揮を命じた。藤田大隊長は熊笹峠に到着し「第九中隊の配備指導も実施していた」[99]状態での移動命令であった。

第二小隊長架間義光少尉によると、第九中隊が夜間、車で留加多から熊笹峠近くに移動。砲声なりひびく中、駈歩し、峠に到着したのは「午前四時」[100]であった。その後中隊長の浅野良夫中尉は各隊に応急の配置を指示し、陣地構築を命じた。ソ連軍は荒貝沢を占領し、ただでさえ時間が少ない上、熊笹が根を張り巡らして壕を掘り難い熊笹峠であったが、以前、真岡地区の特設警備隊が真岡方面から迫る敵から峠を守る想定で行なわれた演習に際し、掘られた壕が存在した。

おかげでその陣地を基に陣地構築に取り掛かることが出来た。

そのような中、荒貝沢方面から避難民や同地で戦闘を行なった第一大隊に所属していた機関銃一個小隊、大隊砲一個小隊、歩兵一個小隊が多数の負傷者と共に、登って来た。

熊笹峠守備についた部隊は第九中隊や第一大隊の残存部隊だけでなかった。羽母舞周辺から急進してきた第四中隊及び逢坂の聯隊本部にいた歩兵砲大隊の主力も派遣された。当初熊笹峠の指揮官に任ぜられていた藤田第三大隊長の豊真線宝台方面の指揮官へ再任命に伴い、「山澤聯隊長は歩兵砲大隊長菅原養一少佐をもって熊笹峠の守備を強化する事とし、さっそく菅原大隊長を呼び『熊笹峠で第九中隊と後退しつつある第一大隊の各隊を指揮して同地を死守せよ』との命令を下した[101]」。

菅原歩兵砲大隊長副官今井久太郎少尉、大隊書記平田富士夫軍曹は馬を飛ばして熊笹峠に急進。途中、爆撃をかわしながら十三時半頃、同峠に到着した。

その時の様子を聯隊砲中隊廣瀬分隊の生き残りである、前田貞夫上等兵は回想録に次のように記している[102]。

逢坂より、我が歩兵砲大隊長菅原少佐が馬を飛ばして来た。私を見ると、

「無事でいたか。」

と言われて、

「どこか怪我をしたのか。」

と聞かれた。私は足首をいためていたので、白樺の細い木を切って杖にして歩いていた。

私は、

「少しいためました。」

と答えると

「伝令にしたいが、だめだな。」

と言われて、私のそばに立っていた石川上等兵に、大隊長伝令を命じた。其の内に峠下より、撤退して来る将兵がぞくぞくと集まって来た。

全軍に集合を命じて訓示をした。「我々軍人は、樺太島民の為、此の峠を死守する、敵を此の峠より一歩も入れてはならぬ。住民全員が北海道に渡るまで戦うのが、我々軍人の務めで有る。」と言う様な内容であった。

若い精悍な、此の大隊長の決意を聞く他部隊の将兵には、厳として耳に轟く。敗退して、心身共に傷ついてようやく登って来た峠、意気消沈した心に「ガン」と、くさびを打ち込まれた感じであった。ほかの将兵も、同感で有ったと思う。我が分隊は、初めて直属上官の出現で、緊張の中にもほっとした安心感がわいた。

各中隊に、陣地の配置を命令指示する。私の知っているのは九中隊で、あとは記憶にうかんでこない。

九中隊は（善戦の末、全滅と後日聞く）は、峠の道の正面の山、砲大隊本部は次の山、そのとなりの右翼の山に、頭を負傷した高田少尉を指揮官に、軽機一ヶ分隊と私達分隊六名で防備する様命令された。直ちに配置に付く。時は、もう夕日が沈みかけていた。指揮官の少尉は、傷が痛むのか全く無言で、歩くのがやっとで気の毒で有った。命令は出来なく、各分隊の自由意思で行動した。早速山頂に登り、タコ壺掘りに取りかかった。穴を掘る円ピもないので、なるべく笹のない所を選んで、帯剣と鉄帽で掘る。笹の丈は私達の背丈もあり、ものすごい密集で有った。三十分以上もかかって掘り下げ、やっと身をかくした。これは、敵は迫撃砲が得意の為、大隊長より注意が有ったからだ。

熊笹峠に到着した菅原大隊長は同峠確保のため、各隊の配置を決めると共に、三神曹長に命じ、退却中の第一大隊の各隊と連絡をとり、同峠への速やかなる集結を命じ、部隊掌握に努めた。

そして菅原大隊長同様は地形偵察の為、荒貝沢より下がり、同じく地形偵察中であった第一大隊第一機関銃中隊長北島大尉と遭遇したのであった。

北島大尉は応急の処置として熊笹峠の一本道路を重点に配備を終え、尚、周辺の地形偵察を行なっていたのだ。そこで、菅原大隊長の指揮下に入ると同時に、これまでの行動の概要を報告した。ただ、北島中隊長は仲川大隊長とは依然、連絡が取れていなかった。

この時点で菅原大隊長が掌握していた部隊は次の通りである[103]。

第九中隊　浅野中隊長以下七十名
第二中隊　佐藤少尉以下二十名
第一機関銃中隊　北島大尉以下三十名（機関銃五銃）
輜重隊　菅原少尉以下二十六名
衛生隊　水浴少尉以下二十名

その頃、ソ連軍は第一大隊の一部を追うように熊笹峠に接近し、既に、航空機による攻撃回数は増えていた。そしてソ連軍が攻撃を加えて来たのは、夕闇せまる午後七時三十分過ぎであったと前田上等兵は記憶している。

さらに迫撃砲により援護射撃の下、山道を十数台のトラックに乗車したソ連兵が自動小銃を乱射しながら攻め上ってきた。その車輛部隊めがけて火ぶたを切ったのが、船本光男少尉が指揮を執る第三機関銃小隊の二機の重機関銃であった。山道を挟んで右側の陣地（峠から見て）の二機の重機関銃は低く力強い発射音を発しながら、次々とトラックを狙い撃ち、道路上を制圧。トラックから飛び降りた――投げ出された――ソ連兵は再び荒貝沢方面に後退していった。しかし、ソ連軍は歩兵を乗車させたトラックだけでなく、今度は徒歩の歩兵も随伴させ再び攻め上って来たが、重機関銃や擲弾筒攻撃をはじめとする、山道左右両側の日本軍の反撃により再度後退。ソ連兵の行動は活発で、この夜は三～四回、このような戦闘が繰り広げられたが都度撃退された。また、その合間を縫うように、絶えず少人数にて口笛で連絡を取り合いながら、日本軍陣地への浸透を図ったが、これも日本兵の的確な射撃により阻止した。

前田上等兵によると、両軍の戦闘の激しさは「一秒の休みもなく敵も軽機、重機、迫撃砲の集中攻撃で有る。日中の荒貝沢の戦闘の比ではない。両軍の撃ち出す弾丸は、一分間に何万発で有ろうかと、私は息を殺して聞いていた[104]」。

日本側にも樺太西岸の羽母舞からトラックを使って急進してきた高橋弘中尉の率いる、第四中隊も到着した。第四中隊は峠の二キロ手前で下車し、戦闘体形をとりながら前進してきたのである。第四中隊第二小隊長吉本三郎少尉によると自らの小隊が配置につき、大隊長の配置完了の報告をしたのが、午後八時二十分頃であったという。

第四中隊は戦闘中の第九の背後を固めるように配置についた。吉本小隊長は早速分隊長を集め、軽機、狙撃手を小銃で戦う歩兵と離して配置するよう命令を下した。

菅原大隊長は高橋中隊長に以下のような命令を出した。[105]

「高橋中隊長と第一小隊（小池士郎少尉）は山道の左の谷を越えて第九中隊の左台地に、第二小隊（吉本三郎少尉）と第三小隊（石井義夫少尉）は大隊本部で大隊長の指揮下に入れ」という指示によって配置についた。

以上の各隊のほか通信中隊（日比一男中尉）の中川小隊（中川秀次曹長）なども配置された。

かくして兵力、火力の多寡は別として以下の陣容で各部隊の配置は完了した[106]。

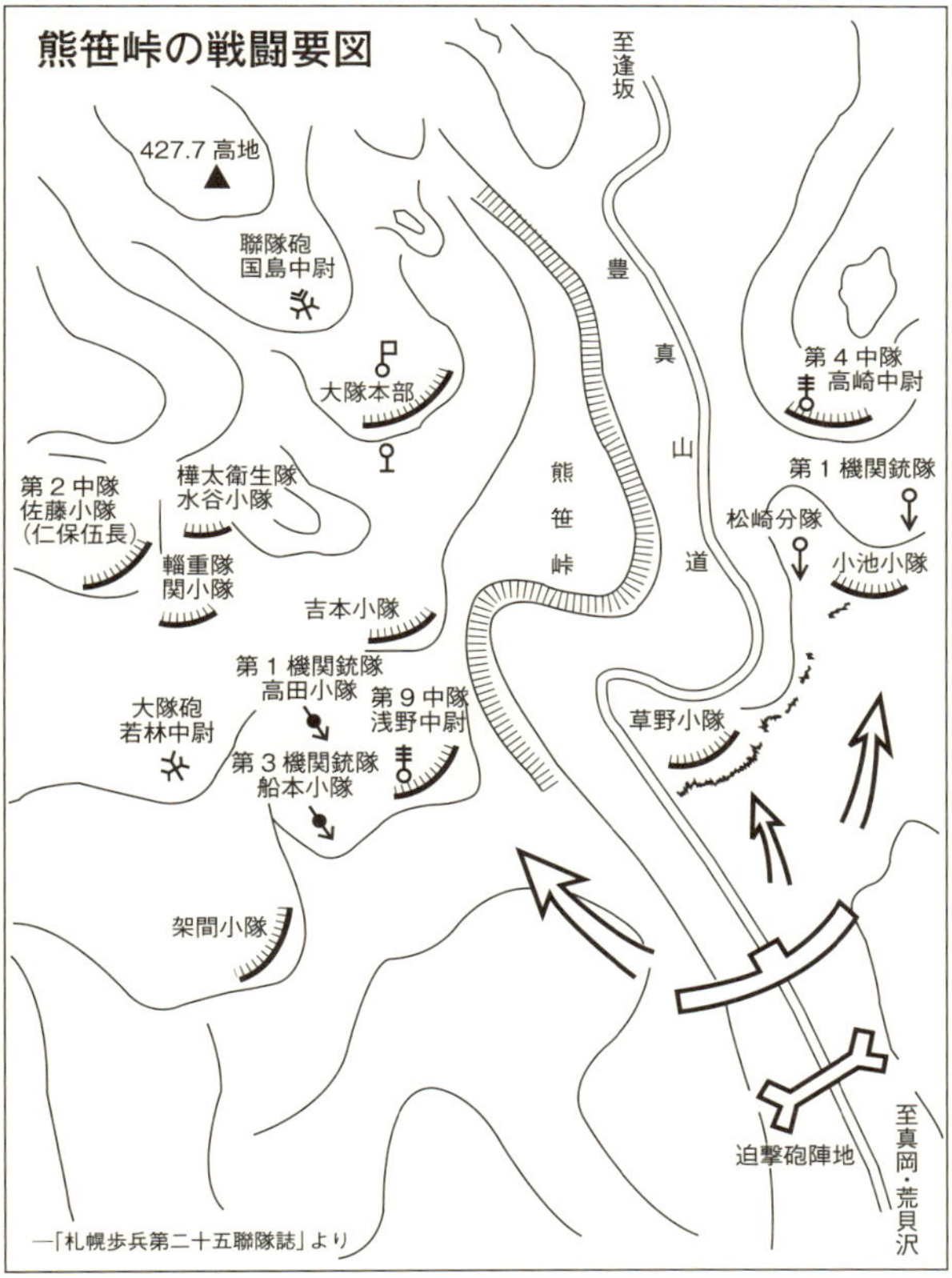

熊笹峠の戦闘要図

熊笹峠における菅原大隊は峠の上、道路を挟んで、両翼の高地を第九中隊で左台上に草野小隊、左台上一五〇米のところに架間小隊、中隊本部はその中間で後方に下った窪地に位置していた。第三機関銃の船本小隊（重機二挺）は道路のも台上で架間小隊に隣接し、前方台上と道路を制圧する地点に陣地をもち、それにより左後方に第一機関銃高田小隊が布陣していた。

架間小隊後方に若林中尉の大隊砲小隊、その後方に輜重隊関小隊、右側に樺太衛生隊水谷小隊、後方に第二中隊の仁保伍長が指揮する佐藤小隊が配置された。

左翼、草野小隊右側に第四中隊の小池小隊と第一機関銃の二個分隊（重機二挺）、後方に第四中隊指揮班高橋中尉が布陣しており、大隊長の直接指揮下に入った吉本・石井両小隊（石井少尉はこの日配属）は第九中隊の後方台地に布陣した。


ソ連軍の砲撃の激しさは一向に変わらず「夜通し火柱が峠に立った[107]」。それにもかかわらず「持ちこたえたのは、峠の地形とピアノ線顔まけの熊笹の群生のおかげである。しかしこのため前線の隊が壊滅の情況に陥っても援助できる状態ではなかった[108]」。

この晩は、ソ連兵は小グループで熊笹に隠れ乍ら、日本軍「陣地」に接近し、攻撃を繰り返し続けた為、一晩中、彼我の銃声がやむことはなかった。熊笹がびっしりと繁茂し、視界が悪かったため、その戦闘は陣地戦というより、遭遇戦のようであった。さらにソ連軍より「三十分射撃、十分休止[109]」という砲撃が繰り返され、特に大隊本部後方の中川通信小隊に砲撃が集中していた。

ソ連軍が攻撃を再開したのは、「二十二日午前四時[110]」であった。この日は快晴で昨日の迫撃砲に加え、真岡港のソ連艦艇による艦砲射撃による砲弾や航空機による爆弾も熊笹峠に激しく降り注いだ。特に艦砲射撃による弾着跡は「二メートル以上ある竹が直径十メートルにわたりなくなる物凄さ[111]」で、その周囲の木々も銃弾で射抜かれていたり、折れたり、裂けたりしていて、銃弾、砲弾及び、その破片だけでなく、木々の破片もタコ壺に籠る日本兵に襲い掛かった。タコ壺に入れたものはいいが、熊笹がびっしりと根を張る土地で円匙もなく、鉄帽と素手しか地面を掘る術のない兵士には、砲撃から身を隠す場所はなかった。おかげで、死傷者は次々と出て来た。

さらに峠下約三百メートルの森林から陸上部隊が一斉に進撃を開始した。「はじめ約三百とみた敵歩兵は砲爆撃の支援下、次々と増強され、山道わきの森林伐開地帯にあふれるばかりの数となってわが陣地に近迫、総兵力は約二千と判断された」[112]。対する第四・第九中隊は手榴弾戦・白兵戦を繰り返しながら、その攻撃を撃退し、敵に多くの損害を与えたが、味方も逐次損害を生ずるに至った。さらに熊笹峠への日本軍増援部隊の到着を阻止すべく、ソ連機が猛爆撃を行なっているのをかいくぐって、午前十一時には羽母舞から転進した聯隊砲中隊長（岡島哲夫中尉）と塚原小隊（砲二門と重機一挺）約七十人が戦場に到着。直ちに戦闘に加入し、両中隊正面に押し寄せるソ連兵に聯隊砲による砲撃を加えた。ソ連軍も砲撃で応戦し、双方の砲撃音と爆発音が峠全体でこだまする中、再び白兵戦・手榴弾戦が行なわれた。熊笹峠を死守しようとする日本軍は「機関銃分隊や衛生隊に至まで白兵突撃を敢行し陣地の保持に努めた」[113]。その激しい戦闘で道路左翼最前線の草野小隊陣地前方三十メートルまでソ連兵は迫ったが、擲弾筒は欠乏し、激しい砲撃と銃撃を受け「三十数名の兵はばたばたと倒れ、草野少尉もまた戦死した」[114]。草野少尉は胸に銃弾を受けての戦死で、分隊長である成田忠直兵長が代って指揮をとったが、満足に戦闘行動がとれる小隊員は六、七名にまで減っており、止む無く陣地から後退した。それから数分後、「六百名程度のソ連兵」[115]が稜線を超えて攻め寄せ、二百メートル位まで接近したところを待ち構えていたように塚原聯隊砲小隊が直接照準で砲撃を開始。その集団に十数発の砲弾を叩き込み、同時に日本軍の全重機関銃も襲いかかり、ソ連兵は急に陣形を崩し、叫び声をあげながら、後退していった。

吉本小隊は草野小隊の陣地の後方約百五十メートルの陣地で山道からは崖を登った場所にあった。吉本小隊長によると、戦場には多数の避難民が紛れ込んでおり、ソ連兵に見つからないように、熊笹の茂みの中を移動したり、吉本小隊の目の前の崖を登ったりしていたが、その多くはソ連兵に射殺された。それは子供だろうが、老人であろうが、婦女子であろうが無差別に撃たれた。吉本小隊の将兵は、敵弾に倒れた避難民の仇を討つかのように、そのソ連兵を狙い撃った。まさに軍民混在の戦場であった。吉本小隊長の部隊も十七日に真岡の入口で三十七名の古年次兵を召集解除したが、「真岡の住民が逃げて歩いているんだから、それをなんとか脱出させねばいかん。そのために兵隊に来たんだ」と言って、召集解除した兵士の多くが戻ってきていた。もちろん、避難民と一緒に丸腰で逃げまどうより、部隊にいた方が安全だと考えた者もいるだろう。しかし、召集解除された兵士の多くは樺太出身の兵士であり、部隊に復帰することは、彼等の家族を守る事と同じ事であった。彼等は戦場となった故郷を逃げまどう避難民を一人でも多く助けたかったのだ。たとえそれがソ連兵の命を奪う行為であったとしても。

吉本小隊長の眼に映っていた光景はそれだけでなかった。約七百メートル前方に、眼下の草野小隊に迫っている集団の指揮する指揮官が外套をまとい、軍旗のような旗のついた長い棒をもって立っていた。その指揮官は大男で、手に持つ長い棒で部下に指示をだしていたが、上述のように日本軍の反撃で部下が後退しだすと、その棒で逃げる部下を打擲しながら叱咤し、再び日本軍の陣地に送り出していた。送り出された兵士はまさに泣きながら「ウラー」と叫び突進して来た。吉本小隊長と船本小隊長は相談して、その指揮官を何度も狙撃したが、弾はあたらなかった。他の兵士も小銃や機関銃で指揮官を狙ったが、誰の弾も命中しなかった。しかも至近弾にも動じることなく立ち尽くし、長い棒を振り回しながら指揮を続けていた。

一方、道路右翼最前線の浅野中隊も熊笹峠到着した日の午後から戦闘に加入し、既存の壕が存在したとはいえ、結果として十分な陣地構築ができなかった。その為、陣地に拘らず、ソ連兵が接近するとしばしば、打って出る陣前逆襲行ないソ連兵を撃退させる等、粘り強く戦った。しかし、午後六時頃、逆襲から戻って部下を集約した際、浅野中隊長も迫撃砲の至近弾で砲弾の破片を背から胸に受けて、戦死した。それでも「中隊長の戦死後、風間少尉、架門（ママ）義光少尉らがよく戦線をささえていた」[116]。なかでも、架間小隊長は、ソ連兵の指揮官が接近した際、「中隊長の仇を討つ」と言ってソ連兵がいる谷底に自ら斬り込み、敵指揮官を軍刀で胸から背中へ突き通した」部下達も小隊長を守れと小隊長の後に続き、ソ連兵の撃退に成功。架間小隊長は「隊長の仇を討ったぞ」と両手を挙げて大声で怒鳴り、敵指揮官の銃を奪い持ち帰ったが、小隊長自身も頭や肩を負傷した。

吉本小隊長によると、第九中隊の中間に位置した船本第三機関銃小隊は六百発入りの弾薬箱十八箱をからにするまで撃ち続けた。途中、射手が敵弾に倒れると誰かが機関銃に這い寄り、射撃を再開。船本三雄小隊長も胸を撃ち抜かれて重傷を負いながらも指揮を続け、最後は船本小隊長自ら重機関銃で攻め寄せるソ連兵に応戦したという。

各中隊の奮戦に目覚ましいものがあったが、菅原大隊長は激戦数刻を経た午後二時、我が損害も逐次増加し、長く第一線陣地を固守し、兵を消耗させる不利を避ける為「三角標高四二七・七（ママ）高地を中心とする地区に戦線を縮小するに決し、午後三時頃、戦線を背後の同高地に集約、聯隊砲を山道に向けて、敵の前進を阻止し、各隊に命令を下達した[117]」。

まず大隊長は味方が熊笹峠を保持している間にこの移動を行なうべく、急坂にもかかわらず聯隊砲二門を押し上げ、撤収援護を命じ、その砲撃の下、逐次各隊は後退した。また、大隊砲小隊は若林小隊長が手榴弾で頭部に重傷を負いながらも指揮を継続し、全弾撃ち尽くさせた。そして荒貝沢以来活躍してきた大隊砲三門を土中に埋めた後、四二七七高地に後退した。

ただ、全部隊が四二七七高地に後退出来た訳ではなかった。兵力の大半を失った第四中隊では、第一小隊がその陣地をめぐって、ソ連軍と熾烈な争奪戦を繰り返しており、大隊副官を兼任していた吉本少尉が陣地に赴き、右肩を撃ち抜かれ重症の小池小隊長と会ったが、小隊長は頑として下がらなかった。そして日が落ちてきた午後六時頃の戦闘で、小池小隊長も銃弾を胸に受け、戦死した。また、この頃、上官である第四中隊長の高橋中尉も負傷していた。高橋中尉は戦線を縮小し、中隊本部付近に生存者を集め、新配備についた。

対するソ連軍は日本軍の戦線縮小により生じた虚隙に乗じて山道南方を迂回し夜迄にはその先頭は逢坂との中間地区に到着すると共に、大隊の新拠点と第四大隊を分断した。

ソ連軍は重囲下の第四中隊に激しい攻撃を行なった[118]。

激しいソ連軍の自動小銃の音、応戦する重機の音、あちこちで突撃する高橋隊、逃げるソ連兵、新たに横から攻撃するソ連兵。突撃する度に兵隊の数が減っていく。重機が止まった。最後の突撃の声、自動小銃の音。これを最後として山は静かになった。

高橋中隊長が最後の突撃を敢行し、壮烈なる戦死を遂げ台地がソ連軍に蹂躙されたのは午前九時半頃であった。

前記引用文の中「午前九時半頃」とは「二十三日午前九時半頃」のことである。熊笹峠に展開していた部隊は「午後六時に移動を完了[119]」している。菅原大隊長の戦後回想を読む限り、高橋中隊が二十三日午前九時半頃に最後の突撃を敢行したことについて触れられてはいない。しかし熊笹峠で最後まで戦っていた将兵の犠牲のおかげで「大隊の戦線縮小を容易ならしむることができ、ソ連軍の心胆を寒からしめた[120]」と回想している。

山澤聯隊長によると熊笹峠付近の戦闘での「戦死四〇（内将校六）、負傷三四（内将校一）[121]」との事である。

第十三項　豊真線方面宝台附近の戦闘

ソ連軍は兵力五〇〇〜六〇〇の海兵隊に砲数門をつけ、豊原に向かい、真岡町手井から豊真線上を開始した。しかし、これは日本軍には想定内のことであった。ソ連軍が真岡に上陸した時点で、工兵第八十八聯隊長東島時松少佐は、ソ連軍が豊真線線上から豊原を目指すことを予測しており、峯木師団長に「①トンネルに機関車数台を入れて爆破、閉そくする②高架鉄橋の高さ十五メートルのレンガ橋脚を爆破する、ことを具申した[122]」。

この豊真線は樺太唯一の不凍港であり、西海岸の有力な港町である真岡と樺太の首府である豊原の間に横たわる山岳地帯を這うように敷設された鉄道であり、同時に東海岸と西海岸を結ぶ唯一の鉄道でもあった。以下の文を読まれるとどのような場所が戦場となったのか想像していただきたい[123]。

真岡側から深い谷底を縫ってきた列車が、池ノ端駅を過ぎてらせん（螺旋）状に一つの山を登りつめ百五十メートルの鉄橋で次の山の宝台駅に向かっていくと、たったいま通過した地点が遥か足下に見える。これが宝台のループ線で、列車はこのようにして高度を高めるとともに長いいくつものトンネルによって樺太山脈を超えるが、トンネルと切り立った山の中腹を走る難所の建設工事では多くの人命を失った。宝台、二股など逢坂までの途中駅は駅舎も針葉樹とクマザサにおおわれた山はだにしがみつくように建っていて、豊真線上を進んでくるソ連軍は、行程のほとんどは線路上を歩いてくるしか方法はなく、トンネルを閉そくし、ループ線の橋脚をくずせばこれを阻止することが容易であった。

以上から、ソ連軍の当方面からの豊原進撃を防ぐには、速やかなる決断と実行あるのみだった。東島聯隊長の意見具申を了承した峯木師団長は早速、宮田三郎樺太鉄道局長に伝え、その同意を得た。しかし「停戦命令によって同計画は決行されずに終わり、二十一日朝、予測どおり、線路上を『黒い服装の大部隊』が宝台方面に向かっていることが、避難民の話や鉄道員の電話で連隊本部に知

〈右〉輸送船上のソ連軍真岡上陸部隊。昭和20年８月20日朝、ソ連軍は真岡町への上陸を開始した。〈下〉ソ連軍のカノン砲の放列。ソ連軍は真岡に多数の火砲、車両を揚陸した。

対戦車銃、小銃、短機関銃等を構えるソ連軍侵攻部隊の兵士たち。

対日作戦で行動中のソ連軍兵士。中央の兵士が手にしているのは、ソ連軍の代表的な短機関銃PPSh41（独特の弾倉の形から日本軍はマンドリンと呼んだ）。

〈上〉熊笹峠から間宮海峡を望む。中央の谷間に小さく真岡の町が見える。〈左〉豊真線宝台のループ線。〈下〉南樺太でソ連軍と対峙した歩兵第二十五聯隊の聯隊旗。

日本領への「平和的進駐」を写したソ連側の公表写真。〈左〉占領した町で日本人の赤ん坊をあやすソ連軍将校。〈右〉投降した日本の民間人をチェックするソ連軍兵士。

らされた」[124]。

二十一日午前三時頃、逢坂に着いた第十一中隊は豊真線沿いに進撃するソ連兵を撃退するよう命令を受け、トラックで二股に引返し、線路上を徒歩で四キロ離れた宝台駅に向かった。その際、滝本三雄中隊長は、「軍に協力を申し出た同地の男子に後方の弾薬輸送を頼み、車を二股地区の婦女子の避難のために残し」[125]た。同中隊は逢坂を出る際、第一小隊を残してきたが、第三歩兵砲小隊の砲二門、第三機関銃中隊の一個小隊、工兵分隊、通信隊が逢坂より配属されていた。

同中隊は上述の通り、二股から線路上を徒歩で宝台駅に向かったが、その途中、執拗にソ連機の機銃掃射を受け、宝台駅到着寸前のトンネルを出た地点の鉄橋上で死傷者も出た。

しかも宝台駅周辺には遮蔽物がなく、身を隠す場所がないので、止む無く八百メートル進んで午前十一時過ぎにループ線を俯瞰出来る場所に到着したが、二百メートル前方にソ連兵らしき人影が見えた。ソ連軍は度重なる空襲により、日本軍の動きを把握して、それを迎え撃つ態勢をとっていたものと推測出来る。滝本中隊長はまず前進を中止し、同地点にタコ壺陣地構築を急がせた。また、同地点に分駐していた一個分隊と交替すると共に、逢坂で配属された工兵隊に眼下のトンネルの爆破を命じ、線路沿いに逢坂（豊原）方面に進出しようというソ連軍の企図を封じた。さらに第二小隊長片山少尉を将校斥候に出したが、それから約三十分後、片山少尉の進んでいった方向から銃声が聞こえた。つまりソ連軍と遭遇したのである。

片山少尉からの報告によると、①ソ連軍と遭遇した②この方面のソ連軍は砲数門を伴い砲陣地がある③同陣地付近にはかなりの兵力が集まっている、との事であった。この内容を直ちに連隊本部に報告するべく通信分隊の無線機が発信を開始した瞬間、敵の銃砲火が集中し、通信所は一瞬にして吹き飛ばされ、その場にいたほぼ全員が死傷し、以後聯隊本部との通信は途絶した。

滝本中隊長は「攻撃によりソ軍の東進を阻止する計画であったが藤田大隊長はこれを中止させた。

その後、線路上から我に射撃を加えているソ軍の火砲の制圧を図り、射撃を命じたところわが重擲弾筒の一弾は砲側に命中し、一瞬にしてこれを壊滅した。この射撃を契機に彼我の射撃はやみ、両軍相対峙したまま夜に入った[126]」。

豊真線方面の指揮官に任ぜられていた第三大隊長藤田大尉が宝台駅に到着したのは、第十一中隊到着の後であった。藤田大隊長は熊笹峠からの移動中、たまたま真岡から避難して来た列車が二股駅にあったので、同駅付近に集積されていた糧秣、弾薬を積み込み、昼頃、宝台駅に到着し、駅舎を大隊本部とした。この時列車に積込んだ糧秣、弾薬は対米戦が惹起した際に備えて、山岳地帯の複郭陣地で抵抗するために事前に集積されていた物資であった。

また、二十日夜に逢坂に自動車で到着した第十中隊上敷香残留隊の内、津島芳雄軍曹以下八名が二十一日第三大隊に配属された。そして「第十一中隊の正面から攻撃するソ連軍を側面から叩くため、左前方のループ線上の高地を占領する命令を受けて進出した[127]」。

しかし、この日は既述の通り、両軍対峙したまま夜を迎えたが、ソ連軍はスピーカーを用いて「もう戦争は終った。直ちに停戦を結ぼう」「平和な社会を作ろう」などの宣伝戦を続けた。「滝本中隊長は、各小隊は特にに二名の歩哨を立て四囲を厳重に警戒し、なるべく早く休むよう指示した[128]」。

翌二十二日午前三時頃、滝本中隊長のもとに、

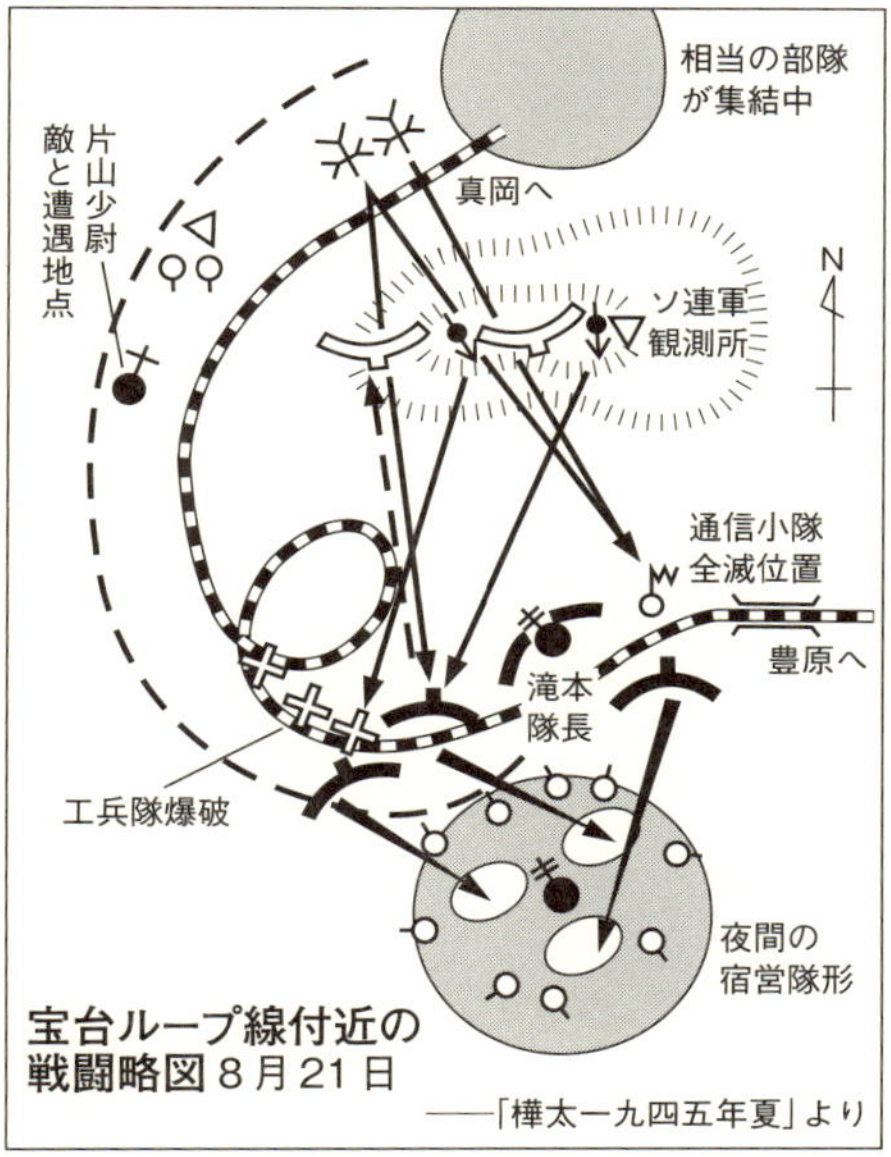

宝台ループ線付近の
戦闘略図 8月21日
——「樺太一九四五年夏」より

「前方が騒々しいと各小隊の歩哨より連絡が入った」[129]。聞き耳をたてると確かに「熊笹を踏み倒すようなバリバリという音」がする。滝本中隊長は、ソ連軍が攻勢に出るための配置に付こうとしていることを知り、各隊に速やかに配置につき、前日の陣地を強化するよう命じた。

午前五時三十分、日本軍陣地をめがけて猛烈な銃砲撃が開始された。ソ連軍は日本軍陣地より高地の正面第一線に観測所を持ち、その砲撃は正確であった。一部のソ連兵はループ線鉄橋付近から侵入を企図したが、日本軍の火力により阻止した。

しかし、ループ線上の津島分隊は陣地保持が困難になり、午前十時頃、線路沿いに撤収しようとしたところ、敵の集中砲火を浴びて、津島分隊長以下全員戦死した。

午前十時三十分頃に戦闘指導のため、藤田大隊長は前線に出、滝本中隊長はこれまでの戦況を報告。大隊長は中隊長の左側約百メートルに位置した。しかし、この頃、大隊砲小隊、機関銃小隊の弾薬が切れ、火力は軽機、擲弾筒、小銃のみとなり、前線の将兵の健闘にも関わらず、死傷者が増加して来た。藤田大隊長も左肩に貫通銃創を受けるも指揮を取り続けたが、滝本中隊長の説得で後退、片山第二小隊長、木村第三小隊長、中隊指揮班の下士官・兵も戦死乃至負傷者が続出。そして滝本中隊長も右足を撃たれ負傷したが、そのことを隠して指揮を続行した。しかし、死傷者が続出したのは、各隊同じであった[130]。

我軍が一寸沈黙した時、全滅したと思いこんだのか左の観測所左下附近の線路上を十人ほどのソ連兵が進んで来た。滝本中隊長が双眼鏡でのぞいて見ると中の一人は階級はわからないがベタ金の肩章で、とにかくこの方面の指揮官級であろうと思い、同中隊長は静かにこの一団に照準を合わせるよう命じ、知らずに進んでくる敵をもう一度眼鏡で確認すると、一斉射撃を命じ、あらゆる銃口がこの一点に集中し、一瞬にして敵の一団は吹っ飛んだ。

この直後からソ連軍のソ連軍の攻撃は前にもまして熾烈を極め、午後一時半頃には中隊正面の敵は喊声と共に突撃してきた。第十一中隊の陣地はソ連軍より高地にあり、下方から攻め上ってくるソ連兵に擲弾筒と手榴弾を叩きつけ撃退するが、ソ連兵は再度逆襲を試みるが、これも撃退した。

しかし、午後四時十五分、滝本中隊の背後に迂回した有力な部隊は突撃して来たが近接射撃により、撃退。同三十分になると正面と左右より喊声をあげ、銃剣を振りかざし、手榴弾を投げつけながらソ連兵は突撃をし、白兵戦となった。同四十五分、ついに第一線は突破。滝本中隊長は軍刀を抜きソ連兵に立ち向かおうとした瞬間、左手、左足に銃弾を受け倒れた。敵は止めをさすかの如く、中隊長の肩から胸にかけ自動小銃を乱射した。

第一線が突破された後の戦場は熊笹の藪の中となったが、その藪の深さに敵味方誤認が起きても不思議でないくらいの混戦となり、夕方まで激しい白兵戦が続いた。やがて、瀕死の重傷を負った滝本中隊長は味方の兵に救出されるが「駆け寄ってきた兵に起こしてもらい指揮をとった[131]」。

ソ連軍は「薄暮に近い頃迫撃砲の射撃を中止するや敵は日本語で『焼き殺すぞ』と叫んだかと思ふと焼夷弾を射撃し熊笹が猛烈な勢で燃え出し第一線は遂に陣地の位置を変更するの止むなき状態となった[132]」。それと同時に、組織的戦闘は終息した。夜になると、中隊長は各小隊長を召集し、戦線整理の目的で宝台駅の大隊本部に集結するよう命令した。

この日の最後の戦闘について、滝本中隊長は次のように回想している[133]。

四時三十分、大挙敵の一斉射撃を受ける。「ウラー、ウラー、」前方、左、右――いよいよきたかと私も観念した。前線では「ウワーッ」と喚声をあげて応戦している。

同四十五分ごろ、敵はわが一線の前方十五メートル付近で手榴弾攻撃とともに突破して私に向かってきた。右手に軍刀を振り〝サア、こい〟の構えで立ち向かう。無我夢中であった。と、その瞬間、左足に衝撃を受け、私はころがるように倒れた。しかし、意識ははっきりしている。「この野郎、やったな」と思ったがいたし方ない。突き進んできた敵の十四、五人に包囲された。残念だが、殺すなら殺せと目を閉じた。すると何やら二、三の敵兵がしゃべり、私にとどめをさすのか自動小銃で連続撃った。肩から胸にかけて数弾、だが、動くことができない。すると敵はもう私がもう死んだものと思ったのだろう、ちょっとすると、その場を去った。

（中略）

やがて倒れている私を発見して駆け寄ってきた兵に起こしてもらい指揮をとった。午前中右足をやられ、また左足、そのうえ左手までやられたとはまことに無残な姿である。

（中略）

付近は真っ暗になる。全員集合をかけた。ボツボツと集まってくる。互いに健在であった喜びを小さい声で語り、堅い握手をする。だが私は倒れたのみ。そのとき私はこれ以上、生き残ることは、いたずらに部下に迷惑をかけると思い、自殺する覚悟をして背中の拳銃に手をかけようとしたがとれない。五十嵐曹長はそれをみると、私の拳銃をとって投げてしまった。致し方ないので、ついに死ぬことを断念して成りゆきにまかせた。弾丸を受けていない右手も動かすことができない。神経作用というのか、からだ全体が動かない。（入院後わかったが、弾丸が九発、それに破片で肋骨四枚が折れ、そのうえ両足、左手に弾丸を受けていたのでは身体の動く道理がなかった。）

四、五十人の生き残りがいた。各小隊を集合させ、部隊は一応戦線を整理する目的をもって、宝台駅に集結することを命じた。

また、滝本中隊長が重傷を負ってからの模様を、五十嵐曹長は次のように回想している[134]。

中隊長が敵に撃たれたとき、私は片山小隊の配置をみるため同小隊の陣地に行っていた。片山小隊長は負傷して、石川広一曹長がそのあとの指揮をとっていた。前線に出たころから双方入り乱れての混戦で、深いササやぶで味方かと思うと黒い敵であったり、敵かと手榴弾をかまえると戦友が飛び出してくるという白兵戦が長いこと続き、指揮班に帰ることができなかった。

夕方、戦闘がやんで周囲にいた兵を集めて戻ったら中隊長は身を動かすこともできない重傷であった。しかし、意識ははっきりしていて自決するために手榴弾をほしがったり、水を飲みたがっていた。敵が火を放ったのはそのころ。ループ線の谷から吹き上げる風でクマザサはものすごい音をたてて燃えた。夜になって宝台に向かった。

ソ連軍は夜の戦闘をしない。陣地のすぐ下の方でガヤガヤと騒ぎながら炊事をしている姿をみながら、私たちは中隊長ら負傷兵と戦死した宮川軍曹の遺体をトロッコに積んで脱出した。

線路わきに背より高く積んである敵の弾薬に火をつけて、ゆうゆう出発した。途中、鉄橋の中央につっ立っている人影に、敵かと緊張したが、それは十二中隊の負傷兵であった。私たちは宮川軍曹の遺体をおろして、橋わきに埋葬、その負傷者をトロッコに乗せた。

当時、すでに敵は宝台とループ線の中間地点に進出しており、日中後退した負傷兵などはトンネルの入り口の上から狙撃されたらしく、死体が入り口近くの線路上や鉄橋の下などに六、七体もころがっていた。しかし、夜にはいって陣地に引揚げたのだろう。着剣して必死の形相でトロッコの四囲を固めて進む私たちの前に敵は最後まで姿をみせなかった。

山澤聯隊長によると、宝台方面での「戦死三五、負傷二九（内将校三）[135]」とのことである。

第十四項　清水村逢坂附近の戦況及び、村内での集団自決

逢坂は清水村の中心で、豊真線と豊真山道が交差して真岡と豊原を結ぶ、交通の要衝であり、歩兵第二十五聯隊の聯隊本部が置かれていた。ソ連軍が八月二十日に真岡に艦砲射撃と共に上陸して以来、多数の真岡町民が、列車に乗れたものは、豊真線を使い、徒歩の者は、荒貝沢や熊笹峠を超えて、避難して来た。

真岡から二十四キロ離れた逢坂も、決して安全な場所ではなかった。

ソ連機は二十日以来、晴天を利用しては逢坂に飛来して市街を爆撃していた。特に、市街地や逢坂北側の陣地並に逢坂南側の陣地に対する爆撃や真岡港からの艦砲射撃を行ない、市街は廃墟と化していた。

同じ清水村で逢坂より北にある富沢国民学校校長であった佐藤道三は逢坂経由豊原への避難行を次のように回想している[136]。

> 八月十五日の終戦の玉音放送を聞き、私たちもやがて本州へ引揚げることができると思っていた矢先の八月二十日朝、突如として真岡方面から艦砲射撃の砲声と機銃掃射の銃声が入り交じって聞こえて来た。
>
> ソ連軍の軍用機が低空で学校の上を飛び盛んに機銃掃射を行なった。私たちは山の奥の方へ避難せよと伝言して行った。中学一年の長男は前日寄宿舎に置いてある物を取りに行ってくると真岡へ行ったまま帰って来ない。私たちが避難したあとに帰って来たら困るだろうと玄関に行先を書いて張り紙をして、夕刻部落の人たちと共に豊真山道を豊原に向かった。

逢坂では道路の両側の家はソ連機の爆撃のため火災を起こして燃え盛り、電柱は倒れて電線に足をとられる。逢坂国民学校に駐屯している日本軍部隊は、真岡から熊笹峠方面を攻めて来たソ連軍と壮絶な戦闘を展開し、あわただしく動きまわっていた。こうして燃え盛る逢坂の市街を通り抜け、豊真山道を数十キロ歩いて漸く豊原近くの軍川の流送飯場にたどり着いた。

真岡から避難した人々の話を伺うと、逢坂から真岡まで避難列車が運行されていたそうで、老幼婦女子優先で乗車し、男性は歩いて豊原まで行ったという。逢坂の町の人の中には、自らの安全を顧みず、自宅前に大きな鍋を出して、そんな避難民にふかした芋やジャガイモの味噌汁を振舞ったり、おにぎりや湯茶の接待をする人達がいたという。着の身着のままで恐怖に怯えながら、必死で逃げて来た人々にとって、この「真心の」炊き出しは、疲労と恐怖から口に入らなくても、心で味わい、力を得たことであろう。

この時の逢坂の様子を大西トメさんの手記[137]から紹介したい。

二十日朝、ふだんは静かな山道ぞいの村、逢坂に突然に地底を揺さぶるような無気味な砲声が聞こえてきました。家から飛び出した人たちが、不安そうな面持ちでなんの音だろうと話し合っていると、廣瀬郵便局長が「ソ連艦隊が真岡に艦砲射撃を加えている。まもなく上陸を開始するにちがいない」といきごんでいう。

やがて避難する人たちが村にはいってきた。どの顔も二十四キロの道を歩きずくめてやつれ果て、なかには寝巻の腰に細ひもを巻いて、わき目もふらずせかせかと通り過ぎていく人もいる。急いで近所の伊藤ナカさん宅でご飯をたき、お茶を入れて道ばたにだし、次々にやってくる人たちを元気づけたが、多くはあまり口にもせず艦砲射撃のすさまじさを、おびえた表情でひとこと、ふたことというと、恐ろしさからか一歩でも、二歩でも遠ざかろうとするかのように、豊原に向かって去っていった。

切れ目なく続く避難民の列から落伍するように、若い婦人と老母が顔面を蒼白にしてふらふらとした足取りで近づいてきた。聞くと、艦砲射撃の音で家を飛び出し、裏山をあえぎながら越えて熊笹峠にたどりつくころ、急にその婦人が産気づいたため、そばを歩いていた老母が小川で形ばかりのとり上げをしてくれたが、山の中ではどう処置のしようもなく、身にまとったきものである赤ん坊を包んで、大きいフキの葉でおおって抱いて来たという。

居合わせた私はびっくりした。そして、オムツにする布を持ち寄って渡し、母体に悪いので休息していくことを勧めたが、再び重い足取りで避難民の列にはいっていった。

夕暮れになると避難する人たちの数が増し、不気味な砲声は依然衰えなかった。私たち自身もこうしてはいられないという焦燥にかられ、家に戻って少しばかりの着換えをまとめていた。

「戦後、北海道庁が引揚げ者から調査したものによると、同村は二十日、逢坂市街地の大半が焼け、真岡から豊原に向かう避難民約二百人が死亡したと推定された。同村民の中から、自決者が三十五人ほど出た[138]」。

いまとなっては、その数字を裏付けることは不可能だが、同村緑紅で二世帯がネコイラズを飲み、自宅に火を放つという集団自決が起きた。この事件で「ネコイラズ」が不足していた為、土壇場で自決に加わらなかった方が前記の大西ソメさん達である。そこで大西さんの手記から再び引用させていただきたいと思う。

大西さんは村会議員の及川洋一郎さんの勧めで、ご主人（由松さん）、及川さん一家と一緒に、暗くなるのを待ってから、四キロ離れた緑紅の沢の沢田正市さん宅に避難した。そこへ、小原与吉さん一家七人も合流し夜明けを待っていた。[139]

いつかうとうとしていた私の耳に、及川さんと沢田さんの低い話声がはいってきた。「女や子供を連れてはこれ以上逃げることはできない。生きる希望が断たれたいま、どうせ殺されるのであれば、ひと思いにみんなで死のうではないか。いま繁雄（二十八歳）がガソリンを取りにいっているから、帰ったらガソリンをまいて、薬を飲もう」

その声は確かに沢田さんである。ハッとはしてみたものの、としよりの私もこの先苦労したあげくみじめな殺され方をするより、みんあと一緒に死ねるものなら……と、じっと目をつぶっていると、及川さんの「大西さんと小原さんのネコイラズがたりない。どうしよう」といっているのが聞こえた。すでに一緒に死ぬ覚悟はしたものの、薬がないとすれば、かえって皆の迷惑になる。私は起き上がって、夫や小原さんと相談した。そして行けるところまで歩こうと決心した。子供たちはきのうの疲れで、死の旅路の相談をよそに軽い寝息をたてている。私と夫は、薄暗いランプの光に一人びとりの寝顔を確かめ、そっと「さようなら」とつぶやくと足音をころして戸外に出た。

私たちはあてもなく夜道を歩き出した。小原さんが、子供たちを叱り、あるいは励まして歩いてくる声を背後に聞いた。そして、闇の中で沢田さんの長男繁雄さんらしい人影とすれちがった。ガソリンを入手して帰る途中であろう。心の中で「どうか、最後を立派に……」と祈りながら、声を掛けずに行き過ぎた。デコボコ道でころびそうになりながら歩き続けた私たちは、午前二時を過ぎたころ、東の空に真っ赤な炎が立つのを確認した。「とうとう、あの人たちは死んだ。疲れきって眠っていたあのかわいい子供たちは、何も知らずに死んだのであろうか……」

冥福を祈りながら、やがて私たちの上にも襲いかかる死や労苦をさまざま考えながら豊真山道についたときはこの山間にもすでに朝がきていた。

逢坂市街地は、避難民の流れが途絶えた二十一日、ソ連機の執拗な空襲を受けた。そして各所で火の手があがり、学校や郵便局を除いた大半の建物が焼失した。この郵便局は軍の通信網確保の為、広瀬局長夫妻及び、局員は交換台を守っていた。しかし、市街地の大半は消失し、軍は「避難民の樺太脱出の為」熊笹峠方面、豊真線方面と激戦が続いている状況で、山澤聯隊長は逢坂郵便局員一行に豊原に避難するための車を用意した。しかし、やってきたトラックは重傷の兵士で溢れていたため、一行は乗車を辞退し、徒歩で豊原に向かったという。

それでも、ソ連軍の空襲による在逢坂各部隊の損害は軽微であった。

二十二日、熊笹峠方面及び豊真線方面ともに、苦しい防御線を戦っており、山澤聯隊長は「当面の敵は知取方面の敵に先んじ豊原を占領しようとした[140]」と判断。聯隊長は「極力之を阻止し逢坂北方高地にて最后を飾らむと決心し在逢坂各部隊には『腹切り陣地を構築せよ』と命令した[141]」そして逢坂の住民も郷土防衛隊を編成し、軍に協力をした。

逢坂におけるソ連軍迎撃態勢として、熊笹峠方面より豊真山道を下ってくる敵に対しては、在郷軍人を中心とする義勇隊が市街地入口で阻止。豊真線方面から来る敵には第十一中隊のうち、逢坂に残った第一小隊が配置され、最終防衛線としては逢坂北方高地とした。「同高地には第一中隊（山形幸一中尉）と第一機関銃の一個小隊、聯隊本部が陣地の構築に当っていた[142]」。

第十五項　停戦命令と真岡方面の停戦交渉

八月二十二日夕刻、山澤聯隊長は師団からの「俘虜となるも停戦せよ」命令を受領した。同聯隊長によると、「『俘虜となるも停戦せよ』の命令を受け各部隊へ下達したけれど中々伝わらず殊に熊笹峠方面は敵が熊笹峠を越へているので如何に伝へんかは困難中の困難だった。石黒聯隊副官か宮下大尉か何れかに此の重任を命じようとしたが二人が争って此の難局に当らんとしたのには聯隊長も頭が下った」[143]と回想している。そして、宮下大尉が菅原大隊に派遣されることになり、その任を全うした。

一方、ソ連軍に派遣する軍使に、聯隊長は露語をよくする第一大隊村山康男主計中尉（兵数名を附す）を軍使に選び、午後八時二十分頃、逢坂を出発させた。それにあたり、軍使一行の自動車上に大白旗を立てての出発であった。

この時のことを山澤聯隊長は次のように次のように回想する[144]。

師団命令を受けたとき、ロシア語のできる村山中尉に「師団命令で日本軍は停戦をする。ソ連の要求事項を聞いてくるのが任務だ。真に大切な役目だから用心に用心を重ねて……」というと「私は死んでもよいのです」とこたえた。私がキッとなって「何をいうのか、死んで責務が果たせるか」というと「いや死んでも責務は果たします」といった。そして握手をして出発していった。上敷香にいたころ、私の官舎に故郷の母から送ってきたという丹前をみせにきたことがあった。私の長男（一心氏）と経理学校同期生であったこともあって、私はわが子をみるような気持ちでみていたものだった。

山澤聯隊長にとって、わが子のような村山軍使も「逢坂西方約四粁の道路の屈曲点附近にて車上でソ軍の為射殺された[145]」。ソ連軍の真岡上陸後、同軍により停戦を申し入れる日本軍軍使が殺害されたのは、これで二件目である。

戦後、第一大隊副官奥田富蔵中尉が宮下大尉から軍使の状況を聴取して、村山主計中尉の父親にあてに次のような趣旨の手紙を書いている[146]。

村山軍使は二十二日午後八時、軍使としての命を受け、部下四人を選び、武装をせず大きい敷布を白旗として掲げたトラックで同二十分逢坂を出発した。

その後、菅原大隊長へ連絡のため下士官一人を連れて、熊笹峠に向かった宮下大尉は、午後十時ごろ、逢坂の近くで頭に銃創を受けた一人の兵に会った。その兵は村山軍使に従っていた兵で、軍使が再び射殺された状況を傷つきながら連隊本部に報告のために戻るところであった。

村山軍使以下は逢坂の西方約四キロ、豊真山道のカーブで一個小隊ほどのソ連軍と会い、トラックを停止させたところで武器を捨てろと手まねし、武器を持っていないとわかると下車を命じ、整列した五人を右から自動小銃で不意に撃った。

左端にいたその兵は頭に弾丸を受け、倒れるように装って谷に落ち込んで脱出した。しかし、夜にはいってソ連軍は一時後退したのであろう。宮下大尉は早速、村山軍使殺害現場に向かったところ、ソ連兵と遭遇することなく、軍使殺害現場に着いた。そこには死体だけが放棄されていて、遺品を、と思ったが、時計、手帳などはすでに略奪され、遺髪も考えたが、危険と任務を思い、急ぎその場を離れた。

石黒粂吉聯隊副官によると「村山中尉ら三人が射殺され、二人が助かった。そのうちの一人はソ連軍のメモを持ってきた。それによると『午前零時、ラッパを吹かせながら連隊長自らが峠に向かってくるように』[147]」とあったとの事である。

そこで山澤聯隊長は自ら行こうとするが、石黒副官がこれを止めて、通訳、ラッパ手を同行して指定された場所に赴いたが、ソ連側はあくまでも「聯隊長自から来れ[148]」とのことだった。そこで「聯隊長自身交渉に当った。敵の交渉相手は中佐で道路上で話したが其附近には自動小銃を持った敵兵が約五十名散開していた[149]」。こうして、「二十三日午前二時、戦闘停止を確認[150]」した。そして、ソ連兵と一緒に逢坂に戻り、午前七時頃から在逢坂部隊の武装解除が行なわれた。

ソ軍との事務的折衝は高級軍医吉岡武雄少佐、石黒副官などが当たり、円滑に進められた。八月二十三日は、知取で樺太全島における日ソ間の停戦協定が成立した翌日であった。

第十六項　武装解除

逢坂附近にあった部隊は逢坂小学校の校庭に集め武装を解除して武器は敵に渡した。

宮下大尉は二十三日明け方、菅原大隊を発見、命令を伝達した。同大隊は命令により主力と力に合流するためソ連軍との接触を避けながら「逢坂北方四キロ地ほどに着いて、歩兵砲大隊本部五十嵐曹長、平田軍曹が逢坂の偵察にいってみると、すでにソ連兵がびっしりで、日本兵の姿がみえないため、山越えで川上炭鉱に向かった[151]」。

川上炭鉱は、二股同様に師団の対米作戦計画により物資が事前に集積されていた。

菅原大隊長のメモでは同地にはバタエフ中尉以下三十人のソ連兵が来山し、二百二十一名の将兵が武装解除を受けた。豊原に着いたのが、九月四日だった。その他の部隊にも河崎獣医大尉などの将校伝令により停戦命令が伝えられた、二十三日中にそれぞれの所在地で武装解除を行なった。

しかし、第十一中隊の一部はソ連軍の前での武装解除を忌避し、留多加に行き同地で解散した。

荒貝沢付近より後退した第一大隊は二十一日以来連絡が途絶していたが、二十四日頃、民間人に扮した衛生下士官が聯隊本部に来たので豊原に向かうよう命令。二十六日に第一大隊は自ら武装解除を行なった上で豊原に向かった。

又、本斗の第十二中隊は留多加方向へ移動中の八月二十四日、中隊長の独断で部隊を解散し、中隊長だけ留多加へ連絡に来た。これに対し留多加の残留隊長は同中隊長に対して速かに部下をまとめて引き返すよう命じたが、再度は復帰命令に応じたのは約半数であった
かくして八月末頃全隊真岡、及び豊原に集結した。

第十七項　本斗港からの緊急疎開

樺太西南部の港、本斗港も大泊、真岡と共に、緊急疎開船の出港地として指定された港である。その本斗港から緊急疎開船の出港が始まったのは十八日であったが、ソ連軍の真岡上陸の影響で、開始後、わずか三日目の二十日が最終便となった。

当時、本斗に緊急疎開の指揮に派遣されていた樺太庁警防課警防係長林雅爾氏によると、「二十日朝、ソ連の軍艦が北上するのをみながら、能登呂丸に疎開婦女子を乗せようとしているとき、同船が機銃掃射を受けた。しかし被害はなく、直ちに乗船を開始した。

荷物は何一つもたせず、からだだけ。同船が出港したあと海軍の海防艦二隻が入港、これにも交渉してしゃにむに婦女子を乗艦させて乗り出した[152]」。

その短い期間の出来事を、小野寺惣四郎本斗国民学校長は次のように手記に記している[153]。


当時本斗は大型の漁船が多かったので、百トンいじょうの船をはじめ数十トン級の船までほとんど退島船に強制徴用され、それに二十日には貨物船能登呂丸（二千五百トン）と海防艦大泊が回航されたので、この艦船を最後に本斗町民中、女子三人と十四才以上の男子を残してほとんど退島したのである。ただ十四才の男子十一、二名が残ったが、これは学童であるので退島を強制

したのであるが、彼らは硫黄島の玉砕に感激して先生方とともに樺太にとどまるといって居残ったのが例外であった。

また二十日の午後、能登呂丸と大泊艦、および何隻かの大型船による最後の避難退島が行われたのであるが、能登呂丸には一千五百名以上、大泊艦には数百名乗船した。その他の漁船にも足の踏み場もないほどの超満員であった。

退島避難命令が出て僅か数時間のうちに旅支度や荷造り、乗船手続きなど直に戦場さながらのあわただしさであり、その姿はみじめなものであった。

どの船も岸壁を離れるとき、乗船の女子供は声をあげて泣き叫び、見送る男たちも涙をもって別れを惜しむ風景は悲惨を極めた。こうして十八日から三日間にわたって開始された本斗町一万町民の退島避難は、あとに十四才以上の男子一千数百人と女子三人のみがのこったのである。

前記、小野寺校長の手記にある能登呂丸はこの後、無事稚内港に入港し、避難民を北海道に送り届けることは出来たが、これ以上の本斗港への寄港は危険と判断され、二十二日午後、大泊港に向けて、出航した。そして、午後三時二十文頃、西能登呂岬沖の宗谷海峡上にてソ連機三機の雷撃を受け、沈没した。この日、八月二十二日は午前零時をもって緊急疎開に従事していた海軍艦艇は大海令五十号（八月十九日発令）にて一切の戦闘行動停止の期日とされた日であった。その為、同日以降、北海道から樺太へ海軍所属の艦艇は住民を迎えに行くことはなく、樺太で乗船させた住民を北海道の港に下ろした後、各艦艇の母港に向かった。もちろん、本斗港から能登呂丸と共に出航した砕氷艦大泊もその例外ではなかった。

しかし、民間船は能登呂丸のように緊急疎開による避難民輸送に従事し続けた。

本斗からの避難船は上記の通り、八月二十日が最後である。しかし、二十二日、艀船（約二百トン）や五トンほどの発動機船三隻に曳航された艀に避難民二百五十名を乗せて、緊急疎開は続けられた。そして稚内港に到着することはできたものの、途中、ソ連機の銃撃を受けた。避難民は必死で白旗を振ったが、ソ連機の銃撃はそれにより止むことはなかったが、幸い死傷者は出なかった。

第十八項　ソ連軍大泊上陸

ソ連軍は真岡港占領後、大泊を占領、拠点としたのち、北海道留萌に八月二十四日に上陸する計画であった。この計画は八月二十二日午後に中止命令が出されるが、その直前の同日朝、海軍歩兵三個大隊（千六百名）からなる海軍歩兵混成旅団が編成された。そして二十三日午前五時半「機雷敷設艦一、掃海艇八、駆潜艇四、魚雷艇六をもって真岡を出航したが、途中暴風に遭い二十四日、本斗港に避難し、二十五日午前六時に大泊港に上陸した[154]」。

そこで、豊原海軍武官府付増永宏海軍主計大尉が数名の下士官・兵をつれて大泊港に派遣されたが、増水主計大尉と下士官一名はソ連軍により射殺された。大泊海軍武官府があるのに、豊原海軍武官府の主計将校が軍使となったのは、「大泊武官府の酒井斌大佐らが終戦で本土に引き揚げてしまったため派遣されていた[155]」からである。

この件で、第八十八師団参謀長鈴木康生大佐が豊原から大泊に赴き抗議したが、「交渉の際刀を抜いて斬りかかろうとしたので、やむなくやった自衛のための処置[156]」と言われ、何も出来なかった。

かくて日本軍軍使は三度ソ連軍に殺害された。

ソ連軍が大泊に上陸した八月二十五日を、前述の米倉氏は以下のように回想している[157]。

二十五日だけで日本人十七名が射殺されたという報告が町役場に伝えられた。旧埠頭で数名の日本海軍の兵士が射殺され、民間では畳の上に土足のまま乱入したソ連兵に靴を脱ぐよう注意したため射殺されたものも数名あった。

第十九項　真岡上陸戦に関わる謎

真岡上陸戦において、日ソ両軍ともに様々な、証言、記録が残されているが、それらを突き合わせていると、様々な疑問が浮かび上がってくる。

例えば、ソ連軍が上陸する際、空砲を撃ったという証言が多数、存在する。その空砲を礼砲だったと信じている旧真岡町民は少なくない。

また、日ロ両国が認識している真岡上陸戦についての記述が別の世界での出来事のように全く違う。もちろん、同じ出来事でも立場により解釈が違う（例えば、ナポレオンの行動について、フランスとその周辺諸国の評価・解釈が違うように）のは、不自然なことではない。

しかし、「事実認定」が違うとなると、お互いを理解しようにも話がかみ合わない。

そこで、ソ連軍が真岡上陸の際に行った空砲射撃が「礼砲」であったという説とソ連（ロシア）側戦史が描く真岡上陸戦について、紹介したいと思う。

1　ソ連軍礼砲説の真偽

これは、ソ連軍が最初に撃ったのは「礼砲」であり、それに対し日本軍が実弾を撃ち返したので戦闘がはじまったという説が旧真岡町民の中に流れている。これは真岡勤労動員署の道下隆俊労務官補（元警部補）がソ連軍に捕まり、港の倉庫に監禁された際、ソ連軍将校から聞かされた話を『ソ連進駐時の眞岡町回顧して』の中に記述している。[158]道下氏がソ連海軍士官から「礼砲説」を聞いたくだりについて、紹介させていただきたいと思う。

突然、ソ連海軍の士官が一人、倉庫に来たので、私は私設外交交渉により、解放を要請することを思いつき、日魯の逢坂氏に頼み次のような主旨で申入れをした。

倉庫に収容されている我々は、善良な市民である正常な食糧の給与もなく軟禁状態にあることは苦痛に堪えない吾々はソ連側の行動を妨害するものでもないし行政措置を阻止するものでもないから、早刻（ママ）解放して家族のもとに帰してくれ。

然るにソ連海軍士官が我々に対して

あなた方の要求の趣旨は了承したが私一存で即答することが出来ないから上司に伝え後刻返答することを約束する

と述べて倉庫から出て行ったが二時間位たってから再度その士官が倉庫に這って来て先刻皆さんと約束した返事を持って来たと言いながら次のような話をしたのである。

此の度私共はスターリンの命により真岡町に平和進駐する目的を以て、真岡港沖に来たのである。そして国際儀礼に基き空砲である礼砲をうったところ日本軍から国際信義に反した実砲をうって応えたので止むを得ず応戦することになったのである。今回の交戦の責任は、日本側にあるのだから了承されたい。ソ連としては今回の進駐に当りソ連政府からあなた方の日本政府に対し八月二十日に進駐するから日本軍は平和裡にソ連軍を迎え一般市民は平常通りそれぞれの業務に従事するように努力してくれと申し入れをしてからソ連基地を進発してきたのであるから日本政府は既に知っていた筈である。倉庫にいる皆さんは善良な市民であることは認めるが日本軍が抵抗を止めないから即時釈放することは出来ない。

と述べ最後にソ連の民主主義とスターリン政権を謳歌してソ連のＰＲを行い倉庫から出て行っ

た。

ここで、ソ連海軍士官が道下氏に語ったという「礼砲説」について考えてみたい。

軍艦が外国の港に入港する際、相手国に敬意を表して行なう空砲射撃を礼砲にというが、それについて、海上自衛隊鹿児島地方協力本部のＨＰには次のように記載されている。

　軍艦の礼砲は、訪問する艦艇側がマストに訪問先の国旗を掲げ（これを艦飾といいます。）、事前に外交ルートで調整したとおりの時間・場所で開始し、21発撃ち終わると次に、訪問国側が相手国の国旗に対し21発の礼砲を撃ちます。[159]

正式にはこの後、訪問先の部隊指揮官と訪問側の艦艇指揮官の階級に相当する礼砲を撃つが、礼砲の発射間隔は五秒とされ、時間がかかるため、国旗に対する礼砲以外は省略されることが多い。ただ、国際慣行として日の出から日没までの明るい間に行なう事になっている。ソ連艦隊はこれらの手順を一つもとっていない。

真岡町民の戦後回想には、ソ連艦隊は「空砲」を最初に撃ったという証言が多い。

空砲と実弾射撃あその音の大きさから素人でも間違えるとは思えない。特に当時の日本は基本的に成人男性の殆どが軍隊経験をしているのと、発射音の大きさから間違いようがない。

次にどちらが先に実弾を発射したかについては、日本側でも意見が分かれている。そこで、真岡と同じ、八月十五日以降にソ連軍の行動を改めて紹介したい。

①ソ連軍が塔路に上陸したのは、八月十六日である。この時は、空砲は撃たず、艦砲射撃と爆撃の後、

上陸作戦を行なっている。
②八月二十二日に停戦協定が日ソ間で結ばれるまで、ソ連側が自ら軍使を送って相互の連絡が出来る状態が確立されたうえで、平和的に進駐した例は一つもない。（平和的な進駐が行なわれたのは、日本側が停戦命令に従って、自ら武装解除を行なっていた為である）
③日本側は気屯、上敷香で停戦をソ連側に働きかけるが、一切無視され、ソ連軍の南下は止まらなかった。
④停戦協定が成立した八月二十二日には、成立後にソ連機により豊原駅前に集まっていた避難民に無差別爆撃が行なわれている。
⑤日ソ間の停戦協定が結ばれた八月二十二日から三日後の二十五日にソ連軍が大泊に上陸した際、出迎えにでた軍使二名が射殺されている。
⑥ソ連側が日本政府に八月二十日に真岡に平和進駐するという通告を行なったという記録は存在しない。（米軍が日本本土進駐前に、マニラで日本側軍使と行ったような進駐に関する話し合いは日ソ間においてなされていない）
⑦ソ連が冷戦時代に出版した『日ソ戦史　南樺太および千島戦史』や『第二時世界大戦史10』にも、真岡上陸前に「ソ連艦隊が礼砲を撃った」という記述はない。（プロパガンダに利用できるのに）
⑧ソ連艦隊は気象条件が悪かったせいで、入港前に時間を浪費している。もし、それがなかったら、真岡入港は午前五時四十分以前である。なぜ、事前調整でそのような時刻で入港しようと決定したのか不自然である。（明るい時間といえるだろうか）

上記、八項目の事項について、ソ連軍の空砲が「礼砲」であったと証明できる証言、文書は日ロ両国に於いて、未だ発見されていない。まして戦時に、事前交渉なくして「礼砲」を撃った上での他国の港への入港が行なわれるという事はない。それは「礼砲」が誤解を生み、戦闘が再発する危険性があるからである。「礼砲説」を解明する新資料を発見されたら、ぜひ、ご一報願いたい。

2　ソ連軍戦史（『日ソ戦史　南樺太および千島戦史』）に書かれている幻の真岡市街戦

「樺太における対ソ戦」の研究者以外は、まず目にしたことのない資料であると思う。『日ソ戦史　南樺太および千島戦史』とは、旧ソ連時代にパグロフソ連海軍中佐によって書かれた（近藤義弘一等陸尉訳、階級は両名ともに当時）千島樺太戦史であり、本書でも妥当と思われる箇所は、引用元としている。

当時の防衛研究所の担当官はこの資料ついて「ソ軍戦史としは一部を除き……日本軍側に関するものを除き……ソ軍側の動きを伝えるものとしては一応正確とみてよいと思われる。千島樺太方面戦史でこれ以上詳しいものはまだ出ていない」という所見を資料に書き添えている。

南樺太の領有権を日本政府はサンフランシスコ講和条約第二条C項にて放棄している。しかし、以下に記す、同条約第二十五条[160]には、

この条約の適用上、連合国とは、日本国と戦争をしていた国又は以前に第二十三条に列記する国の領域の一部をなしていたものをいう。但し、各場合に当該国がこの条約に署名し且つこれを批准したことを条件とする。第二十一条の規定を留保して、この条約は、ここに定義された連合国の一国でないいずれの国に対しても、いかなる権利、権原又は利益を与えるものではない。また、日本国のいかなる権利、権原又は利益も、この条約のいかなる規定によっても前記のとおり定義された連合国の一国でない国のために減損され、又は害されるものとみなしてはならない。

と書かれている。

この文を一言で言うなら、サンフランシスコ講和条約を締結、批准をしていないソ連（現ロシア）は日本が同条約で放棄した領土を、同条約の結果として自国領にする事は出来ないという事である。

ぜひ、お手元の世界地図や地球儀を見ていただきたい。日本国内で作られたものなら、南樺太及び得撫島～占守島までの千島列島は国境未画定地として白くぬられている。

現在、日ロ間の国境は未画定であり、今後、国境画定交渉が始まる際、私達の交渉相手は全く事実と異なる「史実」を基礎とした歴史感を持っており、その人々と交渉していかなければならない。

真岡上陸戦について以下のソ連戦史を読むと、日本側資料に書かれていることと内容が大分異なる。既述の通り、真岡市街地には戦闘部隊は存在せず、台上に配置されていた監視哨二個分隊も戦闘行動をとらずに荒貝沢に撤収していた。当然、トーチカどころか、ろくな陣地さえ作られていなかった。

しかし、ソ連軍戦史は真岡港をめぐる攻防戦があったという。ソ連軍戦史によると「砲兵や機関銃の支援を受け兵力約２コ大隊の日本軍[161]」が真岡港や市街地で頑強な抵抗をしめし、十四時にソ連軍が真岡港及び市街地を占領した際、日本軍は「戦死三〇〇名以上、捕虜六〇〇名の損害を残して、鉄道や舗装道路沿いに樺太内部に後退し始めた[162]。」と述べている。何度も言うが、真岡に戦闘部隊は存在していない。ましてやこの方面に二個大隊もの兵力は存在しない。

では、ここで『日ソ戦史　南樺太および千島戦史』における真岡上陸戦に関する箇所から八月二十五日の大迫占領迄の文を紹介したいと思う。読者の皆さんには、日ソ（日ロ）間の認識の相違をよくご覧いただきたい[163]。


8月18日朝、日本政府は日本の無条件降伏に関する公式声明を行なった。今やソ軍の任務は、いかに迅速に樺太南部地区を占領して日本軍隊とその物資財貨の本土引揚げを阻止するかということにしぼられた。

第113狙撃旅団および第365独立海兵大隊の諸隊は8月18日朝までに各船艇に分乗した。乗船は迅速かつ斉整と実施された。0650、上陸船団はソフガワニを出港すると航速8ノットで一路真岡港に向った。当初、天候は風力1・視程15ケーブル・雨天・雲量10・雲高300で航行に有利であった。

洋上では、船内で党機関員やコムソモール機関員が部隊の上陸要領に関する研究会を主催した。輸送船においては、実際に海面に降りはしなかったが、部隊の小艇移乗要領について実施訓練が重ねられた。この際、上陸の戦歴を有する艇長が、各将兵に上陸要領の模範展示を行った。（注：輸送船の甲板には、川崎型船13隻を搭載していた）

午後、天候が悪化してきた。まもなく強い豪雨となり、風力6、波浪5に達して海霧が出てきた。大小の船艇は、短縮距離・点灯縦陣列の一般航行隊形で前進を続けた。

航行は困難を極め、輸送船が8ノットの速度でも遅れがちであったため、全船艇は幾度か船足を緩めなければならなかった。夜間に入ると視程はますます不良となり隊形が乱れ第3上陸船団（輸送船）が遅れてしまったが、翌朝これを発見して定位につけた。

悪条件が重なったため船の航路測定に誤差を生じ一面海霧におおわれた真岡港の入口を捜すために若干の時間を必要とした。0733、哨戒艇が真岡中央湾の入口を発見し、直ちに上陸開始の命令が下された。

上陸計画によれば、第1上陸船団は、第1群（魚雷艇4隻）が湾の中央に上陸し、第2群（魚雷艇3隻）が湾の南部に上陸することになっていた。1隻を除くこれら全魚雷艇は信号一下一斉に上陸地点に向かい繋留場に横づけになると、3～4分後には上陸軍第1波を上陸させた。じ後、輸送を終った各艇は進路を反転したが、この際上陸した部隊が敵の砲台や機関銃火点を射撃して魚雷艇を掩護する等、陸・海両者の緊密な連携行動がみられた。

一方真岡港に接近する際、海霧のため主力から離れてしまった1隻の魚雷艇は、上陸開始の信号が下されたころ、湾の北部を発見してその埠頭に向って前進した。ところが岸壁まであと10メートルというところで座礁し、自力離脱を試みたが失敗に終った。これは直ちに日本軍の発見するところとなり、間髪を入れず砲・機関銃の射撃が開始された。上陸兵達は、海中に飛び込んで数分後には海岸にたどりついた。他方、座礁艇は浅瀬に残されたまま応戦に努めていたが、何発かの直撃弾を受けてガソリンタンクに破片が貫徹したため消火装置が故障してしまった。しかし、4名の負傷兵を含む全艇員の一致協力によって鎮火させた。艇長、アレクサンドロフ海軍大尉は、頭と手の負傷をものともせず陣頭指揮を続けた。

是が非でもソ連艇を撃沈しようとする日本軍は、距離100~150メートルの海岸に47mm砲を引き出してきたが、艇の機関銃の連射で全滅してしまったため、1発の砲撃も行なうことなく失敗に帰した。0900、救援の僚艇が接舷してきて、浅瀬から引き出した。

さて真岡港湾の中部から南部にかけての戦闘は有利に進展していた。上陸軍第1波の諸隊は、敵の抵抗が増大してきたのにもかかわらず、じりじりと地歩を拡大し、上陸開始40分後には港の繋留場は敵の手から離れ、第1艇隊を満載した掃海艦が中央湾に入港してきた。第1艇隊の上陸に引き続き、輸送船上の部隊も上陸を開始した。

以上のように、一部を除いて上陸船団は計画どおり所定の場所・順序で上陸した。

第1波の戦果を拡張する海軍歩兵大隊（上陸軍第1梯隊）は1200、港湾諸施設を占領すると市街の中央部から東部にかけての戦闘に突入した。第113狙撃旅団の諸隊（上陸軍第2梯隊）は、上陸後市街の北部および南部の攻撃に展開した。

真岡港やその市街の戦闘は激戦であった。砲兵や機関銃の支援を受け兵力約2コ大隊の日本軍は、頑強な抵抗を示めした。悪天候が上陸軍に対する航空支援を許さず、海霧で時には視程50～60メートル以下となったため、艦砲射撃はしばしば中断された。

このような状況下にあって、上陸軍や艦艇の諸兵は、果敢な行動と良好な戦闘技能を発揮した。カルベノワ上級中尉の指揮する自動銃中隊は、港湾防衛に任ずる日本軍の一隊を攻撃して、日本軍将校80名を捕虜にした。赤軍上等水兵コロトケビッチの砲班（魚雷艇）は、上陸軍の進路をこばむ敵の機関銃火点3をぼく滅した。このように的確な艦砲の一斉射撃は、上陸部隊将兵の志気を高揚させた。

ソ連軍が真岡に上陸するまでは、市民の間で「ロシア人の暴行」という日本軍の宣伝が徹底していた。この結果、市民の大部分は森の中に避難したり、北海道に引揚げていた。日本軍の宣伝は特に婦人層に浸透しており、ロシア兵が来ると婦人達は暴行され、抵抗するものは銃殺、子供達は絞殺されるものと信じ込んでいた。

こんなエピソードがある。真岡市に住む3人の子の母親であるヨシコは、ソ連兵を見つけると、その前に膝まづいて子供達だけは助けてくれと哀願した。兵士達は、狂気の婦人を抱き上げると、通訳を通じてソ連軍の樺太進駐の目的を根気よく説明し、非戦闘員にはなんら危害を加えないことを納得させた。安心した婦人はわが子のところにかけもどり、他の婦人達にもソ連軍の人道性を伝えたのである。

１４００、上陸軍は、真岡市および同港湾を占領した。日本軍は、将兵の戦死３００名以上、捕虜約６００名の損害を残して、鉄道や舗装道沿いに樺太内部に後退し始めた。

真岡港および同市街を占領した上陸軍は、最終任務の達成に着手した。第１１３狙撃旅団は、真岡～大泊鉄道沿いに進撃すると、１６３０までに苫舞駅および荒貝沢駅を占領して日没までには二叉に近迫した。ここには、退却中の歩兵約２コ大隊の日本軍が制高地点を占領していたため、ソ軍はやむを得ず防御に転移した。

南樺太の陥落がもはや時間の問題となっている現時点での日本軍の頑強な抵抗は、物資財貨を北海道に引揚げるためいかなる犠牲を払ってもできるだけ長時間をかせごうとする日本軍統帥部の要求に基づくものであった。

８月21日朝、艦砲支援艦艇は二又および逢坂市内に砲撃を実施した。砲撃は地域射ではあったが、その効果は狙撃旅団長の賞嘆するところとなった。午後には、飛行隊が悪天候をついてさらに大きな支援を行なった。戦闘飛行隊は、28出撃を行ない、二又駅と逢坂駅に大損害を与えた。しかし、日本軍の抵抗はい然として衰弱しなかった。

８月22日、戦隊飛行隊は、61回の出撃で簡易火点28を撲滅し、多数の倉庫・建造物等を破壊した。飛行隊の行動は、日本の航空戦力がなかったとはいえ、戦場と飛行基地（ソフガワニ地区）が長距離であったことから困難をきわめた。南方に撤退した日本軍が飛行場をすべて破壊していったため、その復旧には時間が必要であった。８月22日昼、戦隊空挺隊が使用可能な小能登呂飛行場を占領したが、時既におそく日本軍の抵抗も崩壊してしまっていた。

８月23日夜半、第１１３狙撃旅団が二又部落を占領したが、日本軍の組織的な抵抗には遭遇することなく、おおむね留多加～大泊方向に進撃を続行した。

このころ、北太平洋戦隊司令部では、急遽大泊海軍根拠地の上陸を準備中であった。この根拠地を失なうと、日本軍は樺太から引揚げる最後のきずなを絶たれることになる。戦隊司令官は、真岡港の占領直後に上陸させるよう決心し太平洋艦隊司令官・第２極東方面軍司令官もこれを承認した。上陸計画では、８月22日朝海軍歩兵３コ大隊を集結、８月23日払暁小艇や掃海艇に分乗して大泊に上陸することになっていた。

上陸準備期間中、戦隊は多くの作業を遂行した。上陸軍主力は、ソフワガニで編成され、海軍部隊が急遽軍艦で輸送された。8月23日朝、真岡には計1600名からなる海軍歩兵3コ大隊が集結した。これらは、指揮の便を図るため北太平洋戦隊海軍歩兵混成旅団に編合された。この編組の中には、本斗に至る海岸道を進撃中のところ、乗船のため真岡に引返えしてきた海軍歩兵第365独立大隊も含まれていた。

8月23日0530、甲板上に上陸軍を満載した機雷敷設艦1隻、掃海艇8隻、駆潜艇4隻、および魚雷艇6隻が真岡を出港した。朝から昼にかけての天候は、晴・風力2・波浪1・視程15海里であったが、夕刻になると急に風力7~8の嵐に変った。各艇を曳航している掃海艇のロープは、切断されることがしばしばであった。海軍将兵は、一晩中自然の猛威と闘い、魚雷艇も損傷を受けた。

8月24日朝、艦艇は嵐を待避するため、戦隊司令官の許可をえて本斗港に帰港（ママ）した。ここで白旗を掲げた日本の現地民の出迎えをうけた。

夕刻には嵐も弱まってきたので2000、上陸軍を満載した各艦艇は海軍歩兵1コ中隊を本斗港に残置して、一路大泊港に移動を続けた。8月25日0600大泊港内の掃海が終ったので上陸に着手した。このころには、第113狙撃旅団の諸隊は市の東端まで近接していた。1000、大泊海軍根拠地は、日本軍の抵抗を受けることなく占領され、根拠地守備隊（3、400名）は武装を解除されて捕虜になった。

一方、第56狙撃軍団の先遣隊は南樺太の首府豊原市に進入し、8月25日正午、樺太島の戦闘行動はここに集結をみるに至った。本作戦の結果、敵の樺太地区集団はせん滅された。ソ連軍は、日本軍将兵18、320名の捕虜と多数のろ獲品を獲得した。

1 『日本地理大系』（改造社、１９３０年）468頁。
2 防衛研修所戦史室編『北東方面陸軍作戦〈2〉千島・樺太・北海道の防衛』513～514頁。
3 高橋憲一『札幌歩兵第二十五聯隊誌』（大昭和興産、１９９３年）440頁。
4 同右、449頁。
5 同右。
6 防衛研修所戦史室編『北東方面陸軍作戦〈2〉千島・樺太・北海道の防衛』516頁。
7 同右、518頁。
8 鈴木『樺太防衛の思い出　最終の報告』304～305頁。
9 同右、305頁。
10 防衛研修所戦史室編『北東方面陸軍作戦〈2〉千島・樺太・北海道の防衛』518頁。
11 同右。
12 『眞岡の対ソ戦に対する山沢大佐回答』防衛研究所蔵。
13 防衛研修所戦史室編『北東方面陸軍作戦〈2〉千島・樺太・北海道の防衛』518頁。
14 同右、519～520頁。
15 同右、520～521頁。
16 同右、518～519頁。
17 同右、525頁。
18 金子『樺太一九四五年夏』276頁。
19 『戦争を知らない世代へ⑱北の海を渡って――樺太引揚者の記録』（第三文明社、１９７６年）155頁。
20 『悲憤の樺太』（国書刊行会、１９８１年）45頁。
21 阿部『混沌の日々　嗚呼樺太警察官訓練所』102頁。
22 山澤饒・鈴木康夫『歩兵第二十五聯隊眞岡附近の戦闘概史』防衛研究所蔵。
23 防衛研修所戦史室編『北東方面陸軍作戦〈2〉千島・樺太・北海道の防衛』522頁。
24 『眞岡の対ソ戦に対する仲川少佐回答』防衛研究所蔵。
25 同右。
26 同右。

27　同右。
28　防衛研修所戦史室編『北東方面陸軍作戦〈2〉千島・樺太・北海道の防衛』522〜524頁。
29　『歩兵第二十五聯隊関係聴取録』防衛研究所蔵。
30　『眞岡の対ソ戦に対する山沢大佐回答』防衛研究所蔵。
31　金子『樺太一九四五年夏』285頁。
32　北島『歩兵二五聯荒貝沢熊笹峠を中心とする戦闘概況』防衛研究所蔵。
33　『歩兵第二十五聯隊関係聴取録』防衛研究所蔵。
34　金子『樺太一九四五年夏』301頁。
35　防衛研修所戦史室編『北東方面陸軍作戦〈2〉千島・樺太・北海道の防衛』524〜525頁。
36　北島『歩兵二五聯荒貝沢熊笹峠を中心とする戦闘概況』防衛研究所蔵。
37　同右。
38　同右。
39　同右。
40　同右。
41　『歩兵第二十五聯隊関係聴取録』防衛研究所蔵。
42　パグロフ著、近末訳『日ソ戦史　南樺太および千島戦史その4』74頁。
43　同右、75頁。
44　『昭和史の天皇ゴールド版6』（読売新聞社、１９８０年）64〜65頁。
45　川嶋康男『九人の乙女一瞬の夏』（響文社、２００３年）210頁。
46　金子『樺太一九四五年夏』278頁。
47　樺太豊原会「避難林道」『鈴谷11号』（樺太豊原会、１９９３年）70〜71頁。
48　金子『樺太一九四五年夏』310頁。
49　同右、313頁。
50　同右。
51　阿部『混沌の日々　嗚呼樺太警察官訓練所』102〜103頁。
52　山澤饒・鈴木康夫『歩兵第二十五聯隊眞岡附近の戦闘概史』防衛研究所蔵。
53　小嶋正吉『実録・樺太の終戦秘史』（御園書房、１９８７年）95〜97頁。

54 樺太警友会北海道支部札幌フレップ会『遥かなり樺太』168〜170頁。
55 樺太終戦史刊行会『樺太終戦史』316頁。
56 樺太終戦史刊行会『樺太終戦史資料10』北海道立文書館蔵。
57 樺太終戦史刊行会『樺太終戦史』317頁。
58 同右、312〜313頁。
59 同右、313頁。
60 『樺連情報』平成九年四月一日第2面。
61 金子『樺太一九四五年夏』287〜288頁。
62 前田『ハマナスの丘』(私家版、2005年)34〜38頁。
63 パグロフ著、近藤義弘訳『日ソ戦史　南樺太および千島戦史　その4』75頁。
64 NHK戦争証言スペシャル「運命の22日間千島・サハリン(樺太)はこうして占領された」2012・12・8。
65 川嶋康男『九人の乙女一瞬の夏』(響文社、2003年)28頁。
66 上田豊蔵『真岡郵便局局長上田豊蔵手記』(私家版)。
67 樺太豊原会「ソ連軍の銃砲弾のなかで」『鈴谷23号』(樺太豊原会、2007年)102頁。
68 上田豊蔵『真岡郵便局局長上田豊蔵手記』。
69 同右。
70 川嶋『九人の乙女一瞬の夏』62頁。
71 どうしんウェブ(北海道新聞)http://dd.hokkaido-np.co.jp/news/society/society/1-0169711-s.html　2015年8月19日アクセス
72 同右。
73 上田豊蔵『真岡郵便局局長上田豊蔵手記』
74 同右。
75 『眞岡の対ソ戦に対する仲川少佐回答』防衛研究所蔵。
76 『昭和史の天皇ゴールド版6』86頁。
77 樺太終戦史刊行会『樺太終戦史』301頁。
78 金子『樺太一九四五年夏』294頁。
79 『昭和史の天皇ゴールド版6』86〜87頁。
80 前田『ハマナスの丘』49〜50頁。

81　同右、50頁。
82　樺太終戦史刊行会『樺太終戦史』403頁。
83　中山『一九四五年夏最後の日ソ戦』160頁。
84　樺太終戦史刊行会『樺太終戦史』404頁。
85　中山『一九四五年夏最後の日ソ戦』160頁。
86　『歩兵第二十五聯隊関係聴取録』防衛研究所蔵。
87　同右。
88　防衛研修所戦史室編『北東方面陸軍作戦〈2〉千島・樺太・北海道の防衛』527頁。
89　高橋『札幌歩兵第二十五聯隊誌』468頁。
90　金子『樺太一九四五年夏』356頁。
91　北島『歩兵二五聯荒貝沢熊笹峠を中心とする戦闘概況』防衛研究所蔵。
92　同右。
93　同右。
94　防衛研修所戦史室編『北東方面陸軍作戦〈2〉千島・樺太・北海道の防衛』529頁。
95　山澤・鈴木『歩兵第二十五聯隊眞岡附近の戦闘概史』防衛研究所蔵。
96　同右。
97　防衛研修所戦史室編『北東方面陸軍作戦〈2〉千島・樺太・北海道の防衛』530頁。
98　山澤・鈴木『歩兵第二十五聯隊眞岡附近の戦闘概史』防衛研究所蔵。
99　高橋『札幌歩兵第二十五聯隊誌』475頁。
100　同右、882頁。
101　同右、475頁。
102　前田『ハマナスの丘』65～67頁。
103　『丸別冊　北海の戦い　第14号』（潮書房、１９９０年）403頁。熊笹峠指揮官菅原歩兵砲大隊長戦後回想。
104　前田『ハマナスの丘』67頁。
105　高橋『札幌歩兵第二十五聯隊誌』476～478頁。
106　同右、478頁。
107　樺太終戦史刊行会『樺太終戦史』408頁。

108　高橋『札幌歩兵第二十五聯隊誌』478頁。
109　同右、480頁。
110　同右、886頁。
111　『丸別冊　北海の戦い　第14号』（潮書房、１９９０年）404〜405頁。
112　樺太終戦史刊行会『樺太終戦史』409〜410頁。
113　防衛研修所戦史室編『北東方面陸軍作戦〈2〉千島・樺太・北海道の防衛』533頁。
114　樺太終戦史刊行会『樺太終戦史』410頁。
115　高橋『札幌歩兵第二十五聯隊誌』482頁。
116　金子『樺太一九四五年夏』371頁。
117　高橋『札幌歩兵第二十五聯隊誌』484〜485頁。
118　高橋『札幌歩兵第二十五聯隊誌』486頁。
119　『丸別冊　北海の戦い　第14号』405頁。
120　同右、406頁。
121　山澤饒・鈴木康夫『歩兵第二十五聯隊眞岡附近の戦闘概史』防衛研究所蔵。
122　樺太終戦史刊行会『樺太終戦史』412頁。
123　同右。
124　同右、413頁。
125　金子『樺太一九四五年夏』378頁。
126　防衛研修所戦史室編『北東方面陸軍作戦〈2〉千島・樺太・北海道の防衛』532頁。
127　高橋『札幌歩兵第二十五聯隊誌』490頁。
128　同右。
129　同右。
130　同右、491頁。
131　金子『樺太一九四五年夏』384頁。
132　山澤・鈴木『歩兵第二十五聯隊眞岡附近の戦闘概史』防衛研究所蔵。
133　金子『樺太一九四五年夏』384〜385頁。
134　同右、385頁。

135　山澤・鈴木『歩兵第二十五聯隊眞岡附近の戦闘概史』防衛研究所蔵。
136　引揚者団体北海道連合会『敗戦、引揚の労苦』（引揚者団体北海道連合会、１９９１年）49～50頁。
137　金子『樺太一九四五年夏』350頁。
138　同右、349頁。
139　同右、350～351頁。
140　山澤・鈴木『歩兵第二十五聯隊眞岡附近の戦闘概史』防衛研究所蔵。
141　同右。
142　高橋『札幌歩兵第二十五聯隊誌』493頁。
143　山澤・鈴木『歩兵第二十五聯隊眞岡附近の戦闘概史』防衛研究所蔵。
144　金子『樺太一九四五年夏』386～387頁。
145　山澤・鈴木『歩兵第二十五聯隊真岡附近の戦闘概史』防衛研究所蔵。
146　金子『樺太一九四五年夏』387頁。
147　同上。
148　山澤・鈴木『歩兵第二十五聯隊真岡附近の戦闘概史』防衛研究所蔵。
149　同上。
150　金子『樺太一九四五年夏』388頁。
151　同上。
152　同上、353頁。
153　樺太終戦史刊行会『樺太終戦史資料10』北海道立文書館蔵。
154　防衛研修所戦史室編『北東方面陸軍作戦〈2〉千島・樺太・北海道の防衛』537頁。
155　樺太終戦史刊行会『樺太終戦史』469頁。
156　中山『一九四五年夏最後の日ソ戦』177頁。
157　樺太終戦史刊行会『樺太終戦史資料９』北海道立文書館蔵。
158　道下隆俊『ソ連進駐時の眞岡町を回顧して』私家版、11頁。
159　海上自衛隊鹿児島地方協力本部ＨＰ http://www.mod.go.jp/pco/kagoshima/kachihon/mini/kajimini10.html　２０１５年5月15日アクセス。
160　木村汎『日露国境交渉史』（中央公論社、１９９３年）245頁。

161 パグロフ著、近末訳『日ソ戦史　南樺太および千島戦史　その4』74頁。
162 同右、75頁。
163 同右、73〜75頁。

第六章　住民の樺太脱出

第一節　樺太脱出

第一項　緊急疎開計画

第八十八師団参謀長の鈴木康生大佐の戦後回想によると、昭和十九年秋から樺太庁大津敏男長官と樺太が戦場になった際の老幼婦女子の引揚について、内々に相談がすすめられていたという[1]。大津長官と鈴木参謀長は樺太で初対面の仲ではなかった。大津長官が満州で関東局総長を務めていた際、鈴木参謀長は在満全権大使（梅津関東軍司令官兼任）の秘書官を務めており、その頃から親交があり、鈴木参謀長は大津長官が樺太庁長官として着任した時のことを「図らずも来任され大いに喜んだ[2]」と回想している。

しかし、この話し合いは具体的な計画にまでは発展していなかったようで、峯木師団長の戦後回想によると、「軍と樺太庁との間に事前の打ち合わせはなかったようだ」と記している。ただし、樺太に着任して日が浅い、峯木中将への報告が何らかの理由でなされず、鈴木大佐が前動続行で進めていた可能性も否定できない。

とは言え、戦時の老幼婦女子の避難等について、全く検討がなされなかった訳ではないようだ。このような話し合いは今回初めてもたれた訳ではない。「樺太庁と第八八師団は『非常時の住民、物資輸送計画』をひそかに想定していた[3]」。また、第八十八師団が編成される前の樺太兵団は対米戦陣地構築に従事していた非戦闘員をいかにするか、義勇戦闘隊に編入される男女については、北部及び南部の複郭陣地に収容し、軍とともに樺太を死守する構想で、そのための道路掘削、食糧・物資貯蔵が一部（例えば第五章で記した、豊真線二股駅付近）進められていた。しかし、戦闘要員となり得ない、老人、子供、病人については、戦闘が冬期に及ぶ可能性を考慮し、樺太が戦場となる前に、北海道方面に疎開させる構想を秘かに持っていた。

この構想について、昭和二十年二月に峯木十一郎中将は第八十八師団（樺太兵団を基に編成）長として着任後、樺太庁と話し合い、六月になると海軍は豊原に海軍武官府が設置し、武官として黒木剛一少将が着任して、三者間で樺太が戦場になった場合の老幼婦女子の緊急疎開の実施が確認された。十九年秋以降の話し合いの内容について、鈴木参謀長は次のように回想する[4]。

①責任者は長官、陸海軍は極力協力する。

②有事になるべく多数の船を集める。

陸海軍は夫々部内で、長官は民間の関係者と内密に連絡準備する。

③引揚のため必要な船及び鉄道は長官の指揮下に入れる（長官の要望）。

④乗船、乗車は長官の定める所により、軍官民同時、同権とする。

両人（豊原に海軍武官府開設後は武官を加えた三人）以外絶対秘密とする。

樺太庁は、この取り決め以後、緊急輸送協議会（会長、大津長官）を設置、常任幹事に樺太庁後藤経済保安課長、樺太鉄道局小川運輸課長、船舶運営会樺太支部角田支部長を任命した。計画立案を任された後藤課長は六月末、緒方雅邦警察部長に同行して能登呂半島の船澗施設、道路、機帆船、発動機船の所有数、集結家屋などについて、実地調査を行なっている。この能登呂半島では十八年ごろから、目の前の宗谷海峡の船舶通航が極めて困難になった際の北海道との連絡航路確保の必要性が指摘されており「稚内と最短距離（三十四浬で稚泊、稚斗航路の二分の一以下）にあり、宗谷要塞の援護もうけられる知志谷を選び、北孫杖—地志谷間十四キロに十九年から二年計画で道路を開削する工事が進められていた[5]」。

当時、樺太兵団が想定していた敵は米軍でありソ連軍ではなかったため、緊急輸送協議会が想定していたのも、対米戦下での樺太島民の避難であったと思われる。その際、前記道路の終着点は小型漁船しか使用できない地志谷漁港であった、そのためソ連参戦の報を受けた時、大津長官は前記の道路工事視察をしていた。ところが樺太に攻めかかったのは米軍ではなくソ連軍で、地志谷とは正反対の北緯五十度線からだったおかげで、大泊、真岡、本斗といった港からの島民脱出となり、短期間に大量住民を避難させることが出来た。しかし比較的交通の便もよく、避難に使用できるトラック等自動車の台数も多い樺太南部と違い、北部は広範な地域に集落が分散している上、避難用のトラックも絶対数が不足していた。第四章で述べた通り、ソ連参戦時、樺太最大の町であった恵須取町で住民避難のために四十数台のトラック・バスが必要と恵須取支庁では判断していたが、いざトラックを手配しようとしても、絶対数が不足しているため、既にトラック・バスは軍に徴用されており、住民の多くは、はるか遠く離れた鉄道の駅まで徒歩で避難せざるを得なかった。

また、当時日本軍は、樺太で起きる戦闘の相手としてソ連軍ではなく米軍と判断していたため——仮に住民避難計画があったとしても——作り直す必要があった。樺太の防衛態勢は南北がそれぞれ独立して戦い、相互支援は行わない。住民はそれぞれの地区の山岳地帯に構築した複郭陣地に避難させるというものであった。とはいえ、米軍が上陸してくるという想定だと米軍の主たる目的は宗谷海峡制圧であり、まず戦場となるのは南樺太南部という判断から住民避難誘導の方向は南部から北部となる。それに対して、ソ連軍が侵攻してくるとなると、北緯五十度線を越えて主力部隊が南下してくると予測されていたため、国境地帯が戦場となるという判断から、住民避難誘導の方向としては、北部から南部となる。

そのため、ソ連が参戦し、予測通りソ連軍が北緯五十度線の国境より南下するに至り、樺太庁及び、緊急輸送協議会では事前に研究が進められていた、「対米戦用」の住民避難計画を対ソ戦用にすべく、大幅に手を入れる必要があったと思われる。十日には大津長官は樺太庁、鉄道局、船舶運営会、陸海軍等の住民避難担当者を集め連絡会議を開き、島民の「緊急疎開要綱」を作成した。

これは島民十六万人を北海道方面に十五日間で輸送することを目標としており、樺太庁は輸送計画(毎日の市町村別輸送者数の決定と鉄道局、船舶運営会への連絡も含む)の立案、樺太鉄道局は緊急疎開列車と連絡船の編成と運航、船舶運営会支部は樺太各港および付近を航行中の全船舶を大泊港、本斗港に集結させる。海軍は宗谷海峡を航行する緊急疎開船の護衛に当たることとした。

そして、以下の内容が各市町村警察署に通達された[6]。

1　戦災地、僻遠地を優先する
2　さしあたり六十五歳以上の老人、十四歳以下の児童、幼児、四十歳以下の婦女子と不具廃疾者、病人とする
3　市町村長は疎開証明書を発行、警察署長は戦災証明書を発行する
4　携行荷物は一人一個、一家族三個までとし、一個の重さは八貫目以内とする
5　食糧配給通帳、衣料切符を携行する

6　船車は無料とする
7　乗船地は大泊、本斗とし、真岡も使用する
8　市町村は疎開者の収容、給食、医療などに当たる

というものである。樺太庁はこれを十二日に各支庁、市町村及び警察署に通達し、十三日から緊急疎開は始まった。

そして、八月十三日夕方、緊急疎開第一船である宗谷丸は大泊港を出航した。しかし、疎開要綱の通達がその前日であったため、一般住民への連絡が不十分であったのか、「同船の定員は七百九十名に対し乗船者は六百八十余人[7]」と少なかった。しかも「疎開者の多くは樺太庁や師団関係者の家族であった[8]」ため、後日批判を受けた。

このことについて、林雅爾樺太庁警防係長は次のように回想する[9]。

国境で戦闘が始まったため、われわれは住民保護などで、もう家に帰るなどということが許されなくなるので、家族は本土に帰すようにと上司の指示があった。ところが、島を去ることは非国民だといわれ、自らもそう思っていたところだから、だれもが家族を送り出さなかったので、私は十三日に家族を帰した。ほかの人たちもそのころから急に家族を引揚げさせるようになった。このことから終戦を知っていて家族を帰したといわれるのだろうが、私たちは足手まといになる家族を帰し、身命を賭して樺太を守ろうという純粋な気持ちであった。

大津長官夫人は、緊急疎開船に乗った樺太庁職員家族としての気持ちを、次のように回想している[10]。

私たちは主人を信じ周囲の家々があき家同然の中で、人身の動揺を防ぐために官舎に残っていました。しかし、十五日の詔勅を聞いて、内心、胸をなでおろしたのもつかの間、ソ連軍の西海岸への上陸と邦人への乱暴を聞き、主人の今後の運命を思うと、娘と孫をかかえた私たちがいることは足手まといになるだろうと決意し大泊に向かったのです。

軍関係者の家族の乗船について、鈴木参謀長は以下のように語っている[11]。

樺太兵団は外地の一線部隊と同じで家族を置いてはいけないことになっていたのに、そのまま引きとめている将校があったので、部下を旭川にやり、旭川周辺に二十戸ほどの借家を見つけた。契約書もかわし、八月六、七日の団隊長会同で、十三日をメドに引揚げさせるようにきつくいいつけた。ところが九日にソ連が参戦し、十五日には終戦になったため、軍は敗戦を知って、家族を疎開させたという声を聞くが、そのようなことはない。

当時、師団司令部に勤務していた新藤大松軍曹も、「契約書類を旭川市周辺の町村長に送ったことについて記憶している[12]」と述べている。

その一方で、第八十八師団の中堅将校は、将校家族の避難について次のような回想をしている[13]。

（1～6　省略）

7　将校家族の樺太引揚げについて

（1）団隊長会同では将校の家族の樺太引揚については一言もなかった。

（2）当時軍人の家族は上敷香に在り、部隊（移動）は南に居った。私は8月8日上敷香に行って自分の家族並びに将校家族をまとめて南下せんとしたが、駅員が汽車に乗せてくれないので、この時肩の星と軍刀で威嚇してとうとう無理に汽車を出させた。
（3）師団は山の中に疎開させる計画であった。
（4）私はこれはまづいと思って、聯隊区司令官にうったえ司令官は副官を樺太庁に行かせて引揚の許可貰い19日大泊に1泊ののち20日乗船させた。これも私が連れて行った。
（5）大泊は避難民で一杯で3日位前から待っている。そこで敷香の旗をもった団体がいるのでその団体の後方につかせて入らせた。兵隊が3線に縄を張っていて尋常な手段では入れなかった。
（6）船は宗谷丸で少尉が入口に居って、昨日大泊に来たので1日駄目だというので、ここでも肩の星に物言わせ無理に乗せ船室に入れたら船長が来て文句を言ったのでここでも一寸脅かしました。装具をといて家族のことを話そうとしたら師団長がお呼びということで団隊長会議に出てしまい家族はその間出帆した。
（7）将校の家族は2～30人位か（数についてははっきり名言せず）
（船は20日出帆、22日ソ連軍来る）
私がこのことをしなかったら将校家族も捕虜となったであろう。
Dは家族を引揚げる計画は何一つしていなかった。
（8～10　省略）
11、家族引揚げ
8日夜上敷香に行き家族・将校家族をつれて小沼に下げ私は私の下宿、他の人はそれぞれ知人に○○させた
大泊19日に一泊20日出港させた

将校家族は豊原辺（西側山地）に疎開する計画

会議のとき誰も何もいわないので私が〇をつけた

尚、この文中の「D」とは、師団のことである。

この緊急疎開にあたり、海路では、合計十五隻の軍民の艦船が大泊港への集結を命じられ、本斗港には稚斗連絡船の樺太丸と他に三十隻の大型発動機船が動員された他、大宝丸、第十八春日丸や発動機船も動員された。その中には、海上警備隊の駆潜艇北竜丸も含まれていた。同船は緊急疎開者の輸送だけでなく「本庁の重要書類、荷物、緊急疎開者、国境警備警察官（家族を含む）[14]」の輸送にも従事した。

緊急疎開に使用される三港の輸送指導のために、樺太庁警察部から大泊に原田勝二郎警防課長、本斗に林雅爾警防係長、真岡に竹内刑事課長、寺谷忠吉勤労課次席が派遣されたた。

一方港に到るまでの陸路の避難については、豊原鉄道局は樺太東線（古屯～大泊）、樺太西線（久春内～本斗）、豊真線（真岡～豊原）にて緊急ダイヤを組んだ。また、北部西海岸は恵須取～久春内間にバス、トラックを動員して、緊急疎開者を久春内から列車に乗車して避難できるようにした。

これだけでなく、樺太庁は北海道庁、内務省、鉄道省、逓信省、海軍省に対して電話にて事態急迫を説明し、緊急疎開者の受入支援要請を行なった。また樺太防衛の任にあたっていた第八十八師団司令部は稚内近郊の宗谷要塞司令官芳村覚司少将（初代歩兵第百二十五聯隊長）に疎開者の稚内上陸に当たっての支援要請が行なわれた。

第二項　緊急疎開者への援護活動

緊急疎開実施に当り、「樺太庁はソ連参戦の九日付けで、札幌の北海道庁内に樺太庁北海道事務所を設置、藤田勇を所長にした[15]」。同事務所は疎開引揚の混乱の防止と疎開者援護を目的として設置された。

また、札幌以外にも、道内各地に疎開者が分散することを想定して、稚内、函館、岩見沢、小樽、旭川、名寄に出張所、駐在員を配置した。当時、北海道や東京等に出張に出たまま終戦で帰島できなかった職員や教員が七十名以上いたが、それらの庁職員の中から、札幌の北海道事務所や各出張所の職員を任命した。

中でも稚内港にての緊急疎開者援護は激務で職員は文字通り寝食を忘れて、任務に精励した。樺太から北海道に脱出した人について、樺太庁地方・兵事課長だった金子利信氏によると「概数で大泊港六万七千六百人、本斗港一万五千人、真岡港その他五千人、合計八万七千六百人と推定されている。このなかには亜庭湾の弥満、長浜、内砂、雨竜など西海岸の野田以南の各漁港から漁船などで脱出した人たちも包含されている[16]」。

疎開者を送り出す大泊港では地元の婦人会による炊き出しや樺太医専の教授、学生達による医療支援、警察・消防が出動し、警備・誘導が行なわれていた。同様に稚内港でも樺太医専派遣者による医療支援が行なわれた上、桟橋待合室では樺太庁から派遣、または樺太に帰れなくなった職員達による疎開証明書、救急食料、外食券の発行交付、樺太師範の教官、学生による荷物運搬手伝いもなされた。

一方、疎開民を受け入れる側の稚内の人々も手をこまねいて傍観していた訳ではない。第八十八師団司令部より支援要請を受けた宗谷要塞司令官芳村少将は三百名の将兵を稚内港に派遣。芳村司令官の前任は、この時国境地帯でソ連軍と戦っていた歩兵第百二十五聯隊長であった。稚内町役場の職員や町の婦人会、警防団、旧制稚内中学の学生、国鉄職員は、炊き出し、宿泊場所の手配、疎開者の救護、警備、誘導、臨時列車による道内各地への疎開者輸送にあたった。大泊、稚内両港ではこれらの人々が疎開者のために寝食を忘れて様々な援護活動に当たったことは特筆すべきことである。

第三項　上敷香、深夜の避難命令布告

ソ連参戦後、樺太での情報収集のため、第五方面軍高級参謀安藤尚志大佐と後方主任参謀福井正勝少佐（防衛主任）は十一日、樺太豊原に到着。国境方面の上敷香に十三日に到着後、現地で住民指導を行ない、敷香支庁側で事前にリストしていた「要避難者」に対し、命令発令後三時間で乗車させ避難させたのは、既に第三章で述べた通りである。

その敷香、上敷香も八月十五日を過ぎると状況は変わって来た。

上敷香に緊急疎開の連絡が回ったのは、八月十六日の夜も更けた時間であった。当時、上敷香に住んでいた鈴木裕氏によると、同日の二十二時頃、警察官が二枚のガリ刷りのビラを持ってきたという。

その一枚目は、次の通りである[17]。

告

一、　町民は　明十七日午前十時迄に　知取以南に避難せよ
二、　町民は　明十七日午前五時迄に　駐在所前に集合せよ
三、　所持する物は、身の回り品に限る
　送ることのできる荷物は二個以内とし　荷造りして宛先を書き　路上に出して置くこと

二枚目に書かれている文言は次の通りである[18]。

敷香町長
敷香警察署長

告

一、十五歳以上　六十歳未満の男子は　上敷香に残留すべし
二、婦女子・不具者は　速やかに避難すべし
三、残留男子は　午前十時迄に　駐在所前に集合　軍の指揮下に入るべし

北部軍司令官

当時十五歳で敷香中学三年生だった鈴木裕氏は八月十七日に上敷香を父親と脱出。北部軍司令官名で示された緊急疎開に関する年齢制限により、鈴木氏の祖母、母親、姉と四人の弟妹は先に避難列車で上敷香を脱出していたが、幸運にも敷香の避難所で再会が果たせて、その後、同一行動がとれた。そして十八日朝に町内会別に敷香駅に集合したが、鈴木氏のグループのリーダーの機転により緊急疎開列車に全員乗車出来、列車は約二十四時間かけて大泊港に直行した。そこでもまた、リーダーの機転で緊急疎開船に乗船でき、二十日午前六時頃、無事に北海道の小樽港に上陸を果たした。

ここでは鈴木氏の経験に他の人々の経験を交えて、国境方面からの緊急疎開について見ていきたいと思う。鈴木氏の町内会の人々の緊急疎開成功には、鈴木氏自身の強運だけでなく、①リーダー（氏名不詳）の指導力と機転、②町内会の人々の団結力によるものが大きかったと筆者は考える。

第四項　八月十七日、上敷香

既述の通り、鈴木氏が警察官から緊急疎開の連絡を受けてから、その疎開団の集合時刻まで七時間ほどしかなかった。家族が出発の支度を始めたのは午前四時頃で、同氏の両親は北海道の落ち着き先も決めてあり、同氏に万が一のために落ち着き先の住所が書かれた紙が渡されたという。

そして、ついに「その時」が来た[19]。

六時頃。俄かに戸外が騒がしくなって、警防団員達が走って来て「引き揚げろ、避難だ！」と連呼して走り去りました。

さあ！　いよいよ避難です。早朝の街路は人の声が飛び交い始めました。まだ眠りから覚めない子を急き立てて、老人の手を引き、手にも背にも小荷物を。そうして誰かを呼び、促すのか、焦りを含んだ声。それはつい先刻まで毎日毎時見てきた北からの避難者達の姿、声と全く同じでした。

集合場所である駐在所前を目指す途上母親は、町に残らず一緒に避難するよう鈴木氏を説得し続けたそうだ。そうでないと、鈴木氏の母親と姉が八十二歳の祖母、小学三年生の妹、六、五、二歳の三人の妹弟を連れて「戦時下」の樺太を鉄道距離にして約三百五十二キロ離れた大泊まで連れて行くのは極めて困難であり危険である。鈴木氏もそのことはわかっていつつも、「『男の皆が残るのに、私一人がこそこそと逃げるような事はできない』との思いが強かった[20]」という。

そうこうしているうちに、町を二分する敷香川の吊り橋にさしかかったところ、そこでは四～五名の兵士が橋を爆破する準備をしている。上敷香の町は南北に細長い町で、この町を上記の通り、西から東に流れる敷香川が町を二分している。二分しているといっても町の面積は北側が広くなっているが、その川幅は二十メートルほどの水量豊かな川である。橋はこの吊り橋だけでなく、川の上流（北から上敷香に入る際に通る玄関のような橋）に小さな木橋と吊り橋から下流二百メートルの場所には鉄道の鉄橋もあった。

集合場所の駐在所前広場まで、吊り橋から五〜六十メートルしかはなれていなかった。広場には敷香までの避難用トラックが七〜八台停車しており、そこにはすでに数百人の老幼婦女子が集まっていた。誰もが我先にトラックに乗車しようとして大混乱で様々な怒声が飛び交っていた。

その混乱の中で自身の祖母、母、姉、妹弟四人がトラックに乗車し、出発するに至る様子を、少し長くなるが既述の鈴木氏は次のように回想している[21]。

軍服姿の在郷軍人らしい人や警防団員が声を枯らして指示し誘導しようとしても、その声は喧噪に消されて誰の耳に入るものではありません。一人の警察官が馬に乗り、泣きながら空へ向けてピストルを撃っては、混乱を鎮めようとしていました。時には馬上から群衆に向けて「撃つぞ！　撃つぞ！」と泣き声で怒鳴っていました。

この巡査はかなり酔っていました。国破れて今、町民を町から避難退去させる事態に悲憤慷慨して酒をあおったのでしょう。酔ったまま馬上でピストルを振りかざして、群衆の喧噪を制止しようとしているのでした。

警察官が群衆に指示を出すには群衆から見える高い位置に立つ方が好都合です。それと指示の徹底のためには素早く広場内を移動して伝達しなければなりません。だから警察官は乗馬したのでしょう。しかし一人の警察官の力で広場の喧噪を制圧・制止出来るものではありません。しかも馬は群衆に取り囲まれて、次第に気が狂ったような暴れ馬状態になって、あち向きこち向きと激しく向きを変えるので、馬上の警官は翻弄されて馬を制御出来ずになってしまい、警官の回りの群衆も馬の暴れ様に振り回されて逃げまどうありさまです。トラックへと殺到して先を争いながら馬の暴れに逃げまどい、広場は止めどなく混乱状態になりました。そして警官のピストルの発射音もしているのです。

後日の噂で、トラックに乗った男性が「男は残れ」という指示に反したとして、この警官に射殺されたと言うことです。何もかも殺気立って混乱していましたから、警官はその男が何故に乗るのか、理由を糺することもしなかったのではないでしょうか。

実際に、警察官によってトラックに乗った男性が射殺されるのを見た人もいた。当時十六歳で、鈴木氏と同じ、敷香中学三年生だった森川利一氏である。森川氏は樺太で言語に尽くしきれぬ体験をしながらも長く日露親善事業に携わり、現在、一般社団法人全国樺太連盟北海道事務所所長を務めている方である。

鈴木氏も母親達をトラックに乗せるため、馬車に母親や近所の人を乗せて、集合場所に行ったが、そこは混乱の坩堝で、数名の騎乗の警察官が馬を操りながら、広場内で指示をだしていた。トラックに乗れるのは、女、子供、老人と病人であり、その中に十五歳以上の成人男性が紛れていないかも監視していた。

あるトラックには、病を得て、歩行が困難な男性が乗車していたが、それを見つけた騎乗の警察官は拳銃を振り上げ、男性にトラックから降りるよう「指示」を出した。ところが、男性は病気が重く、自分ではトラックからの乗り降りも出来ないほど、衰弱しており、「降りない」のではなく、「降りられなかった」。しかし、警察官はそれを見て、自分の「指示」を無視したと判断したのか、その男性めがけて拳銃を発射。男性は即死し、一瞬、広場は静まり返ったという。

母親をトラックに乗せた森川氏は父親と共に、帰宅し、荷台に寝具や荷物を積み、ソ連軍機に発見されないよう裏道を通って敷香に向かい、その晩は敷香のは敷香第一国民小学校に収容され、トラックで先発した母親と再会を果たした。

警察官による病気の男性射殺後も、広場の混乱は続いた。鈴木氏は次のように回想している[22]。

其の狂乱の中で町民は次々と乗車していきます。トラックを囲んで大勢が先を争っています。トラックの荷台は女子供・老人には高すぎて乗れるものではありません。先に乗っている人に手を延べて引揚げてもらおうとします。荷物を手に、子供を背に、遅れる子供や年寄りを、それも悲鳴のようになった声で叱咤しながら、それが又またトラックの回りでの混雑を大きくしていました。

男達が手を貸して抱き上げ、引き上げ、放り上げて、女も子供も老人も見境い無く、頭から乗せられるか、背中から乗せられるか、そんな事どうでもいいんです。手取り足取りして、南京袋か芋俵でも積み込むように放り上げ、投げ上げました。

狭い荷台ではバラバラに乗せられた家族が、泣き喚くような声でお互いが無事に乗れた事を確認し合い、まだ乗れないで下でオロオロしている家族に、上から狂気の様になって手を延べながら叫んでいます。それはそれは狂乱でした。

ここまで逃げて来て、ようやくトラックに乗れるとなったのに、家族の誰かがみえなくなってはぐれてしまったのでしょうか、誰かの名を呼び、叫び泣き喚き乍ら人込みの中を走って捜す女の人がいます。

人は乗ったが、荷物がまだ載せていない人が「私の荷物！」と叫んでいます。平和な時代に

〝命の次に大事な物〟と自慢の品も、このような戦争での緊急避難の時には、そんな物は何の価値もありません。食糧と、やがて来る冬に備えての衣類こそが、これから何処へ流れて行ってどんな生活が待っていることか、其の為の必需品です。私の荷物！と叫んだ其の荷物は何んだったのでしょう。

いくら叫んでも自分の声は届きません。そうして人の声も聞こえません。ただ混乱の渦に飲み込まれて揉みくしゃにされていました。其の中であちこちで落ち着かせ様として警防団員が「トラックは何台も来る！　安心しろ！　落ち着け！」と怒鳴るように叫んでいる声が聞こえていたのですが。

やがてトラックは人を満載にして次々と広場を出て行きました。混乱の渦の広場に空間ができて、「あーァ行ってしまう……」と去っていくトラックを、残され捨てられたように悲しみ落胆し茫然として見送る人々の間に、「フーッ」と気の抜けたような、声一つ無い沈黙の静けさが生れました。

私の家では祖母と妹達四人を母に預けて、姉と私がトラック確保に奔走しました。この車か、あの車の方が乗り易そうかと、人の動きと一緒になって走り回り捜し回りました。〝これぞ〟と思える車があって母達を呼びに行っても、祖母や幼い妹達は言われて直ちに行動が起こせません。愚図々々します。ハラハラし、イライラしている私達一家を尻目に、トラックは行ってしまいました。

やがて敷香の方からトラックが続々と坂道を降りて、私達が待つ広場へ入ってきました。後から聞いた話では、敷香町では何十台ものトラックを十分に用意してあったのでした。

ただ広場へ入ろうにも人は溢れ、トラックが動くにはそれなりの余裕の広さも必要で、広場には六〜七台の車しか入れない為、坂の上の街外れで待機していたのです。指揮者・指導者が居てもパニックの空気が支配し始めると、鎮静は困難になるもののようです。

　このトラックは支庁・町が各方面から徴用して集めたトラックでした。また運送業者も国難来るのこの秋、進んで全てのトラックを提供し協力したと聞いています。

　今度のトラックには何の混乱も無く、皆冷静に乗り込みました。荷物も確実に持って乗ることができました。子供・老人、そうして背に手に荷物を持つ人達を乗せるのですが、荷物の多いか少ないかが今後の行く末に影響しますから、「荷物なんかどうでも良い！ただ乗れ！」とは誰も言いませんでした。手伝う人も荷物が嵩張っていても確実に積んでくれました。ですからトラックには精々二十人も乗ったら一杯だったでしょう。

　この十七日の上敷香の婦女子の緊急避難は、午前七時頃から始まり、正午過ぎ頃にはほぼ輸送が終ったと聞いています。其の後午後一時頃でしょうか、派出所裏から火の手が挙がった時には、広場は男だけになっていました。


　このトラックでの避難の際、成人男子が乗車しているということは殆どなかったようで、そのような人がいても警防団員が集まって来て難詰し、降りるよう強制していたようである。ただし、例外も認められていたようだ。緊急疎開者の中には老いた親に息子一人が付き添うのは認めるという冷静に考えた基準が設けられていたと推測できる。

　上記鈴木氏の証言によると、派出所裏から火が上がったとあるが、自然に火が上がるわけではない。同氏は母親達を見送った後、父親と自宅に戻ったそうだが、午前十時頃、大爆発とともに隣家が燃えているのを「目撃」している。その爆発をソ連軍の砲撃と考え、自宅から飛び出すと、「警防団員が走って来て『逃げて下さい！火を掛けますから』と家の中に怒鳴りました[23]」とも回想している。このような状態であると、おそらく町に残った人々は自分の大切な家を敵に渡したり、他人の手で焼かれるなら自らの手でと考えたのであろうか。
鈴木父子は集合場所の派出所前に戻ろうと走ったが、無念の焔にやかれる家々から、道路に熱風が吹きつけ、煙が立ち込め、燃え尽きた電柱からは切れた電線が蛇のように道路上をのたうち回ってい
た。そのような道路の辻には警察官や憲兵がしっかりと立ち、派出所へ向かう人々を誘導していた。
既述の鈴木氏の証言だと老幼婦女子が町からトラックでの脱出が終ったのは正午過ぎ頃というので、まだ集合場所に向かう老幼婦女子もいたのだろう。また、武装した兵士を満載した五〜六台のトラックが上敷香の町を通って、国境方面に向かっていたという。十七日といえば、古屯が陥落し、ソ連軍は歩兵第百二十五聯隊本部がある気屯に向けて南下を始めていた頃である。車上の兵士達は避難民に「安心せい！俺達が引き受けたぞ、早く逃げろ！」と叫んでいたという。きっとその兵士は故郷を捨てて脱出せざるを得ない緊急疎開者を励まし、同時に死地に向かう自らに対しても励ましていたのであろう。そのような中、ある交差点で見た光景を鈴木氏は次のように回想している[24]。

其の交差点には年頃六十歳近くの人で、将校服に将校の階級章をつけて正規の軍帽を被り、軍帽に鉢巻を締めて、抜き身の刀を持って仁王立ちに立って、「日本男児ここにあり！」と大音声で言いながら、近くを通る人達に「早く行け！早く行け！」と急き立てるような手つきをして誘導しながら其れでいて絶えずニコニコと笑顔でした。おそらく退役老軍人でしょう。其の姿と仕草や笑顔は忘れられません。

広場にはまだまだ老幼婦女子がトラックを待っていた。同じ広場には怒声を張り上げる十人位の男達がいた。周囲には四斗樽が転がり、彼らは猟銃や竹槍を片手に柄杓で樽酒を呷り大気焔を挙げていた。しかし、そのような人々は一部で、大半は彼等とは全く違う雰囲気で佇んでいたという。

そうしていると、ソ連機が一機が低空で飛来し、燃えている町に爆弾を投下した。これに対し、小銃で応戦するものもいた。

そのような中で、警防団員とその呼びかけに応じた約二十名位の人々が斬込隊を編成し、国境方面にひっそりと出撃したという。鈴木氏によると「悲憤慷慨の勢いがこの広場の一隅を支配していていまして、この中に居ては反対や拒否はできないものかも知れません。常日頃から町内会で指導的役を受け持って活躍していた警防団員や、町内会で元気な声を上げて活躍していた人には、なおのこと拒否できないでしょう[25]」と、その場の雰囲気を回想している。この時出撃した人々は全員戻らなかったようである。

斬込隊が出撃した後の広場には、「十五歳以上、六十歳未満の男子は残れ」という命令を守り、新たな命令を待つ男達が待機していた。中には相変わらず、酒樽の前から離れない男達もおり、酔いと興奮から刀を抜いて、切り結ぶ者が居た一方、広場の近くでは食糧営団の職員が「ソ連軍に渡すよりは」と山積みにした米、砂糖、煙草、タオル、靴下、軍手、その他衣類を放出していた。

その内、警防団幹部を中心に第二次斬込隊を出すという動きが出てきた時、事件は起きた。広場には一台の消防車が停車しており、敷香に向かう予定だった。そこに一人の男がやって来て酔払っていた運転手を丸め込み、乗車して敷香に向かおうとしていた。その男は冬着のオーバーを一番上にして五、六枚も重ね着していたが、それを見つけた警防団員が「降りれ」と難詰したが、降りない。そういうやり取りが二、三回あったが下りないので、警防団員は男を摑んで降ろそうとしたが、手摺にしがみついて下りなかったという。その時だった。「一人の団員が『ええいっ！めんどくせぇッ！』と言いざま、竹槍で下から突き上げたのです。男は声も出さずに車から転げ落ちました。苦痛で身体を曲げ声を押えて低く呻きました。二〜三人の人が介抱しました。突き刺した団員は平然として立ち去りました[26]」。広場の他の場所では酔った集団が周囲の人々に緊張と興奮を煽っており、あちこちでむやみに銃を空に向けて撃つ者もいた。

ところが、既述の通り、午後一時頃、派出所の裏手で爆発的に一挙に火の手があがった。するとそれが合図であるかのように、どこからか「『引き揚げろ！敷香に下がれ』と叫ぶ声が広場中に響きました。人々の緊張は一挙に崩れて、先を争うように敷香へ向って歩みだしました。闘うと気勢を挙げていた者達も、今はただ街の出口の坂道へと向かうのみで踏み留まって戦うという者はいなかったでしょう」[27]。かくして、男達は敷香に向かって、一斉に避難を開始したのであった。この火災で上敷香の二千五百戸の家々は灰塵と化し、僅かに上敷香神社の社務所など、ごく僅かな建物が焼け残っただけだった。

第五項　敷香への徒歩での脱出

上敷香・敷香間には総延長距離二十二、一キロ、幅五、五メートルの樺太庁道が走っていたが、上敷香を脱出した男達はこの道を歩いて、敷香に向かった。その途中にはアンペラ作りの軍倉庫が道路沿いの西側に三百～四百メートルにわたって続いており、それは軍の手によって、燃やされていた。この倉庫は十六日に火を掛けられ、上敷香の男達が通るときは、倉庫の形をした巨大な炭火の山々となっており、そちら側から吹き付ける灼熱の風に、道路のアスファルトは所々溶けていて、歩いた後に足形がのこるばかりか、場所によっては、靴の裏にべっとりと溶けたアスファルトがついた。

鈴木氏はその路上を歩いた様子を次のように回想している[28]。


顔はピリピリと痛くなり、鼻で呼吸をすると鼻腔はカリカリと痛く、口で吸うと熱気がもろに肺に飛び込んで喉も胸も熱で苦しくなります。汗を拭いた覚えがないです。瞬時に乾くのでしょうか。学生服を着ている身体は熱で高温状態でした。目は開いては居られず薄目をして、さらに手で目を覆うようにして、足元の粘りつきに注意して歩くのでした。とても恐ろしい思いをしました。

この熱風により、衣服が焦げたりする人はいなかったが、低温火傷を負う人はいた。そうこうしている内に、上敷香方面から来たトラックに鈴木氏父子は乗せてもらい、午後三時頃、敷香に到着した。そのトラックはまた徒歩の避難民を収容するために、上敷香方面に向かって出発した。上敷香から先に避難してきた老幼婦女子は、敷香の第一国民学校に収容されており、鈴木氏は家族と再会を果たした。

第六項　海軍、敷香基地

上敷香・敷香道を通った多くの人々が鈴木氏と似た経験をしていると思う。この道をさらに進んでいくと海軍の航空基地、通称、敷香基地が存在した。この基地は日ソ国境から約四十五キロ離れた場所に、昭和十四年に建設され、千五百メートルの板敷滑走路が一本あったが、常駐する航空機はなかった。敷香基地が建設された場所は冬になると地面が凍結して隆起してくるため、滑走路を板敷にすることによりそれを防いでいたが、その滑走路が使用されるのは、北海道の千歳基地所属の艦上攻撃機天山が樺太全域の哨戒飛行の際、給油に立ち寄る時だけだった。しかし、同じ樺太の陸軍部隊とは違って、次のように物資は豊富で、特にこの基地に配備されていた兵器に陸軍は多大なる関心をもっていたことであろう。

敷香基地は単なる航空基地であっただけでなく、無線通信の受信・傍受を任務とした大和田通信所からS班要員と呼ばれる下士官・兵十五名が派遣されていた。S班要員とは、ロシア語の教育を受けた傍受要員である。

当時、第十二航空艦隊北東海軍航空隊樺太地区基地航空隊総指揮官は久堀通義海軍大尉であった。樺太地区基地航空隊は第十二航空艦隊隷下の北東海軍航空隊に所属しており、敷香基地と大泊基地が隷下にあった。

久堀海軍大尉の手記には同基地の装備、糧秣貯蔵量について次のように記されている[29]。


基地が貯蔵している物資はきわめて豊富で、米麦は、兵員千人が三ヵ月食いつなげる量があり、航空糧食や酒類も十分であった。

さらに、兵装関係では、二十五番以下六番まで各種爆弾約二千トン、十二・七センチ連装高角砲三基、砲弾二千発、連装二十ミリ機銃五基、機銃弾二万発、航空機燃料五千キロリットル、加えて、輸送車両として大型バス三台、乗用車（フォード）二台、サイドカー一台等々、敗戦直前の実施部隊としては、かなり充実した戦力を保持していた。


ちなみに右記引用文中「二十五番」とは二百五十キロ爆弾、「六番」とは六十キロ爆弾のこと。「高角砲」とは高射砲の海軍式呼称で、対空戦闘ではなく、対戦車戦闘にも有用な大砲である。

国境地帯を担当地域とする、歩兵第百二十五聯隊は七十五ミリの山砲が最大の火力であり、それは四門しかない上、分散配備していた為「十二・七センチ連装高角砲三基、砲弾二千発、連装二十ミリ機銃五基、機銃弾二万発」を保有する同基地は「有力な砲兵部隊」に映ったであろう。

そして、八月九日、ソ連が参戦し、海軍総隊は電令作第一六七号を発し、日本海正面における決号作戦を発令したのは同日夜であった。その作戦方針、作戦指導は次の通りである[30]。

作戦方針
陸軍来攻スル敵ヲ撃攘シ本土全域（朝鮮ヲ含ム）並ニ北海道及南部樺太ノ各要域（海峡地帯重視）ヲ確保ス
作戦指導
イ　対「ソ」持久作戦準備ヲ速ニ完成来攻スル敵ヲ撃攘シ以テ所定要域ヲ確保ス
ロ　日本海ニ通ズル各海峡ノ防備強化米「ソ」海上連絡ヲ遮断ス
ハ　一部兵力集結的艦艇ヲ撃滅スルト共ニ対空対潜警戒ヲ厳ニシ主要海上輸送路ノ確保ニ務ム
ニ　対米決戦兵力ノ対「ソ」作戦転用ハ特令ス
附令　対「ソ」積極的攻撃開始ハコレヲ特令ス　但シ敵ノ攻撃ニ対シテハ断固自衛行動ヲトルベシ

この後、北東方面の海軍部隊に「対ソ積極的攻撃ノ制限ヲ解ク」との命令が下ったのは「十一日」[31]のことである。因みに大本営陸軍部が大陸命千三百七十八号をもって全面的対ソ作戦発動を命じ、第五方面軍司令官が「積極的戦闘禁止命令」の解除命令を出したのは、八月十日である。海軍の現地部隊に上記命令の発令が陸軍より一日遅れた理由は不明である。

海軍総隊参謀長は敷香基地の燃料及び二五〇瓩爆弾を大泊基地に移送する指示を出し「大泊基地を使用して艦爆三〇機程度をもってする作戦に備えた」[32]。

この敷香基地もソ連参戦の報を受けたものの、基地には航空機は一機も存在せず、対ソ戦の為の積極的な行動はとりえなかったが、それでも陸戦隊を編成。この隊には、基地の耐弾室で対ソ傍受作業に従事していたS班要員も編入した。

樺太北部の中心地・敷香。この地の北方少数民族の中には対ソ諜報活動に従事した者もいた。

樺太混成旅団司令部があった上敷香。ソ連参戦後に第八十八師団の戦闘指揮所を開設。

空から見た内路村。樺太東岸の恵須取と結ぶ内恵山道の起点の村であった。

落合町の町並み。製紙工場と共に発展した町である。８月21日にソ連軍の空襲を受けた。

〈上〉北海道への緊急疎開船として使用された「宗谷丸」。稚内と大泊を結ぶ稚泊連絡船として就航していた砕氷船(3593総トン)。〈左〉樺太の玄関口であった大泊港の桟橋。

豊原で樺太庁長官の検閲を受ける警防団員。警察・消防の補助組織として、罹災者、避難民の保護活動等に当たった。

また、久堀大尉宛に豊原海軍武官府黒木剛一少将から緊急電話が入ったが、予備将校として指揮官である同大尉は複雑な思いがあったのか、その緊急電話に以下のように応じた[33]。

「君は樺太地区海軍部隊の総指揮官となっているが、この際、軍令承行権を度外視してわたしが指揮をとる」

という申し出があった。精神的にほとんど極限の状態にあった私は、

（なにを寝言を。五百キロも離れたところでなにを指揮するというのだ）という思いで、言葉も荒く、

「海軍武官府も当方の指揮下に入ってください」

と申し出を即座に拒否し、電話を切った。

久堀大尉は予備将校であり、いかに軍令承行権では同大尉が指揮官となるとは言え、相手は海軍少将である。確かに、精神的に極限状態であったのであろう。

黒木少将はおそらく久堀大尉が予備将校であり、階級も大尉である。その彼に責任を負わすことへの抵抗感と海軍少将としての責任感からこのような申し出を行なったのであろう。

この時、北東空司令部から「総員名簿送れ」「貯蔵米麦を大泊基地に後送せよ」「九九艦爆九十機、急きょ応援のため派遣の予定」「陸軍精鋭部隊二万名、北上中」という命令と連絡があったが、同大尉の回想には当時の心境を次のように記してある[34]。

（総員名簿送れだと？　米麦を後送せよだと？　なにを言っているんだ、ソ連軍が目の前、すぐそこに来ているんだ、寝言もいい加減にしてくれ、なにッ、艦爆九十機だと？　そんなのあるは

ずないじゃないか、察するところ、全員、食うものも食わずに玉砕しろということか）と、腹立たしさを通りこして、士官全員、あっけにとられるありさまであった。

この文章に書かれているのは、この文章の前後の文脈から八月九日か十日の話で、ソ連軍は本格的な戦闘行動を起こす前である。北東空司令部の命令は「あっけにとられるような命令」とは思えない。因みに、太平洋の島々では多くの陸軍将兵は「食うものも食わずに玉砕」している。

翌十一日にはソ連機の空襲があったが、その時、「撃て」の号令をかけても誰一人反撃せず銃座に顔をふせていたという記述や、某将校が「『かあちゃんのところに帰りたい』と真顔で言いだす[35]」という記述もあり、同大尉の苦労は並大抵ではなかったとは思う。同大尉の言葉にある通り、確かに「死にたいするおびえ、恐怖心が基地隊全員に瀰漫[36]」していたとしか思えない。そして「『所在陸軍部隊最高指揮官の区処を受くべし』という指令が届いていたが、陸軍部隊には、いまやわれわれを〝区処〟する余裕などまったくなかった[37]」とすら回想している。

何をもって「陸軍部隊には、いまやわれわれを〝区処〟する余裕などまったくなかった」と久堀大尉が判断したのか、その判断の根拠が書かれていないのが非常に残念である。この文の前後から推察すると、この命令が届いたのは八月十一日から十三日にかけてのことと推察できるが、この時期、ソ連軍は国境を超えたばかりで、歩兵第百二十五聯隊は寡兵よく奮戦を繰り広げていた時期であることは、第二章に記述したとおりである。また、敷香基地よりさらに北の上敷香には十日に師団戦闘指揮所が開設され、作戦参謀である筑紫中佐が進出し、作戦指導や師団と聯隊の連絡もとっている。ただ、上敷香の第八十八師団戦闘指揮所と敷香基地のやり取りに関する記録が残されていない。現代から見れば、火力不足の第八十八師団が敷香基地の戦闘力を考えれば、万難を排してでも「区処」するはずである。また、そこまで国境地帯の陸軍部隊が混乱していた事を示す資料・証言はない。むしろ整然と対処している。久堀大尉が何をもって「区処する余裕がない」と書いたのか、その根拠を客観的に示す現地の記録・証言が全く残されていないのが、非常に残念である。

ただ、久堀大尉自身が樺太地区海軍部隊の総指揮官としての責務と陸戦隊でもない上、予備将校の自分が指揮官として部下の命を守るためにどうしたらいいかという困惑と不安から動揺してしまい、余裕がなかったという事は、可能性の一つとして推測することは可能である。久堀大尉が背負っていた責務は余りにも大きかった。その動揺は久堀大尉のみならず、基地全体の「空気」であったのではなかろうか。おそらく、敷香基地内には、情報不足以上の何かにより、ソ連軍がすぐにでも攻め寄せるように思わせる「空気」が存在したのであろう。そして、その空気が八月十四日夕刻に、六人の士官から久堀大尉に「撤退案」を出させたのではないか。この案は議論の末に採用され、翌朝、実行に移す運びとなった。

在郷軍人や民間人に対しても、八月九日に防衛召集をかけて地区特設警備隊を動員し、十三日に国民戦闘義勇隊令を発令し、十六日から西海岸で始まった恵須取の戦闘では陸軍部隊と義勇戦闘隊が共に戦っている。このような状況で、兵は一兵でも多く欲しい上、敷香基地の高角砲や連装機銃、弾薬は火力不足の歩兵第百二十五聯隊将兵は、ソ連軍戦車部隊の阻止のために、喉から手が出る程欲しかった筈である。

なぜなら、高角砲（高角砲と高射砲は同じ種類の大砲であるが、旧日本軍において、海軍で高角砲と呼び、陸軍では高射砲と呼んだ。）は砲身を高角度に操作することが出来ることから、艦艇または地上より対航空機戦闘に用いられるが、水平射撃も出来る。実際、独ソ戦においては、ドイツ軍の八十八ミリ高射砲はソ連軍戦車を多数撃破し、活躍している。そのドイツ軍高射砲より、既述の通りより口径が大きい海軍の高角砲に陸軍が期待するところは大きかったと思われる。

第七項　海軍敷香基地隊の無断「撤退」

久堀大尉の決心後、敷香基地からの「撤退」は全員に伝えられ、翌朝の出発をめざし、準備が進められた。八月十五日早朝、北東空司令大橋大佐から同大尉に至急電が入電した。同大尉によると「善戦敢闘を嘉する。いまや、大石良雄の心境たるや範とすべし云々[38]」という内容であった。久堀大尉はこの電報を撤退容認と解釈したようである。

これ以後の電報のやり取りを久堀大尉は次のように回想する[39]。

この電報の直後、私は北東空司令あて、

「樺太地区基地指揮官は、独断専行により大泊基地に撤収する。地区陸軍部隊最高指揮官とは、戦局逼迫のため連絡不能。これにて通信連絡を絶つ」旨の緊急信を発信した。十数分後、北東空司令部から「待て」の指示が入り、つづいて大橋司令から、

「貴官による独断専行は不可なり。最大限の努力により所在陸軍部隊指揮官の了承をとりつけよ」

と指令が入った。率直にいって、われわれはすでに浮足立っていた。通信長に命じ、通信施設を破壊させた。撤退準備は急速に進められた。先に言ったように、後ろめたさが胸中を去来していたが、事ここに至ってはもはや逡巡は出来ない。

この後、敷香基地のあらゆる車両——老幼婦女子の避難や前線に兵員、武器、弾薬を届けることが出来る——を使用し、基地の虎の子である十二・七センチ連装高角砲を破壊した上で、「撤退」を開

始した。
これは同連装高角砲が固定され、移動不可能なことから、破壊という手段を選んだのであろう。「撤退中」の敷香基地隊は内恵道路の樺太東岸の終着点である内路で大詔が渙発された事を知った。部隊はそのまま南下を続け、豊原の海軍武官府に立ち寄ったが、その際、黒木海軍武官は久堀大尉に対し「いまとなっては、君の独断専行処置は適切だった。先ほど、陸軍国境部隊二千名がソ連軍によって武装解除されたという報告があった。便があれば北海道に早く引き揚げることだ[40]」と穏やかな口調で話したという。

国境では百二十五聯隊が戦っているが、第二章で述べた通り、三号無線分隊は聯隊主陣地が置かれた八方山に追及できなかったため、連絡がとれない。黒木武官が述べたとする「陸軍国境部隊二千名がソ連軍によって武装解除されたという報告」は戦史叢書をはじめ、筆者が知りうる限り、防衛研究所所蔵の樺太関係史料にない。もちろん、陸軍関係者の戦後回想にもないし、ソ連参戦と大詔渙発による混乱から、誤情報が黒木武官の元に届いていたのかも知れない。豊原の第八十八師団と国境地帯の歩兵第百二十五聯隊との間で連絡が途絶えていたのは事実である。この情報が正確に伝わらず、前記のような黒木少将の「発言」になったのかもしれない。

とは言え、十六日は古屯が陥落した日だが、戦闘指揮所があった上敷香は健在であり、そのような情報が第八十八師団経由でもたらされたとは考えにくい。そもそも、八月十六日朝に師団司令部停戦命令は出したものの、武装解除命令など同師団は出していないし、国境地帯で戦闘中の部隊には停戦命令すら届いていない。国境部隊は八方山に居ただけで三千名である。それを千名も少なく伝えるだろうか。また、十五日正午に大詔が渙発されたとは言え、国民義勇戦闘隊が編成され、中学生までが竹槍を持って、故郷を守ろうとしているときに、命令を無視して「撤退」することを適切な判断と海軍少将（黒木武官）ともあろう人物が肯定するだろうか。黒木少将はソ連軍の豊原進駐まで、武官府に踏みとどまり、ソ連に抑留された人物である。久堀大尉の豊原海軍武官府における回想は戦後回想ということもあり、他の記憶と混合している可能性を感じる。

そして、十六日中に敷香基地隊は大泊基地に全員到着したという。そこで、海軍樺太基地隊では善後策を協議し、残留か否かで会議は紛糾した。しかし、久堀大尉によると「われわれ予備士官は、ここまできて、自決もしくは残留はムダなことだと主張、結局、ソ連軍の到着前、便がありしだい、北海道に引き揚げるべく大泊港に向った」[41]と決断した。

久堀大尉らが岸壁につくと、緊急疎開者でごった返し、その場で産気づいた婦人が出産する場面にも出くわし、同行していた軍医が赤子を取り上げている。

そのような状態の中、一隻の海防艦が入港して来た。同大尉によると、その艦が「岸壁に繋留するいとまずら待てず、人々は殺到する。民間人を最優先すべく、じっと耐えていたが、心は、一刻も早く乗艦したいの思いで大きく揺れ動いていた」[42]そうである。その時、艦長らしき人物の姿が艦橋にみえたそうだが、その顔をみて、入港した艦がかつて一週間ほど過ごしたことがある艦だと気づき、声をかけたところ、何日もならんでいた人々を差し置いて、艦内から出された板を渡って、乗船した。

緊急疎開者を限界まで乗船させた海防艦は出港用意で静かに桟橋を離れようとしている。三十センチ、五十センチと、桟橋との距離が徐々にひろがっていくが五人、十人が全力で艦に飛び乗ろうとしたが、ほとんどの人が情け容赦なく海に吸い込まれていった。

久堀大尉と一緒に乗船した海軍軍人、軍属が何名であったかは定かではないが、この時、集まった軍属の中には、第二新興丸に優先乗船し、事件に遭遇した人達もいた。

久堀大尉は軍人でありながら、住民や戦闘中の友軍を見捨て、人間として誰もがもつ生への思いが断ち切れず、無断撤退をしたことへの後悔と自責の念を戦後、抱き続けたのではなかろうか。だからこそ、人々からの批判を受けることが充分予測できる手記を、あえて雑誌に掲載したのであろう。

ただ、この判断によりシベリアに送られることなく、生きて家族と会うことが出来た、久堀大尉の部下たちの声に出来ない、感謝の声の存在も併せて記すものである。

第八項　樺太からの海軍関係者脱出

昭和二十一年に復員庁第二復員局（海軍省の後身）が纏めた『終戦引揚関係資料』が防衛研究所にある。この資料の中に「樺太海軍部隊終戦時員数及び残留者」という表がある。これによると、終戦時に敷香基地にいた将校、下士官、兵併せて三百名中、残留者は四名であり、大泊基地は二百五十名中残留者〇名である。

ソ連参戦後、樺太の陸海軍が連携してソ連に立ち向かったと断言できる資料、証言は存在しない。もちろん、樺太から北海道への緊急疎開に北方海域の海軍艦艇が従事をした。ただし、大海令五十号に基づき、八月二十二日午前零時までであるが。民間船舶による最後の緊急疎開船が大泊港を出航したのは、八月二十三日夜であった。しかし、海軍艦艇が八月二十二日午前零時で避難民輸送を終了させたのは命令に従っただけで、それまで艦艇乗組員は艦長以下、私室を避難民に開放し、私物まで分配し、心を込め避難民への支援に当たった。海軍艦艇に限らず、民間船に乗船した避難民達も、乗組員達の献身的な態度を一番よく知っている。もちろん、定員を大幅に超えた避難民を乗船させているため、その活動の恩恵を受けられなかった人々もいたと思う。

当時、北東方面に勤務していた元海軍少尉に、樺太での海軍部隊の戦闘加入について質問した際、「樺太？　それは、陸軍の戦争でしょ」という言葉が滑らかに唇から零れ落ちて来た。この感覚は決して、この元海軍少尉だけの特別なものでなく、北方にいた海軍軍人の中では、珍しいものではなかったのではなかろうか。建軍以来、ロシア・ソ連を主敵としてきた陸軍と違い、海軍の主敵は日露戦争以降米国である。対米戦という点から考えると、樺太は裏庭である。また、沖縄と違い、陸戦隊どころか、航空基地があっても、海軍機は一機もいないところからすると、そのような感覚を持つに至るのであろうか。大詔渙発前、敷香の町の辻に木銃をもった中学生が歩哨として立ち、国境方面で歩兵第百二十五聯隊将兵がろくな装備も持たずに、ソ連軍と戦っている時に、いわば「無関心」と言えるかもしれない感覚から、敷香基地の将兵全員の撤退という判断に到ったのではなかろうか。

樺太からの最後の緊急疎開船が出航した八月二十三日時点の資料ではないが、既述の『樺太海軍部隊終戦時員数及残留員（一〇月一五日現在）』という資料によると、終戦時樺太にいた海軍軍人、軍属の数と十月十五日（おそらく昭和二十一年）の時点で残留している海軍軍人、軍属の数を記した資料である。（豊原海軍武官府と大泊の海軍武官府分室以外は総数のみ記述）これによると、終戦時、樺太にいた軍人軍属は千二百九十三名で残留者は百七名である。その階級から大泊海軍武官府（本資料にはお豊原海軍武官府大泊分室と記載されている。）の責任者と推定出来る酒井斌大佐すら、八月二十五日のソ連軍の大泊進駐の前、「終戦で本州に引き揚げてしまった[43]」のである。高級将校ですらそうであるのだから、それを見ている部下達がどのように行動したかは、何をか言わんやといったところであろう。

筆者が取材した元海軍軍属の証言によると、八月十六〜七日にかけて任地から大泊の海軍基地に全樺太から軍人・軍属が集められており、自身もその中にいた。そして八月二十日に港に行って、船に乗ったという。ただし、何日も港で乗船を待っていた民間人とは別、列に並ぶことなく集団で船に乗り込んだ。ただし、元海軍軍属によると「最後に乗船した」との事である。これらの行動を、俗な言い方で言うなら、海軍関係者集団は割り込み乗船をしたという事である。何もこれはこの日に限ったことではなかったようだ。民間人なら乗船不可能な年齢の在樺太の海軍軍人・軍属の大半が、軍官民同権の緊急疎開船に乗船出来たことに疑問を感じる。

この時、大泊港には樺太各地から避難民が集結し、四～五日も並んでいたのに、緊急疎開の原則の一つである「軍官民同権」はどこへいってしまったのであろう。乗船した海軍関係者は、老幼婦女子ではないし、彼等と同年齢の民間人の男性は乗船はおろか、大泊までの避難すら、老幼婦女子と一緒に汽車に乗車することは基本的に許されなかった。

大泊港で疎開者への援護活動に従事していた歩兵第三百六聯隊の兵士や警察官、官吏の中には、避難民の世話のために、ともに乗船し、稚内港まで同行し、彼らを同港で下船させると自らは職務に忠実たらんとして、下船せずに樺太に戻り、職場に復帰。中には何往復もした者もいたが、その為、同僚たちと一緒にソ連軍に逮捕され、シベリアに抑留された方までいる。

少し長くなったが、以上の例から考えると、たとえ、十月十五日現在の資料であり、且つ、在樺太海軍軍人・軍属の数が陸軍軍人や官吏、より少ないとは言え、九十一・七パーセントが本州に帰還できているという数値はどう判断すべきであろうか。また、どのような大義名分を掲げて乗船したのであろうか。

豊原海軍武官府の黒木剛海軍少将が在樺太海軍軍人の最高位者として、峯木第八十八師団長や大津樺太庁長官、そして三十万人以上の住民とともに樺太に残ったことは、辛うじて海軍の名誉を守ったと言えるだろう。

第九項　鉄道にて敷香から南下

十七日に敷香についた人々は敷香第一国民小学校で夜をあかし、翌十八日早朝に、町内会別に敷香駅へ向かった。この時、鈴木氏は自身が所属する町内会の人々は幸運だった。その幸運について、鈴木氏は筆者に「リーダーの機転によって脱出できた」と電話で話してくれた。

その鈴木氏達が敷香駅に着いた時、同駅前には国境方面からの避難民や敷香からまさに脱出しようとする人々が集まっており、誰もが列車に乗ろうと必死であった。当時、敷香警察署で警防主任であった伊藤仁によると[44]、

気屯など奥地からの引揚者が、軍刀や鉄かぶとのものものしい装いで警察署の窓口に押し寄せて抗議したり、殺気立って国鉄の駅等に群れ、駅員や警察官に食ってかかっていた。それでも貨物車（客車は既に南下して戻っていなかった）に押し込められて出発するときには軍刀を私たちに手渡し、「がんばってくれ」と握手して別れていった。

そんな混乱の中、鈴木のグループが乗車出来たのは、そのリーダーの発した一言が秩序を重んじる日本人の理性を揺り動かしたのだろう。鈴木は次のように回想している[45]。

乗車に際して上敷香のリーダーが「奥地優先乗車」を言い、「奥地の者から先に乗れ！」と誘導しました。これに対して敷香の街の人々はこの指揮には誰も抗議せず、奥地の者が優先して乗車してから敷香の街の人達が乗ったように覚えています。プラットホームへ誘導されても争って乗った記憶はありません。皆粛々と乗車しました。このように物事の秩序は保たれていました。

乗車は立錐の余地も無いくらい膝詰めで座っている状態で、足を伸ばす隙も無く乗り込みました。これで大泊港までの長時間を座ったままで運ばれて行く事になるのでした。

列車は無蓋車が延々と連なった長蛇の列車になって、蒸気機関車が先頭に二輌、最後尾にも二輌がついていて、既に発車準備完了の態勢のようでした。

鈴木氏のグループのリーダーは「奥地優先乗車」と言っている。これは「緊急疎開要綱」の第二項の「戦災地、僻遠地を優先する」に基づく発言である。ともすれば、我先にと乗車しようとする人々は恐らくこの一言を聞いて、理性が感情を押さえつけたのであろう。

大泊から敷香（終点は古屯）までの約三百二十キロの路線は樺太東線と呼ばれ、大泊港から敷香までの直通列車は十二時間～十時二時間半くらいで運行されていた。

昭和十八年末で樺太鉄道局の「蒸気機関車の保有台数は百四両、客車百二十両、ガソリン車十両（ただし十九年度から休車）という状態だった[46]」ので、緊急疎開列車は客車だけでなく、有蓋車、無蓋車、まで用いて、編成された。それでも、国境方面からの避難民や鉄道沿線の住民、そして西海岸から内恵道路を踏破して内路まで脱出してきた人々の前には、列車数は足らず、列車を諦め、徒歩で大泊を目指して南下する人々も少なくなかった。

鈴木氏らが乗車した緊急疎開列車はまさに無蓋車、つまり屋根のない貨物車両で編成されたものであった。

その貨車は次のような車両であった[47]。

列車は原木や材木などを輸送する無蓋車でした。走行中に人が落ちないように無蓋車の縁に一米半か二米程の間隔に、高さも一米ほどの柱を立て、柱には貨車の床に座って大人の肩くらいの高さに板を張り巡らしてありました。貨車を板で囲ったことで、これで一応無蓋車に人が乗れるようになります。

因みに、トイレ用に貨車の隅に三本のロープでぐるっとまかれた一斗缶が置かれた車両もあったが、鈴木氏が乗車した車両にはそれがなかった。そのことが、後に悲劇を招いた。

敷香駅では荷物より人間優先で乗車させたため、緊急疎開列車が出発する際、残された大量の荷物がホームで持ち主を見送った。

約三百メートルもの長さの緊急疎開列車は敷香を出ると多来加湾沿いに南下し、二十四時間かけて、幸運にも目的地、大泊港に到着するまで、空襲にも降雨にも会うことがなく行くことができた。途中駅では、上下列車の行き交い以外は途中停車することなく走ったが、特別ダイヤにより動員できる全ての車両を軍用・緊急疎開用に投入したせいか、大泊につくまで、通常の倍近い二十四時間もの時間がかかった。また、この列車は敷香から大泊築港駅（大泊港内の駅）まで直通運転がなされたが、少しでも多くの北部住民を避難させようと、樺太鉄道局は直通列車から途中乗り換えのピストン輸送も行うようになった。さらに大泊で避難民の収容が困難になると、列車は豊原止りとなり、そこでソ連軍の豊原空襲に遭遇した不運な人々もいた。

大泊に至る途中駅――列車の行き交いのための停車――では、地元の人々による握り飯や湯茶の接待もあったという。

この列車に二十四時間も乗車していると、当然、尿意や便意をもよおす。車内の様子を鈴木氏は「立錐の余地も無いくらいに膝詰めで座っている状態で、足を伸ばす隙も無く乗り込みました[48]」と回想している。この状態で、いつどこで止まるかわからない駅まで待てる人は待ったようだが、そうでない人はなんとか列車の縁まで行き、そこで、周囲の人に囲みを作ってもらい、外に向けて、放出した。また、そこまでたどり着けない人の中には靴の中に流し、後に捨てたという人もいた。しかし走行中の列車だと、放出した液体は飛沫となって、風下の方向に飛び散ったりした。特に有蓋貨車の屋根に乗って避難した人が屋根から放出したものが「飛沫になるもの以外」だと風下の人々はよけようも無く、特に大変だったという。

この一見、順調に南下を続けていた列車に悲劇が起きたのは、夜間、ある駅構内を通過中の時であった。その時のことを鈴木氏は次のように回想している[49]。

暗くなって、どこかの駅港内をノンストップで通過している時でした。後ろの貨車で「ギャー！」と大きな悲鳴が挙がりました。暗くなっていますから隣の貨車で何事が有ったのか、私達には全く判りません。暫くそちらの貨車から喚き声とざわめきが聞こえていました。

かなりしてからの人の口伝えで、「母親が子供をオシッコさせようと、子供の身体を持ち挙（ママ）げつつ貨車の板枠の外へ出していたところ、線路脇の何かに子供がぶつかって、瞬間に子供の身体は宙を飛んで落ちてしまった」というのです。

三百米以上も有りそうな長い列車は暗い夜を走っています。列車を止める方法はありません。母親は走る列車から飛び降りようとでもしたのでしょうか。人のざわめきが続きました。悲鳴が喚き声になって慟哭となって……せめて明るい時間でしたら、駅構内も見えますからこんな事も無いのでしょうに……悲惨なものでした

このような悲劇を経て、列車は十九日午前六時頃、約二十四時間かけて、大泊港駅に到着した。駅周辺から埠頭まで、国境地帯から避難してきた人たちを中心に混雑を極め、広い埠頭に至っては、北海道への船便を待つ人達が文字通り、くっつくようにして、すわり、緊急疎開列車の車内のような混雑であった。中には四～五日も乗船待ちをしている避難民もいた。

そのような中、鈴木氏らの疎開団は既述のリーダーにより、埠頭の奥の方に進み、いつでも乗船できるようにした。そして、一時間後、「白龍丸」という船が小樽に向けて出航するという情報が流れて来た。その時「リーダーが大音声で、乗船はー！奥地の者にィー優先権がー有るゥー！、奥地の者はァー直ちに乗れェー！！[50]」

このリーダーの筋が通った叫び声に圧倒されたのか、納得したのか、これに異議を唱える者はなく、上敷香緊急疎開団は無事乗船し、同日、白龍丸は出航。翌二十日、午前六時頃に小樽港に到着できた。

国境地帯の古屯駅から鈴木氏らが緊急疎開列車に乗車した敷香駅を通って大泊に向かう樺太東線と、樺太東海岸の恵須取方面から樺太中央山脈を越えて西海岸に抜ける内恵道路の合流点が内路である。その内路には樺太東線の駅があり、その内路駅では緊急疎開列車に避難民が殺到し、憲兵が銃を抜いて、避難民を冷静にさせるという事態が発生した。また、落合駅では避難民が駅前で空襲に遭って犠牲になった。

第十項　敷香からの疎開

敷香町では、八月十三日以降、国境方面からの避難民が列車をはじめあらゆる手段で南下し、十七日になると、敷香町内の上敷香からも緊急疎開者が殺到し、翌十八日には敷香の老幼婦女子らも避難することになり、緊急疎開列車に乗り、大泊方面に続々と南下した。

敷香郵便局で交換手をしていた江口久枝さんは玉音放送後「局長命で軍用線が有るため交換台を止めることは出来ないので八名位残って交換を続けてほしい[51]」と言われ、残ることになった一人であった。その晩から江口さんら八名の交換手達は交換室で寝泊まりし、交換業務を継続したが、窓の外の街は騒然として、局の前を避難民を乗せたトラックが駅に向かって、次々と走り去っていた。十九日に敷香がいよいよ危険となり、敷香からの最終列車で脱出した。敷香郵便局を離れるにあたり「交換台と共に死ぬんだと言って頑張った[52]」そうだが、局長ら上司たちの説得で避難を決意した。それでも「交換台がいとおしく綺麗に掃除し交換台と別れた[53]」と戦後回想している。

敷香町を十五日までに列車で出発した避難民は無事北海道に渡れ、十六日から十八日の三日間に出発した老幼婦女子の「大部分は大泊を出港することが出来た」[54]。当時敷香町助役であった田下初太郎氏によると「十九日町内会長を役場に召集して、二十日朝六時を期して全町民に避難するよう指示した。同時刻になるとサイレン吹鳴に合わせて、徒歩、馬車などで民族の移動さながらに南下を開始した」[55]。

敷香支庁司税課に勤務していた千川勇氏は次のように回想している[56]。

サイレンが連続して鳴ると、街はハチの巣をついたように騒然となり、われ先にと荷物を背負った人たちが敷香駅に走った。しかし列車は出ない。あきらめた町民は砂の道を歩き出した。オタスの杜の数十人のオロッコ、ギリヤーク、ヤクーツ（ママ）もトナカイを率いてその列に加わった。栗山支庁長以下の私たち支庁職員がおそらく最後に町をあとにしたのであろうが、道ばたには疲れと恐怖から少しでも早く、遠くに逃げ延びたいという町民が捨てていった荷物が延々と続いていた。

しかし、この連絡は完全には伝わっていなかったようで、突然のサイレンの意味はわからず、ただ非常事態だという認識で外に飛び出し、道行く人に聞いたり、役場にかけこみ状況を把握したという人もいた。

既に、二十日には緊急疎開列車の始発は敷香ではなく、十八キロ南の内路となっていたようだが、住民たちはそのことを知らず、駅に多数の人が集まったようだ。その周囲には、乗って来た、馬や馬車、リヤカー、自転車などが乗り捨てられており、人々の興奮が馬にも伝わったのか、暴れ馬となっていたという。

この日、ソ連軍により、敷香の「王子製紙の旭寮が空爆され、四八名が死亡した」[57]。この後、町の一角に上がった火の手が町中に広がり、敷香の街は焼け落ちた。戦後、ソ連軍は特設警備隊が放火したとし、同隊の指揮官を捜索したが、遂に逮捕できなかった。尚、この火災について、本当に同隊が焦土戦術を取って、火をつけたのか、或は自分達が築き上げた町をソ連軍に渡すことを潔しとしない住民の手で、上敷香のように火を放ったのか、或は、王子製紙旭寮の爆撃による火災が広がった結果なのか、不明である。ただ、戦後北海道庁総務部が纏めた『戦前における樺太の概況』には「我軍焦土戦術を執り町内大火となる[58]」と記している。

第十一項　内路からの疎開

敷香から脱出した人々は鉄道以外の手段で約十八キロ南の内路を目指した。内路までの道はツンドラ地帯にあり、左手にはオホーツク海が、右手はるか遠くには樺太山脈がうっすらと見えた。内路には陸軍の飛行場があった。

余談であるが、昭和十六年頃、寺内寿一陸軍大将が樺太を訪問し、当時敷香支庁長だった金子利信氏（終戦時、樺太庁地方・兵事課長）が知取まで出迎え、一緒に乗車した。金子氏によると、列車が内路に近づいたとき、車掌が入って来て窓のカーテンを全部おろしたところ『これは軍の指示か、飛行場なんか気にすることはないよ、却って乗客の注意を呼ぶからダメだよ、バカなことだ』[59]」と話し、「その翌日から列車のカーテンおろしは全部中止になった[60]」。しかし、その内路飛行場も終戦時に飛行機は一機もなく、もし、カーテンをおろすとしたら、四年前とは「違った」理由であろう。

さて、敷香から列車に乗れなかった老幼婦女子も男達と一緒に炎天下の中をひたすら歩いていたが、老人や乳飲み子や病人を抱えた家族の中には、これからのことを悲観して、一家心中をしたり、見も知らぬ近くの人に殺してくれるよう頼んだりしていた。また、そうでなく歩き続けた人々は、少しでも荷物を軽くしようとして持参した荷物を捨て、それは道標のように、点々と内路に向かって放置されていたが、誰も拾うものはいなかった。

内路の街は、十六日頃から西海岸の恵須取方面から内恵道路を踏破して来た多数の避難民でごった返しており、「統制ある疎開は困難を極め、（引用者注：同日）早朝出発した者は成功した[61]」が、大部分は大泊や豊原にたどり着いたものの、乗船には至らなかったようだ。その内路村でも二十日に「全村民知取方面に避難[62]」を実施していた。緊急疎開列車もここから出発していたが、恵須取方面、国境・敷香方面からの避難民及び、内路村民で駅前はふくれ上がり、大変な混雑ぶりであった。

恵須取方面からの避難民は敷香方面からの避難民に内恵道路にはまだ大勢の避難民が歩いていることと。それも足腰の弱い老人や女子供達は置き去りにされたり、自ら諦め座り込んでいる者もいたり、これからのことを悲観して一家心中をした人達がいることを涙ながらに語っていた。そして、不定期に到着する列車には、ホームで待ち構えていた溢れんばかりの避難民が我先に列車にとりついたり、周囲の人を押しのけて乗車しようとする者で大混乱であった。すると内路憲兵隊の佐々木伍長は銃身の長い拳銃を腰から抜いて空に向けて、いつでも発砲できる構えを見せ「よーく聞け、老人、婦女子を先に乗せよ！その後が男子だ。順序良く乗車せよ！憲兵の言うことを聞けない奴は射殺する！[63]」と一喝したところ、騒ぎは静まった。上敷香、敷香同様に、老幼婦女子優先の原則の下で乗せられるだけ乗せた。有蓋車の屋根にまで乗る者もいたが、それでも限界となると、兵士や駅員が避難民に列車から離れるように指示をし、列車を発車させた。駅前にいた男性の中には、酔った勢いで刀を振り回し、乗車を強要するものの、現場に居合わせた警察官が取り押さえるという一幕もあった。そして、乗車できなかった者は、徒歩で南下するものと、駅で列車を待つものにわかれた。尚、二十日の時点では、内路から大泊への直通運転はしていなかったようで、少しでも多くの避難民を北部から避難させようと、内路と知取（内路から約七十五キロ南）の間と知取以南で殆どの列車はピストン輸送をしていたようである。

第十二項　上敷香、敷香、泊岸、そして知取へ

既述の森川父子は、十九日、森川氏は敷香駅で母を見送った後、父や友人の木村泰三父子と一緒に、徒歩で南下する緊急疎開者の集団と行を共にした。そして森川氏ら四人は内路で列車に乗れず、歩きつづけ、内路から約十三キロ南の次の駅、泊岸についたのは、日も暮れ、辺りは薄暗くなっていたころだった。

泊岸の住民は皆、避難したようで人影はなく、どうせとまるのなら、一番立派な家にしようという事で歩き回り、門構えの立派な「ある家」を一夜の宿に選んだ。その家の台所には、米や味噌など、食糧もそのまま残されており、早速、夕食の準備を始めた。

一方、今夜泊まる家の二階を見に行っていた木村氏は、血相を変えて森川氏の所へ来て「森川、やっぱりここはだめだ。」という。なんでも、木村氏が二階にあがると屛風で囲まれた場所があり、その陰で、その家の主人と夫人とおぼしき二人が自刃していたというではないか。

森川氏ら四人は夕食が出来ると、それを持って、別の家に入り、一夜をすごした。

翌日の朝、九時頃、どこからともなく「最終列車がでるぞ」と聞こえてきた四人は泊岸駅に向かった。そこにやってきた汽車はスシ詰めでとこにも乗る余地がなかった。しかし石炭車の石炭の山の上だけは空いていたため、森川父子は石炭車を這い上がり石炭の上に乗り、煙突から飛んでくる火の粉に悩まされながらも、その日の午前中に、汽車の終着駅、知取まで行くことが出来た。ただ、終着駅といっても、予め、そう知らされていた訳ではなく、知取駅に汽車が到着すると、駅員から全員降りるよう言われそうせざるを得なかっただけで、目的地大泊に向かうには乗り換えなければならなかっ

た。しかし、森川氏らは、事情がよく把握出来ず、言われるがままに、地元の人達の誘導で知取女学校に収容された。この学校には約二千人ほどの緊急疎開者が収容され、そのまま二十二日の停戦協定成立を迎えた。

森川氏らが収容された知取女学校は海が地平線まではっきり見える高台にあり、校門の前は、坂道であった。二十一日頃の朝、目が覚めると、その坂道に五～六輛のソ連軍戦車がびっしりと止まっていて、緊急疎開者を驚かせた。

戦車兵は車外に出てうろうろしており、森川氏の言葉を借りるなら「目玉の青い奴らが、キョロキョロしながら戦車の周りにいた」。ところが運悪く、坂道から見える海のずっと沖合を敷香方面から南下して来た発動機船が「目玉の青い奴ら」に発見されてしまった。すると、戦車は砲塔を海上に向けて三輛ぐらいが一斉に威嚇射撃を行ない、発動機船の数百メートル手前に水柱が立った。しかし、撃たれた発動機船は威嚇射撃とはわからず、狙われたものと思ったのか、停船せずにさらに沖に向かって逃げ続けたので、三、四輛ぐらいのソ連軍戦車の一斉射撃を行ない、小さく見えていた発動機船は砲弾の直撃を受け、かたずをのんで見守る避難民の前で吹き飛ばされたという。

第十三項　落合からの疎開

落合町から緊急疎開の第一陣、三百人は八月十六日朝に出発予定であった。しかし、第一陣に入ったのは、官公署、鉄道、学校の勤務者の家族が選ばれていたことから、憤慨した一部の町民が銃や日本刀を持って役場に押しかけ、町長室に押し入った。大詔渙発の翌日ということもあり、住民も危機感が高まっているところに、「官優先」と取られてしまう役場の判断がこのような結果を産んでしまったのであろう。余談であるが、大泊にも近い留多加町では、落合とは逆に緊急疎開に反対する町民が日本刀で町長を強迫するという事件も起こっている。

ここで、十九日に落合から緊急疎開を行なった、伊藤みどりさんの回想を紹介した[64]。

私は拓銀に勤めていた長女と小学生の三男を連れ、リュック一つを背に十九日午後二時、落合駅から有蓋車に乗った。駅まで送ってきた十五歳（かぞえ年）の二男が別れる寂しさから泣き出し、しまいには線路に泣き伏すあわれさ。夫がなだめながら抱きかかえるようにして離れていく姿はいまもまぶたに焼き付いている。

豊原駅に着いたのは午後六時ごろ。駅員が「朝まで静かにしてください。ほかの列車の人は豊原で下車させるのだから」といい、外から錠をかけ、翌朝まで放り出されていた。真岡が艦砲射撃を受けている話を聞いたが、私たちの列車が大泊についたのは二十日の夕方、桟橋は疎開者で埋まっていた。三日も船を待っている人が四万人いるとか乗船の見通しはない、といった情報が乱れとんでいた。

第十四項　落合空襲

当時、落合の町では樺太庁からの指示に従い、建物はそれぞれ大きな白旗を掲げていた。また、国境方面からの避難民が多数集まり、彼等は錦座劇場や落合高女をはじめ、町内各所に収容されていた。八月二十一日午後、同じ町内の内淵の帝国燃料興業内淵事務所が八機編隊のソ連機による空襲が行なわれた後、飛行機三機が内淵方面から落合上空に飛来した。落合には陸軍の大谷飛行場もあり、町民はソ連機の飛来とすぐに判断できなかった人が多かったようである。この攻撃は落合駅付近や映画館錦座劇場付近で行なわれたのか、駅前から発生した火災が町内に広がった。

落合町助役だった降矢武司は次の様に回想している[65]。

飛行機三機が内淵方面から落合上空に飛来した。大谷の日本軍飛行機は、終戦と同時に内地に飛び去った筈なので、町民は不審に思っていたところ、突如低空飛行をはじめた。咄嗟に爆撃と感じ、空襲警報が発令されたが、サイレンと同時に爆撃と銃撃が行なわれた。この爆銃撃で町の中央部が約三百戸瞬時に焼失した。北方地区の避難民が六百名ほど収容されていた錦座劇場は難を免れたが、周辺の防空壕に避難した町民二十数人が犠牲となった。これらは役場吏員の手で町の墓地へ埋葬された。

落合町役場吏員であった吉田正雄氏は駅前で避難民援護活動を行なっていて、空襲に遭遇した。吉田は目の前で起き、巻き込まれた空襲を次のように回想する[66]。

二十一日。私たちは駅前にテントを張り、婦女子の疎開の事務をやっていた。と、内淵方面で落雷のような音がして、怪訝そうにみんなが語り合っているとまもなく、内淵の空の方から低空でソ連機が突っ込んできた。駅が目標と判断した私たちは、駅前に集まっていたおおぜいの人たちに「近くの防空壕に避難するのだ」と叫び、私自身も壕に飛び込んだ瞬間、ものすごい振動で、壁にからだをいやというほど打ちつけられた。

爆音が小さくなるのを待って、出てみると駅前の目抜き通りはすでに火に包まれていた。私たちはそれから警官と一緒にトラックで犠牲者の死体収容にあたったが、敷香方面からの疎開者が一時収容されていた錦座付近の壕には死体が折り重なって悲惨をきわめていた。死傷者数は正確に把握していないが、相当な数であった。

吉田氏の回想にある「内淵方面で落雷のような音」とは、内淵にある人造石油工場への爆撃の音である。落合空襲で錦座とその付近も大被害を受けたが、その錦座には恵須取、敷香方面からの緊急疎開者が収容されており、当時落合警察署に勤務していた星加健逸氏によると、ここだけで「四十名以上が死亡し、負傷者も多数生じた[67]」との事である。また「錦座の爆撃跡はせい惨を極め、壊れた屋内に避難者の持ち物が散乱し、婦人、子供の無残な死体が横たわって一面血の海[68]」であったという。

当時、落合の王子製紙に勤務していた松田勝義氏によると、落合の駅前には役場のテントだけでなく、大きな赤十字のマークを付けたテントもあり、避難民への救護活動も行なわれていたが、そのテントも低空からの爆撃を受け多くの犠牲者が出た。

第四章に既述の豊原逓信局員国枝隆氏（支払用現金輸送中）はこの時、列車にのったまま落合駅で、ソ連機の空襲に遭遇した。その時の事を以下のように回想している[69]。

散々待たされたあげくのこと新しい情報でも聞けるかと思い駅の改札に向かって行くと、あわただしく駅員の走り廻るのをみた。何か異変かと思っていると駅員が大声で……早く避難して下さい、いま内淵炭鉱が空襲されているが、落合にやって来るかもしれない……と言う、一方メガホンで乗客に……車内の方は直ちに防空壕に避難してください。……と私は急いで列車に戻り、川村君と共にリュックを背負って小走りにホームを走った。其の時すでに飛行機の爆音がして駅の上空を飛んでいる、最早防空壕迄逃げる暇はない、私は其の時脳裏には終戦後と言った観念が閃いて、あの飛行機は或は友軍機ではないかと思い上空を見るとかなりの高度で機体が小さく見える。五、六機の編隊である、其の瞬間飛行機の真下を鳥が五、六羽飛んでいるのを目撃した。と同時に物凄い爆発音がした、危険を感じて私は逃げ場を捜し無意識に駅構内に野積みにされている小荷物の中に身を隠した。其の時思った事は投下された爆弾の落下状態が丁度鳥が飛んでいる様に見えたのであった。空襲を初めて体験した者の錯覚であった。爆音は再び大きくなりダッダッダッと言う機銃掃射の音が響く、其の音も去ったので、恐々顔を上げてみると視界に広がるのは真赤な火柱ともうもうと立ち上がる黒煙だった。私達は何時の間にか駅前広場にでていた。人の被害は駅前が一番酷いらしい。話しによると北方面から避難南下してきた避難者の一行は此処で一旦下車し休憩してゆく予定で駅前の旅館を訪れて居る時空襲を受け、一斉に外にでたところを機銃掃射を受け、死傷者を多数だした由で、路面には血痕の跡が生々しく残っていた。其の悲惨さは目を厭う有様であった。

敷香局の交換手だった既述の、江口久枝さんも落合空襲に巻き込まれた一人で、落合に到着したのは二十日であった。列車は大泊まで行く予定であったが、これ以上進めず、乗客全員が落合で下車させられ、落合局に泊ることになった。落合には、敷香郵便局の前局長だった方が軍に召集された方が居たため、二十一日は会いに行っていた。その帰りに落合駅に着いたとたんに空襲に遭遇した。[70]

すぐ防空壕に入ったが地響きがすごくゆれ今にも崩れ落ちそうで恐さと、命に従わずに寄り道した事で大きな声でワンワンと泣いてしまった。

壕入り口から見える目の前は眞赤な火の海で火柱が無数に立っていた。その時入口の前で見張っていた兵隊が五才位の男の子を抱いて壕内に大きな声で誰かこの子を面倒見てくれる人はいないかとさけんでいたが誰も我が身さえどうなるか分からない状態の中で引受ける人はいなかった。

兵隊は誰もいないなら俺はこの子と共に死ぬんだと言った。その声で誰か奥にいた夫婦らしき中年の方がよし俺が引受けるよと言ってその子を受け取っていた。

その後、江口さんは燃えている落合の町の中を歩いて落合局に戻ったが、その途中「怪我人や死人がゴロゴロしていたが声掛ける事も見ることも出来ずに夢中で局に辿り着いた[71]」。

本項冒頭の降矢助役の証言によると「突如低空飛行をはじめた。咄嗟に爆撃と感じ、空襲警報が発令されたが、サイレンと同時に爆撃と銃撃が行なわれた[72]」とある。落合駅前が空襲にある前、同じ町内の内淵でソ連機による空襲を受けた連絡は当然、町役場に入っていたはずである。ここから想像されるのは、恵須取や敷香方と面と違い、ソ連軍の攻撃を受けていなかった南樺太南部では、大詔渙発から一週間もたち、北部地区では戦闘が行なわれていても、落合ではもう戦闘に巻き込まれることはないと判断があったのではなかろうか。また、同じ落合町内である内淵が空襲を受けたという知らせを聞いても、偶発的なものと考えていたのではなかろうか。

さらに、内淵と落合の空襲は報道がなされなかった。これは動揺を防ぐ為の判断と推察できるが、翌二十二日には豊原も空襲にあった。豊原には一門の高射砲もなかったが、もし、この事件が知らされていたら、豊原駅前に集まっていた緊急疎開者を移動させることは出来たであろうか。

第十五項　四式重爆飛龍、大谷飛行場ニアリ

落合町内には、大谷飛行場という陸軍の航空基地があった。

降矢助役の回想には「大谷の日本軍飛行機は、終戦と同時に内地に飛び去った筈」という文言があるが、これを逆に読むと、終戦までは日本軍飛行機がいたということである。もちろん、その飛行機が戦闘機や爆撃機のような直接戦闘行動に参加しうる機体なのか、偵察機、輸送機なのかはわからないが、今までいなかったと言われていた飛行機がいたと間接的に言っているのである。

ソ連参戦時、樺太には一機の航空機もなかったということが定説とされ、様々な文献資料にもそのように書かれている。

これに関し、興味深いことに第三章で触れた通りの福井参謀が戦後、インタビューの際「4式重爆は一時落合に移ったことがある。落合を根拠に訓練していたが、敵が樺太に来たので帯広に戻ったという記憶がある」[73]と答えている。

敗戦直前の七月三十一日から落合の大谷飛行場の工事に動員されていた当時中学四年生の千葉藤雄氏は八月四日か五日頃、格納庫前に駐機している四式重爆飛龍を目撃している。ちなみにその機体が飛龍であるということは、その場にいた下士官に教えられたという。同機四機は八月十五日午後三時頃飛行場から南に飛び立ったようである[74]。因みに四式重爆とは、戦訓も取り入れて昭和十八年に生産開始したばかりの最新鋭爆撃機で爆撃だけでなく、雷撃も可能で、その性能から陸軍だけでなく、名称を変えて海軍でも使用された爆撃機である。

これらはただでさえ、航空機が少ない第五方面軍の虎の子で、温存されていたのであろう。四式重爆は八百キロ爆弾を搭載しての最大航続距離が三千八百キロもあるため、余裕で落合飛行場と八方山付近を往復でき、かつ、水平爆撃より命中精度が高くなる急降下爆撃も可能であった。

もし、本機が八方山付近の中央軍道を埋め尽くしていたソ連軍の縦列に空襲を加えていたら歴史がかわっていたかもしれない。

福井参謀も「樺太作戦に使いたかった」[75]と前記インタビューの際、答えている。

勿論、こういう考えに対し、物量にまさるソ連軍が仮に八方山で補給部隊が撃滅されて進撃が遅れても、再度補給部隊を整えT34を先頭に攻撃をして来たら、日本軍は抵抗出来ず、結局樺太は占領されただろうという反論が返ってくると思う。確かに、反論を論破するのは困難である。ただ、一つ、この反論には盲点がある。それは「タイムリミット」である。

マニラ会談において、連合国は日本に対し、八月三十一日に東京湾で降伏文書調印を指示していたからである[76]（日本進駐開始は八月二十八日）。ところが直前になり、台風の為、日本政府が延期を要請し、四十八時間延期となったのである。ソ連軍の南樺太に於ける主攻は国境方面からのものであり、真岡への上陸作戦は助攻に過ぎない。いくら、戦車戦や砲撃戦が巧でも、砲弾と燃料がなければ、部隊は動けない。その状況で、真岡上陸作戦をソ連軍が実施しえたかという疑問を拭い去れない。そうなると、八月三十一日というタイムリミットまでにどこまで占領出来たかである。因みに、北方領土占領に使用された部隊は占守島で戦い、島伝いに南下した部隊ではない。ウラジオストックから大泊に輸送され、北海道上陸作戦に使用される予定だった部隊が、同作戦が中止となったため、北方領土占領に使用されたのである。

もし、八方山での空と陸からの反撃が成功し、ソ連軍の主力部隊の動きが遅れた場合、ソ連軍はヤルタ協定で占領を米国、英国から認められたとはいえ、それは日本にとってあずかり知らぬことである。降伏文書調印後に部隊の進撃をさせたであろうか。現実の世界に置いて、降伏文書調印がなされたのは、九月二日であるが、その後、ソ連軍は歯舞諸島を占領している。しかし、これは、現地指揮官の勇み足であり、正式な命令によるものではない。

また、アメリカの大統領は戦後の米ソ宥和を信じていたルーズベルト大統領ではなく、反共感情を持つトルーマン大統領であり、ヤルタ協定があるからといって、ポーランド問題で両国間に亀裂が生じているのに、素直に降伏文書調印後のソ連軍の進撃を容認するかどうか疑問がある。

さらに、日本側から見ると、最終的に南樺太を放棄するとしても、ソ連軍の進撃が遅くなればなるほど、自らの手で一人でも多くの日本人を北海道方面へ脱出させることが出来たであろう。

このようなことを考えても意味がないかもしれないが、こういう思考もまた、歴史研究の醍醐味ではなかろうか。

第十六項　北海道に樺太村建設

二十日にソ連軍が真岡に上陸した二十日のの樺太新聞には「〝樺太村〟建設の第一歩　農業会が隣道に出張所」という記事が掲載された。そして翌二十一日には「北海道樺太村建設への期待」という社説と共に、次の広告が掲載された[77]。尚、下記資料は読み易いように、現代仮名遣いに改め、漢字も新字体を用いた。

樺太村建設者募集

州民諸君に告ぐ。われらは一日も早く感傷を払い、過去を清算して新日本再建のために勇躍立上ろうではないか。

われらは第二の故郷を、わが日本最北端の国土、北海道に求めようと思う。

そこに三百万町歩余の肥沃なる農耕適地が未開のまま、われらの協力を待っているのだ。この大地に鍬を降し大きくどっしりと腰を据えて、明朗なる樺太村を建設し、新しい構想の下、神州の不滅を信じつつ、そして国体の護持と国力の培養を希いつつ、北方民族文化の建設に邁進しようではないか。

希望者諸君は至急左の方法によって申し込まれよ。

記

一、入地予定先

志別、和寒、妹背牛、納内、黒松内、狩太、比羅布、南尻別には既に各一千戸宛家屋建設し
あるにつき、計八千戸は取敢えず右地内に入地せしむ。
以上の他……北見、宗谷、天塩、網走四支庁管内の未墾平原の処女地に約三万戸十五万人の
州民を纏めて入地し新樺太村を建設す。

二、申込様式
本籍、住所、家族疎開連絡先、氏名、生年月日、家族数、現在までの職業及勤務先入地希望
地
右を端書又は端書大の用紙に明記すること
直接事務局に出頭口頭申込も可なり。

三、送付先は申込先
樺太庁義勇隊本部内
　樺太村建設協会本部事務局

四、申込期　至急

樺太村建設協会事務局
後援　樺太庁
　北海道庁
　樺太農業会
　北海道農業会
　樺太開発株式会社
　樺太興農株式会社

また、社説も樺太という寒冷地を開拓し、農業を行なってきた実績と樺太という寒冷地で生れ育った特性を持つ自分達だからこそ、北海道開拓に適しているという積極的な内容で、上記広告を推奨する意図の下で書かれたものと推測する。

「樺太村」というアイデアは緊急疎開を行なうにあたり、身一つで北海道に脱出した避難民（もちろん全てではないが）に職を与え、自活避難民を自立させる事。すぐに作物は収穫できないにしても、突然の大量の避難民で食糧不足が危ぶまれる北海道での食糧増産。樺太ですべてを失った者、樺太を離れても身寄りのいない人々に新しい故郷と職と希望を与え、治安悪化を少しでも防ごうという狙いもあったであろう。

樺太で父祖がゼロから開拓した農地を捨てて北海道へ脱出して来た農民には渡りに船の方策であろう。ただ、この広告が北海道内ではなく、樺太で出されたことから考えると、ソ連軍が迫りながらも父祖の地と汗のにじんだ開拓地を捨てられない農民が多数いたことや、樺太から命からがら身一つで脱出した人々の士気の高揚と衣食住が確保できるという安心感を与えるという目的の下に行なわれたと思われる。

ただ、人の手の入っていない原野の開拓の困難さは、上記広告の後援団体として名を連ねていた樺太農業会はよく分っていた。

上記広告に先立ち、八月十八日に樺太農業会は「北海道に樺太村建設計画をたて、食糧・物資・トラクター・農具等を輸送手配」[78]している。

終戦時、樺太農業会に勤務していた吉川金次郎氏は「八月二十日午後二時に樺太農業会のトラックが倉庫に残された農機具を北海道に送るのに漁船を雇った[79]」と回想している。吉川氏のように樺太農業会が「直接手配」した漁船なら必要なものを北海道に送ることができただろうが、ソ連軍は二十三日に樺太から北海道への渡航禁止命令を出し、密航をして洋上で見つかった場合、容赦なく銃撃を加えられ、停船させられた後に逮捕。逮捕後は最悪の場合、シベリアが待っていた。公的な緊急疎開船に乗せるにしても、新聞広告を出した二日後の二十二日朝には大泊駅長からの要請で、この後の列車は豊原で停止するよう要請あり、実行されただけに「モノ」より「人」の輸送を優先させたと考える。

果たして、どれだけの「食糧、物資、トラクター農具」が樺太から北海道に持ち込めたか不明である。

筆者の手元に昭和二十四年七月十五日に全国樺太連盟が出した『中央情報』という機関紙がある。この第七面に「樺太の農家　北海道入植　既に四千五百戸」という記事が掲載されている。これによると、当時北海道には「樺太帰農協同組合」という組織が昭和二十二年に発足し、北海道各地への入植者の受入支援団体として活躍した。これにより昭和二十三年度までに四千五百戸が北海道各地に入植し、さらに二十四年度には「全道に入植待機している樺太引揚者農家を主体とする三千五百戸の入植計画に基づいて本組合では入植者受け入れに万全の準備をしている次第であります[80]」としている。ただ、安易に入植者を募集したりはせず、この記事の最後に「資金、資材は極度に逼迫して居りますので、就農者は一段と思いをここに致して更に一層の決意を定め、如何なる困難をも克服してやり抜く覚悟がなければ、此の地に第二の故郷を建設することは覚束ないと存じます」という文章で締めくくっている。また、樺太からの避難民や引揚者は北海道だけでなく、岩手県岩手町の豊岡地区を始め、本州各地でも未開の荒れ地を開墾し、戦後の食糧難の中、耐えに耐えて、新たな耕作地を切り開き、「第二の故郷、樺太村」を作った。

第十七項　大泊港

大泊を目指して南下する列車はその外見で沿線住民を驚かせた。大詔渙発の翌日である十六日朝に大泊の隣村の千歳村を通過する疎開列車を見た渡部千穂子さんは、列車の様子を次のように回想している[81]。

十六日朝、近くを通る列車をみて驚いた。無蓋車に女、子供がこぼれんばかり、次の客車は屋根にまで人がしがみついていた。列車は次々にきたが、車窓からのぞくと、奥地から何日も炎天下を歩き、疲れはてて鉄道のある町にたどりついたのであろう、汗とほこりにまみれた人たちは生きているのか死んでいるのか、身動きもせず、うつろな目を外に向けている。血のにじんだ包帯をしている人たちのグループの貨車が駅を通過したとき、私は「しっかり、もう少しのがまんよ」とホームを走って叫んだが、防空頭巾のなかから黙って、寂しげな笑顔をみせる女の顔が目にはいったとき、私はこうはしていられないと大急ぎで家に帰り、母や弟妹をせかせて疎開の準備をした。

緊急疎開者は必死の思いで、大泊港まで到着したものの、そこで気力が尽き果てて亡くなる人。産気づいてその場（岸壁）で出産する人、故郷や避難の途中で離ればなれになった家族を探す人等、船に無理やり乗船しようとして船員に強訴する者等々で混乱を極めていた。老幼婦女子の乗船を優先させ、十五歳以上六十五歳未満の男性は「基本的に乗船させなかった」。しかし「年老いた家族を船内まで送らせてくれ」「子供が小さいので荷物を船内まで運ばせてくれ」と言って、そのまま下りない者もいた。

疎開者が乗船する船も宗谷丸のような大型の連絡船、貨客船だけでなく、漁で使うような小型の発動機船まで、自力航行出来るありとあらゆる船を集められるだけ集めた。

岸壁で七人の子供と離れ離れにならないよう、自分と子供達を紐で結び、船を待っていた小柳ヒフミさんも発動機船で宗谷海峡を渡った一人だった。乗船者の差配をしていた憲兵が、不安げに岸壁で七人の子供と離れ離れにならないよう、自分と子供達を紐で結んでいる小柳さんを見兼ねたのであろう。出発直前の発動機船で人が乗れるスペースに荷物を載せているのを見つけ、その荷物を降ろさせ、小柳さん親子を乗船させた。荷物を降ろさせられた人は不満を小柳さんにぶつけた[82]そうだが、大人一人と子供七人の乗るスペースが確保できるだけの荷物となると、緊急疎開要綱で決められた手荷物の量を越えていたのではなかろうか。その上、荷物より人を優先させていた当時の状況から、憲兵はためらうことなく前記命令を下したのであろう。

歩兵第三百六聯隊の将兵、憲兵、警察、消防、地元警防団は避難民の列の整理や誘導、乗船介助などを行ない、地元の婦人会は炊き出しを実施。船待ちの間に上記のように病人が多数発生するため、樺太医専の教授、学生達は樺太庁の求めに応じて、大泊港にて医療支援活動を行なった。駅から桟橋までは延々と続く行列ができ、一度、行列から離れようものなら、元の場所に戻れるような状態ではなかったため、排せつ行為はその場で行なわれ、特に女性の場合は布があれば、それを臨時のカーテンとし、なければ、周囲の婦人が彼女を囲むようにして、用を足したという。

また、波間には毛布や衣類に包まれた多くの赤子の遺体や子供、老人の遺体も漂っていたという。港まで来て息を引き取った者、船に乗ろうとして転落した者達だろう。その一方で、直射日光を浴び、それらを遮る物がない港で待ちきれず、海に飛び込んで暑さを紛らわす者もいた。

当時の大泊港という空間は、生と死が共存する異様な空間であった。

そのようなところへ、国境方面から緊急疎開列車は老幼婦女子を満載して、続々と到着。車両内に乗れない人は客車や有蓋車の屋根にのったばかりか、石炭車や機関車の先頭や運転室にまで入り込み、中には煙突にぶら下がる者もいた。煙突にぶら下がるといっても、煙突は熱を持っており、それを和らげる為に煙突に布団を巻き、そこに自分や家族をひもで結び付けて、振り落とされないように必死でつかまっていた。

一方、南樺太南部の住民は鉄道沿線でも乗車の余地がないため、馬車を仕立てたり、自転車、徒歩等のあらゆる手段を用いて、直接、大泊港に押し寄せて来た。その為、緊急疎開者は港周辺の倉庫、映画館、寺院、空き家などあらゆる施設に収容された。緊急疎開が始まった頃、緊急疎開者は昼間は埠頭で並び、夜には収容先に戻っていた。それが次第に港から緊急疎開者を送り出すのが間に合わなくなり、昼間だけだった行列が夜になっても途切れることがなくなり、緊急疎開者は北国の夏の夜の冷たい潮風にさらされて震え、家族同士はお互いに身を寄せ合って、その順番を待った。

既述の通り多くの人が避難民の支援にあたっていたが、避難民を大泊まで引率してきた各町村の役場の人々も自らも避難民でありながら、住民への世話を続けていた。恵須取支庁振興課に勤務していた渡辺市郎氏もそのような一人だった。渡辺氏は大泊に到着すると、かつての同僚を頼って、自分が引率して来た避難民の為に子供用の靴や練乳などを入手し、配ったりしていたが、渡辺氏は彼らが北海道へ渡った後のことも考えて行動していた。以下の文は渡辺氏の回想文である。

私はノンビリはして居られず北海道に渡ると必要になるだろうと思い廻らし倉庫隣りに豊原憲兵隊大泊分駐所がありましたので相談し、ガリ版を借り自己流の疎開証明書を憲兵分駐所長憲兵少尉某（氏名の儀は忘却失礼）と職印を押印し作成するも夜分に入った為全員に朝食後記入し渡す。これは最終目的地に至るまで何度でも反復使用できる国鉄私鉄共無料乗車でき再発行の方途の無い為決つして紛失しない様告げ朝来からの疲れで暇眠に入りました。朝食らしきものを食べ直ちに寸秒を惜しみ証明書の手書きを始めました。本州に落ち着く方々の分は本籍住所氏名と何とか判りますが、朝鮮に帰る方々の分は全羅南道、慶西覆道（ママ）、何々県〇〇邑と大変苦労してなんとか格構（ママ）を着けました[83]。

その船を待つ人々の中に、男ばかりの集団がいた。彼らは本国送還を待つ朝鮮人の第一次送還組千五百名である。その送還任務に従事した樺太庁警察部特高課の警察官であった斉藤善也氏は次のように回想している[84]。

私は留多加署の同僚ら十余名の編成で、樺太庁が終戦処理の一環として実施した朝鮮人の本国送還の任に当たるよう命を受け、八月十九日大泊港第二ふ頭にその体制を整えた。これらの朝鮮人は徴用で大泊海軍飛行場に就労しており、第一次千五百名を送還するのである。そのころ、大泊港には、内地引き揚げを急ぐ老人や大きな荷物を抱えた婦女子あるいは親を探して泣き叫ぶ子供らでゴッタ返しの混乱を見せていた。

朝鮮人の引揚船には、一般の引揚者とともに客船「白龍丸」が当てられた。用務の往路は格別のこともなく八月二十日、無事小樽に入港し、北海道警察との引継ぎを終えた。そして第二回の輸送に就くため、われわれ一行を乗せた貨客船「大東丸」（約九百トン）が小樽を樺太に向けて出港したが、その夜半になってどうも進路がおかしい。船長に尋ねたところ「この船には樺太向け糧米五百俵程積んでいるが、関係機関から無線でこれを北海道へ返送せよとの指令があり、途中から北海道へ引返している」という説明。われわれ一行は、そのため稚内に滞留を余儀なくされた。

斉藤氏は以上のように回想しているが、この後、どのくらいの人数の朝鮮人の送還が何回にわたって行なわれたかは不明である。昭和八年度より、樺太（恵須取）と朝鮮半島北部の西海岸の港町、雄基ら三港を結ぶ定期航路が開かれていた[85]が、ソ連軍の同地区の占領という問題もあり、他の避難民と同じ船に乗船させている。

ちなみに八月二十日に小樽に入港した白龍丸というと既述の鈴木裕氏ら上敷香からの避難民と同じ船であり、乗船に際して日本人と朝鮮半島出身者の区別はなかったものと思われる。

朝鮮人徴用者についての送還には触れたが、恵須取を始めとする樺太各地には、自らの意思で単身、或は家族と朝鮮半島から移住してきた人達がいた。そして朝鮮人だから、緊急疎開から除外されたと語る人々もいる。ただし、それが樺太における対ソ戦中に実施された「緊急疎開」で除外されたのか、昭和二十一年十二月から開始された「引揚げ」で除外されたのか。仮に「緊急疎開」の時であったとしても、それが「除外」なのか「漏れ」なのか。或は、自分の順番が来る前に、交通機関が停止したり、ソ連軍の占領下に入ったのか、仮りに差別があったとしても、それが公的に行なわれたのか、担当者の個人的感情で行なわれたのか、それらを客観的に証明する史料を筆者が調査した限りでは発見できなかった。

第二十三項に記したが、大泊港での中国人労務者の送還の目撃証言はある。

また、朝鮮人徴用者ほどの人数ではないが、二十一日と二十三日には、豊原刑務所（所長牟田初太郎）に収監されていた思想犯、死刑囚等が五十屯の機帆船で大泊港から札幌を目指して移送された[86]ことから考えると、緊急疎開計画で決められた十六万人の島民の北海道への避難完了は不可能という前提で、ソ連軍占領後に予想される混乱を少しでも抑えるべく（もちろん、残留邦人の安全のために）、上記の人々を優先乗船をさせて樺太を離島させた事が考えられる。

大泊港から緊急疎開船で次々に住民を北海道へ脱出させていたが、樺太庁経済保安課には北海道庁経済保安課から、北海道の食糧状況の連絡と樺太にて保管されている米、味噌、醤油、魚介類などを至急送ってほしいとの要請があった。樺太から短期間で大量の疎開民を受け容れる者の、北海道側も彼らに提供する食糧が不足していたのである。そこで、樺太庁経済保安課は樺太食糧営団や軍に北海道へ輸送する食糧の手配を依頼。上敷香の旧師団司令部の最寄り駅のような国境地帯をはじめ、各所から大泊に食糧が輸送された。

このような依頼は北海道庁経済保安課だけでなく、第五方面軍司令部からも「日本は極端な食糧難であるから、疎開者と併行して樺太にある軍用食糧を北海道のどの港でもいいから急送せよ[87]」との軍命令が下ったようで、八月十八日から豊原山道の逢坂、二股方面に貯蔵されてた陸軍の食糧、毛布等が貨車で続々と大泊へ運ばれてきていた。

この軍用物資の輸送について、大泊の水産業者米倉八郎太氏は次のように回想している[88]。

北部地区におけるソ連軍の侵攻は急迫を告げ、ウラジオ艦隊が、いつ大泊湾を閉鎖するやも知れず、食糧と疎開者の輸送は急を要すると判断した大泊地区陸軍衛戍司令官串崎大隊長は、前記の逢坂、二股からの輸送完了を待っていれば間に合わずとして、とりあえず近くの喜美内方面に集積してある軍用米と食糧営団が大泊の埠頭倉庫に持っている米、および大畑に貯蔵してある一万数千俵の米と交換することに話を決めた。

こうして十九日早朝から串崎大隊の兵隊の手によって樺太海陸運輸株式会社の船三隻に米の積み込みが開始された。

翌二十日も海防艦一隻、船舶運営会の貨物船四隻が大泊に入港したので、船倉の下部に米を積み、その上に引揚疎開者を乗せることにして泰東丸を手はじめに行なわれた。これには民間トラック会社から十数台が輸送その他を応援してくれ二十二日まで強行された。

ただ、これらだけで足りる訳ではなく、樺太庁長官は緊急疎開者の食糧確保のために、十九日、北海道庁に対し、盛岡と小樽の倉庫にある樺太の保有米二千百四十俵、秋田県船川港から積み出すことになっていた一万六千五百俵を疎開者用食糧に用いるよう依頼をした。

八月十三日の緊急疎開開始後、大泊からの疎開船への乗船者数について、海軍の船舶輸送司令部大泊支部が疎開航行の危険を考慮して、各船定員を僅かに上回るほどの避難民しか乗船させなかった。しかし、大泊からの速やかな緊急疎開者の北海道への脱出の為、樺太庁原田警防課長は、十八日、「輸送指揮官に軟化工作を行ない、同時に輸送中の事故は樺太庁長官において責任をもつことを条件に、乗船数を最大限にふやす許可をとったという[89]」。因みに、この「軟化工作」について原田警防課長が『樺太一九四五年夏』の著者である金子俊男氏に語ったところによると、「酒造家から十五樽の菰樽を借りさせ、輸送司令部の玄関先におろして、いかにも輸送船団の労をねぎらうように装って[90]」前述の乗船者数の緩和を認めさせるというものであった。そのかいあって、この直後から緊急疎開船に定員の二～三倍、海防艦など軍艦はマスト周辺まで、まさに床が見えなくなるまで疎開民を乗船させることが出来た。その為、船に乗れたものの、場所によっては、身動きすら出来ず大変であった。

当時九歳で町内会の人達と一緒に疎開船にのった小西孝蔵氏は掃海艇と思われる軍艦の機関室に収容された。艦内のところどころに、水兵が立っており、「奥に入れ」「奥に入れ」と言って、入れるだけの人をいれたそうで、二、三十分もすると気持ち悪くなり、外に出たという。

そこで、小西「少年」は仲間二、三人と共に水兵を手伝い、水兵は彼を「班長」に任命。水兵と一緒に避難民に乗船切符を渡したそうである。

この時期に緊急疎開船にのり、船倉に収容された人々の話を伺うと、皆一様に「酸欠で息苦しかった」と口をそろえて語る。

それでも、大泊港を出航する避難民より、大泊港に到着する避難民の方が多く、数千人の人が二～三日待っても乗船できない状態に到った。そこで二十二日朝、大泊駅長は豊原駅長に前日到着した避難民の収容先もないことから、これ以上の列車運行を豊原で停止するよう要請した。

二十三日になると、ソ連軍から北海道への渡航禁止命令が出されるが、港には数万人の避難民が北海道への便を待っていた。

ちょうど北海道への渡航禁止命令がソ連軍から出されてすぐ、大泊港に宗谷丸春日丸ほか二隻の緊急疎開船が入港した。折柄埠頭周辺に殺到していた避難民のうち、約一万人は我先にと乗船した。ところが禁止命令が出た直後のことで、三船の出航の可否と航海の安全——前日に留萌沖で緊急疎開船三隻がソ連潜水艦の攻撃を受け、二隻が沈没し一隻が大破して命からがら留萌港に緊急入港した（三船殉難事件）——も懸念され、関係者を悩ませた。そこで小幡大泊警察署長は樺太庁の後藤経済保安課長に対し電話でどうすべきか相談したのである。

後藤課長は樺太庁警察部の尾形警察部長の指示を仰ごうと考えたが、尾形部長は、昨日、知取町においで行なわれたソ連軍侵攻部隊長アリモフ少将との停戦会議に出席したまま身柄を拘束されて連絡も取れず、指示も仰げなかった。また、大津長官やその他の上司に相談しても、命令違反として責任を問われることになっては大変だと判断し、後藤課長は、小幡署長と二人で秘密裏に電話会談を行ない、ともかく二十三日夜に最後の緊急疎開船を出航させることを決意した。

そこで、小幡課長はさっそく大泊の日本軍海軍武官府に行って、いま亜庭湾内のソ連の艦艇の動静を調べ、湾内が全く暗くなるのは何時頃か、その他稚内までの航海で考えらえる危険について、綿密に調査した。やがて、これならば多少の危険はあっても無事稚内港に入ることが出来るよという見通しがついたところで、小幡署長から三船長に意見を聞いたところ、三人とも、ここでソ連海軍に拿捕されるよりも、どんな危険を冒してでも自分達は内地に帰りたいという。
また小幡署長は一万人の乗船者に対し、現状、危険性を正直に話し、それでもこのまま稚内まで行くか下船するか乗船者の意志確認を行なった。その結果六千人以上の人が三船に残った。小幡課長はそのときの事を、次のように回想している[91]。

夜の十時に三隻は大泊を出航したのである。それでソ連軍が右岸を通っているから、三船は左岸沿いにすすみ、そして最も湾内で広いところですれ違うようにする。それは船長の技術に信頼し、そのばあいは惰力運行で行うという方針であった。私らは夜、大泊の官舎でまんじりともせず、もし、これが拿捕された場合責任をとるという気持ちで樺太産のウイスキー・ポールスターを傍らの自分の机の引き出しに入れ、拳銃に五発の弾丸をつめて、連絡をまっていたところ、翌朝の四時ころ、無事ソ連の軍艦とすれちがって、もう稚内に向かって進んでいるという無電が大泊署に入ったので非常に安堵の胸をなでおろしたものです。

この時、宗谷丸を護衛中だった、既述の海上警備隊所属の北龍丸は国境戦で戦死した警察官の子女を乗船させていたが「知床岬附近で国籍不明の潜水艦に撃沈された『第十一札幌丸』の乗組員九名が漂流しているのを発見救助し、予定より二時間遅れて無事稚内に到着[92]」するという出来事もあった。
ただ、第十一札幌丸撃沈という事件は前記引用元の史料以外では発見出来てない。「第十一札幌丸」という船名が誤記という可能性がある。と言うのも昭和二十年七月五日、亜庭湾内で同名の船が米潜水艦バーブによって沈められているからである。また、文中の知床岬も誤記の可能性がある。宗谷丸等「最後の疎開船団」がソ連軍艦艇と遭遇しないように亜庭湾東岸に沿うように南下していた点から鑑みると、ここに書かれている「知床岬」とは樺太南部で亜庭湾東岸にある「中知床岬」の可能性がある。

このようにして、樺太から北海道への十一日間に及ぶ緊急疎開は幕を下ろした。最後の宗谷丸に乗船出来た長澤幸子によると、大泊の岸壁には沢山の人が残っており「それに乗れなかった沢山の人が『早く迎えに来て下さい』と泣き叫んでいる[93]」のを見ながら、船は出航していったという。

樺太からの脱出者数を把握するのは、極めて困難である。北海道への脱出は緊急疎開船による公式なものと、漁船で自らの家族、親類縁者、或は、有料で希望者を運んだ私的なものがあるからである。しかも、公式なものと言っても、正確な乗船者数を示す記録（乗船名簿）取られず、その乗船者数すら、誰も知らないからである。

当時、樺太庁地方・兵事課長であった金子利信氏によると「概数で大泊港六万七千六百人、本斗港一万五千人、真岡港その他五千人、合計八万七千六百人と推定されている[94]」。この数字の中には、各漁港からの自力脱出者も含まれている。

また、北海道庁の昭和二十一年の「樺太緊急疎開者調べでは、大泊など三港に動員された船舶数はのべ二百二十隻で、輸送数は七万六千六百九十二人、ほかに国警道本部からの報告として手塩百二十四人、枝幸七十六人、浜頓別七十八人、紋別三十七人、猿払四人、鬼鹿三人、沓形二人など、北海道のオホーツク、日本海北部の港に上陸したもの三百二十六人があり、合わせて七万七千十八人とされている[95]」。

また函館引揚援護局史では「八月中樺太からの避難引揚げ者、ならびに発動機船などによって稚内および付近の海岸に上陸した数は約八万人、その後の脱出帰還者は約二万人と称せられ[96]」ている。

これらの数値から判断すると、十一日間で樺太の人口の五人に一人が北海道に脱出したと考えられる。

この数値並びに、緊急疎開の手順、方法については、不明な点が多々あるが、短期間で様々な混乱の中、これだけの数の主に老幼婦女子を北海道へ脱出させた関係者の努力は、大いに評価すべきであろう。

そして、この緊急疎開に尽力したのは、樺太島内の人間だけではなかった。稚内市民を始めとする北海道民の真心、北海道の軍人や警察官、各役場職員及び国鉄関係者の努力も大いに、称賛されるべきである。

昭和二十年の人口調査によると、稚内町の当時の人口は二万九千九百八十三名であるが、これは同年十一月一日現在の数値で、各地からの引揚者が含まれており、終戦時の人口とは言い切れない。しかし、昭和十五年の国勢調査だと二万五千三百七十五名であるところから、終戦時の人口はその間と考えられる。その町に八月十三日から二十四日にかけて「約六万八千九百四十九人[97]」以上の避難民が樺太から着の身着のままで押し寄せて来たのである。

彼らが乗って来た緊急疎開船内の混雑ぶりは十五日以降、益々酷くなり、甲板、船倉はおろか、船長をはじめとする乗組員の船室等、緊急疎開者が立つことが可能なありとあらゆる場所（例えば洗面所）に可能な限り乗せて、稚内港に到着した。

その混雑ぶりを、島民疎開事務所で疎開者への援護活動に従事していた黒川清三郎氏は「いま思えば沈没しないのが不思議なくらいだった[98]」と回想している。

第十八項　宗谷海峡防衛戦

昭和二十年になると、戦況は悪化の一途をたどるばかりであった。二十年二月二十八日に軍令陸甲第三十四号により、新編兵団が誕生するのと同時に、定員二〇四名の第一～第四要塞歩兵隊が編成され、宗谷要塞には第三、第四歩兵隊が四月八日に編入された。

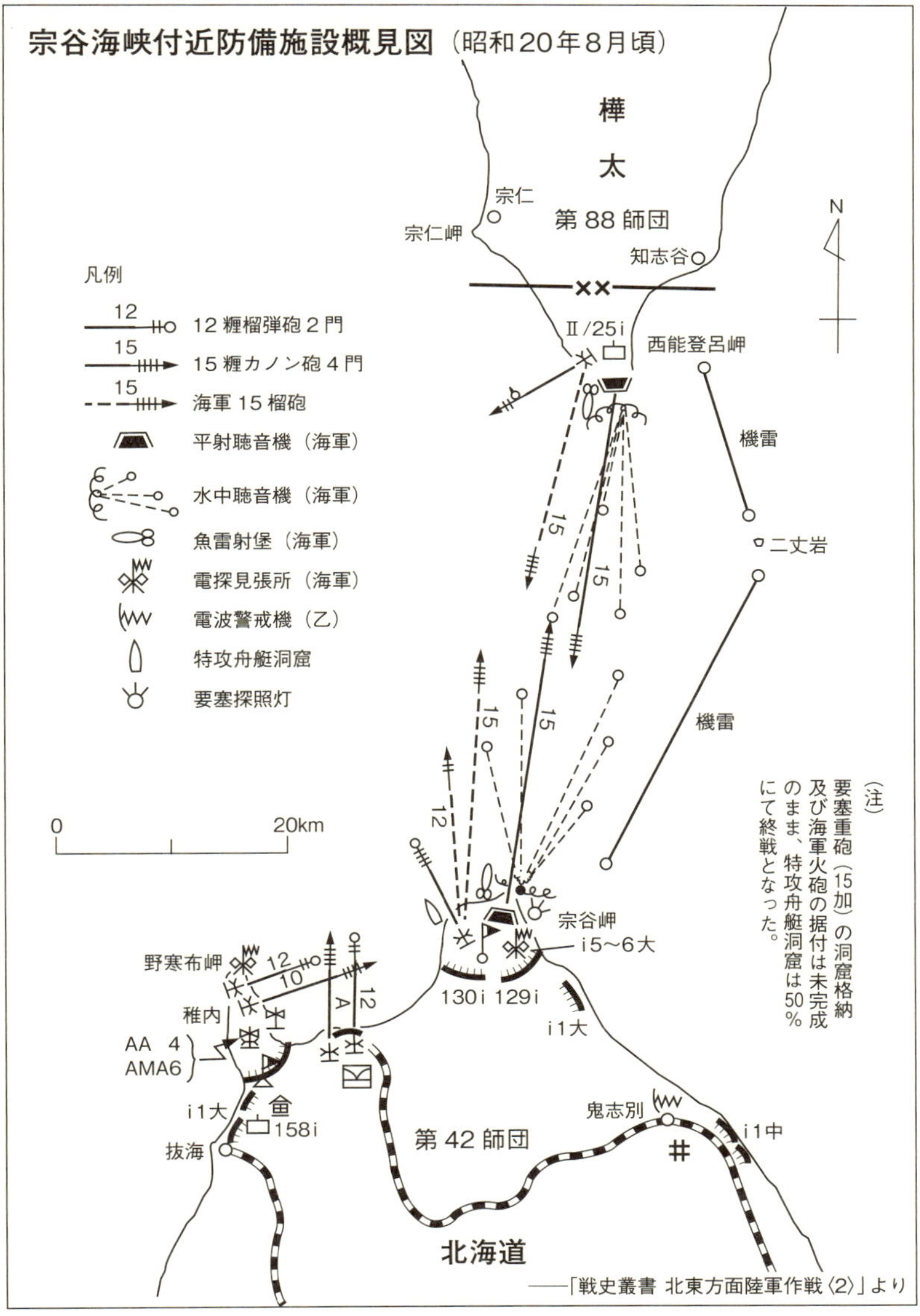

宗谷海峡付近防備施設概見図（昭和20年8月頃）

——「戦史叢書 北東方面陸軍作戦〈2〉」より

当時、第五方面軍は「単ニ海峡ヲ突破シテ日本海方面ニ進出シ国軍主力ノ背後ニ対シ脅威ヲ与ヘントスル場合ニアリテハ二～三コ師団ヲ宗谷岬東方猿払附近及樺太南端西能登呂附近ニ作戦セシムルコトアルベシ[99]」という戦況判断を示している。そのためか、中千島に防衛の任についていた第四十二師団は稚内への移動を命じられ、隷下部隊の歩兵第百二十九聯隊と歩兵第百三十聯隊は宗谷要塞を左右後背（内陸側）から護るように布陣した。さらに五月九日に発令された大陸名千三百二十六号では、宗谷海峡両岸の要地の確保を命ぜられ、宗谷要塞と西能登呂要塞の重要性は益々高まった。

第四十二師団は五月二十五日に稚内に移動（司令部）し、「宗谷要塞守備隊、第八九師団の一大隊、千島第一集団の独立守備歩兵第二大隊、第九十一師団の野砲二中隊、迫撃砲ニ中隊[100]」をと麾下部隊とした。

第四十二師団は海峡の防備強化の為、要塞の砲台を地下砲台とすることと、要塞防御の為の野戦陣地の構築を命じられていた。ただ、千島からの配船や輸送自体が困難であったため、終戦迄に稚内に到着できなかった部隊、もあり、当然、それら部隊が実施する予定であった陣地構築も間に合わなかった。

一方西能登呂要塞は第五方面軍から第八十八師団に一個大隊を西能登呂要塞に派遣し、要塞司令官の隷下にいれるよう、命じられ、歩兵第二十五聯隊隷下の一個大隊を派遣した。さらに、地下砲台構築のために樺太庁へ師団か依頼し、落合炭鉱から「発電機や工作機械、レール、汽関車等を用立ててもらい、苦難の末、これらを要塞への搬入に成功。おかげで工事ははかどったが、これも終戦には間に合わなかった。

宗谷海峡の両岸で陣地強化に励む中、米潜水艦は樺太近海で積極的な活動を起こしていた。七月二日午前五時半頃から十時にかけて海軍宗谷防備隊の電探施設がある海豹島を米潜水艦バーブはロケット砲撃と機銃掃射を加え、日本側も機銃掃射で答えたが、二名が戦死、建設中の電探施設も炎上、破壊した。その後、多来加湾を北上し、三日には敷香町の幌内川流域を砲撃、「五日には亜庭湾内砂（西能登呂岬北東方約三〇粁）沖合にて貨物船第十一札幌丸（二、八二〇屯）が被雷沈没した[101]。

さらに七月八日夜、栄浜沖へ米潜水艦が浮上、漁港に砲撃を加え、海岸陣地の歩兵第二十五聯隊第一大隊の速射砲が応戦し、直ちに十数発の命中弾を与えたが、弾丸に貫通力がなく、敵艦は潜没した。このような米潜水艦の活発な活動により、一時、樺太と北海道の海上交通路が途絶するという事態にまでなった。

その上、七月十七日、午前二時頃、樺太東線の白浜――白浦間で、闇の中で軍用列車が、地雷のため吹き飛ばされた。機関車は爆発孔に落ち、貨車は後方の数両の外は脱線転覆した。遺留品から米潜水艦の派遣した工作員による謀略と判断された。翌十八日は大泊から稚内に向かう連絡船宗谷丸を護衛していた海防艦一一二号が孫杖沖で撃沈された。

白波が立つ亜庭湾内を航行していた宗谷丸は午前十一時頃、突然、煙突から黒煙を吐き出し、ジグザグに急速進攻をし、船首の機関銃の銃弾を海中に打ち込み始めた。

それに気づいた海防艦一一二号は宗谷丸に向かう敵魚雷に対し、爆雷投下と機銃掃射にて爆破に努めたが果たせず、ついに魚雷と宗谷丸の間に自らの船体を進めた。敵の魚雷は「一一二号の艦尾に隠れたにと見えたとき、一瞬、閃光」[102]がきらめき、大轟音と共に一一二号は水煙と黒煙に包まれ、数秒後に強風で煙が取り払われるとそこには艦首を頭に、棒立ちになっており、そのまま、艦尾から海中に吸い込まれていった。

海防艦一一二号は、連絡船宗谷丸の身代わりとなって撃沈されたのである。同艦の乗組員の内、救助されたのは四名だけであった。

それでも宗谷丸を八本の魚雷が追いかけてきたが、宗谷丸の巧みな操船によりこれをかわした。

一方、日本側も宗谷丸の無電をうけ、水偵四機が敵潜捜索のため、飛来。宗谷要塞は予想潜没海面への制圧射撃を実施。現場に急行した駆潜艇四隻も爆雷による対潜掃討を行なった。この間、宗谷丸は全速で現場を離脱し、無事、稚内港に逃げ込んだ。宗谷丸はソ連参戦後の八月十三日から二十四日までの間、緊急疎開船として樺太から多数の老幼婦女子を北海道へ運んだ。この時の海防艦一一二号の献身的犠牲がなければ、これらの人々が北海道に渡る事はできなかったであろう。海防艦一一二号が救ったのは、七月十八日に宗谷丸に乗船していた人々の命だけではなかった。緊急疎開船として北海道へ運んだ多くの乗客と乗組員、そしてその子孫の命も救った。

米潜水艦バーブは日本軍の必死の掃討作戦にも関わらず、同海域を脱出。二十四日には樺太東海岸の知取を、二十五日には同じく樺太の北知床半島西岸の散江を砲撃していった。

米潜水艦バーブが行った海豹島砲撃は、戦後まで尾を引いた。

それが幸田明海軍中尉夫妻の自決であった。

幸田中尉は米潜水艦バーブにより海豹島が砲撃された際、海豹島で電探施設建設の指揮を行なっていた。この時、部下「准士官以上一名、その他二名[103]」を失い、工事再開の目途も立たないことから、七月に稚内に撤収し、宗谷防備隊野寒布分遣隊に帰隊した。幸田中尉は稚内に戻ってからも「部下を戦死させたことをひどく気にしていたといわれ、敗戦によっていっそう胸を痛め、更に天皇陛下の苦衷を想い、自殺を決意するに至った[104]」。

幸田中尉は敗戦の日に既に死を決意していたと言われており、十五通の遺書をしたためていた。そして、八月十八日夜、電探室で割腹自殺をとげた。それだけでなく、「敗戦と同時に東京から呼び寄せられた夫人美智子も咽喉を刺してそのあとを追った[105]」。

二人の死を聞いた宗谷防備隊司令千葉大佐を始めとする上官、同僚、部下はこれを悲しみ、遺骨を遺族に引き渡した後、残った灰を電探施設横に埋めて二人のために塚を立て「比翼塚」と名付け、弔った。

この比翼塚には千葉大佐が二人のために詠んだ「北門の護りとなれや比翼塚」の句がきざまれているという。

古来、日本では愛し合って死んだ男女や仲むつまじかった夫婦を一緒に埋葬した墓所を比翼塚と呼び、日本各地に比翼塚はある。

宗谷海峡での米潜水艦バーブの一連の活動期間の一時期、稚泊連絡船は一時、欠航となった。その為、七月五日・六日に札幌で開かれた第五方面軍の兵団長会議に出席するにあたり、稚泊連絡船が使用出来ず、空路、札幌に向かった。

この時期、北海道近海での米軍の活動は潜水艦だけではなかった。七月十四日、十五日に行なわれた北海道空襲である。これは米第38任務部隊（指揮官マッケイン中将）の艦載機が、北海道方面及び、北部東北地方の艦船、航空機、飛行場、鉄道、様々な軍人関連施設に攻撃を加えた。留萌にある北海道人造石油留萌研究所が攻撃されたのもこの時である。因みに第38任務部隊指揮官のマッケイン中将とは、二〇〇八年米大統領選挙に共和党から立候補したマッケイン上院議員の祖父である。

北海道から石炭を本州に運んでいた青函連絡船も米機動部隊の目標となった。「空襲初日の14日に12隻の青函連絡船に対し、144回の攻撃と合計17万1千ポンドの爆弾と224発のロケット弾を投下、連絡船をほぼ全滅させた」[106]。またこの空襲に策応して「戦艦四、巡洋艦二、駆逐艦八から成る米艦隊は、〇九三七から約一時間、地球岬（室蘭）東方一万米付近から、室蘭市に対し三〇〇～四〇〇発の砲撃を実施したのち南東方に去った」[107]。この艦砲射撃の目標は言わずと知れた室蘭製鉄所である。

これらの攻撃を北海道から見ると、北海道の北と南の交通路を断たれ、孤島化させられる危機感を持つ者もいたであろう。米機動部隊の攻撃は北海道だけでなく、七月十日から本州関東地方沖の太平洋沿岸を北上しながら各地に空襲を行なって来た。

このような米軍の活発な活動が、第五方面軍司令部の樺太方面に攻めてくる主敵は米軍であり、ソ連軍はその次という意識を、より強めたのではあろう。その意識が、第五方面軍司令部から第八十八師団司令部への樺太の防衛態勢の転換……対米戦から対ソ戦への転換……許可が遅れた一因になったのではないかと思われる。

第十九項　避難民、稚内上陸

樺太からの緊急疎開者の八割を受け入れた稚内は、港も町も混雑を極めていた。

稚内港に入港する緊急疎開船も、北防波堤内側に接岸出来た船の乗客は直接、上陸が出来た。しかし、港内は緊急疎開船や自力脱出の疎開船（「様々な事情」で樺太と稚内を何度も往復する船もあった）、米や麦粉を積んで来た機帆船はそれらを港に揚陸すると、樺太に新たな食糧を積むため引返すなど大変混雑しており、岸壁に接岸出来ない緊急疎開船は沖掛りで、乗客を艀で岸壁までピストン輸送を行なった。

一方陸上も混雑の極みにあった。稚内港の桟橋待合室、通路、岸壁から稚内駅（当時の名称は「稚内港駅」）までリュックを背にした幼子の手を引いた人――ここまで無事に連れて来たのに離ればなれにならないよう、しっかりと我が子の手を握りしめ――で一杯であった。豊原から七十五歳の祖母と母親と六人の兄弟と一緒に脱出してきた佐藤枝美子さん（当時、国民学校六年生）によると、佐藤さんの母親は背負っていた赤子を身体の前で抱えて列に並んだ。なぜなら、背中に背負うと後ろから次々に下船してくる人たちに押されて、赤子がつぶされそうだったからである。稚内港の混雑と混乱は想像を絶するものであった。

当時「稚内桟橋駅」[108]案内掛として緊急疎開者のお世話をしていた沢田八郎氏は次のように当時を振り返る。

連絡船の中で出産した人、死なせてくださいとわめく重病人など、いま思い出しても涙が出る。客車が不足していたので、多くの避難民は無がい車で輸送したが、そのころには、ほとんど雨らしい日がなかったことは不幸中の幸いといえる。私など、連日の案内で声が出なくなり、その後は声帯がつぶれたままししゃがれ声になった。

樺太庁から派遣されてきた人や北海道や本州方面に出張していた人らで島民援護事務所が疎開者援護のために設置された。また稚内町役場の方々や婦人会の方々は緊急疎開者の誘導、食事や宿泊先の世話などに奔走した。当時、町内会婦人会の会長であった田淵シゲさんは「私たちはせいいっぱい、あの人たち（避難民）のために走り回りました。私たちだって、終戦の悲報に打ちひしがれ、あすの食糧の心配もあったが、目の前にしたみじめな姿にじっとしていられなかったものです[109]」。と回想している。

援護活動に従事したのは、稚内役場吏員や婦人会員だけでなく、稚内要塞司令部も第八十八師団からの要請を受けて、第四要塞隊（長：浅田一郎大尉）の三百名を派遣した。同隊の下士官であった村上高徳氏は当時を次のように回想している[110]。

避難民救護に動員され、船から上陸した人たちを仮泊させてほしいと旅館を一軒ずつ歩いて頼んだ。旅館がまたたくうちにいっぱいになり、学校に収容するため、学校内にその場所をつくったり、子供を背負い、荷物を運んでやったり。当時、敗戦のいたでから自分たち自身立ち直っていなかったし、将来の生活設計も立っていなかったが、みじめな疎開者をみると、われを忘れて走り回った。小笠原丸が入港、すぐ南下するという二十一日は、自分たちの昼食をぬいて炊き出しをして同船に届けた。

そして、国鉄は稚内に上陸した疎開者を希望するところへ、無縁故者は列車で札幌・函館方面に輸送するため、国鉄は札幌鉄道局旅客課の武田員市課員を稚内に派遣した。

第二十項　ソ連軍、稚内上陸のデマと混乱

八月十五日の夜、稚内にソ連の軍艦が姿を見せ、接近してくるという「情報」が町中を駆け巡った。この「情報」は前日の「十四日朝、海軍側から『ソ連艦隊が浦塩を発進して北上、樺太にむかっているる模様』との情報が入ったのが、なんらかのルートで民間に流布され、それに枝葉がついて混乱を捲き起こしたものと思われる[111]」

そこで「同夜、陸海軍将校、町役場理事者、町内会長らが集まり、婦女子の緊急疎開を決め、一部町民が翌十六日、列車やトラックで豊富町、幌延町などに避難した。」

この時、稚内鉄道管理部で旅客輸送の責任者であった干場重作氏は「ソ連軍のウラジオ艦隊が稚内に向かったという情報が軍から入り、婦女子を疎開させなければと機関車に火を入れさせ、臨時列車の準備までした」と回想している。「ソ連軍艦接近」の報により、翌朝の稚内町内は大混乱に陥っていた。そして、「ソ連軍艦接近」の話が「稚内がまもなく艦砲射撃を受ける[112]」「まもなくソ連軍がここに上陸してくる[113]」という「情報」に話は転化していた。さらに、町には樺太からの緊急疎開者が続々と上陸しており、樺太でのソ連軍の蛮行も伝えられた。これらの「情報」や体験談は稚内住民には戦場となる恐怖を、緊急疎開者には再び追われる身になる恐怖を感じさせたことであろう。町民は真夏なのに着れるものを着れるだけ着込み、その上からオーバーをまとい、荷物を抱えて駅に殺到し

ていた。そうでない者は、馬車を仕立てたり、リヤカーに積めるだけの荷物や老人、子供を乗せ、町から南へ脱出しようとしていた。

当時、家族を連れて稚内から避難した藤原清氏は、十七日の朝、荷物搬送用の馬を高台の牧場に連れ戻しに行った際、「彼の目には町なかから数千人にもおよぶ人々が一斉に山間の道を南へ進む光景が移った。大きな荷物を背負い、手には食糧の入った包みを持ち、もう一方の手で子供をの手を引く人々が、先を急ぐようにして稚内の市街から逃れようとしている[114]」のを目撃している。藤原の家族も、家業で使っていた四輪タイヤの舗道車に荷物を満載し、母親や妹たちを一緒に乗せて、七十キロ南の中川町に二日かけて避難し、十月の中ごろまで稚内に戻らなかった。もちろん、ソ連軍の上陸を警戒してのことであった。

話を十六日の稚内の町なかにもどすが、町内を海軍部隊はソ連軍と交戦すべく完全武装し「砲をトラックに搭載して走り回るなど町なかは殺気だっていた[115]」。

この当時の稚内の海軍部隊について第五方面軍司令官樋口季一郎中将の四女、斎藤智恵子さんによると、樋口中将と面識のある人も含む、強硬派の軍人達が終戦前に同地に移動させられていたと証言している。もし、海軍が意図してそのような人事を行なっていたとすると、陸軍部隊と対照的な上記海軍部隊行動が納得できる。

稚内には、千島より移動中の第四十二師団が配備されつつあったが、敗戦により兵士の間に動揺が走った。特に部隊集結の遅れから、道内出身者を多数配属するなど部隊の再編制が行なわれ、歩兵第百三十聯隊では二個中隊で中隊長を除く全員の集団脱走事件も発生し、脱走兵を収容するために出動した別の中隊の中隊長が交通事故死をするという事故も起きていた。

札幌から稚内に向かって夜行列車で移動中だった上記の武田氏が、ふと目覚めたのが、十七日の朝の午前四時だった。列車は稚内から七駅手前の豊富駅に停車していた。しかし、この駅は停車予定ではなく、不審に思っているところに、あたふたと車掌が入ってきた。「女子や子供はすぐ降りてください。稚内には行けません[116]」というのである。ソ連の軍艦が稚内港に入港しているらしいと車掌から告げられたそうだ。その列車は疎開列車になるべく、そのまま稚内に向かい、大混乱の稚内が武田氏を迎えた。

武田氏は次のように、稚内からの疎開列車についてメモによると「十七日の一日だけで客車二十両、貨車百十一両を動員、六回に分けて六千六百五十人の町民を遠別、天塩、幌延、豊富に避難させる計画[117]」が立てられた。

稚内駅では、十六日午前十時発の第一次避難列車を皮切りに貨車まで動員、一時間おきに六本の臨時列車を送り出す準備を整えていたが、避難列車の「発車一時間前にこれはまったくのデマと判明[118]」、同列車の運行は取りやめとなった。が、それでもその後しばらくの間、ソ連軍がいつ来るかわからないという不安から、稚内から離れる者は後を絶たなかったという。

また、稚内にソ連軍が上陸したというデマは道内にも流れ、稚内郵便局に全道の郵便局から問い合わせが殺到した。なぜ、「郵便局」にそのような問い合わせが殺到したのか、一見、奇異に感じるかもしれない。それは、当時、郵便局が電話局の業務も行なっていた為であり、誰でも連絡が取り易かったからある。稚内では樺太からの疎開者の口からソ連軍の蛮行が伝えられた上、内外でこのようなデマが流れ、町民の疑心暗鬼は暫く続いたのであろう。ソ連軍上陸の「情報」がデマとわかった後も、その後しばらくの間、ソ連軍がいつ来るかわからないという不安から、稚内から離れる者は後を絶たなかったという。

この大混乱の中、樺太からの疎開者が十六日には千七百名、十七日には五千五百三十五名が上陸し、混乱に輪をかけた。こうなると、疎開者の都合より、一人でも多くの人を稚内から出発させるべく、列車の事情を優先せざるをえなくなった。また、樺太から輸送した食料を鉄道で旭川までの各駅に運び、炊き出しも行った。

以下は、既述の武田氏の回想である[119]。

疎開者は稚内の収容能力、食糧事情からみて、ゆっくり身のふり方を決めさせたり、聞いたりする余裕がなく、列車のつごうがつきしだい旭川方面に送り出すことになった。十七日、臨時疎開列車一本と旭川以南に向かう普通列車四本に客車を増結して出発させた疎開者数は三千九百五十人にのぼった。

稚内に回す列車は緊急の用事をもつ客しか乗せず、できるだけ途中駅を通過して走らせることで客車を確保した。その後は臨時列車を貨車ばかりにし、ぎっしり詰め込んだら時を決めず発車させた。しかも、ひとまず旭川を目的地にし、残客が多ければ札幌まで運行、なお南下希望があれば函館までやろう――といった、その場その場の判断によるダイヤだった。無蓋貨車の疎開者は黒煙で真っ黒になって送られていった。有蓋車はむしぶろの暑さであったから、トビラを半びらきにし、こぼれ落ちないようナワを集めて張った。

また途中駅での炊き出しのため樺太から運んできた米を送ったほか、乳児の粉乳をとかす湯の用意、おもな駅の仮設便所の設置、おしめの洗たくの用意なども、札鉄局の上司と連絡をとってすすめた。疎開荷物は船から百人ほどの作業員がおろしたが、所有者を探して渡すことが不可能で、荷札のあるものだけ貨車に積んだ。

本州目指して稚内から函館まで列車で移動した緊急疎開者の回想には、札幌での待ち時間は長かったようで、その間に札幌駅長の許可をもらい、函館までの貨車での長旅に備えて、家族のために樺太より持参した米を焚いてお握りを作って乗車したという話もある。このようなことは、この方だけの経験、それも札幌駅だけでの経験ではなく、他の待ち時間の長い駅でも同様のことが許可されたものと思われる。

さて、武田氏の回想にもあった避難民の荷物は「函館引揚援護局史によると二万六百七十一だったという。実際に持ち込まれた荷物よりかなり少なかったとみてよいが、それにしても一個八貫制限で、トン数に換算すると六百二十トン余となり、十五トン貨車に満載したとして四十両以上にのぼった」[120]。

武田氏のメモにはよると「十八日、上陸した避難民は一万三千六百三十三人、この日稚内から八千九百人の避難民と二千百人の復員兵が出発した。また十九日は上陸九千五百人、列車輸送一万五十人で、ようやくこのころから列車は行き先を決め、目的地別に乗車させるようになった。二十日は天候がくずれ、上陸が三千六百七十人に減り、列車では七千四百人ほどを輸送『この日までの輸送人員約七万人』[121]」の文字でメモは終わっている。

第二十一項　樺太庁による北海道内での援護活動

既述の通り、樺太庁北海道事務所はソ連が参戦した八月九日に札幌の北海道庁庁舎内に設置され、その業務は疎開引揚げの混乱防止と緊急疎開者援護であった。その緊急疎開者援護のために稚内には島民疎開事務所が置かれ、他にも函館、岩見沢、小樽、旭川、名寄に出張所の設置または、駐在員の配置がなされた。これらの事務所等に配置された人々は、北海道や本州に出張中に終戦となり、帰島できなくなった者や樺太から派遣された者の中から選ばれ、その数は七十人以上にのぼった。北海道での援護活動が最も盛んに行なわれたのが、稚内で（北防波堤の）「桟橋待合室で疎開証明書、救急食糧、外食券の発行交付、庁立豊原医院の医師生徒による救護班編成、勤労学徒による誘導、手荷物運搬手伝い、炊出し、休養などの面で努力した」[122]。

既述の通り、稚内には約六百二十トンの手荷物が樺太から運ばれたが、持ち主を捜して渡せる状態になく、樺太庁はこれら手荷物等の処理や稚内における緊急疎開者の世話のために、樺太師範の男子学生四十七名と教官二名を応援に出した。彼等は札幌の第一師範学校に疎開転校する予定でもあった。また、樺太青年師範学校にも樺太庁より学生五十名の学生派遣要請があった。その先発隊十五名の乗った船は潜水艦より魚雷攻撃を受けたが、それをかわして無事に稚内についた。その時の事を、十五名の一人、高橋昭次氏は次のように回想している[123]。

船が国籍不明の潜水艦の魚雷をさけるために、急にエンジンをとめたときである。その無気味さは小さな乳のみ子に至るまで感じとられるのであろう。異常な死のような静けさになるのである。あの火のつくような泣き声も消え、船中全員の呼吸が止まってしまうのだ。この瞬間まるで海の底に沈んでいいくような極度の孤独が痛烈におそってくる。

魚雷が船崎を白い線の無気味な功績を残して消えていくのが、高いところにいた私たちのところからはっきり見える。その瞬間がすぎると急に再びエンジンが動き出しても人びとは息をのんでいた。

輸送に関しては、札幌鉄道局との連絡の為、豊原鉄道局の職員二名も稚内に派遣された。この時期に樺太島内で勤務した者にとって、公務として北海道に渡れる（任務の性格上、優先的に）援護活動に従事することは志願者が多かったかと思うが、実際はそうでもなかったようだ。当時樺太庁経済第一部林政課に勤務していた西脇喜久治氏によると「緊急疎開中のこととて、家族や家財、疎開先のことなどが憂慮されていた時期でもあり、年配者や要領のうまい者たちは当らず触れず避けていたのであろう」と回想している。

しかし、終戦時の樺太庁地方・兵事課長であった金子利信氏は八月十五日に玉音放送を聞いた直後、大津長官に部屋に呼ばれ、次のような会話を交わした[124]。

〝君の兵事課長はすぐ訓令で消すが、それでも危ないから、地方課長だけの肩書で、緊急疎開用務のため直ちに出札せよ〟云々と。

これは私の為には、とても有難いご配慮と感激しながらも、二ヶ月前の書記官恵須取支庁長との場合同様、失礼ではあるが、ご着任日なお浅く、州内各地や州民多数にお見知りの少ない内政部長への補佐上、及ばずながら当分私は離庁しない方が等と、愚見を申し上げ、

（中略）

ただ、課内の吉地兵事主任属だけは、すぐに姿を消させたいので、特に出札方の発令をすぐにしていただいた。

そこで、私も庁員多数の方々と同様、あるいは玉砕も有り得るかと、ひそかに覚悟、それには家族を翌十六日に帰国させることに言いふくめ、着の身着のまま、官舎の玄関で水杯をしたをしていたとの事である。

このように、徴兵に関する業務に携わっていた兵事課長・主任は樺太に残っては危険だという共通認識があったようだが、金子地方課長自身は大津長官以下、他の職員と同様に島外へ脱出することなくソ連軍の豊原占領の日を迎えた。

因みに、金子地方課長は元々教員であったが、教頭として摂政宮（昭和天皇）の樺太行啓をお迎えした際、その教養と能力を認められ、視学官、豊原市助役、敷香支庁長を経て当時の職に就いた叩き上げの人物であり、シベリア抑留後、樺太連盟の理事となり、北海道拓殖銀行の樺太引揚げ預金者に

対する預金払い戻し問題で解決のために尽力された方である。

第二十二項　三船殉難事件　第二新興丸

　このような中、八月二十二日午前四時頃から九時過ぎまで、緊急疎開者を満載した小笠原丸、第二新興丸、泰東丸の三隻がソ連潜水艦により砲雷撃を受け、小笠原丸、泰東丸は沈没。第二新興丸は大破し、千七百八名の死者・行方不明者と言われているが、実際の犠牲者はこれ以上と思われる。昭和二十一年に第二復員局が纏めた『樺太情報速報第六十四号』では犠牲者数を五千人と推定している。もちろん、一人でも多くの人々を乗船させ、船内は立錐の余地もなかったくらいで、乗船者の氏名はおろか、正確な乗船者数も最初から不明なままで、戦後七十二年もたった今となっては、正確な犠牲者数を算出する術はない。

　その第二新興丸生存者の中に、池田外雄海軍兵長（旧姓栗山）はいた。

池田兵長は大正十四年新十津川生まれで海軍に志願するまでで海を見たのは、高等小学校の修学旅行で登別・室蘭に行った時、一回だけであった。昭和十八年五月に横須賀第二海兵団に入隊。訓練を終えると、同期の水兵と共に軽巡洋艦阿武隈で幌筵島柏原に連れていかれ、幌筵島上陸第一夜は海軍基地でなく、塹壕の中で迎えた。

　翌日、塹壕から島を見渡すと港で荷卸しをしている「商船」が見えたという。海兵団を出たての池田兵長は軍艦に乗艦するものだとばかり思っていたが、池田兵長に下った命令は眼下で荷降ろしをする第二新興丸への乗り組みであった。

　第二新興丸は特設砲艦兼敷設艦で、元々東亜海運所属し、海軍に徴用されるまで新興丸と呼ばれていた貨物船である。徴用後、第二新興丸と改称されたのは、海軍には既に新興丸という別の徴用船が存在していた為である。

第二新興丸は二千五百七十七トンの船で千島列島に点在する部隊への補給物資の輸送に用いられたが、海軍の主戦場である南方からはるか離れた海域であり、昭和十九年以降になると第五艦隊が実質、南方海域に出動すると、数百トンクラスの艦船が多い北東方面では比較的大きかったため、輸送船団の旗艦を務めることがしばしばあった。また、この頃になると、オホーツク海の航海も決して安全ではなかったことから、これらの船団は「特攻船団」とも呼ばれていた。

玉音放送が流れた時、第二新興丸は松輪島への物資輸送の途上で、ちょうど、稚内と松輪島の中間地点を航行していたが、対潜警戒行動を取り止め、稚内に文字通り直行した。

稚内には翌十六日についたが、船が岸壁に接岸するなり、「大工」が一斉に甲板に駆け上がり、両舷に仮設トイレを作り始め、それは出港直前まで続いたという。

第二新興丸の十二センチ単装砲塔二門のまわりに竹矢来が作られていたという回想をする緊急疎開者も多数いるが、池田によると留萌沖での「事件」まで後にも先にも甲板に作られたのは仮設トイレだけで、砲塔はカバーをかけてあるだけで、他には何も作られなかったし、そのようなことをする暇もなかった。樺太からの緊急疎開者輸送には海防艦も参加しているが、砲身を竹矢来で囲んだという説は筆者が調査した限りではそれを断定出来るような資料、証言には行きついていない。そもそも特設砲艦兼敷設艦である第二新興丸にだけそのような作業を行なったというのは、不自然であり、逆もまた然り。

第二新興丸の四つの船倉には、千島列島防衛の部隊への補給のための米や粉味噌がおさめられていたが、それらを降ろす時間を惜しみ、平らにならし、さらに石炭庫までカマスをしいて、その上に疎開者を乗せることにしていた。

池田兵長の記憶によると、最初に樺太についたのは十七日であった。(大泊だか真岡だかはっきり覚えていなそうだが、各資料から判断するに大泊であったと思われる）この時は、まだ港は混乱していなかったそうで、特に印象に残っていたのが、軍・官公庁の関係者が大きな荷物を持って港まで来ていて、船のデリックを使ってそれらの荷物を積み込んでいるのを目撃したことだと語る。そしてその日のうちに稚内に向けて出港、翌日、緊急疎開者を下ろすと休む間もなく大泊港に戻り、最短時間で緊急疎開者を乗せて稚内と大泊を往復し、三度目の大泊港接岸は二十日であった。

この日の港は騒然とし、岸壁には長蛇の列ができ、生理現象のためにひとたび列を離れようものなら、二度と元の列に戻れなくなる状況にあった。大泊港並びにその周辺施設の人員収容力はすでに超えており、北部からの避難列車は豊原で停車を余儀なくされていた。

輸送計画では、桟橋に詰めかけている八百人と翌朝にかけて奥地からの三本の列車で着く人達、合計三千〜三千五百人を乗船させることになっていた。国境地帯では十九日に停戦協定が結ばれたが、ソ連軍は一向に南下をやめない。それればかりか、二十日早朝には非武装と言っても過言ではない、真岡に艦砲射撃の下、ソ連軍は上陸し、無抵抗の民間人に対し殺戮・婦女暴行・略奪を繰り返しながら、豊原に向かっていた。おそらく、誰もが、今回の便が最後の便になることを危惧していたのであろう。

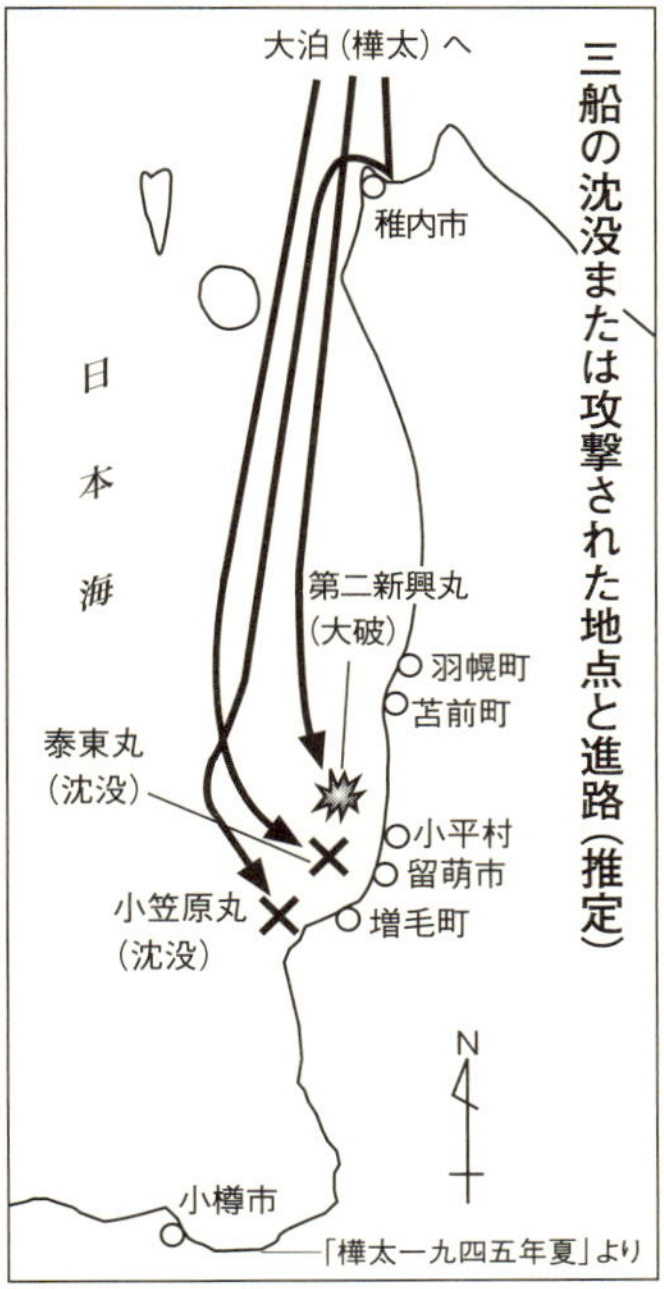

三船の沈没または攻撃された地点と進路（推定）

一刻も早く乗船しようとする人々による割り込みが各所で発生し、その結果、当然小競り合いも起き、警察、消防が出動し、警備・誘導にあたっていた。また樺太医専の教授、学生達は疎開者の救護活動にあたっていた。大泊の住民たちの中には、緊急疎開者のために自らは乗船の列には並ばず、炊き出しをする者もいた。ただ、あまりもの混雑と心身ともに疲労困憊の緊急疎開者達には、船しか視界に入らなかった。

片や、同じ港の一角では、家族を船に乗せた男たちが菰樽を開けて、酒を飲んで気勢をあげていた。家族を船に乗せたものの、樺太に残らざるを得ない我が身を案じていたのであろうか。もう家族に会えないと思い、やけになっていたのであろうか。あるいは、酒に酔い、その酔った勢いで周囲を脅し無理やり乗船しようとしていたのであろうか。

酒に酔っていたかどうかは別として、実際に家族とともに船に乗り込もうとする者も少なくなかった。無理もないことである。現場に居合わせたある人物によると、目の前で、朝鮮半島の言葉のなまりがある日本語を話す男が、強引に家族と一緒に自分も乗船しようとして第二新興丸の乗員と押し問答になっていた。しかし、ここで情に流されては、より大きな混乱を招くという考えがあったのであろう。艦長は自らの判断で、やむを得ず、小銃を携帯した水兵を出動させ警告射撃を行ない、再び説得を始めると男は「家族だけを送り出すことは出来ない」と言って、家族とともに岸壁から離れていったという騒ぎもあった。

当時、この混乱の中で母親と姉、弟とともに第二新興丸に乗り込もうとしていた畑中一三氏は次のように語る。

大泊港岸壁には連絡船用の鉄道駅舎があり、その中に乗船の時をまっていた。すると駅舎の三階からであろうか。第二新興丸艦長の萱場松次郎大佐が階下にいる緊急疎開者に対し「今は戦時であり、皆さんの安全を保障できない。本官に命を預けてくれるものだけ、船に乗るように」と呼びかけたという。

この日の早朝、樺太西岸の港町で緊急疎開船の出港地として指定されていた真岡はソ連軍の上陸作戦に伴う無差別攻撃により、多くの民間人が命を落としている。樺太における対ソ戦の民間人犠牲者数は約二千名と言われているが、そのうち、半数にあたる約一千名が真岡で命を奪われたのである。艦長はソ連軍の真岡上陸を知り、樺太の表玄関である大泊にもソ連艦隊が向って来て、これと遭遇し撃沈される危険性を考慮して、このような「選択」を緊急疎開者に迫ったのであろう。

実際、八月十九日午前十一時半、ウラジオストックのソ連太平洋艦隊所属潜水艦Ｌ12、Ｌ19は「北海道留萌沖に出撃せよ」との命令を受領し、既にこの時、出撃していた。この二隻は八月二十四日の留萌上陸作戦の支援任務をあたえられていたが、その任務にこの二隻が選ばれたのは、Ｌ12は千島列島や北海道周辺での偵察行動の実績があり、Ｌ19はソ連太平洋艦隊の魚雷発射訓練一位の成績を挙げ、艦長のアナトリー・コノニェンコ少佐自身、最優秀の艦長と評価されていたからであろう。

この二隻の潜水艦は「Ｌ級潜水艦」又は「レニネッツ級潜水艦」と呼ばれ同型艦は他に二十三隻建造され、一九三三年より就役。全長八十三メートル、幅七メートル、浮上時の排水量千百二十四トン、魚雷発射管を艦首に六門、艦尾に二門、百ミリ砲一門、四十五ミリ機関砲一門を装備している。

その二隻の潜水艦は留萌沖を目指し、ウラジオストック港を出航することになるが、その出航直前のエピソードを北海道新聞函館報道部（当時）相原秀起氏は平成十六年八月七日〜十二にかけて、全五回で組まれた特集記事の中で次のように紹介している。

一九四五年八月十九日午前十一時半、ウラジオストックのソ連太平洋艦隊潜水艦部隊に所属するＬ12号、Ｌ19号の両潜水艦に緊急命令が下された。

Ｌ19の副長、アナトリー・ツクワンスキー上級中尉――当時（二十八）――は市中心部のアパートで、妻ベーラ――当時（二十五）――に、衣服などを準備するよう告げた。四歳になる一人息子のオレグが二人を見つめていた。

自宅を出る直前、ツクワチンスキーは「家族の写真が欲しい」と突然言いだし、一枚の写真を軍服にしまい込んだ。「夫は二度と帰らないのではないか」。同家に語り継がれる話では、ベーラはこの時強い胸騒ぎを抑えることが出来なかった。

Ｌ19の艦長、アナトリー・コノニェンコ少佐――同（三十六）――も、妻タマラと六歳の長女ガリーナと別れ、基地に急いだ。幼くして父と死別し、祖父に育てられたコノニェンコにとっても家族はかけがいのない存在だった。

同日午後七時十分、Ｌ12とＬ19は静かに基地の岸壁を離れた。

一方、偶然とは言え、三船に乗ることになる疎開者たちは、誰もが船に乗りソ連軍から逃れることだけを考えていた。大泊港では、炎天下の中、倒れる者も出たが、ただ自分の順番を待つことしか出来なかった。ついには緊急疎開者の数が大泊港周囲での受け入れ可能数を超え、やむを得ず大泊行の列車を豊原周辺で停車させるしかなくなった。

また、大泊に到着した人々も港に入れず、近くの倉庫や映画館や港から離れた学校などありとあらゆる施設に収容された。誰もが疲れ切った姿で乗船の順番が来るのを待っていた。

当時九歳だった笠原美智子さんもその中の一人だった。笠原さんの父は豊原郵便局に勤務しており、自分は業務のため職場を離れず、笠原さんは母親と六歳の弟の三人で、二日分のお握りをもって、十八日夜に豊原を有蓋貨車にて出発した。大泊では港から二キロほど離れた小学校に収容されたが、幸運にも、夜明けを待つことなく乗船出来た。その船は十九日の夜中に出航し、船の目的地の小樽には、二十日の昼に無事到着出来た。船内では洗面所に立ったまま、ぎゅうぎゅうめに押し込まれた上、船内に大量の海水が流れ込んできて、衣服や荷物はびしょ濡れになったそうだ。笠原さんが近くの大人から聞いた話では、なんでも、ソ連の駆逐艦に追いかけられたため、船は速力を上げ、逃げたとの事。笠原さんの母親は万が一に備え、自分と二人の子供を縄で括り付けたという。

緊急疎開に従事していた艦艇乗組員の名誉のために申し添えるが、彼らは緊急疎開者を一人でも多く、無事に北海道へ送り届けることに全力を尽くしていた。緊急疎開が始まってから民間船の船員同様に、ほとんど休むことなく働き通しであった。身一つで乗船する緊急疎開者には自らの私物まで与え、一人でも多く休めるように艦長を始めとする将校、下士官、水兵を問わず、皆、自分の寝床を提供し、自分は避難用ボートの中や甲板で寝る乗組員もいた。池田兵長もそのような将兵の一人であった。

実際、笠原さんに遅れて豊原を出発した祖父母と二人の叔母（二十代）はそのような将兵のおかげで命を救われた。叔母の一人は（二十）は数日前に盲腸の手術をした時の傷が悪化し、うじがわく状態でありながらも大泊港まで必死に逃げてきた。所属部隊は不明だが、港で避難民援護活動を行なっていた部隊の部隊長は笠原さんの叔母の様子を見て、思うところがあったのだろう。北海道出身の十五歳の少年を部下に連れて来させて「この人達の世話をして、北海道へ帰りなさい」と言ったという。少年兵は早速、乗船の際、介助を行なったが、おそらく萱場艦長はそれを見ていたのであろう。そして、見るに見かねたのか、自室を笠原さんの叔母に提供し、祖父母ともう一人の叔母も看護が出来るように同室を許したが、周囲の人達に遠慮して一度は辞退した。しかし、萱場艦長は海軍軍人らしく「オールウェイズ・オン・ザ・デッキ」という海軍の伝統を披露し「自分は常に艦橋にいるから、艦長室は必要ない」との粋な一言を残して、周囲の避難民も含めて、納得させた。

この計らいにより、笠原さんの祖父母や叔母達は全員助かったが、少年兵は船底に行ったため、二度と会うことはできなかった。後日、笠原さんの祖父母は少年兵の実家を探し当て、この時のことをご遺族に伝えに行った。

出航時は数人でもやい綱を引き上げるが、この時は前後甲板に一人ずつ残して、残りは上官の命令で避難民のお世話係になっていた。そのため、二十日夕方に大泊港を出航する際、後部甲板のもやいの引き揚げ作業はそれぞれ一人で行なわざるを得ず、いつものように手際よく綱を甲板に引き上げることが出来ず、出航のため回転を始めたスクリューに後甲板のもやい綱が巻き付いてしまい、船は動けなくなってしまった。そのため、急遽、潜水夫を手配しようとしたが、なかなか見つからない。そこで泳ぎの上手な水兵が素潜りでもやい綱を切りに行ったが、水を含んだもやい綱は堅くて切れない。結局、作業が終わったのは潜水夫が到着した翌朝だった。このことが第二新興丸に乗るすべての人の運命を変えることになった。

避難民は樺太各地から集まっていた。そして二十日頃になると、誰もが我先にと船に乗り込もうとしていた。既述の海軍関係者集団の他にも、本来乗船出来ないはずの人が「色々な手段」を用いて乗船して北海道へ脱出したという戦後回想も見受けられる。それは第二新興丸に限ったことではなかった。一方、出航する船に無理やりしがみついたものの、離岸すると同時に海面に落下するものも少なくなく、その海面には子供や老人の遺体も浮かんでいたという。

樺太での戦闘が終わり、大泊港で港湾使役作業をさせられていた賀戸三夫一等兵は、休憩時間に地元住民の差し入れをソ連兵に見つからないようにいただいたことがある。その時、地元民が言った言葉が「兵隊さん、ここも酷かったんだよ。船に乗れなくてさ、子供を抱えたまま（海に）落ちた人がいっぱいいたんだよ」。なんでも船が定員を超え、出航する際、岸壁と船を結ぶ梯子はそのままで、無理に船に掴り、なんとか乗船を試みるも失敗して海に落ちる人。無理だとわかって諦めても、後ろから何とか乗船しようと前を押してくる力により、海に落下する人もいたという。

池田兵長の記憶では、出航直前にも奥地から屋根にまで避難民を乗せた三本の列車が到着し、彼等の乗船を待って出航したという。おそらく、故郷の町から炎天下の中、駅まで歩きに歩き、多くの「自分の命以外の大切な何か」を捨て、命からがらの逃避行のはてになんとか列車に乗り込んだのであろう。その顔は涙と汗と油と煙にまみれながらも、船に乗れる安心感に溢れていた。

このような中、第二新興丸が大泊港の岸壁を離れ、進路を北海道に向けて再び動き出したのは、二十一日午前九時頃であった。しかし、船は稚内への最短コースを選んだわけではなかった。二十日に真岡を襲ったソ連艦隊が大泊に向かっているという未確認情報が流れていたため、万が一に備え、進路を中知床半島に向け、亜庭湾を東回りに航行して稚内を目指したのであった。そして正午頃、輸送司令部より「稚内の受け入れ能力が限界に達しているので、入港先を稚内から小樽に変更せよ」との通信が入っていた。

今回は過去二回の輸送と比べ避難民が多く、古参の水兵長の池田兵長は一番船倉前部の世話係長として部下五名を従えて対応していた。世話係長という役職はもちろん、公式なものではなく、臨時に現場で用いられた名称である。緊急疎開者は体育座りがやっとできる程度のスペースで、膝を曲げたままの姿勢を前日からとり続けていたため、誰もが少しでも足を延ばそうと皆が斜めに座っていた。しかも樺太とはいえ、八月下旬では暑い。避難民の中には晴れ着を何枚も着込んだままで何日も着替えずに故郷から逃れ、乗船したものもいる。夜になると雨が降り出し、さらに悪いことに宗谷海峡に差し掛かるとシケがひどくなり船は大きく揺れ、甲板にいる人のためにテントをはってはあったが、役には立たず、避難民は少しでも船内に入ろうとするが、船倉は既述の通りの混雑で空気の流れも悪かった。冷房のない船倉にそれだけ人が詰め込まれていたため、船の揺れと暑さと衣服から漂うえ臭気で気分が悪くなる人が続出。また、船酔いに苦しむ人も少なくなく、各所においてあるタライに飛びつく人が多かった。さらにそのタライの嘔吐物が発する臭気により、具合の悪くなる人が出るという悪循環であったが、避難民はただ耐えるしかなかった。そのような中、池田兵長達世話係は、混雑し揺れる艦内を、臭気ただようタライを抱え——その匂いに辟易しながらも——甲板と船倉を何度も何度も往復せざるをえなかった。そうこうしているうちに、時刻は午前三時。池田の勤務交代時間である。自分の寝る場所を緊急疎開者に譲った池田兵長は第一船倉中甲板の片隅の二番船倉側の高さ二メートルの所にある、ハンモック置き場によじ登り、それによりかかって仮眠をとることにした。

一方、二十一日午後二時頃に留萌沖に到着した二隻のソ連潜水艦は直ちに留萌港周辺の偵察を実施、すぐさまウラジオストックの艦隊司令部に報告していた。そして池田兵長の勤務時間内であった二十二日午前二時過ぎにL19艦長のコノニェンコ少佐が行った報告は「敵（日本）は偵察態勢にはない、機雷、見当たらず[125]」というものであった。そして午前五時すぎにL19は第二新興丸を魚雷の射程圏内におさめた。

さて池田兵長が仮眠を取り始めてからどのくらいたったのであろう。突然、「グワン」という音と同時に艦が大きく揺れ、高さ二メートルの棚上から通路に叩き落された。「やられた」と思った。当時、ソ連軍が敷設した機雷が流されて日本沿岸まで来ることがあり、その可能性を疑った。そして急いで上甲板に駆けあがってみたら、つい先ほどまで寝ていた棚の壁向こうの二番船倉は大勢の避難民がいたのに、誰一人いない。船の舷側に臨時に作られた仮設トイレも吹き飛び、周囲にあるのは避難民の亡骸やその「一部」であった。そこで、弾薬庫そばの一番船倉の避難民を三、四番船倉に移動させるために二番船倉上甲板が通行出来るか試してみたところ、幸いにして通行は出来る。しかし、犠牲者の亡骸でいっぱいで、その間を通らなければならない。せめて亡骸になにかかけてあげたいが、それすらない。マストに取り付けてあった荷揚げ用のデレックは折れて、そこには人が引っかかっており、マストの高いところには、モンペをはいた女性が逆さまになってぶら下がっていた。三、四番船倉に移動を開始した避難民達は水兵に誘導され、蜂の巣を突いた様に、しかも泣き叫びながら上甲板に上ってきた。その中には、怖いもの見たさで第二船倉を覗き込む者もいたが、その惨状を見るなり、大騒ぎして後部へ移動していった。そこでは、家族を探す人、泣き叫ぶ人、お経を唱える人で溢れかえっていた。

この時、甲板に駆け上がってきた敷香からの疎開者である佐々木嘉代子は「瀕死のわが子を苦しませるよりはと荒むしろにくるみ、海に投げ込み、手を合わせて号泣する母親、そんなつらい光景があちこちで繰り広げられていたのです[126]」と回想している。

魚雷の直撃を受けた第二船倉は地獄絵図さながらの様相を呈していた。魚雷は右舷船腹を食い破り、避難民の下に積まれていた米や味噌の中で爆発し、右舷船腹に横十二メートル、縦五メートルほどの大穴を開け、米や味噌とすし詰め状態の避難民を無残に吹き飛ばした。右舷舷側にいた人々は大半が死に、助かった人も、爆風により手足を吹き飛ばされ体の自由がきかないところに、舷側の大穴から大量の海水が一斉になだれ込み、コメや味噌と一緒に海中に引きずり込まれていった。出口近くにいた人々はずぶ濡れになりながら一斉に甲板へ這い上がっていった。その時の様子を伊藤みどりさんは、次のように語る[127]。

大きな丸太にぶつかっただけだ。静かに、荷物はそのままに甲板に上がるようにという兵隊の声で、泣きながら子供の手を引っぱってわれ先にと甲板に上がっていく。私もそのあとについて甲板にでた一瞬、驚きに声が出なかった。通路一面は血。けが人や、すでにくちびるが紫色に変ったままぐったりした人。私は膝まで水につかりながら、左の舷側に寄って死人やけが人の中をかき分けて後甲板に走った。

その傍ら、二番船倉では生き残った人にロープを投げて救助中であった。二番船倉にいる助かった人々は魚雷爆発の爆風により肌が露出している部分は火傷しているようであり、体中足元のカマスの下にあった米や味噌、犠牲者の血しぶきにまみれ、服はズタズタに引き裂かれ、放心状態であった。当時二番船倉に両親ともにいた富永時枝さん（旧姓堀畑）藤本花江さん（同）姉妹の証言を中心に金子俊勇は樺太一九四五年夏で同船倉の様子を次のように書いている[128]。

姉妹は、船が傾斜するとともに腰まで海水につかって、兵隊の叫ぶ声にあわてて甲板に這い上がっていくと、甲板を埋め尽くしていた荷物や人は跡形もなかったという。夜中に雨が降り出した時「荷物はわしがみている。みんな下にいきなさい」といって、堀畑さん一家と妻トミさん、娘常子さんを船倉内に入れ、両家の荷物のそばにすわっていた工藤善作さんの姿も荷物とともにかき消されていた。

甲板のマストが引き抜かれた跡は直径七、八メートルの大きな穴があいていた。船首が下がると、吹き出す水のなかに、半死半生の人たちの助けを求める悲痛な声、そして次の瞬間、必死の操船で、沈みかかった船首が上がると、穴の水は深井戸のように落ち込んでいった。

「みんな死ぬんだ。小さい子は捨てろ」誰かが叫んでいる。時枝さんら一家は舷側に必死の面持ちでつかまった。再び船首が海底に突っ込むように下がる。第二船艙の死体や荷物がマストの穴から湧き出るように浮上してくる。「ロープかなにかあれば――」時枝さんの父信太郎さんが叫ぶ、母コトさんが帯を解いて渡し、一端を投げたが届かない。

綱を渡し、船首に近い船倉の人たちに後甲板に移るようにと、兵隊たちが声をからして誘導していた。

避難民の誘導を終えた池田兵長は海に右舷のボートのところに走った。池田兵長は右舷の避難用ボートも担当していからだ。そこで池田兵長が見たのは、ボートに零れ落ちんばかりにのった避難民の姿であった。池田は現状では重すぎてボートを下せないこと。またそのためには、ボートを下すための要員が七名必要なことを説明し、自ら降りるよう求めたが、動く者はいなかった。その時であった。どこからともなく士官が駆け寄り、ボートに向かって叫び、何の反応もないので、突然、軍刀を抜いてボート後部のロープを切った。

筆者は池田兵長に、士官が何と叫んだのか何度も尋ねたが、決して話してくれなかった。ただ、被

第二新興丸の被雷箇所

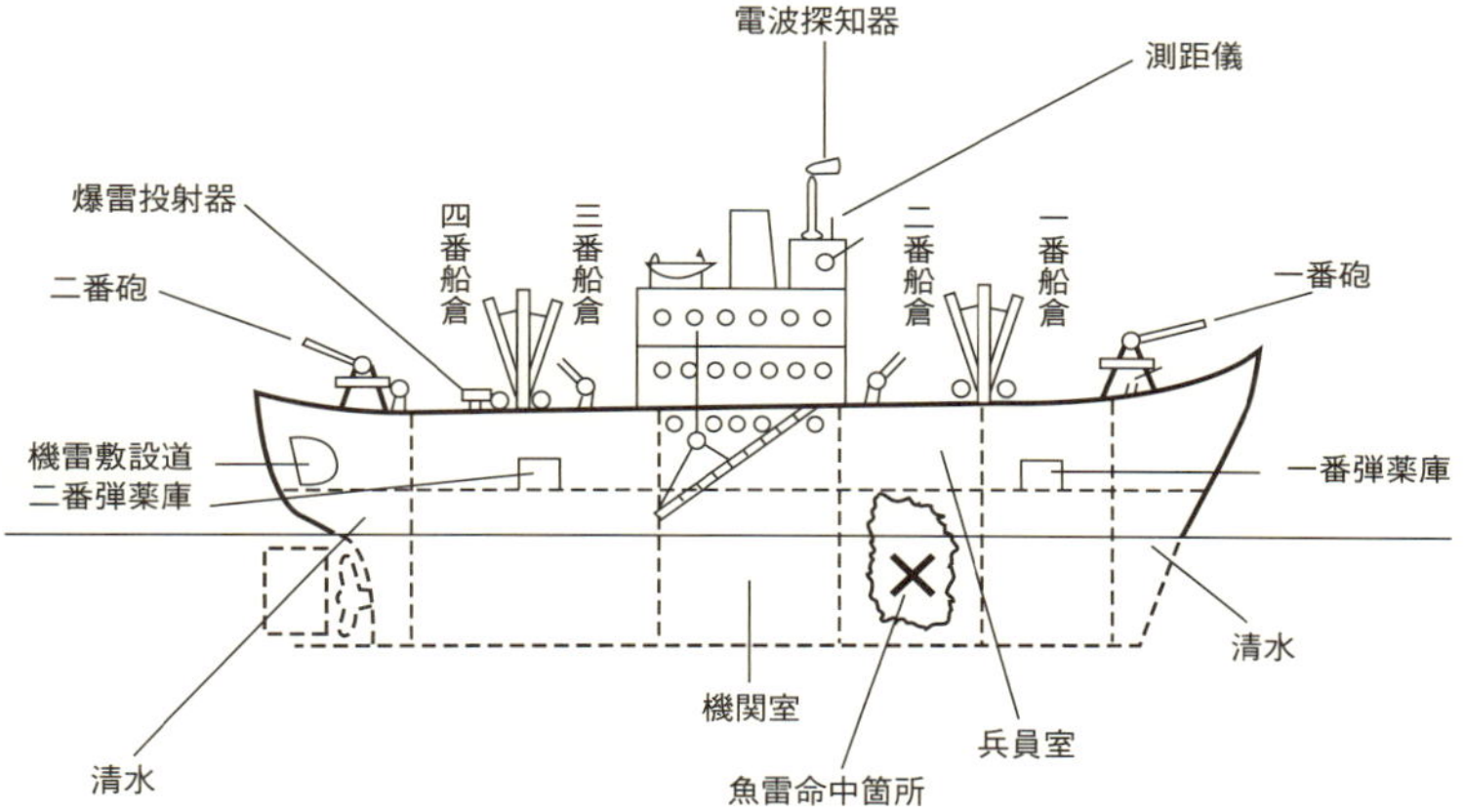

——「慟哭の海」より

雷時、近くにいた方が筆者に匿名という条件で、士官は「お前たちだけ逃げるのか」と叫んでいたと話してくれた。

ロープを切られたボートは、たちまち前方が上になり、悲鳴と共にボートに乗っていた人々は海中に投げ出された。さらにこの士官はもう片方のロープを切ったため、空のボートは真下に落ちていった。これを見た池田達は落ちた人達に慌ててロープを投げ入れ、船に引き上げようとしたが、捕まる人は誰一人いなかったばかりか、浮遊物に摑まり艦から離れていった。そこで海に落ちた人のために浮くものを落としていると、艦上にいる緊急疎開者の中にも自ら海に飛び込む者が何人もでた。池田兵長に直接「泳げないから一緒に飛び込んで下さい」と頼んできた人までいたが、池田兵長は「決して飛び込むな」と怒鳴った。その頃、左舷側で無事だったボートは水兵の手によって降ろされていた。

その時であった。突然、総員戦闘配置のラッパがなり、拡声器は「全員配置につけ、右舷三十度、国籍不明の潜水艦」とどなった。そして水兵が海軍特別の笛でラッパ同様に総員戦闘配置の音を奏でながら、走っていった。

ホーヒーーホーヒーーヒーホーー
ホーヒーーホーヒーーヒーホーー
この水兵は何度も繰り返しながら、艦内を走り回っている。

これを聞いた池田の言葉をかりるなら「二分とかからず、持ち場左舷側連装機銃に行き、覆いを外した」。ところが来るはずの弾倉が来ないので、弾薬庫へ行くと、なんと鍵がかかったままだった。鍵は第一分隊三班左舷班長の伊藤上等兵曹がもっているのだが、どうも第二船倉にいたようで、被雷後、どこにも姿が見えない。そこでやむなくカギを壊し、弾薬を運び出したのであった。

他の水兵たちも緊急疎開者とその荷物で埋まった甲板を走って配置についた。一番砲、二番砲のカバーをはずし、弾丸を込め、右舷に砲口を向けた。機銃も一斉に銃口を右舷の海面に向けた。船橋から敵の推定方位が示され、砲術長の命令が下った。海中に潜む見えない敵に対し、一斉に威嚇射撃を始めたのである。この時、船尾の爆雷投射筒も装填が完了し、水雷科の将兵はいつでも投射できる態勢にあったが、船倉から流れ出されたり、甲板から海中に投げ出された緊急疎開者が爆雷の爆発に巻き込まれることを避けるため、泣く泣く、爆雷投射を諦めた。水雷科員の一人は「それ（引用者註：流されていく緊急疎開者）をみながら、救い上げてやることのできないはがゆさ……胸をかきむしられる思いだった[129]」と回想している。

笠原さんの叔母さんたちの世話の名目で乗船した少年兵も船底から姿を見せることはなかった。

船橋にいる萱場艦長は「多数の生命を預かっているのだから、なんとしてでも近くの港にたどり着くのだ[130]」と部下を叱咤激励した。その想いは、全乗組員の気持ちでもあった。しかも、万が一に備え、船を陸地に向け、必要ならいつでも浅瀬に乗り上げて船を座礁させ、一人でも多くの人を救えるようあらゆる手配りをしながら、留萌港に針路をとっていた。

池田兵長によると、この時、艦は五ノット位で留萌港を目指しており、救助に当たっている将兵以外の乗組員は皆、潜水艦を警戒し、海上を睨み付けていた。と、その時、左三十度の方向、距離五、六十メートルの海上に肉眼でも潜水艦の潜望鏡と判断できる黒いものを発見。それを見たのは乗組員だけでなく、緊急疎開者も気が付き指をさして騒ぎ出しているうちに、潜望鏡は後方に消えていった。

それからどのくらい時間がたってからであろうか、今度は右舷百二十メートル（三百メートルという説もある）の海上に潜水艦が浮上し始めているのを発見。甲板が海面から顔を出すか出さないかのうちに、今度は第二新興丸の甲板に向けての機銃掃射が始まった。目標となっている甲板には緊急疎開者や救助活動にあたっている水兵達がおり、犠牲者は増えていった。その甲板の各所では悲鳴や「頭を低くしろ」という声が飛び交っていたが、潜水艦の方では上甲板にある大砲（十センチ砲）に向かって水兵が走っていくのが、池田兵長の目に映った。

と、その時である。萱場艦長が「撃て」の命令を発すると同時に第二新興丸の十二センチ単装砲二基と機銃が一斉に火を吹き、砲弾銃弾は潜水艦に吸い込まれていった。池田兵長によると初弾が命中すると同時に、水飛沫と火薬の煙が同時に空高く吹き上がり、煙が消えると、そこには潜水艦の姿はなかった。池田兵長をはじめ、その場にいた者は「敵艦を撃沈した」「同胞の仇を討った」と思ったそうだ。

さて、第二新興丸と潜水艦の砲撃戦については、池田兵長のように各砲一発しか打たなかったという証言だけでなく、何発も打たなければならないくらい弾があたらなかったという説ある。しかし、筆者は特設砲艦兼敷設艦とは言え、千島列島への補給船団の護衛部隊の旗艦も務めた艦艇であり、砲撃をお家芸としていた帝国海軍の艦船が、いくら目標が浮上したての潜水艦という小さな目標と言っても、距離百二十メートルの標的を外すとは考えられないので、池田兵長の初弾命中説をとりたいと思う。

乗船者の戦後回想の中には、弾薬庫から砲塔まで婦女子が並んで砲弾をバケツリレーのように運んだという記述が見受けられる。しかし、この点は第二新興丸に搭載されていた大砲が十二センチ単装砲で砲弾の重量は三十三・五キロであったことから考えると運んだのは砲弾ではなく機銃の弾倉で、それと記憶が混同している可能性がある。また、砲撃で熱くなった砲身を冷やすためにコメのとぎ汁をかけなければならないからと、文字通りバケツリレーを行なったという文章を戦後回想の中に見かける事がある。しかし、砲撃で熱くなった砲身を覚ますために「コメのとぎ汁をかける」という事はありえない。

潜水艦を撃沈したと判断した萱場艦長は、部下を叱咤激励し、怪我人への救護活動、並びに船から海に投げ出された人々の救助活動を行ないながら、近くの港、留萌を目指した。乗組員は各々の持ち場で必死だったが艦は右に傾き、なかなか進めなかった。そのため艦は速度を落としながらも、ひたすら留萌港を目指した。

そうして留萌港が見えるところまでたどり着き、一安心したところに西の方角（海上）から飛行機が一機飛来。しかし、艦橋後方の中甲板の機銃が持ち場で艦長達が見える位置にいた池田によると、艦橋の方では特に変わった様子は見られず、また操縦士も艦橋に向かって敬礼をして、飛び去った。その飛行機は友軍機（九十四式水上偵察機と思われる）であり、魚雷攻撃を受けた際、大湊にその旨を打電したので飛来したと池田兵長が知ったのは後の話である。

身重の母親と八人の弟妹と第二新興丸に乗船していた三上伸子は魚雷が命中してから留萌港で降りるまでを次のように回想している[131]。

> 私は船酔いがひどく、なんと長い時間かかるものかと思い乍らの苦しい船中でした。その内疲れて何とか眠ってしまい二十日の朝になっていたようです。その時です。突然ドーンと大きな音

がして船が何かにぶつかった様で荷棚から物が落ち、人もころげたかと思うと一度に船中が大騒ぎになり、泣きわめくやら大声で家族の名前を呼ぶやらで皆んな総立ちになった。その時私の妹一人（十一歳）が見えなくなり、妹を探している内に下の階の方から水が入ってきてしまい、私達は甲板からすぐ下の階にいましたので何とか上の甲板まで逃げる事ができました。

船の底の方に居た人々は出る事ができず水に呑まれ船中で多数の死者が出ました。甲板は騒然としており、死んだ人や傷だらけで横たわっている人等でごったがえしておりました。その中で荷物をどんどん海へ投げ捨て、死んだ人も海へ投げ、そうしなければ船が沈むので其の時は仕方がなかった事だと思います。

私の妹もずいぶん探したのですが、とうとう見当らず行方不明のままです。

その時の船は第二新興丸で当時は大きかったのか、大砲が積んでありました。ソ連の潜水艦に襲われた時、大砲を撃って応戦し、潜水艦はまもなく火と煙を吹いて沈んで行きました。あの時の恐ろしさはいまでも忘れる事ができません。

後で解った事ですが、第二新興丸は魚雷を受け横腹に穴を開けたまま、沈みかけ乍らもようやく留萌港へ着岸したのです。

生き残った者は命からがら裸足で上陸し、その夜からお寺に泊めてもらいお世話になりました。

第二新興丸が留萌港の岸壁に横付けして桟橋を下げられると警察、消防団、市役所、町内会の人々が迎えにでていて、直ちに、救護処置や遺体収容作業が始められ、生存者は小学校やお寺に収容された。港から収容先まで歩いていった。留萌は坂の多い町である。八月下旬とはいえ、じりじりと焼け付く北国の夏の日差しをあびながら、靴をなくしたものは、熱い地面の上を足の裏には小石をめり込ませて、体中から最後の力と気力を振り絞って歩いた。ほとんどの人はびしょ濡れ姿で、顔は恐怖と悲しみに満ち溢れ涙でくしゃくしゃにしながら歩いた。第二船倉及びその付近にいた人達であろうか。顔のいたるところに、顔についた血しぶき、血で染まったコメをそのままつけて、顔に赤い斑点が出来ているように見える人もいた。その道々では、住民が生存者のために草履や胡瓜などを配っていたという。

その一方で、艦内からはソ連潜水艦の砲雷撃による犠牲者の遺体（男六十八体、女百六十一体）は岸壁に並べられ、潜水艦の攻撃で行方が分からなかった避難民が一体一体、確認をしていた。しかし、五体満足な遺体ばかりではない。作業に従事した警防団員は体に欠損がある遺体とその周囲に落ちている同一人物のものと思われる部位をつなぎ合わせたり、どの体と同じか識別がつかない部位はカマスに入れ、家族を探す生存者はその中に直接自分の手を入れて探した。

当時、留萌警察署勤務だった石塚行基さんは後に次のように回想している[132]。

> （第二新興丸の）一番ハッチの死体の山と足、腕がちぎれ血まみれの負傷者、まさに生き地獄の光景だった。息絶えた我が子をしっかり胸に抱いて離さない母親、岸壁のコンクリートの上に横たわる母の遺体にすがりついて、いつまでも、いつまでも泣きやまない子供。泣きさけぶ声は港内を覆ったものだった。

第二十三項　三船殉難事件　小笠原丸

小笠原丸（千四百三十トン、翠川信遠船長以下乗員六十名）は逓信省所属の正式敷設船の中で、唯一、八月十五日を迎えることが出来た船で、まさに「虎の子」であった。船尾には大砲一門、十二ミリ機銃一丁、潜水艦攻撃用爆雷十個を装備していた。玉音放送が流れた日は、樺太（女麗）・北海道（猿払）間の海底ケーブルの修理を終えて、稚内港に停泊していた。

その小笠原丸の翠川船長のもとに、十六日、豊原逓信局長から逓信関係の職員及び、家族の緊急疎開のために大泊に同船を回航して欲しいという趣旨の入電があり、翠川船長は要請を受け直ちに出航する決意をした。豊原逓信局は同郵便電信局にあり、そこには郵便業務と電話交換業務に従事する若い女性局員が多かった上、逓信病院にも若い看護婦が多数が残り、職務を放棄せずに勤務していた。

当時、小笠原丸には乗員の他、海底ケーブル工事関係者と海軍の警備隊員も乗船していたが、少しでも多くの緊急疎開者を乗船させるため、工事関係者を稚内で下船させて、翌十七日に大泊に向かった。

大泊港についた同船乗員がみたのは、岸壁を埋め尽くす大群衆であった。当初は逓信関係者のみを乗船させるつもりだったが、そのようなことは出来ず、約千五百名の緊急疎開者を乗せて、出航。十九日に稚内に到着した。

当時、逓信省海底線敷設事務所長であった柏原栄一氏は、軍の情報関係者との付き合いから、終戦の詔勅が出そうだと察し、唯一の正式敷設船である小笠原丸と無事に温存しようと考え、佐藤千代喜庶務課長を派遣して直接連絡を取ろうとした。それだけでなく、以下のように無線でも連絡をとった[133]。

稚内に停泊中の小笠原丸を何とかして無事に横浜へ回航したいと思い、アメリカ軍艦がその無線信号を出してる船には攻撃しないという無線符号を教わって20日頃に本船へ連絡しました。果して連絡できたものか否か船の無線局長が船とともに遭難したので確かめる方法はありません。またこの航海安全の無線符号もどのルートで教わったか、どんな内容の符号であったかも、どうしても思い出せないのは残念ですが。

……その頃本船から樺太の避難者を北海道へ運ぶために出航する旨の連絡があったのですが、これはやむ得ないとして横浜回航について同船へ改めて指示をしたのです。

続いて2回目の要請もありましたんですが、これにつきましてはいろいろ考えた末、とにかく危ないからやめてもらいたいと中止命令を出したんですが、それが届かなかったらしいんです。


佐藤課長は米軍の空襲により秋田で足止めを食っている時に終戦を迎え、重要書類焼却のために至急戻るように命令が出され、稚内には行かずに、戻った。同船の一等機関士だった河合正見氏は翠川船長の人柄と「翠川船長の性格としては非常に勇敢といいますか決断力のある方だものですから、船長の独断によって第2回目の輸送を決行したことと考えられます[134]」と回想している。そのような中、豊原逓信局長より、第二回目の回航要請が入り、小笠原丸は再び、大泊に向かった。

柏原所長は上記の通り、軍の情報関係者との付き合いもあり、ウラジオストックから樺太方面に向かう艦隊（真岡に上陸した部隊）の情報を通報されていた可能性がある。二十日（ソ連軍真岡上陸）頃に中止命令を出したという事は、おそらくソ連軍に小笠原丸を捕獲または、撃沈されることを恐れたのであろう。

大泊港についた翠川船長は出港は翌日と航海士官に伝えて、海軍武官府に行った。時間は二十日の十七時頃であった。この日は真岡にソ連軍が上陸した日でもあり、単に連絡に寄っただけでなく、ソ連海軍の動向についての情報収集という目的もあったのであろう。翠川船長は「当日（二十日）は既に早朝真岡にソ連軍侵攻上陸し、西海岸を南下中[135]」との情報を入手したのはこの時と推測出来る。

船長の上陸中に、情勢は変わっていった。真岡に陸軍部隊を上陸させたソ連艦隊がいつ南下してくるかわからないとの情勢判断から、岸壁にいた陸軍将校は「疎開者を直ちに乗船させて、すぐに出港するよう」強く迫った。これに対し、乗員は「船長が不在であり、出港は明日だ」と必死に答えた。

そうこうしている内に船長も同じ情報を持って帰船してきた。そこで、予定を繰り上げて直ちに出港することとし、疎開者の乗船を開始した。

その頃、大泊港で小笠原丸を待っていたのは、岸壁で同船の到着を待っていた二、三万人とも言われる群衆であった。この緊急疎開者達は岸壁の倉庫で寝泊まりをして、船の到着をひたすら待っていたのだ。

当時、真岡逓信局工務部建設課長であった東儀雄氏の家族もその倉庫の中にいた。東課長によると、町内会・隣組単位で緊急疎開の手続きは行なわれ、十八日に家族は二日分の握り飯と乾パンを少しだけもって豊原を離れた。東課長夫人は北海道に落ち付くことを希望していたが、東課長の母親の意見にしたがい、母親の実家のある仙台に向かうことになったが、その事が、家族の運命を変える事になった。

東課長の母親、夫人、長男は同じ町内会の人々の多くが乗船した白竜丸には乗り遅れ、その為、食糧が足りなくなり、母親から東課長に食糧を持って来るよう電話があり、直ちに米や塩鮭をもって、豊原から大泊に駆けつけた。この事から、東課長は小笠原丸と豊原逓信局の連絡係を務めることになった[136]。

東課長の戦後回想によると、大泊港では北海道行の緊急疎開船は連絡船埠頭、本州行の緊急疎開船は栄町埠頭から出航しており、前者は次々に船が入っていたが、後者は一隻も入って来ない[137]状態で、皆が待ちくたびれていた所に小笠原丸が入港した。

東課長にとって小笠原丸の「翠川船長は知り合い[138]」であったため、翠川船長から東課長に「稚内に寄港するが、汽車も、青函連絡船も混雑してるし、秋田の船川に寄るから仙山線で仙台に行った方がよい。食糧も充分あるから心配いらない[139]」と親切な助言があった。さらに翠川船長は「出発は最（ママ）夜中か、場合によっては、翌朝になってもよいと云う[140]」。東課長は「船長の申出と、ご苦労

終戦後の昭和20年８月22日朝、樺太からの緊急疎開船３隻が留萌沖でソ連潜水艦に撃沈破された「三船殉難事件」で沈没した小笠原丸〈上、逓信省敷設船〉と、大破した第二新興丸（右、海軍特設砲艦兼敷設艦）。

〈右〉ソ連潜水艦Ｌ19。僚艦Ｌ12と共に疎開船を攻撃したＬ級潜水艦。本艦は疎開船攻撃の翌日消息を絶ち、稚内沖で沈没したと考えられている。〈上〉Ｌ19潜水艦の艦長、アナトリー・コノニェンコ少佐。最優秀の潜水艦艦長と目されていた。

〈上右〉留萌港近くに立つ樺太引揚三船殉難平和の碑。〈上左〉増毛町の小笠原丸殉難之碑。〈左〉留萌郡小平町鬼鹿海岸の三船遺難慰霊之碑。〈下〉留萌市正覚寺に残る「血染めの米」。第二新興丸の船倉で死傷者の血を浴びて赤茶色に染まっている。

〈左〉留萌市の了善寺で行なわれている樺太引揚三船遺難遺族会主催の慰霊祭。〈上〉思いを語る同会会長・永谷保彦さん。

を感謝し、直に豊原逓信局と連絡をとることにした」[141]。

そして東課長の連絡を受けた豊原逓信局は局員の女子局員や家族を乗船させるために大騒ぎになり、「約七〇人がバスを仕立て小笠原丸に間に合うよう夜出発[142]」させた。

一方、小笠原丸が接岸している栄町埠頭（本州向けの船が出航する）には、乗船を今か今かと待ちかねる避難民で溢れかえり、その中から男たちの怒号、女子供の悲鳴や鳴き声が乱れ飛び、混乱を極めていた。それだけでなく「船と陸での間でトラブル[143]」が発生し、「船に居る人は逓信省の船が逓信の人間を優先するのは当然ではないか、と言ひ埠頭の人は（軍の人らしい宰領者）私の権限で一般人を乗せるとんだと主張[144]」していた。実際、乗船待ちの避難民で一杯の大泊の倉庫で「この中に逓信局関係の方は居りませんか[145]」と三回ほど呼ばれた後、手を挙げるて倉庫の一番奥から大勢の人をかき分けて倉庫の入り口に辿り着くと、「こんなところにまだいたの、役所の船がいま出るからすぐ乗りなさい[146]」と言われ、船まで案内されて乗船できた女子職員。埠頭の列の後方に並んでとても乗れないと思っていたら、自分を呼ぶ声がしたので名乗り出ると、その人の案内で家族六人が乗船できたという回想をしている人もいる[147]。尚、樺太逓友会によると、小笠原丸乗船者の千五百名中「部内職員並び家族及び縁故者約二百五十名[148]」だが、「当時大泊港には一般引揚げ者が殺到し乗船時の混乱はなはだしく、又当時の小笠原丸の事務関係の生存者皆無の為一般便乗者氏名及び正確な人数は不明である[149]」

東課長はその混乱の渦の真っただ中にいて、暗がりで泣き叫ぶ幼女二人を発見した。以下は、東課長の戦後回想である[150]。

その子の胸に氏名票で「敷香〇〇〇〇」町、氏名が書いてある。〇〇さんのお母さん居ませんかと叫びながら船上に行った。その母は荷物に腰かけ逆上しているらしい。「子供はうるさいから捨てた」という。

私は「荷物と子供どちらが大切ですか?」と云って一緒に送った。

その東課長に翠川船長は午後十時時過ぎになって突然「ソ連に拿捕される恐があるので、直に出航する」[151]と告げた。既に小笠原丸の船内は甲板までスシ詰め状態で、座れないものもいた。そしてその時を東課長の以下の様に回想している[152]。

午後一一時船長の出航命令が出たとき、バスが来たと叫ぶ人がある。出港のためはづ（ママ）そうとしたとも綱をおさえ、無事七〇人を乗せた一分も遅れれば生き残ったであろうに人の運命も私の努力もマイナスに働いたのだった。

翠川船長はデッキから大声で「豊原逓信局の方は居ませんか」と叫ぶ。私は「逓信局の東です」と叫び返す。翠川船長は『乗客一、五〇〇人、午後一一時出港します[153]。再び来ません。皆様によろしく御元気で左様なら（ママ）!!』

私は、『有難う、皆さまご無事で、左様なら（ママ）!!』と叫び返えす。

もやの立ちこめる港を小笠原丸は離れていく。私の家族も最後の別離の声をデッキで聞いて泣いているだろう。

こうして小笠原丸は安全性と居住性を無視し、乗せられるだけの疎開者、約千五百名を乗せて桟橋を離れた。

出港後、同船はソ連艦隊のとの接触はなかったものの、雨が降り、荒れた宗谷海峡を無事に横断し、翌日に稚内港に入港。小笠原丸は宗谷海峡からの風雨を防ぐドームのついた北防波堤に接岸し、そこにある稚内桟橋駅は列車を待つ人で溢れかえっていた。ここで下船したのは約九百名ほどの避難民で、その中には、昭和三十年代に子供たちの好きなものとして「巨人・大鵬・卵焼き」と言われた横綱「大鵬」こと、当時二歳の納屋幸喜氏がいた。納屋氏は生まれ故郷の敷香から母親と避難民の一人として脱出し小笠原丸に乗船していたが、母親が乗船中に体調を崩した貯め稚内で下船したおかげで一命を取り留めたのであった。

とは言え、同船が小樽に向かうことを避難民達は知っており、乗員らのマイクによる下船の呼びかけにも関わらず、約六百名ほどが残った。避難民の中には次の列車は貨車だという情報をどこからか入手し、船内に戻った者もいた。

稚内からは工事関係者十七名も再度乗船した。当時、工事隊の布設主任だった大崎邦雄氏によると「大泊も稚内もすでに危険で、ソ連の艦隊が入ってくる可能性がある。それにはとにかく安全な場所へ避難すべきであると、これはほとんど船長の判断で決めたようです。すぐこれから出航だということで全部また工事隊の人間も乗りましてその日の夕方急遽出港したわけです[154]」

小笠原丸は小樽で避難民を降ろし、石炭を積んで秋田県の船川港に向かう予定であった。船尾の武器には覆いがかけられていたが、同船に乗船している海軍警備兵は戦争中と変わらぬ（樺太は未だ戦場だったが）。

対潜警備態勢を取り続けていた。ソ連軍の攻撃が続く樺太から離れ、北海道の日本海側沿岸を南下する船内の空気とは対照的に、水中聴音レシーバーから聞こえて来る音に全神経を集中していた当直の兵士の周囲は緊張感が常に漂っていた。

同船は米軍の指示通りマストに航海灯をつけ、柏原所長が米軍から確認した信号を無線で発信し続けながら小樽に向かって航行を続けた。当時、小笠原丸に三等運転士として乗船していた山口智男氏もそれを裏付けるように「終戦後はアメリカ軍の指示により、船舶は夜間は点灯し、通常航海であった」[155]と回想している。

そのように順調に航海を続けている時であった。水中聴音レシーバーを耳に当てていた当直の兵士が魚雷音に気付いた。警備兵は「魚雷音！」と叫び、船橋に立つ人々は一瞬に緊張に包まれ、航海士は操舵員に「面舵一杯」を命じ、魚雷回避に成功した。その後、就寝中の船長への報告を一等航海士を命じ、進路を元に戻した時、再び「魚雷音！」という警備兵の絶叫が船橋に響いた。その直後だった。激しい衝撃音と共に、みな、船橋の床に叩きつけられた。午前四時二十分だった。

既述の山口三等運転士は魚雷命中から沈没まで間の自身の体験を次のように回想している[156]。

再び「魚雷音」という叫びと同時に、すさまじい衝撃と炸裂音。左舷後部に火柱と水柱、船は大きく動揺した。まだ薄暗い四時二十二分である。

私は救命艇を降ろすためボートデッキに走ったが、早くも船尾から沈みはじめており、私も海水に巻き込まれた。俺の人生も二十才で終ったかと思うと、走馬灯のように過去の思い出が一瞬脳裏を過ぎ去った。

もがきながらも必死に海中から脱出し、近くに浮上した木材にしがみついた。振り返ると船首三分の一ほどが垂直に見えていたが、間もなく船尾側から海面下に吸い込まれていった。

小笠原丸に雷撃を加えたのは、ソ連潜水艦L12であった。「小笠原丸が船首を空中高く突き出してそのままほとんど垂直のかたちでものすごいスピードでゴーッという水音をたてながら船尾から沈んで」[157]いった。たった一分半後の出来事だった。沈没を確認したL12は浮上し、浪間に漂い、助けを求める人々に情け容赦ない機銃掃射を加えたが、銃弾が飛んでこなかった人の目には、その銃弾には曳光弾が含まれていたようだ。前述の大崎氏によると、「暗夜にまるで花火か不知火のような強い光が飛んでくるんですね。きれいに見えたんです」[158]。しかし、その光がさらに多くの命を奪った。

小笠原丸が潜水艦の攻撃を受け、沈むまでを留萌防空監視哨の尾崎一郎哨長は望遠鏡で目撃していた。尾崎哨長は次のように回想している[159]。


望遠鏡に白波を切り潜水艦の司令塔が海面から出てくるのを見て、潜水艦だ、と息をのむうち、南に向かっていた船が大きく迂回し、へさきが潜水艦に向かった瞬間、マストが横倒しに折れて大きい水柱が上がった。船影は一分としないうちに海中に没したという。潜水艦は浮上しつつ魚雷を発射したものと推測される。


潜水艦が、潜航した後、洋上は船の破片や材木などが浮遊していた。小笠原丸には救命艇だけでなく、竹製の救命筏を多数甲板上に設置していた。既述の山口三等運転士は幸運にも、その救命筏にたどり着くことが出来た。その筏には既に十名が乗っていた。しかしその筏は「竹が古びており浮力が乏しく、綱が切れてしまい筏は解体しかけていたが、ふんどし、腹巻などを使い、浮遊している木材などを筏の下部に差し込んで頑張ったが、下半身は海水につかっていた。

一方、奇跡的に救命艇が一隻浮上し、付近に漂流していた人々を一人又一人と艇一杯になるまで収容し、救助を求めるため留萌方面に漕ぎ去った」[160]。

その他にも伝馬船が逆さになって漂流し、子供が馬乗りになっていた。それを見つけた河井正見一等機関士は何とかたどり着き捉まっていると、原清一郎二等航海士や警備隊の兵士の一人も泳いできた。そうして波間を漂っていると、ずっと遠方にボートが浮かんでいて、それが一人、一人と助け、伝馬船に近付いてきて、ボートの中に、拾い上げられた。そのボートでは、まだ二十歳の高見沢淳一三等航海士が一番元気だったため、艇長として指揮をとることになった。同じボートに乗っていた河井一等機関士の回想によると「寒さと疲労でボートに倒れ込んだまま眠くなっていました。眠ると死ぬということを聞いておりましたものですから、自分でボートの座板や船べりに頭をぶちつけてみたり、つねったり……」[161]して必死で眠らないようにした。

そうしてボートは陸地と思われる方向に向かって漕いでいる途中、誰もが寒さで唇を紫色にして、眠りそうになる者がいると、高見沢三等航海士は「殴ってあげましょうか？」と声をかけたり、殴ったりして眠らせないようにした。また波間を漂う人を見つけると救助し、その数は五十人にもなった。

陸地に向かう途中、十一人の大人と一人の子供が乗った筏とも遭遇した。筏に乗っている人は腰まで水につかってに乗って助かった人達もいた。その筏は古くて竹と竹を結ぶ「結び」がほどけそうだったため、腹巻やふんどしを千切って、結びなおした。そのような状態で、出来ることならボートに乗せたかったが、既に五十名が乗っており、これ以上乗せるのは危険と判断され、あとで必ず助けにくると約束して、ボートは陸に向かった。

生存者が上陸できたのは、増毛町別苅海岸であった。増毛町役場に第一報が入ったのは午前九時、別苅防空監視哨からだった。ただその内容は「小笠原のシナ人が上陸した」という混乱したものであったが、何か重大なことが起きたと感じた尾崎清四郎町長は自ら二十人ほどの職員を連れて、現地に走った。そこで「小笠原のシナ人」というのは「小笠原丸の避難民」という事実がわかった。そして、かれらが目にしたのは、海岸に女子供の遺体、あるいは遺体の部位が多くの漂流物とともに流れ着き、その中に、半死半生の生存者が助けを求めている悲惨な姿であった。そして川向市太郎手繰漁協組合長は救助活動を始めており、小手繰船約二十隻を出して海上を捜索した。

高見沢三等航海士指揮のボートは陸地に着くと、地元の漁民に救助を要請した。河井一等機関士によると「救助はボートが増毛に上がって漁船に頼んだのですが油がないからといってなかなか漁船が出ないいんですよ。それで東京の方に頼んで油をやるから行ってくれというんで出してもらったんですが、当時高見沢君と、それから海軍の河野二等兵曹ですが、この二人が筏の人々を助けに行ったわけです。高見沢君は勇敢だったですね[162]」

山口三等運転士達の筏も約八時間後に漁船によって救助された。

小笠原丸の乗員の生存者は四十二名、緊急疎開者は二十名だった。町役場に残されている生存者からの聴取録によると「翠川信遠船長は海中に飛び込んだが『船長として生きのびて上陸することはできない』と周囲の部下にいい、うずまく波間に消えた[163]」という。生存者は当然、荷物等は全て失い、あるものは、着ているものだけで、佐藤千代喜庶務課長は、衣類や履物、カンパンなどをかき集めて、それを持って、郷里に帰ってもらった。

その後、私財をなげうって、遺体の収容に努めた男がいた。終戦時、宗谷要塞第四要塞歩兵隊に所属し、疎開者援護に努めていた、既述の村上高徳増毛町会議員であった。村上氏は犠牲者を偲んで、海岸に訪れる遺族が小石を拾って――おそらく遺骨のかわりだろう―帰る姿に胸を打たれ始めたという。電電公社（現：NTT東日本・西日本）も生存者の高見沢三等航海士を派遣してその捜索活動に協力をした。村上氏の犠牲者や遺族を想い、遺骨捜索のために、家業も家族も顧みずに無私の心で打ち込んだその姿勢に、心からの敬意を表したい。

第二十四項　三船殉難事件　泰東丸

大泊港に緊急疎開列車で北部から脱出してきた人、南部或は近隣から徒歩や馬車、荷車に荷物等を乗せて集まって来た避難民で大混乱であった。埠頭には長い行列が出来ていて、到着した船には、乗せられるだけの人を乗せて、出航して行ったが、とても避難民を捌き切ることは出来ず増える一方で、近くの倉庫に収容されていた。

そのような、泰東丸は大泊港に到着した。泰東丸も他の緊急疎開船同様に乗せられるだけの避難民を乗船させていたが、樺太新聞記者であった八木橋栄一が大泊で目撃したところによると、この船には中国人労務者多数が五、六人の警察官が丸腰で同行していた。この時、八木橋記者は社員の家族三十数名を乗船させるために大泊港で泰東丸関係者と乗船交渉をしていたが、上記光景をみて、戦勝国である中国人の労務者に船が占領されることを恐れ、乗船を諦めたという[164]。

しかし、一刻も早く乗船し、安全な北海道に脱出したいという人は多く、既述の森川氏の母親達もその中の一人であった。森川氏とその母親は十八日朝に敷香駅で別れ、母親は十九日朝に大泊港に到着した。しかし、乗船待ちの人々があまりにも多く、十九日、二十日と乗船出来ず、順番が回ってきたのは、二十一日の夕方、泰東丸への乗船であった。船を目前にし、もう乗船できるとは安心しながらも、夫や息子をソ連軍との戦闘が終わらない樺太に残すことに不安を感じていた。そして、乗船のためにタラップに乗ろうとしたとき、船員が駆け寄り、乗船を打ち切りを宣言し、警察官に肩を押えられ、泰東丸への乗船を阻まれた。それをみた、乗船待ちの避難民は船員や、警察官に激しく詰め寄ったが、何を言ってもだめだった。そして、翌二十二日午前九時頃、次の船に乗船し大泊港を出航、無事に稚内に上陸できた。

森川氏の母親の目の前には「目に見えない、運命という厚い扉」が立ちはだかっていたのであった。

このような混乱の中、東亜海運所有の泰東丸は船倉に、避難民の上陸先で必要となる千トンもの米を樺太から積み、大泊港を出港し、八ノットの巡航速度で日本海を南下していた。同船も稚内が疎開者で一杯な為、小樽に向かっていた。

「運命の日の朝」は、昨夜の雨もあがり、甲板にひしめく疎開者も北国とはいえ、八月の日差しに濡れた衣服を着たまま乾くのを待つ者、服を脱いで手すりなどにかけて乾かす者、暖かい機関室に濡れた衣服を持って乾かしに行く者等、様々だった。

午前九時を過ぎたころだろうか。海面にリュックや荷造りした箱を始めとするおびただしい数の、浮遊物を発見した避難民達が騒ぎ始めた。一斉に海面を見つめる人々の目には遺体が流されてくるのも映った。それも一人や二人ではない。

それを見た大脇鉄夫一等航海士は、浮遊機雷により被害を受けた船が出たと判断し、左右の見張りを厳重にすると同時に、万が一のために、陸よりを航海するよう命じた。大脇はこの朝、通信士より正体不明の船のSOSを受信したとの報告を受けていたからだ。誰もが不安になりつつも、もう少しで小樽に着くという事実で不安を打ち消そうとした。それに、船は大部陸地よりを航行しており、増毛連山の山々の緑はおろか、海岸沿いに立つ家の屋根の色まではっきり見えていた。

そんな時だった。穏やかでありながらも、不安に包まれた状況を一気に打ち破る出来事が起きた。

大脇一等航海士は次のように回想している[165]。


操舵員が「クジラみたいなものが浮いてきた」と叫びましたので、そちらに双眼鏡を向けますと、右舷船尾四五度、七、八マイルに潜水艦が浮上してくるではありませんか。すぐ船長に連絡、ブリッジにあがってもらう一方、さらに陸に向けて左にカジを取りました。

陸に向けてカジを取ったのは、潜水艦から魚雷攻撃を受けることを考慮し、一人でも多くの命を救うため、船を座礁させようとしたのであろう。


この様子は甲板にいた避難民たちも見ており「クジラみたいなもの」が潜水艦と気づいたものは叫び、近くにいたものは一斉にそちらを見た。

その様子を見る、大脇一等航海士の双眼鏡に映ったのは、潜水艦は浮上すると同時にハッチから飛び出した二人の水兵が砲に取りつく姿であった。そして轟音とともに、泰東丸の船尾に大きな水柱があがった。水柱が一本、二本、三本と……。しかし、避難民の中にはこれらの水柱が自分達を狙って外れた砲弾によるものと気づかない者もいた。「潜水艦だって、見てみたい」「日本の潜水艦が護衛に来てくれた[166]」と思った者もいたが、それはすぐに誤りだということを気づかされるのであった。

戦争が終わってちょうど一週間。無抵抗の民間船に無抵抗の民間人、それも女子供が甲板に溢れんばかりに乗っているのを至近距離から発砲してきたのである。大脇一等航海士や貫井慶二船長は「威嚇射撃」と考え、同時に「『臨検はさけられない』と判断した貫井船長は、エンジンの停止を機関室に命じた。さらに無抵抗の意志を示すため、何か白旗を掲げるように指示した[167]」。

この時、午前十時二十分頃、小平町鬼鹿沖海面であった。浮上した潜水艦は小笠原丸を撃沈し、第二新興丸を大破させたソ連潜水艦、L19で、先の砲撃は百ミリ単装砲によるものであったが、他にも四十五ミリ単装機関銃も装備していた。泰東丸の船員たちは食堂のテーブルクロスや白いシーツを必死に振り回し降伏の意思表示をした。

突然の機関停止をいぶかって甲板に上がった宮下事務長は状況を把握し、皆を落ち着かせようと、「引き揚げ者を乗せた船だから、攻撃を受ける訳はない。何を積んでいるか調べに来るだけだろうから心配しなくていい。みんなその位置で静かにしていてくれ[168]」と大声で叫んだ。確かに、船を止めて、白旗を振っているのだから、これ以上撃ってこないだろう、と皆は落ち着きを取り戻した。しかし、泰東丸の無抵抗で降伏の意を表した行為、つまり船尾の機銃は発砲させず、船も停止しさせた。

しかし潜水艦は発砲を止めず、射撃がしやすくなった「静止目標」に百ミリ砲弾と四十五ミリ機銃弾を一斉に撃ち込んだ。砲弾は信管がついていなかったのか、爆発が発生しなかったかわりに散弾のように破片が飛び散り、それらが甲板にいた人々を吹き飛ばし、突き刺さった。「一発で機関はストップ、ボイラーは壊れ、蒸気が吹き出した。貫井船長もこのとき破片を浴びて船橋に倒れたのを大脇は目撃している[169]」。

Ｌ19はまるでそれが見えないかのように砲弾と機関銃弾を浴びせ続けた。それらは、船体だけでなく、避難民も狙い撃ちしたため、避難民で溢れかえっていた甲板はたちまち阿鼻叫喚の地獄と化した。体の部位が爆風とともに、飛び散り、あちこちに転がり、助けを求める声、うめき声で溢れた。その時、甲板での惨状を目の当たりにしていた村上幸次郎さんは「甲板を逃げまどいながら、潜水艦上の兵士がこちらを見ながら笑っているように見えた、と思った[170]」。同様に、当時国民学校四年生であった西垣千明さんも「艦橋で敵兵が笑っていた[171]」と姉の千穂子に語っている。

その間、尾上春男通信士は必死に無線室からＳＯＳの無線を送りつづけながら、今朝受信したＳＯＳの意味を悟った。船は左舷に傾き始め、船内にいる避難民、特に、機関室に服を乾かしに降りていた子供達は叫び声をあげながら、必死に戸やハッチを叩き続けたが、助けに行く余裕は誰もなかった。皆、自分のことで精一杯だった。自ら甲板から海に飛び込む者もいたが、船がどんどん傾いて来たため、滑り落ちる者も増えて来た。無線室からＳＯＳを連打していた尾上通信士も無線が発信出来なくなり、銃弾飛び交う甲板に飛び出し、海に飛び込んだが、その際、乗組員と警備の兵士のみが身につけていた救命胴衣は脱ぎ捨てた。それは、機銃掃射の目標にされると思ったからである。そして九時五十五分、ついに泰東丸は左舷を下にして沈没した。

この事件で家族七人を亡くした村上幸次郎は泰東丸が沈没するまでを次のように回想している[172]。

留萌沖を航行中にソ連の船らしき黒い船が見えたと思った途端に銃弾が飛んできて甲板にいる人の頭などに当たり、血を流していた人が随分いた。私達も皆んなで避難をした。避難といっても甲板なので、ちょっとした物陰に身を寄せたのである。その途端金属が飛んでくる音がしたと思ったら船に命中、二発目の魚雷で二〜三分で泰東丸は海中に沈んでいった。

海中に投げ出された自分は、ふと気づくと木片につかまって浮いていたのである。木片に跨がり七、八時間漂流していた所を日本船が数隻通りかかり、その船に助けられ留萌港に上陸した。

泰東丸の乗組員として生き残った大脇一等航海士は、事件から一か月後、記憶を基に会社に事故報告書を提出した。その一部を以下に記す[173]。

▼九時四〇分、北緯四四度〇五分半、東経一四一度二六分半にて船尾三千米に浮上しつつあるソ、連潜水艦を発見す。本船、万一の場合を考慮し、極力之を回避しつつ陸岸に向かう
▼同四五分、同潜水艦、本船前方三百米に砲弾三発三発を発砲し、本船に停船を命ず
▼同四六分、本船機関を停止す。同時に砲弾、船尾に命中、舵機、水推機及兵員室を破損し、数名の負傷者を出せり
▼同四七分、船長、同潜水艦の不法攻撃なるを探知し、救助方の無電を発し、便乗者に退船の準備を命ず。続ゐて砲弾、船橋付近に落下し、損害を被る
▼同五〇分、船体中央部全部に数発命中、死傷者続出し、中部波孔より浸水し始めたり。本船の救助見込みなく、船長意を決し全員退船の命を発す
▼同五五分、浸水著しく遂に右舷に大傾斜し、船全体沈没す
▼沈没位置、北緯四四度〇四分半、東経一四一度二七分（傍点編者）

ソ連潜水艦は泰東丸を沈めた後も、波間を漂う緊急疎開者に銃撃を加え続けた後、潜航していった。海上に取り残された生存者は浮遊物に必死でつかまり、助けをまったが、力尽きて、多くの人が水底に姿を消していった。

海軍の艦艇二隻が偶然、現場を通りかかり、漂流者救助を行なった。一隻は機雷敷設艇石埼、もう

一隻は特設敷設艦高栄丸であった。二隻とも樺太からの緊急疎開者の輸送に従事していたが、大海令五十号により、母港に戻る途中であった。

機雷敷設艇石埼は、二十二日朝、稚内を出港し、大湊港をめざして日本海を南下していた。そして正午過ぎ、天売島南西沖を航行中にねずみ色に塗られ、機体には国籍を示す標識も何もない国籍不明の小型機が接近し、石埼に対し魚雷攻撃を行なった。幸い、石埼は魚雷を回避したが「ソ連機の敵対行動[174]」と判断した艇長の小谷邦与大尉はこのままの公海上を南下することを避け、艇の針路を北海道沿岸に大きく変針した。

午後三時頃、見張り員が海上を漂う遺体を何体も発見し、航海士の田中房次郎少尉は生存者の発見のため、見張りを厳重にするよう命令。それから間もなく、生存者発見の報が入り、石埼は停船し、内火艇と二隻のカッターをおろし、救助活動を開始した。漂流者は水兵の手で海面から引揚げられたがその中には、兵士の手やオールにつかまる力が無いほど衰弱した者や船に引き揚げられた安心感から気を失うものもいた。そして水兵たちは、生存者を内火艇やカッターから石埼の艇上に引揚げると艦内の風呂に入れ、暖かい重湯を飲ませ、体温が低い者を毛布でくるみ、その手足を一生懸命さすり、少しでも暖めようとした。それでも、三名が艇上で息を引き取り、その遺体は軍艦旗で包まれ、錘をつけて水葬に付された。

翌朝、石埼は生存者百十三名を乗せて大湊に入港したが「すぐに函館に取って返し、全員を函館で降ろした[175]」。なぜ、わざわざ函館まで運んで、降ろしたのかは不明である。

もう一隻の特殊敷設艦高栄丸も二十二日「二隻の護衛艦が一緒[176]」に稚内を出港した。事件が起きたのは午前十時頃であった。突然艦内に「戦闘配置につけ」のブザーがなった。その時の事を、の高栄丸乗組員であった葛西岩蔵氏は次のように回想している[177]。

私の持ち場は艦橋すぐそばにある対空機銃の台座なのです。「何事だ…」と叫びながら、ただちにとび跳ねて甲板に駆け上がり機銃にとびつきました。そのとたん右手から大きな飛行艇が近づいて来るのが見えました。海面すれすれに飛んできます。われわれは指揮所の指令を受けてただちに方位、高度角を合わせて、次の「攻撃命令」を待ちました。その時、飛行艇からわれわれの船に向けて魚雷が二本つづけさまに発射されたのです。「右九十度、魚雷二本…」の声が艦橋にひびきました。

幸い発見が早かったので高栄丸は進路を急転させて、二本ともどうにか交わす（ママ）ことができ、難をまぬがれました。

その後、飛行艇は西に飛び去った。

そして、艦長の判断で警戒態勢を維持しつつ、北海道沿岸を左舷に見ながら、航行を続けていたところ、午後三時頃、大量の浮遊物と遺体を海面に発見した。その中に浮遊物につかまりながら助けを求める生存者を複数発見し、艦長は救助のため、停船を命じた。と、その時、「意外にも船のすぐ近くに怪しい潜水艦が潜んでいるのを音響班が探知機で摑んだ」[178]。艦長は高栄丸も攻撃を受けると判断し「総員戦闘配置につけ」命じ、潜水艦に対し、爆雷攻撃を命じた。高栄丸は「大砲が四門、機関銃が十基、爆雷投下装置四基」[179]を装備しており、五発の「爆雷は漂流者を守ため船体から遠く離れた海面をめがけて高々と投射された」。爆雷は予め調節された深度で爆発し、潜水艦は重油を浮上させ、離脱を図った。そして、高栄丸の音響班は潜水艦が遠ざかっていくのを探知機で確認していた。

そこで、艦長は漂流者の救助を命令し、二隻のカッターを降ろし、護衛艦とともに救助活動を始めた。その活動は数時間に及び、日が暮れてもなお、探照灯で海上を照らし続けたが、「収容できたのは、高栄丸が四十名、他の護衛艦は六十名ほどに過ぎなかった。すでに大部分の人が亡くなっていたのだ」[180]。しかし、救助した人々を救うべく、艦内では風呂の準備、おかゆの準備に全力がそそがれ、軍医や衛生兵は応急処置のために狭い艦内を走り回っていた。若い水兵は体温が低下して意識のない救助者の身体を暖めようと、まわし一本の姿で添い寝し、自らの体温で暖めようとするなど、皆、全力で救護活動を行なった。

その後、船は大湊に入港し「そこでは水上警察に引き継がれた後、本州地区に帰る者、北海道に向かう者に分けられ、北海道を目指す人々は大湊から函館港に送られ[181]」それぞれ、目的地に向かった。

これらの船には樺太からの避難民をのせており、夜間航行の際は米軍の指示通り航海灯をつけていた（米軍は航海灯をつけて航行すれば、攻撃をしないと指示をしていた）が、なぜソ連潜水艦は甲板に緊急疎開者が溢れんばかりに乗船しているのを潜望鏡のみならず、目視で確認しているのに、無差別攻撃（虐殺と言っても過言ではない）を行なったのであろうか。

以下の電報は第五方面軍参謀長から東京の参謀次長宛に打たれた電報である。前半ではソ連軍が上陸して一方的な戦闘が発生した真岡方面の悪化して来ている治安状況とそれに対し、無抵抗主義をとるよう指導しているという報告。後半では、ソ連潜水艦の攻撃で小笠原丸が沈没し、第二新興丸が大破している事実と落合空襲を報告し、停戦協定が成立しているので、ソ連の攻撃停止の働きかけを行なう様、暗に匂わす電報である[182]。

（第五方面軍参謀長発　達参特電第七二号　参謀次長宛）

警急

軍事極秘

55警急電報　昭和二〇　八　二三

「札幌」達部隊参謀長

次長宛
　達参特電第七二号
北部樺太方面ノ防衛平静ナルモ真岡方面ノ敵ハ頗ル残虐ニシテ、住民ヲ惨殺シ避難民ヲ機関短銃ヲ以テ猛射シ此ノ機ニ乗ジテ悪質朝鮮人ノ残虐行為跳梁スル等眞ニ目ヲ覆フベキモノアルヲ以テ茲ニ於テ同方面第一線部隊ハ若干ノ対抗手段ヲ執リタルガ如キヲ以テ当方ニ於テハ現地部隊ニ対シ国家保全ノ大局ニ立チ萬事ヲ諦メ完全ナル無抵抗ノ主義ニ徹スベキ旨指導シアリ
又本二十二日稚内ヨリ小樽向テ避難民輸送中ノ小笠原丸（三五〇〇噸）四時頃北海道西海岸増毛（小樽北方約八〇キロ）沖ニ於テ同ジク海軍特別砲艦等第二新進丸（二七一〇噸）六時頃苫前（増毛北方約六〇キロ）沖ニ於テ「ソ」聯潜水艦ト思ハルルモノ（第二新進丸砲術長の言ニ依レバ概ネ確実ナリ）ノ雷撃ヲ受ケ小笠原丸ハ沈没シ第二新進丸ハ相当損害ヲ蒙リ尚昨二十一日落合ハ敵機ノ銃爆撃ニ依リ倒壊家屋約一五〇戸ヲ生ズル等不法行為激増ノ傾向アルモ本二十二日十二時十分局地停戦協定成立セルヲ以テ爾後自然中止セラルルモノト期待シアリ

翌二十四日には留萌沖で攻撃された三隻の詳細と、同じ日に起きた豊原空襲と本斗から大泊に回航中であった能登呂丸がソ連機により撃沈されたことを併せて報告している[183]。

（第五方面軍参謀長発　達参情電第一六〇号　参謀次長宛）

軍事極秘
40特別緊急電報　昭和二〇　八　二四（ママ）
　「札幌」達部隊参謀長
次長宛

達参情電第一六〇号

二十二日、「ソ」軍ハ左ノ如ク依然航空機並ニ潜水艦ヲ以テ攻撃ヲ加ヘアリ

一、潜水艦策動状況

(1) 四時三十分小笠原丸（一四〇〇噸）ハ留萌沖ニテ雷撃ヲ受ケ沈没　乗員約七〇〇名中生存者約六〇名

(2) 五時十三分特別砲艦第二「新コウ」丸（二七〇〇噸）ハ留萌北西三三キロニテ雷撃ヲ受ケ船尾ヲ破壊セラレ（沈没セズ）乗員約四〇〇〇名中死傷者約八〇〇名

(3) 九時五十二分泰東丸（二〇〇〇噸）ハ留萌西北方二五キロニテ雷撃ヲ受ケ沈没ス乗員八〇〇名中約一〇〇名ヲ救出ス

右遭難者は総テ樺太ヨリノ避難民ナリ

二、空襲状況

(1) 北海道

来襲二回二機稚内若前ニ侵入セルモ投弾セズ

(2) 樺太状況

六回　二五機　主トシテ豊原真岡附近ニ来襲銃爆撃ヲ加フ

〔豊原状況　達参情電第一五九号（八月二十三日配布）ノ如シ〕

又十五時二十分貨物船一隻宗谷海峡ニテ「ソ」聯機三機ノ攻撃ヲ受ケ轟沈細部調査中

大本営でも本件を重視し、ソ連潜水艦の北海道近海における船舶攻撃の停止要請と抗議の電報をマッカーサー元帥宛に打電した。大本営も混乱しているのか、小笠原丸と第二新興丸の名前が電報には見られない。その内容は左記の通り。起きた事のみを伝え、それ以上の申し入れも出来ない敗戦国の

辛い立場が行間からにじみ出ている。ただ電報中の四隻の被雷場所を見ると、まるで道北地域を東西北の三方から囲む位置である。まるでソ連が北海道を狙っているようにアピールしているようにも見える。

（大本営発電第三二号　聯合国最高司令部宛）

極秘

大本営連合国最高司令官宛電報　　昭二〇　八　二七（ママ）

第三十二号（八月二十四日）

帝国大本営ハ北海道近海ニ於テ依然日本船舶ニ対シ攻撃行ハレツツアルコトニ関シ貴司令官ノ注意ヲ喚起セント欲ス。責任アル当局ニ対シ直ニ斯ル攻撃停止方指令セラルル様切ニ希望ス。斯ル攻撃ヲ行ヒツツアル潜水艦ハ恐ラク蘇聯邦所属ノモノト推定セラルル処右潜水艦ハ現場ニアル日本船ヨリノ信号ニモ応答シ居ラス。右ハ司令塔前面ニ八糎米砲一門ヲ有スル約六百噸ノ一小型艦ナリ。

1．泰東丸ハ八月二二日〇五一〇時頃北海道西岸留萌附近ノ焼尻島ノ近クニ於テ一潜水艦ニヨリ砲撃ヲ受ケ次デ同日一三〇〇時頃留萌六哩沖合ニ於テ魚雷ヲ受ケ沈没シ死傷者五五三名ヲ出セリ。

2．大東丸第四十九号ハ八月二二日〇九五七時頃北海道「オホック」沿岸網走沖即北緯四四度〇五東経一四四度二八ノ地点ニ於テ砲撃ヲ受ケ沈没セリ。

3．鐵洋丸ハ八月二二日西能登呂岬附近ニテ魚雷ヲ受ケタリ。

4．一運送船ハ同日宗谷海峡ノ眞中ニテ沈没セリ。

そして米軍戦史によると、連合軍の日本本土進駐に関する打合せのために、マニラに赴いた日本側軍使はソ連軍の不法攻撃について、連合国軍最高司令官マッカーサー元帥に次のように申し入れを行なっている。[184]

一六人のソ連代表一行が日本降伏調印式参加のため空路マニラに到着し、そして日本側はマッカーサー元帥に、ロシア潜水艦が依然として八月二十二日北海道沖において日本船を沈め、四隻の船に魚雷を発射したと苦情を申し入れた。

しかし米国は、ソ連の北海道分割要求以外、ソ連軍が侵攻した満州・北部朝鮮同様に米国はソ連軍の行動を積極的に止める言動はとらなかった。

ソ連は、八月十八日にトルーマン大統領から正式に北海道分割を拒否された上、八月二十二日にスターリン書記長よりワシレフスキー元帥に北海道上陸作戦中止命令を出されていたが、日本側にソ連軍の北海道上陸を疑念を抱かせる放送を流していた。もちろん、当時のソ連の放送局が政府の意志に反する放送を流すわけがなく、ソ連軍が北海道に上陸した場合の米国の反応を探ろうとして流したのであろうか。

大本営は再び、マニラの連合国最高司令部に以下の抗議電を打電した。[185]

（大本営発電第四〇号　聯合国最高司令部宛）

極秘

大本営連合国最高司令官宛電報　　昭二〇　八　二七（ママ）

第四十号

莫斯科放送ニ依レバ蘇聯ハ空挺部隊ヲ北海道ニ降下セシメントスルノ報アリ、現在、日本政府ニ於テハ軍隊及国民ニ対シ厳重ナル統制ノ下、貴方ノ要求ニ應ズ可ク最善ノ努力ヲ備ヘツアル處右蘇聯ノ放送ガ事実ナリトセバ甚ダ遺憾ニシテ聯合国最高指揮官ニ於テ各国ノ軍隊ヲ統制シ貴司令部ノ提案通リ秩序アル進駐ヲ實施セシメラレン事ヲ切望ス

第二十五項　三船からのＳＯＳは傍受されていた

ソ連潜水艦の砲雷撃により、小笠原丸、泰東丸は沈没し、第二新興丸は大破しながらも、息も絶え絶えに留萌港に到着した。この三隻のＳＯＳの無線を北海道の小樽無線局は傍受していた。同局は八月十五日以降も、樺太・千島海域の船舶と連絡を取り続けていた。そして、小笠原丸が宗谷海峡上において、同船から小樽無線局の通信圏内に入る事、同船の状況などの通信が発せられてから、直接交信を行なった。以下は当時小樽無線局長であった野中藤太郎氏が手記を全国樺太連盟によせ、同連盟の『樺連情報』という機関紙に掲載されたものである。尚、引用文中にある、三船からのＳＯＳの通信を受信したという時間については、ソ連潜水艦から攻撃を受けた時間との誤差があると思われる。また、泰東丸の出航地を大泊でなく本斗と記述している。これは野中氏が文末に書いている通り、三船との交信記録がＧＨＱに押収され、事件から三十年たった時点で記憶に頼った戦後回想という点を考慮した上で、概要については問題ないと判断した。また、本史料は客観的な立場にある第三者の回想として、史料価値があると考え、以下に引用する[186]。

二十一日午前十時過ぎに電波は微弱ながらＪＪＴ……ＪＪＴと我が小樽無線局を呼ぶ船舶がある。この船は小笠原丸（一〇四三トン）で逓信所の海底電線布設修理船である。私が一九三五年

に南洋群島在勤中、パラオ―ヤップ島間の海底線故障改修の時におめにかかった懐かしい船である。「本船は二十日夜半、大泊を出航、稚内に寄港のうえ、小樽に向う。現在位置宗谷海峡の公海上にあり。無線使用解除する。本船は逓信省所属の故をもって逓信省関係者五百余名と一般人の乗船を承認、総数千余名の引揚者を乗船せしめ稚内に向う。これより貴局通信圏内に入る」

小樽無線局「O・K、貴船の無事と安航を祈る。我が小樽無線局は本道唯一の戦災をまぬがれた海岸局である。恵須取無線局は十二日の爆災により北部情報不明なり我々は樺太四十万島民の安全を祈っている。貴無線の許す限り情報打電を乞う」

小笠原丸「本船は乗客満載のため船中混雑、頗る多忙なり、船長は病人、婦女子を優先上陸せしめるよう指示、着々段取り中、詳細は後報する」そして南樺太全島にソ連軍が侵入し、島民の悲惨を打電してきた。小笠原丸「本船は途中稚内で上陸希望者を揚陸させる。この旨、札幌逓信局に連絡ありたい」

小樽無線局では稚内寄港後の小笠原丸を待ち受けていると他に第二新興丸、泰東丸二隻の樺太引揚船がつづいて来るのを知り、ともに交信が出来たので三船とも小樽港着は二十二日午後二時前後と予想し、三船の重病人の処置などを水上警察署と打合わせ、病院の割り当などを手配した。そして一晩中まんじりしなかった。

運命の二十二日午前九時過ぎ、SOS……SOSと電波を発信する船舶がある、二台の受信機が同じく感じた「SOS、小笠原丸、我れ敵潜の攻撃を右舷に受く、位置増毛沖七、八キロ、浸水のため傾斜せり、船長は人命救助のため陸岸に座礁せんと舵をとる、薄霧のため目標見えず、浸水のため沈没のおそれあり、至急救助の手配乞う」全く予期せぬ事態がおきたのだ。私は一応「了解」と発信し、手配のために海図と首っ引きしていると数分後にまたSOSである。

「SOS第二新興丸、敵潜らしきもの浮上、魚雷二発を左舷に受く、船体浸水により左に傾き、船中、人心の動揺あり、沈没まぬがれざるもののごとし、船長は出来るだけ、陸岸接近し、座礁を試みつつ留萌港に進路をとるも霧のため航行意のごとくならず乗客総数二千五百余名、至急救助手配を乞う」私は「了解」と送信したが以後二船からの通信はなかった。小笠原丸からの第一信を受けてから五十分を経ないでまたもＳＯＳを受けた。

「ＳＯＳ泰東丸、本斗より小樽に航行中、苫前沖一〇キロと推定、本船も魚雷を右舷に受く、機関故障のため漂派するより外なし、可能の限り、接陸を考えるも浸水のため意のごとくならず、無線電源予備使用、乗客約千三百名、至急救助乞う」私はまたも「了解」を発信した。私は夢を見ているようだった。異ったＳＯＳを三度受けそして「了解」の送信を三度出したのだ、それっきり三船からの二度目の発信に接することはなかった。

気をとり直して小樽警察署対して樺太引揚三船の遭難を報じ、救助手配を依頼し、貴署より留萌関係方面に連絡を乞うた。しかし敗戦の痛手か、人心の虚脱か、それとも所轄が違うのか、生ぬるい返事しかなかったことは情けなかった。そのころは米機の爆撃で遠距離通話はできなかったが札幌逓信局までは電話が可能だったので三船遭難を報告したがどのような処置をしたか、知ることはできなかった。午後になって札幌より北海道新聞の記者三名が来局した。私の目には涙がたまりぱなしだった。いつ三船から通信があるかも判らないので受信機の傍から離ることはできなかった。しかし三船からの通信は再び受けることはできなかった。それだけに救助を求める三船の最後のあの悲痛うな声（電波）はあれから三十年を過ぎた今日でもはっきりと耳に残っている。

付記——この三船遭難の交信記録が不完全で遭難状況が不鮮明であるという理由を述べておきたい。

それは、この三船遭難交信記録（海岸局の無線日時抄録）の正式綴りを八月三十一日、米国通信参謀より提出を命ぜられ、ＧＨＱに持っていかれ、それっきり戻されていないので正確な時間や遭難位置などは判らず、従って私の記憶のみによったためである。

第二十六項　三船殉難事件とは

ソ連の立場から日本側の北海道への緊急疎開を見ると、住民とそれが所有する各種財産や樺太庁が疎開者のための米穀類を北海道に持ち出すということは、ソ連が必要とする人員（労働力）・物資（戦利品を含む）が減る（前述の鈴木大佐の戦後回想によると、同大佐が集めた情報として「八月末頃、大泊港から戦利品と称するものを運ぶ輸送船が十隻を数えた」という）ばかりか、占領行政に支障を来す恐れがある。

ソ連側戦史でさえ「8月18日朝、日本政府は日本の無条件降伏に関する公式声明を行なった。今やソ軍の任務は、いかに迅速に樺太南部地区を占領して日本軍隊とその物資財貨の本土引揚げを阻止するかということにしぼられた[187]」と書いている。

さらには、これから上陸し、戦闘が発生する可能性がある北海道に「人員」と「補給物資」を輸送することになり、これを阻止する意図があったとも考えられる。

では三船を攻撃した二隻の潜水艦にはどのような任務が与えられていたのであろうか。

八月十九日（日本時間）ソビエト海軍艦隊人民委員部が八月十九日に太平洋艦隊司令本部作戦部に出した艦隊第一潜水艦隊司令官宛命令ＮＯ　ＯＰ／００４５５は以下の通りである。尚、文章中の日時は全て日本時間に直してある[188]。

1．敵の海軍は積極的な戦闘を行なっていない。だが、サハリン・シムシュ・パラムシル諸島においては、貴重品を本国に搬出しようと抵抗を続けている。掌握している情報によれば、アメリカ海軍は留萌港への接近路及び港外停泊地に機雷を敷設したとの事。

2. 第1極東方面軍は、北海道北部占領の任務を負う。

3. 艦隊に次の任務が課せられる。
8月24日未明、占領軍の留萌港上陸予定。

探索と占領軍搬送援護のため、以下を命ずる。

次の任務を負う〝L〟タイプ潜水艦2隻を派遣せよ。

a：1945年8月23日20時まで、留萌港及びそこへの接近路偵察。

b：1945年8月23日20時以後、敵の軍艦掃討、および〝A〟〝B〟海域への敵軍艦出現時の報告。

潜水艦は45年8月19日19時、出航。

4. 航行中の敵船舶は、すべて撃滅する。具体的な潜水艦統率は、貴下が行う。通信連絡は、現行書類の通り。

この文書によると、八月二十三日の二十時から戦闘行動を開始することになっているのに、なぜ二十二日早朝に開始したのか。

しかも、後述するが、スターリンは北海道北部の分割占領をトルーマンに要求したが、それを拒否する八月十七日付回答を翌十八日に受領している。しかし、北海道北部占領を諦めきれないスターリンは、北海道上陸作戦の中止命令をこの時点では出さず、樺太からの緊急疎開船を敢えて攻撃させたのか。

このような卑劣極まりない挑発を日本軍に対して行ない、緊急疎開船護衛の為の反撃を行ない潜水艦を撃沈したり、航空機による護衛や哨戒活動を行なったならば、それを口実に日本軍が停戦する意志がないとみなし、北海道上陸作戦を実行するつもりだったのではないかという推論も出来る。

しかし第二新興丸や高栄丸は反撃したものの、ソ連潜水艦を撃沈できず「米軍を納得させられる口実が出来なかった」為、元々米国が反対している北海道上陸作戦を決行した場合、米軍が介入することを恐れて、断念したのであろうか。

そして、二十二日午後十一時五十八分、Ｌ12とＬ19に対し、攻撃禁止命令が出された。これはスターリンが米国との対立を危惧し、北海道上陸を断念したことを意味する。

翌二十三日十四時八分以降、Ｌ19からの連絡は途絶えた。稚内沖で日本軍が敷設した機雷によって沈んだものと思われているが、ロシア太平洋艦隊の内部に詳しい人物によると、ロシア側では近年、味方航空機による誤爆で沈められたという説を唱える者もいるという。

一方、無事帰還を果たしたＬ12はユマシェフ太平洋艦隊司令官直々の出迎えを受け、艦長らには「武勲」をたたえる勲章とスターリンからの表彰状が授与され、Ｌ19の乗組員は「日本帝国主義者との戦闘で死んだ英雄」とされ、遺族に勲章が授与された。

因みに、独ソ戦末期にソ連軍に包囲された東プロイセンからドイツ本土に非戦闘員を避難させるために、ドイツ海軍は軍・民を問わず、集められるだけの船を集め、脱出作戦を実行した。その際も、ソ連潜水艦は無差別攻撃を行ない、乗船者の殆どが避難民であったヴィルヘルム・グストロフ号（犠牲者九千三百四十三名）、ゲネラル・シュトイベン号（犠牲者四千五百名）、ゴヤ号（犠牲者六千六百六十六名）等を潜水艦で撃沈し、勲章を授与されている。特にゴヤ号を撃沈したウラジミール・コノヴァロフ大佐は「ソ連邦英雄」というソ連最高の称号を授与され、この事は、Ｌ12やＬ19の艦長達も知っていたと思われる。

一九九一年秋に秦郁彦拓殖大学教授（当時）はソ連国防省戦史研究所Ｖ・ジモーニン所長代理（当

時）に八月二十二日前後の旧ソ連海軍の動向について調査依頼し、その回答が一九九二年九月に届いた。

それによると、三船殉難事件は「旧ソ連太平洋艦隊の潜水艦による攻撃だったことが、ロシアに保管されていた資料で三十日、初めて確認された[189]」。この回答によると「一九四五八月二十一日から二十二日にかけ、日本船舶に対し、計六回の魚雷攻撃と一階の砲撃を行なった[190]」とある。さらに潜水艦から「艦隊司令部への報告は『二十一日、日本の小型船を砲撃で撃沈』▽『二十二日にかけ、輸送船に三発魚雷攻撃し、沈没させた』▽『二十二日、輸送船一隻を撃沈、別の船にも損傷を与えた』などとなっている[191]」。

この内容からすると、日本側で公式に確認されていないだけで、樺太を脱出した小型船が人知れず撃沈されている可能性さえある。

ところで、三船殉難事件を戦時国際法で見るとどうであろう。

海上において「降伏の意図を知らせる一つの決まった方法はない[192]」。しかし、降伏を欲する船舶は「助命を与える慣習法上の義務に従って攻撃から保護される[193]」。

降伏の意図を相手に知らせる一つの決まった方法はないが、一般に「旗の降下――白旗の掲揚――潜水艦の場合は浮上――機関の停止と攻撃者の信号に対する応答――救命ボートへの移乗――夜間は、停船と灯火の点灯[194]」等が認められている。

因みに、日本海海戦の際、ネボガトフ海軍少将麾下の第三太平洋艦隊の降伏を日本側が受け入れたのは、白旗の掲揚だけでなく、全艦艇の機関が停止されて、戦闘及び逃走する意志のないことを明確させてからであった。

まず、日ソ両国間の意識としてだが、日本はポツダム宣言を受諾し、戦争は終わったという認識でいたのに対し、ソ連は、日本軍は戦闘を継続しているという認識の下で戦闘を継続していた。

小笠原丸と第二新興丸については、ソ連潜水艦からの雷撃で始まっており、降伏の意図は表明する余裕がなかった。また、難船者への救助・保護が慣習法により要求されているが、それは戦闘後であるところからすると、この二隻については、この時期での潜水艦の民間船舶に対する攻撃が合法か違法かというレベルの話であり、慣習法として認められて来た、上記の降伏の要件を、この二隻は満たしていない。

ただし、泰東丸は別である。

ソ連潜水艦は砲雷撃を加える前に浮上している。これに対し、泰東丸は白旗を掲揚し、機関停止をしている。つまり、前記第三太平洋艦隊が降伏した際と同じ行動をとっている。その上、搭載されていた大砲にはカバーがかけられたままで、戦闘を行なう意図がないことも明確にしている。この状態で泰東丸や同船への攻撃で海上に投げ出された人々への銃砲撃を加えるのは、明らかに戦時国際法違反である。

海上に投げ出された難船者に対する保護が明文化されたのは、昭和二十四年に締結された「海上にある軍隊の傷者，病者及び難船者の状態の改善に関する一九四九年八月十二日のジュネーブ条約」である。しかし、この条約締結以前より降伏した船舶に助命を与える慣習法上の義務が存在しており、その精神をを無視したソ連潜水艦の行為を肯定する法律はない。

しかも泰東丸のように、白旗を掲げ、船の動力を止めて降伏の意思表示をしている民間船への攻撃も行なう等、ソ連潜水艦の泰東丸への攻撃は、明らかに国際法違反である。

そうであるにもかかわらず、秦教授の照会により、三船殉難事件がソ連海軍により引き起こされた事が判明して以来、未だ日露両政府間でこれらの事実について公式に確認されていない。樺太引揚三船遭難遺族会は事件の真相究明を日本外務省に繰り返し求めているが、未だ回答はない。また、日本外務省は本件について、ロシア外務省とどのように、どのくらいの頻度で事実関係の照会しているのであろうか。

現在、水面下で進められているであろう日ロ国境画定交渉において、本件について、日本外務省からロシア外務省に対し、積極的に事実関係の究明を求めることを切に望むものである。

犠牲者やご遺族が戦後、求め続けてきたことは、賠償請求でなく、真実を知ることと、責任ある立場の人物からの、ご遺族の心にやすらぎと区切りを感じさせる言葉であろう。

留萌市内に正覚寺というお寺がある。このお寺はこれら三船殉難事件で九死に一生を得た人々が収容された施設の一つで、「血染めの米」が残されている。「血染めの米」とは第二新興丸の魚雷が命中した船倉のカマスの下に積まれていた米で、魚雷爆発による死傷者の血しぶきで赤茶色に染まったコメで見る人にその惨劇を無言で語ってくれる。

二〇一三年八月二十一日、留萌市内にある了善寺で樺太引揚三船遭難遺族会（約三十人）主催の五十二回目の慰霊祭が行なわれた。その際、会長である永谷保彦氏は筆者に次のように言葉を詰まらせながら語ってくれた。

「ロシアったら悪いでしょう。犯人だからね。元凶だから。だけどね、僕ら対ロ交渉やっているでしょ。それを拒むのが日本の外務省、政府なんですよ。だから僕たちは怒るんですよ。（中略）二千名も死んでいるのに、日本人が怒らないで誰が怒るんだ。ロシアと喧嘩している訳じゃないんですよ。金が欲しいというわけじゃない。謝罪してくれていうことなんですよ。そういうことをね、きちと日本のマスコミが報道して欲しい。（中略）三船殉難はシベリア抑留や占守島の戦いと同系統のことなんだ」

第二節　北海道北部防衛「作戦」

第一項　樋口司令官の対ソ不信感

南樺太は昭和二十年八月十一日の「いわゆる条件付ポツダム宣言受諾通告」が日本から連合国になされた後、ソ連軍が武力をもって侵略を開始。ソ連軍が南樺太の占領が完了するのは、日本軍が大本営の命令により抵抗を止め、ソ連と現地で停戦協定を結んだのが八月二十二日であるが、協定成立後もソ連軍の組織的軍事行動は、その目標を達成するまで止むことはなく、日本人の犠牲者は増え続けた。北方領土の占領完了は九月五日であった。しかもソ連はヤルタの密約以上の領土を日本から奪い取ろうとしていた。留萌・釧路ライン以北の北海道をである。

第五方面軍司令官樋口季一郎中将は、ソ連軍の北海道上陸を懸念していた[195]。第五方面軍全体の防衛態勢は、ソ連参戦まで対米戦を想定した防衛態勢にあったが、ソ連軍が参戦しないと判断していたわけではない。現在戦っている米軍への備えを優先させただけである。樋口司令官は自身の家族の前では、ソ連政府だけでなく、ソ連軍人への不信感も見せていた。

樋口司令官は玉音放送直後に家族の中で同居していた男性だけに、青酸カリを自決用にわたしていた。それをみて「羨ましがった」四女千恵子さんに次の様に言ったという。

「アメリカ軍なら自決しなくても大丈夫だよ。でも北海道にソ連軍が入ってきたら、その時は自決だよ。じゃないと女の子だって何をされるかわからないから。だからアメリカが入ってくるまで絶対（北海道を）守るよ」

とソ連軍への不信感と決意を家族の前でみせている。

ソ連への不信は誤解ではなかったことを、歴史は証明している。ソ連軍の日本軍民への攻撃は大詔渙発後もまるでその様な事はなかったかのように続いた。

八月十六日、大本営からの停戦命令が下された際のことを遺稿集に次のように記している。「私自身はソ連が更に進んで北海道本島を進攻することがないかという問題に当面した。私としては相当長期にこの問題に悩んで居り、一個の腹案を持ったのである。即ちソ連の行動如何によっては『自衛行動』が必要にならうと言うにあった[196]」

八月十四日二十三時に、詔書発布と同時にポツダム宣言受諾の電報を発電しているにも関わらず、ソ連は「十五日アントノフ参謀総長の談話として、日本の申し入れ（引用者註：ポツダム宣言受諾通告のこと）は単なる一般宣言に過ぎず、停戦命令はまだ出ておらず、日本軍がまだ抵抗を続けている[197]」と、戦争継続を宣言している。その上、マッカーサー元帥がソ連軍の日本軍への攻撃を停止させるべく、在モスクワ・アメリカ軍事使節団長のディーン少将を通じてソ連軍統帥部との調整を行なったが、アントノフ参謀長は「ソ連軍がその作戦地域内において攻撃作戦を中止するか否かは、その地域の最高司令官の判断をによるものである[198]」と、ディーン少将を門前払いにした。

樋口司令官の懸念は杞憂ではなかった。スターリンは十六日、トルーマンに書簡を送り、日本軍が降伏すべきソ連の担任地域にヤルタで密約に基づき千島列島全島をふくめること、さらに釧路市と留萌市を結ぶ線以北の北海道北半分を同地域に含めることを新たに要求した[199]。そして樺太では日本軍からの停戦交渉の呼びかけを再三を拒否して攻撃を続け、千島列島の北端の島、占守島は八月十八日にソ連軍の強襲上陸により、戦闘が開始された。

日ソ両軍の停戦協定が成立したのは満州や占守島より遅い、八月二十二日であり日本軍が組織的は反撃を止められたのは、その翌日のことであった。

第二項　ソ連軍、北海道上陸説

昭和二十年八月九日にソ連は日ソ中立条約を破り、満州や日本の領土である朝鮮、樺太で侵略を開始した。樺太における日ソ国境である北緯五十度線をソ連軍戦闘部隊が超えたのは、日本のいわゆる「条件付ポツダム受諾通告」後の八月十一日早朝である。日本の「最終的ポツダム宣言受諾通告後の八月十五日夜、スターリンの意思を受けたアントノフソ連軍参謀総長は談話として、日本の申し入れ（筆者注：最終的ポツダム宣言受諾通告）は単なる一般宣言に過ぎず、停戦命令はまだ出ておらず、日本軍がまだ抵抗を続けているという理由で、ソ連軍の戦闘継続を宣言。

樺太では、ソ連軍は未だ日ソ国境付近で釘付けになり、樺太南部の要域は手付かずで、翌十六日には樺太西岸の恵須取にて新たに上陸作戦を決行。樺太各地で停戦を呼びかける日本軍を無視して戦闘を拡大させ、八月二十二日に最終的な停戦協定が成立した後も、続き、真岡から豊原へ向かう豊真山道上の熊笹峠で停戦が成立したのは翌二十三日だった。それでもソ連軍停止せず、八月二十五日に南樺太の正面玄関である大泊を占領、八月二十六日には在樺太日本軍全部隊の武装解除を完了させた。

日本側では当時、ソ連が北海道に上陸してくるという考えはなかったのであろうか。少なくとも北海道内にはそれを危惧する「空気」が存在した。

その危機感が道内で最も強かったのが、「ソ連軍」に最も近い位置にあり、樺太からの緊急疎開者を目の当たりにしていた稚内町民（当時）であろう。

既述の通り、当時、ソ連軍上陸のデマが流れ、混乱に陥り、稚内を離れる者は後を絶たなかった。稚内にソ連軍が上陸したというデマは道内にも流れ、稚内郵便局に全道の郵便局から問い合わせが殺到した。札幌でさえその例外ではなかった。

札幌は北海道・樺太・千島を管轄していた「北海地方総監府[200]」（昭和二十年六月十日設置。本土決戦に備え、全国を軍管区に対応する八つにわけ、内務省の管下に置かれた行政組織の一つ）と第五方面軍司令部が置かれた北海道・樺太・千島方面の中心地であった。

敗戦時、札幌でも様々なデマが流れた。例えば「稚内、留萌、小樽、室蘭にソ連軍が上陸した。北海道庁の屋上に赤旗がひるがえっている[201]」というものまであった。その中でソ連軍上陸ということを念頭において「ある決定」をした行政部門がある[202]。

札幌財務局は家庭用酒の配給を一年分繰り上げて行うことになった。色が黒く痩せて、ふだんムッツリでとっつきの悪い木村間税第一課長は、新聞記者に特配する酒のキップを乱発しながらこういった。「ビール会社も酒蔵もソ連にめちゃめちゃにされるんだろうから、ヤッコさんたちがくる前にカラにしてしまうのさ」。

ここで言う「ヤッコさんたち」とはソ連軍のことである。

この事からも行政機関でさえ、ソ連軍が来るという認識を持っていた部門があったことが、伺える。とは言え、終戦直後の社会不安は高まる中、街ではデマが飛びかい、道民はおろか官吏までそれを信じるほどで、道庁当局も道民にたいして、デマに惑わされるな、と呼びかけたものの、疑心暗鬼と不安で誰もが激しく動揺していた。

「終戦の翌日、北部軍司令部で樋口司令官、福井参謀などが会議中、手塩にソ連軍が上陸した、という軍出先からの緊急情報がはいってきた。二時間後に誤報とわかったが、このときは旭川から軍隊を派遣するなど、軍も道庁も誤報に振り回された[203]」。しかし、ソ連軍の上陸が懸念されていた上に、現在、天塩町の海岸地帯には陸上自衛隊の上陸演習地が存在するくらいで、上陸に適した地形である事から、誤報とわかった後でも、北海道の陸軍部隊の復員完了まで、軍が何らかの形で警戒を続けていたと思われる。

第三項　第五方面軍、ソ連軍の北海道上陸を警戒

そもそも、ソ連参戦に際して、第五方面軍司令部はどのように判断したのであろうか。

ソ連参戦の報を樺太防衛にあたる第八十八師団司令部に通報した第五方面軍司令部は九日夜更けまで、作戦会議を続けられた。その会議で示された状況分析は、

1. 北海道に上陸する敵は米軍ではなくむしろソ連軍であろう。
2. 北樺太のソ連軍は約二個師団と判断されるが、ソ連軍の上陸作戦能力から見て、大部分は北樺太から陸路進攻するであろう。
3. 上陸作戦を行なってもそれは助攻であろう。
4. 日本軍は国境に既設陣地があり、国境地区の兵力は三コ大隊あるから、主力を北上（引用者注：南樺太南部より師団主力部隊を北上）させる余裕はあろう。

そこで、第五方面軍としての対処方策として、

1. 対米作戦を放棄して全力でソ連軍にあたる。
2. 一部で樺太南部を確保して主力をもって北海道においてソ連軍に当たる。

の二案が出され、その判断のためには現地を実際に見ることが必要であるとして、方面軍高級参謀安藤尚志大佐と参謀福井正勝少佐が樺太に派遣された。

当時、同方面軍作戦参謀田熊利三郎中佐は、戦後、防衛研究所戦史室員とのインタビューの中で樺太にソ連軍が侵攻を開始した際の認識として「樺太は北海道の前進陣地である。「ソ」の進攻が北海

道にないという保証は何もない」と答えている。

また第八十八に停戦協定を成立させるために、八月二十二日に第五方面軍司令部から参謀副長の星駒太郎少将が豊原に派遣された。星少将によると「もう終戦になっているのに、北海道から樺太へ日本機が飛んでいったことが向こうにわかると、まずいことになるかもしれない。というのは、いまだに戦闘しているのは樺太師団だけで、北海道とは指揮系統が違うということにしておかないと、こんどは北海道が報復爆撃されるおそれがある」[204]と、当時考えていたと回想している。

十六日午前、大本営より大陸命千三百八十二号（即時戦闘停止命令）が出され、各部隊に伝達されたが、第五方面軍司令部は午後に、樺太で戦闘中の第八十八師団に対し自衛戦闘命令をだした。既述の通り「樺太は北海道の前進陣地」という認識を同方面軍司令部は持っていた。そして第五方面軍司令官の樋口季一郎中将は陸軍部内でも知られたソ連通であり、戦後、娘婿の橋本嘉方氏に「樺太、千島での戦いは北海道をソ連軍から守るため、米軍が北海道に進駐するまでの時間稼ぎだった」と語っている。

このことを念頭において、旭川市史の執筆にも携わった示村貞夫の著書『旭川第七師団』にある興味深い一文を、ここで紹介したい。

同書によると、十勝方面にて米軍の上陸に備えていた歩兵第二十六聯隊長の山口定大佐は玉音放送の数時間後に第五方面軍司令部から極秘至急電が送られて来たという。その要旨は以下の通りである[205]。

樺太ニ侵攻セル極東ソ連軍ハ南下ノ企図ヲ有スルモノノ如ク、有力ナル兵力ヲ以テ本道ニ上陸ノ公算大ナリ。稚内付近ニテハ第四二師団ヲ以テ、マタ留萌港ニテハ旭川師管区部隊ヲ以テ夫々之ヲ阻止スル為所要ノ準備ヲナス筈ナリ。歩兵第二六聯隊ハ主力ヲ以テ月寒付近ニ位置シ、ソ連

軍ノ小樽上陸ニ備ヘ警戒ヲ厳ニスベシ

この記述が事実であるなら、第五方面軍司令部はソ連軍は日本のポツダム宣言受諾に関係なく戦闘を続行し、北海道上陸を現実のものと考え、その際速やかに対処出来るよう、戦闘部隊――おそらく連合国を刺激しない範囲で最大の――に出動命令を出したのである。この命令が出されたとされる日は示村によると、八月十五日の午後で、その電文は敗戦時の文書焼却命令により命令受領後、速やかに焼却されたものと考えられ、残念ながら、この文を執筆している時点では、この命令を裏付ける公的文書は見つかっていないが、だからと言ってこの電文が元々存在しなかったという証明にもならない。

示村は終戦時の第七師団長鯉登行一中将や歩兵第二十六連隊関係者と戦後、交流があり、その関係でこの情報を入手したものと推測する。とは言え、示村氏がこの情報の引用元を残されていないのが、返す返す残念である。

また、樋口司令官の遺稿集には興味深い一文がある[206]。

八月下旬在北海道本島応召の将兵中、特殊の技術を持つ約百名を独断召集解除したのであった。それは、北海道にソ聯軍が進入して来るという一部流言を信じたことに出発する。否な恐らく自衛戦闘が発生するならんとの予感が私に作用したからであつた。自衛戦闘必至と判断する限り、絶対に召集解除をなすべきでなく、全軍一本に掌握すべきである。そこに私の恥ずかしき矛盾と錯覚があつた。その結果として、最もソ聯に近き稚内方面配置後に若干のパニックを生起したことは、なんとも申し訳なき次第である。今に「後味の悪さ」を思う原因をなしている。

上記文の興味深い点とはこの二点である。

①北海道にソ連軍上陸の流言を信じた。

②稚内方面に（部隊を）配置にパニック。

まず①についてだが、陸軍内部でロシアや屋で名高い樋口司令官がを信じさせる流言となると、よほど情報源として信用に値する人物から「情報」を得た。同じ情報を複数の信頼できる情報源から入手。最後に「情報の伝達」でなく、大本営から「命令」として受け取った。まずこれらの事が考えられる。もちろん、自身が自衛戦闘が（北海道で）発生するという考えを持っていたことも、流言を信じた一因であろう。しかし、それは一因であって、全てではないと筆者は考える。その流言について、出所や具体的内容、及び出所（流言の出所はわからないものだが）について回想録には何も書かれていない。しかし、それは、流言のだから出所が書けないのではなく、出所を書けないからから、「流言とした」と筆者は推測する。

例えば、その「流言」の出所が、大本営から、どのような形であれ「命令」として出されれば、十分信じるに値するし、大詔渙発後で連合国に降伏するという状況下の出来事であるから、いくら戦後とは言え、書かなくても不思議ではない。

因みに、樋口司令官が北海道の部隊の復員を開始したのは、ミズーリ号上での降伏文書調印をすませ、本州各地に米軍の進駐が既にはじまり、且つ、日本海越しにソ連に臨む津軽海峡に大湊占領のための米機動部隊が現われた九月七日である。そして北海道だけ、米陸軍が進駐するのは十月だが、これは偶然だろうか。

もし、樋口司令官が復員開始を意図的に九月七日にしたのだとしたら、それを信じさせるだけの「情報」、具体的に言うなら「ソ連北海道上陸情報」を持っていたはずである。その情報を「流言」と言っているのではなかろうか。

そもそも、米軍は日本の降伏文書調印の前に、本当に北海道に来ていないのであろうか。北海道の千歳航空史研究家の守屋憲治氏はその著書の中で「八月末には、千歳に米軍俘虜救出班の出先部隊が配備されていたと考えられる[207]」と記している。もしそうなら、その中に米軍の情報将校がいて、第五方面軍司令部と連絡を極秘に取っている可能性もある。

後述するが、八月十六日にＢ29が千歳飛行場に飛来したという証言もある。このような証言が事実とすれば、第五方面軍司令官が単独で直接米軍と交渉して決めたと考えるのは不自然である。まして常に中央の意向を大切にしていた樋口司令官の事である。中央からなんらかの指示があったものの、それが現実のものとならなかった為、「流言」としているのではなかろうか。

次に②について論じる前に、当時の稚内の状況について触れたい。

稚内では既述の通り、八月十五日夜からデマが流れ出し、国鉄は住民避難の為の臨時列車を用意したり、住民は鉄道や馬車や徒歩等、様々な南に向けて町を脱出を始めた。しかし、デマとわかっても住民がすぐに自宅にもどらなかったのには決して根拠がなかったわけではない。

樺太ではソ連軍の攻撃が続き、避難民が続々と船から吐き出されて来るのを間近に見て来た人々にはソ連軍上陸の報は「デマ」には思えない人も少なくなかったであろう。

後述するが、ソ連パイロットの証言では、大泊占領後、上陸地点を探す為に、北海道オホーツク海沿岸を偵察飛行したというものもあり、それらを八月十五日以降も目撃した人もいたであろう。

また、八月二十三日に第五方面軍参謀長より東京の参謀本部の参謀次長に送られた達参情電第一六〇号によると、北海道の空襲状況として「来襲二回二機稚内苫前ニ侵入セルモ投弾セズ[208]」との文言が見られる。防衛研究所に現存する第五方面軍参謀長から東京の参謀次長宛の電文に上記のように空襲状況としてソ連参戦後、北海道のことが出てくるのはこの日の電文が始めてである。また、この電文には朱色で「軍事極秘」の印が押され、『連合国トノ折衝関係事項其四』に閉じられている。この書類綴りは八月二十～二十四日までの電文が綴ってあるところから推測すると、「ソ連機」の稚内接近があったのは、この期間と考えられる。

稚内ではソ連軍上陸という情報がデマとわかった後でも、緊張状態にあったと思われる。話を八月十五日に戻すが、このような状況下で「配置後にパニックが起きた」という表現の「配置」が指す部隊はあったのであろうか。

既述の通り、第四十二師団は昭和二十年五月に中千島から稚内への移駐を命じられたが、移駐のための船泊の不足や米軍の妨害もあり、八月十五日の時点で同師団は稚内への終結が完了していなかった。

特に千島列島の松輪島から稚内に移動中であった第四十二師団隷下の歩兵第百五十八聯隊は聯隊長の到着を待たずに軍旗を奉焼せざるをえなくなった。その際、軍旗を護持して先発隊と共にあった萱野大尉がそれを稚内郊外の龍神沼湖畔にて奉焼したときのことを「近々ソ連軍上陸の報の中での作業である[209]」と回想している。軍人が自分の命より大切にしていた軍旗を奉焼するのは、基本的に玉砕直前である。それを聯隊長さえ到着していないのに、急いで一介の大尉が軍機奉焼を行なうとなると敗戦時の混乱の中とは言え、ありうべからざることであるが、同時に、軍旗を焼却せざるをえない状況――ソ連軍の上陸――が差し迫っているとの判断があったと推測してもおかしくない。

既述の通り、稚内が混乱している「(引用者註：八月）十八日早朝、稚内警備に派遣されておった第三、第四中隊が中隊長を残し全員集団脱走[210]」という事件が起きて居る。同師団は中千島からの部隊移動の遅れによる部隊の再編成により道内出身者が多数配属されていたが、大詔渙発やソ連軍上陸の噂を聞き浮足立っていたのであろうが、これはパニックとは言う程の事とは思えない。既述の通り、稚内では八月十五日の夜、からソ連軍上陸説が流れ、国鉄が避難列車まで用意したことの方がパニックととるにふさわしい。

このような状態では第四十二師団が、ソ連軍の上陸に対応する対応する態勢がとれる状態にあったか疑問を感じる。

では、八月十五日に稚内防衛の為の配置につけた部隊があったのであろうか。

当時、稚内周辺にいた陸軍部隊である一定の戦力を保持する部隊というと宗谷海峡防備の任についていた宗谷要塞守備他が存在した。この部隊は第四十二師団長の麾下にあり、宗谷要塞隷下の独立歩兵第六四九大隊は即応態勢にあった。同部隊は、ソ連軍の南樺太侵攻開始時に宗谷海峡の樺太側の西能登呂岬への出動を命じられており、先発隊は十五日、本隊は十七日に稚内を出港予定であったことから、敗戦時、兵員・武器の充足率が他の部隊より高く、戦闘可能な状態にあったこの部隊が稚内にて、ソ連軍上陸に備えていた可能性が高い。

このように、稚内に独立歩兵第六四九大隊が出動した可能性があり、石狩湾、留萌においても、示村氏が著書に書いた通り、八月十五日に大本営が出したという命令により、部隊が移動した可能性があるか、見ていきたいと思う。

そこで、終戦時の北海道における第五方面軍隷下の主な戦闘部隊の配備状況を確認したい。

敗戦時の稚内の状態は上記の通りだが、北海道内で防衛態勢をとっていた主な部隊は道東地区の第七師団。道北、宗谷地区の第四十二師団（中千島より移動中）、宗谷要塞守備隊。道央、旭川地区の旭川師管区隊・苫小牧地区の独立混成第百一旅団。道南、津軽海峡地区の津軽要塞守備隊である。

これらの部隊の中で、命令の中にある、第四十二師団、旭川師管区部隊、歩兵第二十六聯隊の八月十五日はどうだったのであろうか。まずは、この命令を受領している歩兵第二十六聯隊からみていきたい。

大詔渙発時、歩兵第二十六聯隊は帯広近郊に駐留していた。同聯隊が所属する第七師団は元来、ソ連軍の南樺太に侵攻に備えて旭川を駐屯地としていた。しかし、大本営は米軍がアリューシャン——

千島列島経由で北海道東部へ侵攻してくると判断し、樺太の後詰、つまり対ソ戦を想定していた同師団を対米防御のために道東地区への移駐を昭和一九年三月に決定し、師団司令部は帯広、歩兵第二十六聯隊は帯広近郊、歩兵第二十七聯隊は釧路、歩兵第二十八聯隊は北見に配置された。

既述の第五方面軍からの命令に接した歩兵第二十六聯隊主力は八月十七日急遽臨時列車で札幌に向かい、同日夜、月寒の旧歩兵第二五聯隊兵舎に到着した。事実、札幌護国神社境内にある「歩兵第二十六聯隊軍旗奉焼之碑」の裏にある「歩兵第二十六聯隊軍旗の沿革」の碑文には「八月十七日極秘電により札幌月寒に移駐」と刻まれている。ただ先遣隊がそれより早く札幌に派遣されていた可能性がある。

同連隊に所属する一個大隊はソ連軍と交戦中の樺太に派遣されるため、十五日に帯広で弾薬を受領し、臨時列車に乗っていた。この部隊が先遣隊として十七日以前に札幌に移動していた可能性がある。

第七師団に所属する三個聯隊は既述の通り旭川から派遣された部隊であるが、各部隊が軍旗奉焼後、部隊を解散し、復員を始めた場所に注目したい。歩兵第二十七聯隊と歩兵第二十八聯隊はそれぞれ、部隊が配置されていた釧路、北見で軍旗奉焼、部隊解散、復員を行なったのに対し、歩兵第二十六聯隊だけ札幌で行なっている。第七師団以外でも、本土決戦のため、日本国内に配置されていた部隊は、その配置された場所での軍旗奉焼、部隊の解散し、復員を行なっているのに、この時期での歩兵第二十六聯隊の札幌移動は特別の事情があったとしか考えられない。上記の通り「極秘電」で「極秘命令」が出されたことが推測できる。

また、歩兵第二十七聯隊はソ連軍が国後方面から上陸してきた際に対応できる位置にあり、歩兵第二十八聯隊は稚内、根室方面どちらにも転用できる北見に位置しており、ソ連軍上陸を前提に考えても部隊動かす必要はない。それに対し歩兵第二十六聯隊が駐屯していた帯広近郊はその後方にあり、予備部隊としての役割を果たしていた。

石狩湾防衛のための聯隊以上の戦力と高い錬度を保つ部隊は第七師団以外になく、隷下部隊で対ソ配備という点から判断しても予備部隊として移動可能だった部隊は歩兵第二十六聯隊である。しかも同聯隊に所属する一個大隊は既述の通り、八月十五日の段階で即日、札幌へ向かうことができる状態あったのである。

このような事情から、第五方面軍司令部は歩兵第二十六聯隊を札幌に移動させるのが妥当と判断したと考えられる。

最後に留萌への移動命令を受けた旭川師管区隊についてみてみたい。

敗戦時に旭川師管区隊の少尉であった中田（現姓：小林）利外氏の戦後回想をここで引用したい[211]。

その日（引用者注：八月十五日）の夕方だったと思います。吾々の部隊に緊急出動命令が発せられ、独立一ヶ大隊を編成して、北海道西岸の港「留萌港」へ出動したのであります。旭川駅頭、その日の夜に終結、直ちに夜行の軍用列車で、留萌駅に急行したことを、今でもその光景が瞼に焼きついております。終戦ということをおぼろげにききながらも、軍用列車を仕たてて、留萌駅に急行するという事態、一介の若き小隊長には理解し難きことでした。しかしその異常さが何であったのかわからぬまま、神国不滅を信じ奉命御謹の行動をとっておりました。明け方、留萌駅に到着すると同時に、港湾をいげいする丘陵地に展開して、塹壕構築に着手したものであります。「ソ連軍がこの港に上陸するかもしれない。これを撃滅するのだ」と、こう聞かされておりました。

ソ連参戦後、第五方面軍司令部は北樺太に展開していたソ連軍の大半が南樺太に侵攻して来たと判断し、大詔渙発がなされなければ、北樺太に逆上陸作戦を実施する予定であった。南樺太北部の防衛を担当していた歩兵第百二十五聯隊の善戦により、ソ連軍の進撃を八月十五日の時点で日ソ国境より約十六キロ地点で食い止められ（国境から約十二キロにある歩兵第百二十五聯隊の主陣地である八方山は健在）、千島列島にはソ連軍による攻撃さえなかった。また、ソ連軍が渡洋作戦を行なって北海道に上陸するという前提で考えると、陸の孤島であり、渡洋部隊の策源地として補給能力が限定されるペトロパブロフスク（カムチャッカ半島）ではなく、ウラジオストクを策源地として実施すると第五方面軍司令部は判断したと考えられる。

そのように考えると、ウラジオストクと海を挟んで対している石狩湾沿岸（例えば小樽）、留萌、稚内に部隊を派遣し、防衛態勢をとるのは妥当な判断である。

また、全国樺太連盟元理事の矢野牧夫氏の留萌での聞き取り調査によると、八月十五日以降に現れた陸軍部隊について「戦争が終わったのにどうして兵隊さんたちがこんなに来ているのか[212]」との証言を得ている。また、当時、留萌の監視隊にいた人物から「（ソ連軍機の海上から内陸にかけての領空侵犯について）その回数は六月ごろから終戦時までに数十回に達していた[213]」の証言が記録されているが、筆者自身の現地調査では、残念ながら矢野氏のような証言にはめぐりあっていない。また、稚内とは違い、要塞もなく、元々は留守部隊である旭川師管区隊が緊急出動下とは言え、果たしてどれだけの装備を保有していたか、もし、ソ連軍が本当に上陸していたら、どうなっていたであろうかと思うと大いに不安を感じざるを得ない。

以上のことから、ソ連軍上陸の報が単なる噂でなく、信頼すべき情報源からの緊急の情報、又は命令に基づいての行動であったことが推測できる。つまり、原文は残っていないが、示村氏がその著書に書いた大詔渙発後に出されたという命令は事実であると考える。また、ソ連軍の北海道上陸を懸念してか、宗谷地区に展開していた第四十二師団及びその指揮下の宗谷要塞守備隊が復員を開始したのは、東京湾での降伏文書調印後の九月七日であった。

この日、米艦隊が集まっていたのは、東京湾だけでなかった。米国北太平洋艦隊司令長官フレッチャー中将率いる米空母をはじめ巡洋艦、駆逐艦、掃海艇、輸送船など合計二十四隻が「津軽海峡東口恵山岬の東一五カイリの地点[214]」で日本側使節と大湊港進駐のための打合せを行ない、翌日、同港に入港した。大湊には警備府が設置され、海軍の北太平洋における拠点であった港であり、北海道は目と鼻の先である。また、日米艦艇の会合地点はなぜ、津軽海峡の内側（西側）でなく、東側なのだろうか。津軽海峡の太平洋側の出入り口である、下北半島沖でもよかったのではないか。それを敢えて、津軽海峡東口恵山岬の東一五カイリの地点[215]」を米軍は指定して来たのである。この海域だと米艦隊が、本州を背後にして日本海の対岸にソ連海軍の極東最大の軍港があるウラジオストクが位置し、まるで米艦隊が日本軍とソ連軍の間に割って入ったように見えるのは筆者だけであろうか。

このように大本営直轄の「陸軍部隊」である第五方面軍と、稚内の海軍部隊がソ連軍の上陸に備えていると思える行動を取り、米軍までまるでソ連軍の北海道上陸を牽制しているとも思える行動を取っている。日米両軍の行動は、果たして偶然であろうか。

ソ連崩壊後、ソ連軍が北海道分割占領のため具体的に準備をし、北海道上陸作戦が発起直前の状態にあったことが、冷戦終了後、ソ連側から明らかにされた。

第四項　ソ連軍の北海道上陸計画

平成二年十二月二十五日の読売新聞一面に、ソ連側が北海道上陸・占領計画についての記事が掲載された。これは読売新聞が当時のソ連軍事史研究の第一人者と言われていた、ドミトリー・ボルコゴノフソ連国防省戦史研究所所長（大将）との会見を行った際、初めて「ソ連側が北海道上陸・占領計画の具体的内容を確認した[216]」という貴重な記事であり、以下に紹介したい[217]。

ボルコゴノフ所長の証言は主にソ連国防省中央古文書保存所などに保管されている当時の公文書に基づくもの。

所長によると、スターリンは一九四五年八月九日のソ連軍の対日参戦の直前、ワシレフスキー極東軍総司令官に対し、満州進攻と並行して「サハリン（樺太）クリル（千島）列島の解放だけでなく、北海道の北半分を占領せよ」との命令を発した。

これに基づき、二個歩兵師団、一個戦闘機師団、一個爆撃機師団の計四個師団を北海道に投入する計画が策定された。さらにスターリンはトルーマン大統領への書簡（八月十六日付）で北海道北部の占領を要求してから一週間後の同月二十三日、樺太南部の第八七歩兵軍団に対し、北海道上陸作戦遂行のため、船舶への乗船・積み込みの態勢を整えるよう指示した。

という内容である。そしてボルコボノフ所長の発言について、宮内邦子防衛研究所第二研究部主任研究官（当時）は「ボルコゴノフ所長はきわめて信頼のおける学者で、彼の言葉なら事実だと思う[218]」とコメントしている。

また、極東ソ連軍総司令官であるワシレフスキー元帥はスターリンの命令に基づき、八月十九日に早朝に以下の命令を出した[219]。

十九日早朝、第一極東方面軍と太平洋艦隊に対し、九月一日までに釧路市と留萌市を結ぶ線以北の北海道北半分及び新知島までの千島列島の南部諸島の占領を命令した。その後さらに第一極東方面軍に、三コ狙撃師団の第八十七狙撃軍団を用意し、そのうち二コ師団を北海道に、一コ師団を千島列島南部に上陸させるよう命令した。

因みにソ連軍では「歩兵」のことを「狙撃兵」と呼んでおり、「歩兵軍団」と「狙撃軍団」は同じである。

第五方面軍はソ連軍のこのような状況を知る由もないが、「諸情勢によりソ連軍の北海道上陸の可能性ありとの判断に基づき[220]」自衛戦闘命令を第八十八師団に命じていた。

また、後述するが、北海道留萌沖に潜水艦を派遣し、昭和二十年八月二十日付でスターリンに宛て（写しはアントノフ参謀総長宛て）、次のような暗号電報にて、北海道上陸作戦準備の進捗状況を報告している[221]。

現在、私と極東艦隊司令部は北海道上陸作戦の準備に真剣に取り組んでいる。現在、我々は海上探査を行っており、航空隊、砲兵、歩兵および輸送手段を準備している。貴下のご許可により海上作戦をサハリン南部の占領後、直ちに一九四五年八月二二日ごろ始める

そしてスターリンは同日に「北海道上陸作戦のために第八七歩兵隊（引用者註：第87狙撃軍団のこと）の参加準備の指令を確認した。ワシレフスキー元帥は最高司令部の指令を遂行しながら、同日、第一、第二太平洋艦隊司令官、極東空軍司令官に対して一九四五年八月二三日の終わりまでに北海道作戦の遂行準備を指令した[222]」。

これらを裏付けるような、当時の関係者の証言が一九九二年五月九日のイズベスチヤ紙に掲載された。

以下の文は、ウクライナ・ドネツク州在住のアンシェンコフ退役少佐の投書によるものである[223]。

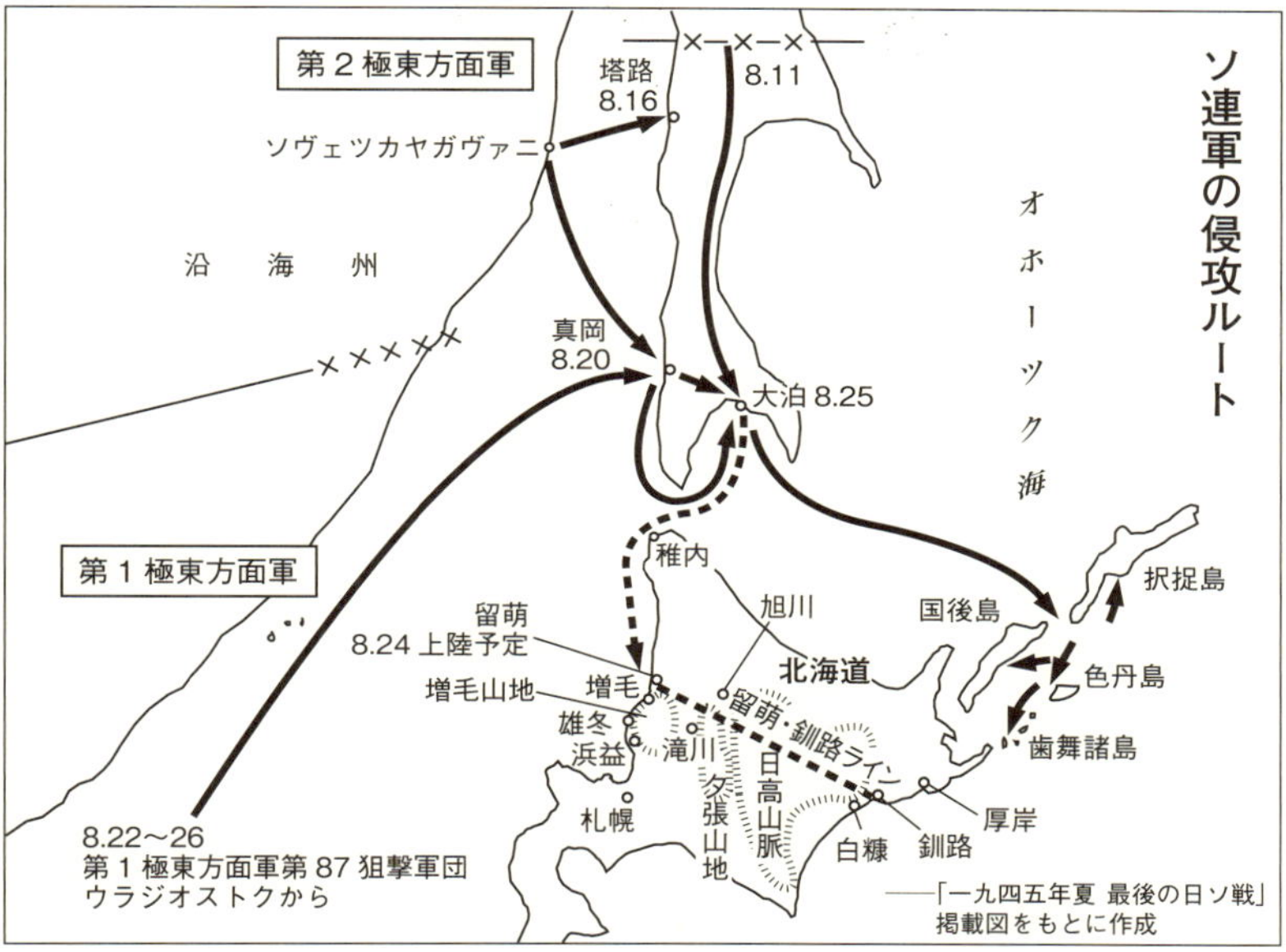

私は急降下爆撃専門の第五五飛行連隊に所属していた。われわれの連隊は四十五年八月八日、対日作戦行動を開始し、サハリン最南端の大泊（現コルサコフ）の日本軍飛行場を制圧して移動した。私は偵察飛行に参加し、北海道のオホーツク沿岸の航空写真を撮った。これを基に、上陸地点を探るための解析作業が行なわれた。

この後、われわれの連隊は北海道強行着陸準備を開始し、第一級の戦闘態勢が敷かれた。兵士には追加の小銃や弾薬、手投げ弾、それに五日分の食糧が渡された。第一級の戦闘態勢は数日間続いたが、結局飛行命令は出されず、任務は解除された。

この北海道上陸作戦の中止命令がでたのは、八月二十三日である。しかし、アンシェンコフ退役少佐の証言の通りだとすると、スターリンは八月二十三日以降も北海道上陸作戦を諦めていなかった可能性がある。なぜなら、ソ連軍が大泊に進駐したのは、八月二十五日だからである。

ではこの作戦はいつ、どのようにして計画され、中止となったのか、その経過をみていきたい。ロシアの歴史家、カタソノワ氏によると、「ソ連の軍事・政治指導部は一九四五年初めに、すでに赤軍総司令部に対して北海道にソ連の上陸部隊が上陸することを念頭に、極東ソ連軍の戦略的な展開計画を作成するよう指令していた[224]」。そして、ドイツ降伏後の六月下旬になると、最高指導部での検討事項とまでなる。カタソノワ氏は著書に次のように記している[225]。

六月二十六、二十七日にクレムリンで、ソ連共産党政治局及びソ連政府の会議が行なわれ、対日戦争に関する赤軍の準備が討議された。この会議にはＩ・Ｖ・スターリン、Ｖ・Ｍ・モロトフ、Ｎ・Ａ・ポォズネセンスキー、Ｎ・Ｓ・フルシチョフ、総司令部の司令官、将官それに極東軍司令部の将官が出席した。

北海道上陸作戦は南サハリンの日本軍を打倒後、開始される予定となった。

そしてソ連は日本時間八月九日に対日参戦、同一一日には南樺太でも侵攻を開始した。

八月十五日、トルーマンはスターリンに一般命令第一号（降服の細目について日本に与えた命令）を決済した旨とその内容を通知した。その要点は日本軍の降伏受け入れの各国担任割り当て、つまり各国の実質的占領地の割り当てである。この中でソ連の担任地域は満州、北緯三八度線以北の朝鮮半島、南樺太で、千島列島はふくまれていなかった。

これに対しスターリンは十六日、トルーマンに書簡を送り、日本軍が降伏すべきソ連の担任地域にヤルタで密約に基づき千島列島全島をふくめること、さらに釧路市と留萌市を結ぶ線以北の北海道北半分を同地域に含めることを新たに要求した。この第二の提案は日本のシベリア出兵に対する報復であり、これらの控えめな希望に反対しないよう望んだ[226]。

また、その望みはトルーマンに受け入れられると考えていたと思われる。

ところが、十八日にトルーマンから

1　千島列島全部をソ連の占領地域に含めることに同意

2　北海道北部をソ連の占領地域にふくめることは拒否

3　中千島の一つに米軍の航空基地を設ける権利を要求

という回答が届いたが、すぐには反応しなかった。

さらにワシレフスキー元帥が十九日早朝、第1極東方面軍と太平洋艦隊に対し、北海道上陸に関する命令を出したのは既述の通りである。これは、第2極東方面軍の国境からの南下が第八十八師団の厳しい抵抗により遅れている一方で、満州における作戦の進展によって、第1極東方面軍の部隊抽出が可能となったためにとられた処置であろう。

しかも、既述の通り、この日太平洋艦隊司令部は隷下部隊である第一潜水艦隊司令部に対し出した命令には「八月二十四日未明、占領軍の留萌港上陸予定」と具体的な上陸日が明示されていた。その上、矢野氏がその著書で紹介したサンクトペテルブルグ在住の歴史家ボジェンコ氏の論文によると八月十七、十八日頃、ウラジオストクを出港した二隻の潜水艦（L11、L18）には六十人ずつの上陸部隊兵士と二門の四十五ミリ砲と弾薬、十日分の糧秣が積み込まれ、これらを留萌上陸作戦の陽動部隊として使用することとなっていたという。この部隊は矢野氏も指摘しているとおり、日本軍の後方撹乱に使用予定だったと推測できる。

この後もスターリンは沈黙を続けた結果、極東ソ連軍は予定通りの行動を続け、二十日にはウラジオストックから海路運ばれてきた部隊による真岡上陸作戦を決行。無防備に等しい状態であった町はソ連軍の無差別攻撃により、多くの民間人が犠牲になった。世に知られている真岡郵便局の電話交換手の集団自決がおきたのはこの時であった。

これによって、二十一日一四時にワシレフスキー極東ソ連軍総司令官は第1、第2極東方面軍司令官、太平洋艦隊司令官、および空軍総司令官に対し、二十一日中にウラジオストクの第87狙撃軍団の乗船開始、二十三日までに第九空軍および太平洋艦隊航空部隊の主力基地を樺太に移して北海道占領の参加を準備、北海道上陸作戦の開始時期は自ら命令する旨命令した。

二十二日には真岡郊外の小能登呂にある飛行場をソ連軍空挺部隊が占領したのも、北海道上陸作戦を見据えての飛行場確保と北海道に降下させる空挺部隊の配置が目的であろう（尚、この時点では大泊の海軍飛行場を、ソ連軍は占領出来ていない）。このことは大本営も意識していたようで、八月二十三日に、大本営連合国最高司令官宛電報第四十号にて次のような抗議を行なっている[227]。

（大本営発電第四〇号　聯合国最高司令部宛）

極秘

大本営連合国最高司令官宛電報　　昭二〇　八　二七

第四十号

莫斯科放送ニ依レバ蘇聯ハ空挺部隊ヲ北海道ニ降下セシメントスルノ報アリ、現在、日本政府ニ於テハ軍隊及国民ニ対シ厳重ナル統制ノ下、貴方ノ要求ニ應ズ可ク最善ノ努力ヲ備ヘツアル處右蘇聯ノ放送ガ事実ナリトセバ甚ダ遺憾ニシテ聯合国最高指揮官ニ於テ各国ノ軍隊ヲ統制シ貴司令部ノ提案通リ秩序アル進駐ヲ實施セシメラレン事ヲ切望ス

「ソ」聯軍北海道降下ニ対スル抗議ノ件（引用者註：青鉛筆で書き込み）

そのような中で、二十二日にスターリンは、米国に対し、十八日にトルーマンから出された中千島

への米軍航空基地の設置要求への拒否回答をし、一七時にはワシレフスキー総司令官から太平洋艦隊司令官に「特別の許可があるまで北海道上陸作戦をさし控えるが、第八十七狙撃軍団の輸送は継続し、同軍団先遣部隊の樺太から千島への輸送の可否を検討[228]」するよう命じた。さらにその後「連合国との間に紛争や誤解が生じるのを避けるため、北海道方面に一切の艦艇、飛行機を派遣することを絶対的に禁止[229]」するという電報をうたせているのである。つまり、この瞬間、北海道上陸作戦は中止となったのである。

しかし、作戦中止命令が一日早ければ、北海道留萌沖での悲劇は起きなかったのである。

ソ連軍の北海道占領のための作戦の一環で、八月二十二日に樺太からの疎開船を載せた民間船が留萌沖でソ連潜水艦により砲雷撃を至近距離より受け、二隻が撃沈、一隻が大破し、約一七〇八名以上の犠牲者がでるという痛ましい事件がおきた。

また、この日は、樺太からの緊急疎開を実施していた海軍の艦艇は大海令五十号により八月二十二日零時をもって任務を解かれ、民間船が大泊・稚内間を決死の避難民輸送を行なっているにもかかわらず、停戦を最優先とさせた大本営の命令に従い避難民救出を止め、母港に向かった日である。

ただ、面白いことに北海道上陸作戦を中止し、それに参加するはずだったソ連兵の中には、武装解除を受け、抑留された日本兵や北海道への緊急疎開がかなわなかった民間人に「自分達はこれから北海道へ行く」という発言する兵士は珍しくなかったようである。以下に示す、鈴木参謀長のような体験談は日本軍人や民間人の戦後回想に度々登場するので、紹介しておきたい。

第八十八師団司令部の将校は武徳殿と呼ばれる隣の建物に監禁された。その監禁期間中、鈴木参謀長は屋外にいる監視兵に「『これからどうするんだ。寒くなるのに』と聞いてみたら、何れもが、『北海道に行くんだ』[230]」と口々に言う」と回想録に記している。このようなソ連兵の発言は、樺太で武装解除を受けた日本兵や北海道に渡れなかった民間人の証言に度々登場する。それも、最後の緊急疎開船が出た、八月二十三日以降である。既述のアンシェンコフ退役少佐の証言も同様である。

当時、峯木師団長を始めとする師団司令部将校が監禁されていた武徳殿と札幌の方面軍司令部は電話が通じていた。ソ連軍は二十七日に市外電話は全部禁止切断とされたが、豊原郵便局の電話交換手の機転で、留多加局を経由して従来同様、方面軍司令部とも連絡が出来、それは「(方面)軍司令部が解散するまで通話は続けられた[231]」。つまり、上記ソ連兵の言動を札幌に報告していたはずである。また、樋口司令官以下、第五方面軍司令部はこの電話回線を使って、少しでも樺太の様子、特に、ソ連軍の北海道上陸に関する可能な限りの情報収集を命じた事であろう。また、武徳殿にいる第八十八師団司令部関係者も主体的に情報収集に努めたであろう事が予測できる。そして、ソ連兵に見つかればどんな危険な目に合うかわからないのに、豊原と札幌の回線を極秘に守り続けた電話交換手達の機転と勇気に、心からの敬意を表したい。

第五項　北海道の空での「日米協力?」

この事件の後と思われるが、GHQの命令により、東海という対潜哨戒機が北海道海の日本海沿岸で日本海軍の対潜哨戒機が対潜哨戒活動を行なっていたことを当時千歳飛行場に勤務していた武藤誠少尉が証言している。

武藤少尉は海軍に予備学生として入り、戦後は鹿児島県警本部長、警察大学校長まで務めた人物である。

冒頭で紹介した対潜哨戒機東海が八月二十四日(この日は連合軍が日本の航空機の一切の飛行を禁じた日である)以降、なぜ、対潜哨戒活動ができたのであろうか。この機のパイロットと武藤氏は旧制高校の同級生で、数分間の立ち話の後、日本海に向けて飛び立ったが、エンジントラブルで亡くなられたとの事。しかし、この時期の飛行を表沙汰には出来ないとの事で、戦死公報では、八月一四日戦死となっているそうで、武藤少尉は戦後、ご遺族に千歳基地での出来事を伝えたそうである。武藤須少尉によると、数分間の立ち話の中で、パイロットより「ＧＨＱからの命令で対潜哨戒活動をしている」と聞いている。

武藤少尉の証言が取り上げられた千歳民報の記事（平成十五年八月十四日）の中にはもう一点、見逃せないことが書かれている。それは八月十七日にＢ29が千歳に飛来したというくだりである。

他にも同様の諸証言がある。

「第二〇二部隊技術員熊谷昭は『終戦から二日後の十七日、完成したばかりの二基地に初めてＢ‐29が着陸した時、滑走路にはザァーと一面に細かなひび割れが走りました[232]」と回想している。当時千歳飛行場は三つの飛行場に分かれており、そのうち第二飛行場は四発爆撃機連山のために五七一設営隊が滑走路の二千五百メートル延伸工事を行ない、八月十五日に完了したばかりで、その滑走路に最初に着陸したのがＢ29であった。

武藤少尉と熊谷氏の証言は共に、十七日のＢ29着陸であったが、筆者が武藤氏に直接お会いして確認したところ、Ｂ29が飛来したのは、八月十六日だったという。そして翌日、北の空に飛び立っていったとのことであったが、取材の過程で偶然、この証言を裏付ける証言をえることができた。

ここで既述の樋口中将の四女の齊藤智恵子氏に再度ご登場いただく。齊藤氏は大変記憶力の良い方で、その記憶によると、八月十七日の昼頃に札幌上空を飛ぶＢ29を目撃している。

一般にＢ29が敗戦後、千歳飛行場に最初に飛来したのは、連合軍捕虜救援のために来た九月十日だと言われている。

齊藤氏によると、樋口中将は同日朝からずっと司令官官邸の庭から空を眺めていた。そして、昼頃に齊藤氏を呼び、空を見上げるように言い、その方向をみると、四発エンジンの大型機が飛んでいた。

そして、優しい声で、「ほら、あれがＢ29だよ。日本はあれに負けたんだ」と話されたという。

当時、Ｂ29の基地があったサイパン島からは爆装を外した偵察型は北海道に飛来していたが、札幌上空での目撃記録はない。北海道各地への空襲は艦載機によるものであり、ポーランドからの帰国以来、ずっと樋口中将と行動をともにしていた齊藤氏がＢ29を知るよしもない。

この飛行機は前日、千歳に飛来した機体と考えられる。しかも、樋口中将はＢ29来るとわかっていたから、朝からずっと空を見上げていたのではなかろうか。

武藤氏の証言によると「突然」Ｂ29が飛来したとあるが、それは記録に残らない極秘事項だけに、将校とはいえ、最下級の少尉である武藤氏には知られなかったが、北東方面の陸軍最高指揮官である第五方面軍司令官樋口中将には、少なくとも事前の連絡があったはずである。ただ、十五日に玉音放送が流され、同日正午に太平洋各地において米軍が戦闘行動を停止したとはいえ、日本各地でポツダム宣言受諾に反対し、陸海軍部隊が騒然としている時期に、よほどの事でない限り、Ｂ29が「昨日までの敵国の航空基地」に、それも整備兵や部品をもつことなく、単機飛来すると、常識的には考えられない。もし、そうするのなら、誤射が発生しないよう、米軍から大本営にＢ29飛来の件が事前に通知されたはずである。また受け入れ側も、抗戦派の軍人による不測の事態の発生を考慮して、飛来情報も樋口司令官以下、最低限の人間だけで共有されたと考えるのが自然であろう。

しかもＢ29の千歳飛来は、依然として樺太で戦闘を止めないソ連軍を牽制する為に、樋口中将から大本営を通じて米軍にＢ29の飛来と北方への飛行を要請したことも考えられる。樋口中将が戦後家族に語ったところによると、中将はソ連軍より米軍を信じ、米軍の到着まで戦い北海道を守ることを考えていたという点も無視できない。

『新千歳市史』によると「九月二日には戦艦ミズリー艦上で降伏文書調印式が行なわれた。この頃すでに第一千歳にはＰ‐51を装備した米陸軍戦闘機部隊が進出していた。九月に入ると戦闘機部隊と入れ替わりにB‐29を主動とする長距離機が飛来、北方方面を偵察飛行していた。目的はソ連の部隊配備の動向を探るためであったという。[233]」

既述の通り、稚内の第四十二師団及び、宗谷要塞部隊が復員を開始したのは、日本の降伏文書調印から五日もたった九月七日である。

そして、九月八日午後、北東方面の海軍の根拠地であった大湊に、フレッチャー中将率いる「米空母をはじめ巡洋艦、駆逐艦、掃海艇、輸送船など合計二十四隻からなる北太平洋艦隊は、わが海防艦の誘導のもとに予定通り大湊港に入泊した[234]」大湊進駐にあたり、米艦隊が大湊警備府に正式に連絡してきたのは、九月六日であったという。

記述のB29が千歳に飛来した八月十六日はスターリンがトルーマンに北海道の北半分の分割占領を要求した日であり、樺太西岸にてソ連軍が新たに上陸作戦を開始し、戦闘を拡大させた日でもある。B29は日米いずれのイニシアティブで千歳に飛来したかはわからないが、いずれにしろ樺太方面での戦闘を拡大させるソ連を牽制し、北海道を米国が占領するという意思を示したのではなかろうか。陸上部隊を北海道にまだ上陸させない代わりに、米軍の誇る機動部隊とB29を展開させ、ソ連軍が北海道に上陸を試みても、それを実力で阻止出来ることを見せつけたのではないかと推測する。

このような緊迫した状況から推察すると、八月十五日の大詔放送数時間後の、第五方面軍が出したとされる命令は事実とも考えられる。それも第五方面軍が独自の判断というより、大本営が米軍の命令または了解の下が出る事を見越して、発したのではなかろうか。既述の通り、翌十六日には、スターリンから北海道分割占領が提起され、トルーマン拒否回答が十七日付で出されている。十六、十七日はB29が千歳飛行場に着陸したとされる日である。米国はソ連の北海道分割占領を防ぐ為、直接拒否しただけでなく、日本にも、それに必要な命令を下していたのではないかと推察できるが、これはあくまでも現時点では推論の域を脱しえない。ただ、マニラで行なわれた連合軍の日本本土進駐の予備交渉のように、日本国外において日本と米国との間で、接触する機会はあり「文書に残せない話し合い」を行なう機会はあったことは付言しておくものである。

これらの推論が正しいとすれば、ソ連軍が「ヤルタの分け前」を自ら確保しようと軍事行動を続けている間に、米軍は千歳飛行場に陸軍航空隊を展開させ、もしもの時に備え、大湊には機動部隊を進駐させ、渡洋能力が内に等しいソ連軍が北海道に上陸を出来ないようにしている。千歳飛行場は北東方面における海軍最大の飛行場である。

ただし、帯広、美幌といった飛行場には、この時点で進出しないことにより、北方四島占領を黙認する意志も示したのであろう。

第六項　何故、留萌・釧路だったのか

1　留萌・釧路ライン

既述の通り、スターリンは八月十六日にトルーマンに書簡にて提案した留萌・釧路以北をソ連軍占領地域とする北海道分割を要求した。では、なぜ留萌・釧路以北をスターリンは要求したのであろうか。この二つの町には、大きな港と背後に当時の主要エネルギー源であった石炭が豊富に埋蔵された炭鉱があるという共通点がある。

また、両港とも分割ラインの境界線の至近距離に位置する石炭の輸出可能は港であり、大陸からの物資の補給港になり得る。このような状況で、スターリンからトルーマンに出された留萌・釧路ラインによる分割が認められた場合、具体的な分割ライン設定はどのように決定されるのであろうか。

その場合、以下の三点が考えられる。

①単純に地図で留萌と釧路の西端から直線を引く。

②両港の安全確保のため、米ソ協議の上修正を行なう。
③ソ連軍による占領際、どさくさに紛れてソ連軍が希望する位置まで進出してそれを既成事実化する。
①については、朝鮮半島で三十八度線が引かれ際取られた方法である。
②については、昭和十四年独ソ不可侵条約締結後、ソ連がフィンランドに「国境調整」を要求した。その際のスターリンはフィンランド使節団に対し、要求の根拠の一つとして、「レニングラードがソ連―フィンランド国境から三十二キロしか離れておらず、大口径砲の射程圏内にあることを指摘[235]」している。
③については、北方領土において、歯舞諸島はモスクワの命令に関係なく、現地指揮官の独断でなされている。
ここで、なぜスターリンは留萌・釧路ラインを北海道分割ラインとしたのか、留萌、釧路の地理的条件から考えてみたい。

2　釧路

釧路港は不凍港であり、誰にも妨害されずに直接太平洋に進出できる港であり、ソ連太平洋艦隊の根拠地として魅力あふれる港である。

昭和二十年当時の釧路港で、八メートル以上の深度のあった北埠頭の先端から釧路駅の改札口まで、筆者の足でちょうど二十分で歩くことが出来る。つまり、釧路駅に到着した歩兵部隊が三十分以内に釧路港に停泊する輸送船への乗船が開始出来る。また、戦後の昭和二十一年ではあるが、釧路駅の隣の国鉄新富士駅（現、ＪＲ北海道釧路貨物駅）から北埠頭まで線路が敷設されたが、ソ連の占領地域となっても、同様のことをしたと考えられる。釧路は根室、網走、北見、といった道東、及び旭川、稚内といったソ連軍占領地域の重要都市と線路で結ばれた鉄道の要衝でもある。ソ連占領地域の港としては、軍港としてだけでなく、商業港としても重要な役割を果たしうる港である。

ソ連側から見ると、ここで二つの問題点がある。一つ目は、釧路で分割ラインを切られた場合、釧路港の西端は当時の釧路市の西端とほぼ同じである点である。その釧路港はソ連又は、ソ連が樹立したかもしれない「赤い日本」の軍港になりうる港でありながら「敵」との「境界線」の至近距離に位置しており、充分「敵」の射程圏に入っている事。二つ目は、釧路自体が北海道で四番目に市制が施行された町であり、人口も少なくない上、釧路駅、中心街に近いばかりか「境界」からも近く、情報守秘という面で困難さもある。

当時の米軍の重砲の平均射程距離は二十キロ前後であるが、ソ連がフィンランドに「国境調整」を要求した際の根拠から考えると「境界」を釧路から三十キロ以上西に設定する事を要求する可能性が否めない。釧路から約二十キロに位置する町（駅）は庶路であり、そこからさらに西に十キロ進んだところにある町（駅）が白糠である。庶路から白糠にかけての鉄道、道路は海と山に挟まれた狭い土地を走っている。これは防御陣地を構築するには向いていても、攻勢用の陣地としては部隊を集結させるだけの土地がなく不向きである。また、釧路市（昭和二十年当時）の手前の平野部に大部隊を展開させたとしても、当時、釧路から帯広方面への移動は白糠の隘路を利用せざるを得ない。その隘路は海上からの砲撃で容易に断つことが事が出来る。

これは米ソ両軍に言えることであり、釧路が射程圏から外れる距離を非武装化（少なくとも重火器を展開させない）が達成させられるなら、ソ連は境界線に拘らないだろう。

そこで、注目すべきは厚岸港である。厚岸港は「J」の形をした厚岸湾の奥に位置し、大型艦船をなどの泊地としても利用可能であり、実際、戦前は連合艦隊が泊地として利用した実績があり、海軍の重油タンクが設置されていた。港自体は釧路港の深さはなく、大型艦船が直接接岸出来るようにするには、大規模の浚渫工事が必要であるが、不可能ではない。しかも、厚岸は釧路と違って町としては小さい上、地理的にも警備線も引き易く、防諜という点で問題がない。

以上から釧路は横浜港、厚岸が横須賀港のように発展した可能性がある。そして、釧路港には「見せる軍艦」を配備したであろう。

3　留萌

留萌は今でこそ、静かな港町であるが、北海道の日本海沿岸では小樽、稚内に次ぐ港であり、日露戦争の頃には、旭川の第七師団はこの港から遼東半島に向けて出航できるだけの規模の港が既にあり、軍都旭川の外港としても機能していた。旭川は第七師団の駐屯地であるだけでなく、当時から道北の稚内、道東の網走と道央の札幌を結ぶ交通の要衝であった。

もし、米ソ間で厳密に分割ラインを留萌以北で設定した場合、留萌の南西隣の増毛町は米軍占領地になる。しかし、留萌を通らず、増毛に行くには当時は全くの山道を通らざるを得ず、現在でこそ北海道道九十四号線があるが、これが作られたのは一九七六年であり、冬期は通行止めとなる道路である。増毛と石狩平野の間には増毛山地が立ちはだかり、そこを抜けるには、江戸時代に作られた増毛山道を歩くことになるが、今でも険しい山道である。増毛から石狩平野に至る海岸線に雄冬という集落があるが、特に増毛～雄冬間が急峻な断崖である上、掘削困難な岩盤質の地形であったことから、増毛・雄冬間の交通手段は連絡船しかなかった。その急峻さは、歩兵部隊以外の山越えを拒絶していた。石狩平野・雄冬・増毛を結ぶ道路が一九八一年に開通したが、その道路は急峻な山道であり、且つ、つづら折りの道路が続く為、冬期は通行止めとなり、通年で通行出来るようになる一九九二年まで連絡船が使われていた。道路開通後、実に十一年後の事であった。現在この区間を走る国道二三一号線を走ると殆ど、トンネルの中である。さらに、留萌――釧路ラインの南側で留萌攻撃の陣地が作れそうな平野部があり、かつ、札幌方面から補給路が引ける町というと現在の石狩市浜益地区だが、ここから留萌までの直線距離でも五十キロ以上あり、当時の火砲では砲撃は不可能である。しかも、札幌方面から浜益地区まではの道は石狩湾沿いにでると、高低差のがあり、海と山に挟まれた道で、戦時には容易に補給活動ができそうにもない。

つまり、留萌は増毛山地という天然の要害に守られた港町であったのである。

以上の事から、仮に増毛のソ連国境に日本又はアメリカが軍隊を展開しようにも、部隊の展開自体が困難である上、仮に出来たとしても、当時の土木技術水準では、留萌のソ連軍に脅威を与えるだけの部隊が必要とする補給物資を輸送し得る手段がなかった。

また、当時の留萌は近隣の炭田から集まる石炭の集積地であり、ここから各地に石炭が運び出され、その賑わいは、多くの引込み線と長いホームを持っていたかつてのＪＲ留萌駅の写真を見れば、容易に想像がつく。

独ソ戦でウラル以西の主要部が荒廃し、国家を再建していく上で、エネルギー源である石炭が重要であるのは、日本が戦後復興にあたり、石炭産業を重要視したのと同じではなかろうか。その炭鉱の側に石炭を積み出せる港があるということは重要であり、留萌――釧路ライン以北には多数の炭鉱と労働力が存在した。道北は旧羽幌炭鉱を始めとする炭鉱跡が多く、中には露天掘りの炭鉱まであったほど、石炭が採掘され、それらの地域から湧き出る温泉のいくつかは化石燃料臭のものもあるくらいである。中でも、稚内に近い、豊富温泉は大正十五年（一九二六年）に石油掘削中に天然ガスとともに、湧き出した温泉である。そして昭和七年（一九三二年）にはガス発電による発電所が設置され、電力も自給できた。ソ連軍がその気になれば、満州で武装解除を受けた日本軍兵士や開拓民達を日本に送還すると称して、占領地区に送り込み労働力とした可能性も否定できない。

エネルギー源という点にさらに注目するのであれば、ドイツからの技術を導入して作られた人造石油の研究所が留萌にあった。もちろん、その技術者や関係文書はドイツで「入手」できたであろうが、二十年七月十五日の米艦載機による留萌空襲で被害をうけていた研究施設がそのものがソ連軍の留萌上陸作戦による戦火をまぬがれたかはわからない。人造石油の工場は樺太の落合町内淵にあるが、留萌からほど遠くない滝川にもあった。滝川は留萌釧路ラインより南に位置し、滝川にある人造石油の工場（ただし、採算ベースではなかった）も入手すべく、米国に滝川も自国の占領地区に入れるよう要求した可能性もある。

滝川は交通の要衝であり、ここを占領すると、札幌から帯広に補給線を引くには、夕張方面から帯広方面に抜ける石勝線しかなくなり、これを破壊すると、帯広への陸路の補給線を断つ事が出来る。しかもこの石勝線が全線開通したのは昭和五十六年である。

また、滝川は東は増毛山地、西には夕張山地が広がり、その最狭部に位置する町であり、留萌・釧路ライン以北最大の都市である旭川とその外港であり、最前線の補給港でもある留萌を当時の長距離砲の射程圏外にすることが出来る。

これらを勘案すると、留萌・釧路ラインで北海道を分割しても、ソ連はなんらかの口実を設けて滝川まで占領地に入れてしまう可能性も否めない。

食糧という点でも、シベリアより温暖な北海道では酪農などを中心とした農業も可能であり、オホーツク海は世界三大漁場の一つであり、ソ連極東部のエネルギー食糧の供給源ともなりうる。逆に言えば、ソ連からの食糧、エネルギーの援助なくしても占領地区だけで自活することが可能だったと推測できる。

そして何より、同ラインを確保するという事は、オホーツク海をソ連の内海にすることができるばかりか、帝政ロシア時代から求め続けていた外洋に面した不凍港である釧路港を手に入れることができ、そこから直接潜水艦部隊を太平洋に送り込むことができる。また、ドイツ降伏後の占領政策やポーランドの正統政府をめぐり米ソの静かなる冷戦が始まり、おそらく未来、それも近い未来の敵として米国を意識していたであろうスターリンにとって、北海道北部や千島列島、樺太に残した航空基地はソ連本土防衛に役立てることが出来ると判断していたのではないか。

もし、留萌・釧路以北をソ連軍占領地域とする北海道分割案が実現したなら、留萌港、釧路港いや、厚岸港は漁港としてではなく、北海道分割ラインに展開するソ連或いはソ連圏の日本軍部隊の軍港、補給源として、現在とは違った形で発展したであろう。

第七項　北海道は守られた

ここまでの事から考えると、米国はソ連の北海道分割占領を防ぐため――米国の国益のため――直接拒否しただけでなく、それを防ぐために日本に対しても必要な命令を下していたのではないかという考えが浮かぶ。例えば、既述の通り、日本海軍の対潜哨戒機である東海がＧＨＱからの命令で対潜哨戒活動を行なっていたという証言や、北海道の陸軍部隊の復員が降伏文書調印後の九月七日から始まったこと等から伺える。

しかし、これらを裏付ける文書は、残念ながら日米両国の研究者、ジャーナリストの手で発見されていない。

ただひとつ、はっきり言えることは、北海道はソ連軍により戦火に巻き込まれる可能性が高かったということであり、満州・樺太・沖縄・サイパンで起きた悲劇が北海道で起きてもおかしくなかったということである。

そして、戦後七十年間、見落とされ続けてきた事実がある。それは樺太防衛の任にあった第八十八師団将兵の命がけの奮戦である。国境地帯を守備していた歩兵第百二十五連隊将兵は八月十九日に国境地帯における停戦協定が締結されるまで、北樺太から侵攻してきたソ連軍主力部隊をみごと国境から約十六キロ地点の古屯で食い止めていた。しかもそれはソ連軍が最も進出した場所であり、日本軍からみたら同地より北、国境からだと南に約十二キロ地点にあった歩兵第百二十五聯隊の主陣地であったの八方山からは、ソ連軍の補給部隊に反撃を開始する直前での停戦だった。この国境地帯での抵抗は、南樺太北部、特に国境地帯からの民間人脱出に大きく貢献した。

また、八月二十日に真岡に上陸し、民間人に無差別攻撃を加えてきたソ連軍を真岡と豊原を結ぶ山道のある熊笹峠で二十三日に停戦するまでささえた歩兵第二十五連隊の将兵の活躍を忘れてはいけない。しかも同連隊の兵士の中には召集解除により北海道への緊急疎開船に乗船していながら、ソ連軍の真岡上陸を聞いて、直ちに下船して部隊に戻った人々や、樺太に住む家族の元から同じく部隊に戻った人々の犠牲的行為があったことを忘れてはならない。また、真岡から逃げて来た住民を豊原方面に逃がすため、その進路上にある荒貝沢、熊笹峠で同聯隊の将兵は不十分な火力と兵力で戦った。「我々軍人は、樺太住民の為に、此の峠を死守する。敵を此の峠より一歩も入れてはならぬ。住民全員が北海道に渡るまで戦うのが我々軍人の務めで有る」[236]。当時熊笹峠にいた前田貞夫上等兵は回想録によると熊笹峠での戦闘前に、同地に集結した将兵に対し、指揮官である菅原少佐はこのような内容の訓示を行なった。そして彼らは住民避難のために熊笹峠を死守せんと、死にもの狂いで戦ったのは、既述の通りである。

これらの将兵の奮戦がソ連軍の樺太南部占領を遅らせ、ワシレフスキー総司令官が発令した二十三日までに第九空軍および太平洋艦隊航空部隊の主力基地を樺太に移すようにとの命令を実行不可能なものとならしめ、北海道上陸作戦断念の一因となった。

菅原少佐率いる部隊が熊笹峠で戦っている間、満州方面から樺太に転用された第87狙撃軍団はウラジオストクを出航し「八月二十二日～二十五日の間、逐次眞岡港に上陸し、熊笹峠の戦闘終了ととも、豊原に向かう前進を開始した[237]」同軍団は北海道上陸作戦に使用される予定であったが、同作戦が中止になったため、北方領土の占領に再転用された。

一般に占守島で奮戦した第九十一師団の活躍により、北海道は守られたと考えている人が多い。しかし、第八十八師団将兵は、ソ連の樺太占領を遅らせ、日本が正式に降伏するまでに北海道北半分も占領するという既成事実を作ろうとしたのを、阻止したのも事実である。読者諸兄はソ連軍の北海道占領阻止に貢献したのは、第九十一師団だけでなく、第八十八師団もそれ以上に貢献した事をご理解いただけると思う。北海道上陸の任務を帯びていた部隊はウラジオストクから海路樺太に輸送された、第八十七狙撃軍団であり、同部隊の南部樺太侵攻を遅らせたのは、国境地帯や豊真山道方面で必死の抵抗を行なった、第八十八師団将兵だからである。

私たちは第九十一師団将兵だけでなく、樺太で北海道を守った第八十八師団将兵への活躍に対しても、敬意と感謝の念を持ち、決して忘れてはならない。もちろん、ソ連軍が北海道上陸を断念するにあたり、米軍を無視してまで北海道上陸を決行できないという大前提があったことは言うまでもない。

樺太での将兵の中で戦闘で生き残った者たちは樺太やシベリアの強制収容所におくられ、筆舌に尽くしがたい抑留生活を体験し、帰国してからは「民間人を見捨てて逃げた」との誤解に基づく批判を甘受し続けた。筆者如きが申し上げるのは僭越ではあるが、この方々の名誉をこの場を借りて回復させ、感謝の誠を捧げたい。

1　鈴木『樺太防衛の思い出　最終の報告』188頁。
2　同右、90頁。
3　樺太終戦史刊行会『樺太終戦史』321頁。

4　鈴木『樺太防衛の思い出　最終の報告』188頁。
5　樺太終戦史刊行会『樺太終戦史』322頁。
6　同右、322～323頁。
7　同右、324頁。
8　同右。
9　金子『樺太一九四五年夏』245頁。
10　同右。
11　同右。
12　同右。
13　『歩兵第百二十五聯隊関係聴取録』防衛研究所蔵。
14　『遥かなり樺太』76～77頁。
15　樺太終戦史刊行会『樺太終戦史』334頁。
16　同右、330頁。
17　鈴木『北緯50度線の青春』194頁。
18　同右。
19　同右、206頁。
20　同右。
21　同右、207頁。
22　同右、207～208頁。
23　同右、209頁。
24　同右。
25　同右、210頁。
26　同右、212頁。
27　同右、213頁。
28　同右216頁。
29　『丸別冊　秘めたる戦記』（潮書房、1991年）44頁。
30　防衛研修所戦史室編『本土方面海軍作戦』（防衛研修所、1975年）444頁。

31 同右。
32 同右。
33 『丸別冊 秘めたる戦記』52頁。
34 同右。
35 同右、53頁。
36 同右。
37 同右、54頁。
38 同右、57頁。
39 同右。
40 同右、58頁。
41 同右、58頁。
42 同右、59頁。
43 樺太終戦史刊行会『樺太終戦史』469頁。
44 樺太警友会北海道支部札幌フレップ会編『遥かなり樺太』233頁
45 鈴木『北緯50度線の青春』233頁。
46 樺太終戦史刊行会『樺太終戦史』1973年325頁。
47 鈴木『北緯50度線の青春』232頁。
48 同右、233頁。
49 同右、235～236頁。
50 同右、242頁。
51 樺太逓友会『追憶の樺太逓信』（樺太逓友会、1988年）193頁。
52 同右、194頁。
53 同右、194頁。
54 北海道総務部領土復帰北方漁業対策本部『戦前における樺太の概況』1960年、169頁。
55 樺太終戦史刊行会『樺太終戦史資料12』北海道立文書館所蔵。
56 樺太終戦史刊行会『樺太終戦史』433頁。
57 北海道総務部領土復帰北方漁業対策本部『戦前における樺太の概況』160頁。

58　同右。
59　『樺連情報』昭和四十六年五月一日第４面。
60　同右。
61　北海道総務部領土復帰北方漁業対策本部『戦前における樺太の概況』169頁。
62　同右、161頁。
63　鈴木『北緯50度線の青春』259頁。
64　樺太終戦史刊行会『樺太終戦史』326頁。
65　樺太終戦史刊行会『樺太終戦史資料９』北海道立文書館所蔵。
66　金子『樺太一九四五年夏』389頁。
67　樺太警友会北海道支部札幌フレップ会編『遥かなり樺太』161頁。
68　同右。
69　樺太逓友会『追憶の樺太逓信』176頁。
70　同右、194頁。
71　同右。
72　樺太終戦史刊行会『樺太終戦史資料９』。
73　防衛研究所編『北方軍第五方面軍関係聴取録』防衛研究所蔵。
74　樺太豊原会『鈴谷27号』（樺太豊原会、２０１２年）108頁。
75　防衛研究所編『北方軍第五方面軍関係聴取録』防衛研究所蔵。
76　国立公文書館アジア歴史センターＨＰ http://www.jacar.go.jp/DAS/meta/image_C13071344000?IS_KIND=SimpleSummary&IS_KEY_S1=%E9%99%8D%E4%BC%8F%E6%96%87%E6%9B%B8%E8%AA%BF%E5%8D%B0&IS_STYLE=default&IS_TAG_S1=InfoD&D& ２０１５年８月１日アクセス。
77　昭和20年８月21日樺太新聞最下段広告。
78　北海道『樺太基本年表』（北海道、１９７１年）267頁。
79　平和祈念事業特別基金『平和の礎　海外引揚者が語り継ぐ労苦Ⅱ』（平和祈念事業特別基金、１９９２年）260頁。
80　『中央情報』昭和二十四年七月十五日第七面
81　樺太終戦史刊行会『樺太終戦史』326～327頁。
82　平和祈念事業特別基金『平和の礎　海外引揚者が語り継ぐ労苦Ⅲ』（平和祈念事業特別基金、１９９３年）226頁。

83　樺太豊原会「私の中の二十年八月」『鈴谷12号』（樺太豊原会、１９９４年）44～45頁。
84　樺太警友会北海道支部札幌フレップ会編『遥かなり樺太』183頁。
85　北日本汽船株式会社『北日本汽船株式会社二十五年史』（北日本汽船株式会社、１９３９年）112頁。
86　北海道『樺太基本年表』267頁。
87　樺太終戦史刊行会『樺太終戦史資料９』北海道立文書館所蔵。
88　同右。
89　樺太終戦史刊行会『樺太終戦史』326頁。
90　金子『樺太一九四五年夏』251頁。
91　樺太終戦史刊行会『樺太終戦史資料９』北海道立文書館所蔵。
92　『遥かなり樺太』（樺太警友会北海道支部札幌フレップ会、１９８０年）77頁。
93　引揚海道者団体北連合会『敗戦、引揚の労苦』116頁。
94　樺太終戦史刊行会『樺太終戦史』330頁。
95　同右、330～331頁。
96　同右、331頁。
97　樺太終戦史刊行会『樺太終戦史』331頁。によると、樺太からの緊急疎開者の八割を稚内町が受入れた事から算出。
98　毎日新聞社編『私たちの証言　北海道終戦史』（毎日新聞社、１９７４年）57頁。
99　田熊『第五方面軍作戦概史』防衛研究所蔵。
100　鈴木『樺太防衛の思い出　最終の報告』164頁。
101　防衛研修所戦史室編『北東方面陸軍作戦〈2〉千島・樺太・北海道の防衛』377頁。
102　稚内市『稚内百年史』（稚内市、１９７８年）272頁。
103　鈴木康生『樺太防衛の思い出　最終の報告』166頁では「死亡五名」となっている。
104　稚内市史編纂室『稚内市史』（稚内市、１９６８年）926頁
105　同右、924頁。
106　飛内進『大湊警備府沿革史　北海の護り』（私家版、２０００年）789頁。
107　防衛研修所戦史室編『北東方面陸軍作戦〈2〉千島・樺太・北海道の防衛』378頁。
108　現存する北防波堤ドーム内に稚内桟橋駅が作られていた。現在は稚内駅近辺の商業施設「副港市場」に稚内桟橋駅の改札口が再現されている。

109 金子『樺太一九四五年夏』252頁。
110 樺太終戦史刊行会『樺太終戦史』332頁。
111 稚内市百年史編さん委員会『稚内百年史』280頁。
112 矢野牧夫『北海道北部を占領せよ』（くま文庫、２００９年）83頁。
113 同右。
114 同右、83～84頁。
115 樺太終戦史刊行会『樺太終戦史』333頁。
116 毎日新聞社編『私たちの証言　北海道終戦史』56頁。
117 同右。
118 金子『樺太一九四五年夏』253頁。
119 樺太終戦史刊行会『樺太終戦史』333頁。
120 同右。
121 同右、333～334頁。
122 同右、334頁。
123 樺太豊原会『鈴谷４号』（樺太豊原会、１９８６年）43頁。
124 『樺連情報』昭和四十七年九月一日第五面。
125 コノネンコＡ.Ｓ.海軍少佐、ＮＨＫ訳『潜水艦Ｌ‐19の行動』留萌市立図書館蔵。
126 平和祈念事業特別基金『平和の礎　海外引揚者が語り継ぐ労苦Ⅲ』（平和祈念事業特別基金、１９９３）223頁。
127 金子『樺太一九四五年夏』264～265頁。
128 同右、265頁。
129 同右、265～266頁。
130 樺太終戦史刊行会『樺太終戦史資料８』北海道立文書館所蔵。
131 引揚者団体北海道連合会『敗戦、引揚の労苦』254～255頁。
132 金子『樺太一九四五年夏』271頁。
133 「小笠原丸遭難事件をめぐって」『電気通信』28巻224号（１９６５年８月）24頁。
134 同右、25頁。
135 樺太逓友会『追憶の樺太逓信』300頁。

136 同右、109〜110頁。
137 同右、109頁。
138 同右。
139 同右、110頁。
140 同右、109〜110頁。
141 同右、110頁。
142 同右。
143 同右、115頁。
144 同右、115〜116頁。
145 同右、129頁。
146 同右。
147 同右115頁。
148 同右、300頁。
149 同右。
150 同右、110頁。
151 同右。
152 同右。
153 同右、300頁と北海道新聞社編『慟哭の海――樺太引き揚げ三船遭難の記録』(北海道新聞社、1988年)46頁では午後11時45分としている。
154 「小笠原丸遭難事件をめぐって」『電気通信』28巻224号25頁。
155 『樺連情報』平成九年八月一日第4面。
156 同右。
157 「小笠原丸遭難事件をめぐって」『電気通信』28巻224号28頁。
158 同右。
159 樺太終戦史刊行会『樺太終戦史』338頁。
160 『樺連情報』平成九年八月一日第四面
161 「小笠原丸遭難事件をめぐって」『電気通信』28巻224号27頁。

162 同右、28頁。
163 樺太終戦史刊行会『樺太終戦史』339頁。
164 引揚者団体北海道連合会『敗戦、引揚の労苦』34頁。
165 北海道新聞社編『慟哭の海──樺太引き揚げ三船遭難の記録』（北海道新聞社、1988年）122頁。
166 同右、123頁。
167 同右、123～124頁。
168 同右、124頁。
169 同右。
170 同右、125～126頁。
171 樺太終戦史刊行会『樺太終戦史』1973年345頁。
172 引揚者団体北海道連合会『敗戦、引揚の労苦』251頁。
173 北海道新聞社編『慟哭の海──樺太引き揚げ三船遭難の記録』130～131頁。
174 同右、143頁。
175 同右。
176 矢野牧夫『北海道北部を占領せよ』（くま文庫、2009年）60頁。
177 同右、61頁。
178 同右、63頁。
179 同右、64頁。
180 同右、67頁。
181 同右、69～70頁。
181 防衛研究所編『連合国との折衝関係事項其四』防衛研究所蔵。
182 同右。
183 防衛研修所戦史室編『北東方面陸軍作戦〈2〉千島・樺太・北海道の防衛』511頁。
184 防衛研究所編『連合国との折衝関係事項其四』防衛研究所蔵。
185『樺連情報』昭和五十年八月一日第三面。
186 パグロフ著、近末訳『日ソ戦史　南樺太および千島戦史その4』73頁。
187 ソビエト連邦海軍艦隊人民委員部作成、NHK訳『艦隊第一潜水艦隊司令官へ』留萌市立図書館蔵。

188　平成四年十月一日毎日新聞第一面。
189　同右。
191　同右。
191　人道法国際研究所著・竹本正幸監訳『海上武力紛争法サンレモ・マニュアル解説書』（東信堂、1997）100頁。
192　同右。
193　同右。
194　樋口著、橋本編『樋口季一郎遺稿集』117頁。
196　同右。
197　同右、115頁。
198　同右。
199　同右、117頁。
200　昭和二〇年六月一〇日設置。本土決戦に備え、全国を軍管区に対応する八つにわけ、北部軍管区（第五方面軍）に対応し設置された。内務省の管下で都道府県の上位に置かれた行政組織の一つで、本土決戦の際、東京と分断され、独自に行政活動が行えるよう強大な権限が与えられていた。
201　奥田二郎『北海道戦後秘史』（私家版、1965年20頁。
202　同右、21頁。
203　北海道編『新北海道史第六巻通説五』（北海道、1977年）8頁。
204　読売新聞社編『昭和史の天皇　ゴールド版6』114頁。
205　示村貞夫『旭川第七師団』（総北海、1984年）239頁。
206　樋口著、橋本編『樋口季一郎遺稿集』125頁。
207　守屋憲治『北の翼』（みやま書房、1985年）217頁。
208　防衛研究所編『連合国との折衝関係事項其四』防衛研究所蔵。
209　菅野喬朗『千島第2守備隊歩兵第158連隊史料』防衛研究所蔵。
210　中千島方面戦没者慰霊碑顕彰会『嗚呼中千島』（私家版、1979年）167頁。
211　小林利外「感無量」『懸橋―樺太三船殉難者慰霊祭五十回忌にあたり―』留萌市福祉協議会。
212　矢野『北海道北部を占領せよ』28頁。
213　同右、25頁。

214　鹿目善輔『終戦前後の思ひ出』北洋館蔵。
215　同右。
216　『読売新聞』平成二年十二月二十五日第1面。
217　同右。
218　同右。
219　中山『一九四五年夏最後の日ソ戦』129頁。
220　同右。
221　エレーナ・カタソノワ著、白井久也監訳『関東軍兵士はなぜシベリアに抑留されたか』（社会評論社、２００４年）31頁。
222　同右、32～33頁。
223　名越健郎『クレムリン秘密文書は語る』198頁。
224　カタソノワ著、白井監訳『関東軍兵士はなぜシベリアに抑留されたか』（社会評論社、２００４年）31頁。
225　同右、32頁。
226　中山隆志『一九四五年夏最後の日ソ戦』（中央公論新社、２００１年）117頁。
227　防衛研究所編『連合国との折衝関係事項其四』防衛研究所蔵。
228　中山『一九四五年夏最後の日ソ戦』180～181頁。
229　同右、181頁。
230　鈴木『樺太防衛の思い出　最終の報告』274～275頁。
231　同右、366頁。
232　千歳市史編さん委員会『新千歳市史　通史編　上巻』（千歳市、２０１１年）953頁。
233　同右。
234　鹿目『終戦前後の思ひ出』12頁。
235　百瀬宏『東・北欧外交史序説』（福村出版、１９７０年）189頁。
236　前田『ハマナスの丘』65～67頁。
237　防衛研修所戦史室編『北東方面陸軍作戦〈2〉千島・樺太・北海道の防衛』534頁。

あとがき

そもそも筆者と樺太との出会いは、今から十七年前。北海道を旅行した際、帯広の古書店で、『樺太終戦史』を手に取った時である。樺太はまぎれもない、日本国内であり、法的にも内地である。その樺太でも満州同様に、八月十五日以降も戦闘が続いたばかりか、留萌沖で、避難民を満載した緊急疎開船がソ連潜水艦の砲雷撃を受け、千七百八名以上が犠牲となった事。避難民であふれかえる豊原駅前でソ連機が無差別銃爆撃を行なった事。大平炭鉱病院の看護師の集団自決等、今まで聞いたこともない話ばかりであった。

これら樺太で昭和二十年夏に起きたことをもっと知りたい。

これが、筆者が終戦前後の樺太史に興味をもったきっかけだった。

それ以来、仕事の傍ら防衛研究所資料閲覧室、北海道をはじめとする東日本各地の図書館、文書館、資料館、古書店を回って資料を探し、当時を知る方々からお話を伺った。その過程で嫌と言うほど感じさせられたのが、時間の壁であった。筆者が研究を始めた時は、戦後五十四年の年であったが、関係者を捜し出すには、どうすればいいか。捜し出してもまず、知らない方にいきなり取材を申し込むことの恥ずかしさ。また、取材を申し込む事は相手が思い出したくない過去の（おそらく今でも引きずって、忘れられない、忘れてはいけないと思っているであろう）古傷に触れて苦しめてしまうのではないか。色々思い悩んでいる内に時間をどんどん浪費してしまった。

そして漸く決心がついたのは、平成二十一年の夏であった。

それ以来、弊書の執筆には、実に多くの方々のご好意とご協力に支えられ、北海道から四国までの各地にお住いの方々から体験談を伺ってきた。どなたも、暖かく迎えて下さり、ご自身の体験を語って下さり、ただただ、感謝するばかりである。

インタビューを受けていただいた方の中には、何度もお会いしていただいた方もいた。その一人に丸子清氏がいた。丸子氏は本文にある通り古屯の戦闘で負傷し、炎上する古屯兵舎から脱出した後、別荘地の空き家で療養していた。しかしソ連軍に発見され、夜陰にまぎれて仲間と脱出し、幌内川にたどり着き、そこで筏を作って幌内川を下り敷香の町にたどりついた。敷香では民間人に紛れ込んで製材所で働いていたが、その生活は決して安全で楽なものではなかった。何者かの密告により、日本兵であったことを疑われ（事実ではあるが）ＮＫＶＤ（ソ連の秘密警察）に逮捕された。丸子氏によると、かつて憲兵隊が使っていた留置場に拘留されたが、季節は真冬でコンクリートの床が冷たくて夜も眠れなかった。しかし、ＮＫＶＤの容疑は何とか晴れて、元の職場に復帰した後、引揚戦で帰国できた。丸子兵長は古屯の戦いで胸に受けた砲弾の破片と敷香の製材所で知り合った奥様と共に戦後を生き抜いた。そして、胸に受けた銃弾の破片を取り去ることはなく、天寿を全うした。

そして何度目だったであろう。丸子氏を訪ねた際、突然「本当は樺太での出来事は思い出したくないんだ。今でもテレビで戦場の場面が映ると消してしまうんだ。でも、自分の経験を話し、多くの人に知ってもらうことによって、戦争というもの惨さを多くの人に知ってもらえるなら、と思って話している」と、優しく温かい笑顔で語って下さった。その時の丸子氏の穏やかで世話好きな人柄がにじみ出た表情を、筆者が忘れることは出来ない。きっと、あの表情と態度を丸子兵長は軍隊時代にも失敗を犯した部下にも、みせていたのであろう。

その暖かい笑顔に筆者は申し訳ない気持ちと、丸子氏のお気持ちを無駄にしてはいけないと強く感じ、現在もその気持ちを忘れずに研究を進めている。

しかし、このように脱稿まで時間がかかり、丸子氏を始め、インタビューに快く応じて下さった方々の中には、読んでいただけなかった方を出してしまったことは悔やんでも悔やみきれない。

本当に時間の壁は厚かった。せめてあと十年早くインタビューを始めていたらと思う事が多々あった。特に、国境地帯での戦闘について大いに参考にさせていただいた『樺太国境守備隊の終焉』の著者、鈴木孝範氏のお宅に取材の申し込みをさせていただいた時がそうだった。鈴木氏を紹介してくださった方は半年前に会ったばかりだと仰っていたが、お電話をすると、鈴木氏は旅立たれた直後であった。ご遺族の話では、鈴木氏は旅立たれる直前まで

ご家族に樺太の話をされていたという。こういう事は、一度や二度ではなかった。

そこで非常に助けられたのが、『樺太一九四五年夏』という本であった。この本は元北海タイムズの社会部長や編集委員を勤められた金子俊男氏が、北海タイムスに「樺太終戦ものがたり」として連載していたものをまとめて、昭和四十七年に出版された本である。戦後三十年立っていない時期だけあって、幅広い年代層の様々な立場の方々からのインタビューを基に纏められたオーラルヒストリーであり、社会部記者としての鋭い取材活動を感じさせる歴史書である。特に、幅広い年齢層の様々な立場の方の証言がふんだんに盛り込まれ、その後出版された多くの本に影響を与えていることも分かった。

樺太は日本の本土であり、主に八月十五日以降に民間人も巻き込んで地上戦が行なわれた土地であるのに、あまりにもメディア、言論界で取り上げられて来なかった中で、金子氏の著書がなければ、多くの事実が歴史の浪間に消えていったことであろう。筆者は金子氏の著書は終戦時の樺太史を志す者にとって、必読の偉大な資料集だと考えて居る。弊書自体、金子氏の著書にある、当時の方々の証

言を多数引用させていただいた。金子俊男氏とその業績に心からの感謝と敬意を表したい。

研究を進めて行く上で、元防衛大学教授の中山隆志氏の『一九四五年夏最後の日ソ戦』や、北海道の郷土史家、矢野牧夫氏の『北海道北部を占領せよ』、高橋憲一氏の『札幌歩兵第二十五聯隊誌』には裨益されることが多く、この場を借りて御礼申し上げたい。

留萌市の越前幸廣氏の存在なくして、三船殉難事件やソ連軍北海道上陸計画についての現地調査はなしえなかった。札幌から稚内までの現地調査を二度にわたって行ない、地図ではなく、自分の足と目で現地を確認し、留萌・釧路以北の土地がどのような場所なのかを学ばせていただき、多くの示唆を与えて下さったのは、越前氏である。越前氏から学ばせていただいた数多くの事の中から、読者のみなさんにも役立つ情報を一つ披露したい。

それは、留萌、小平、苫前沖に広がる武蔵堆で獲れたエビの味である。是非、現地で、一度お試しいただきたい。筆者は取材で北海道の道央・道北へ行く際、三泊以上の場合は、関係者からの聞き取り及び、史料探しと家族には説明し、エビを堪能する為に留萌で必ず一泊した。それは留萌の日寿司さんにお邪魔する為であった。この店のおかげで、筆者は東京で好物のエビが楽しめなくなってしまった。実に不幸な出来事であるが、もちろん、妻には極秘事項である。

終戦前後の樺太史の研究を始めたばかりの筆者に無名であり、マイナーなテーマであるにも関わらず、月刊誌「丸」に発表の機会を毎年下さった潮書房光人社「丸」編集部の室岡泰男編集長にも心からの感謝を申し上げたい。月刊誌「丸」がきっかけで取材に至った方や、筆者の「取材」を「道楽」ではなく「研究活動」と家族が認めてくれ、「応援」してくれたのは、室岡編集長のおかげである。

また、終戦前後の樺太史という「様々な面」で微妙なテーマでありながら、筆者の樺太への想いを理解していただき、弊書執筆の上で言葉では言い表せぬご助力、ご助言をいただいた。海のものとも山のものとも判らぬ筆者がこうして出版にこぎつけることが出来たのも偏に潮書房光人社第二出版部坂梨誠司部長のおかげである。坂梨部長にも心からの感謝を申し上げたい。

本格的に研究を始めた平成二十一年以来、家族と言わず、家庭に関わる全ての事において、研究を最優先にして思う存分にさせてくれ、一ヶ月以上帰宅もせず、今日は北海道のどこにいるのかをきちんと知らせない生活を度々していた私を、いつも玄関の鍵を開けて迎え入れてくれた妻、和にはただただ、頭が上がらない。脱稿に至ったのも、妻の忍耐力と妻として、家計のやりくりをし、母親として子供たちをしっかりと守ってくれたおかげであり、感謝の言葉もない。妻の後方支援あっての私の樺太史研究である。

「あった」ではなく「ある」である。

今回の出版は研究と言う意味では終わりでなく、寧ろ始まりである。妻には、今後も前記の才を活かして後方支援をお願いしたい。

インタビューにご協力くださった皆様には、貴重な体験談を聞かせていただいたり、貴重な資料をご提供いただいたり、研究を進めるうえで有益な、ご教示いただいたことをこの場を借りて、御礼を申し上げたい。(敬称略、順不同)

秋田雅憲、厚谷昇、赤代正、相原秀起、天方良彦、石原司、池田正二、飯沢信、池田外雄、稲村和夫、石橋七郎、磯島源吉、猪熊寛、越前好子、大橋幸男、岡田佳子、大谷哲郎、小野雄次、大和田郷、奥田富蔵、川渕務、笠原英夫、笠原美智子、笠原昌史、賀戸三夫、金谷哲次郎、川端良平、栗山知ゑ子、小西孝蔵、熊谷義衛、小林侃四郎、佐々木照美、佐藤枝美子、佐藤貞夫、佐藤登、佐藤雅博、斎藤智恵子、鈴木利孝、辻力、釣巻晃、寺崎正信、並木葉子、永谷保彦、中松一弘、西本美嗣、西村巌、橋本嘉方、橋本不二子、畑中一三、畑中浩美、伏屋貴子、牧田兼子、牧田晃潤、牧田しのぶ、丸子清、松田勝美、丸子澄江、丸山重、三嶋哲、武藤誠、安本玲子、山本親男、吉川雅子、吉本三郎、渡邊三男

また、紙幅の関係でここには書けなかったが、色々とお世話になった皆様への御礼と、取材に応じていただいてから、脱稿までかなり時間がかかってしまったことをお詫びを、心から申し上げたい。

そして最後にしては、オカルト的にかもしれないが、取材活動の中で「不思議」「偶然すぎる偶然」としか思えない様々な出来事があった。このことは、樺太で非業の死を遂げられた方々が筆者のことを見守ってくれているのではないかと勝手に理解し、励みにしてきた。

樺太に於いて命を落とされた全ての方々に心からの祈りを捧げたいと思う。

そして、どうか、この本を読んでくださった方々だけでも、戦没者に祈りを捧げる際、樺太で命を落とされた方々のことも気に留めていただきたい。

平成二十九年六月吉日

藤村建雄

写真提供――賀戸三夫・斉藤智恵子・佐藤花・著者・雑誌「丸」編集部・
サハリン州郷土博物館（順不同・敬称略）

知られざる本土決戦
南樺太終戦史
日本領南樺太十七日間の戦争

2017年7月28日　印刷
2017年8月3日　発行

著　者　藤村建雄
発行者　高城直一
発行所　株式会社　潮書房光人社
〒102-0073
東京都千代田区九段北1-9-11
振替番号／00170-6-54693
電話番号／03(3265)1864（代）
http://www.kojinsha.co.jp

装　幀　熊谷英博
印刷所　モリモト印刷株式会社
製本所　東京美術紙工

定価はカバーに表示してあります。
乱丁、落丁のものはお取り替え致します。本文は中性紙を使用
©2017 Printed in Japan　ISBN978-4-7698-1636-2 C0095

好評既刊

ドイツⅣ号戦車　戦場写真集
——ドイツ装甲師団の中核戦車の実力
広田厚司
最前線で死闘を繰り広げた〝PanzerⅣ〟の迫力のフォルム！　ドイツ戦車のうち生産数最多、多種多様な派生型を生みだして各戦線に投入され、第一線で戦いつづけた不屈の戦車の勇姿。

ドイツ装甲車　戦場写真集
——最前線を疾駆した装甲車の実力
広田厚司
機動力を発揮して最前線を駆け巡ったドイツ装甲車の実力！　多数生産されて各戦線に投入され、偵察、通信、兵員車、武装強化した重装甲車として第一線で活躍した装甲車の戦場風景。

フォッケウルフFw190戦闘機　戦場写真集
——ルフトヴァッフェ伝説の戦闘機
広田厚司
ドイツ空軍主力戦闘機の実力！　革新的なアイデアと航空技術力によって生み出された傑作機「ヴュルガー」。抜群の空戦性能、強力な武装を誇り、最前線で真価を発揮した名機の勇姿。

ティーガーⅠ&Ⅱ戦車　戦場写真集
——最強Ⅵ号戦車の激戦場
広田厚司
世界最強、無敵と謳われたドイツ重戦車〝鋼鉄の虎〟伝説。強力な砲撃力と防御力を誇り、連合軍を震撼させたⅥ号戦車の実力。敵戦車168両を屠った戦車エースの戦歴も詳説。写真300枚。

ドイツ装甲兵員車　戦場写真集
——Sdkfz.250 & Sdkfz.251の戦場風景
広田厚司
砲弾、銃弾が飛び交う最前線での死闘。装甲防御力、不整地走行性能に優れ、戦車部隊と共に迅速に行動して戦場の真っ只中まで兵士たちを輸送し、重要任務を遂行した装甲兵員車の活躍。

ドイツ戦車博物館めぐり
——魅惑のタンク・ワールド
齋木伸生
本物のドイツ戦車に会いに行こう！　世界各地に現存する装甲戦闘車両を探し求めて東奔西走——そこは魅惑のタンク・ワールド。ドイツ戦車の魅力をたっぷりと伝えるフォト・エッセイ。

好評既刊

潜水艦隊
――伊号呂号潜水艦１７０隻の航跡と戦訓

橋本以行ほか　初瀬八島の爆沈と佐久間艇長遭難に始まり、海底空母や水中高速潜の建造にいたる日本潜水艦物語。強敵レーダーに相対し、技術と用兵思想の狭間で苦闘した当事者の回想。第六艦隊の編制と変遷。

潜水艦作戦
――鉄の棺と魚雷に一命を託した深海の死闘

板倉光馬ほか　思わず緊張。実体験ならではの迫力と臨場感。迫りくる駆逐艦と爆雷の恐怖。伊号潜水艦は言うに及ばず、呂号波号特潜から蛟龍回天まで、用兵者から見た日本海軍潜水艦技術の全貌と戦場の実相。

伊号潜水艦
――魚雷戦、爆雷戦の真相

荒木浅吉ほか　一蓮托生。生死紙一重の深海に展開された稀有な世界。海底空母や水中高速潜をうんだ造艦技術と用兵思想の狭間にあって苦闘した体験当事者たちの証言。第六艦隊の実力とサブマリン生活の全貌。

空戦に青春を賭けた男たち
――秘術をこらした空戦法と撃墜の極意

野村了介ほか　会心の一撃あり。危機一髪の放れ業あり。生死紙一重の空戦の渦中で体験した起死回生の一瞬。非情なる大空の戦いに勝ちを制して、生還を果たした戦闘機パイロットたちの実戦秘法。零戦の秘術！

艦攻艦爆隊
――雷撃機と急降下爆撃機の開発と変遷

肥田真幸ほか　超低空雷撃に生命をかける九七艦攻に天山と流星。Ｇとの戦いに挑み敵空母に突入する九九艦爆と彗星。技術開発に献身、また鉄壁の防空網をかいくぐり切実苛烈の戦場から生還した当事者の手記。

海軍戦闘機物語
――秘話実話体験談で織りなす海軍戦闘機隊の実像

小福田晧文ほか　不滅の零戦で栄光を手にし、また強敵を迎えうって新鋭機開発に苦闘した海軍戦闘機隊。開発技術者、飛行実験部員、最前線搭乗員ら関係当事者たちがつづるファイター＆インターセプター列伝！

好評既刊

新選組を探る
――幹部たちの隠された真実を追う

あさくらゆう　芹澤鴨の〝悪行〟はフィクションだった！　丹念に現存史料を読み込み、さらに全国各地で新史料を発掘、従来の根拠不明の浮説を廃し、新選組研究に新たな地平を拓く一冊。新選組名簿8種を収載。

新選組を歩く
――幕末最強の剣客集団その足跡を探して

星亮一＋戊辰戦争研究会編　落日の幕府を支えんと士道に殉じた男たちの足跡。幕末を歩く歴史探訪の旅。「新選組」に身を投じた近藤、土方の故郷から最後の箱館戦争まで全国各地に残る関連史跡を徹底ガイド！

戊辰戦争を歩く
――幕末維新歴史探訪の旅

星亮一＋戊辰戦争研究会編　鳥羽伏見から箱館まで本物の維新史に触れる旅！　二年に渡った旧幕府軍vs新政府軍の戦争。激戦の舞台となった各地の貴重な史跡の数々を紹介、幕末維新史の新たな魅力を発掘する。

新島八重を歩く
――激動の幕末～昭和を生きた会津女性の足跡

星亮一＋戊辰戦争研究会編　二〇一三年NHK大河ドラマ「八重の桜」主人公の生涯を辿る旅。故郷・会津の史跡、夫・新島襄と過ごした京都など、全国各地に埋もれた史実を掘り起こして紹介する歴史ガイドブック。

坂井三郎「写真 大空のサムライ」
――零戦とともに生きたエースの足跡

雑誌「丸」編集部編　出撃回数200余回、大小64機の敵機を撃墜した世界のエース〝サブロウ・サカイ〟の生涯を、坂井自身のアルバムに所蔵されていた600葉の写真で構成する異色のラバウル航空隊フォト・ストーリー。

聯合艦隊軍艦銘銘伝［普及版］
――全八六〇余隻の栄光と悲劇

片桐大自　二十三年の歳月を投じて完成をみた、類書なき待望の一冊。紙数二千枚、六百余ページの労作。軍艦辞典をもかねた一大軍艦物語。帝国海軍から海上自衛隊の艦艇まで日本軍艦を全収録。

好評既刊

海軍食グルメ物語
——帝国海軍料理アラカルト

高森直史　肉じゃがのルーツは帝国海軍だった——海軍士官のグルメ料理とは？　パイロットの食事は？　海戦の時、主計兵は何をしていたか？　海軍の食文化のヒミツと海軍式料理のレシピを綴る。

海軍料理おもしろ事典
——海軍式スマート料理学！

高森直史　海の男たちの食文化——ロマンに満ちた大航海時代、帆船乗組員は何を食べて冒険をかさねたのか⁉　帝国海軍の艦隊料理のルーツとは⁉　ウィット溢れるイラストエッセイ。海軍食アラカルト。

マッカーサーの目玉焼き
進駐軍がやって来た！

高森直史　飽食の今、忘れてはいけない戦争、空襲、飢餓体験‼　始まりは1個の卵から——マッカーサーに供された初の朝食は〝目玉焼き1個〟だった⁉　イラスト満載の戦後「食糧事情」よもやま話。

海軍肉じゃが物語
——ルーツ発掘者が語る海軍食文化史

高森直史　「肉じゃが」のルーツは帝国海軍〝男の料理〟だった！　〝おふくろの味〟人気ナンバーワン家庭料理をひもとくと、意外な歴史が見えてくる。蘊蓄、ウィット満載の肉じゃが誕生秘話。

気ままに大自然
〝アウトドア生活の〟すすめ！

高森直史　気どらず、気張らず、無理をせず、やってみようイキイキ自然派生活。四季折々、旬を見つけて楽しみ味わい、野山で遊ぶ大人のこだわり生活術。自然体で田舎ぐらしをエンジョイしよう！

戦艦大和の台所
——海軍食グルメ・アラカルト

高森直史　超弩級戦艦「大和」乗組員2500人の食事は、どのように作られたのか。海軍グルメを作ったメシ炊き兵たちの気概を描くウンチク満載の食生活史。軽妙に綴る海軍式スマート料理学。

好評既刊

ハインケルHe111戦場写真集
——ルフトバッフェ主力爆撃機の勇姿

広田厚司　第二次大戦を戦い抜いた主力爆撃機の激戦場。総生産数七〇〇〇機を越え、改良をかさねてかずかずの派生型を生み出し、最前線に投入されたHe111の戦場風景、秀逸写真多数掲載。

ドイツの最強レシプロ戦闘機
——Fw190&Ta152の全貌

広田厚司　図面、写真、データ等によりドイツ空軍最後の単発レシプロ戦闘機の詳細を明らかにする。クルト・タンク博士をはじめとする技術陣が心血をそそいで完成させた高性能戦闘機の実力。

戦前日本の「戦争論」を読む
——「来るべき戦争」はどう論じられていたか

北村賢志　「戦争」か「協調」か、戦って勝てるのか——日本が国際的な孤立を深めていた一九三〇年代、列国との緊張が増すなかで多数刊行された近未来シナリオ。戦争前夜、国民は何を求めたか。

写真で見る大正の軍装
——秀逸フォトで辿る日本陸軍軍装の変遷

藤田昌雄　シベリア用防寒服、南方用防暑被服など美麗フォトにより細部まで再現した写真陸軍軍装史「大正篇」。未発表フォト多数、カラーで描かれた勲章・徽章・階級章までも網羅した決定版。

潜水艦戦史
——深海に苦闘した勇者たちの航跡

折田善次ほか　世界一流の潜水艦と素質技量ともに卓絶した乗員たち。飛躍的に向上する敵対潜兵力の前に切歯扼腕、爆雷の恐怖に武者ぶるいした第六艦隊の死闘。戦勢の傾斜とともに様相を一変した戦場の実相。

WACの星
——ひよっこ女性自衛官奮闘記〈入隊篇〉

シロハト桜　バブルに浮かれる昭和の終わり、陸上自衛官となった十八歳のちびっこ女子が放り込まれた想定外の別世界。タカラヅカも真っ青の班長の下、猛訓練が始まる。新人自衛官の熱血青春譜。